KB090288

AI 사고를 위한 인공지능 교육

한선관, 류미영, 김태령 지음

BM (주)도서출판 성안당

추천의 글

인공지능에 대한 기념비적인 저작이라 할 수 있는 퍼셉트론과 컴퓨터 과학 교육의 혁명적인 전환을 이끈 『마인드스톰』의 저자인 시모어 패퍼트(Seymour Papert)는 이미 오래전에 아이들이 컴퓨터에 의해 끌려가는 것이 아니라 놀이와 같은 프로그램을 통해 스스로 '컴퓨터를 프로그래밍해야 한다.'는 것을 강조해왔다. 교육의 본질은 기술 자체가 아니라 기술을 통해 아이들의 사고 폭을 넓히는 데 있다. 이는 앞으로의 인공지능 교육이 나아가야 할 방향이기도 하다.

이 책의 저자들은 초·중등 교육에 컴퓨팅 사고력이 강조됐던 2015 개정 교육과정이 논의되기 이전부터 'MIT Media Lab'의 '스크래치'를 국내에 최초로 소개하고 컴퓨팅 사고를 중심으로 하는 소프트웨어 교육의 확산에 가장 큰 역할을 한 교육자이자 연구자들이다. 또한 『AI 사고를 위한 인공지능 랩』, 『AI 플레이그라운드』, 『놀랍게 쉬운 인공지능의 이해와 실습』과 같은 저서와 논문의 발표를 통해 인공지능 교육의 대중화에 앞장서 왔으며 학교 현장과의 소통을 통해 인공지능 교육을 위한 구체적 실천 전략을 마련하는 데 크게 기여해왔다.

이제 새로운 2022 교육과정을 준비하는 시점에서 저자의 새로운 저서인 『AI 사고를 위한 인공지능 교육』이 출판되어 매우 기쁘게 생각한다. 저자가 이끄는 연구팀은 2020년에 초·중등 교육에서의 인공지능 교육의 지침이 되고 있는 『인공지능교육 프레임워크』를 개발해 소개하기도 했다. 인공지능교육 프레임워크는 학교급별 수준에 맞는 인공지능 교육 내용을 만들어 나가는 연구자와 교사들에게 초·중등 교육과 대학 AI 교육을 위한 표준안이 되고 있다.

얼마 전 정부에서는 관계 부처와 합동으로 '인공지능 시대 교육 정책 방향과 핵심 과제'를 발표한 바 있다. 인공지능이 교육정책의 핵심에 자리하고 있고, 교육과정에 인공지능 내용 요소의 도입이 논의되는 이 시기에 『AI 사고를 위한 인공지능 교육』을 접할 수 있다는 것은 인공지능 교육을 담당하는 사람들에게 큰 행운이 아닐 수 없다.

이 책의 독자가 될 인공지능 교육을 시작하는 연구자, 교사, 정책 입안자 모두 인공지능 교육 내용과 행동 목표 그리고 교수·학습 모형과 평가에 대한 새로운 지식을 획득하고 이를 현장에 적용해보길 바란다.

장시준(한국교육학술정보원 디지털교육정책본부장)

추천사

교육부는 변화되는 교육의 미래를 위해 모두를 위한 인공지능 시대를 열기 위한 교육 정책으로 감성적 창조 인재, 초개인화 학습 환경, 따뜻한 지능화 정책을 추진 중이며 인공지능 교육을 학교에 도입하기 위해 노력하고 있습니다. 이 책이 인공지능 교육의 방향을 바르게 잡아줄 나침반이 될 것으로 확신합니다. 미래를 준비하는 많은 사람들과 교육자들에게 추천합니다.

강성훈(교육부 연구사)

인천광역시교육청은 미래를 이끌어 나갈 인공지능 교육에 대한 필요성을 강조하고 시대와 학교 현장에서 요구하는 목소리를 담아내어 AI가 그려낼 교육의 변화를 위해 이 책의 저자들이 참여한 한국인공지능교육학회와 함께 착한 인공지능교육 정책을 추진하고 있습니다. 대학뿐 아니라 초중등 교육에서 인공지능 교육에 대한 큰 틀을 잡아주고 올바른 방향을 제시하는 책으로 추천 드립니다.

연수현(인천시교육청 장학사)

인공지능은 이제 생애 전 주기에서 학습해야 하는 대상이 됐고 대학의 모든 학과에서 반드시 배워야 할 기술이 됐습니다. 이공계 학생들은 전공 필수로, 타 전공 학과 학생들은 전공 필수 교양 과목으로 공부할 때 꼭 필요한 필독서로 추천 드립니다.

이철현(경인교육대학교 교수)

대학생들에게 인공지능 교육은 선택이 아니라 필수입니다. 공학 교육을 듬뿍 담으면서도 한쪽에 치우치지 않고 인공지능 교육에 대한 따뜻한 가치관을 정립할 수 있도록 다양한 정보와 내용을 담는 데 노력하신 집필진들의 노력을 느낄 수 있는 책입니다. 인공지능이 만들어가는 미래를 준비하고 미리 살펴보고 싶은 분들에게 적극 권합니다.

이세훈(인하공업전문대학 교수)

언제나 남들이 가지 않는 길을 새롭게 개척하고 그 구체적인 방향을 제시하는 저자들이 또 한 번 새로운 도전을 했습니다. 이 책을 관통하는 내용은 변화와 미래 그리고 선한 기술과 인간 중심 교육입니다. 교육적 경험이 풍부한 저자들이 생각하는 인공지능 교육의 미래를 구체적이며 심도 있게 담고 있습니다. 우리의 교육의 미래를 살펴보고 싶은 분은 필독하시기 바랍니다.

전수진(호서대학교 교수)

미래의 삶을 주도할 학생들이 AI의 기본적인 개념과 원리를 이해하고 AI를 활용하는 구체적인 방법, 더 나아가 AI 윤리와 올바른 가치를 담을 수 있도록 다양한 인공지능 교육에 대한 주제를 다루고 있어 교사들이 꼭 읽어야 할 책입이다. 강력하게 추천합니다!

홍수빈(소프트웨어교사 연구회장, 초등학교 교사)

막 가치관이 형성되기 시작한 중학생들에게 특히 인공지능 교육은 중요합니다. 이 책은 인공지능을 이해하고 실습하기 위한 창의적이고 다양한 교육 내용과 방법들을 설명하고 있어 대한민국의 교사라면 누구나 탐독해야 된다고 생각합니다.

김세호(피지컬컴퓨팅교육연구회장, 중학교 교사)

2021년 2학기부터 고등학교에서 『인공지능 기초』와 『인공지능 수학』이 진로 선택 과목으로 운영되면서 인공지능이 모든 교사와 학생들이 배워야 하는 당면 과제가 되었습니다. 인공지능 교육에 대한 다양한 이론과 실습 사례들이 풍부하게 담겨 있어 교사들에게 특히 큰 도움이 될 것입니다.

심현보(인천과학예술영재고등학교 교장)

저자 약력

한선관

- 경인교육대학교 컴퓨터교육과 교수
- 한국인공지능교육학회 학회장
- 인공지능교육연구소 소장
- 『중학교 정보』 교과서, 『스크래치 마법 레시피』, 『스크래치 창의컴퓨팅』, 『스크래치 주니어 워크북』, 『AI 사고를 위한 인공지능 랩』, 『AI 플레이그라운드』, 『놀랍게 쉬운 인공지능의 이해와 실습』(이상 성안당), 『컴퓨팅 사고를 위한 파이썬』, 『컴퓨팅 사고를 위한 스크래치 3.0』, 『소프트웨어 교육』, 『소프트웨어 교육 방법』(이상 생능출판사) 집필

류미영

- 경인교육대학교 컴퓨터교육 박사
- 한국인공지능교육학회 부회장
- 인공지능교육연구소 연구원
- 경인교육대학교 강사
- 『중학교 정보』 교과서, 『AI 플레이그라운드』, 『놀랍게 쉬운 인공지능의 이해와 실습』(이상 성안당), 『컴퓨팅 사고를 위한 스크래치 3.0』, 『소프트웨어 교육』, 『소프트웨어 교육 방법』(이상 생능출판사) 집필

김태령

- 경인교육대학교 컴퓨터교육 박사
- 한국인공지능교육학회 회원
- 인공지능교육연구소 연구원
- 경인교육대학교 강사
- 『놀랍게 쉬운 인공지능의 이해와 실습』(이상 성안당), 『컴퓨팅 사고를 위한 파이썬』, 『컴퓨팅 사고를 위한 스크래치 3.0』(이상 생능출판사) 집필

차례

차례

5부 | 인공지능을 활용하는 교육

6부 | 인공지능을 바라보는 교육

차례

머리말

교육의 질은 교사의 질을 넘어설 수 없었다.
하지만 이제 교육의 질이 교사의 질을 넘어서고 있다.
미래를 위한 교육에서는 말이다.

바로 AI가 있기 때문이다.

소프트웨어 교육의 열풍에 이어 인공지능이 교육에서 큰 화두가 되고 있다. 인공지능이 갑자기 등장하면서 교육 현장과 학부모는 당혹감을 감추지 못했지만, 학생들과 산업 현장은 아무렇지 않게 받아들이고 있다.

컴퓨터로 시작된 교육은 컴퓨터 교육, 정보통신기술 교육, 스마트 교육으로 진화했고 SW 교육, AI 교육으로 이어져 현재는 교육의 중심에 서 있다. 정규 교과가 아닌 교육이 우리의 미래를 좌지우지하는 핵심 지식과 기술이 된 것이다. 시대적으로 융합 역량이 필요해지면서 독립 교과보다는 모든 학문과 산업을 융합하는 정보 교육의 중요성이 더욱 강조되고 있는 것이다.

AI에 대한 뜨거운 관심에도 불구하고 아직까지 인공지능에 대한 정의와 인공지능 교육의 개념에 대해 명확하게 정립되지 않은 것이 우리의 현실이다. 코로나 바이러스 팬데믹으로 모든 것이 멈춘 세상에서도 인공지능은 성장하고 있다. 인공지능이 4차 산업혁명이라는 이름을 가진 사회의 바탕을 이루고 있는 것이다. 바이오 및 나노 분야 그리고 환경과 인류의 문화를 이끄는 기술의 밑바탕에는 정보기술과 인공지능이 그리스 신화 속 아틀라스처럼 미래의 하늘을 떠받치고 있다.

인공지능의 바탕은 인간이다. 사람이 없이는 인공지능의 발전을 기대할 수 없고 인공지능의 개발, 활용, 도입 또한 불가능하다. 인공지능 인재를 양성하기 위한 국제 사회의 경쟁은 무한 체제에 돌입했고 선진국은 인재의 양성과 확보에 사활을 걸고 있다. 인공지능 인재를 제대로 양성하려면 교육을 바로잡아야 한다. 인공지능에 강한 미국조차도 아직까지 인공지능 교육에 대한 정의와 방향을 잡지 못하고 있으며 대부분의 선진국에서도 인공지능을 효과적으로 가르치기 위한 내용 체제와 방법을 제시하지 못하고 있다.

우리나라에서는 이미 2018년부터 소프트웨어 교육을 정보 교육으로 정규 교과화하고 초·중등 학교에서부터 체계적으로 양성하는 계획을 세워 노력하고 있다. 하지만 정책의 변화, 수업 시수의 부족, 현장 적용의 제약으로 수많은 어려움을 겪고 있다. 이런 와중에 인공지능 교육이라는 타이틀로 초·중등 학생뿐 아니라 일반 사람들 모두에게 소양 수준의 인공지능 교육을 정책적으로 적용하려는 커다란 비전을 제시했다. 이러한 시도는 우리의 미래를 위해 매우 바람직하지만, 이를 제대로 적용하기 위한 가이드라인과 구체적인 실천 방향이 부족한 상황이다.

이 책의 저자들은 소프트웨어 중심 사회 정책의 일환으로 소프트웨어 교육이 도입되고 초·중등 현장에 컴퓨팅 사고를 바탕으로 문제해결력을 신장시키기 위한 교육의 가이드라인으로 『소프트웨어 교육』(생능출판사, 2016)과 『소프트웨어 교육 방법』(생능출판사, 2016)이라는 책을 발간해 소프트웨어 교육의 표준이 되는 지침을 제시했다. 2019년에 'IT 강국을 너머 AI 강국으로'라는 캐치프레이즈 아래 인공지능 인재 양성 정책이 발의되고 2020년에 본격적으로 시행됐다. 인공지능 인재 양성은 교육 현장에서 인공지능의 학문적 체제를 바탕으로 인공지능 교육의 정의, 교육 내용의 체계화, 교수·학습 방법과 평가가 구체적으로 제시돼야 교육에 시행착오 없이 안착되고 학생들이 인공지능 역량을 마음껏 펼칠 수 있다.

이 책은 이러한 목적을 달성하기 위해 소프트웨어 교육의 선봉에 섰던 미래인재연구소의 교사들과 인공지능교육연구소의 멤버들이 참여해 완성한 것으로, 가히 인공지능 교육의 바이블이라 해도 과언이 아니다. 소프트웨어 교육 개론과 소프트웨어 교수 방법 그리고 소프트웨어 평가에 전문성을 지닌 류미영 박사와 현재 인공지능 교육의 미래를 개척하고 있는 김태령 선생은 1년이라는 긴 시간을 투자해 인공지능의 교육적 체계와 내용 그리고 방법을 제시했다. 이 책의 집필 이전부터 인공지능 수업에 적용하고 학습 콘텐츠를 개발해 책의 체제와 내용을 구성했으며 현실적으로 수업에 적용할 수 있는 예와 방법들을 제공했다.

컴퓨터 교육과 인공지능을 전공하고 2002년부터 교육계에 IT와 인공지능을 수업에 적용하기 위해 노력한 사람으로서 이 책의 발간은 너무 감격스러운 일이 아닐 수 없다. 정보 교육의 중요성을 깨닫고 이 책이 출판하는 데 많은 도움을 주신 ㈜성안당 이종춘 회장님을 비롯한 임직원 여러분께 감사드린다.

처음은 언제나 외롭고 힘들며 방향을 잃기 쉽지만, 그 뒤를 따라오는 많은 도전자에게는 하나의 이정표가 된다. 이 책이 우리나라 인공지능 인재를 양성하는 모든 분의 시야를 넓혀주고 올바른 방향으로 나아가는 데 나침반이 되기를 바라며 인공지능 역량이 초·중등 교육을 너머 모든 사람들의 소양으로 뿌리내리는 데 도움이 되길 기대한다.

2020년 11월

붉은 노을이 비치는 연구소에서

저자 일동

인공지능 교육의 가이드라인

인공지능이 탄생한 지 64년이 지났다. 컴퓨터 과학자들 중 인공지능 전문가를 양성하기 위한 목적으로 진행돼왔던 교육이 이제는 누구나 배워야 하는 교육이 됐다. 언제나 그렇듯이 새로운 교육을 현장에 적용한다는 것은 우리에게 많은 고민을 안겨준다.

- 누구나 인공지능을 배워야 하는가?
- 인공지능을 보편 교육으로 다뤄야 하는가, 특수 교육으로 다뤄야 하는가?
- 인공지능을 배운다는 것은 무엇을 의미하는가? 왜 배워야 하는가?
- 이해한 후에 구현할 수 있어야 하는가, 코딩으로 구현할 수 있어야 하는가?
- 이론보다 활용하거나 융합하는 능력에 집중해야 하는가?
- 인공지능을 수업에 적용할 시간, 교사 역량, 교육 환경과 인프라는 충분한가?

이러한 고민들에 대한 답은 시대 상황, 교육 환경, 정책의 우선순위에 따라 달라진다. 이 책의 제목은 교육이라는 타이틀을 포함하고 있기 때문에 교육의 본질을 벗어나지 않는 것이 정도(正道)일 것이다.

한 가지 분명한 점은 어떠한 개념 또는 기술이든 본질을 이해하는 것이 필요하다는 것이다. 이러한 생각을 바탕으로 책의 핵심 뼈대를 세워 책의 내용을 구성했다. 또한 인공지능의 이해를 바탕으로 사회 상황, 교육 사례, 활용 방법 그리고 이에 대한 가치를 선정해 제시했다.

표준화된 인공지능 교육의 틀이 아직까지 마련되지 않은 까닭에 모든 사람이 참고할 수 있는 형태로 구성하여 백과사전식 내용으로 보일 수도 있다. 이러한 방법으로 구성된 책은 핵심을 벗어나 잡학적 사례의 나열로 보일 수 있다는 위험성을 내포하고 있지만, 최대한 인공지능의 본질과 교육적 접근에 대한 구체적이고 실천적인 내용을 담으려고 노력함으로써 인공지능의 지식과 활용 그리고 가치를 이해할 수 있도록 했다.

인공지능 교육의 구성(인공지능 교육의 논리적 모델)

인공지능 교육에 대한 이해를 돕기 위해 전체적인 논리적 모델을 제시한다. 즉, 이 책의 전체적인 내용을 소개하는 구조도이다.

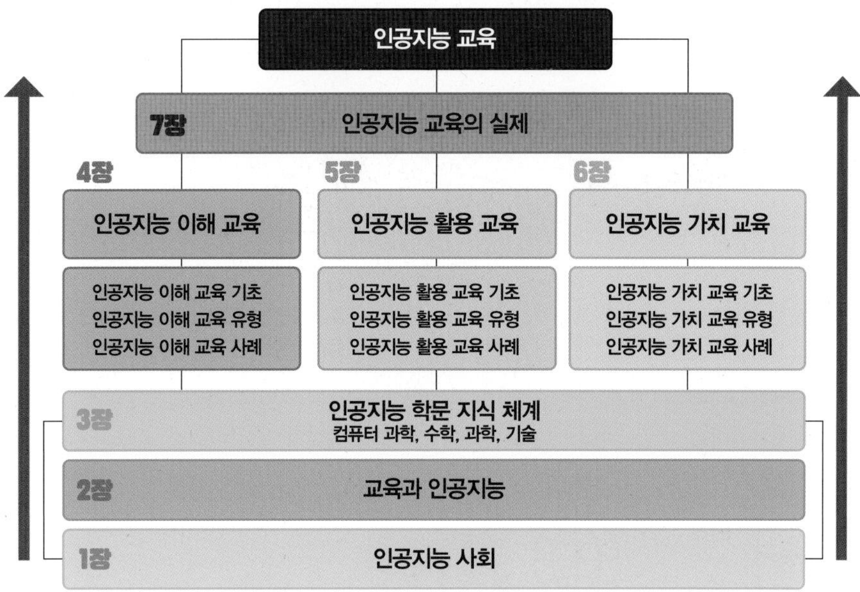

이는 이 책의 구조이자, 인공지능을 교육의 시각으로 바라보기 위한 논리적 모델 또는 인공지능 교육의 표준화를 위한 기초 자료라고 할 수 있다. 인공지능을 교육적으로 처음 접하는 사람이 이 표준화된 틀을 참고해 교육과정을 작성하거나 교수 설계를 한다면 인공지능 교육에서의 전반적인 부분을 포괄할 수 있을 것이다.

- 1장에서는 인공지능 사회의 키워드를 통해 인공지능 사회의 도래와 인공지능 기술의 영향 그리고 인간과 사회의 미래를 조망해본다.
- 2장에서는 인공지능 교육의 개관과 인공지능의 역할, 인공지능 주제에 대한 교과 교육적 측면을 다룬다.
- 3장에서는 인공지능의 학문적 내용으로서 지식 체계를 살펴보고 인공지능의 기초 학문과 컴퓨터 과학에 대한 내용을 바탕으로 인공지능에서 다루는 주요 개념과 기술을 안내한다.
- 4~6장에서는 인공지능 교육의 접근 방법으로서 이해 교육, 활용 교육, 가치 교육을 제시하며 그 세부 항목에서 교육의 기초, 교육의 유형, 교육의 사례를 제시한다.
- 7장에서는 실제 인공지능을 현장 교육에 적용하기 위한 교육 방법과 수업 사례를 제시한다.

이러한 논리적 모델은 새롭게 등장하는 교육의 이슈를 좀 더 과학적이고 체계적으로 제시하는 역할을 한다. 이러한 인공지능 교육 모델은 인공지능을 교육에 적용하는 다양한 방법을 발견하거나 정책적 결정에서 인공지능 교육의 정의와 유형 그리고 사례를 발굴하기 위한 기초 자료가 될 것이다.

VS
MAX

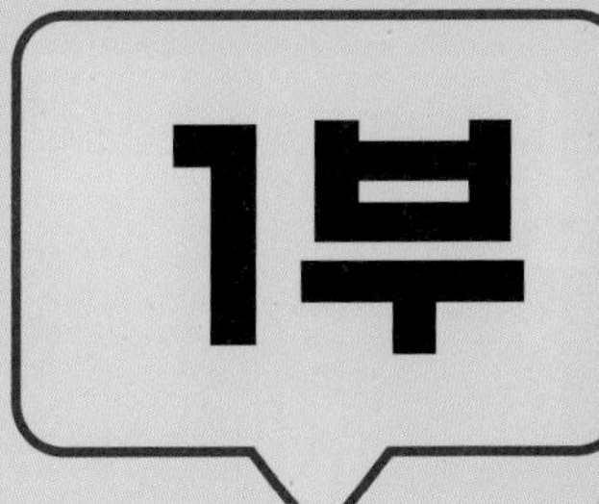

1부

인공지능 사회

- “인공지능이 사람을 해친다는 미래의 예측보다 이미 미래가 주변에 와 있다는 사실을 모른다는 것이 더 무서운 일이다.”
  — **한선관**
- “문제는 지능적인 기계가 감정을 가질 수 있는지가 아니라 기계가 감정 없이 지능적일 수 있는지의 여부이다.”
  — **마빈 민스키(Marvin Minsky)**

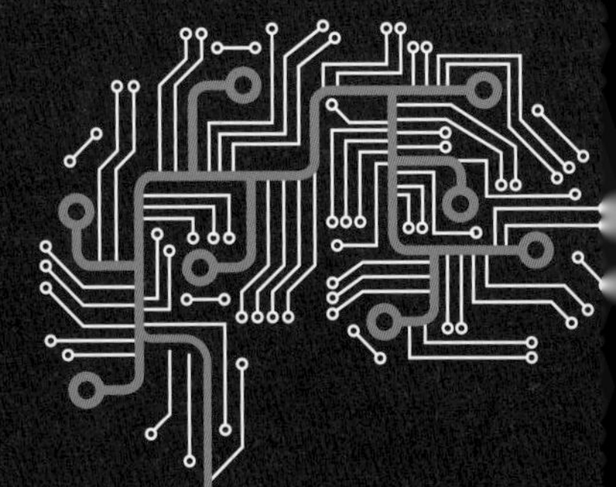

ARTIFICIAL INTELLIGENCE

1. 인공지능의 시대

입력한 것 이상을 출력할 수 없다는 것은 컴퓨터 과학의 상식이었다. 즉, 컴퓨터는 인간이 지시한 것만 할 수 있고 입력된 데이터에서 결과를 얻어낸다. 인공지능이 이러한 상식을 뒤엎었다.

컴퓨팅과 인공지능의 발전은 사회의 모든 영역에서 변화의 핵심 기술로서 놀라운 경험을 제공하고 다양한 기술과 융합해 4차 산업혁명을 촉발시켰다. 4차 산업혁명은 사람과 사물, 시간과 공간을 초연결해 산업과 사회에 기술 혁신을 불러일으키고 있다.

인공지능을 살펴보기 전에 인류의 역사를 잠깐 살펴보자. 인간 문명의 변화 단계는 크게 수렵, 채집을 하면서 이동 생활을 하던 원시 사회, 농업 혁명을 바탕으로 정착 생활을 시작한 농경 사회, 산업혁명으로 인해 일자리를 땅에서 기술 기반의 공장으로 옮겼던 산업 사회 그리고 컴퓨팅 기술을 기반으로 한 정보 사회의 네 단계를 거치며 발전해왔다.

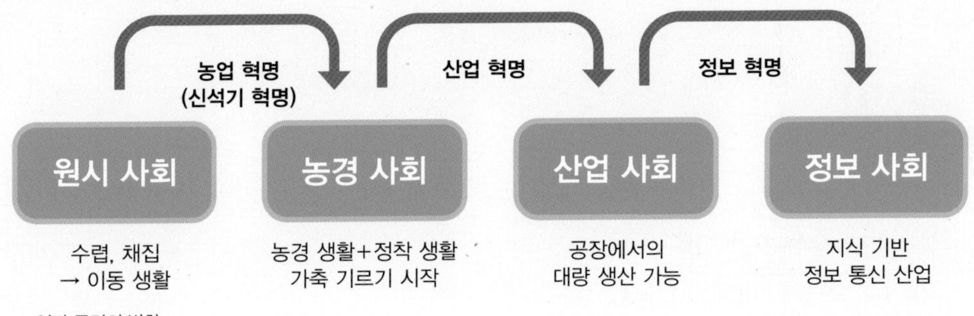

▲ 인간 문명의 변화

토플러가 『제3의 물결』에서 제시한 바에 따르면, 인간 문명의 발전 주기가 점점 짧아진다는 것을 알 수 있다. 어떠한 혁명에 의해 사회의 변화 주기가 수천 년 걸렸던 것이 수백 년, 수십 년으로 줄어들었으며, 지수 곡선을 그리며 발전함에 따라 과거 100년의 변화가 앞으로 10년 안에 이뤄질 것으로 보고 있다.

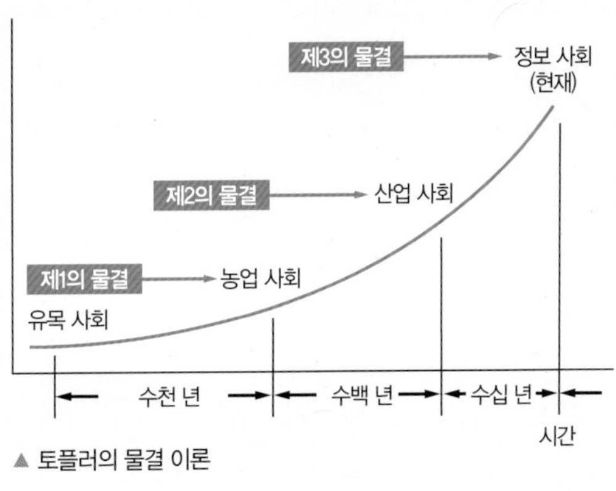

▲ 토플러의 물결 이론

이러한 지수적 발전의 변화 중심에는 인공지능 기술이 자리잡고 있다. 사실 인공지능의 연구와 발전은 컴퓨터의 등장과 함께 시작됐다. 초창기 인공지능이 모든 문제를 해결해줄 것이라는 낙관적인 희망이 기술과 하드웨어의 한계로 인해 계속 난관에 부딪히다가 2000년대에 접어들어 지능형 알고리즘의 개선, 데이터의 대량화로 인한 빅데이터 기술의 등장, 컴퓨팅 파워의 발전으로 인해 인공지능 발전의 물꼬가 트이기 시작했다. 또한 딥러닝(Deep Learning)의 등장으로 기계가 학습하고 인식하는 능력이 인간을 앞서기도 하는 수준에 이르고 있다.

인공지능의 발전과 인터넷의 연결은 초지능 시대의 장을 열었고, 디지털과 아날로그 세상이 O2O(Online to Offline)와 융합해 가상과 현실, 제품과 서비스, 인간과 기계의 융합이 이뤄지고 있다.

O2O는 인간의 삶에 빠르게 확산돼 공장, 병원, 물류, 군사, 교통, 금융, 여행 등과 같은 모든 산업 분야에 적용되고 있다. 가상의 내비게이션이 길을 예측해 최적의 경로로 자율주행하고, 셰프 로봇은 요리 레시피를 분석해 음식을 만들기도 한다. GE의 로봇 공장, 핏빗(Fitbit)의 건강 관리 서비스, 아마존의 배송 시스템 등이 대표적인 예라 할 수 있다.

O2O와의 융합은 사물인터넷, GPS, 클라우드, 빅데이터, 웨어러블, SNS의 6대 디지털 기술과 서비스 디자인, 3D 프린터와 DIY, 게임화, 플랫폼, 블록체인 핀테크, 증강·가상현실

(AR·VR, Augmented Reality·Virtual Reality)을 통해 이뤄진다. 특히 디지털을 기반으로 기업이 발빠르게 움직이고자 하는 디지털 트랜스포메이션을 살펴보면 그 중심에도 인공지능이 있다는 것을 알 수 있다.

▲ O2O 최적화 12대 기술
(출처: 디지털 사회의 미래, 창조경제연구회, 2016)

이렇듯 인공지능을 통한 아날로그와 디지털 세계의 연결은 지금까지와는 다른 새로운 세계의 모습을 그려낼 것이고 기술의 발전으로 이끌어내는 사회의 변화는 개인의 삶뿐 아니라 경제 체제, 정치 체제, 사회 체제 등의 변화도 함께 만들어낼 것이다.

ARTIFICIAL INTELLIGENCE

2. 생활 속 인공지능

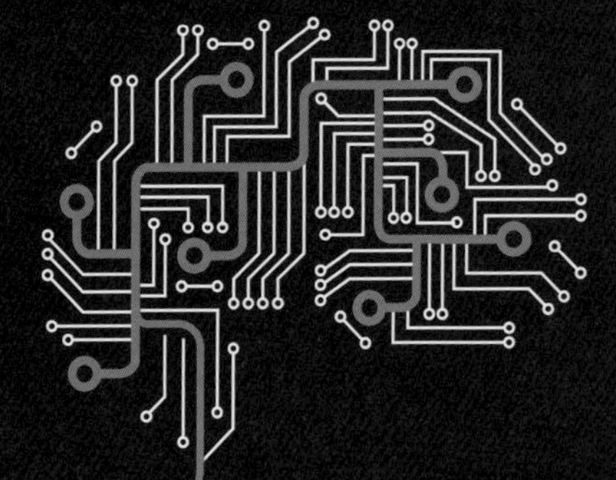

우리 주변에 인공지능이 적용돼 있는 것을 찾기보다는 인공지능이 적용되지 않은 것을 찾기가 어렵다. 어떤 것을 넣어도 식이 성립되는 미지수 x처럼 AI-x의 시대가 된 것이다.

인공지능 기술의 응용 분야는 크게 자연어 처리, 지식 표현, 추론, 기계학습, 컴퓨터 시각, 로봇공학의 여섯 가지 분야로 나눌 수 있다.

▼ 인공지능의 여섯 가지 기술 분야

분야	개발 목적
자연어 처리	인간이 사용하는 언어를 그 쓰임에 맞게 인식하고 의사소통을 하기 위함.
지식 표현	알고 있거나 들은 것을 지식으로 표현하고 저장하기 위함.
추론	저장된 자료와 지식을 이용해 질문에 답하고 새로운 결론을 도출하기 위함.
기계학습	경험으로부터 얻은 패턴을 이용해 새로운 상황에 적응하고 경험하지 못한 경우를 예측하기 위함.
컴퓨터 시각	인간 눈의 기능을 구현해 물체를 인식하고 인식하기 위함.
로봇공학	로봇을 통해 물체를 지능적으로 조작하고 이동하기 위함.

이러한 인공지능의 대표적인 기술들은 정치, 경제, 사회, 문화 등 다방면에서 융합돼 사용되고 있다. 각 분야별 인공지능이 활용되고 있는 사례를 살펴보자.

IT 분야에서는 글로벌 업체들이 인공지능 기술 자체가 아닌 제품에 탑재된 인공지능을 더 많이 홍보할 만큼 우리 생활 속에 깊이 파고들고 있다. 특히 구글, IBM 등과 같은 기업들은 장기간 확보한 빅데이터와 패턴 학습 기술을 접목해 생활, 교육 및 게임 분야에서 인공지능 기술의 상용화를 확대하고 있다. 구글과 페이스북은 딥러닝을 활용한 얼굴 인식 기술에서 각각 99.96%, 97.25%의 정확도를 확보했다.

의료 분야에서는 인공지능 기술을 데이터 수집, 제공, 분석해 신약 개발에 활용하고 있다. 구글 헬스의 인공지능 연구팀은 인공지능에 미국 여성 3,097명과 영국 여성 2만 5,856명의 유방암 진단 영상을 학습시켜 오진율을 전문의보다 낮추는 데 성공했다. 그뿐 아니라 성 조숙증, 폐 질환, 치매 등의 질환을 진단하는 데 도움을 주는 인공지능 소프트웨어가 등장하고 있다. 우리나라에서는 인공지능 왓슨이 의료계에 도입돼 암 환자의 진단을 돕고 있다. 이렇게 인공지능은 의사가 최적의 병 진단과 처방을 내릴 수 있게 해주는 보조 역할을 수행하고 있다.

- 챗봇을 이용해 병원 예약 그리고 정신과 상담을 보조하는 분야
- 영상 인식 기술을 접목해 수술 로봇을 자동화하는 분야
- 원격 센서 기술과 접목해 당뇨, 부정맥 등 다양한 만성 질환자의 병원 외 관리
- 원격 기술과 가상 간호사를 활용한 퇴원 후 재활 및 투약 관리
- 생화학 데이터와의 접목을 통한 신약 후보 물질 발견
- 효과적인 임상 시험 관리를 위한 환자군 발굴 및 관리
- 환자 예약, 약품 등의 물류 관리를 통한 효율성 개선

▼ 기업별 인공지능 기술을 활용한 서비스 사례

기업명	주요 기능	사례
IBM	인공지능 왓슨을 이용해 암을 진단하거나 종양을 발견하는 등 전 세계 병원에서 가상 의사로 활용	
아터리스 (Arterys)	인공지능을 활용해 심장 혈류나 수축 모양의 MRI 영상을 3D/4D로 진단	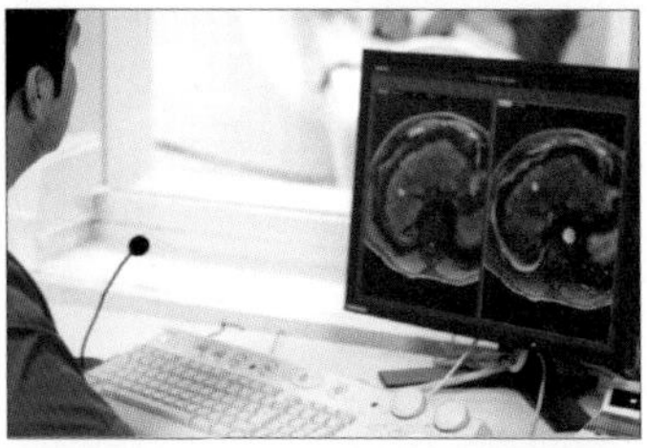
루닛 (Lunit)	유방암 진단 보조 인공지능 프로그램으로 암 촬영 영상 이미지를 인식해 97%의 정확도로 분석	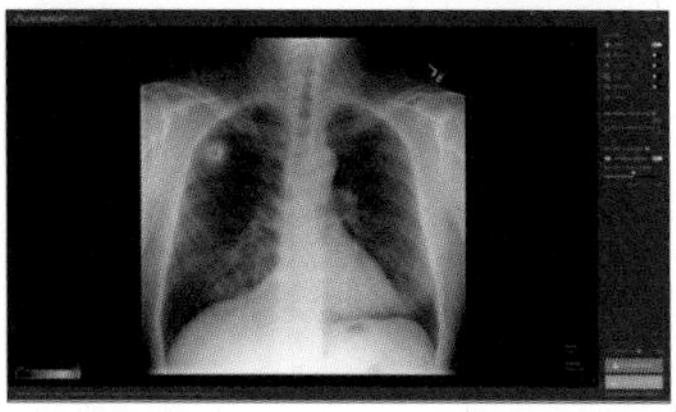

텐센트 (Tencent)	텐센트는 당뇨병, 유방암 등 종양을 진단하는 6개의 인공지능 시스템인 '미잉(Miying)'을 개발해 활용	
구글 (Google)	자회사인 베릴리에서 개인의 건강 상태를 추적해 건강을 진단하는 프로젝트를 개발했으며 눈 질환 진단 기술을 개발	
애플 (Apple)	애플 워치를 개발해 심장의 움직임을 정확하게 체크하고 건강 상태와 심장병의 예방에 활용	

인공지능은 국방 분야에서 무기의 지능화, 첨단 기술을 활용한 훈련, 병력 자원의 수급 등에 인공지능을 적용해 정보화 기반을 구축하는 데 사용하고 있다.

영국 국방부(MOD, U.K.'s Ministry of Defence)는 인공지능을 사용해 군대를 지원하는 'DASA(국방 및 보안 가속기, Defense and Security Accelerator)' 프로젝트를 진행하고 있고 2040년까지 영국의 육군, 해군, 공군에 인공지능 및 기계학습 기반의 기술을 개발하는 것을 목표로 하고 있다.

▲ 보스턴 다이내믹스 사가 개발한 보행 로봇 '아틀라스(Atlas)'. 로봇이 거의 인간과 같이 유동적으로 춤을 출 수 있도록 설계됐다. (출처: https://www.bostondynamics.com/atlas)

군사 분야에서 사용하는 지능형 기술의 구체적인 사례는 다음과 같다.

▼ 군사 분야에서 인공지능이 활용되는 사례

분야	주요 내용
C4I	AI 지휘 결심 지원 체계로 실시간 M&S 및 워게임 체계 구성
정보	AI 군사 정보 관리 체계로 MIMS, 지능형 사이버 전자전 공격 및 방호 시스템
화력	AI를 적용한 지능 유도탄, 표적 탐지 레이더 및 사격 지휘 통제 체계 등
기동	지능형 워리어 플랫폼과 전투복, AI 기반 자율형 기동 체계
방호	지능형 사이버 방호 시스템과 사이버전 수행 기술 개발, 지능형 경계 시스템, 지휘 시설 및 무기 체계의 지능형 방호 체계
작전	지능형 합성 전장 훈련 체계, 인공지능 기반의 훈련 시뮬레이터, 안전 관리 정보 체계 및 원격 치료 시스템 등

(출처: 육군 인공지능 연구 발전처, 2019. 1.)

금융에서는 인공지능을 챗봇, 가상 비서, 소셜 로봇의 형태로 사용하고 있다. 챗봇은 주로 고객 지원 업무에 활용하고 있다. 가상 비서는 음성 인식 기술을 사용해 사용자의 다양한 지시 사항을 처리할 수 있는 애플리케이션의 형태로 많은 기업에서 상품 주문, 정보 검색, 뱅킹 서비스를 제공하고 모바일 뱅킹 내에 가상 비서를 탑재하려 하고 있다. 소셜 로봇은 사람과 소통할 수 있는 로봇(사이버형, 물리형) 형태로 은행에서 안내하는 일을 맡아 수행하고 있다. 대표적인 예로는 소프트뱅크의 '페퍼'를 들 수 있다. 글로벌 투자 은행인 골드만삭스는 인공지능인 '켄쇼'를 도입해 애널리스트가 40시간이나 걸리는 금융 분석을 단 몇 분 만에 해내고 있다.

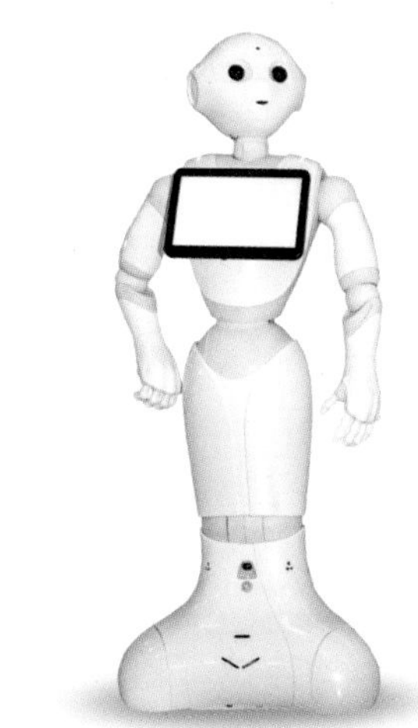
▲ 소프트뱅크의 페퍼로봇

생활, 교육 및 게임에서도 인공지능이 널리 사용되고 있다. 기업들은 인공지능 기술에 집중적인 투자를 하고 있으며, 특히 글로벌 IT 업체들은 생활, 교육, 게임 분야에 인공지능 기술을 접목하는 데 힘쓰고 있다. 다음은 유럽 최대 가전 전시회인 'IFA 2019'에서 삼성전자가 선보인 인간 셰프와 로봇 셰프의 요리하는 모습이다.

▲ 유럽 최대 가전 전시회인 'IFA 2019'에서 선보인 삼성 클럽 드 셰프(Club des Chefs)와 삼성봇 셰프(Samsung Bot Chef)
(출처: 삼성뉴스, https://news.samsung.com/)

구글의 듀플렉스(Duplex)는 인간 대신 예약을 해주는 서비스를 제공한다. 식당 예약, 미용실 예약 등을 도와주고 기관의 근무 외 시간 동안 예약 신청도 가능하다. 또한 청각 장애가 있는 사용자나 언어 구현에 어려움이 있는 사람들에게도 도움을 준다.

일상생활에서 인공지능이 활용되는 사례는 다음과 같다.

▼ 일상생활에서 인공지능이 활용되는 사례

회사	주요 내용	사례
레노버	스마트폰 없이도 얼굴 인식만으로 구매, 결제를 할 수 있는 레노버 러쿠 언맨드 스토어(lenovo lecoo unmanned store)를 개장	
삼성	AI 에이전트인 '빅스비'의 적용 범위를 냉장고 등과 같은 가전과 로봇, 스마트폰 등으로 확대하고 빅스비 비전의 API를 공개해 활용을 활성화	

아마존	AI 에이전트인 '알렉사'를 이용해 자사의 뉴스 블로그를 뉴스 앵커처럼 읽어주는 TTS 기술을 개발	
구글	딥마인드 사의 '알파스타'를 이용해 프로게이머와 온라인 게임 대결을 벌임.	
IBM	AI 플랫폼인 '스피치 바이 크라우드'를 개발해 인간과 토론하도록 함.	
MS	인공지능인 '애저 클라우드'를 이용해 문서를 공유하고 그 안에 담긴 데이터를 활용해 기계학습으로 처리하는 서비스	

교통 및 운송 분야에서 가장 활발하게 사용되는 영역은 자율주행자동차이다. 아직 해결해야 할 문제가 남아 있긴 하지만, 기업들이 자율주행자동차를 적극적으로 준비하고 있어 예상보다 빠른 시간 내에 우리 생활의 일부가 될 가능성이 크다. 자율주행자동차와 함께하는 교통 환경을 만들기 위해서는 교통 인프라(도로 시설, 교통 정보, 물류 시스템, 교통 계획 등)도 함께 발전해야 한다. 또한 교통 정보를 효과적으로 수집하고 제공하기 위한 센서를 통해 서로 통신하며 정보를 주고받을 수 있어야 한다. 인공지능은 수집된 정보를 활용해 교통 시설의 효율성을 높이고 시민의 이동에 도움을 줄 것이다.

▲ 히어 사(HERE Technologies)와 LG가 공동 개발한 자율주행자동차

보안 분야에서는 인공지능을 접목한 지능형 사이버 공격이 증가하면서 피해가 커지고 있다. 그래서 오픈 소스 인공지능 기술을 활용한 악성 코드 분석, 위협 탐지 및 예방, 취약점 분석 등에 인공지능을 활용해 보안책을 마련하기 위한 노력을 기울이고 있다.

▼ 보안 분야에서 인공지능이 활용되는 사례

회사	주요 내용	사례
시만텍	표적형 공격 패턴을 인공지능으로 분석하고 위협을 탐지하는 기술을 탑재한 서비스(Symantec Targeted Attack Analytics)를 제공함.	Symantec. Symantec Introduces Targeted Attack Analytics
와트릭스	보행 인식 기술을 개발해 원거리 사람들을 인식하고 행동의 의도를 파악함.	Watrix Technology Gait Recognition System (GRS)
아마존	'아마존 가드듀티(Amazon GuardDuty)'를 개발해 이상 징후를 발견하는 서비스를 제공함.	S3 Bucket, Amazon Cognito, Elasticsearch, Amazon GuardDuty, CloudWatch Event, Kinesis Firehose, Amazon SNS, Kibana
구글	텐서플로를 활용해 이메일 스팸 서비스를 제공하고 악성 코드를 탐지함.	Outlook Mail, Google Photos
IBM	랜섬웨어를 사전에 봉쇄해 사이버 범죄를 예방하는 클라우드 서비스를 개발함.	Wana Decrypt0r 2.0

무인 시스템 AI를 활용한 구축은 사람의 단순 노동력을 대체하고 있다. 대표적인 예로, 세계 최대 유통 기업인 아마존은 무인 매장, 무인 물류 시스템, 드론 배송, 무인 트럭, 무인 배송 자동차, 무인 배송 로봇 기술 개발에 박차를 가하고 있다.

아마존고(Amazon Go)는 무인 식료품점으로, 수백 개의 인공지능 카메라 센서를 통해 매장 내 고객의 영상 정보를 통해 고객이 구매하는 상품을 실시간으로 계산한다.

▲ 아마존고 매장
(출처: 구글맵 미국 샌프란시스코 아마존고 이미지)

이 기술의 핵심은 '저스트 워크 아웃(just walk out)'이며, 고객은 스마트폰에서 앱을 다운로드한 후 출입문 QR코드를 스캔하는 방식으로 이용하면 된다. 2016년 시애틀에서의 운영을 시작으로 2021년까지 최대 3,000개로 늘린다는 목표를 갖고 있다.

▲ 아마존고의 물건 구매 방법
(출처: amazon.com)

무인 배달 로봇인 '스카우트(Scout)'는 상품을 사람이 걷는 속도로 인도를 따라 이동해 주문한 고객의 집 앞까지 배송한다. 스카우트는 이동하는 길이 확보돼야 하는 반면, 배달 드론은 이와 같은 문제를 해결하고 빠르게 배송할 수 있다는 장점이 있다.

▲ 아마존의 무인 배달 로봇 스카우트와 드론
(출처: https://blog.aboutamazon.com/)

인공지능을 활용한 스마트 레스토랑은 'IKMS(Intelligent Kitchen Management System)'를 통해 주방의 모든 항목의 데이터를 수집하고, 운영과 생산 상태, 재고 및 식료품의 유통 기한을 실시간으로 모니터링한다. 이후 주방에 설치된 무인 기기가 조리를 하고, 완성된 요리는 컨베이어 벨트를 따라 소비자의 식탁으로 배달되는 데 약 2분 정도의 시간이 걸린다고 한다. 다음은 중국의 대표 프랜차이즈 업체인 '하이디라오'가 제안한 스마트 레스토랑의 모습으로, 베이징에 1호점을 개점했다.

▲ 무인화된 주방과 서빙 로봇
(출처: https://www.haidilao.com/)

2.1 인간에게 도전장을 내미는 인공지능

인공지능이 인간의 지능을 모방함에 따라 특정 영역에 해당하는 분야에서는 인간과 인공지능의 대결이 이뤄지기도 한다. 인공지능이 인간에게 도전장을 내민 유명한 첫 대결은 바로 '체스 경기'이다. 1990년 죠나단 셰퍼가 개발한 인공지능 프로그램인 '치누크'가 체스 대회 선수로 참가했지만, 인간에게 4:2로 패배했다. 하지만 1997년 5월 IBM의 '딥블루'가 체스 챔피언 가리 카스파로프를 대상으로 승리함으로써 인공지능의 계산이 인간보다 빠르다는 것을 입증했고 이 분야에서는 인간보다 앞설 수 있다는 것을 보여줬다.

인간과 인공지능의 다음 승부로는 2011년 미국의 인기 퀴즈쇼를 들 수 있다. 이 퀴즈쇼에 IBM의 왓슨이 참여해 우승을 거머쥐었다. 왓슨은 퀴즈쇼에 참가한 2명의 기존 우승자보다 3배 이상 많은 총 100만 달러의 상금을 획득했다.

▲ 딥블루와 카스파로프의 대결(좌), 퀴즈쇼에 참가한 왓슨(우)
(출처: https://www.nature.com/articles/544413a, https://www.youtube.com/watch?v=evbug0HDknk(Udacity)

인간과의 대결에서 인공지능이 도전하기 힘든 분야는 바로 '바둑'이었다. 바둑은 경우의 수에서 계산할 수 있는 모든 탐색 경로를 찾아 빠르게 분석해 답을 찾아내는 체스나 퀴즈쇼와 달리 경우의 수가 10^{170}가지로, 우주 원자의 수보다 많다. 이는 기존 컴퓨터로 수십 억 년이 걸리는 복잡도로 인해 알고리즘의 계산이 불가능한 영역이었다. 하지만 알파고의 등장으로 상황은 역전됐다. 2016년 3월 알파고는 이세돌에게 도전장을 내밀었고 5전 4승 1패로 알파고가 승리를 거뒀다. 딥러닝과 강화학습 기술이 적용된 알파고는 하루 3만 번씩 대국을 진행했는데, 이는 인간이 연간 1,000번씩 1,000년 동안 대국하는 과정에 해당한다. 이제는 인간이 인공지능을 상대로 절대 이길 수 없는 상황이 된 것이다. 이후 알파고는 다양한 분야에 적용되면서 인공지능 발전의 새로운 길을 개척하고 있다.

2.2 인공지능 심사위원

인간의 아름다움을 판단하는 인공지능 대회가 2016년 홍콩에서 열렸다. 'Beauty.AI'는 인종, 국적, 연령에 따른 특성을 파악해 아름다움을 판단한다. 사회적으로 아름답다고 알려진 얼굴을 인간 심판이 판단한 자료로 기계학습을 하고 이를 바탕으로 세계에서 가장 아름다운 여성 또는 남성을 선발한다. 참가자가 자신의 얼굴을 사진으로 찍어 심사 사이트에 업로드하면 인공지능 알고리즘은 참가한 사진에서 특징을 발견해 진선미를 선발한다.

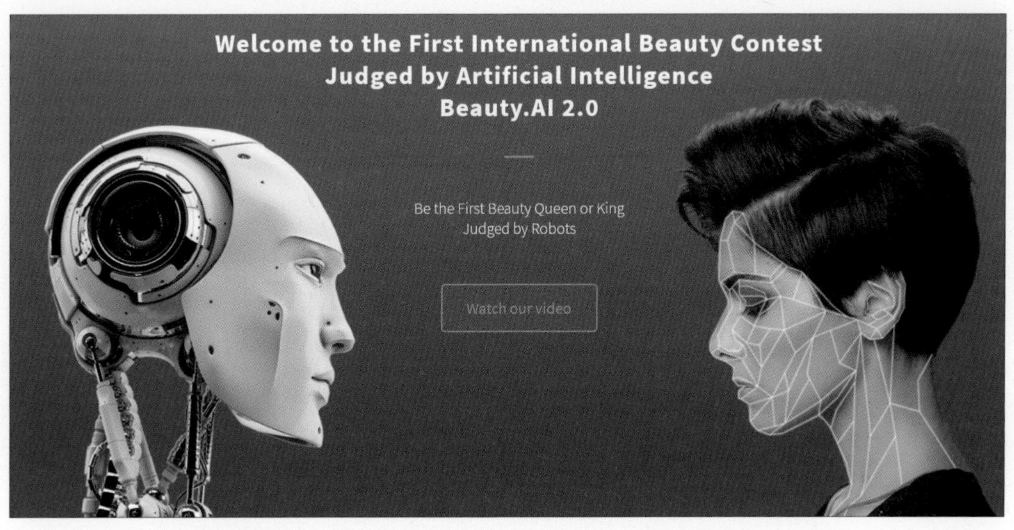

▲ http://beauty.ai/ 사이트의 메인 화면

야구 경기에도 인공지능 심판이 등장했다. 야구 경기의 심판은 이어폰을 끼고, 스트라이크 여부를 판별하는 트랙맨의 판별 목소리를 들으며 경기를 진행한다. 트랙맨은 인공지능 시스템으로 타자의 신장과 서 있는 위치를 계산해 스트라이크존을 세밀하게 조정하고, 투구의 궤적을 파악해 스트라이크 여부를 파악한다. 주관적인 점수가 많은 체조 경기에서도 오심을 바로잡기 위해 인공지능이 향후 올림픽에서 인간 심판을 제치고 체조 선수의 연기를 심사한다고 한다.

인공지능 심판 중 가장 논란이 되고 있는 분야는 바로 재판에서의 판결이다. 중국은 2019년 초부터 인공지능 판사가 맞춤형 질의 응답을 통해 형사 소송 진행을 돕는 온라인 서비스를 도입했다. 에스토니아는 2020년부터 정형화돼 있는 소액 재판에 대해 인공지능 판사가 결정하는 시스템을 적용한다고 발표했다. 오스트레일리아 가정 법원에서는 인공지능이 이혼 재판을 도와주고 있다.

▲ 인공지능 판사

그렇다면 과연 인공지능이 재판을 정확하게 할 수 있을까? 2016년 영국 셰필드대 등 공동 연구진은 인공지능 재판 프로그램을 개발해 기존 재판 결과를 79% 정확하게 예측했다는 연구 결과를 발표했다. 사람의 판단이 100% 정확하고 공정하지 못하다는 점에 있어 인공지능 판사에 대한 기대감을 높여주고 있다. 하지만 인공지능의 편향적인 학습으로 인해 유색 인종을 차별하는 등과 같은 새로운 문제도 제기되고 있는 만큼, 인공지능을 100% 사용하기보다는 인간 판사의 일을 도와주는 협력적인 역할의 구분, 인공지능의 판단 결과에 대한 투명성, 공정성 등에 대한 윤리적인 지침이 마련돼야 할 것이다.

2.3 창의성을 발휘하는 인공지능

인간의 언어에 대한 지능적 테스트로 유명한 튜링 테스트는 2014년 '유진 구스트만(Eugene Goostman)'의 등장으로 통과된 듯했다. 그러나 이후 유진 구스트만의 대화에서 문제점이 발견되면서 언어를 이용한 지능 테스트는 한계점을 맞이한 것으로 보인다. 이를 대체하기 위한 새로운 방법으로 인간의 창의성에 대한 테스트를 제시하는 사례가 늘고 있다.

창의성이 필요한 영역으로는 예술 분야가 있는데, '인간이 음악을 작곡하거나 그림을 그리는 역량을 과연 인공지능이 해낼 수 있을까?'에 대한 테스트이다. 만약 AI가 작곡한 음악이나 그려낸 그림을 인간의 작품과 비교해 그것을 구별할 수 없는 상태가 된다면 작곡하는 AI나 그림을 그리는 AI는 새로운 튜링 테스트를 통과한 것이 아닐까?

그런데 이러한 일들을 주변에서 어렵지 않게 찾아볼 수 있게 됐다. 다음 사이트에서 음악을 들어보고 그림 작품을 살펴보면서 AI 작품과 인간의 작품을 구별할 수 있는지 테스트해보자.

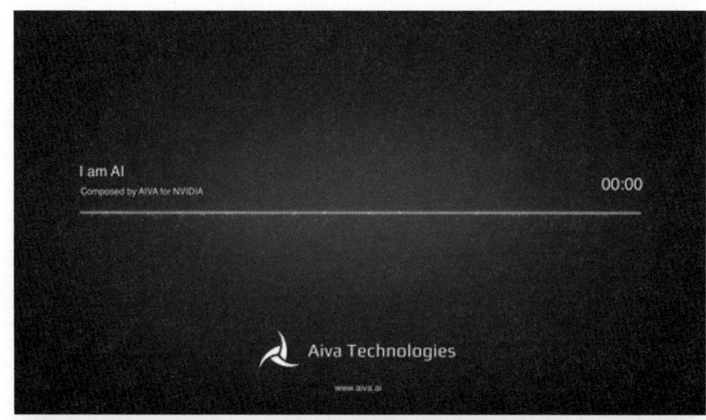

◀ 작곡하는 아이바
(출처: https://www.aiva.ai/)

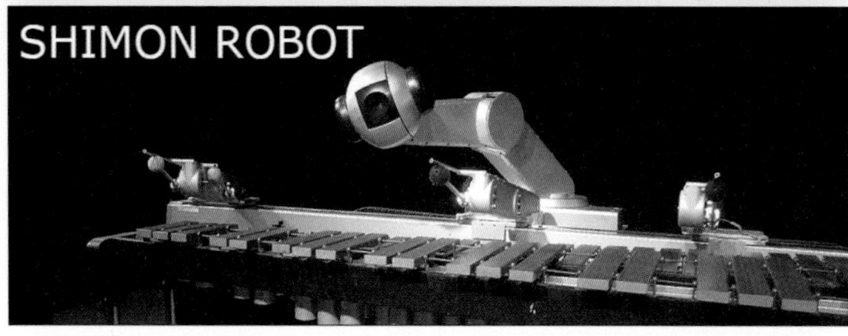

◀ 연주하는 사이먼
(출처: https://www.shimonrobot.com)

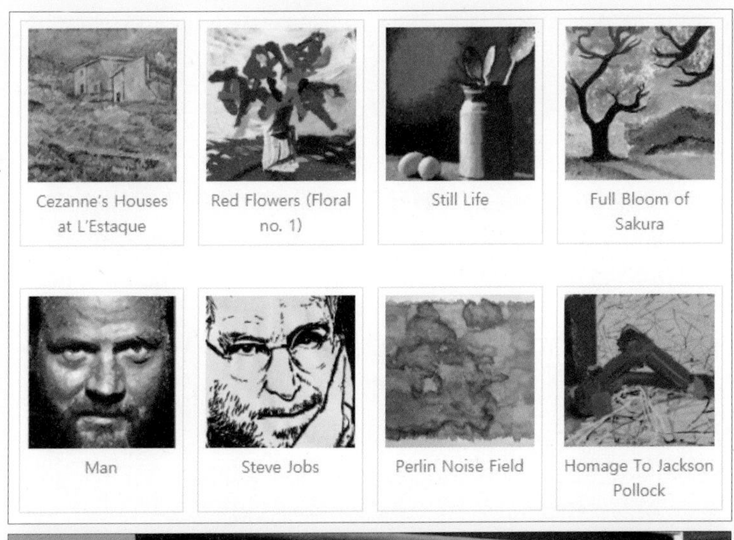

◀ 그리는 인공지능
(출처: https://robotart.org)

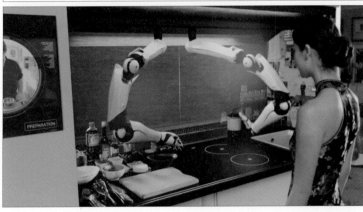

▲ 요리하는 인공지능 로봇
(출처: https://www.moley.com)

예술 분야뿐 아니라 요리, 시, 소설, 무용 등 창의적인 역량을 쏟아내는 인공지능 응용 기술들도 매일같이 쏟아져 나오고 있다.

인공지능을 사용한 기술들이 더욱 발전하고 다른 분야와 빠르게 융합돼 적용된다면, 튜링 테스트를 통과하고 인간의 능력을 초월하는 AI의 탄생을 머지않아 보게 될 것이다.

튜링 테스트와 중국인의 방

▲ 앨런 튜링

인공지능의 개념을 좀 더 명확히 이해하기 위해서는 인공지능의 역사를 살펴볼 필요가 있다. 인공지능은 컴퓨팅 머신의 아버지인 튜링에서 시작된다. 튜링은 지능적인 기계를 판단하기 위한 방법으로 튜링 테스트를 제안했다.

튜링 테스트는 1950년 앨런 튜링이 철학 저널인 《Mind》에 발표한 'Computing Machinery and Intelligence'라는 글에서 제안한 것으로, 기계가 인간과 얼마나 비슷하게 대화할 수 있는지를 기준으로 기계에 지능이 있는지를 판별하고자 하는 테스트이다. 튜링 테스트의 과정은 다음과 같다.

인간과 컴퓨터가 2개의 방에 각각 들어가 있고, 밖에는 인간 심사자가 있다. 인간 심사자는 2개의 방에 키보드를 이용해 질문할 수 있고, 2개의 방에서도 키보드로 타이핑해 응답한다. 인간 심사자는 이러한 과정을 거치며 어느 쪽 방에 진짜 인간이 있는지를 찾아내는 것이다. 만약 심사자가 인간이 아닌 컴퓨터가 있는 방을 선택했다면 이 컴퓨터는 튜링 테스트를 통과한 것이다. 즉, 컴퓨터가 인간과 자연스럽게 대화할 수 있다면 그 컴퓨터는 인간과 같은 지능을 가졌다고 보는 것이다.

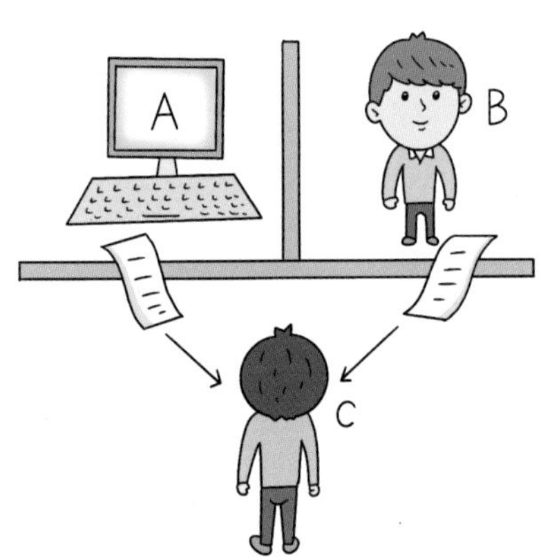

▲ 튜링 테스트 장면

이러한 튜링 테스트의 반론으로 존 설이 제기한 '중국인의 방' 실험이 있다. 즉, 튜링 테스트만으로 기계가 지능을 가졌다고 판별할 수 없다는 것을 증명하기 위한 실험이다. 실험 내용은 다음과 같다.

방 안에 영어만 할 수 있는 사람이 들어간다. 그 방에는 미리 만들어 놓은 중국어 질문과 그에 대한 대답이

▲ 중국인의 방 실험(좌)과 존 설(우)

작성돼 있다. 밖에서 사람이 중국어로 작성한 질문지를 넣으면 방 안에 있는 사람은 준비된 규칙표에 따라 답변을 중국어로 작성해 밖에 있는 사람에게 건네준다.

중국인의 방에서 규칙표대로 질문에 대한 응답한 제출한 사람은 정말 중국어를 안다고 할 수 있을까? 이 방에 있는 사람은 중국어를 할 줄 아는 것처럼 보이기는 하지만, 중국어를 진짜로 이해하고 답한 건지는 판단하기가 매우 어렵다. 이러한 점에 비춰봤을 때 단순히 질문에 답변했다고 해서 지능적이라고 판단하는 튜링 테스트는 무리가 있다는 것이다(《Journal of Experimental & Theoretical Artificial Intelligence》 최신호에 'Taking the fifth amendment in Turing's imitation game'이라는 제목으로 발표).

2014년 튜링 테스트 대회에서 러시아 연구진이 개발한 '유진 구스트만(Eugene Goostman)'이 튜링 테스트를 통과했다고 선언했다.

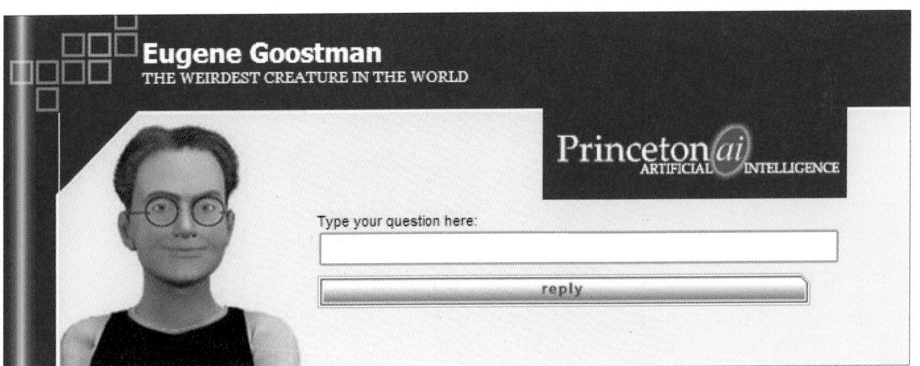

하지만 이 같은 결과를 두고 많은 연구자가 이의를 제기하고 있다. 특히 레이 커즈와일은 튜링 테스트는 5분씩의 채팅을 통한 테스트이므로 너무 짧은 시간에 측정하기에는 무리가 있다는 것이다. 실제 레이 커즈와일은 유진 구스트만과 대화한 내용을 공개하며 유진 구스트만이 매우 기계적으로 대답하고 있음을 제시했다. 즉, 유진 구스트만은 똑똑한 챗봇에 지나지 않는다는 것이다. 이에 다른 연구자들도 튜링 테스트의 수준을 올려야 한다고 주장하고 있다.

반세기 넘게 진행돼온 튜링 테스트에 관해 '워윅(Warwick)'과 '샤(Shah)'는 실제 튜링 테스트의 대화를 보고 컴퓨터가 침묵을 지키고 있을 때마다 심사관이 컴퓨터와 기계를 구분할 수 없다는 사실을 알아냈다. 사람처럼 스스로의 의지로 침묵을 지킨 것이 아니라 기술적 문제로 대답을 하지 못했던 것을 심사관이 인간처럼 생각한 것이다. 워윅은 이 연구를 통해 튜링 테스트를 통과하는 것이 무슨 의미가 있는지 생각해봐야 한다고 말했다.

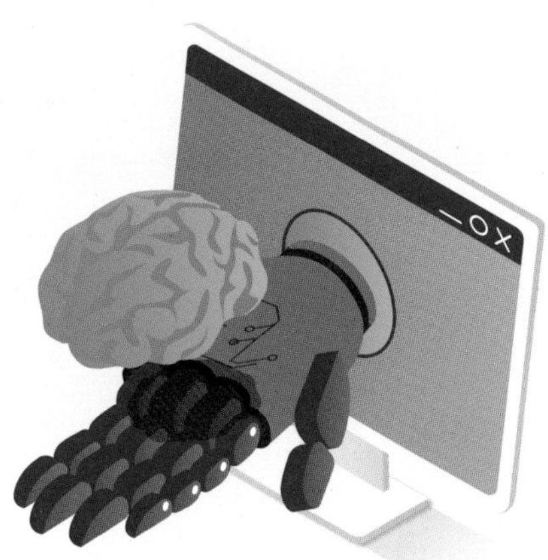

ARTIFICIAL INTELLIGENCE

3. 세상을 바꾸는 인공지능

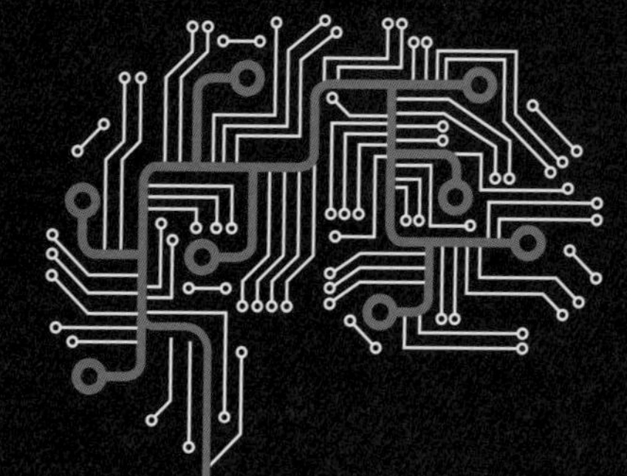

1901년의 뉴욕의 부활절 퍼레이드는 말과 마차의 행렬이었지만 1913년의 부활절 퍼레이드에서는 마차 대신 포드 자동차 모델 T가 뉴욕의 모든 거리를 채워 버렸다. 12년 만에 자동차 사회로 바꾼 것이다. 인공지능은 사회를 송두리째 바꾸는 데 얼마나 걸릴 것인가?

Why Software Is Eating The World

By Marc Andreessen
August 20. 2011

2011년 《월스트리트 저널》에서 'Why Software is Eating The World?(왜 소프트웨어가 세상을 집어삼키는가?)'라는 칼럼이 발표됐다. 최초 웹 브라우저의 개발로 인터넷의 대중 시대를 연 마크 앤더슨의 기고문으로 당시 산업 구조가 소프트웨어 중심으로 넘어가는 트렌드를 예견했으며 전 세계에서는 소프트웨어 열풍이 불었다. 이는 교육에도 영향을 미쳐 공교육에서 SW 교육 도입의 계기가 됐다.

Why AI Is Eating The World

이 문구는 소프트웨어, SW 대신 인공지능, AI가 더 적절한 용어가 됐다. 소프트웨어의 발전은 AI가 발전할 수 있는 기반이 됐고, 다양한 분야에서 AI 기술이 융합돼 사용되고 있다. 인공지능의 획기적인 발달로 세상의 모든 기술은 AI와 융합하고 있으며, 인공지능이 모든 것을 갈아치우고 있다. 인공지능이 다른 분야뿐 아니라 그 모태인 컴퓨터 과학마저 집어삼키고 있다.

그렇다면 실제 전 세계의 산업과 사회의 변화를 통계적인 수치로 인공지능의 영향을 살펴보자.

3.1 인공지능으로 바뀌는 사회의 통계적 접근

시장 조사 업체 '액센추어(Accenture Research)'는 2017년 '프론티어 이코노믹스(Frontier Economics)'와 공동으로 세계 경제의 80% 이상을 생산하는 33개국을 대상으로 인공지능의 영향을 분석했다. 이 연구는 2035년까지 현재 경제 성장을 기준으로 했을 때 성장 시나리오와 인공지능이 경제에 영향을 미쳤을 때 예상되는 성장 시나리오를 비교했다. 다음 그림에서 알 수 있듯이 인공지능은 각 나라별 경제 성장에 큰 영향을 미치는 것으로 나타났으며 기존보다 대략 두 배의 성장을 이뤄낼 것이라고 전망하고 있다.

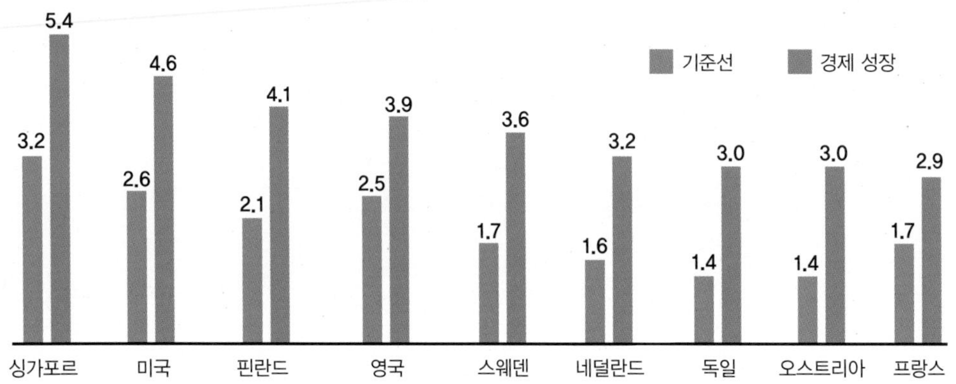

▲ 인공지능에 따른 각 나라별 경제 성장률
(출처: https://www.accenture.com/sg-en/company-news-release-artificial-intelligence-poised)

시장 예측 기관인 '스타티스타(Statista)'에 따르면, 2018년 AI 시장 규모는 2017년 대비 52.5% 성장한 74억 달러 규모에 이르고, 2025년에는 898.5억 달러를 달성할 것이라고 전망했다. 2019년 '가르텐(Gartner)'에서 제시한 '하이프 사이클(Hype Cycle)'을 살펴보면 곡선 안에 위치하고 있는 AI 기술들의 절반 이상이 5년 이내에 생산 안정기에 접어들어 시장에서 핵심 기술로 활용될 것으로 예상하고 있다.

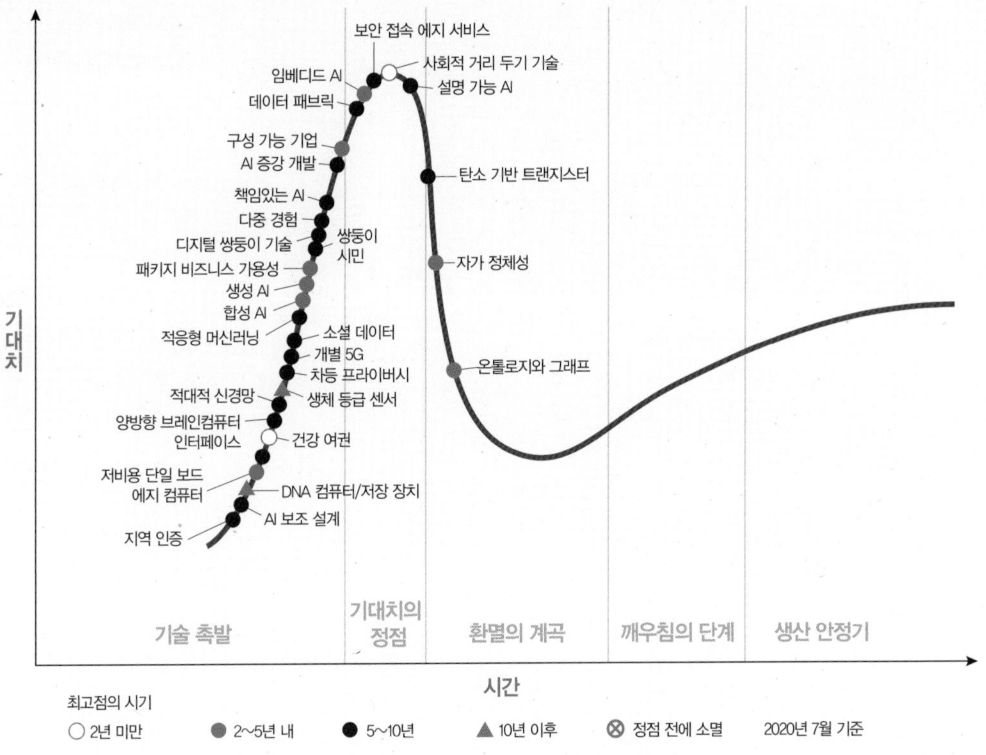

▲ 2020년 가트너 신기술 하이프 사이클(과장 곡선)
(출처: https://www.gartner.com/smarterwithgartner/5-trends-drive-the-gartner-hype-cycle-for-emerging-technologies-2020/)

또한 인공지능이 노동 생산성을 크게 향상시킬 수 있는데, 이로 인해 생산성이 증대됨과 동시에 작업 시간은 줄어들 것이다. 그리고 이에 따라 노동자들이 시간을 좀 더 효율적으로 사용하고 새로운 것을 창조하고 상상하며 혁신을 이뤄내는 데 도움이 될 것이다.

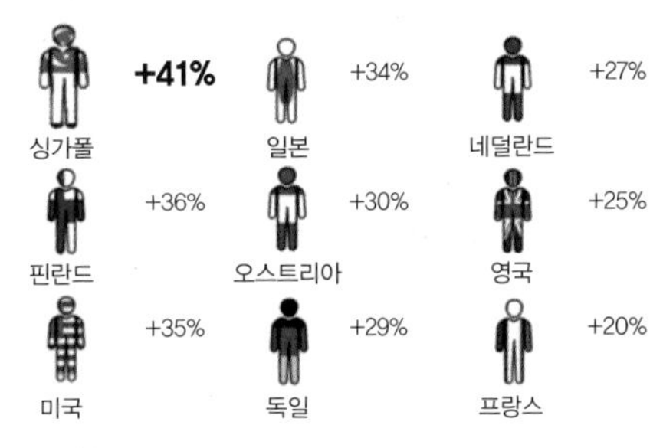

▲ 노동 생산성 향상 비율
(출처: Accenture and Frontier Economics(https://www.accenture.com/sg-en/company-news-release-artificial-intelligence-poised))

액센추어의 2017년 보고서에 따르면, 인공지능이 각 산업별 성장에 가장 많은 영향을 미치는 분야는 정보 및 통신, 제조, 금융 서비스이다. 이 세 분야만으로도 2035년에 6조 달러가 증가하고, 전통적으로 성장이 느린 교육 및 사회 서비스 분야에서조차도 1,100억 달러, 2,200억 달러가 각각 증가할 것이라고 했다.

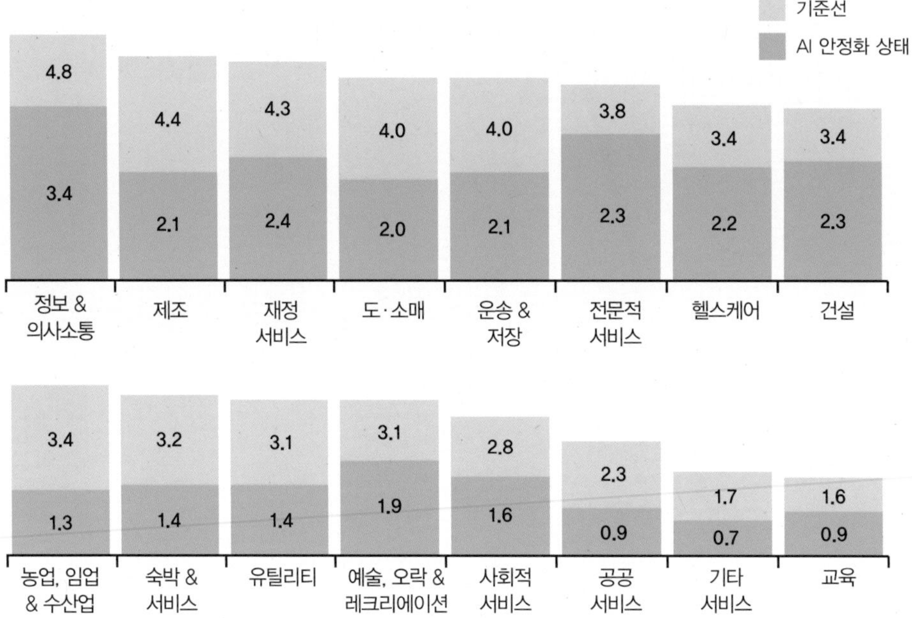

▲ AI가 산업의 성장에 미치는 영향

인공지능이 각 나라별, 산업별로 미치는 영향을 고려봤을 때 전례 없는 기회를 제공한다는 사실을 알 수 있다. 생산성을 높여 수익률의 증가를 가져오고 노동자들의 근로 시간을 줄여주고 있다. 그러므로 인공지능을 도입하고 성장의 밑바탕으로 삼고자 하는 것은 이제 선택이 아닌 필수가 된 것이다.

3.2 인공지능과 직업

인공지능의 발전으로 인해 가장 많이 논의되고 있는 부분이 바로 직업의 변화와 충격에 관한 것이다. '인공지능의 위협'이라고도 표현될 만큼 직업 문제에 대한 해결 방안은 사람들의 최대 관심사이기도 하다.

러다이트 운동과 네오러다이트 운동

급격한 기술의 발전으로 산업 구조가 바뀌어 인간이 위협을 느꼈던 일은 인간의 역사에서 자주 접하는 사건이다. 산업혁명 당시 사람들은 땅이 아닌 공장으로 일터를 옮겼으며 공장의 근로자로서의 삶을 살기 시작했다. 하지만 대량 생산을 할 수 있는 기계가 발명되고 그것이 인간의 육체적 노동을 대체하게 되자 사람들은 공장에서마저도 설 자리를 잃고 말았다. 이에 사람들은 기계를 부수며 일자리를 찾기 위한 러다이트(Luddite) 운동을 일으켰다.

컴퓨팅과 인공지능의 충격적인 기술은 네오 러다이트 운동을 불러일으키기에 부족함이 없는 것처럼 보인다. 인공지능에 의해 직업이 사라지고 기존의 일자리를 잃게 된 사람들은 디지털 기술의 도입을 행동으로 저지하며 정책과 법으로 막고 있지만, 언제까지 저지할 수 있을지는 미지수이다.

▲ 러다이트 운동

▲ 우버 택시 반대

산업 사회의 러다이트 운동과 같은 위기에도 사람들은 다시 일자리를 찾았고 경제적인 행위를 지속할 수 있었다. 새로운 혁신과 발명이 다른 일자리를 창조했기 때문이다.

최근 인공지능의 혁신적인 발전으로 인해 이를 바탕으로 한 시스템이 개발되며 사람의 정신적인 노동을 대체하기 시작했다. 2016년에 개최된 다보스 포럼에서 발행된 「기술 재교육 혁명: 일자리의 미래(Towards a Reskilling Revolution: A Future of Jobs for All)」라는 보고서에서는 4차 산업혁명으로 인해 2020년까지 총 710만 개의 일자리가 사라질 것이라고 전망했다.

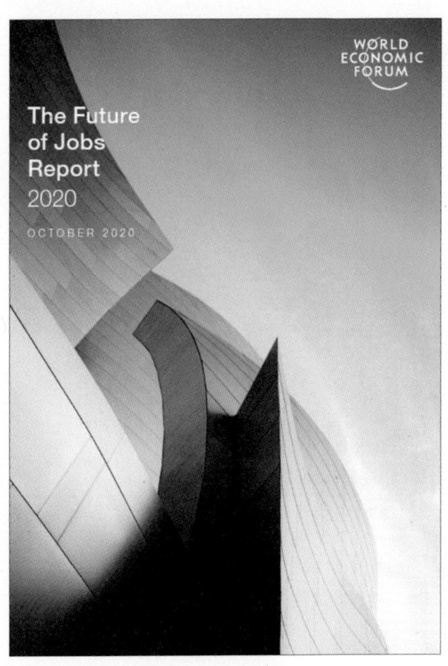

▲ Future of Jobs Report 2020 표지

하지만 2020년 보고서에서는 2025년까지 9,700만 개의 직업이 새로이 생겨나거나 늘어날 것이라고 하였다. 감소하는 8,500만 개의 직업보다 증가하는 직업이 훨씬 더 많이 차지를 하고 있다는 것을 알 수 있다. 사라지는 대부분의 직종은 사무직 및 관리직으로, 자동화된 기계로 대체 가능한 직업이 이에 해당한다.

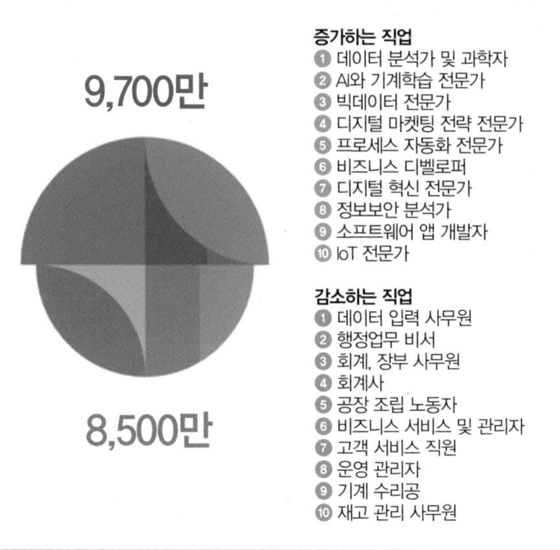

▲ Future of Jobs Report 2020 내용 중 직업에 대한 전망

이처럼 여러 연구기관과 연구자의 의견을 분석해보면 인공지능에 의해 직업이 일방적으로 소멸된다거나 반대로 생성되는 직업이 급격하게 증가한다는 의견은 아직 어느 한쪽으로 결정하기에는 예단하기 어려운 상황이다.

인공지능에 의해서 직업이 생성되거나 소멸되는 것에 집중하기보다는 인공지능에 의해 직업이 어떤 형태, 방향으로 변화되는지를 이해하는 노력이 필요하다.

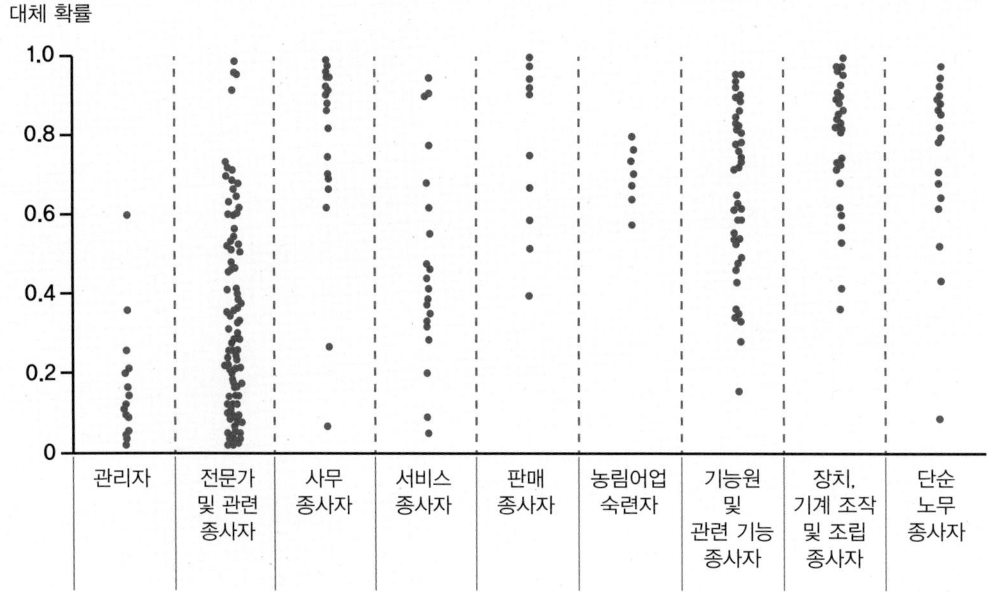

▲ 직업별 대체 확률 분포
(출처: 인공지능에 의한 일자리 위험 진단, LG경제연구원, 2018)

이에 인공지능이 대체할 수 없는 직업에 대한 모색 방안도 함께 연구되고 있다. 다음 표는 인공지능이 대체하기 어려운 직업의 예시다. 대체하기 어려운 직업은 교육에서 안내할 수 있는 좋은 자료이기도 한데, 미래의 인재들이 어떠한 역량을 준비하고 키워야 하는지에 대한 많은 고민을 하게 한다.

▼ AI가 대체하기 어려운 직업(예시)

영역	사례
자동화하기에는 너무 비싸고 복잡한 시스템	우주선 발사/소행성 채광/나노 기술 연구/심해 연구/인구 통계학 연구/언어학 분석/소재 과학/장애 분석
인간만이 인식할 수 있는 창조적 노력	예술 공연/회화, 조각, 무용, 디자인/뮤지컬 공연/시/패션 디자이너/인테리어 디자이너/산업 디자이너/헤어 디자이너/평판 디자이너와 관리자
감정적 반응을 일으키는 인간 대 인간의 상호작용	격려의 미소/설득력 있는 주장/개인적 악수/안아주기/로맨틱한 키스/설득력 있는 영업 활동/마사지/아이를 낳고 기르기
인간의 추론이 필요한 의사결정	새로운 법률, 정책과 규제의 신설/정부의 감독/기업, 사업 계획/마케팅 전략/동물 보호소 관리/어린이집 근로자/문제해결
인간의 통역이 필요한 복잡한 작업	의사와 의학적 진단/데이터 분석/판사와 법률 시스템/기업 임원/프라이버시 전문가/관계 구축 전략/출산 과정/계보학 지도화
인간의 접촉이 필요한 상황	노래, 춤, 저글링을 가르치는 사람/토론에서 승리하는 방법을 가르치는 사람/체조를 가르치는 사람/합리적인 결정을 할 수 있도록 가르치는 사람/인간의 삶의 가치를 가르치는 사람
디지털 기기보다 해킹에 안전한 인간의 충성심이 필요한 상황	대통령 또는 중요한 인물의 경호/비밀 유지/비밀을 털어놓을 수 있는 개인 친구/기업의 지식 보호/로봇 대체 전문가/로봇 컨설턴트/로봇 로비스트
인간 대 인간의 가치 평가	주식과 상품의 구매/투표/정부 정책 결정/정책을 위반한 경우의 행동 결정/상품과 서비스 등급 책정/설문 조사와 여론 조사
인간이 로봇을 제어하는 지위	기업주와 관리자/소프트웨어 설계자와 프로그래머/시스템 디자이너/제품 디자이너/로봇 유지보수와 수리/로봇 구성 전문가/로봇 테스트 기술자/로봇 판매 전문 경매 회사
인간과 인간의 경쟁	대중 스포츠(축구, 농구, 풋볼 등)/올림픽과 장애인 올림픽/인기 경쟁(미인 대회, 선거 등)/고객 보상 프로그램/스타트업 펀딩 조달/분쟁 해결

ARTIFICIAL INTELLIGENCE

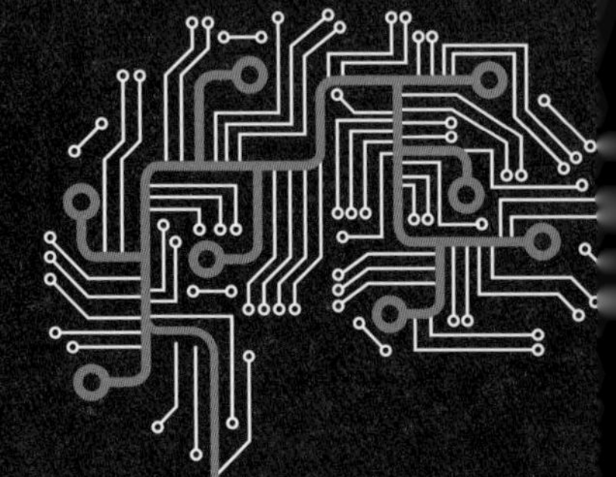

4. 인공지능의 영향

인공지능은 두 얼굴을 갖고 있다. 인간의 한계를 뛰어넘으며 행복으로 이끌 것인가, 이와 반대로 인류의 생존을 위협할 치명적 기술로 발전할 것인가?

과학과 기술의 발달은 사회의 변화를 초래하는 주요한 요인 중 하나다. 탄탄한 과학을 바탕으로 등장한 파괴적 기술은 인류의 역사에서 여러 번 등장하곤 했다. 언어, 수, 주판, 종이, 인쇄 이후 증기 기관을 바탕으로 하는 산업혁명, 컴퓨터의 등장으로 정보 혁명이 인터넷과 융합되며 인류의 삶의 방향을 크게 바꾸고 있고 인공지능의 발전은 그 변화를 더욱 가속화하고 있다.

혁명적인 기술의 발달은 인류의 긍정적인 삶의 변화뿐 아니라 인류가 깊게 고민해야 할 이슈들이 함께 던져지곤 한다. 기존 체제를 파괴적으로 몰고가는 기술일수록 인간과 사회에 더 큰 이슈와 윤리적 가치를 고민하게 하는 사건들이 등장한다.

산업혁명으로 촉발된 러다이트 운동은 컴퓨터 기술의 급진적 발전으로 발생한 시어도어 존 카진스키(Theodore John Kaczynski)의 폭탄 테러 사건과 같은 네오러다이트(Neo-Luddite) 운동을 이끌었다. 딥러닝을 필두로 하는 기계학습 기반의 인공지능 발전으로 사회, 직업, 문화, 경제, 정치 등의 여러 분야에서 네오러다이트 운동이 될 만한 사건들이 요즘 미디어를 채우고 있다.

인공지능에 의한 사회적인 영향과 윤리적 이슈로 인간은 자신의 정체성과 올바른 삶의 기준 그리고 법과 정치 그리고 사회 문화의 모든 측면을 재구성해야 하는 상황에 직면하고 있다.

4.1 AI 시대를 대비하는 인류

인공지능이 기존의 직업을 대체하고 있고 앞으로 더 많은 직업을 대체할 것이라는 예측은 사람들로 하여금 인공지능에 대한 두려움을 불러일으키고 심지어 반감까지 느끼게 한다고 이야기했다. 하지만 산업혁명에서 겪었던 것처럼 인공지능에 지배당하는 두려움에 떨고 있기보다 인공지능을 도구로 활용해 인간이 도움을 받을 수 있는 영역과 인공지능이 해결할 수 있는 영역을 구분해 바라본다면 삶의 질을 훨씬 향상시킬 수 있을 것이라는 견해가 나오고 있다.

카이 푸 리(Kai-Fu Lee)는 2018년 'AI가 인간의 존엄성을 회복시키는 방법'이라는 주제의 TED 강연에서 인간과 인공지능의 직업 영역에 대해 다음 그림과 같이 설명했다. 인간의 강점인 감정과 창의력을 필요로 하는 영역에서 인간의 능력을 최대한 발휘하자는 것이다. 반면, 인공지능은 반복되고 자동화가 필요한 영역에서의 일, 그리고 인간의 일에 인공지능의 도움을 받는 형태로 공존의 방법을 찾을 수 있다.

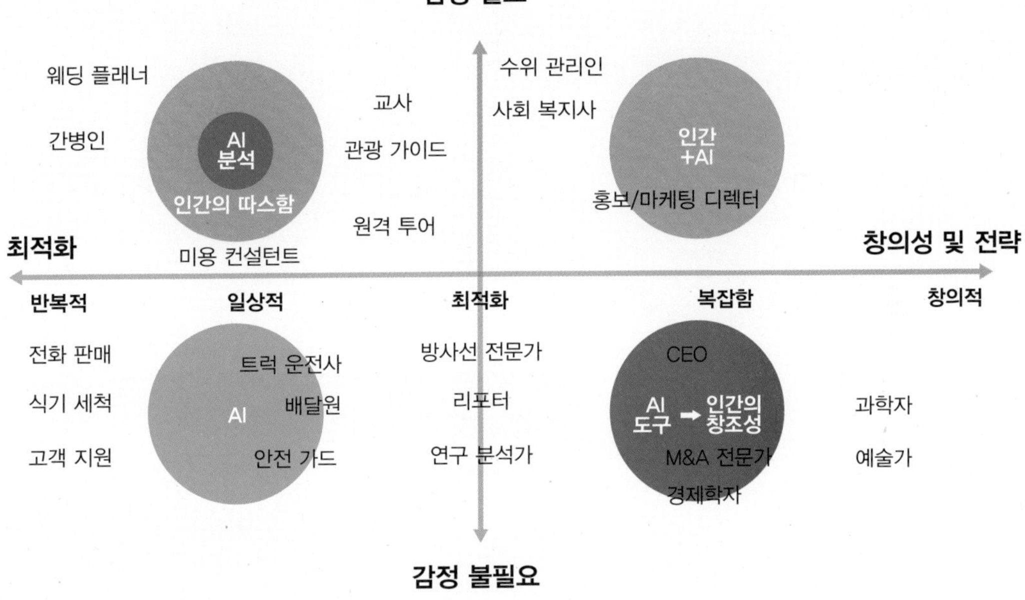

▲ 카이 푸 리(Kai-Fu Lee)의 '인간과 인공지능의 공존 매트릭스'
(출처: https://www.slideshare.net/AIFrontiers/kaifu-lee-at-ai-frontiers-the-era-of-artificial-intelligence)

또한 인공지능의 역기능, 인공지능의 일자리 착취, 윤리적인 문제 등을 예방하기 위한 다양한 법제화, 기업에서의 인공지능 윤리 규범 등의 필요성을 제기하고 실제 이와 관련한 방안들이 나오고 있다. 기술이 만들어내는 사회의 변화는 사람들 간의 합의, 약속, 규칙, 법제화 등을 통해 윤리적 규범의 토대 위에 만들어져야 한다. 인공지능을 피할 수 없다면 제대로 알고 활용해 인간에게 도움이 되는 방향으로 사용해야 할 것이다. 이제 다가오는 미래 사회 속에서 인간의 행복에 대한 새로운 정의가 필요할 때이다. 이를 위해 인간과 기계의 협업, 인간 중심 사회의 구현, 인간 존엄성의 회복과 유지 등이 반드시 논의돼야 한다.

4.2 인공지능의 미래

인간의 능력을 능가하는 기술에 대한 도전은 과학자들과 기술자들의 오랜 숙명이다. 많은 미래학자가 인공지능의 기술도 지수적인 발전을 고려했을 때 머지않아 많은 도약이 있을 것으로 예견하고 있다.

AI는 크게 약인공지능(Weak AI), 강인공지능(Strong AI), 초인공지능(Super AI)으로 나눌 수 있다.

▼ AI의 구분

유형	약인공지능	강인공지능	초인공지능
정의	인간의 지능적 사고나 행동을 일부분만 구현한 모방 인공지능	인간 수준의 지능적인 사고와 행동을 할 수 있는 범용 인공지능	모든 인류의 통합된 지능을 초월하는 수준의 인공지능
사례	스마트폰 얼굴 인식 자율주행자동차 금융 투자 시스템 왓슨, 알파고 자비스	Her 비전 터미네이터 트랜센던스	어떻게 나타날지 모름.

▲ 인간과 비슷한 인공지능 구현

다트머스 회의로 비롯된 인공지능 연구는 초창기부터 강인공지능을 목표로 했다. 다트머스 회의의 중심에 있던 존 매커시는 '기계를 인간 행동의 지식에서와 같이 행동하게 만드는 것'을 주장했다. 강인공지능은 존 매커시가 말한 것처럼 인간 수준의 지적인 행동과 생각을 완벽하게 모방한 것으로 모든 문제를 해결할 수 있으며 그렇기 때문에 '범용 인공지능'이라고도 한다. 우리가 영화를 볼 때 흔히 나오는, 인간처럼 말하고 행동하는 로봇이 강인공지능을 구현해 적용한 형태라고 생각하면 쉽다.

하지만 그 시절의 컴퓨팅 파워와 알고리즘으로 강인공지능을 구현하다는 것은 거의 불가능했다. 몇 번의 침체기를 거듭 맞이하면서 연구자들은 범용적 지능을 구사하는 강인공지능이 아닌 특정 분야의 일부 문제만 해결할 수 있는 약인공지능에 집중하기 시작했다. 약인공지능은 인간에게 유용한 도구로써 지능형 시스템의 관점으로 설계되고 개발된 것이다. 컴퓨터가 인간보다 뛰어난 계산, 기억, 정확성, 끊임없이 일할 수 있는 능력 등에서 이미지 인식, 문자 인식, 음성 인식 등에 이르기까지의 일들을 매우 좁은 범위지만 강력하게 해내고 있는 것이 바로 약인공지능이다.

우리가 현재 사용하고 있는 음성 비서, 스마트폰의 얼굴 인식, 구글의 알파고, 자동 번역기, 스팸 메일 필터링 등이 약인공지능의 대표적인 사례이다. 약인공지능은 강인공지능과 달리 인간에게 유용한 지능형 도구의 의미로 사용되고 있다.

미래학자 레이 커즈와일은 강인공지능을 넘어 이보다 더 강력한 초인공지능이 나타나는 시점을 '특이점(Singularity)'으로 설명하고 있다. 특이점은 인공지능이 급격히 발전해 모든 인류의 지성을 합친 것보다 뛰어나게 되는 시점을 일컫는 말이다. 이때가 되면 인간의 삶은 돌이킬 수 없게 바뀌며 특이점 이후 인류는 기계와 통합되거나 심하면 멸종하거나 인공지능의 도움을 받아 영생을 누릴 수 있을 것이라 예측하고 있다. 그는 특이점의 시기를 2040년경 이후로 예상하고 있다.

▲ 약인공지능

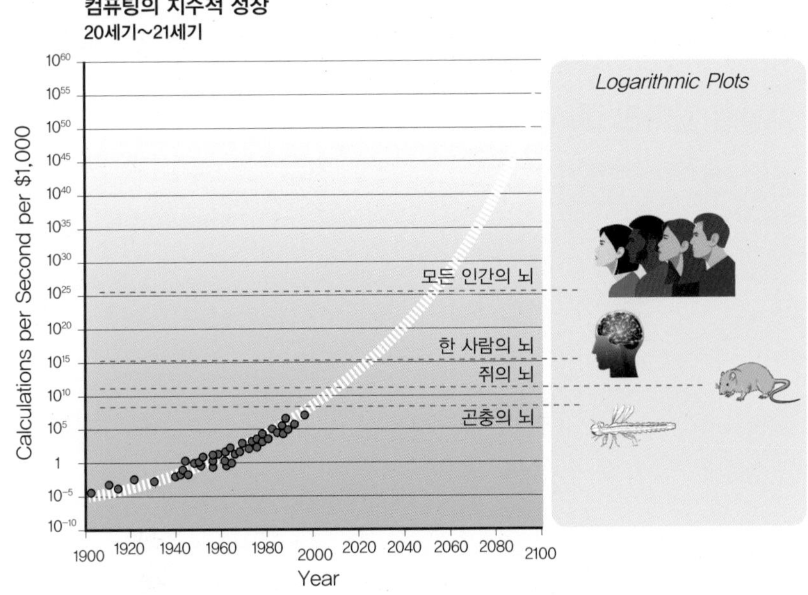

▲ 컴퓨팅의 폭발적인 성장
(출처: https://commons.wikimedia.org/)

이러한 인공지능에 대한 연구자들의 찬반 논쟁이 팽팽하다. 스티븐 호킹은 "100년 안에 인류가 인공지능을 갖춘 기계에 종속되고, 결국 멸망에 이를 것"이라 경고하기도 했다. 이와 반대로 모셰 바르디 교수는 "기계가 모든 업무에서 인간보다 훌륭한 성과를 내는 시대가 올 것"이라며 "그때 인간은 무엇을 할 수 있을지 진지한 고민이 필요하다."라고 말했다.

인공지능 낙관론자	**레이 커즈와일** (미래학자, 구글 엔지니어링 이사)	**마크 저커버그** (페이스북 CEO)
	"인공지능을 두려워할 필요가 없다. 문제는 인공지능 기술이 아니라 인간 사회에 있다."	"AI가 사람을 살리고 우주의 지표 아래를 탐사할 수 있게 해줄 것이다."
인공지능 비관론자	**엘런 머스크** (테슬라 CEO)	**스티븐 호킹** (물리학자)
	"인공지능 연구는 우리가 악마를 소환하는 것이나 마찬가지이다." "인공지능은 핵무기보다 위험하다."	"인공지능이 인류의 종말을 불러올 수 있다."

4.3 직업과 인공지능의 일자리 대체

숙련도	AI 대체 가능성: 중간	AI 대체 가능성: 낮음
높음	• 고숙련 업무 • 정형 업무 • 회계 사무, 법률 사무, 통·번역, 임상 병리, 영상 의학 분석	• 고숙련 업무 • 비정형 업무 • 연구 개발, 공정 관리, 계획 설계, 법률 전문가, 의료, 교육
	AI 대체 가능성: 높음	**AI 대체 가능성: 낮음**
낮음	• 저숙련 업무 • 정형 업무 • 단순 조립, 계산 출납, 요금 수납, 시설 안내, 창고 관리, 운전	• 저숙련 업무 • 비정형 업무 • 정육 가공, 청소, 간병, 육아, 실버케어, 공예, 정원 관리
	낮음 ← 비정형성	→ 높음

인공지능 기술에 의해 직업이 대체될 가능성에 대한 미래 예측을 보면 직업 숙련도와 정형성을 기준으로 위와 같이 네 가지 유형으로 정리된다. 자세히 보면 숙련도의 수준보다는 정형성이 인간의 직업을 기술로 대체하는 중요한 변인이 된다는 것을 알 수 있다. 이는 자동화와 관련된 것으로, 고숙련 업무와 비정형 업무를 하는 유형 그리고 저숙련 업무와 비정형 업무를 하는 유형에서 기술의 대체가 낮게 나타났다(출처: 김동규 외(2017), 4차 산업혁명 미래 일자리 전망, 한국고용정보원 보고서).

▲ 직업과 인공지능의 일자리 대체

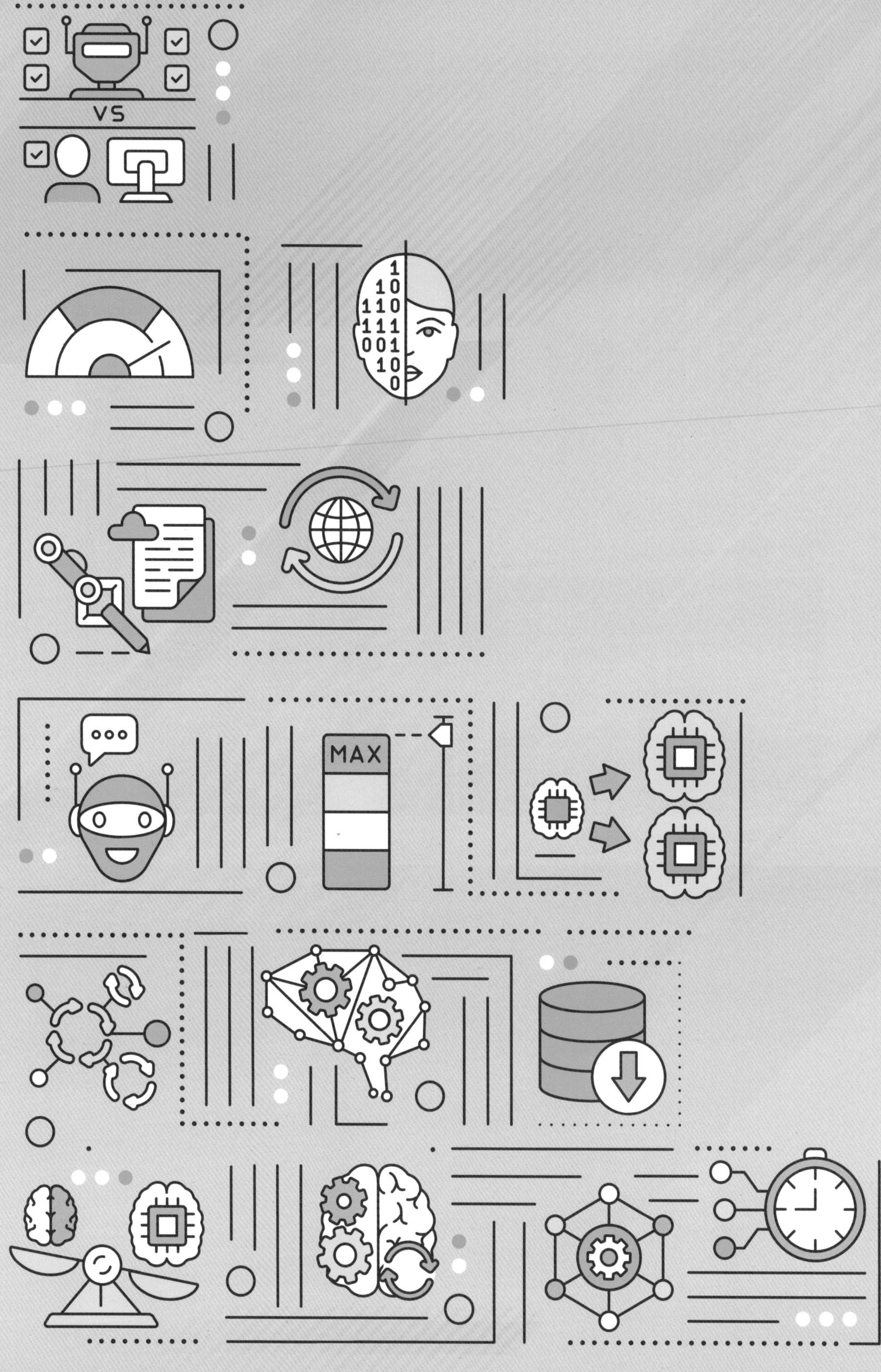
VS
MAX

2부

교육과 인공지능

- "250년 동안 경제 성장의 근본적인 동인은 범용 기술의 혁신이었다. 우리 시대의 가장 중요한 범용 기술은 인공지능, 특히 기계학습이다." **– 에릭 브리뇰프슨(Erik Brynjolfsson), 앤드류 맥아피(Andrew McAfee)**

- "정보 혁명은 실제로는 지식 혁명이며, 앞으로 등장할 경제 체제와 기술에서 우위를 유지하느냐의 여부는 이들 지식 전문가의 사회적 지위와 권력과 가치가 어떻게 반영되느냐에 달려 있다."
– 피터 드러커(Peter F. Drucker)

- "지식과 기술만으로는 인류를 행복하고 품위 있는 삶으로 인도할 수 없다는 사실을 잊지 말자."
– 알버트 아인슈타인(Albert Einstein)

- "교육은 학교를 졸업함으로써 끝나는 것이 아니고 일생 동안 계속해야 하는 것이다."
– 존 러벅(John Lubbock)

ARTIFICIAL INTELLIGENCE

1. 국가 경쟁력, 인공지능

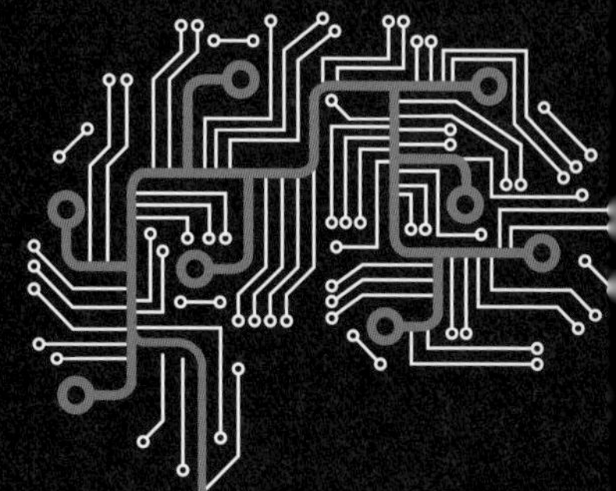

파괴적 기술 또는 와해성 기술(Disruptive Technology)은 다양한 분야에서 업계나 국가 경쟁력에 위협이 될 수 있거나 국력 신장에 기여할 정도로 파급 효과가 큰 기술을 의미한다. 컴퓨터, 인터넷, 스마트폰을 이어 인공지능이 와해성 기술의 중심에 있다.

전 세계 선진국들은 2017년을 기점으로 인공지능의 글로벌 리더의 자리를 차지하기 위한 공식적인 경쟁을 시작했다. 인공지능의 우위를 선점하기 위해 과학 연구, 인재 개발, 기술 및 교육, 공공 및 민간 부문에서의 도입, 윤리 및 규정 마련, 기반 인프라 구축 등 다양한 측면에서 인공지능 선도 전략을 채택하고 있다.

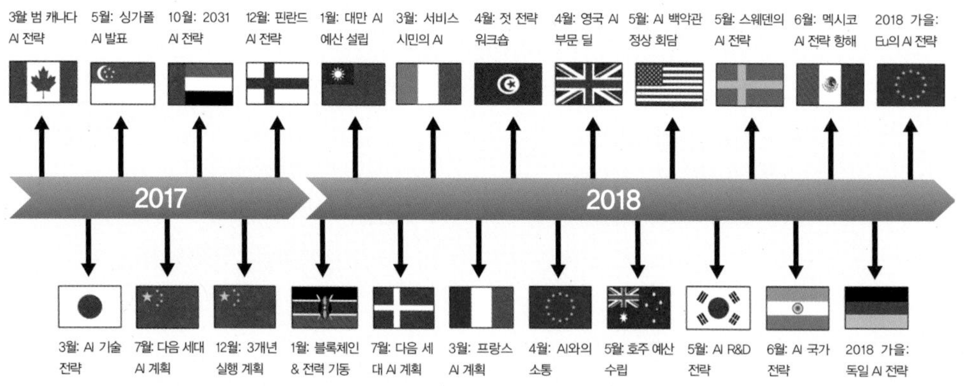

▲ 각 나라별 인공지능 전략
(출처: https://medium.com/politics-ai/an-overview-of-national-ai-strategies-2a70ec6edfd)

캐나다는 국가 인공지능 정책을 가장 먼저 발표한 국가이다. 2017년에 이미 인공지능 연구 및 재능에 5년간 1억 2,500만 달러를 지원하겠다는 약속으로 포문을 열었다. 이 전략에는 인공지능 연구원 및 졸업생 수 확대, 인공지능의 경제적, 윤리적, 정책 및 법적 영향에 대한 리더십 개발, 인공지능에 관한 국가 연구 단체 지원과 같은 내용을 담고 있다.

중국은 2017년 7월 차세대 인공지능 개발 계획을 통해 인공지능 이론, 기술 및 응용 분야에서 세계를 이끌겠다는 야심찬 계획을 발표했다. 이 계획에는 AI R&D, 산업화, 인재 개발, 교육 및 기술 습득, 표준안 설정 및 규정, 윤리적 규범 및 보안을 위한 내용을 담고 있으며 다른 경쟁 국가의 인공지능 전략 중 가장 포괄적인 영역을 지원하는 계획이라고 할 수 있다. 2030년까지 1조 위안의 인공지능 산업을 육성하고 10조 위안의 인공지능 관련 산업을 육성하는 계획을 포함하고 있다.

EU 위원회는 2018년 'Communication on Artificial Intelligence'를 채택했다. 공공 및 민간 부문의 기술 및 산업 역량에 인공지능 확대, 인공지능에 의해 야기된 사회·경제적 변화에 대한 준비, 윤리적·법적 틀의 확립을 목표로 하고 있으며 2020년 말까지 15억 유로의 투자 계획을 제안했다. 또한 2019년 'AI 윤리 가이드라인(Ethics Guidelines for Trustworthy AI)'을 발표하며 AI가 인간의 자율성을 보장하고 사람들에 의해 AI가 조작되지 않으며 AI가 내리는 모든 결정에 인간이 개입할 수 있어야 함을 명시했다.

일본은 국가 인공지능 전략을 발표한 두 번째 나라였다. 2016년 AI기술전략협의회는 '인공지능 산업화 로드맵'에서 다양한 영역에서 개발된 AI의 활용과 응용, AI의 공공 사용, 다양한 분야와 연결된 생태계 구축의 3단계 전략을 제시했다.

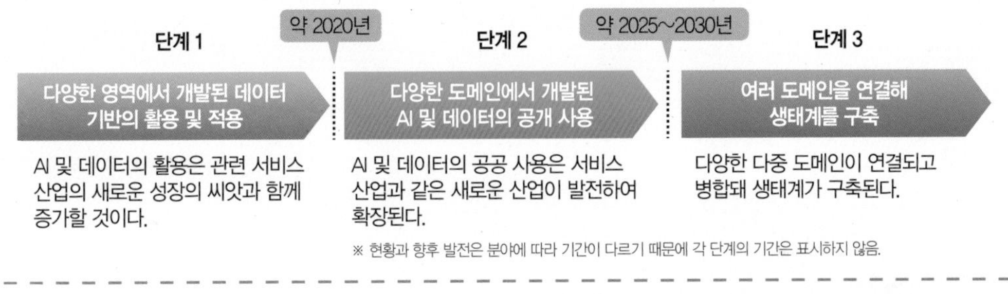

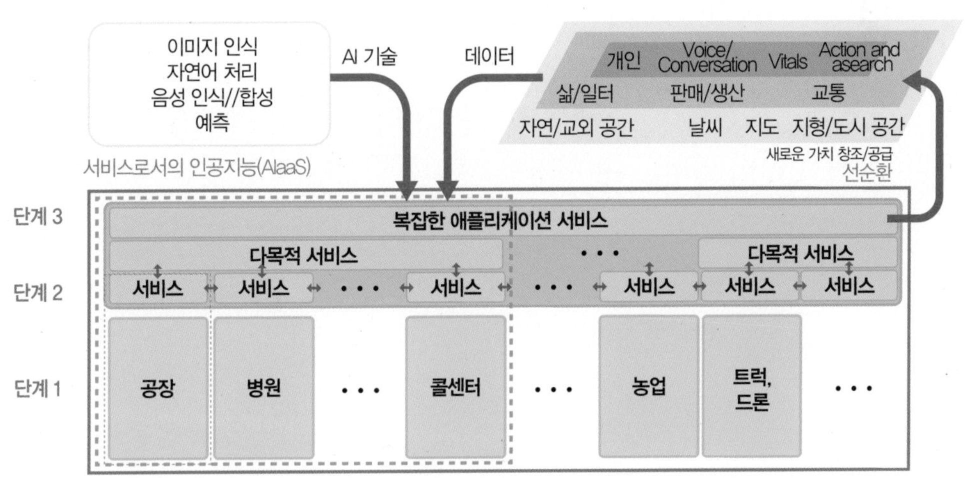

▲ 일본의 AI 산업화 로드맵(출처: Strategic Council for AI Technology(2017). Artificial Intelligence Technology Strategy(Report of Strategic Council for AI Technology)

2019년 일본은 새로운 '인공지능 전략'을 '인간 중심의 인공지능 사회 원칙'과 함께 발표했다. 이 보고서에는 인공지능 기술을 활용해 'Society 5.0' 실현, SDGs(Sustainable Development Goals) 기여, 정치적·사회적·경제적 목표를 달성하겠다는 구상안을 담고 있다.

미국은 다른 국가들과 달리 인공지능 국가 전략을 공식적으로 발표하지는 않았지만, 2018년 AI 컨퍼런스를 마련해 미국의 AI 발전 목표를 발표했다. AI 주도권 유지, 미국 근로자 지원, 공공 R&D 촉진, 혁신의 장벽 제거의 네 가지 항목이었으며 이를 이해 정부가 앞장서서 혁신을 위한 규제 완화에 주력하고 있다. 2019년 연방 데이터 및 자원을 활용한 국가 AI R&D 생태계를 지원하고, 2020년 AI 이니셔티브 예산으로는 약 8억 5,000만 달러를 편성해 집중 투자하고 있다.

미국은 세계 디지털 플랫폼 시장을 주도하고 있는 IT 기업을 보유하고 있으며, 5대 IT 기업(Facebook, Apple, MS, Google, Amazon)은 AI 스타트업 인수를 매우 활발히 추진해 인공지능 시장에서 강력한 글로벌 기업으로 성장하고 있다.

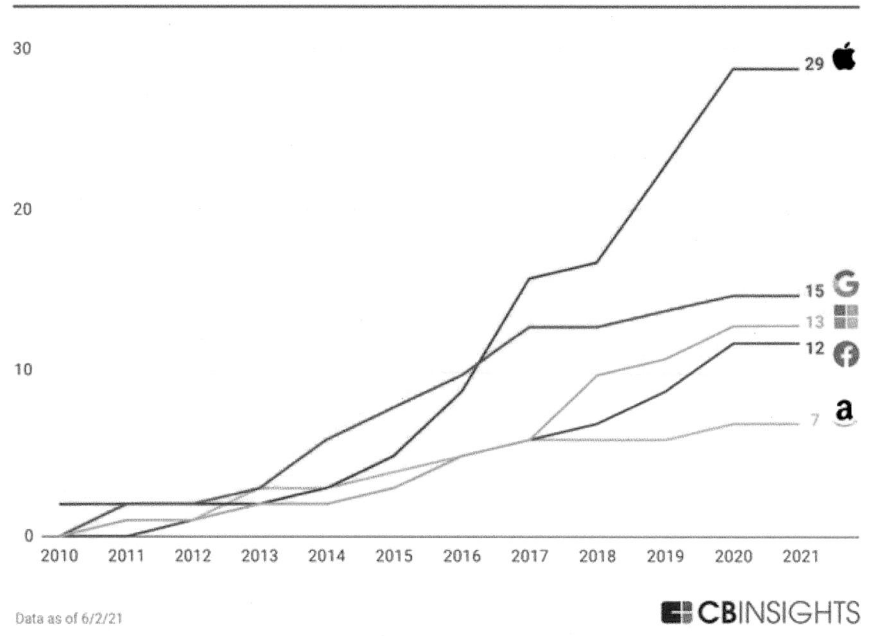

▲ 애플, AI 빅테크 경쟁 주도
(출처: CBINSIGHTS https://www.cbinsights.com)

우리나라는 알파고와 이세돌의 경기가 종료된 후 이틀 만에 인공지능 연구에 5년간 1조 원을 지원하겠다고 발표했고, 2018년 AI의 R&D를 강화하기 위해 2.2조 원의 투자를 발표하며 AI 인재 확보, AI 기술 개발, AI 스타트업 및 중소기업의 개발 지원을 위한 인프라에 투자하고 있다.

2019년 5월 경제협력개발기구(Organization for Economic Cooperation and Development, OECD)는 각료 이사회(MCM, Ministerial Council Meeting)를 통해 인공지능 이사회 권고안(OECD Council Recommendation on AI)을 공식 채택했다. 인공지능을 개발 및 활용하는 데 국제 사회가 함께 공유해야 할 가치를 정하는 것을 주요 내용으로 하고 있으며 포용성, 지속 가능성, 인간 가치와 공정성, 투명성과 설명 가능성, 강인성과 안전성, 책임성 등을 갖출 것을 권장하고 있다. OECD의 36개 회원국과 아르헨티나, 브라질, 콜롬비아 등 42개 국가가 권고안 채택에 동의했다. 그동안 구글과 같은 대기업이 독자적으로 인공지능 윤리 원칙을 발표하거나 각 나라별 인공지능 개발 원칙을 세우기는 했지만, 이렇게 많은 나라가 모여 한 목소리를 낸 것은 처음이다. OECD는 권고안 발표 후 후속 작업으로 2020년에 'AI Policy Observatory'를 구성해 회원국이 인공지능 권고안을 이행하는지, 신뢰 가능하고 사회에 이득이 되는 인공지능 시스템을 개발하는지 모니터링하는 플랫폼을 개발했다. oecd.ai 사이트에 접속하면 권고안에 동의한 60여 개국의 나라들이 나오고, 각 나라를 클릭하면 그 나라에서 추진하고 있는 AI 관련 정책들의 기사를 확인해볼 수 있다(참고: 정보통신기획평가원 주간 기술동향(2020)).

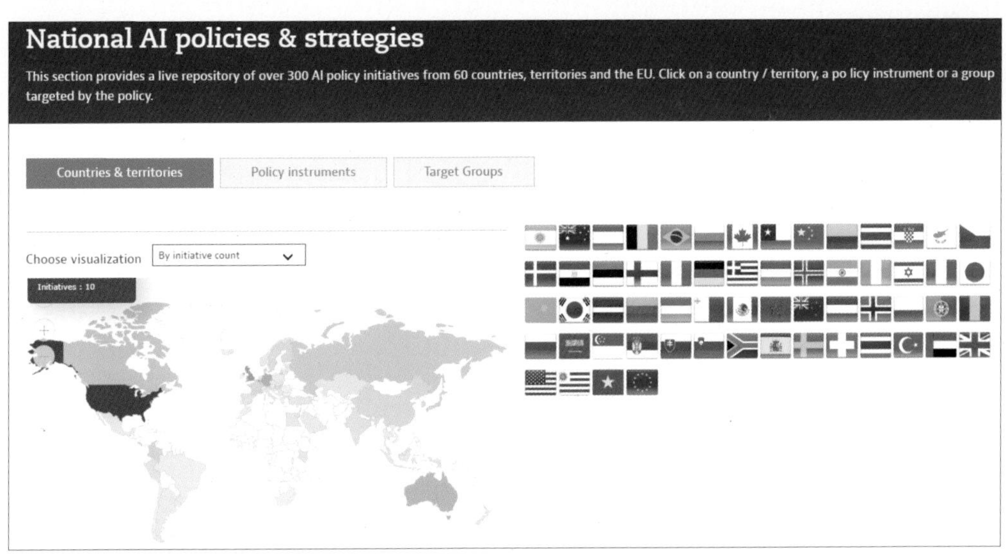

▲ OECD
(출처: AI Policy Observatory 사이트, https://oecd.ai/dashboards)

ARTIFICIAL INTELLIGENCE

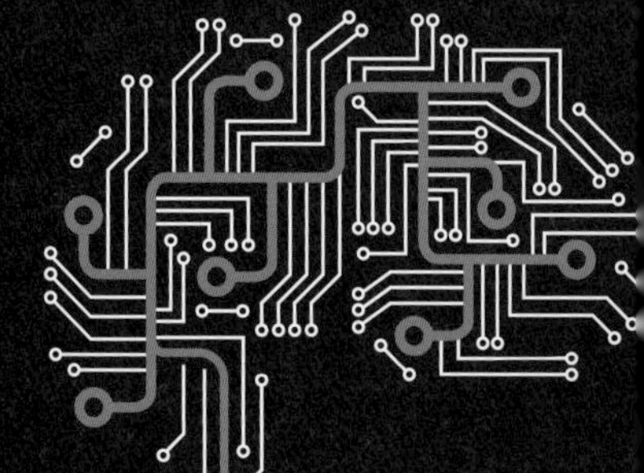

2. 사활을 건 인공지능 인재 양성

인재는 덕과 지를 모두 겸비한 중용의 사람을 의미한다. 인공지능 기술이 아무리 발전해도 그 중심에는 인간의 알고리즘이 있다. 인공지능 인재가 가져야 할 역량이 바로 그곳에 있다. 인간의 지능이 아직까지 인공지능을 뛰어넘는 것은 재능과 능력이 뛰어난 것 말고도 인간적인 특징이 있기 때문이다.

이러한 전 세계의 인공지능 정책을 달성하기 위해 반드시 뒷받침돼야 하는 것은 바로 인재 양성이다. 인공지능의 주도권을 잡기 위해 적극적인 인재 양성에 많은 투자를 하고 있지만, AI 전문 인력이 부족해 인재 확보를 위한 경쟁이 치열하다.

다음 그림은 'AI Index 2018 보고서'에 실린 AI 논문의 증가율이다. 미국은 기업과 관련된 AI 논문이 2009년에 비해 2017년에 1.7배나 증가한 것으로 나타났고, 중국의 경우 정부 관련 AI 논문이 2009년에 비해 두 배 이상 증가했다는 것을 알 수 있다.

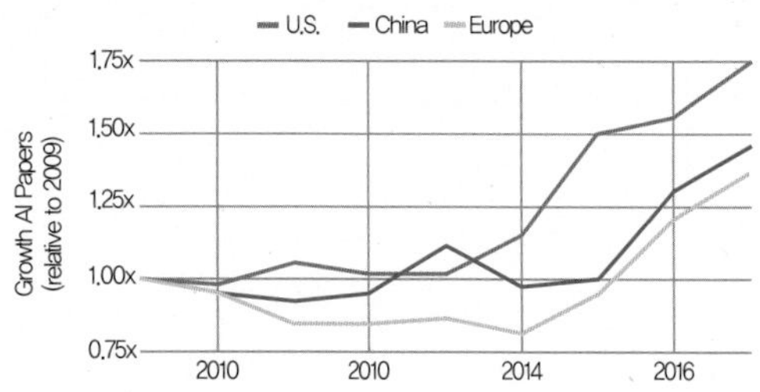

▲ 기업 관련 AI 논문의 증가율

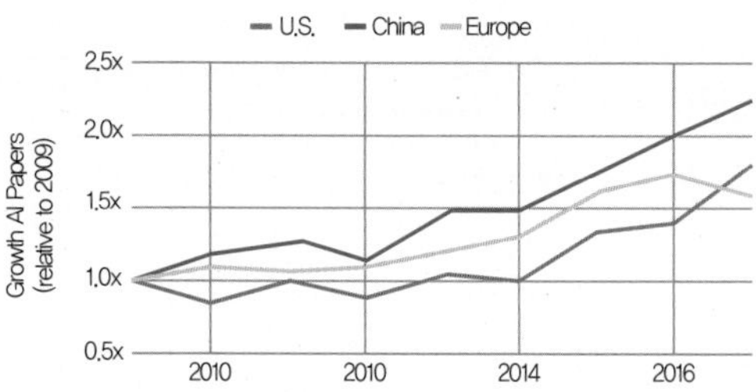

▲ 정부 관련 AI 논문의 증가율

AI 논문이 가장 많이 인용된 나라를 살펴보면, 미국의 논문이 전 세계 평균보다 83% 더 많이 인용되고 있는 것으로 나타났다.

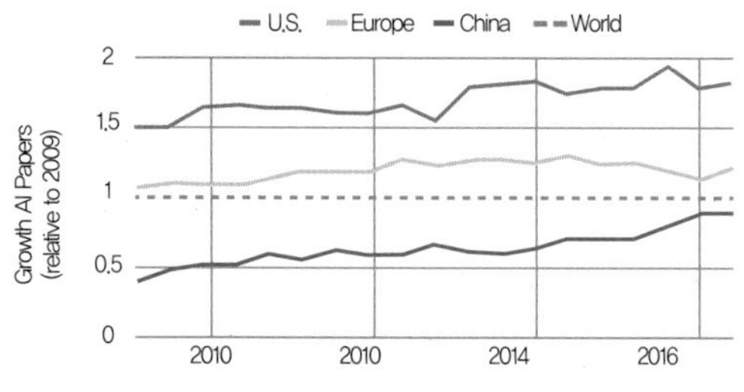

▲ 인용된 논문의 나라별 분석

연구가 가장 많이 활성화되고 있는 나라는 미국과 중국이며, 이를 통해 현재 인공지능 연구가 가장 활발히 이뤄지고 있다는 것을 알 수 있다.

미국은 전 세계적으로 인공지능 인력을 가장 많이 확보하고 있는 나라이다. AI 암흑기인 2013년부터 뇌 과학 및 인공지능 기초 원천 기술을 확보하고 AI 인재를 양성하고 확보하기 위한 범정부 차원의 브레인 이니셔티브 정책을 추진했다.

이후 'AI를 위한 준비(Preparing for the Future of AI, 2016. 10.)'에서 AI 연구자, 사용자 등 AI 인력의 규모, 질적 수준, 다양성을 증가시키기 위한 AI 인력 파이프라인에 관한 연구의 필요성과 AI 인력 양성을 위한 STEM 교육 강화, 연구 인력 양성 등 정부와 교육 기관의 역할을 구체적으로 제시하기도 했다.

미국은 AI 분야의 리더십을 계속 유지하기 위해 2019년 'AI 이니셔티브(American AI Initiative)'를 발표했다. AI 이니셔티브의 목적은 국가 차원에서 연구 개발, 인프라 개방, 표준화, 인력 확충, 국제 협력에 관한 AI 5대 영역에 집중 투자함으로써 국가 안보와 경제를 강화하고 자국인의 삶의 질을 향상시키고자 하는 것이며, 정부의 AI 관련 활동 및 정책 방향을 쉽게 파악할 수 있도록 웹 사이트(ai.gov)를 개설했다.

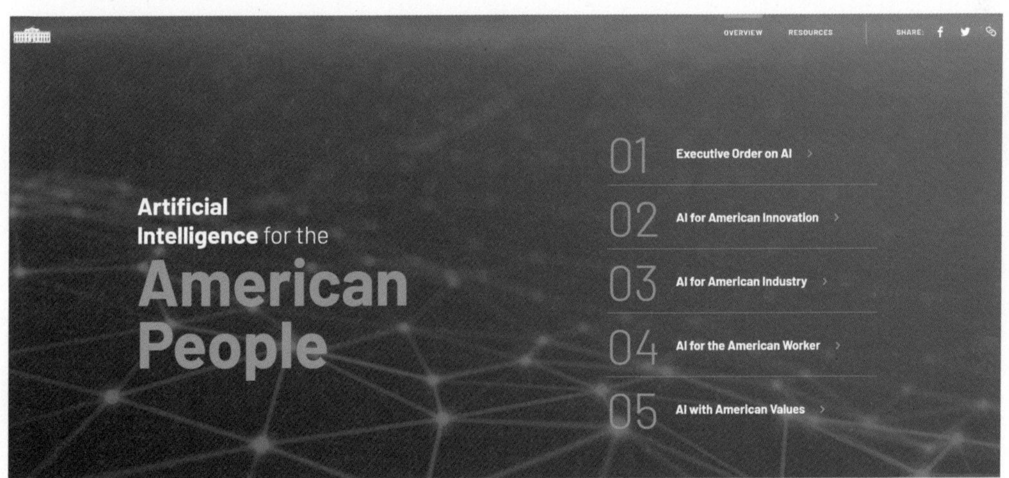

▲ 백악관에서 제시한 AI 이니셔티브 홈페이지
(출처: https://www.whitehouse.gov/ai/)

▼ 미국 AI 이니셔티브 주요 내용

구분	세부 내용
연구 개발 투자	연방 기관들은 장기적인 관점으로 AI R&D 투자를 최우선으로 추진, AI R&D에 대해 법률의 적정하고 일관된 범위 내에서 다양한 기관과의 협력을 추진
인프라 개방	데이터, 모델, 컴퓨팅 리소스를 AI 연구자가 접근하고 사용할 수 있는 기회를 제공

표준화	AI 시스템 개발 지침 수립, AI 시스템 기술 표준 개발
인력 확충	정규 및 비정규 교육과정에 AI 기술 코스를 통합, 맞춤형 교육 프로그램 및 커리큘럼 개발, STEM 교육에 AI 교육 포함
국제 협력	AI R&D 및 산업을 위해 우방국과의 적극적인 협력 체계 구축, 경쟁 국가 또는 적대 국가로부터의 미국의 이익 보호, 경제 안보를 지키기 위한 액션 플랜 개발

또한 미국의 대학에서 인공지능과 기계학습 강좌 증가세를 보면, 인재 양성에 얼마나 힘을 쏟고 있는지 알 수 있다. 인공지능 강좌의 수가 매우 큰 폭으로 상승했고, 특히 기계학습은 2012년에 비해 2017년도에 5배 가까이 증가했음을 알 수 있다.

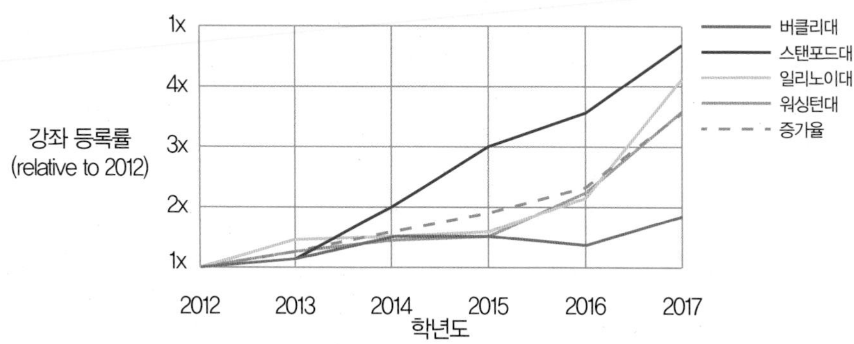

▲ 미국 대학의 AI 강좌 증가율(2012~2017)

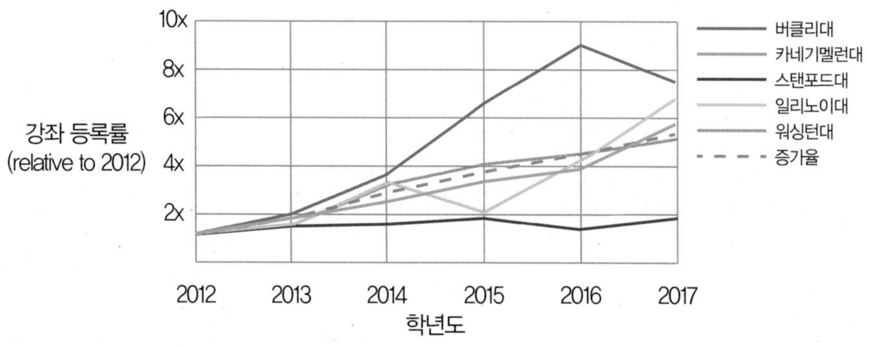

▲ 미국 대학의 기계학습 강좌 증가율(2012~2017년)

중국은 AI 산업이 매우 빠르게 성장하고 있으며, 특히 정부가 강력한 지원 정책을 제시하고 정부 주도하에 기업이 적극적으로 참여해 산업 발전과 인력 양성을 동시에 추진하고 있다. 2017년에 발표한 '차세대 AI 발전 계획'에서는 고급 AI 인재 훈련 및 확보 추진이 포함돼 있으며, 국가 지식 교육 프로그램 도입을 통해 초·중·고등학교에 AI 교육을 마련하도록 하고 교재도 개발했다.

▼ 차세대 AI 발전 계획의 인력 양성 방안

정책 주제	정책 내용
고급 AI 인재 영입을 위한 정책 실행	• 신경 인지, 머신러닝, 지능형 로봇 등 분야 국제 전문가 영입 • 천인 계획과 같은 기존 인재 유치 프로그램들도 AI 인재 영입에 활용 • AI 인재 영입을 위한 기업체 및 연구 기관 지원 정책 개선
AI 교육 체계 수립	• AI 분야 교과목 체계 개선, AI 단과 대학 및 전공 신설, AI 전공 석·박사 인력 양성 • 수학, 물리학 생물학 등 타 학문과 결합한 AI + X 모델 추구 • 산 · 학 · 연 협력(AI 교육 체계 개발) 강화

(출처: 중국 국회(2017), 한국보건산업진흥원(2019). 주요 국가별 AI 인력 양성 정책 및 시사점)

차세대 AI 발전 계획의 인력 양성 방안 실행을 위한 교육부의 세부 계획으로 대학 AI 혁신 행동 계획을 발표하고 대학 등 고등 교육 기관의 AI 기술 혁신 및 인재 양성을 위한 세부 방안을 제시하고 있다. 또한 2023년까지 AI 교수 500명과 5,000명의 학생 양성을 목표로 하고 있다.

▼ 대학 AI 혁신 행동 계획의 인력 양성 방안

정책 주제	정책 내용
대학 학과목 개선	• AI와 컴퓨터, 양자, 신경 과학, 수학, 경제학, 사회학 등 통합 강화 • 컴퓨터공학 및 기술 교과목 내 AI 교과목 신설
전문 역량 강화	• 우수 공학자 교육 및 훈련 프로그램의 실행 가속, 최고 수준 전문가, 대학생 인재 구성 증진 • AI와 타 학문과의 통합을 위한 AI + X 모델 추진
강의 교재 개발 강화	• AI 분야 성과 및 자료들을 교육 및 강의로 활용 • AI 핵심 내용을 교재, 온라인 강의로 개발(2020년까지 세계적 수준의 교재 및 온라인 강의 개발)
인력 양성 강화	• 복수 기관 협동 교육 체계 개선, 대학과 산업 간 협력 강화 • AI 단과 대학, 연구소 설립 등 지원
보편적 교육 강화	• 대중을 위한 AI 공공 서비스 플랫폼 개발, 대학 내 비학위 프로그램에 AI 코스 개설 • 교수의 AI 초등학교 교육 지원, 초·중·고 교사 교육 프로그램에 AI 수업 개설
혁신과 창업 지원	• 대학 및 기업들의 AI 혁신, 창업 프로젝트, 학생의 창업 장려 • 인터넷 플러스 대학생 혁신 및 창업 콘테스트에 AI 추가 등 다양한 대회 개최
국제 교류 및 협력 강화	• AI 분야 선진국 유학 장려 및 국가 장학금 지원 • UNESCO 중국 기업가 정신 연맹을 통해 국제 교육 및 협력 강화

(출처: 중국 교육부, 2018)

영국은 앨런 튜링이 태어난 곳이자 알파고를 개발한 딥마인드가 탄생한 곳으로, 산업계와의 협력을 통해 AI와 데이터 경제 분야를 활성화하기 위해 국가 차원의 발전 전략을 인력 양성 정책으로 추진하고 있다. 이에 2017년부터 AI 육성 정책을 발표하고 있으며, 정부와 산업계의 협력을 통한 민관 공동 정책 추진이 특징이라 할 수 있다. 영국의 인공지능에 대한 준비와 의지 그리고 가능성에 대해 각 정부 기관별로 역할을 분담해 인공지능 국가 정책을 위한 노력을 하고 있다.

▼ 영국의 AI: 준비, 의지, 가능성의 AI 관련 정부 기관별 역할 분담

기관	역할
AI 위원회(AI Council)	• AI 국가 정책 프레임워크 실행 감독 • AI 실행에 따라 사람이 입게 될 영향에 대한 산업의 관심 유도 • AI 활용 촉진 수단과 장애 파악
데이터 윤리 및 혁신 센터 (Center for Data Ethics and Innovations)	• 시민 데이터의 안전한 활용 관리 방안 제시 • 공공 데이터 공유를 위한 적절한 접근법과 가이던스 개발 • 데이터 공유, 통제 및 프라이버시를 위한 툴과 프레임워크 개발 • AI 규약(Code) 도입
앨런튜링연구소(Alan Turing Institute)	• AI로의 직무 이동을 위한 석 · 박사급 단기 코스 전환 프로그램 개발 • 대학 내 창업 자문
AI 청 (Government Office for AI)	• 국가 AI 프레임워크 개발 준비 • 신설 AI 관련 기관, 기존 조직 및 규제 기관 간 업무 협력 조정 • 공공 분야 데이터셋에 대한 접근성 확대 방안 조사 • AI 관련 규제 파악

(출처: 'AI in the UK: ready, willing, and able?' 보고서, 2018. 4.)

2017년 영국 AI 산업 발전(Growing the Artificial Intelligence Industry in the UK, 2017)에서는 인력 양성 권고안을 발표했다. 또한 2018년 '산업 전략–AI 분야 합의안(Industry Strategy–Artificial Intelligence Sector Deal, 2018. 4.)'에서는 AI의 5개 기초 분야(아이디어, 인재, 인프라, 비즈니스 환경 및 지역)에 약 10억 파운드의 자금을 투자하겠다는 내용으로 정부–산업 간 합의안을 발표했다. 이 합의안에서 AI 인력 양성 방안을 더욱 구체화해 제시하고 있다.

▼ '영국 AI 산업 발전'의 인력 양성 권고안 및 'AI 분야 합의안'의 인력 양성 방안

정책 영역	세부 내용
전문 역량 공급 개선(권고안)	• 정부, 산업계 및 학계는 AI 인력의 가치와 중요성을 인정하고 서로 협력 • 산업계는 초기 300명의 AI 석사 수준 코스를 밟는 학생 지원 • 대학은 컴퓨팅 또는 데이터 과학 외 전공 대학원생의 AI 석사 전환 프로그램(1년)에 대해 고용주와 학생 대상 잠재 수요 파악 • 정부는 선도 대학에 최소 200개 수준의 AI 박사 과정 추가 개설 및 증설 • 대학은 STEM 분야의 지식이 있는 사람들이 석사 학위를 취득해 좀 더 전문적 지식을 획득할 수 있도록 AI MOOC 및 온라인 평생 교육과정 개설 장려 • 앨런튜링연구소와 함께 'The Turing AI Fellowships'를 개설해 전 세계 AI 전문 인력 파악 및 영입

고급 인재 확보 위한 교육 기관 및 산업계와 협력(정부)	• 'The AI Turing Fellowships' 프로그램 개발을 통해 AI 인력의 유치 및 확보 • 2020~2021년까지 추가 200개의 AI 박사 과정 개설(개설 수는 매년 증가)하고 2025년까지 최소 1,000개의 박사 과정 확보 • EPSRC 박사 훈련 센터를 통한 1억 파운드의 AI 장학금 지급 • 최대 8,000명의 컴퓨터 과학 교육자 지원 및 국립컴퓨팅센터 설립 등 수학 · 디지털 · 기술 교육 집중 훈련 자금 4.06억 파운드 투자(국가 재교육 정책 수립 및 추진) • 정부는 AI의 산업과 정부에 적용 방안에 대한 전략적 사고를 알리기 위해 앨런튜링연구소의 AI 산업 영역별 적용 검토에 대해 언급 예정
글로벌 고급 인재 확보(정부)	• AI를 비롯한 과학·디지털 기술·공학 등 창의 인재 유치를 위해 연간 2,000명 수준의 Double Tier 1(Exceptional Talent) 비자 발급 • AI 인재 유치와 다른 비자 경로 등에 대해 Tech Nation과 협력 • Tier 1 비자로 입국한 선진 과학자 · 연구자들의 정착을 위한 이민법 변경 • 학위를 취득한 고급 인재 학생들이 영국에서 일할 수 있고 해외 연구자들을 고용할 수 있도록 관련 규정 개정 • AI 개발 다양성 촉진: AI 연구 기반과 인력의 중요성을 홍보하기 위해 'AI Council'과 협력
AI 인력 규모의 확대를 위한 투자(산업 분야)	• 영국 선도 대학 내 민간 지원 AI 석사 과정 개설을 위해 대학과 협력 • 타 분야 대학원의 AI 분야 전환 방안에 대해 정부-대학과 협력 • 6,000만 파운드의 박사 과정 장학금 지원 • AI 연구원들을 확보하기 위해 'The Turing AI Fellowships' 프로그램 지원 • 150명의 18세 이하 청소년 대상 AI(머신러닝, 자연어 처리 등) 교육을 통해 AI 분야의 진로를 탐색하도록 하는 'Sage FutureMakers Lab' 운영 • 인력 다양성 증대 협력: AI 인력의 다양성 증대를 위한 노력과 이를 위한 'AI Council' 지원

(출처: Department for Business, Energy & Industrial Strategy(2017), Department for Business, Energy & Industrial Strategy(2018))

일본은 과학 기술 관련 내각부 산하 협의체들의 기능을 합친 '통합혁신전략추진회의'를 설치해 AI 활성화와 인력 양성 정책을 추진하고 있으며 주요 대학에서의 AI 인재 양성을 본격화하고 있다. 특히 내각부 종합과학기술·혁신회의(CSTI)가 사령탑으로서의 기능을 수행하며 교육 시스템 개혁과 창업가 정신 육성을 핵심으로 하는 인력 방안을 제시했다(2018. 12. 20.). 모든 사람이 AI·데이터 과학을 활용할 수 있는 능력을 갖는 것을 목표로 하고 있으며, 교양 교육, 전문가 교육, 글로벌 전문가 교육으로 세분화해 그에 따른 인재를 양성하겠다는 계획을 갖고 있다.

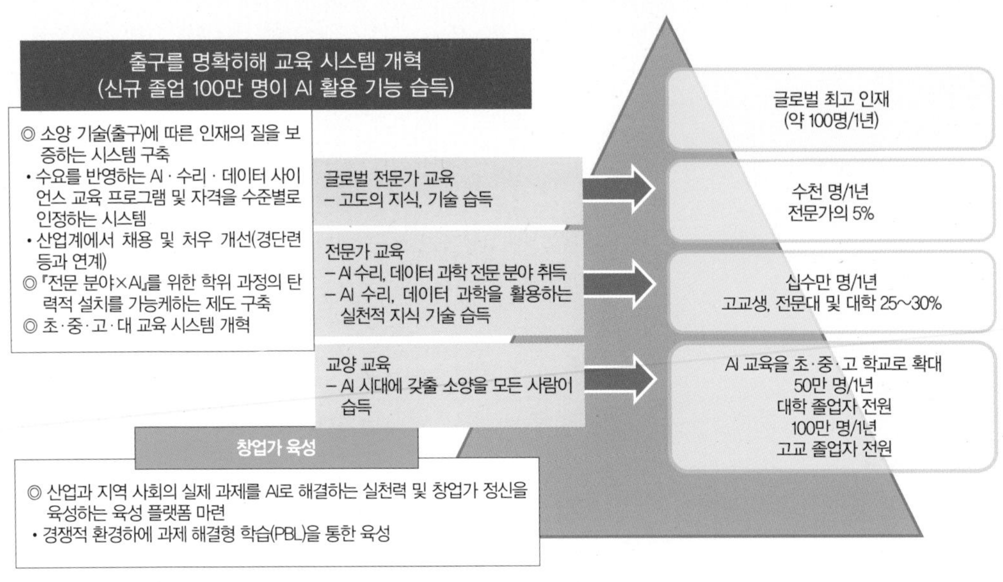
◎ 모든 사람이 AI 데이터 사이언스를 활용할 수 있는 능력 획득
◎ 세계 최고 수준 인재 육성에서 교양 교육까지 정책을 총동원해 교육 시스템 강화
출구를 명확히해 교육 시스템 개혁
(신규 졸업 100만 명이 AI 활용 기능 습득)
◎ 소양 기술(출구)에 따른 인재의 질을 보증하는 시스템 구축
• 수요를 반영하는 AI · 수리 · 데이터 사이언스 교육 프로그램 및 자격을 수준별로 인정하는 시스템
• 산업계에서 채용 및 처우 개선(경단련 등과 연계)
◎ 『전문 분야×AI』를 위한 학위 과정의 탄력적 설치를 가능케하는 제도 구축
◎ 초·중·고·대 교육 시스템 개혁
글로벌 전문가 교육
– 고도의 지식, 기술 습득
전문가 교육
– AI 수리, 데이터 과학 전문 분야 취득
– AI 수리, 데이터 과학을 활용하는 실천적 지식 기술 습득
교양 교육
– AI 시대에 갖출 소양을 모든 사람이 습득
글로벌 최고 인재
(약 100명/1년)
수천 명/1년
전문가의 5%
십수만 명/1년
고교생, 전문대 및 대학 25~30%
AI 교육을 초·중·고 학교로 확대
50만 명/1년
대학 졸업자 전원
100만 명/1년
고교 졸업자 전원
창업가 육성
◎ 산업과 지역 사회의 실제 과제를 AI로 해결하는 실천력 및 창업가 정신을 육성하는 육성 플랫폼 마련
• 경쟁적 환경하에 과제 해결형 학습(PBL)을 통한 육성

▲ CSTI의 AI 인재 육성 방안
(출처: 한국보건산업진흥원, 2019, 주요 국가별 인공지능(AI) 인력 양성 정책 및 시사점)

이렇듯 주요국의 AI 정책을 살펴보면 AI 인력 양성 정책을 일관되게 추진하고 있으며, AI 고급 인재 양성을 위한 대학교의 역할과 글로벌 고급 인재 확보를 강조하고 있다는 것을 알 수 있다. 또한 기업과의 협력 및 기업의 역할을 강조해 AI 인력 양성에 기여할 수 있도록 하고 있다. 교육 면에서도 초·중·고에서부터 AI를 교육하고 있으며, 일반 사람들을 대상으로 하는 보편적 교육 역시 확대하고 있다.

한국경제연구원의 2019년 AI 인재 현황 및 육성 방안에 관한 보고서에 의하면 우리나라에서 AI 육성 및 인력 양성 정책을 추친하고 있지만, 선진 경쟁국과 비교했을 때 기술력은 물론 전문 인력의 양적·질적 수준은 여전히 미흡하다. 2019년 기준 연평균 50% 이상 성장하고 있는 글로벌 인공지능 기술 시장에서 AI 인재 확보의 경쟁이 치열하다. 그러나 국내의 인공지능 인력의 부족률은 60.6%로 나타났다. 국내 인공지능 인재의 실력과 경쟁력 또한 선진국인 미국의 절반 수준에 불과하며 한국, 중국, 일본의 3국 중에서도 가장 낮은 평가를 받고 있다. 구체적으로 살펴보면 국내 산·학·연 인공지능 전문가 30인을 대상으로 AI 인재 현황 및 육성 방안에 대해 조사한 결과, 전문가들은 AI 산업과 글로벌 시장을 선도하고 있는 미국을 10으로 봤을 때 중국, 일본, 한국의 AI 인재 경쟁력을 각각 8.1, 6.0, 5.2로 평가했다. 우리나라는 미국의 절반 수준에 불과했고, 인공지능을 국가 전략 산업으로 지정해 정부 주도의 대규모 투자를 추진하고 있는 중국과 비교할 때도 상당한 격차가 있는 것으로 조사됐다.

▲ 2017년 국가별 AI 인력 분포 현황

국가	Top AI 인재 수(명)	전체 AI 인재 수(명)	Top/전체 AI 인재 비율(%)
미국	5,158	28,536	18.1
중국	977	18,232	5.4
영국	1,117	7,998	14.7
프랑스	1,056	6,395	16.5
캐나다	606	4,228	14.3
일본	651	3,117	20.9

(출처: China Institute for Science and Technology Policy at Tsinghua University(2018))

AI 고급 인재는 대부분 미국, 중국, 유럽에 집중돼 있으며, 한국에는 405명(1.8%)에 불과하다. 대기업들이 부족한 AI 인력을 확보하기 위해 미국, 캐나다 등 해외에 연구 센터를 설립하고 있다.

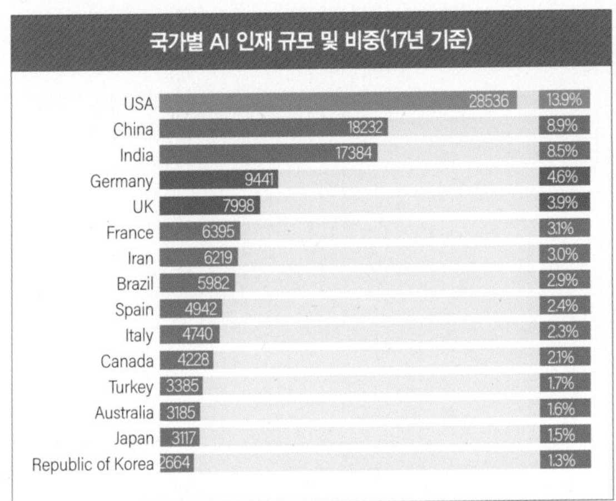

▲ 국내외 AI 인재 현황

(출처: China AI Development Report, 중국 칭화대학 과학기술정책연구소(2018), Global AI Talent Report 2019, Element AI(2019))

이에 AI 인재 양성은 장기적인 안목으로 구체적인 전략을 수립해 인재 양성을 위한 정책 추진이 필요하다. 특히 현장 맞춤형 교육 프로그램 개발, 산학 협력을 통한 공동 연구와 같이 기업과의 적극적인 협력도 필요하며 초기 교육 단계에서부터 AI 기초 교육 기반을 확립할 수 있도록 해야 한다.

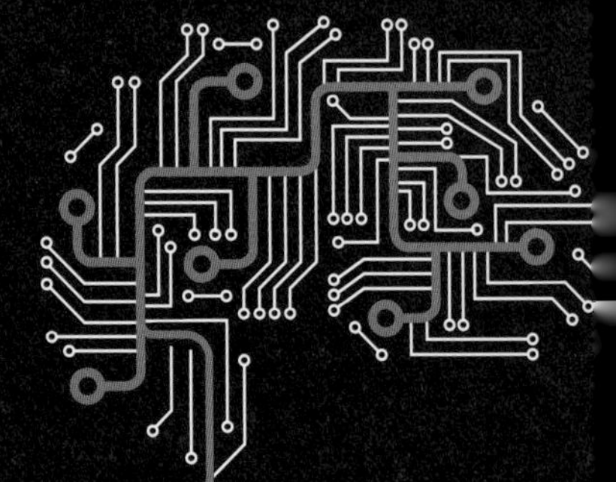

3. 국외의 인공지능 교육 사례

인재 양성의 키워드는 교육이다. 선진국에서는 이미 경험한 내용이며 교육이 국가의 미래를 좌우한다는 것을 알고 있다. 여러 나라에서 인공지능 인재를 양성하기 위한 다양한 교육 정책과 사례를 살펴보자.

인공지능이 발달하고 그 중요성이 대두되면서 전 세계적으로 인공지능의 소양과 활용 역량을 가진 인재 양성에 관심을 갖기 시작했다. 인공지능은 막대한 부가 가치의 창출뿐 아니라 산업과 일자리의 변화와 같은 사회 변화를 주도하고 있는 핵심 요소이다. 이에 각 나라마다 정부 주도의 정책과 함께 기업, 연구소 등의 산업 분야에서도 인공지능을 연구하고 개발하기 위한 인재의 발굴과 교육에 많은 투자를 하며 인공지능 주도권을 확보하기 위해 노력하고 있다.

미국은 교육자 주도의 'AI4K12 Initiative'를 발족시켜 인공지능 교육의 표준 틀을 작성하고 현장 교육에 적용하기 위해 지원하고 있으며 인공지능 교육과정 가이드라인을 개발하고 협업 커뮤니티를 구축해 활성화하고 있다. AI 교육 표준 틀은 비록 완벽하게 완성된 형태는 아니지만, 미국의 실정에 맞게 구성됐다. 또한 ReadyAI, AI4All 사이트에서는 K-12 학생들을 위한 온라인 교육 코스를 운영하고 있다.

Online Course		
AI and ME	AI4All Open Learning	Elements of AI
	Open Learning Build Your Own AI Project for Social Impact GET STARTED	Welcome to the Elements of AI free online course! Start the course →
ReadyAI	AI4All	Reaktor + University of Helsinki

▲ AI 온라인 교육 코스

핀란드는 헬싱키 대학과 기술 자문회사 레악또르가 만든 인공지능 무료 온라인 기초 교육 코스인 'Elements of AI'를 만들어 2021년 말까지 모든 EU 시민의 1%, 약 500만 명의 AI에 대한 실질적인 이해를 돕는다는 목표를 갖고 실행 중이다. 2018년 봄에 오픈돼 시작된 지 몇 개월 만에 목표에 도달했다. 이에 헬싱키 대학과 레악또르는 목표를 수정해 세계 인구의 1%인 7,700만 명을 교육하는 것을 목표로 하고 있다.

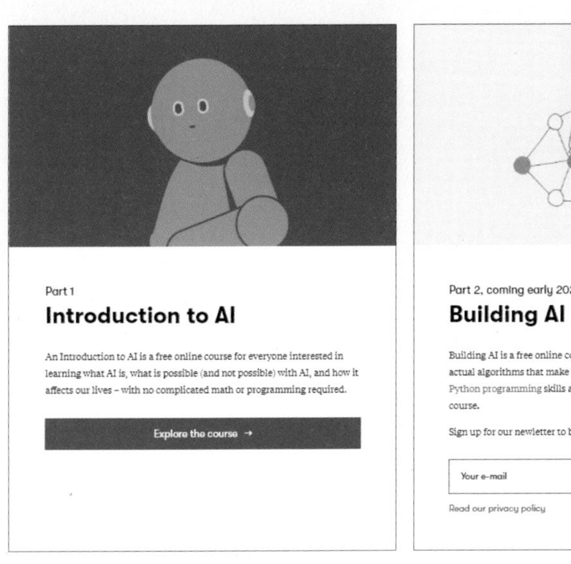

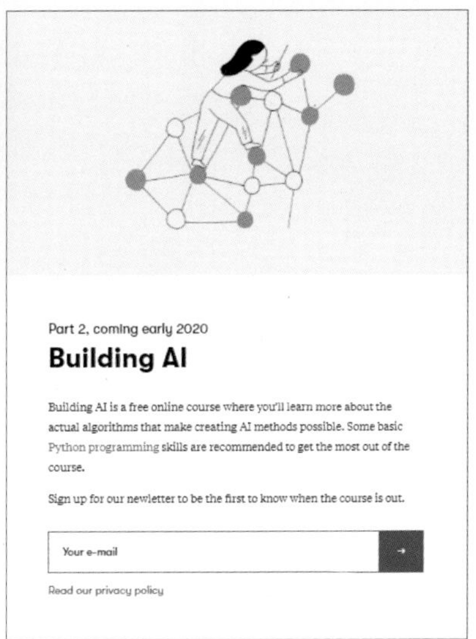

▲ Elements of AI 화면

미국 스탠퍼드 대학에서는 전공에 상관없이 모든 학생이 딥러닝 등 AI 과목을 선택해 수강할 수 있도록 했다. 또한 인공지능 100년 연구 프로젝트를 2009년부터 실행하고 있는데, 이 프로젝트의 목표는 인공지능 기술을 개발하는 것이 아니라 가능성 있는 인공지능 영역을 발굴하고 어떤 영역에 문제점이 있는지를 찾아내는 것이다. 주로 다루고 있는 주제는 최신 기술 발달의 흐름과 새로운 발견, 인공지능의 가능성과 기회, 인공지능 기술의 실용화 지연 문제, 머신러닝(Machine Learning)과 사생활 보호, 민주주의와 자유, 법과 윤리, 경제와 사회 복지, 인공지능을 활용한 범죄 예방, 기계와의 협동, 인공지능과 인간의 인지, 인공지능 활용의 안전성과 기계의 자율성, 인공지능의 통제 불능 상태, 인공지능과 마음의 철학 등이 있다(출처: 2016 해외 교육 동향, 한국교육개발원). MIT 대학에서는 인공지능 기술에 대한 투자 외에 교육을 위한 투자에 막대한 자금을 제공했다. AI 교육에 1조 원을 투자하며 AI 특화 단과 대학인 '슈워츠먼컴퓨팅칼리지'를 설립했다. 대학 내의 모든 강좌와 연구 학문에 컴퓨팅과 AI를 접목시켜 모든 분야의 학생이 AI를 책임감을 갖고 활용할 수 있도록 하는 것을 목표로 하고 있다.

컴퓨터가 결정을 한다면
(출처: https://www.acm.org/binaries/content/assets/public-policy/ie-eu-acm-adm-report-2018.pdf)

영국에서의 인공지능
(출처: https://publications.parliament.uk/pa/ld201719/ldselect/ldai/100/100.pdf)

미국 스탠퍼드 AI100
(출처: One Hundred Year Study on Artificial Intelligence(AI100), https://ai100.stanford.edu)

▲ 국외 인공지능 교육 사례

영국은 2014년 '영국교육기술박람회(British Educational Training and Technology Show, 이하 BETT)'에서 있었던 '직업 교육의 미래에 대한 담화'에서 과거 영국에서 일어난 산업혁명 이후 현재 진행되고 있는 기계 시대(Machine Age)의 로봇 혁명(Robolution)은 두 번째 산업혁명으로서 다양한 분야의 발전을 야기하고 있으며, 4차 산업혁명 시대에서 인공지능이 그 발전을 이끌고 있다고 강조했다. 이에 2014년 초등학교에서부터 중등학교까지 컴퓨팅 과목을 의무화했다. 컴퓨팅 과목의 교육과정 개정 작업은 영국컴퓨터협회와 왕립공학아카데미의 주도 아래 마이크로소프트, 구글 및 컴퓨터 게임사들과 협업하고 있으며 현재 인공지능의 교육적 가능성과 내용 그리고 교육 방법에 대한 논의를 현장 교육에 반영하고 있다.

독일은 미래 사회에 대비하기 위한 자연 과학 계통의 전문 인력 양성을 강화하면서 'MINT' 교육을 적극적으로 추진 중이다. MINT는 '수학(Mathematik)', '정보(Informatik)', '자연과학(Naturwissenschaften)', '기술(Technik)'의 약자로, 영어권의 'STEM 교육(Science, Technology, Engineering, Mathematics)'과 유사하지만, STEM 교육이 다루고 있는 영역 외에 정보과학이 주축이 돼 융합 교육을 구성하고 있기 때문에 인공지능 관련 교육도 포함돼 있다고 할 수 있다. 이외 과학 영재를 대상으로 대학이 인공지능 교육을 지원하기도 하고 과학 영재 선발 대회인 '연구하는 청소년(Jugend forscht)' 대회와 관련해 인공지능 관련 연구 및 교육을 시행하고 있다. 베를린-브란데부르크주의 정보 과학 교육과정 가운데 인공지능과 관련한 수업 주제를 살펴보면 튜링 테스트를 바탕으로 하는 '컴퓨터와 인간의 교류' 등과 같은 고전적 인공지능 문제에 중점을 두고 있다는 것을 알 수 있다. 구체적인 수업 주제는 ❶ 컴퓨터 및 네트워크 내 바이러스 등의 생명체, ❷ 컴퓨터의 진화와 자가 재생, ❸ 인공의 삶과 로봇, ❹ 컴퓨터와 두뇌: 폰 노이만의 컴퓨터 vs. 신경망 등이다. 특히 인공지능 교육은 여러 과목과 융합해 시행하고 있다.

▼ 인공지능 관련 수업을 위한 교육 내용의 예(베를린의 정보 과학 교육과정)

교육 내용	함양해야 할 능력	연계 내용
❶ 채팅 로봇(Chatbot)의 정의 및 작동 원리 • 바이젠바움(Wiizenbaum)의 언어 처리 시스템 ELIZA 분석	• ELIZA의 기본원칙: 패턴 매칭 • 다양한 구문론 및 의미론 • ELIZA 프로그램의 효과 • 스스로 간단한 스크립트 제작	• 공식 언어 ELIZA 프로그램의 '지식 기반'에 대한 설명 • 문법적 교정문의 제 해답의 일반화 문제
❷ 튜링 테스트	• 튜링 테스트에 대한 이해 및 평가 • 튜링의 지능 정의에 대한 이해와 및 평가 • 자동 언어 처리 시스템의 실질적 문제점 해결하기	• 육체와 정신의 문제(철학)
❸ 기계적 언어 처리의 가능성 및 한계 • 채팅 로봇	• 채팅 로봇을 통한 실험 실시 • 채팅 로봇의 지식 기반 학습과 확대	• 튜링 테스트 우수 시행 프로그램 뢰브너 상 • 뢰브너 상을 다수 수상한 ALICE 프로그램 분석

(출처: 서울교육, 주요 국가들의 인공지능 관련 교육 현황, 224호)

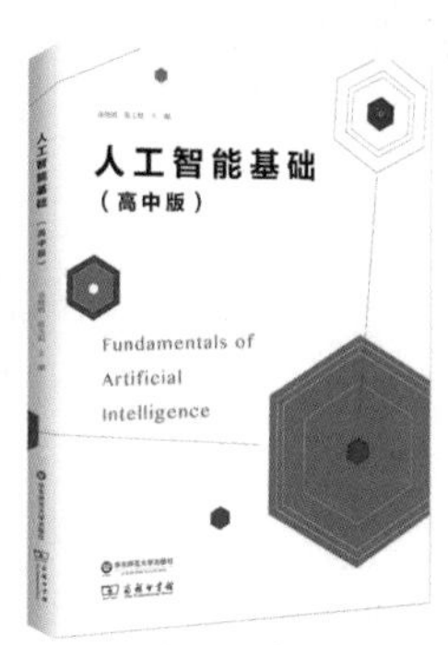

▲ 중국의 AI 교과서

중국 국무원은 2017년 '신세대 인공지능 발전 계획'을 발표하고 초·중·고 학생용 AI 교과서 개발 계획을 수립하는 한편, 기업에서 교과서를 개발해 학교 현장에 보급했다. 2018년 칭화대부속고교 등 상하이 지역 40개 고교가 첫 'AI 실험 학교'로 지정돼 AI 교과서로 교육을 시작했다. 『인공지능 기초』는 인공지능의 역사, 안면 인식을 활용한 보안 시스템, 자율주행차 등 AI의 응용 사례를 소개하고 있다. 이 교과서는 중국의 대도시를 중심으로 40개의 고등학교가 수업에 활용하고 있다(출처: https://book.douban.com/subject/30209224/).

중국 광저우시는 인공지능 교육 시범 도시로 2019년에 선정돼 100개 선도 학교에 인공지능 교육을 적용하고 있다. 2022년까지 초·중학교에 정규 교과로 운영할 예정이며 2020년 900여 개의 학교가 추가돼 인공지능 교육을 확대, 적용하고 있다. 상해 지역은 이미 초·중·고 필수 과목을 운영하는 등의 발빠른 행보를 보이고 있다. 교육 시설에 인공지능 기술을 투입해 학생들의 생활 태도와 학습 장면 등을 기계학습으로 인식하고 교수·학습의 개선을 위한 에듀테크에 적용 중에 있다. 학생들의 언어, 행동, 이동 동선, 학습 태도, 얼굴 인식 등 다양한 데이터를 수집하는 등 교육에 AI를 접목하고 있다.

일본은 2019년 인공지능 전략을 발표하고 초등학생부터 대학생까지 단계별 인공지능 인재를 양성하기 위한 실무 교육을 적용 중에 있다. 인공지능 실무 인재 25만 명, 인공지능 전문가 2,000명, 최상위 인재 100명을 확보하고 핵심 인재로 양성하는 데 많은 정책적 지원과 투자를 아끼지 않고 있다(출처: 한국보건산업진흥원, 2019, 주요 국가별 인공지능(AI) 인력양성 정책 및 시사점).

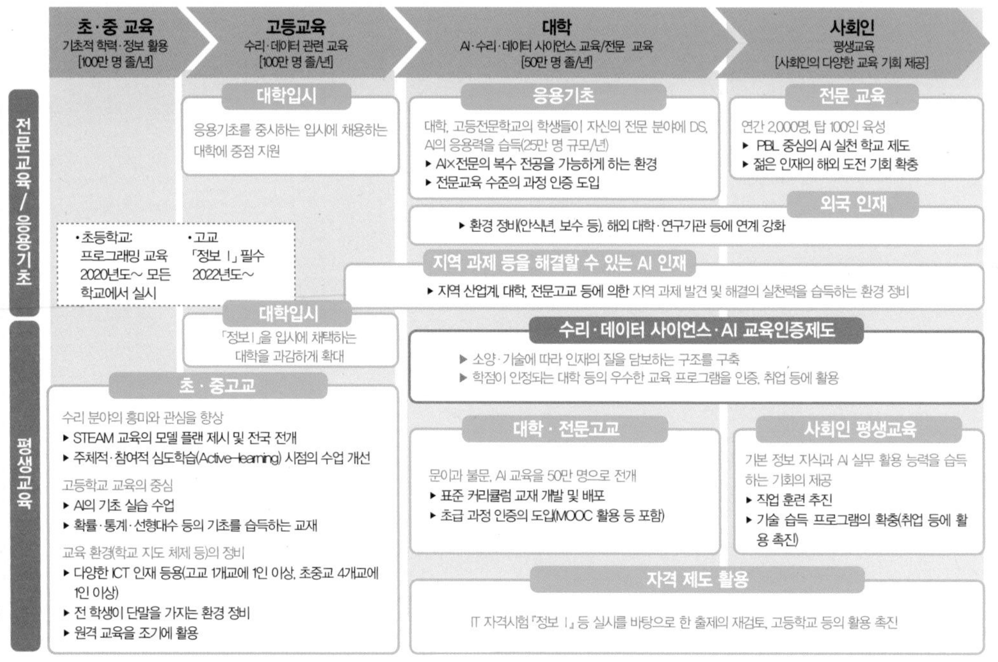

▲ 일본의 인공지능 교육 관련 정책(2019. 3.)
(출처: https://spri.kr/posts/view/22689?code=industry_trend#foot_5)

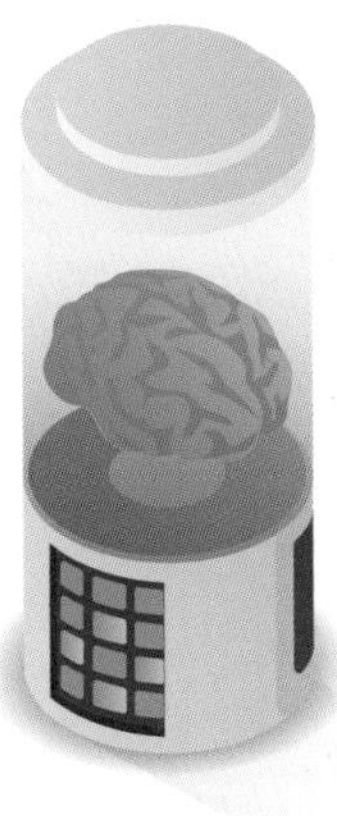

ARTIFICIAL INTELLIGENCE

4. 국내의 인공지능 교육 정책

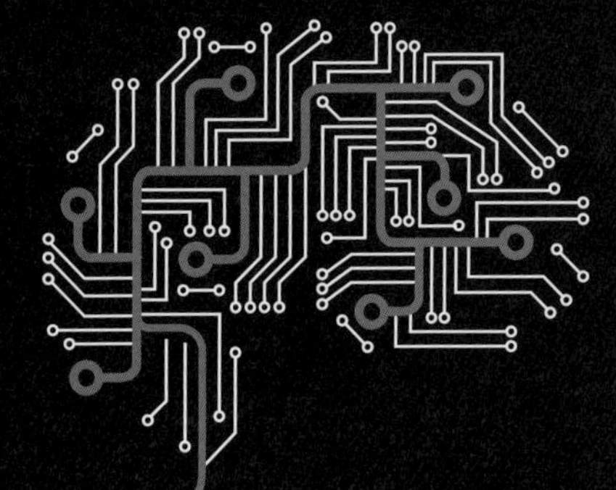

4차 산업혁명 보다는 4차 정보혁명의 시대이다. 컴퓨터가 정보를 처리하고, 인터넷이 정보통신으로 연결하며, 스마트 기술이 모바일과 정보를 통합했으며 이제는 인공지능이 인간의 지능과 정보를 처리하는 시대가 되었다. 4차 정보혁명의 핵심 동력인 인공지능은 국가 및 산업의 경쟁력을 좌우하는 주요 기술로 부상하며 전 세계는 AI 인재를 확보하고 양성하기 위해 고군분투하고 있다.

인공지능 교육에 대한 논의에 앞서 정보 교육의 일환으로 실시되고 있는 소프트웨어 교육의 전개 과정과 추진 내용을 살펴봄으로써 인공지능 교육의 전개 과정과 추진해야 할 점을 논의해보자.

2015. 1. SW 중심 사회 정책(미래창조과학부)
2015. 7. SW 중심 사회를 위한 인재 양성 추진 계획의 발표로 소프트웨어 교육 태동(교육부)
2018년 중학교 정보 교육 운영(34차시 이하)
2019년 초등학교 소프트웨어 교육 운영(17차시 미만)

앞서 살펴본 것처럼 2018년 공교육에 정식 교과로 채택된 소프트웨어 교육이 초·중등 교육에 안착되기도 전에 정부는 인공지능의 급부상으로 2019년 말 인공지능 국가 정책을 발표했다.

'세계를 선도하는 인공지능 생태계 구축', '인공지능을 가장 잘 활용하는 나라', '사람 중심의 인공지능 구현'의 3대 분야를 제시하고, 각 분야별로 9개 추진 전략을 구체적으로 설명하고 있다. 그중 '인공지능을 가장 잘 활용하는 나라' 분야에서 세계 최고의 인공지능 인재 양성과 전 국민 교육이라는 추진 전략을 설명하고 있다. 그 내용은 다음 그림과 같다.

▲ 한국 정부의 인공지능 국가 전략
(출처: 과기부 인공지능 국가 전략 보도 자료)

2020년 초, 과학기술정통부와 교육부에서는 인공지능 인재 양성을 위한 인공지능 교육에 관한 정책을 잇따라 발표했으며 그 대표 내용은 다음 세 가지로 요약할 수 있다.

- 인공지능 대학원 프로그램의 확대와 다양화
- 초·중등 교육 시간 등 필수 교육으로 확대
- 교원의 양성 · 임용 과정부터 소프트웨어(SW) 및 인공지능(AI) 과목 이수 지원

교원의 역량 강화를 위한 세부 내용을 살펴보면 초등 예비 교사를 대상으로 인공지능 관련 내용을 필수 이수토록 교사 자격 취득 기준을 개정하고 중·고등 예비 교사들에게는 교직 과목과 관련 전공 과목에 소프트웨어(SW)·인공지능(AI) 관련 내용을 포함하도록 했다. 초·중등 현장 교사들의 인공지능 교수·학습 역량을 강화하기 위해 전국 교육 대학원에 인공지능 융합 교육 관련 전공을 신설하고, 참여하는 교사들에게 행·재정적 인센티브를 제공해 인공지능을 현장 교육에 빠르고 효과적으로 적용할 수 있도록 다양한 정책을 지원했다.

- 2020년 하반기에 인공지능 교육 종합 방안을 수립해 초·중·고별 인공지능 교육과정의 틀과 고교 인공지능 기초·융합 과목 신설 방안 마련
- 인공지능 융합 교육과정 운영 고등학교를 다수 선정해 인공지능 교육 우수 모델 발굴
- 교육 대학원에 인공지능 융합 교육 전공 신설
- 전국 국 · 공립 대학 및 사립 대학에 인공지능, 빅데이터 등 첨단 학과 신·증설
- SW 선도 학교 중 일부 학교를 선정해 인공지능 융합 교육 운영
- AI 데이터 특화 교육을 제공하는 'AI 교육 시범 학교'를 전국 학교에서 운영

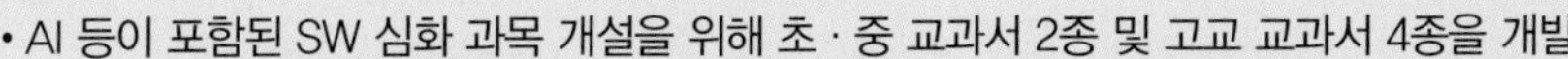

- AI 등이 포함된 SW 심화 과목 개설을 위해 초 · 중 교과서 2종 및 고교 교과서 4종을 개발
- SW · AI 교육 역량을 갖춘 핵심 교원 양성을 위한 AI 수업 설계, 교육과정 분석 등 연수 추진

(출처: 인공지능 강국 실현을 뒷받침하는 소프트웨어 인재 양성 본격 추진 보도 자료)

또한 인공지능 윤리 기준 확립과 윤리 교육과정 개발 보급도 세 번째의 분야의 추진 전략에 포함돼 있다. 이러한 정책의 추진 내용을 살펴보면 인공지능 교육을 통한 인재 양성에 주력하고, 전 국민이 알아야 하는 소양으로서 인공지능을 자리매김하고자 한다는 것을 알 수 있다.

정부의 노력뿐 아니라 연구 단체 및 연구자들을 중심으로 한국의 교육 환경에 맞는 교육 인프라, 인공지능 교육의 인식 제고, 교사의 AI 역량 신장, 인공지능 실습과 개발이 가능한 컴퓨팅 시스템의 보급, AI 교육 정책의 방향 등에 관한 연구와 실천이 계속되고 있다. 대표적인 연구 기관인 인공지능교육연구소에서는 한국의 교육 환경에 적합한 인공지능 교육 프레임워크를 개발하고 다양한 교육과정의 제시 및 교수·학습 방법, 평가 기준안 등을 제공하고 있다.

인공지능이 현장 교육에서 논의되기까지: 정보 교육의 역사

우리나라 교육에서 정보화의 역사는 1970년에 시작됐다. IT 기술의 많은 변화와 교육의 주안점이 바뀜에 따라 다양한 교육이 시도됐다. 2018년 소프트웨어 교육으로 대변되는 정보 교육이 초·중등에서 필수화돼 모든 학생이 배우게 됐고 2020년부터는 인공지능 교육을 초·중등에서 가르치도록 정책을 제시하고 있다.

1970~1995년	1996년~2000년	2001년	2002년	2003년	2004년
• 1970 최초의 전자계산기 교육 계획 수립 • 1986 교육연구전산망 기본 계획 수립 • 1967 학교 컴퓨터 교육 강화 방안 수립	• 1996 교육 정보화 촉진 시행 계획(1단계 계획) 수립 • 1997 교원 정보 활용 능력 활성화 계획 수립 • 1999 학생 정보 소양 인증제 시행 계획 수립	• ICT 활용 학교 교육 활성화 계획 수립 • 교육정보화 종합발전 방안(2단계 계획) 수립 • 초·중등학교 도서관 정보화 추진 계획 수립	• '대학 정보화 활성화 방안' 수립 • 교육행정정보시스템 운영 규범 제정	• '학교 도서관 활성화 및 정보화계획' 수립 • 교육 정보화 평가 체제 구축 계획 수립	• 사교육비 경감 내역 수립(e-Learning 강화) • 'e-러닝 지원 체제 종합 발전방안' 수립 • e-러닝 활성화
2005년	**2006년**	**2007년**	**2008년**	**2009년**	**2010년**
• 공교육 내실화를 위한 교수·학습 혁신 계획 수립 • 교육(행정)기관 정보 보호 기본 계획 수립 • 교육정보시스템 운영	• 교육정보화 3단계 발전 방안 • 교육사이버안전센터 운영 규정 제정	• 디지털교과서 상용화 추진 계획 • 교육(행정)기관 침해사고 대응 종합 지원 체제 구축 및 운영 계획 수립	• 공공기관 개인정보 종합 대책 발표 • 교원연수 종합정보 제공 체제 전략 계획 수립	• 유아교육선진화 추진 계획 • 국가정보화기본법 개정	• 교육과학기술정보화 기본 계획 수립 • 이러닝 산업 발전 및 활성화 기본법 개정 추천

● ● ● 2018년 SW교육

▲ 교육 정보화의 역사

이러한 교육 정보화의 역사는 1996년에 시작된 5단계의 교육 정보화 기본 계획이 수립되면서 '정보 교육'의 내용이 전개되고 있다.

● **교육 정보화 기본 계획(5단계)**

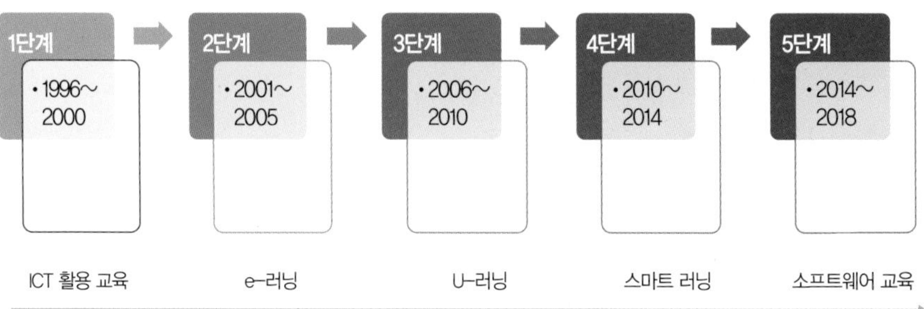

▲ 교육 정보화 기본 계획(5단계)

5단계 이후의 교육 정보화 계획은 없었지만, 이제 인공지능이라는 거대한 기술이 그 자리를 차지하는 것에 대해 누구도 반기를 들기는 어려울 것이다.

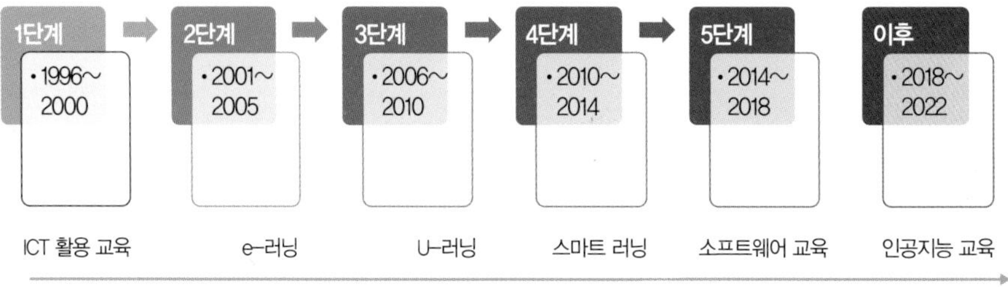

▲ 교육 정보화 포스트 계획(인공지능 교육)

5차 기본계획 정책은 미래 인재 양성에 필요한 ICT 교육 환경 조성에 미흡하고, 혁신적인 미래 교육형 ICT 융합 교육 환경을 조성할 필요가 있다. 이에 6차 교육 정보화 계획 수립(2019~2023년)이 제시되고 있다.

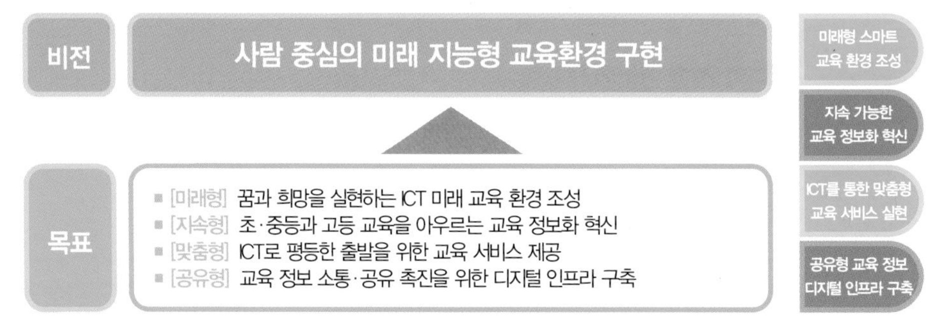

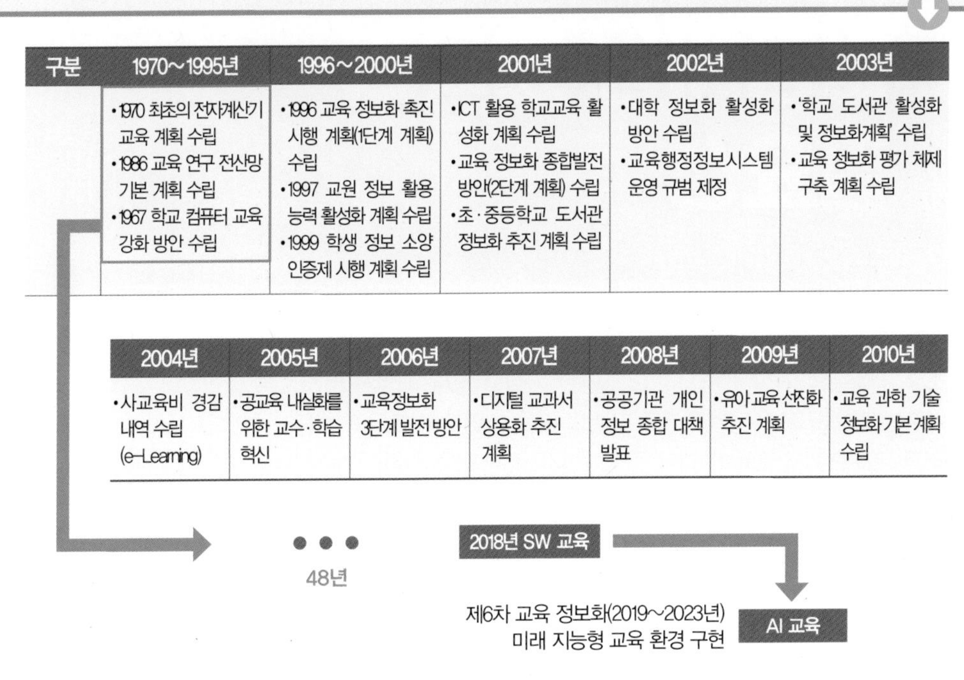

구분	1970~1995년	1996~2000년	2001년	2002년	2003년
	• 1970 최초의 전자계산기 교육 계획 수립 • 1986 교육 연구 전산망 기본 계획 수립 • 1967 학교 컴퓨터 교육 강화 방안 수립	• 1996 교육 정보화 촉진 시행 계획(1단계 계획) 수립 • 1997 교원 정보 활용 능력 활성화 계획 수립 • 1999 학생 정보 소양 인증제 시행 계획 수립	• ICT 활용 학교교육 활성화 계획 수립 • 교육 정보화 종합발전 방안(2단계 계획) 수립 • 초·중등학교 도서관 정보화 추진 계획 수립	• 대학 정보화 활성화 방안 수립 • 교육행정정보시스템 운영 규범 제정	• '학교 도서관 활성화 및 정보화계획' 수립 • 교육 정보화 평가 체제 구축 계획 수립

2004년	2005년	2006년	2007년	2008년	2009년	2010년
• 사교육비 경감 내역 수립 (e-Learning)	• 공교육 내실화를 위한 교수·학습 혁신	• 교육정보화 3단계 발전 방안	• 디지털 교과서 상용화 추진 계획	• 공공기관 개인 정보 종합 대책 발표	• 유아 교육 선진화 추진 계획	• 교육 과학 기술 정보화 기본 계획 수립

많은 교육자와 연구자가 6차 교육 정보화 계획이 제대로 구성돼 현재의 인공지능 교육이 초·중등 교육 현장에서 적합하게 안착되고 현재의 학생들이 미래의 삶에 도움을 받는 교육으로 거듭나길 소망하고 있다.

5. 인공지능 교육의 필요성

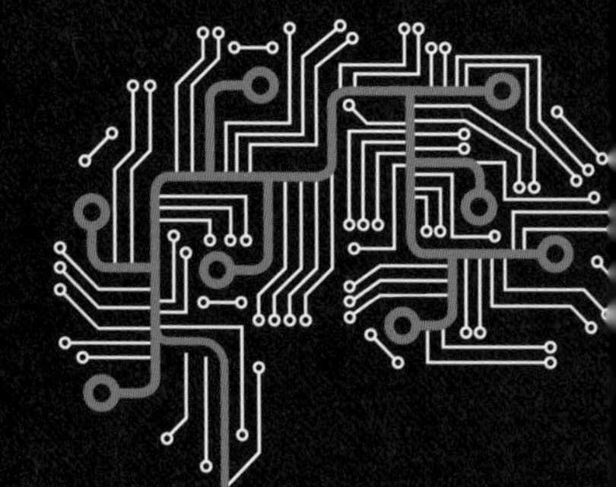

엘리트 교육과 보편 교육의 차이점은 Some vs. All의 대결이다. 엘리트 교육은 능력이 뛰어난 소수가 다수의 기회를 차지하고 그만한 기회를 모두 책임져야 하도록 내몰았다. 기회를 놓친 다수는 불행하고 소수 엘리트도 다수의 일을 떠맡으며 모두가 힘들고 불행한 사회로 진입했다. 보편 교육으로서 교육이 다시 존중받는 사회가 돼야 한다.

농경 사회를 비롯한 과거의 전통 사회는 현재 상황에 비해 변화의 폭이 매우 작았기 때문에 교육의 목표는 학습자에게 과거의 문화를 계승하고 사회를 유지하는 데 주력했다. 산업 사회의 등장으로 그 변화의 속도가 빨라졌지만, 학습자들은 기성 세대가 습득했던 지식이나 직업적인 기술의 전수를 비롯한 삶의 가치관을 그대로 물려받아도 앞날을 살아가는 데 별 문제가 없었던 것이다.

하지만 오늘날 사회의 변화 속도는 매우 빠르기 때문에 과거 문화의 계승만으로는 교육의 역할을 충분히 한다고 볼 수 없다. 마가렛 미드(Magaret Mead)는 "신세대가 후세대에게 가르쳐주는 후형성적 문화(Postfigurative Culture)는 오래전에 사라졌고, 기성세대가 신세대에게 배워야 하는 전형성적 문화(Prefigureative Culture)가 나타나고 있다."라고 말했다.

교육은 개인에게 사회 구성원으로서 역할을 수행하는 데 요구되는 지식, 기능, 감정, 태도, 가치관을 가르치는 활동이다. 그러므로 그 개인은 앞으로 일생 동안 살아갈 사회, 종사할 직업, 당연한 문제, 수행할 역할에 맞춰 교육돼야 하는 것이며 여기에 교육의 본질로서 미래성이 나타난다.
교육의 본래 기능은 인간이 바라고 원하는 미래를 창조하는 것이다. 따라서 모든 종류의 교육은 교육자나 피교육자의 미래상에 따라 좌우된다. 만일 개인이나 사회의 미래상이 부정확하다면 그것에 기초를 둔 교육은 적절성이 결여되고 만다.

(출처: 한국정보화진흥원, 「AI와 고령화 시대의 일과 교육」)

더욱이 오늘날의 기술 발전과 사회 변화는 미래의 모습을 정확하게 인식하기 힘든 특징이 있다. 빠르게 변화하는 사회를 예측하기 힘들기 때문에 교육에서 가르쳐야 할 내용을 파악하기도 어렵다. 따라서 전통 사회에서는 지식의 전달에 주력했지만, 이제는 지식의 전달이 무의미하며 그 지식을 활용하고 문제를 해결할 수 있는 역량을 기르는 데 교육의 목표를 두고 있다. 미래의 유동적인 상황에 대처할 수 있는 능력을 교육하는 것이 필요하며 이에 학습하는 방법을 학습하는 것, 모든 학습의 기초가 되는 개념이나 원리를 학습하는 것, 다른 학습에 전이 효과가 큰 내용을 학습하는 것과 같은 도구적 학습이 더 중요하다.

이러한 교육의 필요성을 살펴봤을 때 인공지능 교육은 단순히 학교에 다니고 있는 의무 교육과정의 학생들에게만 국한되는 것이 아니라 모든 사람을 대상으로는 하는 '보편적 인공지능 교육'이 돼야 하며, 이는 평생 교육을 추구하는 미래 교육의 측면에서도 일맥상통한다고 볼 수 있다.

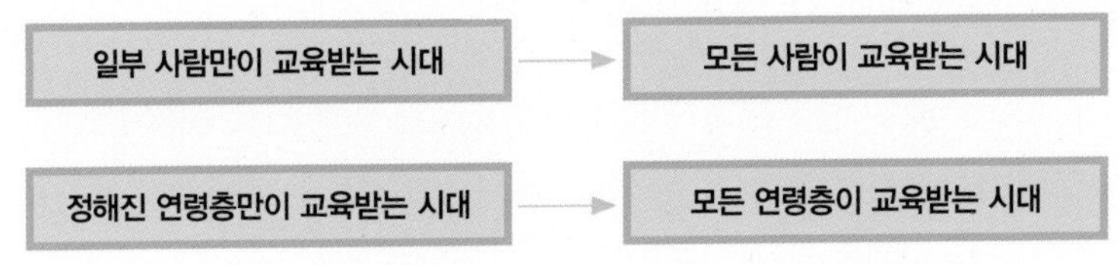

▲ 미래 사회 교육 대상의 근본적인 변화
(출처: 한국정보화진흥원, 「AI와 고령화 시대의 일과 교육」)

과거 컴퓨팅 기술과 인공지능 기술은 특별한 분야의 전문가나 연구자들의 고유한 영역으로 여겨졌다. 사회의 발전과 인류 변화에 컴퓨터 과학과 인공지능이 큰 기폭제가 되면서 교육에서 모두가 인공지능을 배워야 하는지에 대한 질문이 던져졌다. 인공지능이 왜 중요하며 우리에게 어떤 영향을 미치고 있는지, 과연 누구나 인공지능을 배워야 하는지, 누구나 인공지능을 배워야 한다면 그 근거는 무엇인지, 보편 교육으로서 인공지능을 모두가 배워야 하고 공교육에서 교과로서 가르쳐야 하는지에 대한 논의를 시작으로 국가에서는 왜 모든 사람이 인공지능을 알아야 하는지에 대해 잠시 살펴본다.

첫째, 시대적 요청이다. 앞선 장에서 AI가 모든 것을 갈아치운다고 소개했다. AI-X라는 신조어가 등장했다. 세상의 모든 산업과 기술 분야를 미지수 X라고 할 때 융합된 AI-X라는 공식에 대입하더라도 당연히 받아들이게 됐다. 모든 분야에 만능 머신(Universal Machine)인 컴퓨팅 기술과 인공지능이 융합돼 활용되고 발전하고 있으므로 모두 인공지능을 배워야 한다는 명제는 의심의 여지가 없다. 사회적 요구의 근거로 많은 부모가 학문적 지식의 수준이 높아졌고 사회를 보는 창의 시야가 넓어져 조금이라도 깊이 고민하는 부모라면 전통적인 교육 내용과 교육 방법으로는 자녀들의 미래를 장담할 수 없을 것이라고 진지하게 고민하고 있다. 기존 교육에 대한 변화와 새로운 교육 서비스에 대한 요구가 이제는 고민이나 불만에서 맴돌지 않고 교육 수혜자들의 적극적인 행동과 참여로 나타나고 있다. 개인의 요구가 관철되지 않을 때는 정치적인 이슈로 확대되고 이것이 현장 교육에 반영되기도 한다. 대표적인 영역 중 하나가 바로 소프트웨어 교육과 인공지능 교육의 요구이다.

아직도 교육의 목소리가 대학 입시와 직업을 위한 자격증에 목매는 경향이 있을지라도 의식이 깨어 있는 교육 수혜자들이 많아지면서 변화가 일어나고 있다. 그들이 요구하는 것이 바로 교육의 근본적인 변화이고 삶의 행복을 위한 요청이며 아이들의 미래를 위한 교육의 중심에 컴퓨팅과 인공지능 교육이 있는 것이다.

둘째, 국가적인 과제이다. 국가의 존망을 좌우하는 데에는 여러 가지 요인이 있지만, 전 세계가 하루권이 돼 사회, 문화, 정치, 경제 등이 모두 연결돼 있는 상황에서 각 국가의 다양한 영향력과 경제력은 모두의 생존 열쇠가 됐다. 그 영향력과 경제력에 인공지능이 중요한 키를 갖고 있음은 앞서 살펴봤으며 이는 국가 경쟁력으로 이어지고 있다. 산업과 사회의 발전 그리고 경제적 이익이 AI 융합 기술에 따라 좌우되며 AI 인재 양성은 필수적인 과업이 됐다. 적은 인원의 전문가 양성보다는 다수의 교육을 통해 AI 역량을 가진 인재를 양성할 확률이 높다는 점이 모든 학생이 보편적인 AI 교육을 받아야 하는 이유 중 하나이다.

셋째, 사고력의 바탕이 된다. 현시대에 맞고 미래 사회에 요구되는 새로운 사고력 신장의 방안으로 AI가 매우 뛰어난 도구가 될 수 있다. 학습자의 사고를 끌어내는 데에는 컴퓨팅과 인공지능 만한 도구가 없다. 산업 사회에 과학과 수학 그리고 기술이 중요한 역할을 한 것처럼 초지능 사회를 맞이하는 우리에게는 새로운 학문이 필요하다. 시모어 패퍼트(Seymour Pappert)가 그의 저서 『마인드스톰』에서 레고(Logo)라는 코딩 도구를 통해 학생들이 가진 사고력을 이끌어내고 표현함으로써 프로그래밍이 사고력의 유용한 학습의 도구라는 점을 확인시켜줬다. 생각의 절차, 문제해결의 알고리즘을 구현한 것이 '코딩'이다. 더 나아가 인간의 사고를 모방해 코딩으로 구현한 것이 '인공지능'이다. 코딩이 생각하는 방법을 가르쳐줬다면 인공지능은 생각을 알게 해줬다는 하는 이유가 바로 이것 때문이다. 인공지능은 인간의 지능과 완벽하게 같지는 않더라도 인류 역사상 인간의 사고와 생각을 제일 근사치에 가깝게 구현해 작동되는 실체이다.

생각하는 방법과 생각 자체를 알도록 인식하는 교육은 학생들에게 커다란 교육적 테마이자 삶의 유용한 도구이다. '컴퓨팅 사고(Computational Thinking)'라 부르는 문제해결력을 신장함으로써 정보화 사회의 소프트웨어 교육을 중요한 교과로 등장시킨 것처럼 인공지능도 휴리스틱적(Heuristic, 경험적, 인간적)인 알고리즘과 기계학습 알고리즘 등으로 AI에 맞는 문제해결을 위한 사고력을 신장시킬 수 있다.

넷째, 학문적 근거이다. 행동주의를 시작으로 인지주의, 구성주의로 진화해온 교육의 패러다임은 아직까지 학교 현장에 안착된 것처럼 보이지 않는다. 학습자 스스로의 학습 경험, 사회적 소통과 상호작용을 통해 지식을 구축하고 완성해가는 구성주의 교육관에는 다양한 접근 방식이 있다. 인간의 지능에 대한 탐색과 체험, 개발 그리고 활용을 통해 세상의 지식과 삶의 방식을 깨닫는 도구로써 인공지능만큼 좋은 도구는 없는 듯하다. 인공지능은 기계를 인간처럼 만들어가는 공학주의적 접근 방법과 함께 인간 지능이 무엇인지 스스로 알아가는 구성주의적 접근 방법이 결합된 형태의 학문이다. 인공지능이 구성주의적 학문에 왜 적합한지 이해되는 부분이다. 학습자들이 스스로 만들어가며 학습하고 지능에 관한 지능을 지식으로 구성함으로써 스스로의 사고를 인식하는 초인지 사고(메타 사고)를 경험하게 된다.

다섯째, 개인의 미래를 위한 요구이다. 실용적인 근거로 학습자들의 삶, 국가의 경쟁력, 국제 무대에서 주도권, 이것을 가늠하는 기술의 중심에 인공지능이 있다. 인공지능은 단기적으로나 장기적으로 개인 성장의 기회와 미래의 직업과 진로의 가능성에 대한 선택의 폭을 확대시키는 데 도움을 준다. 인공지능을 배우면 삶의 안목이 달라진다. 산업에서 활용도가 높고, 기업 경쟁력을 강화하며, 개인의 융합적 역량이 강화되면서 진로와 직업 선택의 자유가 넓어지고 해당 분야의 성취감을 통해 자아실현과 쾌적한 환경에서 살아가는 기회를 갖게 된다. 삶 자체가 변하게 되는 것이다. 살아가는 데 쓸모 있는 것이 바로 인공지능이다.

직업적인 인센티브뿐 아니라 사회적 변화에 대한 대비 그리고 이를 통한 자존감의 신장과 도전 정신을 제공한다. 개별 학습자들에게 자아실현의 중요한 기회를 제공하며 인공지능을 많이 아는 것이 세상의 변화에 많은 기여를 할 것이라는 데는 의심의 여지가 없다.

마지막으로 미래 교육으로서의 도구이다. 인공지능이 우리 인간과 사회에 미치는 영향은 매우 강력하다. 인공지능을 자신의 삶의 일부로 받아들이는 AI 네이티브 세대들에게는 산업 사회의 모습을 담은 현재의 학교나 교육의 형태는 진부하고 비효율적인 과정으로 여겨진다. 급변하는 사회에 적응하고 적시에 필요한 교육, 미래를 대비하는 역량 교육 그리고 개별적으로 분리된 교과 교육의 틀 대신 융합 교육의 근간으로서 인공지능만큼 좋은 도구는 찾아보기 힘들다. 인공지능은 미래 교육의 준비를 위한, 그리고 학습자 스스로 만들어가는 변화의 촉매제가 된다. 미래학적 관점에서 깊게 고민한 학자들이나 전문가들은 이대로 가면 인공지능 핵심 기술을 가진 소수의 엘리트와 기업이 부와 권력을 가지면 사회적 양극화 현상과 함께 직업의 소멸, 더 나아가 세상을 좌지우지하며 통제권이 일부에게 이양되는 비민주적 사회의 상황이 눈앞에 펼쳐질 것으로 여긴다. 새로운 사회주의와 기술 기반 독재주의가 우리 삶을 통제하고 신뢰와 안전을 빼앗기는 등 우려되는 상황이 예견되고 있음에 많은 미래학자와 식견을 가진 지식인들이 우려하고 있다. 기술에 대한 의존이 너무 높아져 결정에 대한 주체적 권한을 잃거나 기계가 대부분의 일과 처리를 대신하는 시대에는 삶의 의미가 무엇인지도 모르게 될지도 모른다. 한 인간으로서 존재에 대한 고민과 삶과 행복이 무엇인지 깨닫지도 못한 채 지능적인 기계가 모든 것을 대체하기 전에, 인류를 위한 선한 인공지능에 대한 인류적 합의가 필요하다. 이것이 인공지능을 학생들이 반드시 배워야 하는 이유이다.

이러한 관점 이외에도 다른 의견이 있지만, 이 여섯 가지 주장으로도 인공지능이 왜 교육적으로 필요하고 초·중등 보편 교육이 이뤄져야 하는지에 대한 이유는 충분해 보인다.

인공지능의 교육적 가치

이상적인 교육에 대한 모든 사람의 소망은 다르지 않다. 산업화 시대에서부터 목적을 위해 규격화돼 시작된 학교 교육은 각 시대에서 요구하는 인재상을 기르기 위한 목표에 맞춰 이뤄졌다. 이에 맞춰 학생들의 입장에서 미래를 바라볼 수 있는 교육이 요구된다. 지식을 습득하는 과거를 거쳐 현재는 지식을 활용해 문제를 해결할 수 있어야 하는데, 인공지능은 이러한 문제를 해결할 수 있는 강력한 도구가 돼준다.

AI

▲ AI 네이티브를 위한 교육

▲ 전통적인 교육

문제해결의 강력한 도구

AI for 미래 교육

기존 교과 교육으로 전개되는 현재의 교육 체제의 한계를 넘어서 융합 교육, 미래 교육으로 가기 위한 중요한 도구로 인공지능 기술이 자리잡고 있다. AI 네이티브로 성장하는 학생들과 인공지능 기술이 접목된 교육 환경, AI와 협응해 살아야 할 교육 너머의 미래를 고려한다면 인공지능은 교육 변화의 견인차가 될 수 있다.

인공지능을 알면 좋은 점은 무엇일까?

- 생활 주변의 인공지능 융합 기술의 인식으로 세상을 보는 눈이 달라진다.
- AI가 만들어가는 미래 세상에 대한 인식, 빠르게 변화하는 사회의 탐색, 미래 예측 능력이 신장된다.
- 소멸되거나 변화하는 직업의 탐색과 함께 새로운 직업의 선택 가능성이 확대된다.
- 새로운 기술의 활용과 개발에 대한 두려움이 해소되고 도전감이 생긴다.
- 융합적 성격으로 다양한 기술의 이해와 학문적 깊이가 생긴다.
- 타 분야 융합 역량을 통해 문제해결력, 창의력 등이 신장된다.
- 개인 삶에 활용함으로써 경제적 역량 신장의 힘이 확대된다.
- 세계 무대에서 개인 경쟁력을 갖추고 국가 발전에 기여한다.
- 인공지능에 내재된 인간 지능의 탐색을 통해 AI와 인간에 대한 이해가 심화된다.
- 착한 인공지능 기술의 이해를 통해 인간 중심의 기술, 인간의 평화와 행복 추구에 기여한다.
- AI가 만들어가는 새로운 윤리적 이슈와 사회적 영향에 대한 올바른 합의를 이해한다.
- 인간의 행복과 가치를 인식하고 더 나은 세상을 만드는 인류의 기준을 갖게 된다.

▲ 미래 교육으로서의 도구, 인공지능

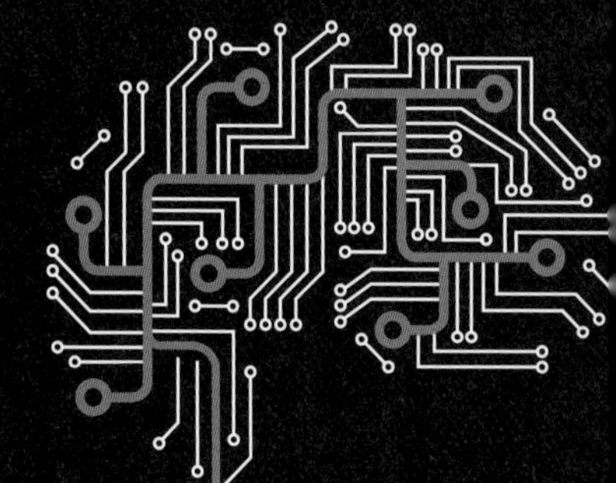

6. 인공지능 교육 도입의 근거

누구나 알아야 하고 모르면 살기 힘든 기술, 그리고 세상의 변화를 이해하기 위해 꼭 필요한 지식이라면 그에 맞는 교육이 필요하다. 과거의 잔재가 미래의 도전에 발목을 잡아서는 안 된다. 세상을 모두 변화시키는 기술이 컴퓨터, SW, AI라면 누구나 배울 권리가 있다.

이제 현실로 돌아와 구체적인 분석 자료를 바탕으로 인공지능 교육의 근거를 살펴보자. 한국정보화진흥원에서는 2018년에 국민이 생각하는 인공지능 사회 이슈와 대응 과제 마련을 위한 '미래 지능화 사회에 대한 대국민 인식 조사'를 실시했다. 항목 중 공교육에서 4차 산업혁명, 인공지능 등 미래 변화에 대응하는 교과 과정이 보강돼야 한다고 보는 의견에 일반 국민 응답자의 62.3%, 전문가의 83%가 동의한다고 했다.

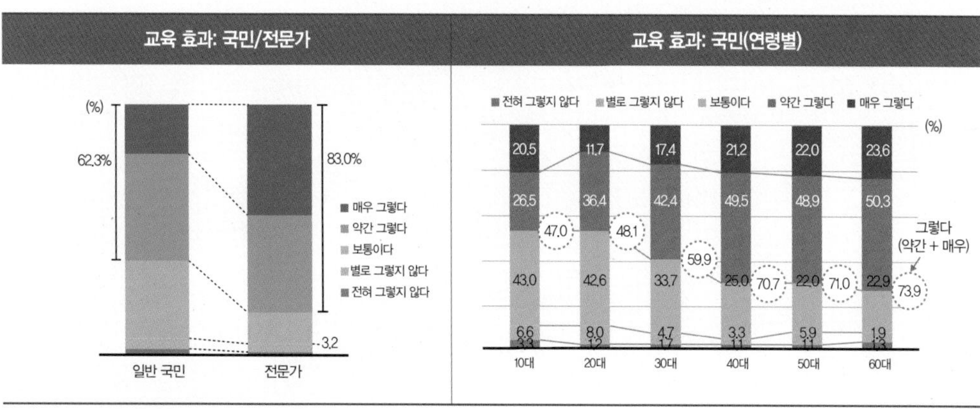

(주) 응답자 수(N): 일반 국민 = 1,012명, 전문가 = 412명

▲ 인공지능을 포함하는 교과 과정 보강에 대한 설문 결과
(출처: 한국정보화진흥원, 「국민이 생각하는 인공지능 사회 이슈와 대응 과제」)

하지만 '지금의 교육보다 AI 교사, 교육용 로봇, 가상현실을 활용한 교육이 더 큰 효과가 있다고 본다.'라는 질문에는 일반 국민 응답자의 45%, 전문가 46.4%가 동의했으며 교육과 관련이 높은 10대는 38.4%, 20대는 34%로 지능화 기술을 활용한 교육 효과에 대해서는 부정적으로 생각했다.

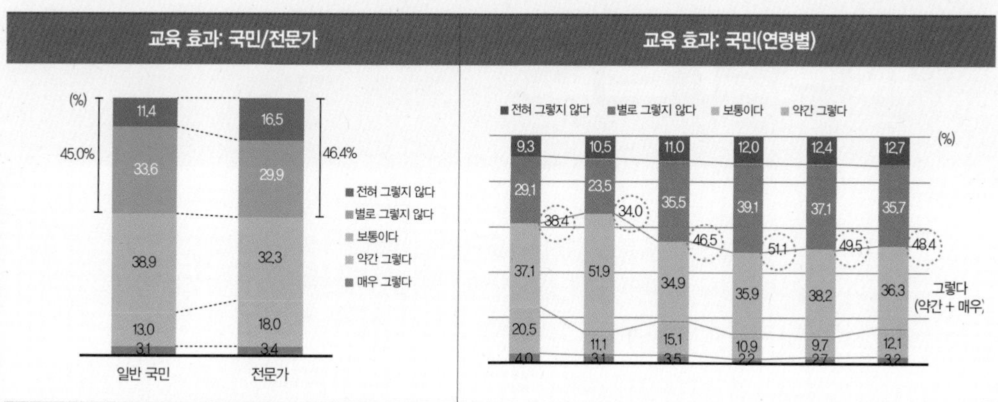

(주) 응답자 수(N): 일반 국민 = 1,012명, 전문가 = 412명

▲ 인공지능을 활용한 교육의 효과에 대한 설문 결과

지능화 사회 대응을 위해 우리 사회가 가장 필요로 하는 교육에서는 국민, 전문가 모두 1순위로 미래 기술 및 사회 변화의 이해, 2순위로 전인 교육을 가장 중요하게 생각하고 있는 것으로 나타났다. 또 인공지능 교육이 소프트웨어 교육보다 필요하다고 생각하고 있다는 것을 알 수 있다.

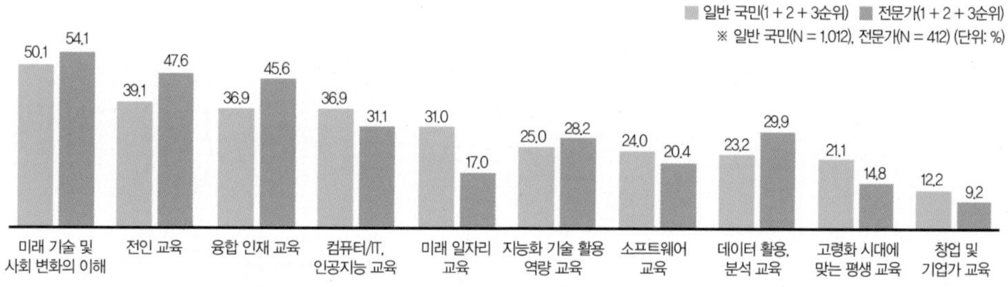

▲ 지능화 사회에 대응하는 데 가장 필요한 교육에 대한 설문 결과

ARTIFICIAL INTELLIGENCE

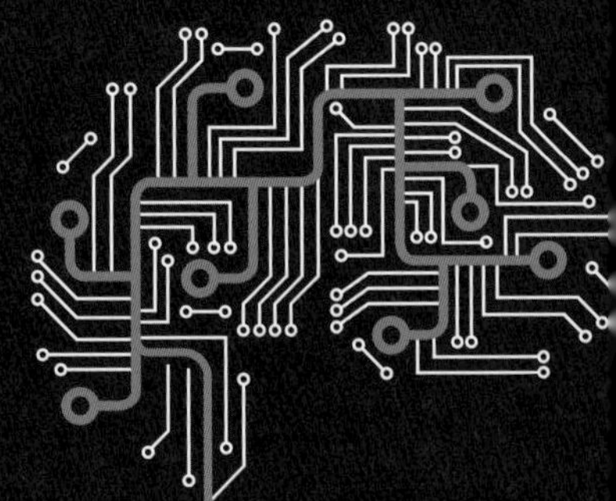

7. 인공지능 교육의 접근

항상 즐겁고 흥미로운 것만이 우리를 성장시키지 않는다. 어느 정도 힘들고 도전하기 어렵고 머리를 많이 사용하는 것도 우리를 크게 성장시킨다. 일과 삶의 균형을 잡는 워라벨처럼 공학주의와 구성주의가 균형을 잡는 교육이 필요하다.

전통적으로 인공지능 연구자나 개발자들이 인공지능을 바라보는 관점에는 '공학주의적 접근'과 '구성주의적 접근'이 있다. 인공지능 기술의 구현과 AI 시스템의 산출에 따른 결과는 같을지라도 개발하려는 의도와 목적은 두 가지의 관점에서 다르게 접근하고 있다. 이것은 교육에서도 교수·학습을 하거나 교육과정을 작성하는 데 중요한 단서가 된다.

▲ 공학주의적 접근과 구성주의적 접근

첫째, 공학주의적 접근은 기계 장치를 인간처럼 행동하게 하거나 그렇게 보이도록 공학적으로 개발하는 데 목적을 두고 전개한다. 인공지능을 공학적으로 개발하는 사람들은 로봇이나 컴퓨팅 시스템이 인간과 유사한 생각 또는 행동을 하도록 구현하는 데 초점을 둔다. 공학적으로 개발된 결과물은 결국 인공지능 시스템, 사이보그와 같은 지능적인 로봇이다. 결과물에 대해 다른 사람들이 놀라워하는 경험이 인공지능 공학자들에게는 보상이 된다.

초등학교 학생이나 인공지능을 처음 접한 학습자에게 적절한 접근 방법이다. 뭔가를 체험하고 만지고 개발하고 구현하다 보면 자연스럽게 인공지능과 친숙해지고 기능과 지식이 깊어진다.

둘째, 구성주의적 접근은 인간의 지능에 대한 근본적인 질문을 던지며 접근한다. 인간의 지능, 학습이 무엇이고, 왜 생각을 하며, 어떻게 판단하고 추론해 인지하는 과정을 거치는 것인지에 대한 인간 본연의 사고에 관한 연구에 초점을 둔다. 인간의 지능에 대한 구성주의적 증거로써 산출한 결과가 바로 인공지능이다. 연구자가 고민했던 인간의 지능적 본질을 인공지능 시스템에서 발견하는 것이 구성주의자들에게는 보상이 된다. 학습이나 지식, 인식 등에 대한 추상적인 개념이 형성돼 있어 인공지능에 대해 무리 없이 이해할 수 있는 고학년이나 인공지능의 체험과 개발 경험이 있는 학습자에게 적절한 접근 방법이다.

인공지능의 접근에 대한 학자들의 두 가지 관점에 비춰 교육에서는 두 가지 접근이 가능하겠지만, 최종 목표는 '두 가지 접근의 통합'이다. 즉, 공학주의적 접근으로 인공지능을 학생들이 직접 체험하고 만들어가며 구체화하는 방법과 구성주의적 접근으로 인간에 대한 고찰과 인공지능 기술에 대한 상호작용과 관련해 지식을 구축하는 방법이 있다. 교육에서는 이 두 가지 관점을 모두 경험하고 기능적으로 개발할 수 있는 상태와 함께 인공지능의 개념과 알고리즘의 특징에 대한 지식이 형성돼야 인공지능의 역량을 갖추고 그에 대한 교육이 돼야 제대로 된 학습 과정으로 본다.

스티브 잡스는 코딩이 생각하는 방법을 가르치므로 누구나 배워야 한다고 했다. 시모어 패퍼트는 『마인드스톰』에서 "생각 없이는 생각할 수 없다."고 말하면서 "생각, 즉 지능에 대해 누구나 배워야 한다."고 말했다.

시모어 패퍼트는 피아제를 만나 구성주의적 접근 방법으로 지식을 구성한다는 것에 대해 고민하고 컴퓨터를 통해 학생들이 자신의 지식을 탐구하고 조직하는 방법을 제시했다. 그 결과를 『마인드스톰』이라는 책으로 발표했으며 로고(LOGO)라는 텍스트 기반의 프로그래밍 언어를 만들고 레즈닉이 그의 정신을 이어받아 블록 기반의 프로그래밍 언어인 스크래치(Scratch)를 만들었다. 현재 code.org, Blockly, Entry, MBlock, AppInventor 등의 언어들은 레고와 스크래치의 프로그램 방식을 공유하고 있으며 시모어 패퍼트의 정신을 이어받고 있다고 볼 수 있다.

한선관은 "인공지능은 생각을 알게 한다."라고 말하면서 "생각을 하는 방법을 도와주는 도구가 코딩이며 인공지능은 생각이 무엇인지 알게 하는 좋은 도구"라고 말했다. '인공지능은 생각을 알게 한다.'라는 말은 '생각을 생각하게 한다.', '생각이 무엇인지 생각하게 한다.', '생각에 관한 생각을 하도록 한다.'는 것이다.

'인공지능 만큼 생각(지능)을 알게 하는 좋은 도구는 없다'

▲ 인공지능에 대한 생각
(출처: https://news.mit.edu/2016/seymour-papert-pioneer-of-constructionist-learning-dies-0801)

'인공지능만큼 생각(지능)을 알게 하는 좋은 도구는 없다.'

교육 목표의 핵심은 '학습자들의 문제해결 능력 향상'에 있다. 문제해결 능력은 사고력과 문제 처리 능력 하위 능력으로 구성된다. 사고력이란, 문제 상황을 해결하기 위해 문제와 원인, 해결 방법 등을 찾아내는 데 필요한 점을 생각하는 능력이다. 사고력은 크게 창의적 사고력, 논리적 사고력, 비판적 사고, 컴퓨팅 사고력, 인공지능 사고력, 실천 역량, 태도 등으로 구별할 수 있지만, 실제 상황에서는 이 세 가지 사고력이 한꺼번에 사용된다고 볼 수 있다. 이러한 사고의 능력은 인공지능과 융합적 역량의 신장에 도움을 줄 수 있다.

ARTIFICIAL INTELLIGENCE

8. 인공지능 교육을 바라보는 다양한 관점

내가 믿고 있고 알고 있는 것이 세상의 전부는 아니다. 다른 관점을 갖고 다른 기준에 철학을 가진 사람들의 관점 또한 함께 생각해야 한다. 융합의 중심에 있는 인공지능이야말로 다양한 관점을 포용하고 여러 가지로 실험해야 하는 분야이다.

인공지능 교육의 방향과 역할에 대한 서로의 관심과 이해 관계에 따라 다양한 의견이 있다. 교육 정책자와 사회적 요구에 따라, 교사의 철학과 교과의 특성에 따라 인공지능을 교육에서 부르는 명칭도 다양하다.

소양으로서의 인공지능, 교과 교육으로서의 인공지능, 교수·학습 지원 도구로서의 인공지능, 교육 업무와 행정 지원 도구로서의 인공지능, 직업과 산업의 경쟁력으로서의 인공지능, 교과 융합 도구로서의 인공지능 등 다양한 분야의 다양한 관점에 따라 인공지능을 일컫는 용어가 다양하다.

▲ 인공지능 교육을 일컫는 다양한 용어

인공지능 교육의 다양한 관점은 인공지능 시스템의 다양성과 복잡성에 기인한다. 현재 표준화된 인공지능 시스템의 구체적인 구조를 이해하면 인공지능 교육의 전체적인 영역과 분야, 분류, 유형 등을 파악하기 쉽다. 인공지능 시스템의 영역은 다음 그림과 같다.

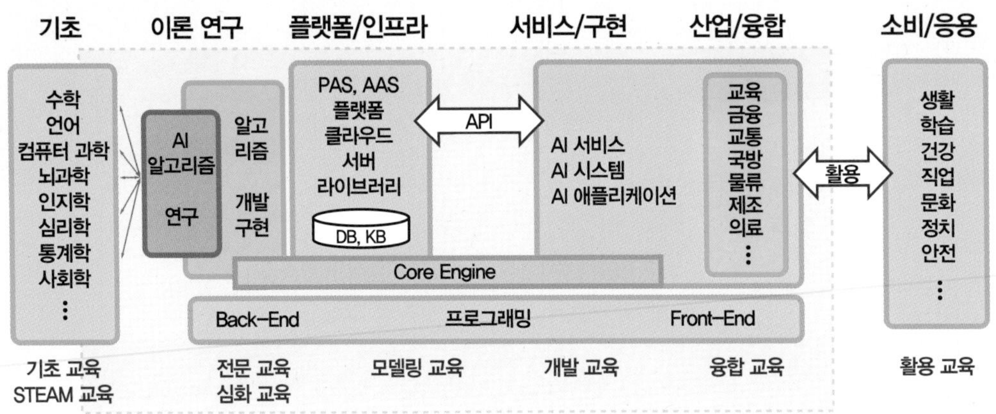

▲ 인공지능 시스템 영역별 교육 유형

인공지능은 수학, 언어학, 컴퓨터 과학, 뇌 과학, 인지학, 사회학 등이 기반이 돼 융합 학문으로서의 특징을 갖는다. 인공지능을 컴퓨터 과학의 한 분야로만 보는 관점은 지양해야 하며, 융합 교육으로서의 핵심 주제로 다룰 수 있다.

인공지능은 알고리즘의 연구와 개발에서부터 시작한다. 순수 인공지능 알고리즘의 개발과 구현은 인공지능 연구자와 개발자들에 의해 이뤄진다. 인공지능 서비스와 산업 융합을 위해 다양한 분야의 전문가들이 참여한다.

개발된 인공지능 알고리즘은 애플리케이션 형태로 개발해 산업에 적용하기도 하지만, 빅데이터와 컴퓨팅 복잡도의 발전으로 인해 인공지능 플랫폼을 만들어 다양한 분야에서 사용한다. 사용자는 주로 인공지능 플랫폼의 API를 통해 데이터를 주고받으며 인공지능 서비스를 사용할 수 있다.

플랫폼을 이용한 서비스는 프런트-엔드(Front-End)단에서 애플리케이션으로 구현되고, 인터페이스와 시각화를 통해 다양한 산업과 융합된다. 인공지능 개발자와 각 분야의 산업 전문가들이 협업해 실제적인 인공지능 시스템을 구현하고 서비스를 제공한다.

사용자들의 서비스 부분은 인공지능 기술을 소비하고 실생활 문제를 해결하기 위해 활용하는 내용으로 구성된다.

이러한 인공지능 시스템의 구성에 따른 구조를 제대로 이해한다면 다양한 인공지능 교육의 관점을 이해할 수 있다. 인공지능 알고리즘을 이해하는 교육에 집중한다면 전문 교육이나 특정 직업에 맞춘 심화 교육의 형태로 보게 된다. 인공지능의 개념과 원리를 이해하기 위해 타 교과에서의 지식을 연계하거나 그 반대의 상황이라면 STEAM 융합 교육의 방향으로 바라보게 된다. 인공지능 알고리즘과 기술이 적용된 인공지능 플랫폼을 이용해 데이터를 학습시키거나 추론해 인지 서비스를 중심으로 한다면 기계학습 중심의 인공지능 모델링 교육이 된다. 이를 확대해 인공지능 서비스나 애플리케이션을 만들기 위해 코딩하거나 시스템을 구축하는 측면에서는 인공지능 개발 교육이 된다. 산업 현장에 적용할 수 있는 인공지능 시스템을 구현하거나 개발하기 위해 다양한 분야의 전문가들이 협업하고 전문 영역의 지식이 융합된다면 이는 산업 융합 교육이 된다. 마지막으로 개발된 인공지능 시스템과 서비스를 실생활의 문제에 적용해 해결해 나가고 활용한다면 기초적인 소양을 위한 활용 교육이라 할 수 있다.

인공지능에 관한 전문 교육은 하기 어렵다 하더라도 인공지능의 기초 개념과 다양한 서비스에 대한 기술적 이해(소양) 교육이 인공지능 시스템의 가운데에 위치한다. 각 교과와의 연계를 통한 STEAM 교육과 실생활의 문제해결을 위한 AI 활용 영역이 인공지능 활용 교육으로 인공지능 시스템의 양쪽 끝단에 위치한다.

이러한 구조를 단순하게 표현하면 자연스럽게 이해하는 교육과 활용하는 교육으로 나눠지고 인공지능이 사회에 미치는 영향을 통해 가치 교육이 필요하다는 것을 알 수 있다.

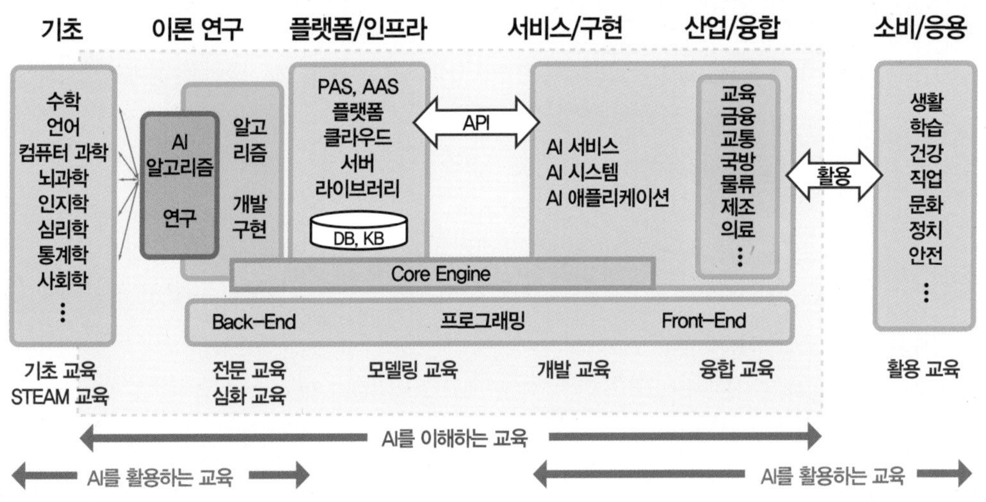

▲ 인공지능 시스템의 구성에 따른 인공지능 교육의 유형

인공지능 교육의 피라미드

AI 이해 교육과 활용 교육 대신 인공지능이 갖는 학문적 기반과 산업 활용의 서비스 영역을 연계해보면 4개의 영역으로 확장할 수 있다.

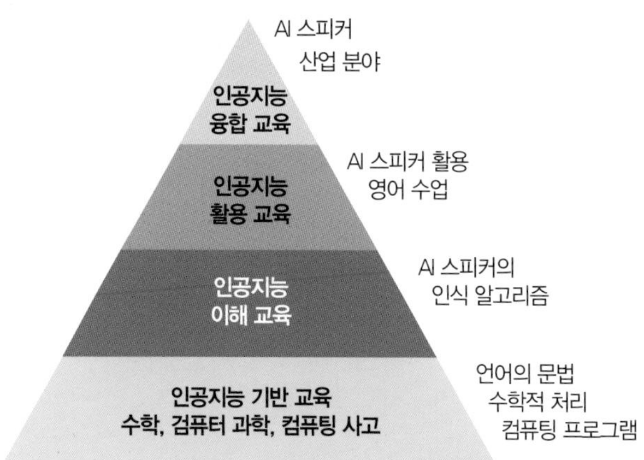

▲ 인공지능 교육 피라미드

인공지능 기반 교육은 인공지능의 이해와 기술 개발을 위한 기초 학문을 탐구하는 교육으로, 컴퓨터 과학, CT, 수학을 이용한 문제해결력의 신장을 목표로 한다. 인공지능의 구현을 위해 뇌 과학, 인지 과학, 심리학, 언어학, 인류학 등의 기초 학문을 바탕으로 한다. 인공지능 이해 교육은 인간이 해결할 수 없는 실생활의 문제를 인공지능을 통해 해결하고자 하므로 그 원리와 지식 개념, 구현 방법에 관한 이론과 개념 형성을 목표로 한다.

인공지능 활용 교육은 인공지능 기술을 활용해 다른 교과의 문제를 해결하고 효율적인 학습 환경을 제공해 교수자와 학습자의 역량을 강화하는 것을 목표로 한다.

인공지능 융합 교육은 인공지능의 파워를 활용하고 인간 중심적으로 문제를 해결하기 위한 융합 능력을 신장하는 교육으로, 실생활의 문제를 해결하는 근본 소양 능력이 된다. 이는 현재와 미래 사회에서 산업, 직업 등의 핵심 소양이 될 것이다.

이상의 네 가지 교육은 모든 사람이 인공지능에 대해 이해하고 활용하기 위한 기초 소양 능력을 갖게 하며 AI 기초 소양 교육의 주제가 된다.

ARTIFICIAL INTELLIGENCE

9. 인공지능 교육의 유형

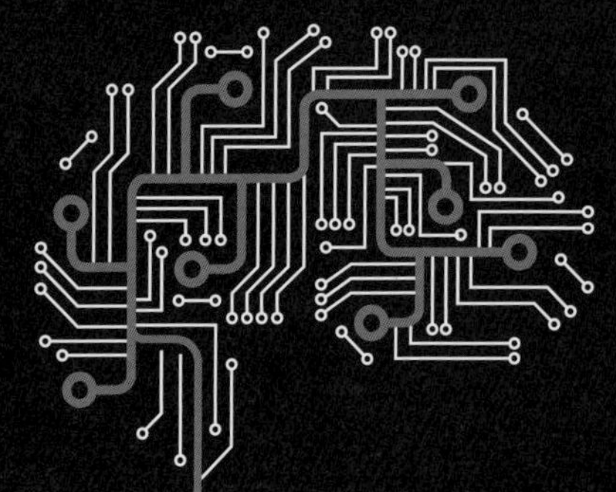

국어는 언어, 수학은 수, 과학은 자연, 음악은 소리를 다룬다. 교육 안에서의 모든 정규 교과는 그 교과의 핵심이 되는 요소를 교육의 핵심으로 다룬다. 한 가지 예외로 정보 교과가 있다. 정보(자료, 지식 포함)라는 핵심적인 내용을 다루기보다 활용하는 데 집중하라고 하면서 교과로서의 정체성을 와해시키고 있다.

인공지능 교육을 하기 위해서는 조금 체계화하고 군집화해 유형별로 다루는 것이 현장 교육과 교사들에게 인공지능 교육에 대한 혼란을 줄일 수 있는 방법이다. 인공지능 교육의 역할은 다음과 같다.

- 인공지능을 다루는 교육이다.
- 인공지능 교육은 문제해결력을 길러준다.
- 인공지능 파워를 활용해 문제를 해결한다.
- 인공지능 사회의 변화와 가치를 이해하게 해준다.
- 미래사회에 필요한 역량을 길러준다.

인공지능 교육의 역할을 살펴보면 인공지능 교육에 어떠한 형태로 접근할 수 있을지 알 수 있다.

인공지능을 다루는 교육이다. → 인공지능의 내용 이해
인공지능 교육은 문제해결력을 길러준다. → 인공지능의 내용과 사고력 신장
인공지능 파워를 활용한다. → 인공지능 활용
인공지능 사회를 이해하게 해준다. → 인공지능 가치, 태도
미래 사회에 필요한 역량을 길러준다. → 인공지능 역량 신장

인공지능 교육의 역할은 다음 표와 같이 인공지능 학문과 기술 자체에 관한 것을 가르치는

교육과 인공지능을 활용해 문제를 해결하는 교육으로 나눠볼 수 있다. 인공지능을 이해하는 교육과 활용하는 교육을 통해 사회적으로 나타나는 영향과 윤리적 이슈를 다루는 가치 교육이 중요하게 등장함을 알 수 있다. 따라서 이 책에서는 인공지능 교육을 다음과 같이 세 가지 유형으로 나눠 세부적으로 다루고자 한다.

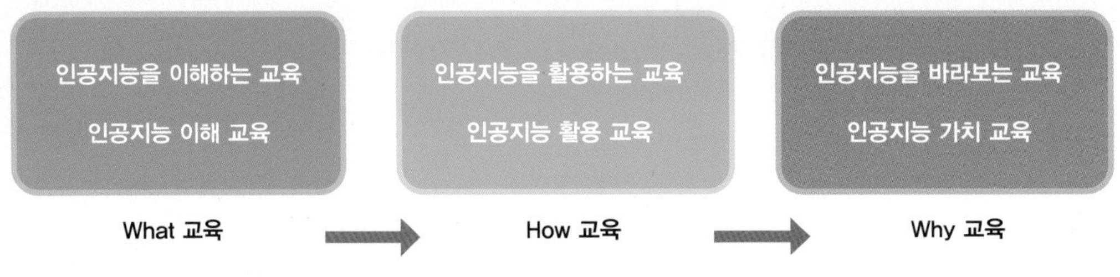

▲ 인공지능 교육의 유형

인공지능을 이해하는 교육은 AI 이해 교육, 인공지능을 활용하는 교육은 인공지능 활용 교육 그리고 인공지능을 바라보는 교육은 인공지능 가치 교육으로 구분한다.

'우리는 왜 AI를 하는가?'에 대한 고려 ➔ 어디에 선택하고 집중해야 하는가?

'어떤 AI 인력을 양성해야 하는가?' ➔ AI 과학자 vs. AI 공학자(기술자)

(출처: '인공지능 위기인가, 기회인가'(2019. 5.) 김진형 발표 자료)

인공지능 보편 교육으로서의 소양 교육 vs. 활용 교육

과거부터 적용돼왔던 정보 기술과 관련된 교육을 살펴보면 소양 교육과 활용 교육으로 나뉘었다는 것을 알 수 있다. 지식뿐 아니라 기능을 활용한 사고력 신장을 목적으로 하는 교과의 특수성이 있기 때문이다. 컴퓨터 소양/활용 교육, 정보통신기술 소양/활용 교육, 스마트 기기 소양/활용 교육 등이 그 예이다. 인공지능 교육 역시 소양 교육과 활용 교육으로 나눌 수 있다. 인공지능 교육은 '인공지능에 관한 교육'과 '인공지능을 활용한 교육' 그리고 '인공지능을 바라보는 교육'으로 인공지능의 소양 능력과 활용 능력이 신장되며 인공지능의 올바른 가치와 관점을 갖게 된다.

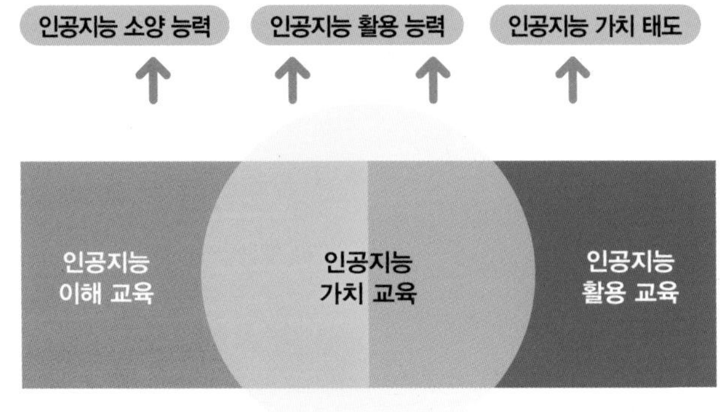

▲ AI 교육 유형에 따라 신장되는 능력

인공지능 교육의 Why!

시대적으로 요구하는 인재상을 만들기 위해 교육에서 추구하는 내용과 방법은 다음과 같이 지식, 방법, 목표로 전개되며 어떤 지식을 전달할 것인가?(What에 관한 교육), 어떻게 활용할 것인가?(How에 대한 교육), 왜 배워야 하는가?(Why에 대한 교육)로 발전해왔다. 현재는 지식이나 활용 기능보다 살아가는 가치와 태도, 긍정적인 미래의 관점이 중요한 시대다. 인공지능 교육에서도 Why가 중요한 교육의 가치가 되고 있다.

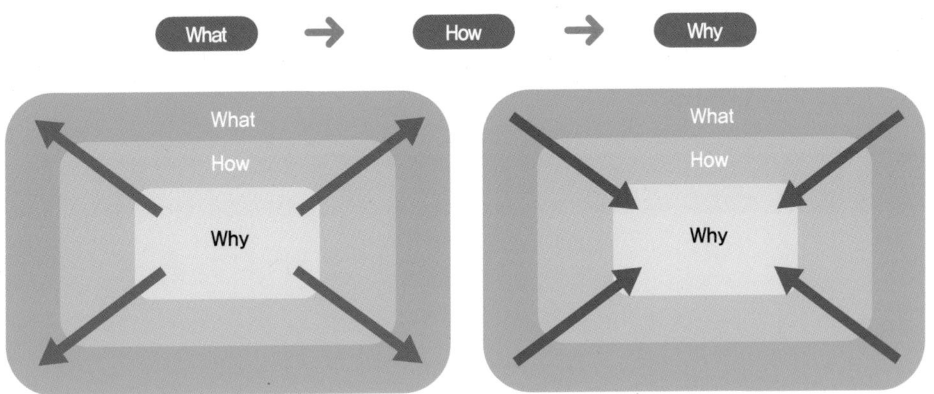

▲ Why에 대한 교육

왜 배우는지, 어떻게 배우는지보다 지식을 갖도록 하는 학습보다 인공지능을 왜 배워야 하는지, AI의 가치는 무엇을 추구하고 학생들이 AI 시대에 어떤 태도를 갖게 하며 AI를 바라보는 시선에 대한 관점을 어떻게 갖게 하는지가 중요한 시대가 도래했다.

이러한 시대적 요청으로 인공지능을 이해하는 교육과 활용하는 교육의 두 가지 큰 AI 교육 틀에서 인공지능을 바라보는 가치 교육을 따로 구분해 다루는 노력이 필요하다.

10. 인공지능 통합 교육 모형

가장 중도적이고 아름다운 말이 무엇일까? 어느 한쪽으로 치우치지 않으며 서로를 존중하고 여러 분야의 내용을 함께 담아 균형을 이루는 말, 바로 통합이다. 인공지능 교육도 예외는 아니다. 인공지능의 접근에 따른 다양성을 포용하고 인공지능을 지지하는 학문 간의 통합은 교육의 핵심을 가로지른다.

인공지능 교육의 유형은 크게 '이해 교육'과 '활용 교육'으로 구분할 수 있다. 그에 따른 사회적 가치와 윤리적 이슈에 대한 관점과 태도에 대한 가치 교육이 추가된다고 했다. 이러한 교육의 유형은 학문적으로 분리돼 교육이 운영되거나 한쪽에 치우쳐 교수·학습이 진행된다면 진정한 인공지능 역량을 신장시키는 것은 무리가 따르고 비효율적이다.

인공지능은 인공지능의 기반 학문인 수학, 언어학, 컴퓨터 과학, 뇌 과학, 인지학, 사회학 등이 뒷받침돼야 이해할 수 있다. 또한 인공지능은 타 분야에서의 문제를 해결하기 위해 적용 및 활용된다. 이처럼 인공지능은 학문적으로 융합적인 성격을 띠고 있고 타 분야와의 융합적 서비스를 통해 상보적인 역할을 하며 주어진 문제를 해결해나간다.

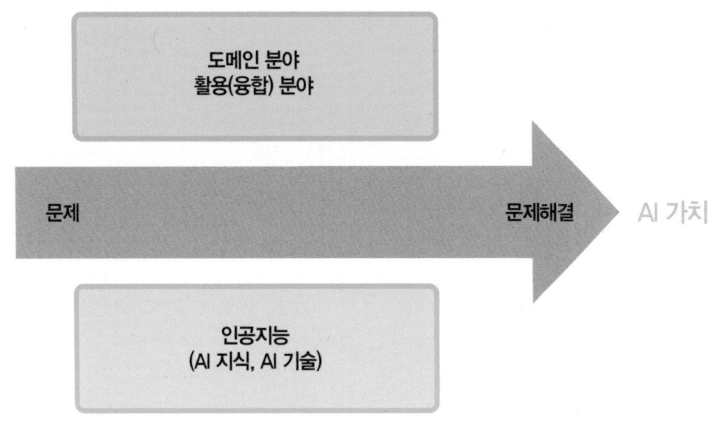

▲ AI 교육이 추구하는 가치

이 두 영역에서 바라보는 시각이 'AI 이해 교육'과 '인공지능 활용 교육'의 유형을 결정한다. 두 가지 교육의 형태는 서로 분리되기보다는 통합돼 교육에 포함되는 것이 올바른 접근이다. 이것이 바로 '인공지능 교육 Cross 통합 모델'이다.

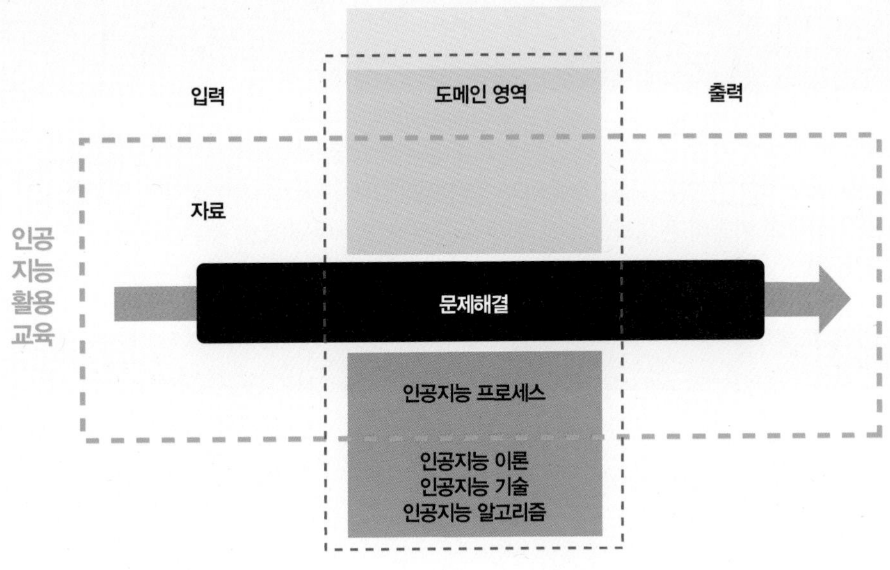

▲ 인공지능 교육 Cross 통합 모델

인공지능 역량은 인공지능 교육에서 추구하는 네 가지 영역을 통해 균형 있게 신장되고 있음을 알 수 있다. 즉, 인공지능을 이해하는 능력을 바탕으로 인공지능 활용 능력이 신장되고 그에 따른 인공지능 소양 능력이 생긴다. 이해와 활용을 통해 소양이 생기면 AI의 가치에 대한 태도를 통해 AI를 보는 관점과 미래에 대한 폭넓은 시야를 갖게 된다.

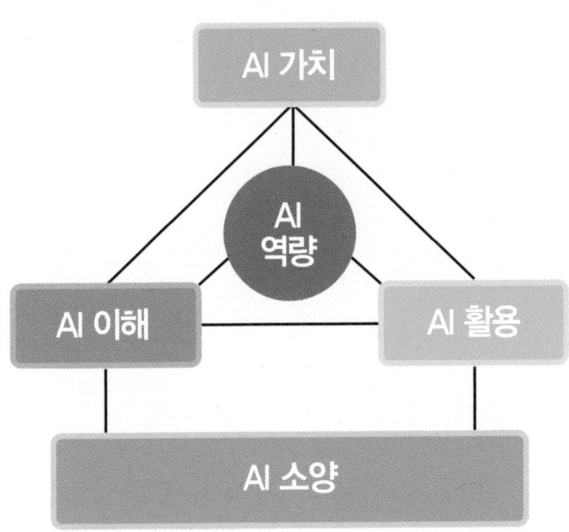

▲ AI 역량의 균형 잡힌 신장

ARTIFICIAL INTELLIGENCE

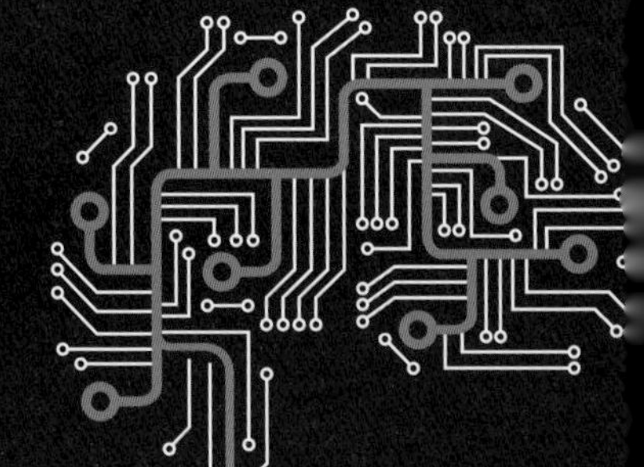

11. 인공지능 교육이 추구하는 사고력

인간의 지능을 이루는 가장 큰 힘은 사고력에 있다. 문제를 해결하기 위해 사용하는 필수적인 도구가 바로 사고력이다. 마차 대신 자동차가 등장하면 그에 따른 새로운 생각이 필요한 것처럼 새로운 학문과 기술이 탄생하면 그에 따른 새로운 사고력이 필요한 것은 두말할 나위가 없다.

인공지능 인재의 핵심 역량은 문제해결력이며, 인공지능 교육에서 특별하게 강조하는 문제해결력은 바로 인공지능 사고력이다. 인공지능 사고력은 컴퓨팅 사고력을 바탕으로 확장되는 문제해결력이다. 인공지능 사고력의 설명에 앞서 컴퓨팅 사고력에 대해 알아보자.

인공지능을 이해하고 제대로 활용하기 위해서는 컴퓨팅 사고력이 밑바탕이 돼야 한다. 즉, 컴퓨터 과학의 지식을 바탕으로 문제를 해결하는 사고력으로, 컴퓨터 과학자들이 소프트웨어와 하드웨어로 구성된 컴퓨팅 기기를 바탕으로 문제를 해결하기 때문에 컴퓨팅 사고력은 '컴퓨터적 사고', '컴퓨팅적 사고', '컴퓨터 과학적 사고'라고도 불린다. 한마디로 컴퓨터 과학자처럼 사고하는 것을 의미한다.

그렇다고 컴퓨터 과학의 전반적인 지식과 소프트웨어를 개발하는 코딩의 모든 기능적 역량을 모두 이해하면서 접근하는 것은 컴퓨터 과학자가 아닌 이상 보편 교육에 적용하기 어려울 뿐 아니라 비효율적이다. 컴퓨터 과학 전공자의 사고와 학습 패턴을 k-12 또는 일반인이 정보 처리 소양과 인공지능 소양을 위해 적용하는 것은 불가능할 뿐 아니라 그리 현실적이지도 못하기 때문이다. 이에 필요한 필수 컴퓨팅 사고력 요소와 인공지능의 핵심 지식과 기능을 추출해 교육에 적용하면 보다 나은 접근 방법이 될 수 있다.

컴퓨팅 사고의 핵심은 '추상화'와 '자동화 능력'이다. 인간 사고의 체계를 언어와 수로 추상화하고 그 처리 과정을 알고리즘화해 기계에 맞게 표현하고 모델링하는 것이 추상화 능력이다. 이는 과학을 설명하기 위해 언어 또는 수학에서 사용되는 추상화 방법과 다를 바 없다. 하지만 추상화된 사고 체계를 프로그래밍 언어를 이용해 코딩으로 기계에 구현해 자동화하는 역량이 함께하면 기존의 언어적 사고와 수학적 사고 그리고 과학적 사고와는 차별화되는 컴퓨팅 사고가 된다.

▲ 컴퓨팅 사고

소프트웨어 교육에 집중하기 위해 기존 CS에서 논했던 것보다 핵심적인 것을 제공하기 위한 키워드로 CT를 도입했다. 추상화 능력을 신장시키기 위해 분해, 패턴, 추상화, 알고리즘의 세부 속성들을 포함하고 있고 자동화는 코딩을 비롯해 시뮬레이션, 병렬화 등의 속성을 포함해 사고력을 신장하기 위한 다양한 방법을 제공하고 있다. 즉, 컴퓨터 과학자들이나 소프트웨어 개발자들이 생각하는 방식을 통해 문제를 해결하는 사고력이 '컴퓨팅 사고력'이다.

인공지능을 제대로 이해하고 활용하기 위해서는 컴퓨팅 사고력이 필요하지만, 소프트웨어 교육과 인공지능 교육을 똑같은 개념으로 보기는 어렵다. 일반적인 소프트웨어 프로그램과 인공지능 프로그램은 설계, 개발, 작동 방식에 있어서 차이가 있기 때문이다. 소프트웨어 교육, 컴퓨팅 교육, 정보 교육 중 '인공지능 교육'을 제대로 이해하기 위한 도구로 '인공지능 사고력'이 탄생했다.

12. 인공지능 사고의 필요성

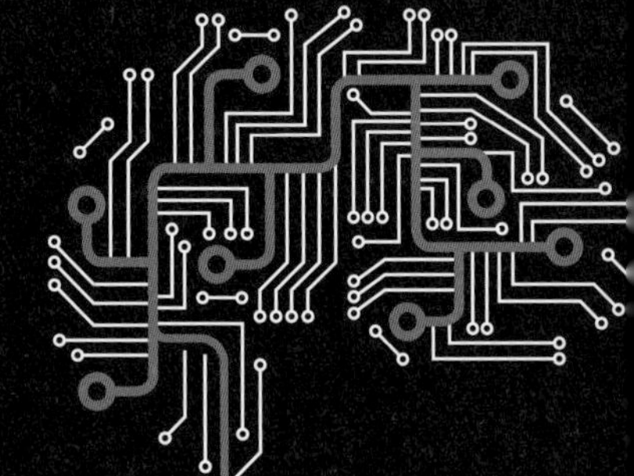

전 세계의 많은 국가와 기관 그리고 새로운 기회를 찾는 사람들이 인공지능에 도전한다. 학문 간의 융합으로 얽힌 인공지능 기술은 쉽게 공략할 수 있는 학문이 아니다. 인공지능을 이해하는 가장 쉬운 열쇠는 바로 인공지능 과학자들이 문제를 해결하는 방식, 바로 인공지능적인 사고를 하는 것이다.

인공지능 교육을 위해 인공지능 사고라는 새로운 개념을 도입해야 하는지는 현장 교육자들이 가장 많이 고민하는 부분이다. 컴퓨팅 사고를 바탕으로 바로 인공지능을 이해하고 활용하면 안 되는가? 굳이 인공지능 사고를 도입해 인공지능 교육을 하는 데 더 큰 혼란을 가져오게 만드는 것은 아닌가?

왜 인공지능 교육을 현재의 교육에서 강조하고 있으며 소프트웨어 교육과는 다른 차별성을 갖고 있는지 스스로에게 질문해보자. 인공지능 사고는 AI를 이해하는 열쇠이며 인공지능 교육이 추구하는 목표의 성취 기준과 인재의 핵심 역량이 되기 때문이다. 어떤 교육이든 그 교육의 단계와 과정에서 달성해야 하는 요소가 있다. 문제해결을 위해서는 사고력이 필요하고 그 사고력의 성취 기준과 목표, 과정, 내용 그리고 가르치는 방법과 평가에 대한 기준이 필요하다. 바로 이 기준이 인공지능 사고력이다. 새로운 신조어라고 칭하기보다는 인공지능을 이해하고 제대로 활용해 문제를 해결하는 키워드로서 인공지능 사고력이 필요하다.

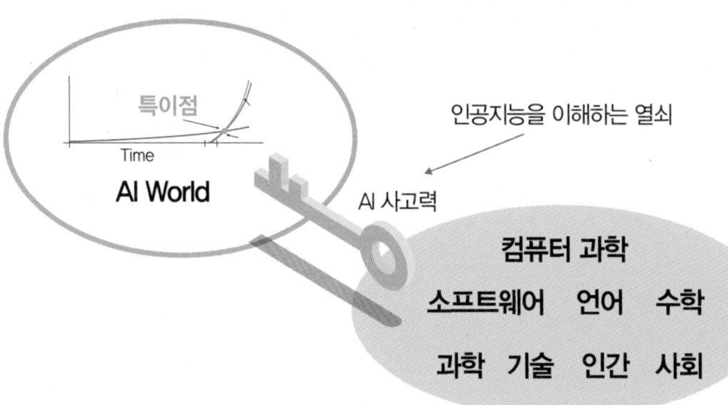

◀ 문제해결의 키워드로서의 인공지능 사고력

인공지능 사고가 등장하는 순간

우리는 평소 다음과 생각을 하거나 말을 하는 경우가 있다. 기계 또는 컴퓨터, 프로그램, 소프트웨어 등을 보고 이런 생각을 하게 된다면 인공지능 사고가 작동되고 있다고 보는 것이 좋다.

- '저 컴퓨터에서 작동하는 소프트웨어가 꼭 마술을 부리는 거 같네.'
- '이걸 구현하는 데 기존 소프트웨어로는 해결이 안 되는데 다른 방법이 있을까?'
- '저 로봇이 내가 누구인지 정확하게 알아보는 거 같아. 어떻게 된 거지?'
- '구글은 어떻게 나보다 나를 더 잘 알고 있을까?'
- '이것을 컴퓨터로 계산해내려면 수천 년이 걸리겠군. 다른 방법이 없을까?'
- '바둑 프로그램이 다른 프로그램과 뭐가 다르다는 거야? '
- '저 소프트웨어는 사람처럼 생각하고 지능이 있는 거 같아. 무섭기도 한데….'
- '완벽한 답은 필요 없고 적당히 원하는 답을 알려주는 프로그램이 필요해.'
- '저 사람 어리숙하군. 더 똑똑한 프로그램이 대체하면 더 나아지지 않을까?'
- '인간이 학습한다는 것이 분류 알고리즘(회귀, 군집)이랑 같은 거였어?'
- '인공지능으로 감이 뛰어난 사람을 구현할 때 확률을 이용하면 되겠네.'
- '자동차가 나대신 안전하게 운전해서 목적지에 데려다주면 좋겠어.'
- '컴퓨터가 나랑 자연스럽게 대화를 하며 친구가 되면 좋겠다.'
- '기계가 알아서 내 일을 척척 해주면 좋을 텐데….'

■ 구체적인 사례

- **스마트 보안 해제:** 숫자 암호, 패턴 → 지문, 얼굴 인식으로
- **아파트 출입 허가:** 경비원에게 오픈 요청 → 자동차 번호 인식 차단기 오픈
- **외국어 번역기:** 사전식 번역 → 학습하는 구글 번역기
- **CCTV:** 녹화 후 영상에서 형사들이 범인 확인하기 → 영상 분석기로 범인을 찾아 바로 경찰청에 신고하기
- **공장 자동화:** 금형 찍어내는 자동화 기기 → 금형 기계의 고장을 사전에 분석해 알려주는 시스템

ARTIFICIAL INTELLIGENCE

13. 컴퓨팅 사고력과 인공지능 사고력

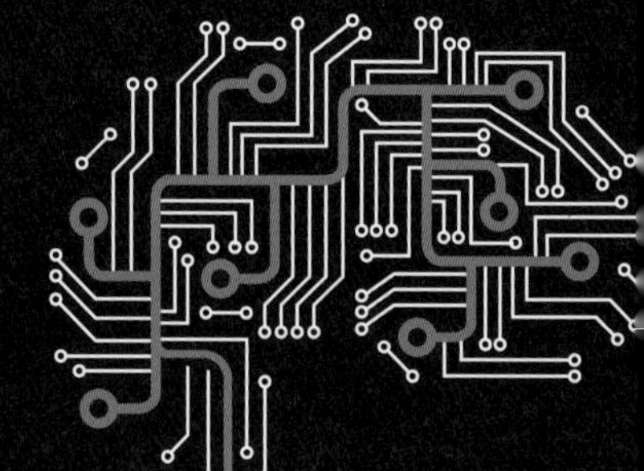

인공지능 사고력의 근간은 컴퓨팅 사고력, 소프트웨어를 이해하고 개발하는 근간은 컴퓨터 과학의 지식, 컴퓨터 과학의 근간은 수학적 사고와 과학적 사고이다. 또한 모든 학문의 근간은 철학이다. 바로 인간이나 세상에 대해 생각하는 학문이 철학이다. 인공지능이 바로 인간과 세상에 대한 생각을 기계에 적용한다는 점에서 철학과 일맥상통한다.

소프트웨어 교육에서 강조하는 컴퓨팅 사고와 인공지능 사고와의 관계와 차이점을 살펴보자.

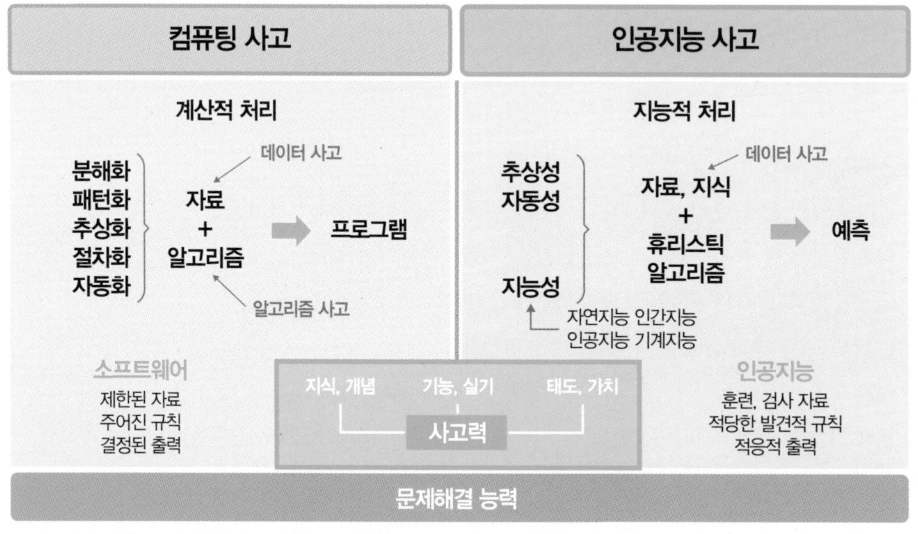

▲ 컴퓨팅 사고와 인공지능 사고와의 관계

컴퓨팅 사고는 소프트웨어교육에서 중요하게 다루어 온 사고력이다. 시모어 패퍼트와 자넷 윙에 의해 제시된 컴퓨팅 사고력은 자료와 알고리즘을 바탕으로 프로그래밍을 하는 방법과 그에 의해 나타난 디지털 사회의 문제를 해결하기 위해 필요한 사고 역량을 말한다. 구체적인 하위 요소로 추상화와 자동화가 있으며 더 세부적으로는 분해, 패턴 추상화, 알고리즘, 자동화를 제시하고 있다.

인공지능 사고는 기존 컴퓨팅 사고의 추상화와 자동화에 인간의 지능적 요소를 의미하는 지능성을 포함한 사고력이다. 인공지능 사고력은 자료와 지식을 바탕으로 휴리스틱 알고리즘을 활용하여 예측하는 능력을 중요시한다. 인간의 자연적인 지능을 바탕으로 기계가 지능적인 처리가 가능하도록 지능적 추상화와 지능적 자동화에 대한 이해가 필요하다.

컴퓨팅 사고와 인공지능 사고의 차이점은 추상화와 자동화 외에 지능화(성)의 추가 외에도 컴퓨팅 사고가 사람의 제어에 의해 기계가 자동으로 문제를 해결할 수 있도록 하는 능력에 집중한다면 인공지능 사고는 기계 스스로 제어하도록 사람이 지원하고 기계 스스로의 작동과 지능적 처리에 대해 우리 사람이 고민해야 할 것에 대한 능력에 집중한다. 컴퓨팅 사고와 인공지능 사고의 공통점은 디지털 사회에서 문제해결을 위해 우리 인간이 새롭게 배우고 습득해야 할 사고 역량이라고 할 수 있다.

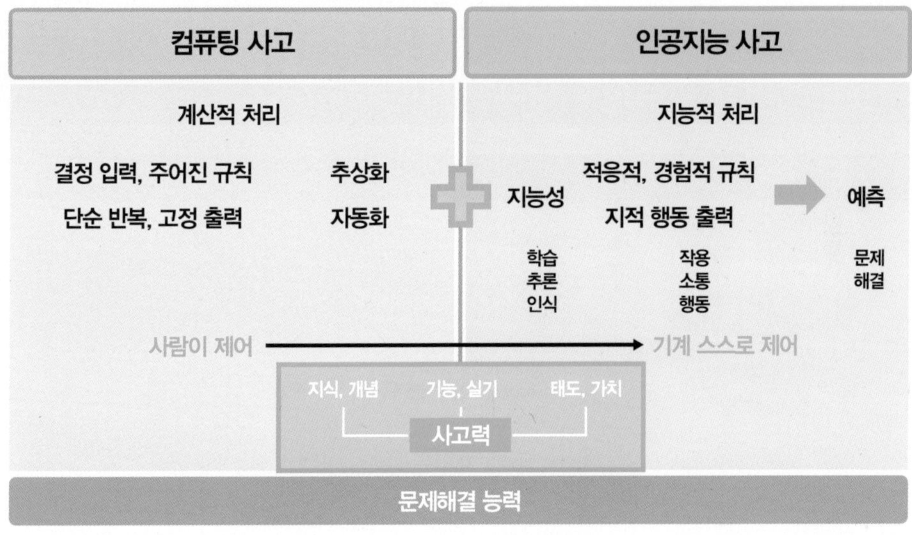

▲ 컴퓨팅 사고와 인공지능 사고와의 차이점

컴퓨팅 사고를 기반으로 하는 인공지능 사고

컴퓨팅 사고는 추상화 및 패턴 인식을 사용해 새롭고 다양한 방식으로 문제를 표현한다. 논리적으로 데이터를 구성, 분석하고, 문제를 더 작은 부분으로 나누기를 반복하며, 기호 표현 및 논리 연산과 같은 프로그래밍 사고방식을 사용해 문제에 접근한다. 문제를 일련의 순차적 단계로 재구성(알고리즘적 사고)해 가장 효율적이고 효과적인 단계와 자원의 조합을 달성하기 위해 가능한 솔루션을 식별, 분석 및 구현한다. 이 문제해결 프로세스를 다양한 문제로 일반화해 해결하는데, AI 사고력은 AI 시스템을 사용해 문제를 해결하므로 문제를 좀 더 강력하고 효과적으로 해결할 수 있게 한다. 컴퓨팅 사고는 수학적 사고와 언어적 처리가 있다.

- **수학적 사고(MT):** 추상화
- **컴퓨팅 사고(CT):** 추상화, 자동화
  분해, 패턴, 추상화, 알고리즘, 자동화
  자료, 분해, 패턴, 추상화, 병렬화, 시뮬레이션, 자동화
- **인공지능 사고(AIT):** 추상화, 자동화, 지능화
  추상화+지능화, 자동화+지능화
- **지능적 특징:** 경험적, 근사치, 확률성, 복잡성, 모델링(자기 학습)
  분류(나눔성), 진화(자발성), 계획(목적성) → 예측을 위해 지능화 = 예측 능력(제프 호킨스, "지능을 관장하는 뇌는 예측 기계이다.")
- **지능화를 이루는 뇌의 기능:** 패턴 인식기, 리던던시, 리커전으로 인식과 학습, 추론 능력이 발생
  CT+지능화 = 학습, 추론, 인식, 소통, 행동 알고리즘 + AI 시스템

컴퓨팅 사고와 인공지능 사고를 바라보는 시선

유형	내용
CT = AIT	컴퓨팅 사고와 인공지능 사고는 같다.
CT (AIT)	인공지능 사고는 컴퓨팅 사고의 일부분이다.
(CT) AIT	컴퓨팅 사고는 인공지능 사고의 일부분이다.
CT ∩ AIT	컴퓨팅 사고와 인공지능 사고는 다르지만 일정 부분 같다.
CT / AIT	컴퓨팅 사고와 인공지능 사고는 다르다.
CT, AIT → MT, DT, STEAM	컴퓨팅 사고와 인공지능 사고는 다르지만 다른 사고와 융합으로 연결된다(DT: 디자인 사고, MT: 메타 사고, STEAM: 융합).
CT > AIT	컴퓨팅 사고가 있어야 인공지능 사고가 가능하다.

컴퓨팅 사고와 인공지능 사고의 관계를 바라보는 시선은 연구자나 교육자들에 의해 다양하게 제시되고 있다. 컴퓨팅 사고와 인공지능은 같다거나 서로 다르다고 보는 시선으로부터 부모자식 간의 포함 관계처럼 보는 시선, 일부 영역이 포함되는 시선, 컴퓨팅 사고 후에 인공지능 사고로 나타나는 시선 그리고 융합적 관계로 보는 시선 등이 제시되고 있다.
이러한 시선은 정보(컴퓨터)교육의 교육과정 설계와 교육 프로그램 개발의 기반이 되므로 이에 대한 사려깊은 고민이 필요하다.

ARTIFICIAL INTELLIGENCE

14. 인공지능 사고력의 정의

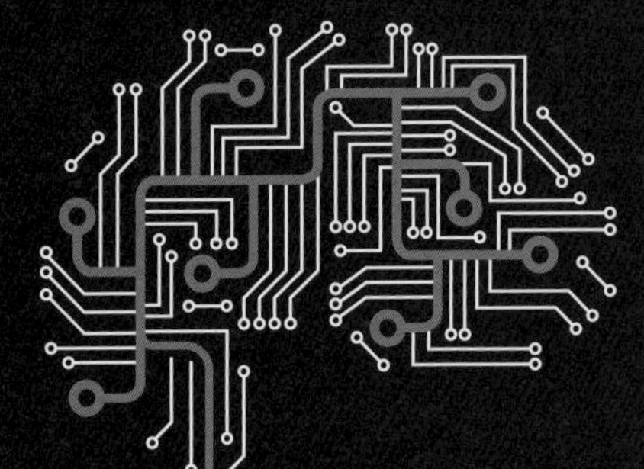

인공지능 사고의 핵심은 지능화에 대한 통찰이다. 컴퓨팅 사고를 통한 추상화와 자동화의 본질을 이해하는 것을 바탕으로 인간의 지능을 추상화, 자동화하는 것이 인공지능의 본질이다.

앞서 인공지능 사고는 컴퓨팅 사고를 포함한다고 했다. 인공지능 사고를 간단하게 정의해보자.

인공지능 사고력(Artificial Intelligence Thinking)

컴퓨팅 사고력(Computational Thinking)

▲ 인공지능 사고

인공지능처럼 생각해 보는 것이다.
인공지능 개발자처럼 생각해보는 것이다.
인공지능 과학자처럼 생각해보는 것이다.
인간의 사고를 담은 것이 인공지능이다.

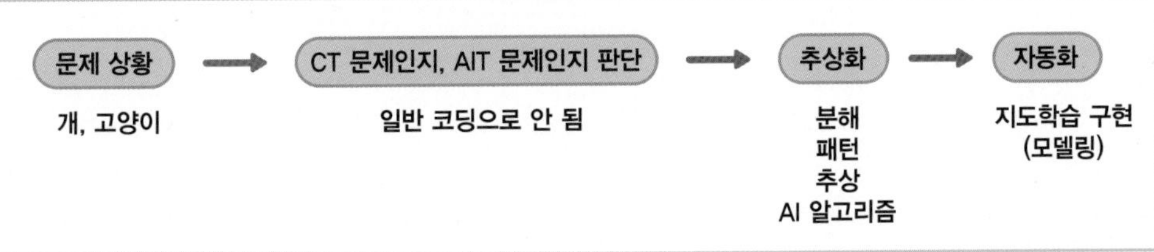

▲ 컴퓨팅 사고력을 포함하는 인공지능 사고력

외부 실세계의 문제를 해결하기 위한 인간의 사고 과정을 추적하듯이 인공지능(기계)의 처리 과정과 방법을 생각해보자. 이 과정에서 인간의 사고를 모델링한 것을 기계의 관점에서 생각하는 과정이 바로 인공지능 사고의 프로세스가 된다.

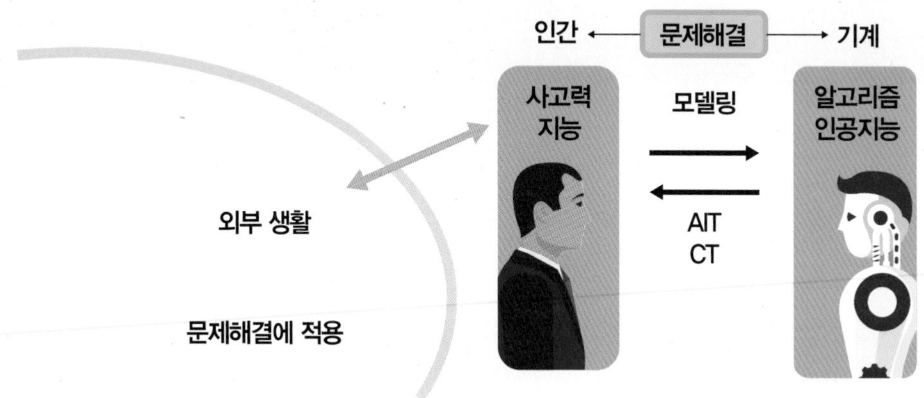

▲ 인공지능 사고의 프로세스

약인공지능 수준에서 컴퓨팅 사고와 인공지능 사고의 차이점을 제대로 구분하기는 어렵다. 강인공지능과 초인공지능 수준에서 컴퓨팅 사고만으로 인공지능의 특징이나 작동 체계 그리고 그에 따른 알고리즘과 인공지능의 성장과 성능에 대해 이해하기 어렵다. 인공지능 사고가 제대로 작동해야 이해하기 쉽다.

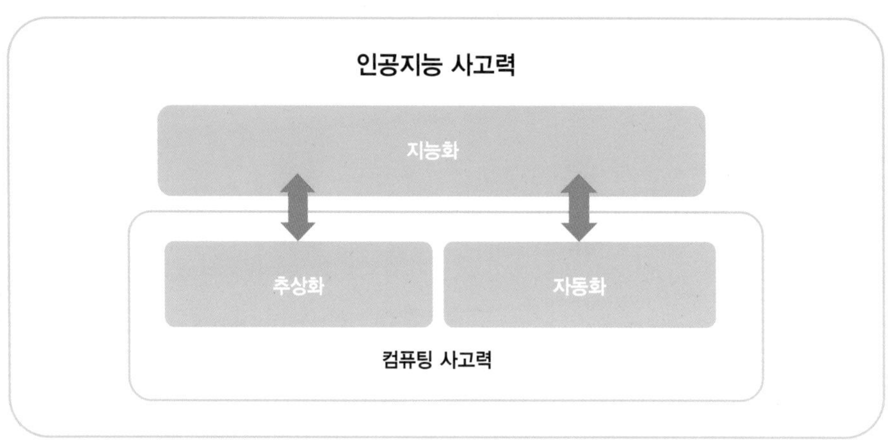

▲ AI 사고력의 하위 요소

지능화: 인공지능적 사고 체계의 특성 ➜ 강인공지능, 초인공지능 사고 체계로 확장

인공지능 사고력은 컴퓨팅 사고력의 하위 요소에 지능화(Intelligence, 지능성)의 특징을 결합한 사고 역량이다. 지능화의 특성은 컴퓨팅 사고력의 기반이 되는 추상화, 자동화와 연계된 인공지능 시스템의 체계를 구성한다. 즉, 지능화는 인공지능적 사고 체계의 특성으로서 약인공지능, 강인공지능, 초인공지능의 핵심 기능을 이룬다.

지능화는 인공지능 알고리즘의 휴리스틱성, 복잡도를 제거한 근사적 접근, 무작위성, 확률을 바탕으로 한 불확실성 처리, 창발성 등의 특징을 갖고 있으며, 인간의 추상적 인지 사고 과정과 기계적 자동화된 지능 알고리즘을 통해 구동되는 것을 모두 포함한다.

컴퓨팅 사고에서의 추상화는 수학적인 기본 알고리즘에 인간이 갖고 있는 지능성(휴리스틱, 학습, 추론, 인식)이 결합돼 인공지능의 추상 체계를 구축한다. 기존 알고리즘은 완벽한 답을 찾지만 인공지능은 적당한 값을 찾는다. 인간의 지능은 불확실성에 기인한 확률적 접근으로 문제를 해결한다. 이러한 인간의 생각을 추상화해 모델링한 것을 지능적인 추상화로 본다.

자동화는 패턴을 찾아 이것이 반복적으로 구동되도록 하며 기계가 알고리즘의 작동 기제를 구동하는 것이 특징이다. 인간의 지능적 패턴은 너무 복잡해 인간이 정확하게 자각하는 데는 어려움이 있지만 컴퓨팅 기계의 강력한 파워와 알고리즘을 통해 그 패턴을 찾아낸다. 또한 하나의 알고리즘으로 데이터의 패턴과 특징을 발견해 다양한 문제를 해결해내는 자동화 특성을 보인다. 즉, 데이터가 달라져도 알아서 적응해 알고리즘이 작동돼 해결하며 기계가 지능적인 자동화를 갖게 하는 특징이 있다.

컴퓨팅 사고를 바탕으로 구현되는 지능화는 인간의 인지적 모델링과 기계의 지능적 체계의 모델링을 바탕으로 나타나는 특성이다. 현재의 인공지능 기술은 학습자들이 인공지능 알고리즘 등을 코딩으로 직접 구현하기보다는 인공지능-플랫폼을 기반으로 기계학습 모델링을 구축하고 그에 따른 추론 과정을 거쳐 세상을 인지하는 기능적 학습을 체험하는 것으로 진행한다.

인공지능 시스템을 개발하는 것도 라이브러리로 구현된 모듈을 바탕으로 인공지능 알고리즘 모델링을 하거나 지능형 컴퓨팅 시스템을 에지 컴퓨팅으로 모델링해 구현하고 체험하는 교육으로 전개할 수 있다.

인공지능의 개념과 원리, 특히 알고리즘을 일반인들이 이해하기 위해서는 기계적 지능을 구현하는 과정을 인간의 지능을 발현하는 과정과 연결하는 인지적 모델링이 필요하다. 문제해결의 관점에서 인지적 모델링과 플랫폼 기반 AI 모델링, 라이브러리 기반 AI 개발 모델링, 컴퓨팅

시스템 모델링의 경험과 학습은 앞으로 전개되는 사회에서의 문제해결에 기반이 되는 지식과 기능이 될 것이다.

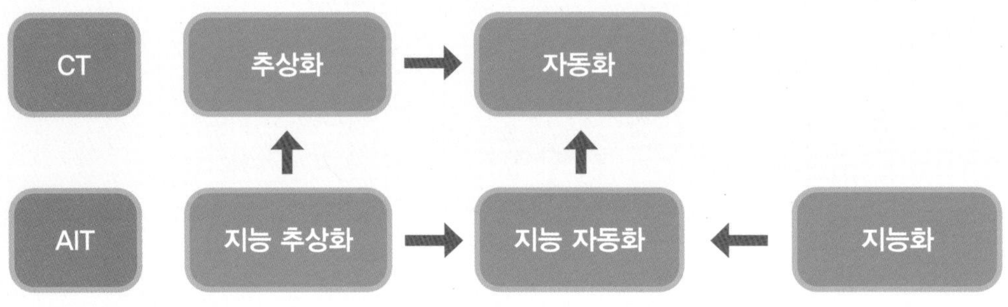

▲ CT와 AIT의 관계

컴퓨팅 사고와 인공지능 사고를 바라보는 시선

- **지능 추상화:** 문제해결(휴리스틱 탐색), 기계학습, 지식 추론, 인식, 소통
- **지능 자동화:** 에이스타(A*) 알고리즘, 협력 필터링, 전문가 시스템, SVM, CNN, RNN, ⋯.
  - **복잡도 축소:** 휴리스틱 처리(주어진 데이터 내에서 근사치 발견)
  - **데이터로부터 학습:** 사람 알고리즘 개발, 데이터로 모델링해 학습
  - **시도, 스스로 학습:** 강화학습, 사람이 목적과 제약 사항 제공
  - **알고리즘이 알고리즘 개발:** 사람이 목적 의도 제시, 알고리즘, 자료, 기계가 알아서결정하고 구현
  - **초인공지능:** 목적 의도, 알고리즘, 데이터 모두 기계가 알아서 결정하고 구현

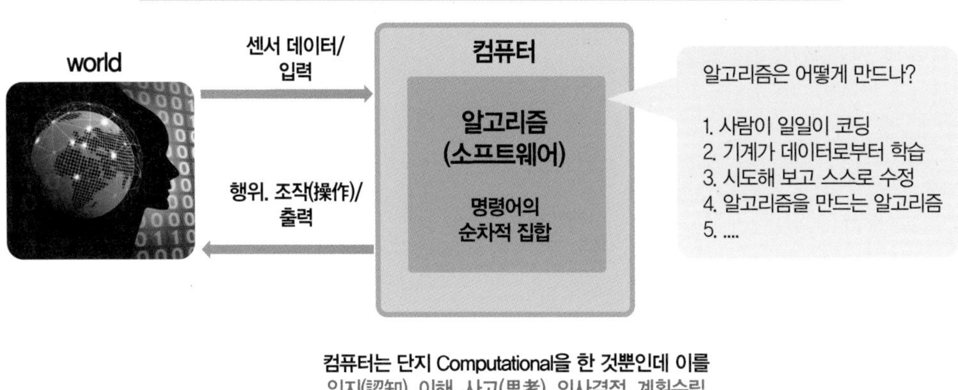

▲ 인공지능의 본질
(출처: 김진형(2019). 「인공지능 위기인가, 기회인가」 대한임베디드공학회 발표 자료)

ARTIFICIAL INTELLIGENCE

15. 인공지능 사고력의 확장

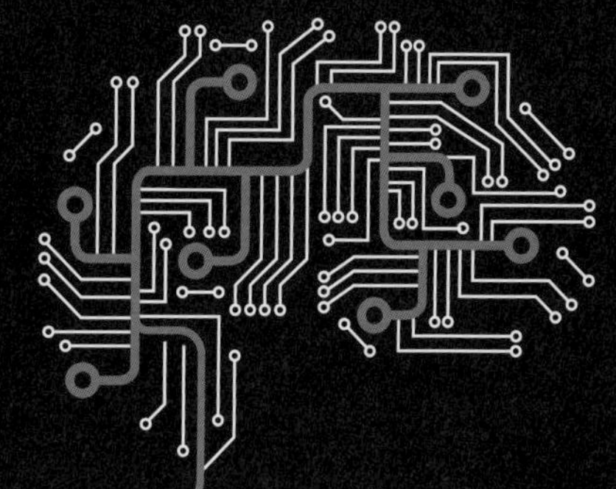

가치와 의미가 빠진 기술, 학문, 과학, 삶이 무슨 의미가 있는가! 추상화와 자동화로 편리해진 컴퓨팅 기술을 너머 인간의 지능적인 알고리즘을 멋지게 구현한다고 한들 인간에게 가치와 의미를 부여하지 못하면 기술이 존재할 이유가 없다.

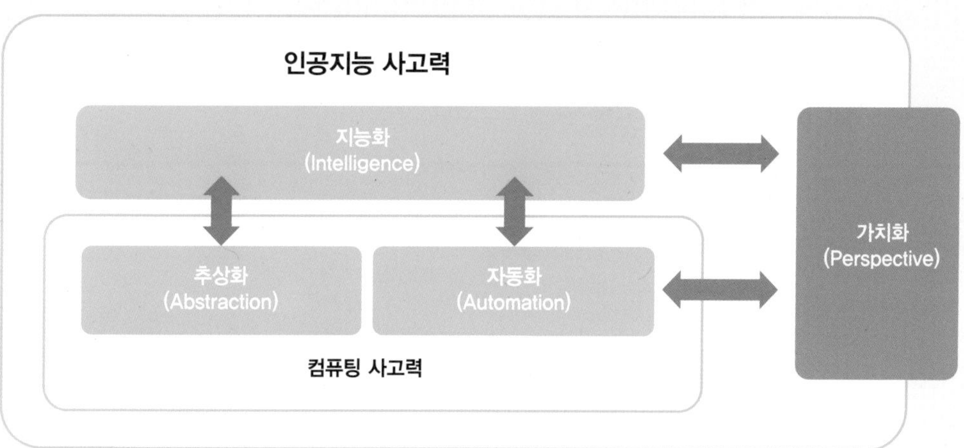

▲ 인공지능 사고력의 확장

인공지능 사고력의 목표는 실세계의 문제를 인공지능을 활용해 문제를 해결하고자 하는 것이기 때문에 사회, 인간과 밀접한 영향을 주고받는다. 이에 따라 인공지능 사고의 특성에 인공지능이 인간과 사회에 미치는 영향을 고려해 인공지능을 보는 관점과 태도에 관한 가치화 부분이 강조되고 있다.

인공지능 사고력에 가치화 부분을 연계함으로써 기술과 활용에 치우치는 문제해결 능력의 단편적이고 단기적인 인공지능 사고의 관점보다는 거시적이고 장기적인 인공지능 사고력의 능력을 갖추고 신장하는 것이 인공지능 교육에 필요한 하위 요소이다.

이러한 가치화 부분은 기존 소프트웨어 교육에서 중요시하는 컴퓨팅 사고에서도 미흡했던 부분이다. 컴퓨팅 파워와 정보의 기술은 인간을 위해 존재하고 사회의 긍정적인 발전과 행복한 미래를 위해 사용된다는 점을 잊지 말아야 하며 인공지능 교육에서는 더 강력한 AI 기술에 비춰 이를 제대로 보는 관점과 태도에 관한 가치화 부분이 강조돼야 한다.

인공지능 사고와 관련된 사고력

인공지능 사고는 문제해결 능력의 일종이다. 인공지능이라는 영역에서 문제를 효과적으로 해결하기 위해 발휘되는 사고력이다. 인공지능 사고가 제대로 신장되고 작동하려면 기반이 되는 사고와 다른 능력과 연결된 기존의 사고력을 함께 고려해야 한다.

- **창의적 사고:** 컴퓨팅 사고를 바탕으로 인공지능을 이해하는 인공지능 사고력, 그리고 AI 파워를 활용해 문제를 해결하는 창의·융합적 사고력이 등장하고 인간 특유의 독창성과 인공지능과의 협업적 창의력이 필요하며 이 과정에서 디자인 사고, 융합적 사고, 메타 사고, 윤리적 사고 등이 연계됨.
- **디자인 사고:** 인간 중심의 문제해결 능력으로 시각적이고 구체적인 프로토타입을 산출하는 설계 기반 사고
- **융합적 사고:** 다양한 학문 분야의 지식과 도메인 기술이 융합되면서 더욱 시너지가 되는 결과를 산출함.
- **초인지사고:** 인공지능을 통한 인간의 지능과 인간 본질 이해

ARTIFICIAL INTELLIGENCE

16. 강(초)인공지능 시대를 대비하는 교육

특이점 곡선을 기억하는가? 지수적인 폭발력으로 급격하게 발전하는 인공지능 기술은 이미 우리를 특이점의 변곡점에 올려놓았다. 궤도열차의 꼭대기에 선 우리는 이러한 기술의 세계를 즐길 것인가, 공포에 떨며 사그러질 것인가!

우리가 논할 수 있는 인공지능 교육은 현재의 상황, 즉 약인공지능 또는 비범용적(Non-Universal Machine)인 제한된 인공지능의 수준과 기능, 한계를 바탕으로 적용된다. 인간의 지능을 능가하는 강인공지능과 초인공지능의 교육적 접근은 현재 교육 환경과 실습 도구의 부재 그리고 상상력에 의존하는 교육 소재로 인해 비실제적인(non-Authentic) 교육이라는 비판을 받기도 한다. 하지만 교육은 미래를 지향하고 학습자는 성장하며 미래를 살아갈 인재들이다. 학습자의 적시 교육을 위해 현재의 기술과 교육 도메인을 벗어나 조금 과감하게 강인공지능 시대를 대비하는 교육에 관심을 가져보자. 우선 SF 영화에서 봤던 것과 같은, 보다 먼 미래(가깝게 올 수 있다는 가정하에)를 대상으로 인간의 지적 능력을 초월하는 AI의 등장에 따른 교육 환경을 가정해보자.

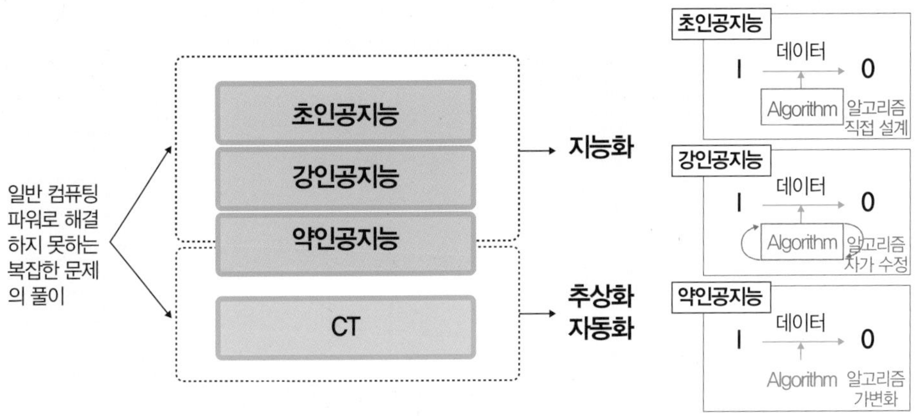

▲ 강인공지능, 초인공지능의 등장

컴퓨팅 사고의 확장으로 생각하는 인공지능 사고는 완벽하지 않다. 약인공지능의 관점에서나 인공지능을 이해하고 접근이 가능한 생각으로 제한된다.

인공지능 사고력은 약인공지능의 시대에서 강인공지능과 초인공지능 시대까지 아우르는 사고 역량이다. 인공지능의 사회적 영향에 관한 심각한 이슈와 인간 윤리적인 논의가 한창 진행 중이다. 주로 약인공지능 기술에 대한 논쟁보다는 강인공지능과 초인공지능을 염두에 둔 상황을 가정하고 있다. 특이점 이후의 지능, 즉 강인공지능, 초인공지능의 관점에서 지능화를 고려해야 한다. 인공지능 교육도 이러한 인공지능의 세 가지 방향과 범위를 고려해 교육의 목표와 과정, 내용 등을 구성할 필요가 있다.

인공지능 사고와 관련된 사고력

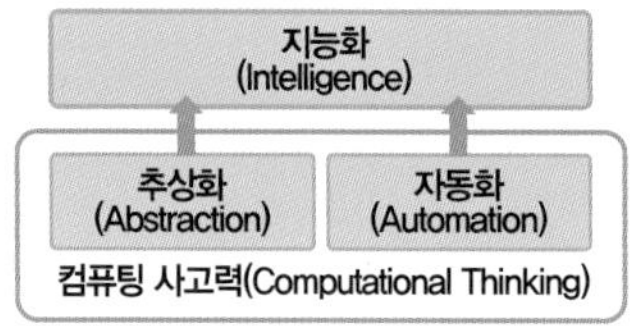

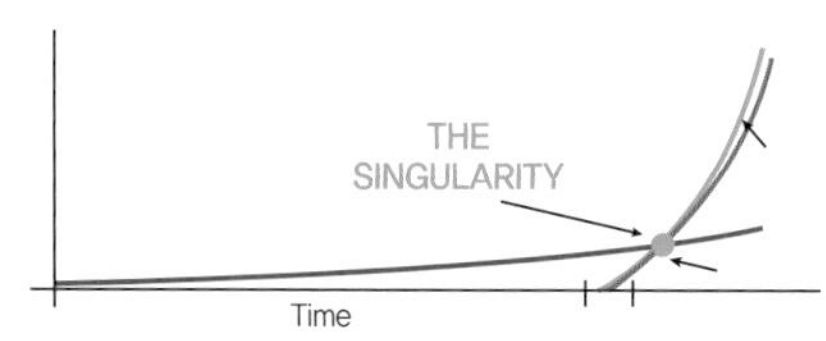

▲ 인공지능 사고와 특이점
(출처: https://innovationtorevolution.wordpress.com/2014/10/29/technological-singularity-from-fiction-to-reality/)

인공지능 사고를 제대로 이해하려면 특이점 이후에 등장하는 강인공지능의 특징을 고려해야 한다. 강인공지능은 특이점이 되면 인간의 지능에 맞먹는 능력을 발휘한다고 본다. 미래학자들은 강인공지능을 2045년으로 예측하고 그 이후는 초인공지능이 도래할 것이라고 말한다.

강인공지능 이후의 기계적 지능은 인간이 이해하기 어려운 상황이 될 것으로 예측한다. 이것이 바로 컴퓨팅 사고의 확장 버전으로 인공지능 사고를 생각하는 약인공지능의 관점에서 벗어나야 하는 이유이다.

ARTIFICIAL INTELLIGENCE

17. 모두를 위한 인공지능 교육

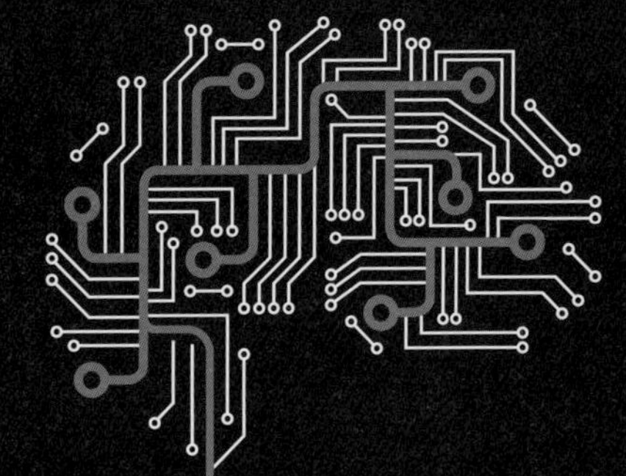

무엇인가 제대로 안다는 것은 그 근본이 되는 개념을 이해하고 핵심이 되는 원리와 지식을 갖고 있다는 것을 의미한다. 이해 없이 활용하기 어렵고 소양을 갖추기도 어렵다. 하물며 이해 없이 태도와 가치를 제대로 가질 수 있을까?

인공지능에 대한 관심과 산업계의 영향은 매우 크지만, 현재의 교육 현장에서 논의하는데 제한이 많고 인공지능의 교육에 대한 접근 방향과 정의, 내용과 방법을 포함한 표준 가이드라인이 없어 많이 혼란스러운 상황이다.

- 인공지능 교육은 독립해 운영되는 교과 교육이다.
- 인공지능을 타 교과에 활용하는 교육이다.
- 인공지능 기술을 타 분야에 융합하는 교육이다.
- 인공지능을 잘 활용하고 사회, 윤리적인 영향에 대해 알 수 있는 소양 교육이다.
- 소프트웨어 교육의 한 분야로서 연결, 확장하는 교육이다.
- 인공지능의 개념과 개발을 통해 직업적 전문가를 양성하는 심화 교육이다.

심지어 교사의 기능을 가진 지능형 교수·학습 시스템이 인공지능 교육이라는 다양한 시각을 갖고 있다.

어떤 것이 옳고 그른지에 대한 시비보다는 인공지능에 대한 다양한 관점을 교육에 집중시키면서 학생들의 성장과 미래에 도움이 되고, 국가의 경쟁력을 높일 수 있는 인재 양성을 목표로 하는 것이 올바른 방향이다.

이러한 방향에 비춰 몇 가지 고려해야 할 점은 다음과 같다.

먼저, 교육 현장에 적용할 수 있는 내용인지, 교사들의 역량에 비춰 적합한 교육인지 면밀히 살펴봐야 한다. 불가능한 방향을 이야기하는 것은 시간과 에너지를 낭비하는 것이 된다. 또한 어떤 교육의 방향과 유형으로 가든 인공지능의 핵심 개념과 내용을 제대로 이해하는 교육이 반드시 수반돼야 한다. 인공지능의 실체를 모르면서 소양 교육을 한다거나, 교과 활용 교육을 한다거나, 산업에 융합 교육을 하는 등의 생각은 과연 어떤 결과를 가져올까? 이것은 모래 위에 성을 쌓는 것과 마찬가지이다. 학문에서 제시하는 기초적인 지식과 기능 없이 뭔가를 해결하기 위해 활용하거나 융합하는 데에만 치중해 교육을 한다는 것은 진정한 교육이라 보기 어렵다. 다음 예를 고민해보자.

- 기초 지식과 연산 능력 없이 수학을 제대로 활용하라.
- 조리 방법과 식재료의 이해 없이 설명서를 활용해 요리를 잘 만들어보라.
- 선긋기, 색칠하기, 화구와 물감에 대한 이해 없이 그려보라.
- 기본 스케일과 화성, 가락, 작곡법의 이해 없이 음악을 만들어보라.
- 기초 지식과 기능 없이 공학에 적용해보라.
- 의학 기초 지식과 인턴 경험 없이 바로 수술대에 가서 의술을 적용해보라.

더 이야기할 필요도 없을 것이다. 학습자에게 인공지능의 이해와 개념, 기능 교육에 너무 많은 시간과 에너지를 쏟는 것도 문제겠지만, 기초 없이 활용에만 치우치고 교과 활용에 몰입하고 융합해 직업인을 양성하는데 집중하는 것은 인공지능을 그저 디지털 교과서 수준의 용도로 보는 것과 다를 바 없다. 인공지능을 교육에서 어떤 방향과 유형으로 적용할지가 결정됐다면 무엇인지를 이해하는 교육이 밑바탕이 돼야 한다.

3부에서는 인공지능 교육의 전체적인 체제와 내용을 살펴본다. 조금 전에 논의한 인공지능의 기본이 되는 이해 교육의 내용을 다루고자 한다.

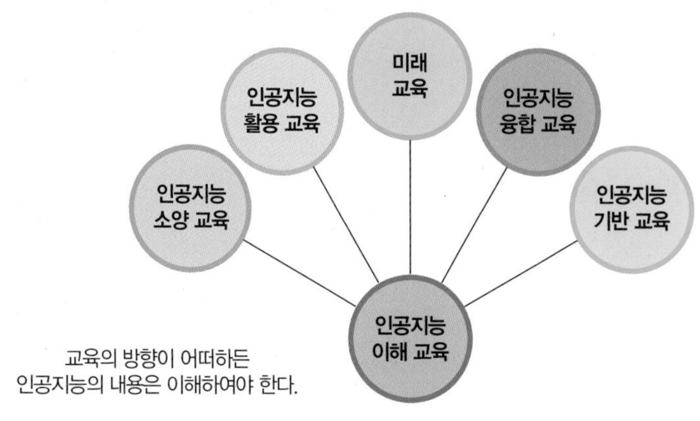

▲ 인공지능 교육의 다양한 방향

이제 본격적으로 인공지능 교육에 대해 깊이 있게 고찰한다. 이에 앞서 인공지능의 학문적 지식 체계(AI Knowledge System)를 안내하고자 한다. 그 이유는 인공지능이 어떠한 주제로 구성되고 인공지능을 배우기 위해서는 어떤 내용을 알아야 하는지 선행 지식을 갖는 것이 중요하기 때문이다.

3부에서는 인공지능의 학문적 지식 체계를 기술한다. 내용이 어렵게 느껴질 수도 있다. 우선은 가볍게 인공지능 지식 체계의 용어와 개념, 알고리즘, 작동 체계와 구현 내용 그리고 실제 사례를 통해 인공지능을 그려보기 바란다. 이후 AI 이해 교육, 활용 교육, 가치 교육에서 사용되는 도메인과 개념을 연결지으며 인공지능 교육의 전체적인 구조와 내용을 완성하는 것이 좋다.

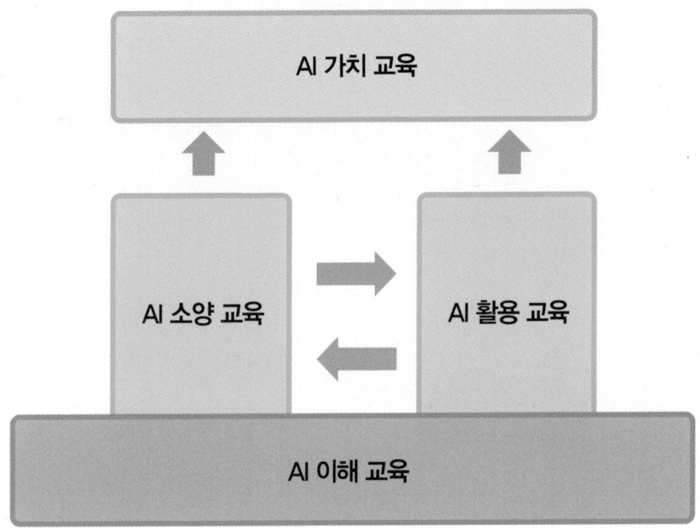

▲ 인공지능 교육의 전체적인 구조

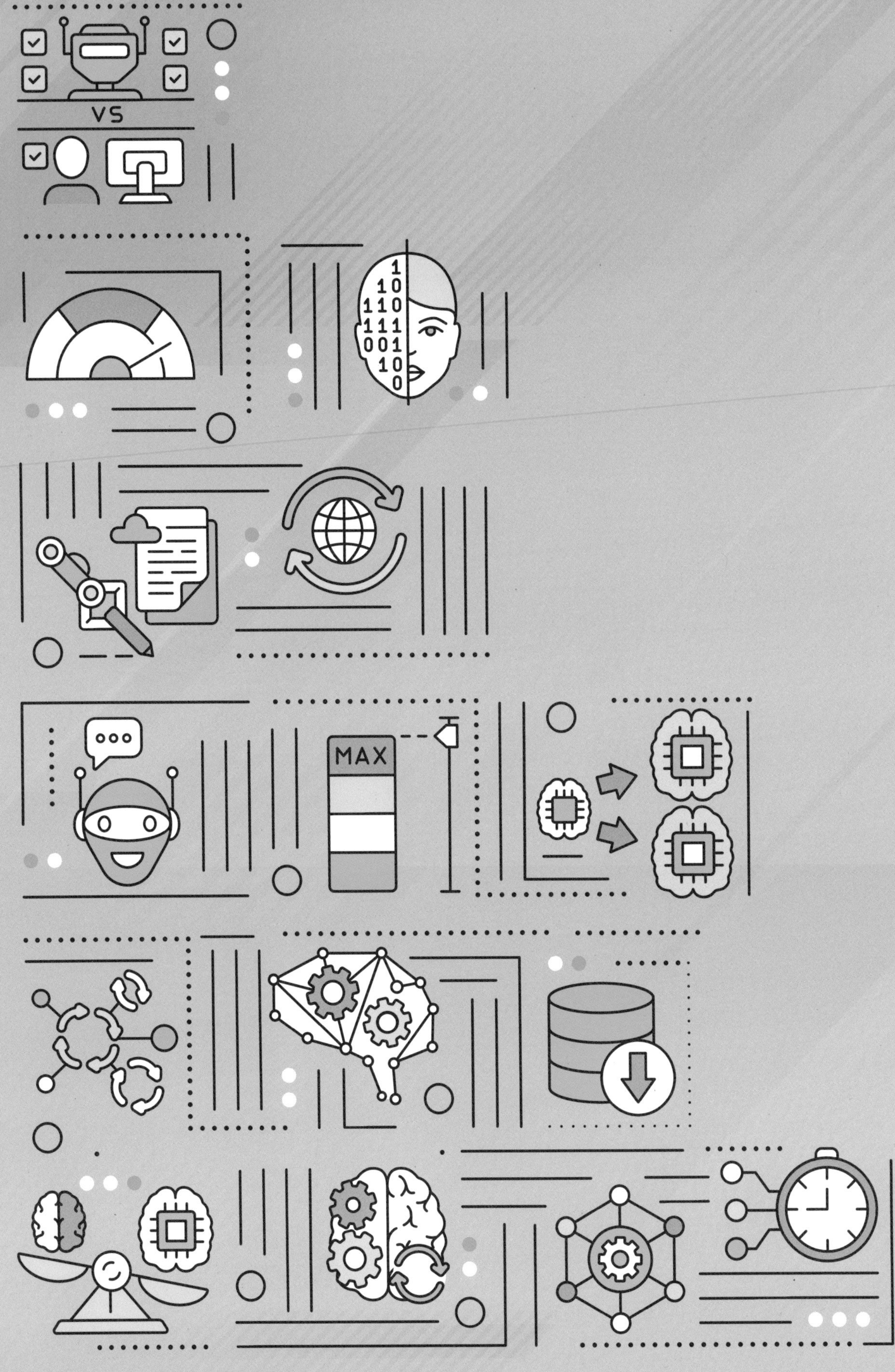
VS
MAX

3부

인공지능의 지식 체계

- "지능이란, 훌륭한 예측의 기술(Art of Good Guesswork)이다." **– 바로우(H. B. Barlow)**
- "기계는 굉장히 자주 나를 깜짝 놀라게 한다." **– 앨런 튜링(Alan Turing)**
- "강제로 주입된 지식은 결코 뿌리를 내릴 수 없다." **– 조 웨트(Joe Wet)**
- "망원경의 발견 후 뉴턴 법칙이 정립되고 증기 기관이 발명된 후에 열역학 법칙이 나왔다. 인간지능에 대해 정확하게 모르고도 인공지능을 구현하고 있다. 인공지능을 통해 인간지능을 제대로 알게 될 것이다." **– 한선관**

1. 인공지능의 기초

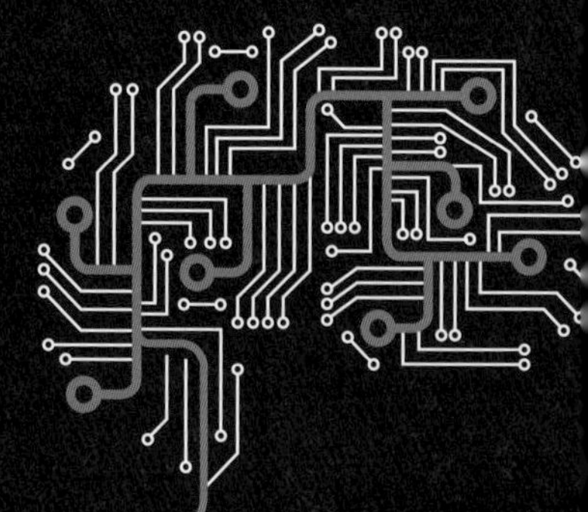

우리가 우리를 알고 미래를 대비하는 것은 우리의 뿌리와 과거를 아는 역사로부터 시작한다. 인공지능을 아는 것 역시 인공지능의 뿌리와 역사를 아는 것으로부터 시작한다. 역사에 대한 이해 없이 한 국가의 미래가 없듯이, 현재 우리를 놀라게 하는 기술에만 집중하다 보면 미래를 놓치게 된다.

1.1 인공지능의 역사

인공지능은 최근에야 사람들의 관심을 끌었지만, 이 개념은 결코 새로운 것이 아니다. 아주 오래전부터 인공지능의 개념이 창발됐고 그 이후 발전을 거듭해왔다. 1943년에 워렌 맥컬록(Warren McCulloch)와 월터 피츠(Walter Pitts)는 인공지능 뉴런에 대한 모델을 제시했고 1950년에 위대한 수학자이자, 공학자인 앨런 튜링(Alan Turing)은 『Computing Machinery and Intelligence』라는 책을 통해 인공지능의 개념을 알리기 시작했다. 해당 문헌에서 튜링은 튜링 테스트를 고안해 인간과 동등한 지능적 행동을 나타내는 기계의 개념을 정립했다. 이후 1956년에는 존 매커시(John McCarthy)가 다트머스 컨퍼런스에서 '인공지능'이라는 단어를 처음 사용함으로써 인공지능이라는 분야가 탄생했다. 이후 인공지능은 점차 인기가 높아졌고 1966년에 조셉 로젠바움(Joseph Weizenbaum)이 '엘리자(ELIZA)'라는 챗봇을 탄생시킴으로써 그 인기는 절정에 달했다.

그러나 인공지능에 대한 관심이 계속된 것은 아니었다. 처음 인공지능을 표방했던 인간의 뇌를 닮은 형태가 계산 능력의 한계와 오류 등을 해결하지 못하고 점차 사람들의 관심에서 멀어지게 됐다. 인공지능 과학자에게는 혹독한 시련이었다. 이 기간을 '인공지능의 겨울'이라고 이야기한다.

인공지능의 봄은 1980년, 전문가 시스템이라는 동력에 의해 다시 찾아왔다. 전문가 시스템은 인간 전문가의 지식 체계를 따라 만든 것으로, 인간의 지식을 효과적으로 이식해 인간을 대체할 수 있을 것이라는 믿음을 줬다. 그러나 이 전문가 시스템도 그리 오래가지는 못했다. 투자에 대한 효과가 미미했고 인간의 지식 체계가 생각보다 복잡하고 경험을 따라가지 못했으며 새로운 지식의 생성 속도에 맞추기 위한 인공지능의 업데이트는 더 많은 비용이 필요했기 때문이었다. 이러한 실망스러운 결과에 의해 인공지능의 두 번째 겨울은 이즈음 다시 찾아왔다.

그러나 겨울도 역시 계속되지 않았다. 에이전트의 개념을 필두로 하는 인공지능의 출현은 컴퓨터의 발달과 함께 인간의 많은 부분을 따라잡을 수 있는 실마리를 보여줬다. 1997년의 IBM의 딥블루(Deep Blue)는 세계 체스 챔피언을 이겼고 2010년대에 들어서는 딥러닝 개념의 시작과 함께 많은 부분에서 인간을 압도하는 결과를 가져왔다. 심지어 2016년에는 인공지능의 벽으로 느껴지는 바둑 부분에서 인공지능이 앞서감에 따라 그 열기는 더해졌다. 2018년 구글은 가상 비서인 '듀플레스'를 공개하며 우리 삶 속에 인공지능이 들어올 것을 예고했다. 현재는 마치 인공지능의 세 번째 봄이라 할 만한 기로에 서 있다. 계절이 돌아올 때마다 인공지능은 점차 발전했고, 작금의 봄은 이전보다 훨씬 거대한 파도를 갖고 돌아왔다. 다시 한번 겨울이 올지, 아니면 이 봄이 모든 것을 집어삼키게 될지는 알 수 없지만, 한 가지 확실한 점은 인공지능이 예전보다 우리 삶과 사회에 파고들었다는 점이다.

인공지능 등장 1950~1980년대	초기 인공지능 1980~1990년대	머신러닝 1990~2010년대	딥러닝 2010년대~
Mainframe	Microcomputer	Low cost server & PC	Mobile & Cloud
• 탐색 문제 • 증명 문제 • 지식 처리 • 전문가 시스템	• 초기 인공 신경망 • 문자 판독 • 신용도 분석	• 마케팅 분석 • 거짓말 탐지기 • 감성 분석 • 네트워크 로드 분석	• 자연어 처리 • 비디오 라벨링 • 큐레이션 • 예측 유지 보수 • 공급망 관리

▲ 인공지능의 발전 과정

1.2 인공지능과 인간 지능

지능에 대한 학문적 정의는 학자들마다 다양하게 제시되고 있지만, 공통적인 특성은 다음과 같다.

- 지능은 다양한 상황과 문제에 융통성을 갖고 반응하는 데 사용한다.
- 지능은 지식이나 기술을 획득하고 적용할 수 있는 학습 능력으로, 새로운 정보를 신속하게 처리할 수 있게 한다.

- 지능은 새로운 상황을 효과적으로 분석하고 이해하기 위해 앞서 학습한 지식을 활용한다.
- 지능은 여러 가지 다른 정신 과정의 복잡한 상호작용과 조절을 포함한다.
- 지능은 감정과 독립해 사고한다.

이러한 지능의 특성을 프로그래밍을 이용해 기계에 인공적으로 부여한 알고리즘을 인공지능이라 볼 수 있다. 인공지능이란 인간의 지적인 능력, 즉 인지, 추론, 학습 능력 등을 컴퓨터 기술을 이용해 구현함으로써 문제를 해결할 수 있는 기술이다. 인공지능은 인간적 사고, 논리적 사고, 인간적 행위, 논리적 행위의 네 가지 범주로 분류해 정의한다.

인간적 사고	논리적 사고
"컴퓨터가 생각하게 하는 흥미로운 새 시도… 문자 그대로의 완전한 의미에서 마음을 가진 기계…(중략)…" "인간의 사고, 그리고 의사결정, 문제 풀기, 학습 등의 활동에 연관시킬 수 있는 활동들(의 자동화)"	"계산 모형을 이용한 정신 능력 연구" "인지와 추론, 행위를 가능하게 하는 계산의 연구"
인간적 행위	**논리적 행위**
"사람이 지능적으로 수행해야 하는 기능을 수행하는 기계의 제작을 위한 기술" "현재로서는 사람이 더 잘하는 것들을 컴퓨터가 하게 만드는 방법에 대한 연구"	"계산 지능은 지능적 에이전트의 설계에 관한 연구이다." "AI는…(중략)… 인공물의 지능적 행동에 관련된 것이다."

▲ AI 정의의 네 가지 범주
(출처: Russell & Norvig(2016), 인공지능의 현대적 접근 방식 2)

1.3 에이전트 모형

에이전트는 인공지능 분야에서 오래전부터 연구돼온 분야이다. 에이전트는 인공지능이 독자적인 의식을 갖는 것을 전제로 하는데, 우리가 추구하는 인공지능의 본래 의미에 부합하기도 한다. 최근에 우리가 스마트폰에서 목소리로 만나는 '시리'나 '빅스비'와 같은 것들도 에이전트라 볼 수 있다. 지금은 이런 현상에서 에이전트의 개념을 찾지만, 인공지능의 발달 과정에서 에이전트는 매우 중요한 역할을 했다. 궁극적으로 독자적인 행동이나 의식을 가질 수 있으려면 하나의 알고리즘으로서가 아니라 에이전트로서 동작해야 하기 때문이다. 에이전트의 특징은 사용자가 원하는 작업을 대신해주는 자율적 프로세스이며, 독립된 기능을 가진 하나의 시스템이다. 지식 기반의 데이터베이스를 기본으로 하고 다른 에이전트들과 통신하며 지속적인 행동을 할 수 있다. 현재 에

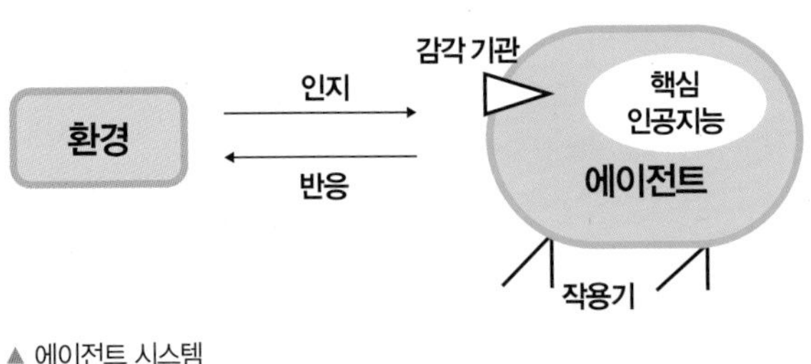

▲ 에이전트 시스템

이전트로 우리가 경험하는 것들은 웹에서 정보를 긁어오는 크롤러, 정보 검색 에이전트, 웹 문서를 여과해주고 자동으로 요약해주는 에이전트들이 있다.

1.4 인공지능과 소프트웨어

인공지능은 소프트웨어의 일종이다. 프로그래밍 언어로 개발되기 때문이다. 그렇다면 기존의 컴퓨터 과학에서 말하는 일반적인 소프트웨어와 인공지능 소프트웨어는 어떤 점이 다르기에 소프트웨어 중심 정책에서 AI의 열풍으로 확산된 것일까?

인공지능이 기존 소프트웨어 프로그램과 다른 점을 살펴보자. 로봇의 목표가 학교에 가는 것이라고 한다면 기존 소프트웨어 프로그램에서는 이 문제를 어떻게 해결할까? 아마 프로그래머가 단계별로 지시를 내리는 명령어를 알고리즘으로 작성해줄 것이다. 그렇다면 인공지능은 어떻게 해결할까? 프로그래머는 문제해결의 방법을 주지 않고 목표를 준다. 즉, 시행착오를 통해 환경으로부터 학습을 하고 추론하며 스스로 목표에 도달하는 방법을 찾아내게 하는 것이다. 기존 프로그램은 프로그래머에 의해 제공된 하나의 알고리즘으로 해결하지만, 인공지능은 학습의 상황과 시행착오의 경험에 따라 무수히 많은 해결 방법을 사용한다.

구분	기존 프로그램, 시스템(전자계산기)	인공지능 프로그램, 지능형 시스템
처리하는 일	단순한 자료 저장 반복적인 계산 고정된 작업 반복	판단과 결정 추론과 학습 계획과 예측
특징	문서 작성 수식 계산 자료의 인쇄	질병 진단 작곡과 연주 문자와 음성 인식
적용 사례	워드프로세서, 음악 재생기	자율주행자동차, 번역기

▲ 기존 소프트웨어 프로그램과 인공지능의 차이점

인공지능의 본질은 지능적 행동을 알고리즘으로 컴퓨터상에 구현하는 것이다. 알고리즘의 경우는 단지 'Computation'을 한 것이지만 인지, 이해, 사고, 의사결정, 계획 수립, 창작 등의 용어로 의인화한 것이기도 하다. 해당 알고리즘은 사람이 만들거나 기계가 데이터로부터 학습하기도 한다. 앞으로의 알고리즘은 컴퓨터 스스로 만들게 될 것이다.

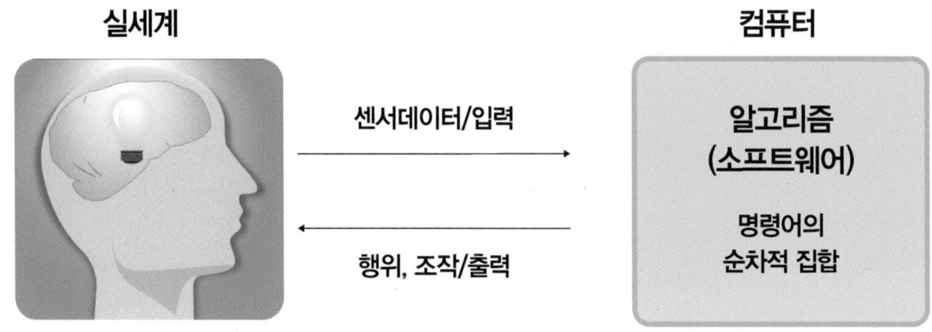

▲ 컴퓨터상의 문제 풀이 – 알고리즘

1.5 인공지능의 기초 지식

인공지능은 응용 학문에 가깝기 때문에 다양한 학문이 융합돼 만들어진다. 기본적인 알고리즘과 개념이 수많은 계산에 의해 이뤄지고, 실제적인 것들에 적용하기 위해 만들어진 것이기 때문에 필연적으로 다양한 학문이 혼합된다. AI를 정복하고자 할 때 배워야 할 내용들로는 인공지능 기초, 기계학습, 자료 과학, 예측 분석, 프로그래밍(파이썬, R, 자바스크립트 등), 데이터 분석, 데이터 윤리, 데이터 거버넌스, 시각화, 딥러닝, 문자 언어 분석, 음성 인식, 영상 인식 을 들 수 있다. 또한 이를 지지해주는 기반 학문으로는 수학, 철학, 언어학, 윤리, 사회 과학 등을 들 수 있다.

<table>
<tr><td>CS
SW</td><td>DS</td><td>AI Fundamental</td><td>AI Application</td><td>Convergence</td></tr>
<tr><td colspan="5">Math, Philosophy, Linguistic, Humanities, Ethics, Social Science</td></tr>
</table>

▲ 인공지능 기반 학문

1.6 인공지능 알고리즘과 활용 분야

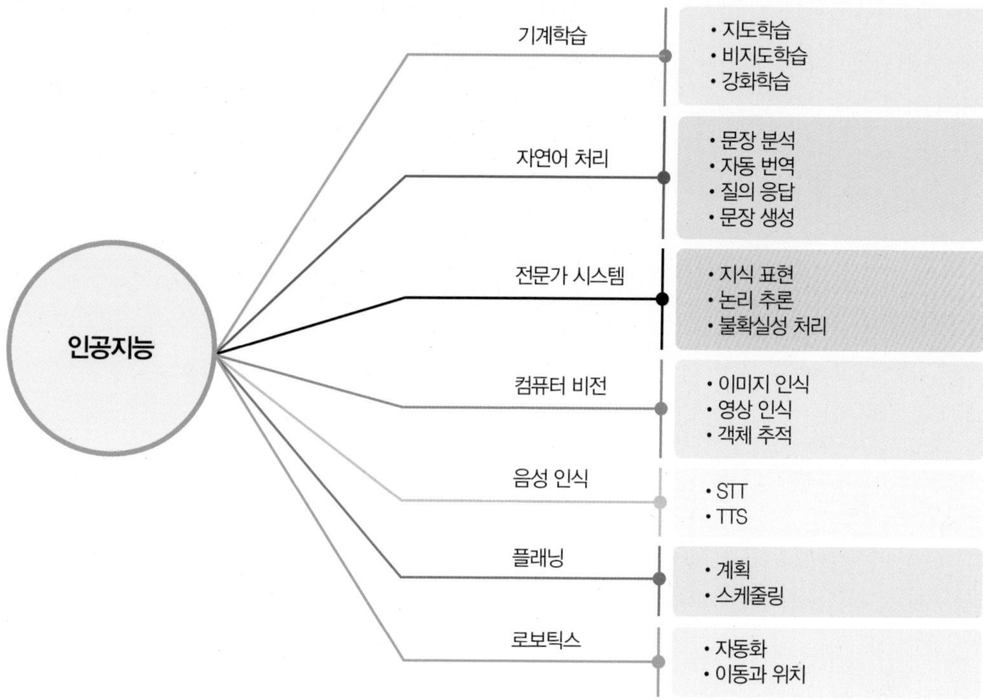

▲ 인공지능의 연구 분야

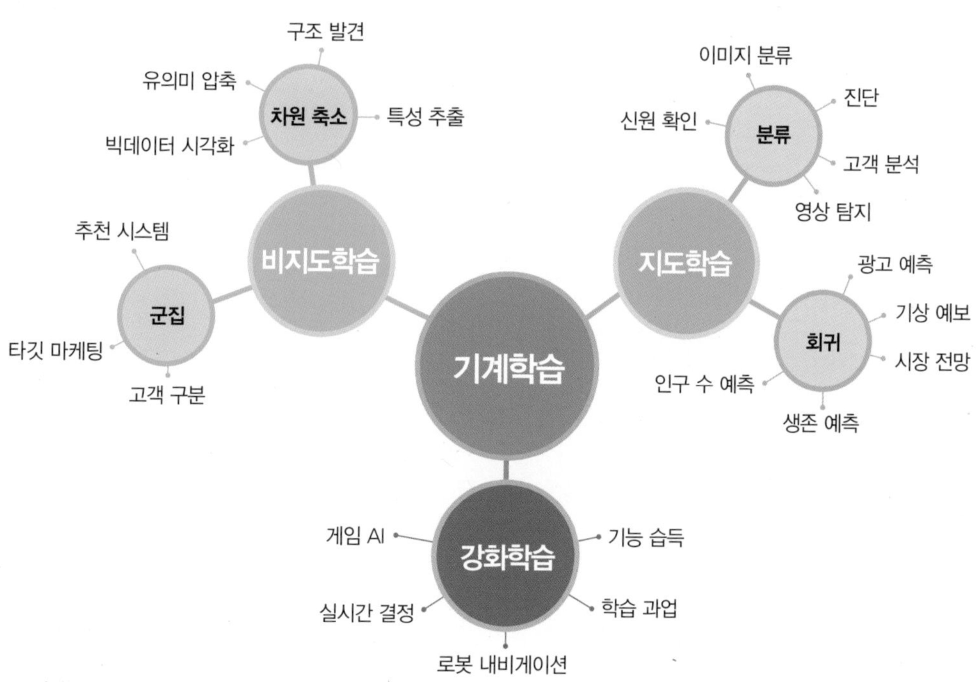

▲ 기계학습의 유형과 알고리즘

1.7 인공지능의 영역

인간의 지능은 실세계로부터 감각 기관을 통해 정보를 받아들이고 지식을 처리하는 과정을 통해 발현된다. 외부 세계와 소통과 상호작용을 통해 생존에 유리한 방향으로 문제를 해결해 나가는 것이 지능의 실체이다. 이것이 문제해결의 과정이며 자료를 바탕으로 지식을 표현하고 학습과 추론이 이뤄지는 인공지능의 마음, 사고, 정신의 체계가 된다.

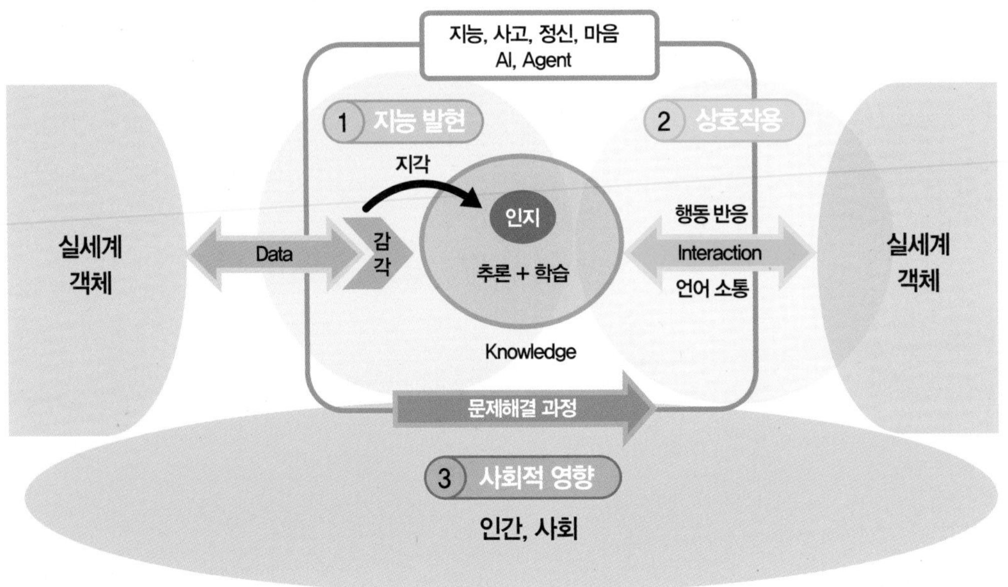

▲ 인공지능 모델(인공지능 사고의 체계)

인공지능 교육의 영역은 인공지능 모델을 바탕으로 세 가지 정도로 나눌 수 있다. 먼저 실세계로부터 데이터를 받아 인지적으로 처리하는 내적 지능 영역은 주로 기계적 학습과 기계적 추론을 통해 인지하는 내용을 다룬다. 지각 과정을 통해 지능적으로 출력하는 외적 지능 영역은 지능적 인터페이스, 물리적 행동을 다루는 로봇과 자연어 처리의 내용을 다룬다. 인공지능이 인간과 사회에 미치는 영역으로 사회적 영향과 윤리적 이슈를 다룬다.

1.7.1 지능 발현

지능 발현은 문제해결의 과정이자, 생명체가 생존하기 위한 핵심 역량이다. 문제해결은 인공지능 학문의 태동기에서 탐색 문제로 접근했다. 지능적 기계는 인간적인 탐색, 즉 휴리스틱 탐색을 바탕으로 문제를 해결해 나간다. 세상의 자료를 입력받으면 이를 데이터 과학과 지식 공학의 기법을 적용해 전처리한다. 컴퓨터가 처리할 수 있는 디지털 정보의 형태로 입력받으면 기계학습과 기계 추론 알고리즘으로 처리해 입력받은 자료를 인지하는데, 이를 지능 발현

트라이앵글(학습 → 추론 → 인식)이라고 한다. 이처럼 이 영역에서는 자료의 입력과 지식의 표현 그리고 학습 알고리즘, 추론 알고리즘을 통한 인지 처리 과정의 교육 내용을 포함한다.

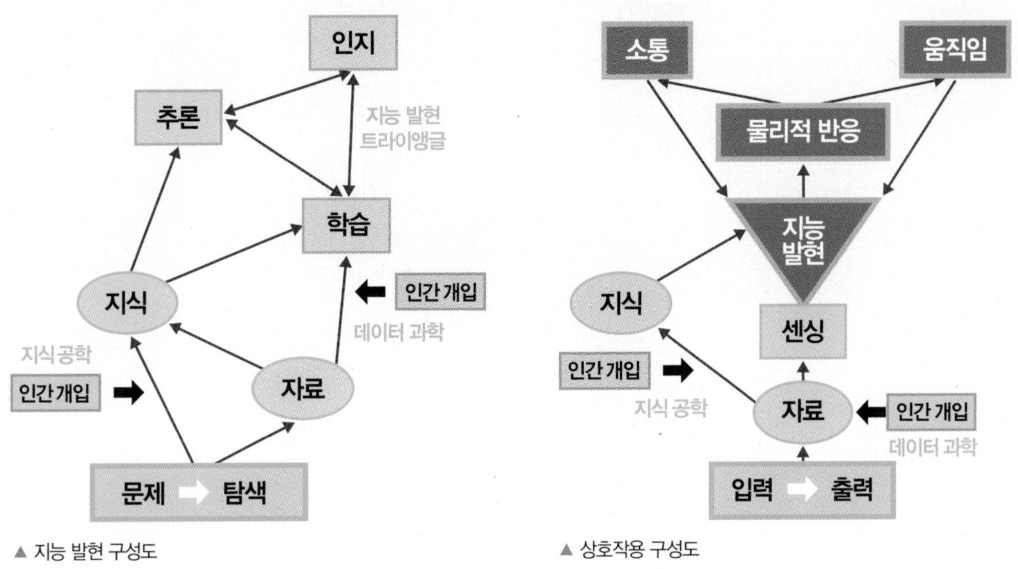

▲ 지능 발현 구성도

▲ 상호작용 구성도

1.7.2 상호작용

상호작용은 자료가 입력돼 지능 발현 알고리즘(학습 → 추론 → 인식)을 통해 지능적인 결과를 출력한다. 지능 발현 이후의 물리적 반응으로 나타나며 움직임과 같은 행동, 오감적인 표현 그리고 자연어를 이용한 소통의 내용을 주로 다룬다.

1.7.3 사회적 영향

인공지능이 강력할수록 인간 사회에 미치는 영향은 크다. 인공지능의 가치화와 이슈에 관련된 부분은 사회적 영향 그리고 윤리적 이슈 부분으로 나눌 수 있다. 사회적 영향과 윤리적인 이슈는 그 교육적 방향과 해결 방안에 있어 인간적인 접근과 기술적인 접근 모두가 고루 지향돼야 한다. 이것이 인공지능 교육에서 추구하는 가치로서 인간 중심 인공지능을 표방한다. 예를 들어, 인공지능이 인간과 대립하는 문제와 관련돼 인간적인 접근은 가치 갈등 모형이나 역할 놀이와 같은 수업으로 인간의 양심과 가치에 호소하는 반면, 기술적 접근은 블랙박스 모형의 인공지능 개발 대신 투명한 글래스박스 모형의 인공지능 기술의 적용을 통한 문제해결의 방법을 함께 찾도록 할 수 있다.

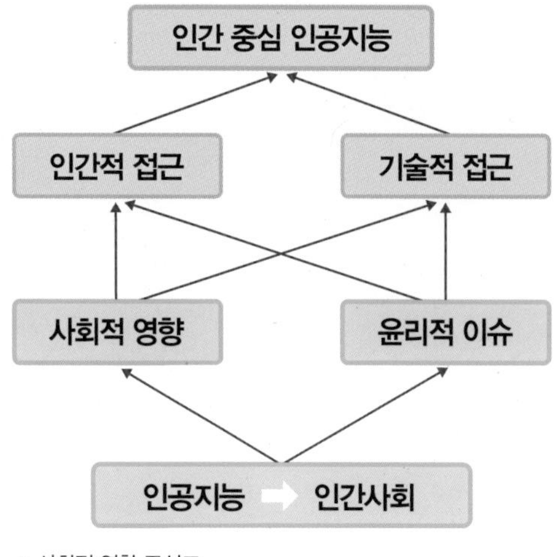

▲ 사회적 영향 구성도

1.8 인공지능과 학문적 체계의 구성도

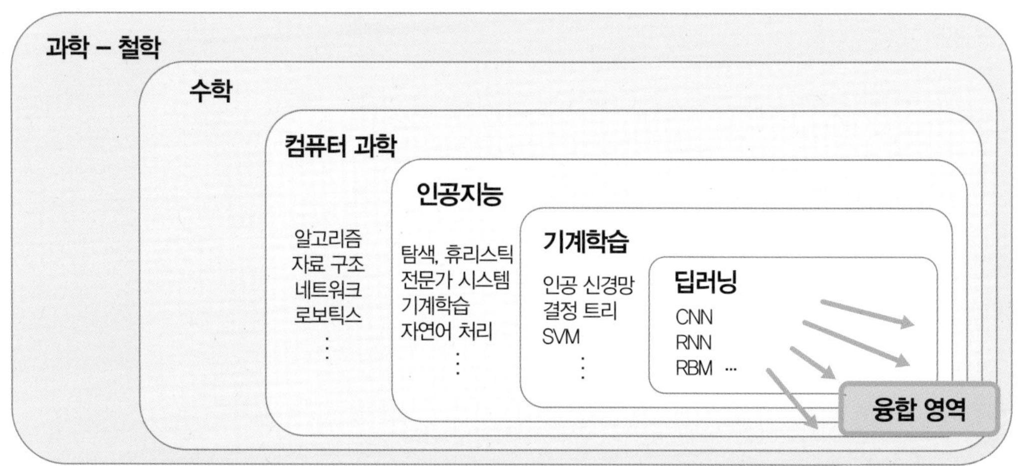

▲인공지능의 학문적 체계

인공지능의 연계 학문은 매우 융합적이다. 이를 실현하기 위한 기초 학문에는 수학, 과학, 기술이 있으며 이와 연관된 학문은 신경과학, 인지과학, 심리학, 언어학, 통계학 등이 있다. 각각의 모든 학문에서 아이디어를 얻어 인공지능이 발달하고 있고 이들을 모방하며 하나씩 커지고 있다. 6T로 대변되는 생명공학, 나노공학, 로봇공학, 환경공학, 문화공학 그리고 정보공학이 융합되며 그 외모와 성격을 다양하게 드러내고 있다. 결국 인공지능은 독립적인 학문 아니며고융합적인 성격을 띠게 될 것이다. 그 중심에는 CS, IT, SW, AI가 기본 학문으로 형성돼간다. 앞으로의 세상은 인공지능의 발전 없이는 담보하기 어려운 세상이 될 것이다.

인공지능의 패러다임

인공지능의 패러다임은 기호주의, 유추주의, 확률주의, 연결주의, 진화주의로 분류할 수 있다.

기호주의는 인간의 지식을 기호화하여 추론하는 방법을 사용한다. 논리식이나 규칙과 같은 전통적인 지식을 바탕으로 전문가의 지식을 대체하는 전문가 시스템이 이에 해당된다.

유추주의는 기존 데이터에서 유사성을 인식하고자 하는 시도이다. 새로운 데이터는 유사한 데이터를 기반으로 유추한다. 선형회귀, KNN, 결정 트리 등을 활용한 추천시스템이 이에 해당한다.

확률주의는 통계적 추론의 한 방법이다. 추론 대상의 사전 확률과 앞으로의 관측을 통해 대상의 사후 확률을 추론한다.

연결주의는 수학적 모델링을 통해 뉴런을 구성해 인간과 같은 학습 능력을 갖도록 하고자 하는 시도이다. 퍼셉트론이나 딥러닝 등이 이에 해당한다.

진화주의는 유전 알고리즘에 근거한 것으로, 자연 세계의 원리에서 도출됐다. 최적화 문제는 점차 연산을 통해 진화하는 알고리즘을 통해 해결할 수 있다.

이후에는 하이브리드, 블렌디드 방식으로 각 방법이 통합돼 발전하는 형태로 진행이 될 것이고, 현재는 인공지능에서도 융합이 대세가 되고 있다.

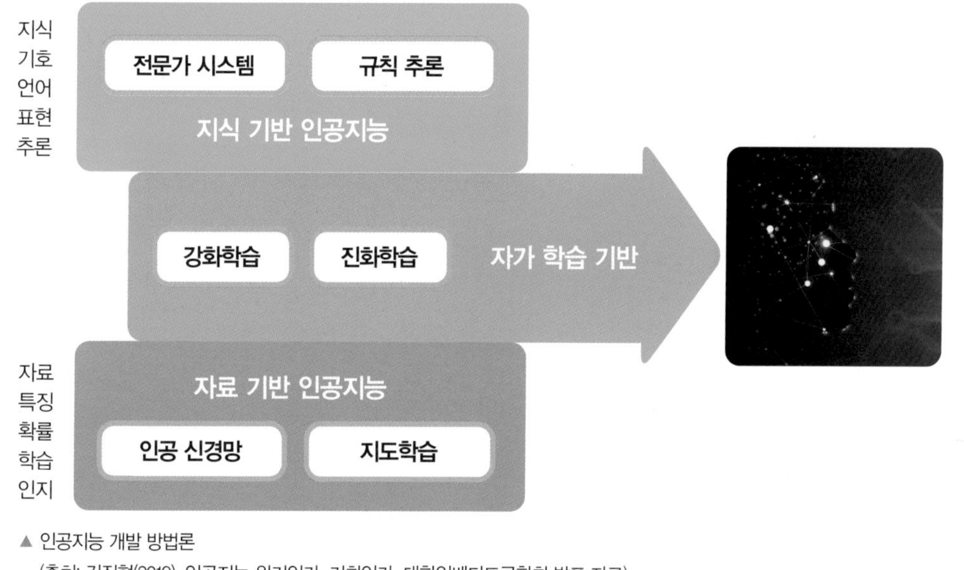

▲ 인공지능 개발 방법론
(출처: 김진형(2019). 인공지능 위기인가, 기회인가. 대한임베디드공학회 발표 자료)

ARTIFICIAL INTELLIGENCE

2. 기계 탐색: 문제와 탐색

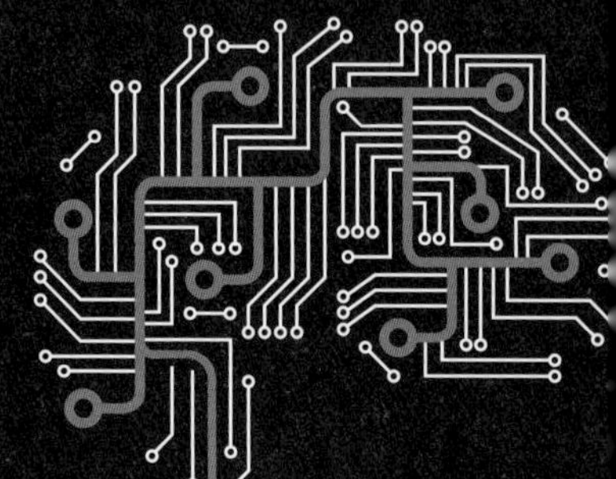

생명체가 생존을 하는 것은 삶을 유지시켜주는 요소를 탐색해 그것을 얻었을 때 가능한 일이다. 생존을 위한 문제해결이 지능 있는 생명체의 핵심 도구라면 탐색하는 효과적인 방법이 결국 문제해결이고 그 과정이 바로 지능의 근간이 된다고 볼 수 있다.

지능은 문제해결의 과정이자, 생명체가 생존하기 위한 핵심 역량 중 하나이다. 지능적 기계는 인간적인 탐색 방법(휴리스틱)으로 문제를 해결해나간다. 세상의 자료는 데이터의 형태로 컴퓨터에게 전달되고 컴퓨터는 이를 데이터 과학과 지식공학의 기법을 통해 처리한다. 처리된 데이터는 기계학습과 추론 알고리즘을 통해 지능으로 발현된다.

그중 가장 먼저 해야 할 일은 문제를 파악하고 해결책을 탐색하는 것이다. 인간이 지금까지 발전해올 수 있었던 것은 눈앞에 닥친 문제를 파악하고 이를 해결하는 과정을 성공적으로 수행했기 때문이다. 먹이를 위한 사냥, 농사짓기, 모르는 곳에 처음 가는 것, 어떤 음식을 먹을 것인가 하는 모든 과정이 문제이자 해결해야 할 과제이기도 하다. 이런 과제를 하나씩 해결하기 위해 해결책이 될 가능성을 하나씩 생각해보는 것이 바로 '탐색'이다.

문제를 해결하기 위한 탐색에는 여러 가지 방법이 있다. 길을 찾을 때만 생각하더라도 가장 빠른 길을 찾는 경우를 선택하거나 가장 적은 환승을 하는 경우를 생각할 수도 있을 것이다. 하지만 모두 문제의 답을 찾기 위한 과정이다. 인공지능 역시 문제를 해결하기 위한 것이므로 문제의 탐색은 인공지능의 기본이 된다. 인공지능 이전에 소프트웨어의 기본 전제이기도 하며 소프트웨어 이전에 인간 본연의 활동이기도 하다.

2.1 문제와 해답, 상태

본격적으로 탐색을 공부하기에 앞서, 문제(Problem), 해답(Solution), 그 과정인 상태(State)에 대해 알아둬야 한다. 만약, 현재 서울에서 부산으로 이동하려고 하는 문제(Problem)가 있다면 초기 상태(Initial State)는 서울, 목표 상태(Goal State)는 부산이 된다. 해답(Solution)은 서울에서 부산까지 가는 방법 중 시간과 노력이 가장 적게 드는 방법일 것이다. 또한 서울에서 부산까지 거치는 중간 도시들 하나하나가 모두 상태(State)라고 할 수 있다. 즉, 문제는 풀고자 하는 것이고 해답은 초기 상태에서 목표 상태까지 가는 가장 최적의 해를 말한다.

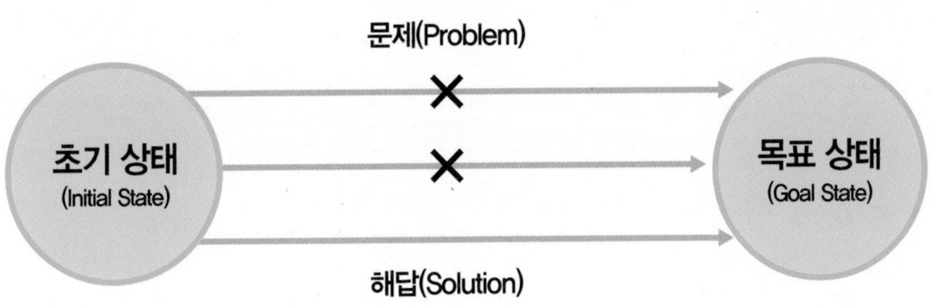

▲ 문제해결의 과정

이러한 문제를 명확하게 풀기 위해서는 문제를 형식화하는 추상화 과정이 필요하다. 우리가 한 도시에서 다른 도시로 가는 여러 길을 찾을 때는 이 문제를 컴퓨터가 이해할 수 있는 방식으로 형식화하는 것이 필요하다. 지도와는 다르지만 컴퓨터는 실세계의 모습이 아니라 모형화된 형식을 통해 문제를 탐색해나간다. 잘 정의돼야 잘 풀 수 있다.

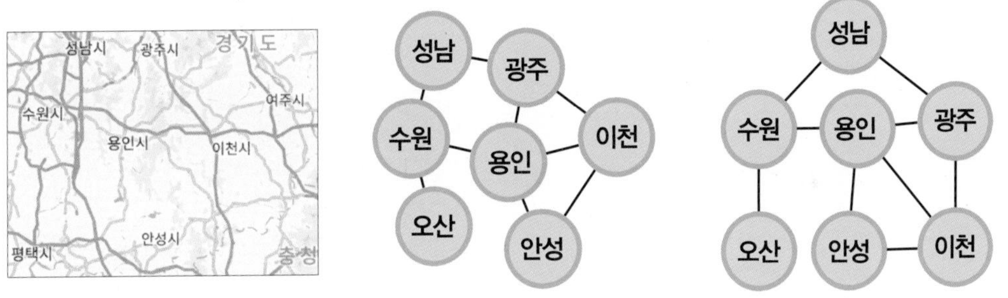

▲ 실세계의 문제의 추상화

문제를 잘 풀었느냐는 알고리즘의 성능으로 측정할 수 있다. 알고리즘의 성능은 크게 네 가지로 분류한다. 해가 존재할 때 답을 결국은 찾을 수 있는 '완결성', 답을 찾는 데 비용이 가장 낮은지를 확인하는 '최적성', 그리고 시간이 얼마나 걸리는지를 측정하는 '시간 복잡도', 검색을 수행하는 데 메모리가 얼마나 필요한지에 대한 '공간 복잡도'이다. 최적성, 시간 복잡도, 공간 복잡도를 검색 알고리즘에서는 '총 비용(total cost)'이라는 말로 판단하기도 한다.

탐색은 여러 가지가 존재하지만 탐색하는 크기나 방법, 종류에 따라 크게는 무작위적 탐색 방법과 기존 정보를 이용하는 방식, 최적화된 탐색 방식, 게임 탐색, 제약 만족 문제 등으로 나눌 수 있다.

2.2 무작위적 탐색 방법

무작위적 탐색 방법(Uninformed Search)은 '맹목적 탐색'이라고도 한다. 이러한 탐색은 뭔가 빨리 해결할 수 있는 정보 없이 탐색하는 것이다. 이 탐색 방법에서 길을 찾는 방법은 현재 상태에서 다음 상태로 갔을 때 목표와 가까워지는지, 가까워지지 않는지 판단하는 것 외에는 다른 방법이 없다. 무작위적 탐색 방법에는 너비우선 탐색, 깊이우선 탐색, 깊이제한 탐색, 양방향 탐색 등이 있다. 이러한 무작위적 탐색을 시각화하기 위해 그래프를 이용한다. 그래프는 현재 위치를 노드, 다음에 갈 수 있는 위치를 '후행자', '자식 노드' 등으로 표시한다. 특히 맨 처음 노드를 '루트 노드'라 부른다.

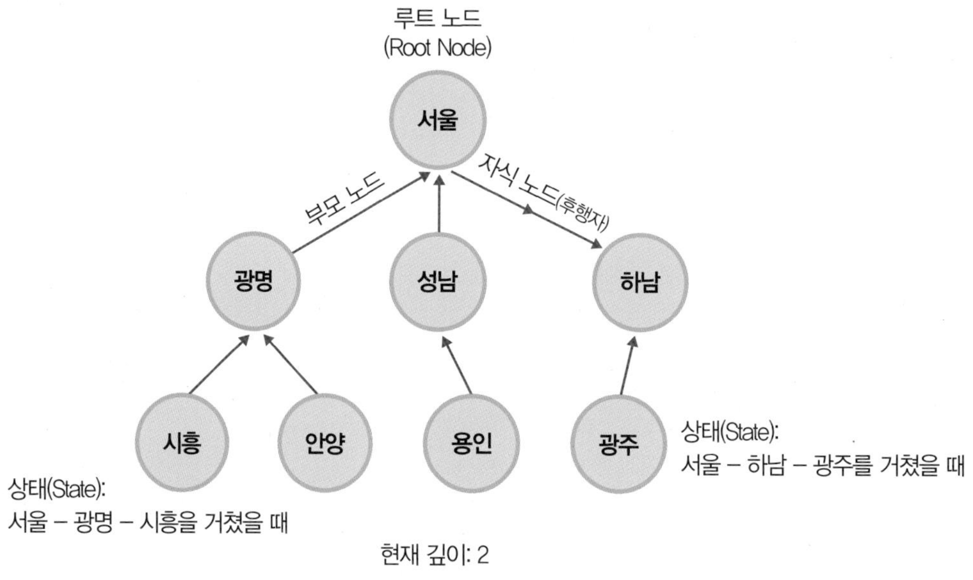

▲ 탐색 중의 상태를 시각화하기 위해 형식화된 트리를 주로 이용한다.

2.2.1 너비우선 탐색

너비우선 탐색(Breadth First Search)을 쉽게 설명하면 먼저 루트 노드부터 시작해 한 번의 자식 노드들을 모두 생성해 두 번째 층에 있는 노드들을 모두 검색한 후 답이 없는 경우 다시 자식 노드들을 확장하면서 세 번째 층에 있는 노드들을 모두 검색한다. 세 번째 층에도 없을 경우 다시 자식 노드를 확장하며 네 번째 층에 있는 노드를 검색한다.

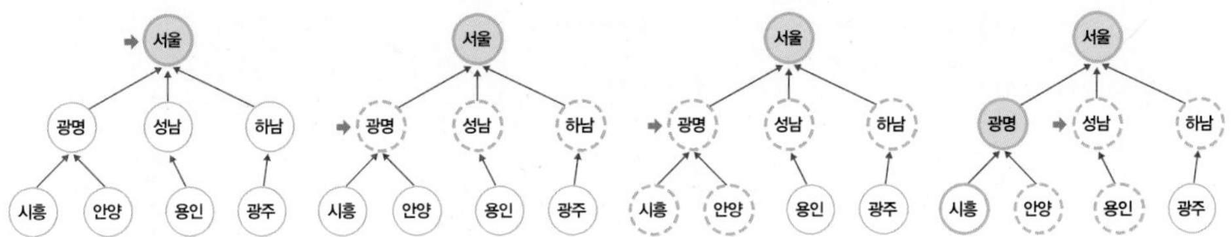

▲ 탐색 과정의 트리 구조화

이와 같은 방식에서 만약 정답이 그림상에서 맨 오른쪽 노드들을 타고 오는 것이 정답이고 자식 노드들이 b개씩 생성됐다면 현재까지 생성된 노드의 개수는 다음과 같다.

$$b + b^2 + b^3 + \ldots + = O(b^d)$$

이와 같은 순서로 노드를 확장해 나가면서 검색하는 방법의 장점은 목표 노드를 찾는 순간, 해당 노드가 해답이 됐다는 것을 바로 알 수 있다는 것이다. 이전 층의 노드들을 모두 탐색했기 때문이다. 이와 반대로 단점은 해답을 찾는 데 엄청난 시간과 공간을 걸릴 가능성이 많다는 것이다. 왜냐하면 너비우선 탐색은 해당 층의 노드를 모두 탐색해야 다음 층으로 넘어가기 때문에 목표 노드가 수십층 아래로 내려갈 경우 탐색해야 할 노드는 기하급수적으로 늘어나게 된다. 심지어 다음 층의 자식 노드를 너비로 탐색하기 위해서는 자식 노드를 탐색할 때 부모 노드가 무엇인지 알아야 하기 때문에 메모리에 모든 부모 노드를 기억해야 한다. 기억해야 할 공간 역시 엄청나게 차지하게 된다.

2.2.2 깊이우선 탐색

깊이우선 탐색(Depth First Search)은 너비우선 탐색과 반대되는 개념이다. 깊이우선 탐색은 해당 층의 노드를 전부 탐색하는 너비우선 탐색과 달리, 자식 노드들을 더 이상 자식 노드가 없을 때까지 자식의 자식 노드를 탐색한다. 그리고 원하는 목표 상태가 나오지 않으면 다시 부모노드로 후퇴한 후 다른 자식 노드를 검색한다.

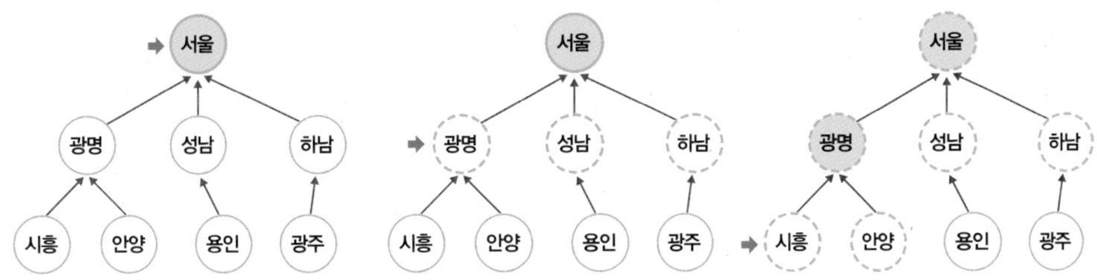

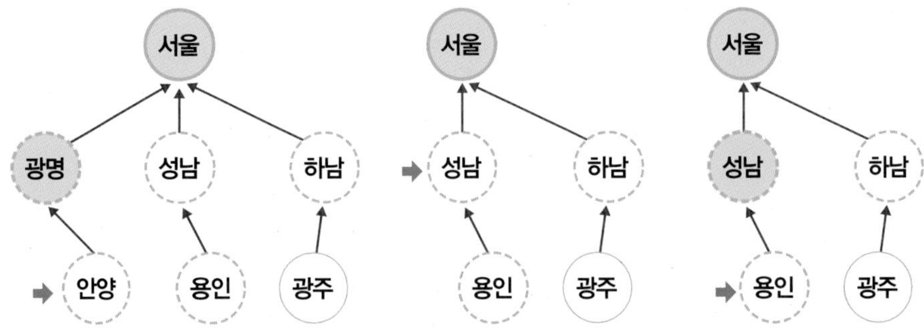

▲ 깊이우선 탐색

깊이우선 탐색도 역시 탐색하는 마지막에 목표 노드가 있을 경우에는 너비우선 탐색과 시간 복잡도가 일치한다. 그러나 깊이우선 탐색의 장점은 공간을 적게 쓴다는 것이다. 이미 탐색을 끝낸 깊이에 대해서는 기억할 필요가 없고, 심지어 아직 생성되지 않은 자식 노드들은 생성하지 않았기 때문에 기억할 필요도 없다. 인공지능의 경우에는 그 깊이가 깊게 들어가는 경우가 많기 때문에 깊이우선 탐색의 방법을 주로 사용한다.

2.2.3 깊이제한 탐색

깊이제한 탐색은 깊이우선 탐색의 변형과도 같다. 깊이우선 탐색의 경우, 무한한 상태 공간이 존재할 때 탐색에 엄청난 시간이 걸림과 동시에 그래프 속에 혼자 갇힐 우려가 있다. 이때 깊이를 중심으로 탐색하되, 깊이에 제한을 두는 것이다. 그래서 해당 깊이까지만 탐색하고 목표 노드가 없을 경우 후퇴해 다른 노드를 탐색하도록 한다. 이러한 경우 효율적이지만 만약 내가 찾고자 하는 목표 노드가 6층일 때 5층까지만 검색하도록 제한을 둔 경우에는 비효율적인 알고리즘이 된다. 정보가 없는 탐색 방법이므로 이러한 경우도 심심치 않게 일어난다. 앞서 말했던 서울-부산의 길과 같은 대략적인 정보를 알고 있다면 깊이제한 탐색은 효율을 발휘하기도 한다.

2.2.4 양방향 탐색

양방향 탐색(Bidirectional Search)은 루트 노드와 목표 노드, 두 노드에서 동시에 검색을 시작하는 방법이다. 서울에서 부산까지 가는 방법은 부산에서 서울까지 가는 방법과 같기 때문에 가능한 알고리즘이다. 루트 노드와 목표 노드에서 동시에 검색을 시작하면 중간 어디쯤에서 두 노드가 만나게 된다. 그러면 만나는 지점을 따라가는 두 길이 최적의 해가 되는 것이다.

양방향 검색은 빠른 시간 내에 문제를 해결할 수 있다는 것이 장점이지만 검색 2개를 동시에 수행한다는 점에서 공간을 많이 차지하게 된다. 그리고 서울에서 부산이라는 명확한 목표가 있는 경우 가능하지만, 명확한 목표가 없는 경우 반대로 탐색할 수 없기 때문에 이 방법을 사용하기 어려운 경우가 많다.

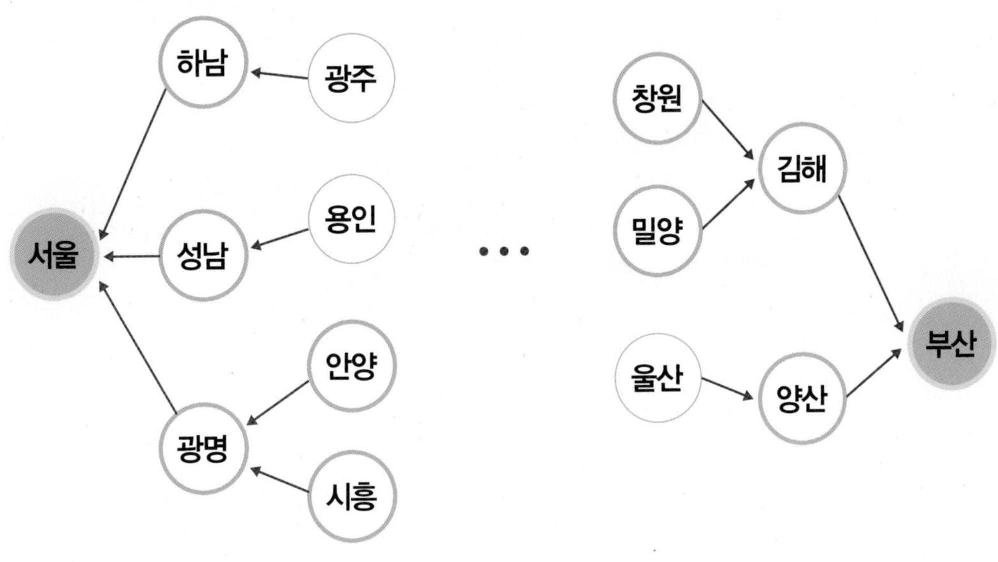

▲ 양방향 탐색

2.3 정보를 사용하는 탐색 전략들

이번에는 정보를 이용하는 탐색(Informed Search) 전략에 대해 알아보자. 이번에는 대부분이 평가 함수(Evaluation Function)를 기반으로 탐색해나간다. 알고리즘에 따라 다음 단계에 얼마나 정답에 가까워지는지를 알아내는 평가함수 $f(n)$에 기초해 비용이 가장 낮은 길을 선택해 나가는 것이다. 알고리즘을 하나씩 익혀가면서 평가에 따른 탐색 전략을 알아보자. 해당 장에서 $h(n)$은 노드가 n 상태일 때 목표 상태까지 가장 적은 추정 비용이다.

2.3.1 그리디 알고리즘

탐욕 알고리즘(Greedy Algorithm)이라고도 불리는 이 알고리즘은 다음 노드로 확장했을 때 목표와의 거리가 줄어든다면 단순하게 가장 많이 줄어드는 것을 찾아가는 방법이다. 한 상태에서 다음 상태에서 거리가 가장 많이 줄어드는 공간으로 가려고 하는 것이다. 이 알고리즘이 '그리디(greedy)'라 불리는 이유도 매 단계마다 현재 상태에서 가장 탐욕적인 길을 선택하기 때문이다. 이 알고리즘은 매우 직관적이지만, 특정한 경우에는 목표에 도달하지 못하고 가장 가까워보이는 두 도시만 왔다갔다 하는 무한루프에 빠지는 결과도 생길 수 있다.

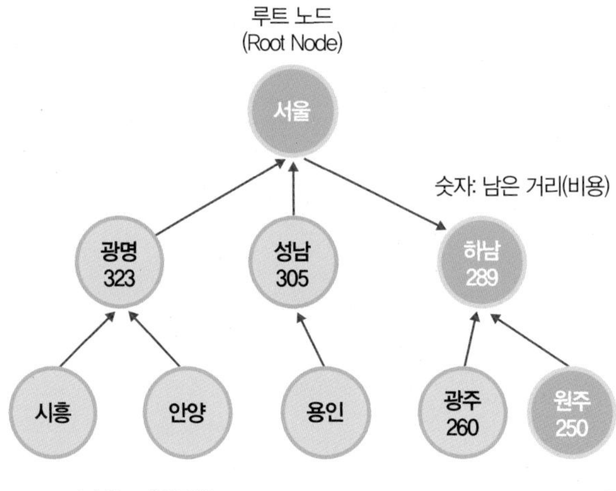

▲ 그리디 알고리즘 탐색

2.3.2 에이스타(A*) 알고리즘

에이스타(A*) 알고리즘은 탐색 방법 중 가장 널리 알려진 방법이기도 하다. 가장 최단 시간에 등산을 한다면 거의 모든 사람은 이와 비슷하게 생각할 것이다. 해당 탐색 방법은 지금까지 왔던 길 $g(n)$과 앞으로 더 가야 하는 비용 $h(n)$을 합한 총 비용으로 길을 결정한다. 최종적으로 이 총 비용이 가장 낮아지는 방향으로 탐색을 시작한다. 만약 현재 상태까지 들인 비용이 20이고 A라는 길을 선택했을 때 앞으로 더 들 비용 $h(n)$이 40, B의 길로는 $h(n)$이 35라면 에이스타 알고리즘은 B를 선택하게 된다. 이러한 단계를 반복하며 탐색을 계속하게 되는데, 방금 전의 경우에서는 막상 B로 갔을 때 확인해보니 실제 비용이 35가 아니라 더 많이 들게 될 수도 있다. 이러한 경우에는 다시 이전으로 돌아가 A를 선택하는 단계를 거치기도 한다. 이러한 방법은 동일한 방법을 계속 적용해 탐색하는 알고리즘 중에서 가장 효율적인 방법이다. 반면, 다음 상태의 평가값과 지금까지의 값을 계속 기억하기 때문에 생성된 모든 노드를 기억하느라 저장 공간이 상대적으로 많이 필요하다는 단점이 있다.

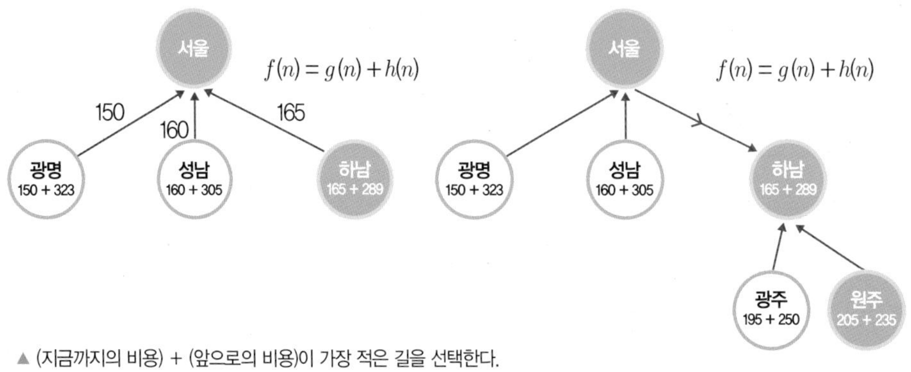

▲ (지금까지의 비용) + (앞으로의 비용)이 가장 적은 길을 선택한다.

2.4 최적화 탐색 전략

이전의 탐색 전략들은 목표 상태(Goal State)에 도달하기 위한 경로와 비용 등을 모두 기억하는 저장 공간을 차지하며 결국 목표 상태에 도달했을 때 지금까지 온 길을 모두 기억하는 알고리즘이었다. 그러나 어떤 문제들은 목표까지의 경로가 전혀 중요하지 않은 경우도 있다. 예를 들면, 8×8의 칸에 8개의 퀸을 배치하는 문제나 스도쿠처럼 어떤 대안을 탐색했느냐보다 목적에서의 결과가 명확하게 됐는가 하는 것이다. 이러한 알고리즘은 저장 공간을 아주 적게 사용하기도 하고, 아주 큰 데이터들 사이에서도 정답을 찾아내기도 한다. 그래서 해당 알고리즘에서는 비용이나 평가값과 같은 말들을 잘 사용하지 않는다. 최적화 탐색 전략은 언덕 오르기 탐색이나 유전 알고리즘, 함수 최적화 등을 포함한다.

2.4.1 언덕 오르기 탐색

언덕 오르기 탐색(Hill-Climbing Search)은 그리디 알고리즘과 유사하다. 주변의 노드만을 탐색해 현재의 상태를 개선하는 데에만 중점을 두는 것이다. 산을 오를 때 먼 길을 보지 않고 무조건 위쪽으로 상승하는 경우에만 이동한다. 이 알고리즘은 정상이라고 판단되는 곳에 도달하면 종료된다. 이 알고리즘의 단점은 그리디 알고리즘과 비슷하다. 가장 높은 정상이 아니라 한 지역의 봉우리('지역해'라고도 한다)에 도착하면 알고리즘이 종료된다. 이 알고리즘은 정확한 정답을 찾기보다 현재의 상태를 빠르게 개선하는 데 초점을 둘 수 있다.

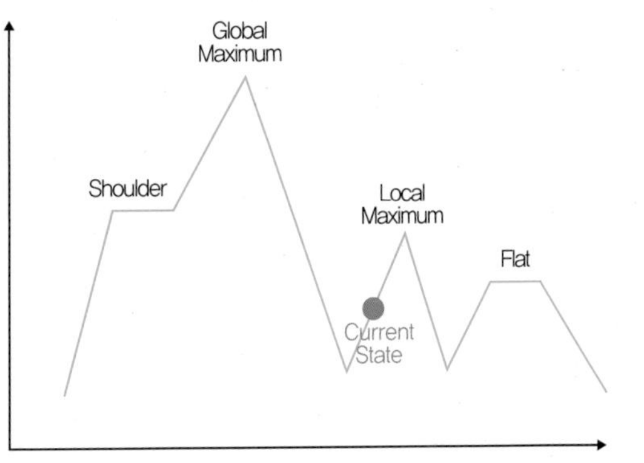

▲ 전역 최댓값(Global Maximum)을 찾는 것이 목적이지만, 지역 최댓값(Local Maximum)에서 멈출 확률이 크다.

이러한 방법에서는 정상이라 판단되는 지점을 해답으로 오인하지 않도록 지점을 무작위로 선택해 재시작하는 방법과 같은 보조적인 방법을 이용하기도 한다.

2.4.2 유전 알고리즘

유전 알고리즘(Genetic Algorithm)은 확률론적 다발 검색의 기초로, 강화학습으로 이용되기도 한다. 실제로 유전이란 것이 두 부모로부터 물려받아 새로운 형질을 지니는 자식이 생성되는 것이므로 이 알고리즘도 이와 같은 방식으로 동작한다. 예를 들면, 맨 처음 8(n)개의 자리를 가진 숫자 k개를 생성한다. 이 군집들은 각각 목푯값과 비교해 맞는 정도를 점수화(적합도)

한다. 1차로 이 점수화된 상태를 이용해 높은 점수만큼을 비율로 한 자식을 생성한다. 1차로 생성된 자식들은 2개씩 짝을 지어 서로 교차해 새로운 자식을 생성한다. 2개의 짝에서 가져올 내용들은 앞의 적합도 함수에서 이미 선택된 내용들이며, 선택되지 않은 내용들을 서로 바꾸는 것이다. 그리고 나서 마지막으로 돌연변이 단계를 거친다. 숫자 n개 중 한 숫자를 돌연변이로 변형하게 된다.

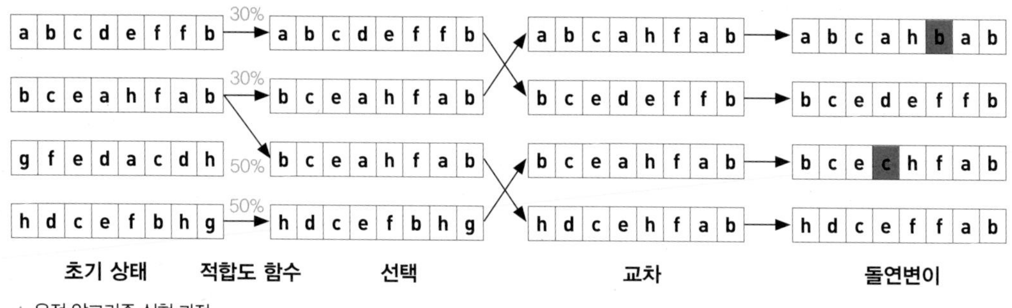

▲ 유전 알고리즘 실현 과정

처음의 많은 수(k)를 생성할수록 목푯값에 가까워지기 쉽고, 몇 단계를 거치면 점점 변해가는 모습을 볼 수 있다. 지금까지와의 탐색과는 패러다임이 다르다. 전체가 하나의 목표점을 향해 나아간다기보다 각각의 개별적인 블록들을 만들어 그 블록들이 진화해 최종적으로 하나의 해답을 찾아가도록 만드는 것이다. 이러한 방식은 유전 알고리즘을 예전 알고리즘으로 치부하지 않고 요즈음의 머신러닝에도 사용하게 만드는 매력이 되기도 한다.

2.5 게임 탐색

이전의 목표점이 고정돼 있던 것에 반해 게임 탐색은 장기, 바둑과 같이 현재의 상태가 계속 변하는 것을 전제로 하고 있다. 게임은 결국 이기기 위해 진행하며, 순간마다 이기기 위한 최선의 상태를 찾는다. 이런 문제를 탐색 문제로 볼 수 있다. 이러한 게임 탐색은 최대-최소 알고리즘, 몬테카를로 트리 탐색 등이 있다.

2.5.1 최소-최대 알고리즘

바둑처럼 상대와 내가 한번씩 번갈아두는 게임의 경우, 기사들은 많은 수를 내다보면서 현재에서 가장 좋은 수를 두기 위해 노력한다. 이러한 상태는 보통 트리 형태로 표현하는데, 처음 무작위적 탐색 방식에서 이용했던 트리와 모양이 비슷하다.

이 알고리즘의 아이디어는 나는 내가 최대 점수가 되는 수를 둘 것이고, 상대는 상대가 최대가 되는 수를 둘 것이라 가정하는 것이다. 맨 처음 루트 노드가 내 차례라면, 그 다음 층의 노드들은 상대방의 차례일 것이다. 다시 다음은 내 차례, 또 다음은 상대방 차례일 것이다. 이렇게 루트부터 4번 더 가서 5번째 층의 알고리즘을 봤을 때 내 점수가 가장 높은 것부터 거꾸로 타고 올라간다. 4번째 층에서는 상대방이 가장 높은 것을 둘 것이라 예측한다. 3번째 층은 다시 내가 가장 높은 것으로, 2번째는 상대방이 가장 높은 것이다. 이런식으로 깊이가 4인 알고리즘을 적용하면 현재 내가 무엇을 둬야 하는지가 나오는 것이다. 이처럼 일정 깊이의 알고리즘을 만들어 아래에서부터 위로 올라가면서 최대와 최소를 번갈아가며 내가 가장 높게 되는 것과, 내가 가장 안 좋게 되는 것을 찾으면서 탐색하는 것을 최대-최소 알고리즘이라고 한다.

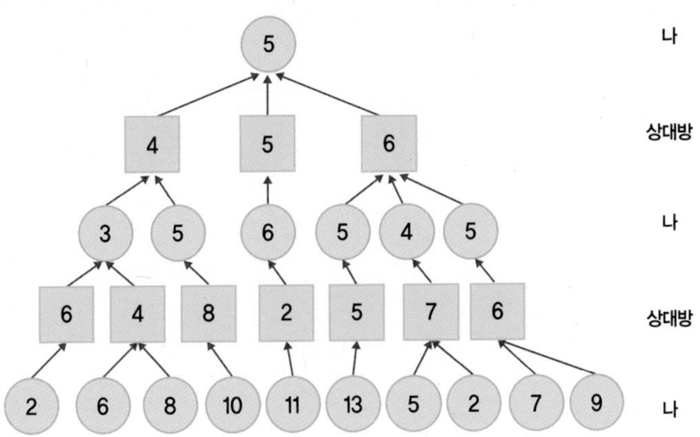

▲ 깊이가 5인 게임 탐색을 나타낸다. 상대는 내가 가장 최소가 되는 값을 선택할 것이고, 나는 가장 최대가 되는 값을 선택할 것이다. 현재 내가 '5' 상태에서 '6'을 선택하는 것이 가장 최선일 것이다. 그럼 상대는 가장 최소가 되는 왼쪽 '5'를 선택할 것이다.

이러한 경우 시간이 많이 걸릴 뿐 아니라 거꾸로 탐색하기 위한 메모리를 모두 갖고 있어야 하기 때문에 부담이 크다. 이러한 경우에 자식 노드를 탐색해 MIN 단계에서나 MAX 단계에서 탐색할 일이 없는 값을 가진 노드들을 삭제하는 알파-베타 가지치기(Alpha-Beta Pruning)를 이용해 공간을 획기적으로 줄이기도 한다.

2.5.2 몬테카를로 알고리즘

몬테카를로 알고리즘은 알파고의 주요 알고리즘으로 사용되면서 많이 알려진 알고리즘이다. 실제로 구현하기에는 이전 알고리즘보다 난이도가 어려운 편에 속한다. 그러나 이 알고리즘은 바둑과 같이 매우 복잡한 시뮬레이션에 최적화돼 있다. 이전의 최대-최소 알고리즘은 경우의 수가 많은 경우 깊이를 조금만 높여도 너무 많은 수를 계산해야 하므로 속도가 매우 떨어진다. 하지만 몬테카를로 알고리즘은 모든 수를 계산하지 않는다. 즉, 현재 상태에서 무작위로 다음 상태를 선택해 몇 판의 경기를 빠르게 진행해보는 것이다. 그리고 나서 그 수를 뒀을 때의 승률을 기록해, 시뮬레이션 결과로 가장 승률이 높은 수를 선택하는 것이다.

알파고의 경우 이러한 아이디어를 결합해 이전의 학습한 데이터를 기록함과 동시에 수를 놓으면서 빠르게 계산해 높은 승률을 갖는 수를 놓을 수 있게 되는 것이다. 전체를 계산하지는 않지만, 통계적으로 높은 확률을 지니기 때문에 유리하고 모든 수를 계산하는 것보다 훨씬 빠르게 휴리스틱적인 방법으로 접근할 수 있어 많은 계산을 요하는 게임에서 활용되고 있다.

2.6 제약 조건 만족 문제(백트래킹 탐색)

제약 조건 만족(Constraint Satisfaction Problem)은 주어진 제약 조건을 만족하는 해를 찾는 것이다. 흔히 학창 시절의 수학 문제에서 볼 수 있는 문제들과 비슷하다. 목표 상태는 제약 조건을 모두 만족한다면 최적해가 되는 것이라고 보는 것이다.

▲ 서로 겹치지 않게 퀸 놓기

대표적인 문제 중 하나는 '8퀸 문제'이다. 8퀸 문제는 8×8의 한 행에서 하나의 퀸만을 갖고 있으며 다른 퀸들과 동일한 행, 열이나 대각선에 겹치면 안 된다는 제약 조건이 있는 문제이다. 이러한 문제를 풀기 위해 하나씩 퀸을 배치하다보면 자연스레 첫 번째 퀸을 놓고 난 후에는 다음 퀸을 놓지 못하는 자리를 지울 수 있게 된다.

일반적으로 이런 제약 조건 문제에 이용되는 것이 '백트래킹 탐색(Backtracking Search)' 기법이다. 인간에게도 익숙한 이 방법은 퀸을 하나씩 놓아보는 것과 비슷하다. 그리고 다음 퀸을 놓았을 때 조건이 성립하지 않으면, 다시 이전에 놓았던 퀸을 다시 재배치하는 것이다. 이는 무작위 탐색 중 깊이우선 탐색처럼 층을 위아래로 이동하며 탐색하는 것과 비슷하다. 스도쿠나 4색 문제와 같은 경우가 이와 같은 제약 만족 문제에 속한다.

2.7 그 외의 탐색과 탐색 문제들

탐색 문제는 문제에 대한 해답을 찾고자 하는 인공지능 본연의 활동이고 인간이 컴퓨터를 사용하는 가장 큰 이유 중 하나이기 때문에 역사가 깊고 그만큼 많은 탐색의 종류들이 있다. 다양한 상태에서 다양한 개념적인 방법으로 만들어진 알고리즘을 통해 문제를 해결해나간다. 앞서 설명했던 알고리즘 역시 수많은 변형이 존재하며, 실제 알고리즘을 구현하기 위해서는 설명한 것보다 더 많은 수식과 추가 아이디어가 필요하다. 또한 탐색할 내용의 크기에 따라 사용하는 알고리즘도 달라진다. 그러나 이러한 탐색에서 해답을 찾기 위해서는 목표를 잘 정하고 이에 대한 문제를 형식화하는 것이 중요하다. 세일즈맨 문제(모든 노드를 최단 거리로 거쳐가는 문제), 농부와 늑대, 양, 배추 문제(동시에 강을 건너는 문제), 틱택토, 큐브와 같이 잘 만들어진 예제들을 통해 연습하고 실전에 적용해보는 것이 이러한 알고리즘들을 익히기에 가장 좋은 방법이다.

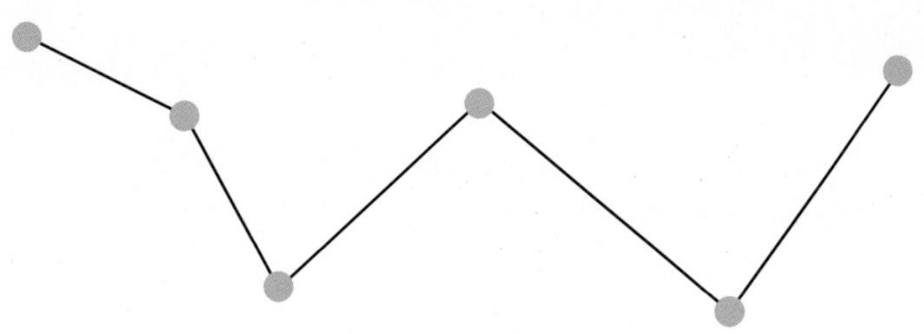

▲ 세일즈맨 문제(모든 노드를 거치되, 가장 최단 경로로 가야 한다)

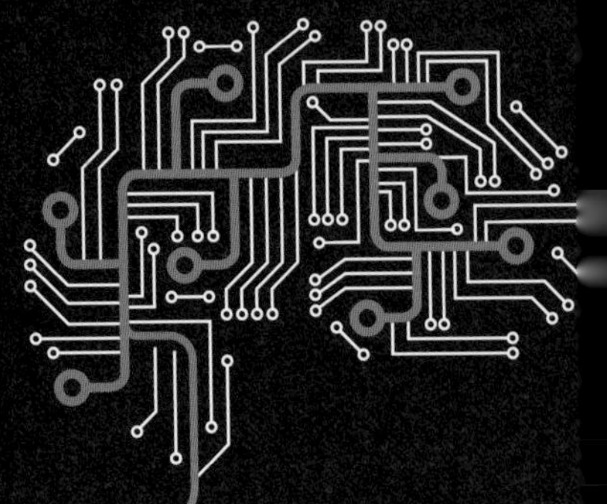

ARTIFICIAL INTELLIGENCE

3. 기계 추론: 지식과 추론

인간들은 살면서 유용하게 얻은 내용을 이후의 삶에 적용하거나 후대에 전달하기 위해 지식이라는 개념을 발명했다. 기존의 지식을 바탕으로 새로운 지식을 만들어내는 추론의 경지에 이르자, 인류는 급격한 지식의 홍수를 이루게 됐다. 말과 글로 시작된 지식은 이후 기록과 매체로 남겨지고 이러한 지식을 기계에 넣어줌으로써 지능을 갖춘 객체로 거듭나고 있다.

우리가 인공지능을 하고자 하는 가장 큰 이유 중 하나는 지식일 것이다. 세상이 있는 수많은 지식을 우리가 다 알 수 없기 때문에 인공지능을 통해 문제를 해결하고자 하는 것이다. 지식은 단순히 수많은 데이터를 뜻하는 것이 아니다. 인공지능에서 지식이란, 지식이 정형화된 형태로 표현할 수 있도록 규칙에 맞도록 저장된 것을 뜻한다. 그리고 이를 이용해 인공지능이 스스로 의사결정을 할 수 있도록 만들어둔 것이다. 이번에는 지식을 이용한 문제해결 시스템과 지식을 구성하는 방법, 규칙, 표현을 알아보자.

3.1 지식 기반 인공지능의 구성 요소

지식 기반 인공지능의 핵심 요소는 말 그대로 지식들의 집합이다. 지식은 예전부터 봤던 데이터 피라미드에서 알 수 있듯이 정보와 지혜 그 어디쯤에 위치한다. 데이터는 수집됐지만, 의미를 아직 갖지 않는 것이고, 신뢰도 문제와 사용성 문제가 아직 존재하는 것을 말한다. 데이터 계층 위의 정보(Information)는 데이터들이 모여 의미를 지니기 시작하는 단계이다. 데이터가 새로운 가치를 창출하는 지점이기도 하다. 지식은 이보다 한 단계 높은 것이다. 정보가 우리 인간이 이해할 수 있는 형태로 구성된 것이다. 그리고 수많은 지식이 쌓이고 이들이 서로 상호작용을 하면 인

▲ 지식 피라미드

간의 통찰력과 비슷한 지혜가 생기게 된다. 따라서 여기서의 지식은 데이터들로부터 쌓아올린 정보 위에 문제를 해결하기 위한 어떤 지식을 가리키는 것으로 생각하면 된다.

그래서 지식 기반 인공지능에는 이러한 지식들이 수없이 저장돼 있게 된다. 이러한 수많은 지식을 표현하는 방법에는 프레임, 논리, 의미망 등이 있다.

3.2 프레임

프레임은 인공지능의 선구자라 불리는 '마빈 민스키(Marvin Minsky)'가 고안한 표현법이다. 지식이나 개념을 상위와 하위 슬롯으로 대응해 표현한다. 프레임은 지식을 옷장 안에 종류별로 옷을 차곡차곡 쌓는 느낌으로 구성한다. 이를 클래스와 인스턴스로 구분해 나타내는데, 클래스는 '종류', 인스턴스는 '그 종류에 포함되는 특정한 개체'를 뜻한다. 예를 들면 오늘 날씨에 알맞은 옷이 저장된 지식 창고가 있다고 하면 이는 다음 그림과 같은 형태일 것이다.

코디 이름 (프레임)	비 오는 날 코디	
상의	기본	긴팔
	무늬	가로
	길이	허리
	색	노란색
하의	기본	바지
	무늬	사선
	길이	7부
	색	검은색
신발	기본	부츠
	색	남색

코디 이름 (인스턴스)	(하의 길이 9부) 비 오는 날 오늘의 코디
상의	허리 길이 가로 무늬 노란 긴팔
하의	검은색 사선 무늬 9부 바지
신발	남색 부츠

▲ 지식 프레임의 구성

이와 같은 형태에서 기본적인 지식을 '프레임'이 갖고 있다면 '인스턴스'를 하나씩 추가해감으로써 지식이 계속적으로 늘어나는 형태를 지니게 되는 것이다. 위의 예에서는 '비 오는 날 코디'에서 '비 오는 날 오늘의 코디'라는 지식이 새로이 연결돼 규칙에 의해 정의된 형태로 지식이 하나씩 늘어간다.

3.3 논리

어쩌면 논리는 우리에게 가장 친숙한 지식의 표현이기도 하다. 논리는 어떠한 문장에서 의미론을 통용하게 하는 방법으로 기능하기도 한다. 문장의 진리가 점차 확대돼가는 지식의 형태를 만들 수 있다. 예를 들어 'A = 4'인 지식이 있다고 가정해보자. 그렇다면 'A + B = 4'라는 식에서 B가 0임을 알 수 있게 된다. 그렇다면 A가 4이고 A + B가 4인 세상에서 B는 0인 것이 진리로 확장되는 것이다. 이렇게 논리 역시 규칙을 지니는 정형화된 언어라고 할 수 있으며 지식을 구성하고 표현하는 데 사용할 수 있다.

3.3.1 명제 논리

명제 논리는 간단하지만 아주 강력하다. 한 문장(지식)이 다른 문장을 따르는 관계를 가질 때 지식이 점차 확장되는 양식을 보인다. 여기서 명제란, 우리가 학창 시절에 배웠던 것과 비슷하다. 명제 하나는 하나의 진술(P)로 이뤄져 있으며 이것들이 결합할 때($P \wedge Q$ 등) 복합 명제로 불린다. 이렇게 기호로 표현한 것을 '논리식'이라 하는데, 이러한 논리 기호들은 각각의 의미를 지니고 있다. 복합 문장에 주로 사용되는 연산자는 부정 리터럴($\neg$), 논리합($\vee$), 논리곱($\wedge$), 함의($\rightarrow$), 동치($\equiv$) 등이다. 이와 같은 기호들을 활용해 진리를 확장해나간다. 이는 이러한 것들을 표시하는 진리표를 통해 이를 알아볼 수 있다.

▼ 진리표

P	Q	$\neg P$	$P \wedge Q$	$P \vee Q$	$P \rightarrow Q$	$P \equiv Q$
False	False	True	False	False	True	True
False	True	True	False	True	True	False
True	False	False	False	True	False	False
True	True	False	True	True	True	True

P와 Q의 명제 기호에 True나 False를 할당하고 식이 주어지면 진리표와 같은 형태로 진리값을 찾아낼 수 있게 된다.

따라서 명제 논리를 이용해 추론하게 되는데, 여기서 연역적 추론과 귀납적 추론을 사용하게 된다. 연역적 추론은 진리로부터 시작해 참인 사실이나 명제를 만들어내고, 귀납적 추론은 데이터를 일반화해 명제를 도출해 나가는 것이다. 아리스토텔레스의 3단 논법은 '연역적 추론', 뉴튼이 사과를 통해 중력을 알아낸 것은 '귀납적 추론'에 해당한다. 이러한 추론들을 규칙을 통해 명제를 만들어나간다. 간단한 지식들은 간단한 추론에 해당하지만, 지식이 모일수록 명제들은 엄청난 복잡성을 띄게 되고, 이러한 추론 규칙이 적용되지 않으면 도저히 계산하기 어려운 지경에 이르게 된다.

이러한 명제들을 정리하고 증명하기 위해서는 공리와 같은 방식을 사용해야 한다. 예를 들면 논리적 동치 같은 것들이다. 아주 간단한 예로 $P \wedge Q$와 $Q \wedge P$는 같은 것임을 알 수 있다.

$P\vee(Q\vee R)\equiv(P\vee Q)\vee R$과 같은 식이나 $P\wedge(Q\vee R)\equiv(P\wedge Q)\vee(P\wedge R)$과 같은 동치 규칙들이다. 또한 여기에 연역적 방법인 유효성 검증($P\vee\neg P$는 동어이므로 유효)을 이용해 동치임을 증명해 적법한 추리임을 증명할 수 있다. 그래서 이러한 내용들이 만족 가능성에 위배되지 않을 때 참이 되는 모형이 존재하는 것으로 볼 수 있고 결국 증명이 완성된다. 이와 반대로 만족 가능성이 없는 것으로 보고 이의 모순점을 찾아 증명하기도 한다(귀류법). 이러한 방법 외에도 이러한 규칙과도 같은 추리 알고리즘을 이용해 다양한 논리 규칙들을 이용해 점차 지식들을 확장해 나가고 답을 찾는 명제 기반의 인공지능 지식이 완성된다.

3.4 의미망

인공지능에서 사용되는 지식은 이러한 지식 창고에 규칙을 지닌 문장(Sentence with Rules)들로 구성돼 있다. 각 문장은 어떠한 표현 규칙이나 증명, 공리 등의 관계를 갖고 있다. 예를 들면 '나는 사과를 가진다.'라는 문장이 있을 때 '사과'라는 것은 '나'에게 귀속되는 것이다. 아주 단적으로 표현하면 ['나'←'사과']와 같이 표현할 수 있다는 이야기이다. 이를 실제 지식으로 표현하면 '사자는 동물이다.'와 같은 표현이 있을 때 동물에 사자가 귀속되는 것이다. 이를 식으로 표현하면 [동물 > 사자]와도 같다.

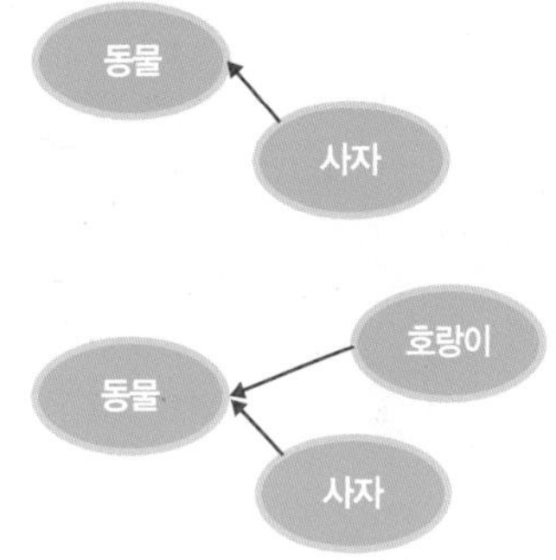

그럼 여기에 새로운 표현을 더해보자. 여기에 다시 '호랑이는 동물이다'와 같은 표현을 더해보자. 그럼 인공지능은 여기에 새로운 지식을 더해 동물에 호랑이가 추가로 생기게 될 것이다. 이번엔 다른 표현으로 접근해보자. '호랑이는 발톱을 갖고 있다.'를 추가한다. 지금까지 'A는 B이다'라는 표현과는 달리 '~갖고 있다.'라는 표현을 표시하기 위해 서로 간의 관계에도 표시를 해야 할 필요가 생긴다. 결론적으로는 다음과 같은 의미망(Semantic Web)이 만들어지게 되는 것이다.

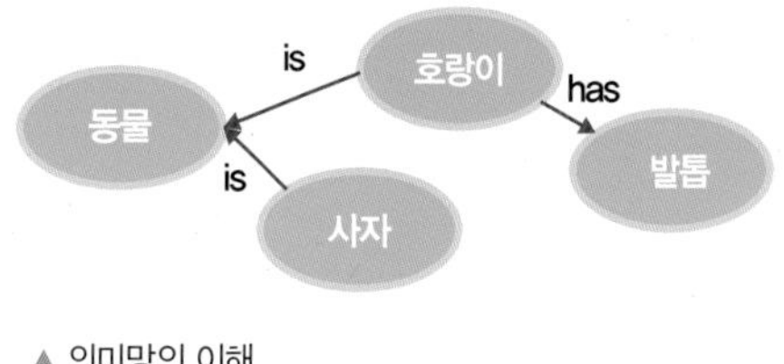

▲ 의미망의 이해

이러한 의미망이 만들어지고 나면 인공지능은 인간의 언어와 지식의 구조를 조금씩 알아채기 시작한다. 위의 의미망에서 호랑이, 사자, 고양이들이 전부 발톱을 갖고 있다는 사실을 알면, 동물이 모두 발톱이 있다고 추론할 수 있게 되는 것이다. 그러다가 또 개구리가 발톱이 없는 사실을 알게 되면 다시 모든 동물이 발톱을 갖고 있는 것은 아니라는 사실을 알게 된다.

3.5 계획 수립

계획 수립(Planning)은 인공지능을 문제해결까지 이끄는 중요한 부분 중 하나이다. 즉, 인공지능이 문제를 해결하기 위해 어떠한 동작을 할 것인지에 대한 문제이다. 초기 상태에서 목표 상태까지 도달하게 하는 일련의 행동을 생성하는 것이다. 하노이의 탑 문제와 같이 순서를 잘 정해야 문제가 해결될 수 있다. 계획 수립을 하기 위해서는 세 가지 구성 요소가 필요하다. 탐색에서도 살펴봤듯이 초기 상태(Initial State)와 목표 상태(Goal State), 가능한 행동(Action)들이 있다.

인공지능이 달성하고자 하는 것 중 하나는 인공지능에게 목표 상태를 말해주면 현재 상태로부터 계획을 수립해 알아서 처리할 수 있게 하는 것이다. 예시로 사용되는 문제 중 가장 간단한 문제는 블록쌓기와 같은 문제들이다.

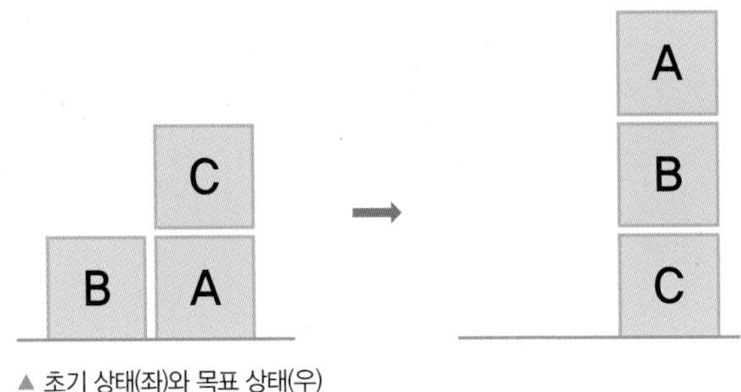

▲ 초기 상태(좌)와 목표 상태(우)

테이블 위에 놓인 블록을 왼쪽에서 오른쪽 그림처럼 옮긴다고 가정해보자. 로봇팔은 하나가 존재하고, 한 번에 하나씩만 집을 수 있게 구성돼 있다. 이를 만약 의사코드처럼 표현하면 다음과 같을 것이다.

```
Code: move(box, location)
move(C, table) # moves C onto table
move(B, C) # moves B onto C
          ...
```

인공지능은 명제 논리, 목표 상태와 같이 만들기 위해 하나씩 계산해나간다.

초기 상태:

$on(A,table) \wedge on(B,table) \wedge on(C,A) \wedge block(A) \wedge block(B) \wedge block(C) \wedge clear(B) \wedge (clear(C)$

목표 상태:

$on(A,B) \wedge on(B,C)$

동작 1: $move(b,x,y)$

결과 1: $on(b,y) \wedge clear(x) \wedge \neg on(b,x) \wedge \neg clear(y)$

동작 2: $movetotable(b,x)$

결과 2: $on(b,table) \wedge clear(x) \wedge \neg on(b,x)$

초기 상태에서 볼 수 있듯이 기초 원자들의 논리곱으로 시작할 수 있다. 그리고 목표는 리터럴들의 논리곱을 통해 만족하는 상태가 된다면 계획을 수립할 수 있게 되는 것이다. 좀 더 자세한 동작을 위해서는 동작과 결과뿐 아니라 동작을 수행할 수 있는 현재 상태를 다시 한번 정의해야 좀 더 정확한 동작을 취할 수 있게 된다. 이와 같은 문제들은 타이어 갈아 끼우기 문제, 선교사-식인종(길 건너편에 함께 건너는), 8퍼즐 문제 등의 유명한 문제를 통해 실험해볼 수 있다. 실제 우리 현실에서는 자원을 관리하거나 군사 작전 수행, 프로젝트 관리 등 다양한 분야에서 쓰이고 있다.

3.5.1 계획 수립의 알고리즘

계획 수립 알고리즘을 탐색하기 위해서는 탐색에서 이해했던 상태 공간의 개념을 다시 한번 가져올 필요가 있다. 상태를 탐색하고 이를 목표에 점차 다가가도록 하는 것이다. 이와 반대로 목표를 나타내는 상태들의 집합에서 관련된 상태들의 집합을 보면서 동작의 역을 이용해 초기 상태를 찾기도 한다.

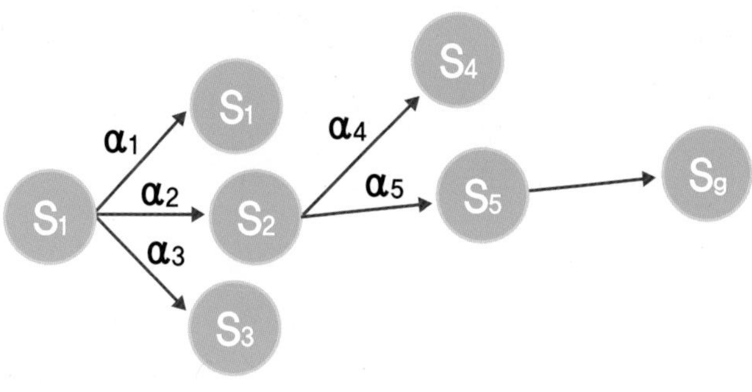

▲ 전방 검색의 예

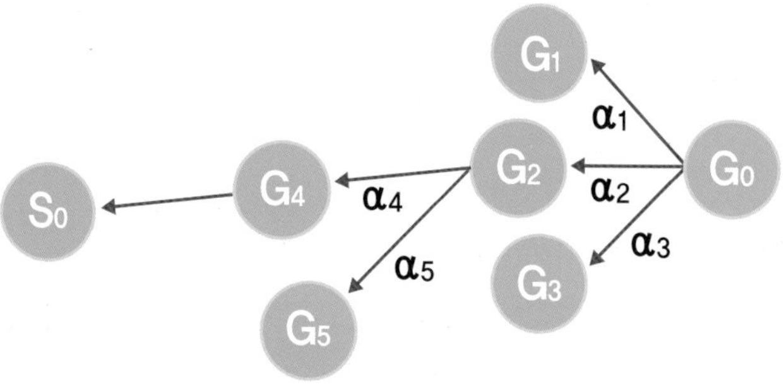

▲ 후방 검색의 예

전방 검색의 경우 초기 상태에서 시작해 적용 가능한 명제를 이용해 목표까지 도달하고, 후방 검색의 경우 목표 상태에서 다음 노드로 가능한 명제를 이용해 초기 상태까지 도달하는 방식이다.

3.5.2 계획 수립 문제의 형태

계획 수립 문제에는 고전적 계획 수립, 마르코프 결정 과정(Markov Decision Process), 다중 에이전트가 있다. 고전적 계획 수립 문제는 간단한 계획 수립으로 하나의 초기 상태로부터 한 번에 하나씩 행동을 해치우는 것을 말한다. 이러한 문제의 특징은 행동을 하는 주체가 하나이기 때문에 어떠한 행동의 결과를 예측할 수 있으며, 목표 상태에 도달할 때까지 계획을 실행하는 주체가 다음 행동을 바로바로 확인하며 미리 결정할 수 있다는 점이다.

마르코프 결정 과정은 행동의 결과가 정해져 있지 않은 것이다. 확률에 의해 어떠한 가능성도 지니고 있는 것이지만, 결과는 관측 가능하기 때문에 점점 수정해 나갈 수 있게 된다. 상태로 설명하면 어떠한 상태에서 행동 A를 취했을 때 새로운 상태로 전이되게 된다. 이때 상태 전이가 된 만큼 보상을 받고 이 보상이 커지는 방향으로 점차 움직이게 된다. 강화학습과도 일맥상통한다고 볼 수 있다.

다중 에이전트 계획 수립은 행동을 하는 주체가 여러 명이 있을 때이다. 이럴 때는 하나의 목표를 위해 여러 행동 주체가 같이 계획 수립을 하게 된다. 서로 작업을 조정하며 나아간다.

실제로 이러한 계획은 기계나 로봇에서 많이 나타난다. 예를 들면 공장에 쓰이는 일반적인 기계는 물건이 올려지면 해당 물건을 분류하거나 자르는 기능을 한다. 이렇게 간단한 계획을 수립하고 실행하는 에이전트도 있지만 로봇팔과 같이 범용적으로 사용하는 계획 수립기도 존재한다. 각 로봇의 형태와 해야 할 작업에 따라 계획 수립의 형태와 구조가 달라진다.

3.5.3 계획 수립 그래프

그래프를 이용한 방법의 장점은 매우 빠른 속도를 지니고 있다는 것이다. 그래프는 앞의 상태 공간과는 달리 특별한 자료 구조로 발견법적 추정치를 얻을 수 있다. 대표적인 예로는 그래프 계획이라는 알고리즘을 들 수 있는데, 변수 없이 연산자들로만 구성하기 때문에 매우 빠른 속도를 가진다는 장점이 있다. 반면, 변수를 바인딩하는 조합만큼 연산자가 늘어난다는 단점도 있다. 이 알고리즘은 명제 단계와 행동 단계가 교대로 이뤄지는데, 초기 상태 리터럴을 모두 표현하고 난 후 행동 단계에서 사전 조건(이전 명제)과 효과가 될 명제를 다음 단계의 명제에 표시하는 것이다. 만약, 사전 조건에 해당하지 않는다면 다음 순서의 명제로 이어진다. 이렇게 알고리즘을 진행하는 경우에는 한 행동의 효과가 다른 행동의 효과로 표현되는 명제를 지워 부정 리터럴이 만들어지는 경우, 간섭이 일어나는 경우, 상호배제 관계의 명제들이 사전 조건이 되는 경우, 지지가 상충되는 경우들이 생기면서 점차 그래프를 확장해나간다.

즉, 아래 그림에서 S는 상태, A는 행동을 이야기하고 회색 곡선은 상호 배제 링크이다. 물건을 모으는 것과 물건을 치우는 것은 상호배제 관계이다. 처음 A에서 어떤 동작을 선택했냐에 따라 결과가 나오긴 하지만, 둘 모두가 결과로 나오는 일은 없다. 즉 두 번째 상태인 S_1은 가능한 상태들의 집합이다. 이런 식으로 계속 진행하게 되면 'S_2 지점에서는 그래프가 평평해졌다.'라고 말할 수 있게 되는 것이다.

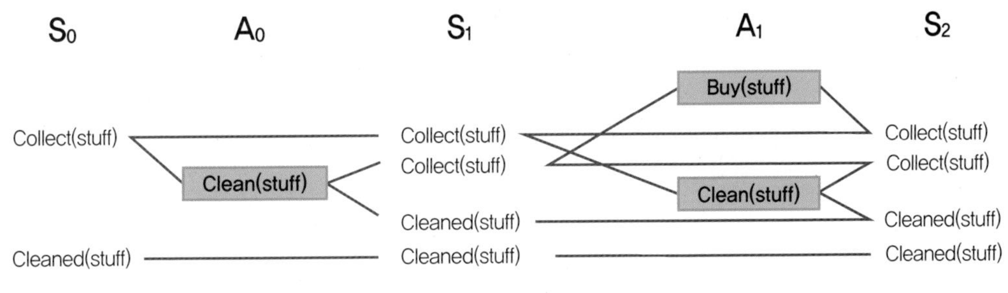

▲ 상호 배제가 포함된 계획 수립 그래프

3.5.4 그 밖의 언어들

PDDL은 'Planning Domain Definition Language'의 약자로, 고전적 계획 수립 문제의 표현 방법을 표준화한 언어이다. 국제 계획 수립 대회에서 표준 언어로 채택돼 계속 사용되고 있다. 객체와 객체 성질에 대한 술어, 초기 상태, 목표 상태, 행동을 기술하는 언어이다. 그래서 계획 수립을 domain과 problem 파일로 나눠 저장한다.

STRIPS는 자동 계획 생성을 위해 술어 논리를 사용한다. 명제 때와 비슷하지만, 긍정 리터럴들의 논리곱으로 표현한다. 목표 역시 리터럴들의 논리곱으로 표현하며 변수가 포함될 수 있다. 이 언어에서 행동은 어떤 일을 하는지 기술된 이름 앞에 매개변수 목록과 사전 조건, 효과를 표현한다. 언어에 관해서는 계획 수립에 대해 조금 더 깊게 공부해야 한다.

계획 수립에는 여러 방법이 있으며 상황에 따라 다르게 쓰이기도 하고 사람에 따라 다르게 쓰이기도 한다. 점차 발전되고 있는 분야이며 효율성이 계속 개선되고 있다.

3.6 불확실성

인공지능에서 항상 대두되는 문제는 '불확실성'이다. 인간의 삶이 항상 그렇듯이 인공지능에게도 마찬가지 일이 벌어진다. 인공지능이 현재의 상태나 행동 수행 후의 상태를 확실하게 알기 어렵기 때문이다. 일반적으로 인공지능은 논리적인 행동의 결과나 나올 수 있는 모든 상태의 집합을 유지함으로써 불확실성을 하나씩 헤쳐나가도록 돼 있다. 인공지능은 논리적으로 가능한 모든 상태에 대한 설명을 가져야 하며 일어날 가능성이 거의 없는 사건들을 고려해야만 한다. 또한 목표 달성을 위한 계획이 세워지지 않을 수도 있다. 예를 들면 5명에게 빵 5개를 갖고 배를 채우도록 분배하는 문제가 있다고 가정해보자. 여기에는 가장 합리적으로 1명에게 빵 1개씩 나눠주는 것이 좋다고 생각하지만, 그 어떤 것도 확신할 수 없다. 한 명은 90kg에 육박할 수 있고, 한 명은 45kg일 수도 있으며 어떤 사람은 밥을 배불리 먹었고, 어떤 사람은 아침부터 아무것도 먹지 못했을 수도 있다. 그렇지만 인공지능에게는 5명에게 빵 1개씩을 나눠주는 것이 정답일 수 있다. 합리적 결정은 목표가 어느 정도 달성될 것인지에 대한 가능성에 의존하기 때문에 불확실한 상태에서 나름의 합리적인 결정을 내리게 되는 것이다. 그래서 우리는 여기서 '확률(Probability)'이라는 개념을 사용하게 된다. 모든 것을 다 알 수 없는 상황에서 확률을 통해 추론하게 되는 것이다. 만약 배가 지속적으로 아프고 설사가 지속된다면 우리는 80%(예를 들어)의 확률로 배탈이나 장염을 의심하게 된다. 만약 어젯밤에 이불을 덮지 않고 잤다면 90% 확률로 배탈을 의심할 수도 있을 것이고 오늘 아침에 상한 음식을 먹었다면 95%의 확률로 식중독을 의심해볼 수도 있는 것이다.

만약 아까 빵을 5명에게 1개씩 나눠주는 문제의 성공 확률이 90%라고 할 때 이 계획이 합리적이지 않을 수도 있다. 사람의 만족도에 더 높은 확률이 존재할 수 있기 때문이다. 그렇기 때문에 이러한 결정을 내릴 때 인공지능은 결과에 대한 선호를 미리 갖고 있어야 한다. 대중교통을 이용한다면 이 인공지능이 최소 환승을 추구하는지, 최소 비용을 추구하는지, 최대 빠르기를 선호하는지에 관한 것이다. 그래서 이 선호도에 따라 인공지능이 가장 높은 기대 효용을 선택한다면 가장 합리적이라고 볼 수 있게 되는 것이다. 어떤 것이 인생에서 가장 좋은 것인지 알 수 없을 때는 선호도 가중치에 따라 선택하는 것이 최선이다.

3.6.1 불확실성의 기본적인 확률

불확실성을 표현할 때 기본적인 확률은 우리가 흔히 배웠던 것과 비슷하다. 기본적으로 확률이란 것은 가능한 것들 중에서 선택하는 것이다. 확률에서 따질 때 가능한 세계의 전체 합은 1이다. 주사위 하나를 던졌을 때 어떤 한 수가 선택될 경우는 1/6이며 1부터 6까지를 모두 합하면 1이 되는 것이다. 이러한 확률을 우리는 '선험적 확률'이라고 부른다. 수학적인 계산을 통해 알아낼 수 있는 것이다.

이번에는 고등학교 문제로 가보자. 안을 볼 수 없는 주머니 안에 흰 공 2개와 검은공 1개가 있다고 가정해보자. 이 경우, 처음 검은공을 뽑을 확률은 1/3이다. 만약 문제가 '두 번째 공이 흰 공일 확률은 얼마인가?'라고 가정해보자. 그럼 이 문제는 첫 번째 공을 무엇을 뽑았느냐에 따라 달라진다. 우리는 이것을 '조건부 확률'이라고 배웠다. 조건부 확률은 명제 $P(b) > 0$인 경우에 항상 $P(a|b) = \dfrac{P(a \wedge b)}{P(b)}$ 를 성립하는 것이다. 또는 $P(a \wedge b) = P(a|b)P(b)$와 같이 표현할 수도 있다.

3.6.2 베이즈 정리

베이즈 정리 $P(a \wedge b) = P(a|b)P(b)$와 $P(a \wedge b) = P(b|a)P(a)$의 두 가지 형태이다. 두 우변을 등호로 연결하고 계산하면 $P(b|a) = \dfrac{P(a|b)P(b)}{P(a)}$와 같은 공식을 도출할 수 있다. 이 공식이 바로 베이즈 정리이다. 이를 우리가 아는 확률 P로 나타내면 $P(Y|X) = \dfrac{P(X|Y)P(Y)}{P(X)}$로 나타낼 수 있게 된다. 이러한 베이즈 정리는 원인과 결과를 이어주는 도구가 될 수 있다.

$$P(Cause|Effect) = \frac{P(Effect|Cause)P(Cause)}{P(Effect)}$$

이러한 방법을 실제로 적용하면 조금 전에 이야기했던 배탈과 장염의 관계를 추론해낼 수 있게 된다. 예를 들면 독감에 걸렸을 때 머리가 아플 확률이 20%($m|d$)이고 독감이 걸릴 확률이 1%(d)라고 해 보자. 그러면 다음과 같은 식을 쓸 수 있다. 그냥 머리가 아플 확률(m)은 5%라고 가정해 보자.

$$P(m|d) = 0.2$$
$$P(d) = 0.01$$
$$P(m) = 0.05$$
$$P(d|m) = \frac{P(m|d)P(d)}{P(m)} = \frac{0.2 \times 0.01}{0.05}$$

해당 식을 계산해보면 0.04이다. 머리가 아프면 독감일 확률이 4%이다(의학적 지식과는 관계

3부 | 인공지능의 지식 체계
3

가 없다). 머리가 아플 때 독감일 가능성이 있긴 하지만 이를 통해서만 독감인 것을 추론하기는 매우 어렵다는 것을 알 수 있다. 만약, 여기에 기침과 콧물 등의 증상이 추가되고 이에 대한 사전 확률들을 알 수 있다면 더욱 더 진단은 강력해질 것이다. 이 경우에는 여러 증거가 차례로 결합된다. (기침∧콧물)과 같이 결합된 형태의 확률이 새롭게 추가되는 것이다. 이러한 형태의 단순 베이즈 모형은 하나의 원인인 변수가 존재할 때 모든 결과 변수가 조건부로 독립성이 있다고 가정하고 접근한다.

3.7 확률적 추론

여러 실제 상황에서 100%는 존재하지 않기 때문에 불확실한 상황과 확률 속에서 문제를 해결해야 한다. 불확실한 추리를 하게 되는 것이다. 확률적인 추론을 하는 방법 역시 수십 가지의 방법이 존재하고 각각 나름의 의미를 갖고 있다. 그중 베이즈망의 기초 중의 기초를 알아보자.

베이즈망 자체는 이산적으로 만들어진 그래프로, 노드는 각각 확률 변수들이다. 각 노드에서는 노드의 부모가 있을 때 조건부 분포가 그려져 있다. 우리는 베이즈망을 통해 조건부 독립성을 간결하게 표현할 수 있다. 상황을 상정하고 베이즈망을 알아보자. 우리 집에 사는 강아지는 할아버지(Grandfather)가 오면 꼬리를 매우 높은 확률로 흔들고(Wag), 어머니(Mother)가 오면 아주 가끔 꼬리를 흔든다. 그리고 강아지는 꼬리를 흔들면 거의 의자(Chair)에 올라간다. 또는 굴러다니면서 아주 가끔 짖기도(Bark) 한다. 이를 베이즈망으로 표현하면 다음 그림과 같다.

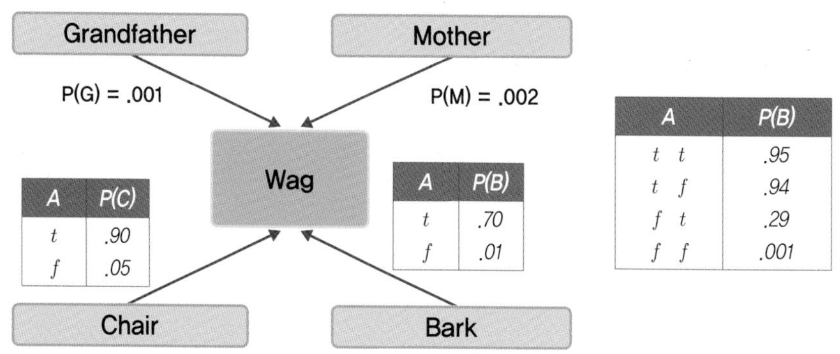

▲ 위상 구조와 확률 분포가 포함된 베이즈망

이러한 베이즈망이 나타내는 것은 베이즈망이 모든 변수에 대해 특정한 하나의 결합 분포를 나타내는 방식을 정의한다는 것이다. 각 항목이 국소적으로 조건부 분포에서 해당 항목들의 곱으로 정의된다.

이러한 조건부 분포는 더욱 간결하게 표현할 수 있는데, 이산 변수와 연속 변수를 포함한 혼성 베이즈망 등이 그것이다. 혼성 베이즈망은 표준 분포를 가리지 않고 다양하게 사용한다. 위와 같은 베이즈망에서는 변수를 소거하는 등의 행위를 통해 확률적으로 높은 추리를 할 수 있게 만들어준다. 이외에도 다양한 확률론적인 근사 기법을 이용하면 베이즈망 이후의 확률에 대한 적당한 값들을 얻을 수 있고 더 복잡한 것들을 추론해낼 수 있게 된다.

이 역시 명제 논리 표현 개념들을 함께 사용하면 불확실성이 존재하는 그 세계 안에서 하나의 시스템을 만들어낼 수 있다. 일정한 규칙 안에서 매우 높은 확률로 추리할 수 있게 되는 것이다. 불확실성의 추론은 이외에도 여러 가지가 존재하며 새롭게 제안되고 있다.

3.8 의사결정

앞에서 살펴봤던 계획 수립과 불확실성, 확률적 추리 등을 통해 우리가 얻을 수 있는 것은 '인공지능의 행동'이다. 결론적으로 인공지능이 합리적인 결정을 내리기 위해 이와 같은 계산을 시도하는 것이다. 우리는 경제학에서 '최소 비용'과 '최대 만족'이라는 용어를 통해 합리적인 결정을 도출한다. 일반적인 용어 중 효용 이론과 결정 이론을 통해 인공지능 역시 합리적인 결정을 내린다. 결정 원리는 여러 동작 중 동작의 직접적 결과가 가장 바람직한지의 기준이고, 효용 원리는 동작 후의 상태가 가장 높은 기대 효과를 지니는 것이다. 복권의 예시와 비슷하다. 로또의 확률은 1/8, 145,060 정도이고 기댓값은 약 600원 정도이다. 1장당 400원의 손해가 발생하는 것이다. 그렇다면 인공지능은 이를 절대 사지 않을 것이다. 그렇다고 모든 인공지능이 같지는 않다. 만약 인공지능의 선호가 극단적인 'High Risk, High Return'을 추구한다면 충분히 선택도 가능할 것이다. 또 다른 예를 살펴보자. 만약 퀴즈 프로그램에서 지금 멈추면 100만 원을 받고, 한 번 더 도전해 맞추면 250만 원을 받는다고 하자. 대신 틀리면 돈은 받을 수 없다. 문제의 정답을 알 확률은 반반이라고 하자. 그렇다면 기댓값은 약 125만 원 정도가 된다. 이때 진행자의 제안을 받아들이는 것이 나은 것일까? 이것은 알 수 없지만, 보통은 효용 이론에 근거해 결정하기도 한다. 왜냐하면 1만 원과 25만 원을 받을 때의 기분은 천지차이지만, 100만 원과 125만 원의 기분 차이는 그리 크지 않기 때문이다. 어떠한 물건이나 돈에 대한 가치는 정비례하는 관계라기보다 로그 함수처럼 상승한다. 이는 길을 찾는 내비게이션과 같은 곳에서도 마찬가지다. 만약 어느 정도는 최소 환승을 원하지만 그렇다고 해서 너무 늦은 길을 원하지는 않을 것이다. 만족에 대한 것은 대상이나 주체에 따라 정비례하거나, 점차 완만해지거나, 떨어지는 형태일 수 있다. 또한 특성이 한 개가 아니라 두 개 이상인 다중 특성의 경우에는 여러 다른 특성에 의해 결정될 수 있다. 이러한 복잡성으로 인해 간단한 형식으로 베이즈망과 같이 의사결정망이란 것을 구축하기도 한다.

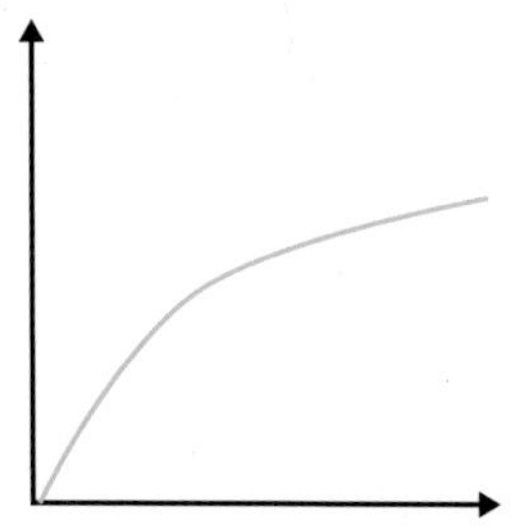

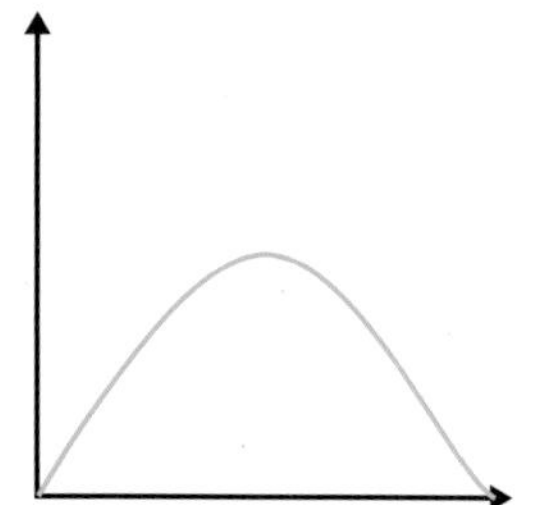

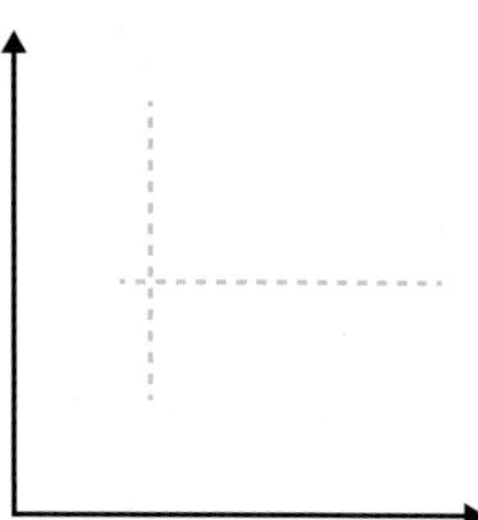

▲ 효용에 대한 다양한 반응 방식

이러한 의사결정을 좀 더 정교하게 하도록 하기 위해 인공지능은 최대로 많은 정보를 얻고자 한다. 이러한 정보들이 기반이 된 전문가 시스템은 단순 추리 시스템보다 훨씬 더 효율적인 의사결정을 해낼 수 있다. 정보의 가치가 결정된 전문가 시스템은 높은 확률의 정보들로 질문을 구성하고 대답을 통해 더 빠르게 정답에 도달할 수 있는 근거를 갖고 있기 때문이다.

의사결정에 관한 내용들과 알고리즘 역시 수없이 많다. 세상을 추상화해 수학적인 기호와 상황에 알맞은 모델을 찾기 위해 부단히 노력한 결과이다. 해당 분야에 대해 더 공부하기 원한다면 마르코프 의사결정 문제, 부분 관찰 가능 마르코프 의사결정, 게임 이론 등을 참고하기 바란다.

4. 기계학습: 자료와 학습

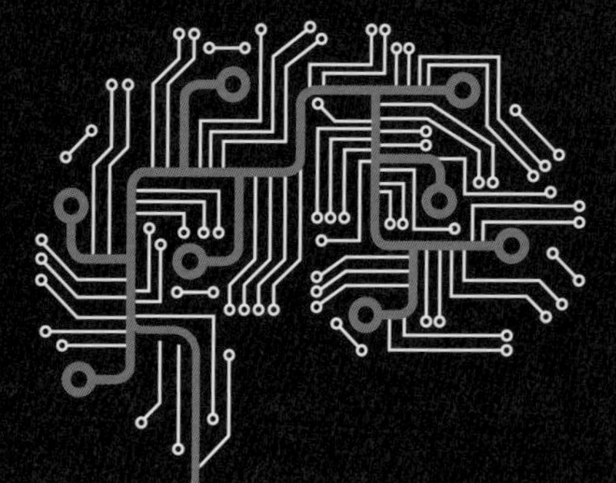

기계에 지식을 넣어주는 것에 한계를 느낀 인류는 기계 스스로 학습을 하도록 알고리즘을 부여했다. 자료라는 세상의 원재료를 이용해 학습하게 된 기계는 이제 갓 태어난 아기처럼 세상을 천천히 알아가며 인류에게 새로운 세상을 열어주고 있다.

지금은 그 어느 때보다도 자료와 학습이 중시되는 시대이다. AI의 2차 암흑기 이후 자취를 감춘 듯했던 인공지능의 부활도 빅데이터의 등장과 학습 가능한 AI의 알고리즘 개선으로 인한 것과 무관하지 않다. 학습하는 인공지능은 시대적 · 환경적인 변화와 맞물려 다시 빛을 보기 시작했다. 첫 번째 이유는 데이터의 증가이다. 인터넷이 발달하고 서로 연결하는 시대가 되면서 인간의 행동 양식과 더불어 다양한 분야의 데이터가 점점 쌓임으로써 과거를 기반으로 미래를 볼 수 있는 기반이 마련됐다. 게다가 SNS의 증가와 구글 데이터 센터 등과 같은 거대한 데이터 센터는 정보를 계속 모으고 추출하는 것을 가능케 했다. 두 번째 이유는 하드웨어의 발달이다. 데이터의 양이 폭발적으로 증가했지만, 하드웨어는 이 수많은 데이터를 처리하기에는 역부족이었다. 그러나 무어의 법칙 이후 끊임없이 증가된 하드웨어 용량과 처리 속도는 다른 어떤 기기들보다도 빠르게 성장하고 있다. 그래픽카드와 같은 게임을 위한 고성능 그래픽 카드는 CPU와 함께 점점 더 빠른 연산을 할 수 있게 발달해왔다. 마지막으로는 알고리즘의 발달이다. 신경망과 같은 알고리즘은 1990년대에 이미 개발됐지만, 점차 알고리즘이 개선돼 더 빠른 계산과 더 높은 정확도를 지니는 알고리즘으로 변모하고 있다.

현재 기계학습은 인공지능 중 가장 선두를 달리고 있다. 현존하는 모든 인공지능 서비스는 자료와 학습의 형태가 들어가지 않은 것이 없을 정도이다. 기계학습과 딥러닝 분야는 수많은 알고리즘으로 이뤄져 있지만 이를 기계학습, 강화학습, 딥러닝 정도로 크게 나눠 대표적인 알고리즘을 위주로 알아보고자 한다.

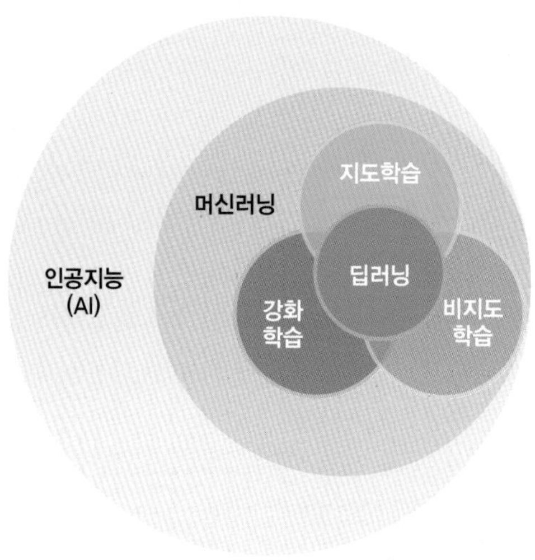

▲ 인공지능과 기계학습의 관계
(출처: 장영재(2020), '디지털 혁신과빅데이터' 발표 자료)

4.1 기계학습 개요

기계학습(Machine Learning)은 학습을 통해 스스로 규칙을 만들어나가는 알고리즘을 총칭한다. 기계학습은 1960년대에 창안된 개념으로, 데이터를 이용해 속성을 하나씩 학습해 나가는 것이다. 기본적으로는 통계학에 근거해 출력을 예측하는 것과 유사하다. 이전까지의 인공지능은 데이터를 입력하면 규칙에 따라 처리된 후 결과가 출력되는 것이었다면 인공지능의 경우 데이터와 해당 데이터로 나오는 결과들을 함께 입력하면 규칙이 추론되는 것이다. 간단한 규칙은 통계에 의해 추측할 수 있었지만, 인공지능의 경우 통계보다 더 복잡한 규칙을 추론하는 것과 함께 계속 늘어나는 데이터를 통해 규칙을 스스로 업데이트해야 한다. 결론적으로 기계학습의 목표는 학습을 통해 추론을 하는 것이다. 데이터에서 벡터 값을 통해 특징들을 추출해 내는 것으로 시작해 적합한 알고리즘을 사용해 최종적으로 데이터들에 의해 추출된 모델을 만들어낸다.

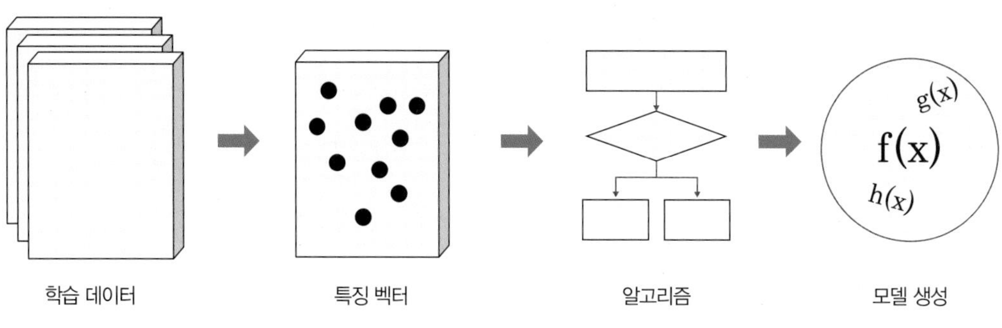

▲ 인공지능 알고리즘 학습 단계

이러한 단계에 의해 만들어진 인공지능 모델을 최종적으로 다음 예측에 사용한다. 이러한 단계는 순환적이다. 학습 데이터를 통해 경험적(Heuristic)인 특성을 예측하고 피처 벡터를 추출할 때, 알고리즘을 적용할 때, 모델을 생성할 때 등 적절하지 않은 경우에 다시 돌아가 언제든지 수정이 가능하다. 모델 역시 만들어진 모델을 이용해 계속 새로운 모델을 만들어낼 수 있다.

기계학습에서는 학습 또는 훈련(Training)이라는 말이 자주 쓰인다. 학습 데이터가 만약 1,000개가 존재하고 학습하는 과정에서 500번의 규칙 수정이 일어났다면 1,000개를 한 번의 학습으로 보고 500번의 훈련이 이뤄진 것이다. 이러한 훈련을 통해 기계학습을 적용하는 사례로는 빅데이터 분석, 자료 구조 분석, 추천 시스템, 타깃 마케팅, 실시간 의사결정, 로봇 내비게이션, 게임 인공지능, 이미지 분류, 진단 시스템, 날씨 예측, 인구 분석 등을 들 수 있다. 이러한 기계학습은 크게 지도학습, 비지도학습, 강화학습으로 나눌 수 있다.

4.2 지도학습

지도학습(Supervised Learning) 또는 감독학습이란 이름에서도 알 수 있듯이 정답이 있는 학습을 의미한다. 즉, 이름표(Label)가 있는 자료들을 이용해 자료를 학습시키는 것이다. 훈련 데이터들은 이미 객체에 대한 속성을 갖고 있으므로 인공지능은 이를 통해 규칙을 추론한다. 지도학습은 회귀분석(Regression)과 분류(Classification)로 나눠지는데, 회귀분석은 어떠한 값이 연속적인 형태를 띨 때 다음 연속된 값을 유추하는 것이고 분류는 비연속적인 데이터들에서 다음 지점을 예측하는 것이다.

4.2.1 회귀

회귀(Regression)는 데이터의 특징을 이용해 연속된 값을 예측한다. 예를 들면 '인구밀도가 대비 면적 15%인 지역의 집값은 평당 1,200만 원이고 인구밀도가 대비 면적 80%인 지역의 집값은 평당 3,200만 원이라고 할 때 인구밀도 대비 면적 50%인 지역의 집값은 얼마인가?' 하는 문제이다. 인과관계를 하나를 유추할 때는 단순회귀, 독립 변수가 여러 개일 때는 다중회귀라고 볼 수 있다.

회귀의 근간을 이루는 기본적인 알고리즘은 '경사 하강법(Gradient Descent)'이다. 학습을 통해 데이터의 오차값을 최소화하면서 회귀의 규칙을 만드는데, 오차함수의 형태가 곡선을 띤다면 그 오차가 최소가 되는 지점이 존재하므로 그 지점을 찾아내는 것이 '경사 하강법'이다. 즉, 손실 또는 비용 함수라 불리는 목적 함수를 갖고 이 함수가 최솟값이 되는 때를 찾는다. 그래프로 봤을 때 함수의 기울기를 구해 기울기가 낮은 쪽으로 계속 이동해 가장 최적치인 곳으로 이동할 때까지 반복하는 것이다. 찾는 알고리즘이 $f(x)$라고 했을 때 시작점 x_0에서 다음 x_{i+1}은 $x_{i+1} = x_i - \gamma \nabla f(x_i)$와 같이 정의된다($\gamma_i$는 이동할 거리, 학습률). 이 알고리즘의 성능은 이동할 거리를 조절하는 γ_i에 따라 달라진다. γ_i의 값이 크면 최소 기울기를 갖는 최적해를 뛰어넘을 가능성이 존재하고, γ_i의 값이 작으면 최적해를 탐색하는 데 아주 많은 시간이 걸리므로 적절한 값을 정의해주는 것이 인공지능의 성능을 크게 좌우하기도 한다. 경사 하강법은 시간을 고려하지 않는다면 모든 차원과 공간에 적용 가능하며 여전히 지역 최적해(가장 최적인 상태가 아니고 일정 부분에서만 최적인 해)에 머물 가능성도 있다.

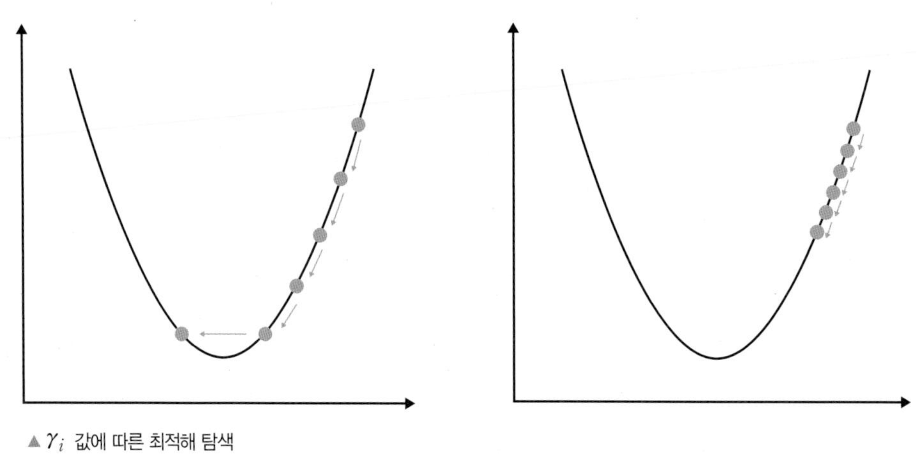

▲ γ_i 값에 따른 최적해 탐색

이러한 회귀의 방법에는 Linear Regression, Logistic Regression, Decision Tree, Naive Bayes, SVM, Random Forest, Gradient-Boosting Tress 등 다양한 방법들이 있다.

4.2.2 선형 회귀

선형 회귀(Linear Regression)는 통계에서의 회귀와 비슷하다. 유전학자 프란시스 골턴(Frasis Galton)이 부모와 자녀의 키 관계를 조사하던 중 자녀의 키는 그 세대의 평균으로 돌아가려는 경향을 보인다는 것을 발견했고, 이를 회귀 분석이라 명명했다. 만약 공부를 할 때 학습 시간이 3시간일 때 60점, 7시간일 때 80점, 10시간일 때 100점인 경우가 보통이라고 하자. 사람마다 편차는 있겠지만, 학습 시간이 늘어날수록 좋은 성적을 받을 확률이 높아진다. 개별 데이터의 점수는 각각 조금씩 다르지만 그 개별 데이터들의 평균은 일정한 선을 이루게 된다. 이 선을 바로 회귀 분석에서 찾고자 하는 모델이 된다. 이 모델은 $H_{(x)} = Wx + b$와 같이 나타낼 수 있다(W는 Weight, b는 bias). 해당 모델은 각 데이터들의 분포와의 오차를 계산해 가장 적은 것이 이 모델에 적합한 선이 되는데, 이러한 분포의 차를 '비용함수'라 한다. 통계학에서 분산을 구하는 것과 비슷한 과정이며 각 데이터별로 비용 함수를 계산하면 $\text{cost} = \frac{1}{m}\sum_{i=1}^{m}(H(x^{(i)}) - y^{i})^2$와 같이 나타난다. 실제 데이터 값의 차이를 제곱한 후 모두 더해 다시 나누는 형태로 평균값을 구하게 되는 것이다. 이러한 비용 함수를 최솟값으로 구하는 것 역시 경사 하강법을 이용해 작업해 나간다. 그래서 해당 그래프에서 W와 b를 조정하면서 적절한 모델을 찾아나간다. 그리고 예측해야 할 상황(x)이 오면 그래프에 근거해 예측값(y)를 돌려줄 수 있게 되는 것이다. 많은 경우에 연속된 값 중 단일 독립 변수와 단일 종속 변수일 때 가장 쉽고 강력하게 사용할 수 있는 알고리즘이기도 하다.

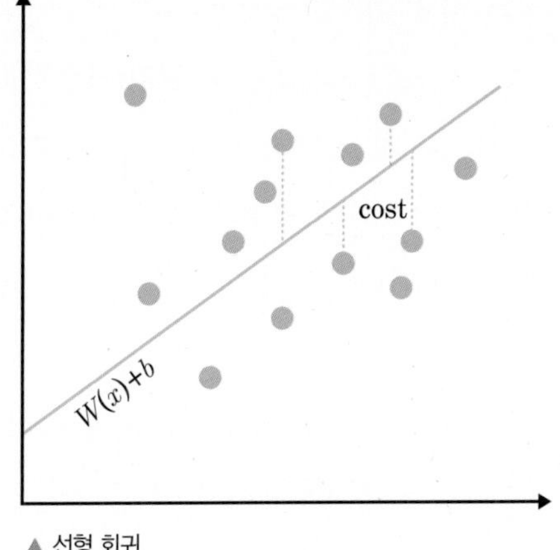

▲ 선형 회귀

4.2.3 로지스틱 회귀

로지스틱 회귀(Logistic Regressoin) 역시 독립 변수와 종속 변수 간의 관계를 함수로 나타내 예측하기 위한 방법이다. 기본적으로 선형 그래프와 같은 형태로 변수를 설명하기 때문에 선형 회귀와 유사하지만 데이터가 이진적인 형태를 띠기 때문에 그래프의 모양이 다르다. 예를 들면 날씨가 독립 변수이고 우산 판매량이 종속 변수라고 했을 때 비오는 날 우산이 팔릴 확률이 80%가 되는 것처럼 날씨에 따른 두 차이는 명확하다. 위 사례와 같은 이항형 데이터에 로지스틱 회귀를 적용했을 때 종속 변수의 결과 범위가 0에서 1까지이고, 날씨에 따른 조건부 확률($P(y|x)$)가 정규분포가 아닌 이항분포 형태를 보인다. 앞의 선형 회귀 사례인 시간에 따른 성적이 선형 회귀라면, 시간에 따른 시험 합격, 불합격 여부는 로지스틱 회귀가 된다고 볼 수 있다. 로지스틱 회귀에서 주로 쓰이는 함수는 시그모이드(sigmoid) 함수이다. $p = \frac{1}{1+e^{-z}}$ 형태의 함수(z는 가중치)를 주로 사용하는데, 이 함수는 0–1의 결괏값을 가지기 때문에 임의의 수에 대한 확률값을 도출하기가 적당하다.

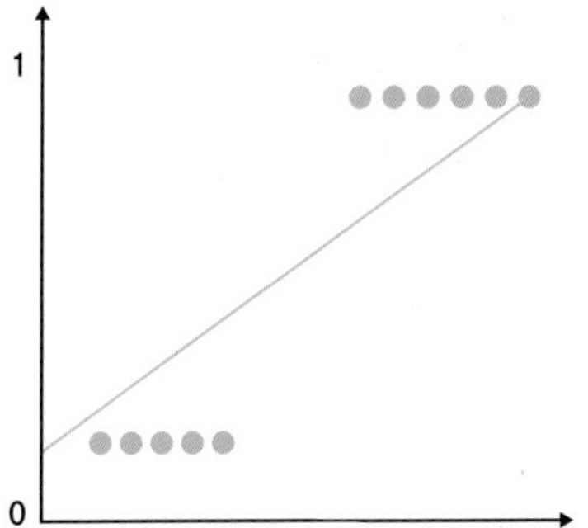

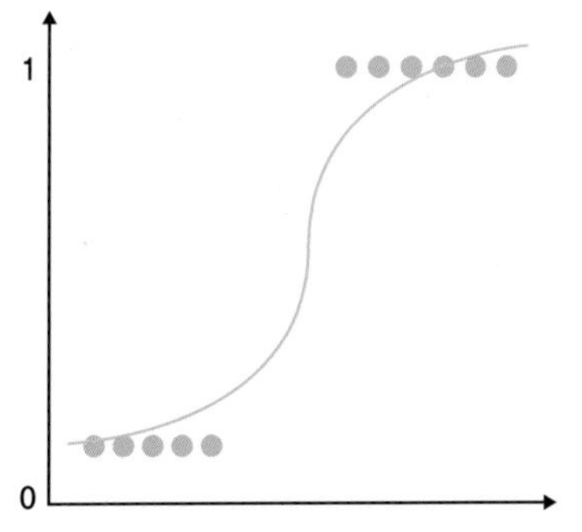

▲ y가 이항형일 때 선형 회귀와 로지스틱 회귀의 비교

4.2.4 결정 트리

결정 트리(Decision Tree) 역시 분류(Classification)를 하기 위한 알고리즘이다. 트리는 기본적으로 어떠한 이진 데이터를 기반으로 해당 노드의 변수에 따라 다음 분기의 데이터를 결정한다. 어떤 항목을 관측한 후 최종 목푯값에 매칭시켜주는 역할을 한다. 결정 트리는 데이터의 관점에서 입력한 몇 가지의 변수를 바탕으로 예측하는 모델을 생성하고자 한다. 이를 시각화하면 트리 구조로 나타낼 수 있다. 각 노드에서 하위 계층으로 내려갈 때 노드에서의 변수를 판별해 높은 확률의 노드를 계속 따라가게 된다. 결정 트리에서 가장 유명한 예제는 '타이타닉'이다. 타이타닉의 사망자와 생존자 데이터를 기반으로 학습해 결정 트리를 만들어내는 것이다. 예를 들면 아이일 때 생존률이 60% 정도, 아이가 아닐 때 생존률이 40% 정도 되므로 결정 트리에서는 해당 특징을 중심으로 하위 노드를 구성할 것이고 또한 여자일 때 생존률이 70%, 남자일 때 생존률이 20% 정도 되므로 아이이면서 여자인 경우에는 생존률이 90% 이상이고, 성인 남성의 경우에는 생존률이 10%인 결정 트리가 완성될 수 있다. 이러한 과정의 결정 트리 훈련은 자료를 적절하게 분할하는 과정을 계속 거친다. 순환 분할이라 불리는 방식은 한 데이터셋에 대해 재귀 방식으로 계속적으로 반복돼 더 이상 분할할 내용이 없을 때까지 반복되기도 한다. 결정 트리에서는 너무 심하게 깊이가 깊어지지 않기 위한 방법으로 가지치기(너무 적은 데이터에서는 분기하지 않음) 등을 이용하기도 한다. 또한 분할 과정에서 불순도(한 범주에 포함돼 있는 이질 자료)를 측정해 불순도를 적게 하는 방식으로 진행된다. 결정 트리 중 인공지능에서 사용되는 세부 알고리즘들(ID3, C4.5, C5.0)에서는 불순도 대신 엔트로피 개념으로 설명하며 전체에서 엔트로피($-\Sigma_i(p_i)\log_2(p_i)$)를 뺀 정보 획득(information gain) 비율을 최대화하는 방향으로 학습이 진행된다. 어느 분기점에서 가장 정보 획득이 최대화되는지 판단하면서부터 시작하는 것이다.

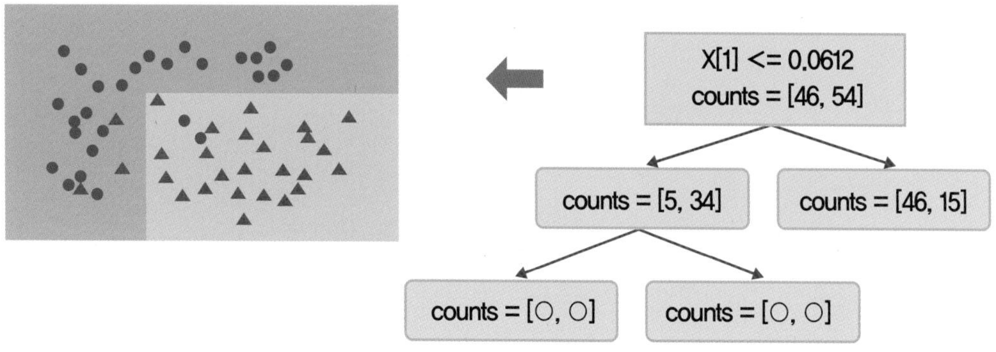

▲ 결정 트리의 데이터 분할 프로세스

4.2.5 SVM

SVM(Support Vector Machine)은 패턴 인식이나 자료를 분류하기 위해 사용하는 것으로, 주로 분류 알고리즘에 사용된다. 기본적으로는 두 카테고리의 데이터가 주어지고 레이블이 붙어 있을 때 현재까지의 데이터를 바탕으로 해 어느 집합에 속하는지를 판단하는 모델을 만든다. SVM은 선형 분류를 하는 것부터 시작했지만, 비선형 분류를 하는 것 역시 가능하다.

SVM 머신 자체는 3차원 또는 그 이상의 다차원 공간에서 학습 데이터들과 가장 먼 거리에 있는 선형적인 초평면을 찾고자 하는 알고리즘이다. 즉, SVM에서 데이터의 좌표상 위치가 p 차원으로 주어졌을 때 (p−1) 차원의 초평면으로 분류할 수 있는지를 확인해보는 것이다. 초평면을 선택하는 기준은 분리된 두 클래스 사이에서 마진이 높은 상태인 초평면을 선택한다. 마진이 높다는 것은 둘 사이가 적절하게 분배됐다는 뜻이고, 이는 곧 적절한 초평면을 갖고 있다는 것을 의미한다. 이러한 경우 항상 정확한 분류가 돼 있지 않을 수 있는데, 이는 결정 트리에서 불순물과 같은 역할이다. SVM에서는 이런 경우 '소프트 마진'이라는 개념을 통해 해결한다. 에러가 있는 부분에 페널티를 부여하되, 패널티를 적게 함으로써 엄격하기보다 최적화된 답을 찾고자 하는 것이다. 비선형 분류의 경우 커널 트릭(차원을 높여 맵핑시킴으로써 분류가 가능하도록)을 이용해 높은 차원에서 초평면을 지니는 것이다. 이를 저차원에서 보면 곡선과 같은 형태를 지니는 것처럼 보이게 된다. SVM의 경우 특징적인 것들을 훌륭하게 분류하는 알고리즘 덕분에 지금도 많이 쓰이고 있지만, 복잡한 데이터의 경우 커널 함수상에 오차 상승이 있기 때문에 비교적 명확한 특징을 찾아내는 데 많이 쓰이고 있다.

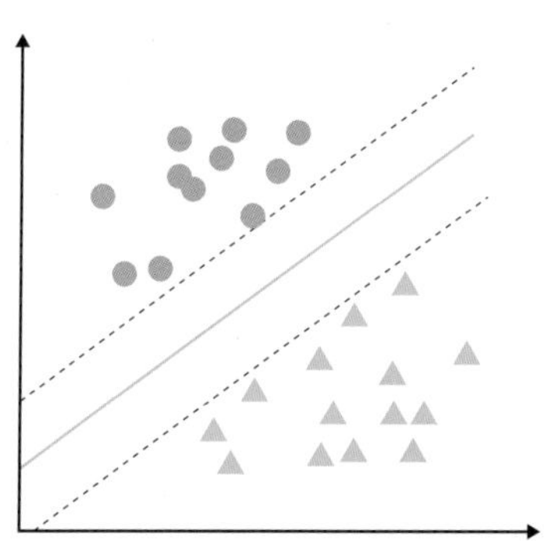
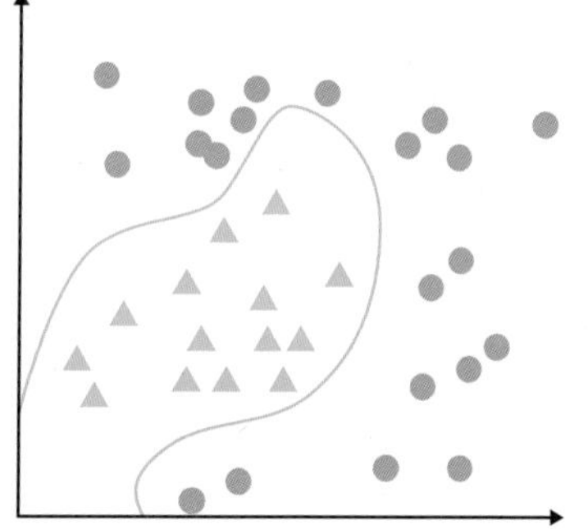

▲ 선형 SVM과 비선형 SVM을 통한 분류

4.2.6 랜덤 포레스트

랜덤 포레스트(Random Forest)는 앞의 의사결정 트리를 이용해 만들어진 알고리즘이다. 앞의 의사결정 트리에서는 엔트로피가 증가됐을 때 적절하게 분류하기 어렵고 오버피팅 문제가 심심치 않게 발생하는 것이 단점이다. 훈련 데이터에 따라 생성되는 결정 트리가 매우 랜덤하며 만약 중간에 에러가 발생하면 다음 노드에까지 계속 영향을 미치기 때문에 잘못된 모델이 도출되기 쉽다. 그러나 랜덤 포레스트는 하나의 트리가 아닌 다수의 결정 트리들을 학습하는 앙상블 방법이다. 즉, 많은 특징이 한 트리에 담겨 있는 결정 트리(Decision Tree)가 아닌 몇 가지의 특징을 추출해 결정 트리를 여러 개 만듦으로써 여러 결정 트리가 내리는 예측값 중 가장 많이 나온 값을 최종 값으로 정한다. 의사 결정 트리처럼 큰 트리가 아닌 작은 단위의 트리를 여러 개 만들어 다수결의 원칙에 따르는 것이다. 이러한 방법은 일반 결정 트리에 비해 높은 정확성을 지니고, 빠르게 학습할 수 있는 특징이 있다. 그리고 변수를 나눠 사용하기 때문에 입력 변수를 여러개를 다룰 수 있는 특징이 있다. 각 트리들은 일정한 규칙 없이 특성을 랜덤하게 갖게 되며 이러한 결과로 오히려 일반화 성능이 향상된다. 결정 트리의 학습 방법 중 여러 장점을 갖고 있기 때문에 현재에도 많이 사용되고 있는 알고리즘이다.

4.2.7 나이브 베이즈

나이브 베이즈(Naive Bayes) 방법은 베이즈 규칙에 의거한 방법이다. 베이즈 규칙은 확률을 이용하는 방법으로 어떤 가정의 상태에서 어떠한 사건이 일어날 조건부 확률에 근거한다. 만약 어떤 특성을 가진 데이터가 있을 때 각각의 속성에 의거해 데이터를 분류하게 될 경우, 이진 값을 갖는 특징의 종류가 세가지만 돼도 총 8개의 다른 데이터가 있어야 각각을 설명할 수 있게 된다. 그러나 이러한 데이터는 현실에서 훨씬 큰 경우가 대부분이고 베이즈 규칙을 적용하게 될 경우 데이터가 넘치는 상황에서도 제대로 분류하기 어렵다. 나이브 베이즈는 이 문제의 해결을 위해 모든 특성이 서로 독립적이며, 같은 분포를 가진다고 가정한다. 이렇게 가정할 경우 분류를 위해 필요한 데이터의 개수가 이전처럼 기하급수적으로 느는 것이 아니라 산술적인 정도로 줄어들고 복잡성 역시 매우 줄어 문제를 간단하게 만들 수 있다. 예를 들면 $p(C|x)=\frac{p(C)p(x|C)}{p(x)}$와 같은 베이즈 규칙에서 어떠한 값들이 관련이 있기 위해서는 많은 데이터를 요구한다. 그러나 만약 x가 모두 독립적인 경우 $p(C)p(x_1,...,x_n|C)=p(C)p(x_1|C)p(x_2|C)...=p(C)\Pi p(x_i|C)$ 정도로 정해둔 k개의 분류 속에서 가장 확률 높은 클래스를 찾아 분류하게 된다.

4.3 비지도학습

비지도학습은 레이블이 붙어 있지 않은 데이터셋에서 규칙 또는 추론을 도출하는 데 사용하는 기계학습 알고리즘의 한 종류이다. 비지도학습은 무질서해 보이는 데이터 안에서 데이터 간의 관계를 중심으로 해 범주를 설정한다. 비지도학습의 주방법론으로는 주성분 분석(PCA)과 클러스터 분석(Cluster Analysis)이 있다. 주성분 분석은 여러 변수 사이의 분산-공분산 관계를 주성분을 중심으로 설명하고자 하는 분석법이다. 주로 관계식을 통해 차원을 감소시켜 해석하기 쉽게 만들며 정보의 손실이 최소화되면서도 관련성이 적은 성분은 무시한다. 클러스터 분석의 경우 동일한 그룹에 있는 데이터들을 더 유사한 관계를 찾아 그룹화하는 것이다. 구성원 간의 거리나 밀집도 등을 중심으로 이뤄진다.

비지도학습의 주요 알고리즘은 차원 축소의 방법으로는 주성분 분석, t-SNE, 커널 PCA, 지역적 선형 임베딩 등을 사용하고, 클러스터링 방법으로는 K-Means, HCA 기댓값 최소화 등을 사용한다. 이외에서도 의존 구조 학습의 베이지안 네트워크, 벡터 양자화 방법에는 린데 · 부조 · 구조화 등이 있다.

4.3.1 K-Means

K-Means는 가진 데이터를 k개의 군집으로 분류하는 알고리즘이다. 각 데이터와 거리 차이를 분산으로 계산해 이를 점차 최소화하는 방향으로 움직인다. 레이블이 없는 경우에도 몇 개의 군집으로 나눌 것인지 정해주기만 하면 스스로 군집을 만들기도 한다. 처음에는 N개의 데이터 $X=x_1,x_2,\ldots,x_n$에 대해 클러스터의 중심과 데이터 간 거리가 유클리디안 공간에서 최소가 되도록 k개의 클러스터로 나눠 할당한다. 기본적으로 처음 클러스터의 중심은 무작위로 정하기도 하며 대략 4~5번의 분산을 줄이는 계산 끝에 최적값을 찾아간다. 최종적으로 각 객체들이 자신이 속한 클러스터가 변하지 않을 때까지 반복한다.

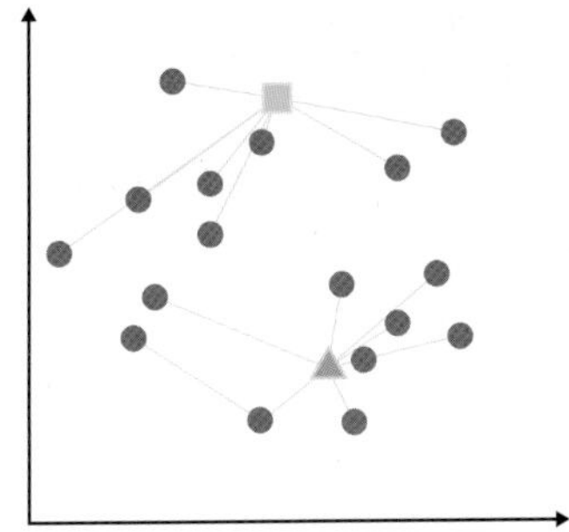

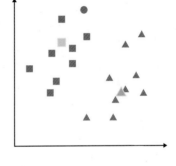

▲ 무작위(좌)에서 점차 중심을 찾아감(우)

4.3.2 가우시안 혼합 모델

가우시안 혼합 모델(GMM, Gaussian Mixture Model)이란, 말 그대로 가우시안 분포가 여러 개 혼합된 분류 알고리즘이다. 현실에서 보일 수 있는 여러 형태의 확률 분포를 k개의 가우시안 분포로 혼합해 표현하는 것이다. 앞서 k와 마찬가지로 k는

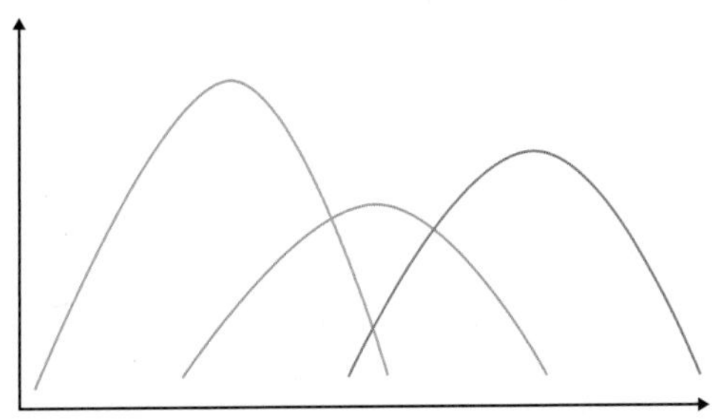

▲ $k=3$일 때 Mixture of Gaussian distribution

직접 정해주게 된다. 가우시안 혼합 모델의 기본 가정은 여러 군집의 데이터가 있으면 각각의 군집이 정규분포와 같은 형태를 띨 것이라는 생각에서 출발한다. 그렇다면 그 세 개가 하나로 합쳐진 분포에서 각각의 정규분포의 평균과 분산을 짐작하게 되는 것이다. k개를 정하고 나면 각 분포에서 종류에서 모수를 추정하도록 한다. 모수 추정을 완료하고 나면 각각의 데이터에 대해 어느 정규분포를 따랐는지 찾아내게 된다. 주어진 x에 대해 발생할 확률을 가우시안 확률 밀도 함수에 의한 합으로 표시한다. 이 역시 확률에 따라 한 정규분포에 속할 확률을 기준으로 정해진다.

4.3.3 주성분 분석(차원축소)

주성분 분석(PCA, Principal Component Analysis)은 여러 개의 좌표축을 갖는 기존 데이터의 차원을 축소하는 것을 이야기한다. 속성들은 각각 서로 연결돼 있는데, 이를 '상관계수(Correlation Coefficient)' 또는 '공분산'이라고 한다. PCA는 상관계수를 확장해 모든 속성을 확인하고 이를 가장 잘 표현할 수 있는 벡터를 찾는 것이다. 적절한 벡터값을 찾으면 벡터값 위에 데이터가 가장 많이 보존돼 있는 축을 찾아 투영할 수 있다. 이러한 방식으로 가장 중요한 주성분을 찾아나가는 알고리즘이다. 즉, 분산이 가장 큰 벡터를 찾는 것이라 할 수 있다. 첫 주성분을 찾고 나면 직각 방향에서 가장 분산이 큰 성분을 찾아 차례대로 찾아나가게 된다. 만약 2차원의 데이터 집합에 대해 PCA를 진행할 경우 수직인 2개의 주성분 벡터를 반환하고 3차원의 경우 3개의 수직인 주성분 벡터를 반환한다. 주로 얼굴 인식과 같은 분야에서 많이 사용된다. 예를 들면, 개 사진을 100개를 넣고 주성분 분석을 실행하면 개의 공통적인 특성만이 남게 된다. 여기서 주요한 성분일수록 개의 종에 대한 특성이 되고 주요하지 않은 성분은 개의 종류를 가르는 특성이라고 볼 수 있다.

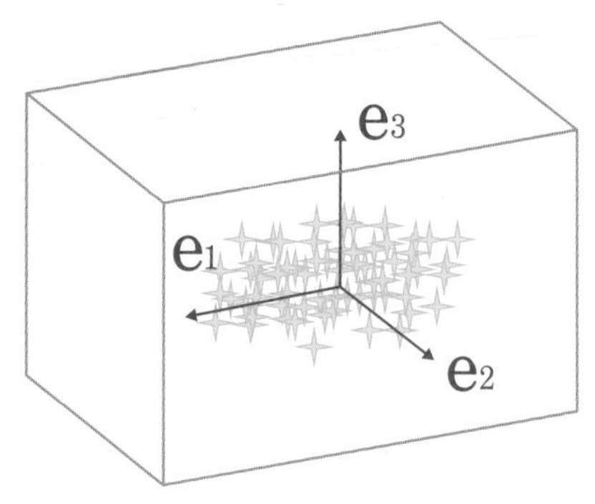

▲ 3차원에서의 주성분 벡터

4.4 인공 신경망

4.4.1 퍼셉트론

인공 신경망(Artificial Intelligence Network)은 생물의 뇌에서 발상해 얻은 학습 알고리즘이다. 인간의 뇌가 시냅스의 결합으로 네트워크를 형성하고 전기적 신호로 지적 능력을 얻듯이 '노드'

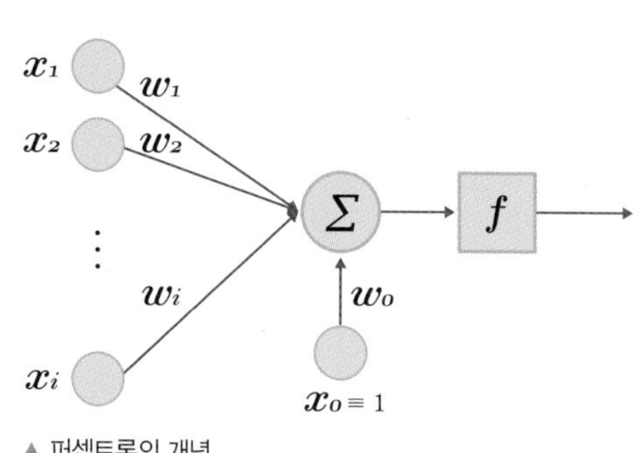

▲ 퍼셉트론의 개념

라 불리는 인공 뉴런이 네트워크 간의 결합 세기(가중치)를 부여해 문제해결 능력을 갖도록 만드는 것이다. 인공 신경망의 기본적인 종류인 퍼셉트론은 각 노드의 가중치와 입력치를 곱해 모두 합한 값을 활성 함수에 의해 판단하는 것이다. 일정 값 이상일 때 이 뉴런이 활성화되게 된다. 오른쪽 그림에서 x가 퍼셉트론 알고리즘으로 입력되는 값으로 '입력층'이라 부를 수 있고 w는 가중치로 '중간층(노드)'이라 부를 수 있다. 최종적으로 값에 따라 1 또는 -1을 출력한다. 해당 퍼셉트론은 XOR 연산을 시행하지 못한다는 단점과 비선형적 분리 데이터에 대한 학습 불가능으로 인공 신경망의 종말을 같이 맞이하는 듯했지만, 역전파(Backpropagation) 알고리즘과 함께 부활했고 다층 퍼셉트론은 개념으로 현재 학습 알고리즘의 대표적인 방법으로 자리잡았다. 단층 퍼셉트론은 해당 중간층과 출력층의 구분이 따로 없으며 다층 퍼셉트론은 중간층이 여러 개로 구성돼 있다. 다층 퍼셉트론의 경우 출력층의 활성 함수에 대한 결괏값이 실제값과 허용된 오차 이내 범위가 되도록 가중치를 업데이트하기 때문에 이전보다 훨씬 더 정교해졌다. 이러한 인공 신경망 또한 단점이 있다. 학습 과정에서 최적의 파라미터를 찾기가 어렵고 과적합(Overfitting)을 하기도 한다. 또한 은닉층이 많은 만큼 연산량 또한 기하급수적으로 늘어나게 된다. 그러나 현재의 인공지능은 인공 신경망의 아이디어를 바탕으로 해 점차 발전하고 있기 때문에 중요한 알고리즘이라 할 수 있다. 이후 인공 신경망은 DNN(Deep Neural Network)을 통해 더욱 발전한다. ANN(Artificial Neural Network)에서 발전한 기법으로 은닉층을 더욱 늘리는 방법이다. 은닉층에 여러 개의 노드를 갖는 것뿐 아니라 은닉층을 2개 이상 늘려 많은 데이터를 반복학습, 사전학습, 오류역전파 등을 통해 최적의 비선형 분리를 해낸다.

4.4.2 딥러닝

딥러닝은 신경망 모델이 발전한 개념이다. 이전의 인공 신경망은 다층 퍼셉트론 이후 정체된 상태에서 딥러닝을 통해 새롭게 태어났다. 기존의 인공 신경망은 국소적 최적해(진짜 해답이 아닌 상태)를 찾거나 오버피팅(학습 데이터에 최적화돼 실제 데이터에서는 오류 출력)이 되는 경우가 있어 실제 문제 상황에 적용하기 어려웠다. 게다가 다층 퍼셉트론의 경우 속도가 많이 느려지는 단점도 갖고 있었다. 딥러닝은 이전 인공 신경망의 층수가 많아진 것과 함께 기존의 'Local Minimum'과 'Overfitting' 문제를 해결한 것이다. 각 층이 한꺼번에 동작하는 것이 아니라 볼츠만 머신 방식을 이용해 각각 따로 학습하고, 비지도학습의 방식이 사용되며 각 층의 결과를 역전파 알고리즘을 이용해 도출해낸다는 것이다. 기존의 인공 신경망 역시 역전파 알고리즘 방식으로 학습 했지만, 딥러닝의 특징은 각각의 층이 따로 동작한다는 점과 비지도 알고리즘이 혼합됐다는 점이다. 인공 신경망에서 각각의 뉴런의 역할보다 전체의 구조와 흐름이 중시됐다면 딥러닝은 각각의 뉴런에 해당하는 층의 노드들이 스스로 뭔가를 발현할 수 있는 기반이 된 것이다. 딥러닝이 이렇게까지 큰 용어로 등장하게 된 것은 이전 인공 신경망보다 인식률이 매우 뛰어나게 발전했으며 실제 문제에서 좋은 성과를 보이고 있기 때문이다. 반면, 인간이 이해할 수 없는 문제해결 방법을 보이기도 한다. 아직까지 이 딥러닝이 만능이 아닌 이유는 지도학습을 통해 기본 데이터를 제공해야 하고 필연적으로 방대한 훈련 데이터셋을 얻어야만 동작할 수 있기 때문이다. 인간 수준에서 수백만 개의 데이터를 필요로 하는 것이다. 게다가 크고 복잡한 문제의 경우 인간의 관점에서 설명하기 어렵고 범용적으로 사용되기에는 문제를 정의하는 것부터 문제로 다가온다.

4.4.3 합성곱 신경망

합성곱 신경망(CNN, Convolution Neural Network)은 기존 방식에서 지식을 추출하던 것과 달리, 데이터의 특징을 추출해 패턴을 파악하고자 만들어진 알고리즘이다. ANN와 DNN에서 출발했으며 '컨볼루션(Convolution) 과정'과 '풀링(Pooling)' 과정으로 나뉜다. 컨볼루션 과정은 데이터의 특징을 추출하는 것으로, 데이터에 있는 각 성분에 가까운 것들을 조사해 특징을 하나로 도출하는 과정이다. 주로 ReLU 함수를 이용해 특징만을 도출해낸다. 도출한 결과를 '컨볼루션 레이어(Convolution Layer)'라고 하며 여러 데이터를 하나로 합쳐 파라미터를 효율적으로 줄여준다. 풀링 과정은 앞의 레이어를 정련하는 것을 말한다. 데이터의 크기를 줄여주고 노이즈를 없앤다. 정보를 추출하거나 얼굴을 인식하는 등 이미지 인식 분야에서 주로 쓰이고 있다. 인공 신경망의 종류는 이외에도 순환적인 구조를 포함하는 RNN(Recurruent Neural Network)과 가짜 데이터를 만들어내 서로 경쟁하며 점차 사실에 가까운 데이터를 만들어내는 적대적 학습 생성망 GAN(Generative Adversarial Network) 등이 있다.

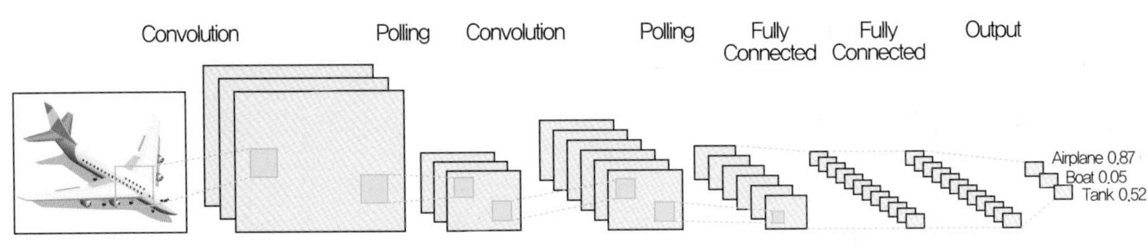

▲ CNN 알고리즘 동작 과정

4.5 강화학습

강화학습은 행동 심리학에서 파생된 알고리즘이다. 어떤 데이터의 규칙을 찾는다거나 보상을 받으면서 학습하는 것이 아니라 알고리즘의 행동에 의해 보상을 받으면서 학습하게 되는 것을 말한다. 예를 들면 게임을 격파하는 알고리즘이 있을 때, 이 강화학습을 하는 인공지능은 보상을 점수로 얻게 된다면 이 인공지능은 점차 점수를 높힐 수 있는 전략을 스스로 계속 학습하게 된다. 지도학습이나 비지도학습의 경우 수많은 경우의 수를 데이터 형태로 저장하기 때문에 강화학습에 비해 효율성이 매우 떨어진다. 그러나 강화학습에 신경망이 적용된 현재의 강화학습 형태에서는 값을 정확하게 계산하지 않고 근사치를 이용해 학습해 나가기 때문에 예전보다 훨씬 더 효율적인 방식으로 진행한다. 강화를 스스로 하는 인공지능은 에이전트(Agent)로, 주변 환경(Enviroment)을 관찰해 행동(Action)을 하고 보상(Reward)을 받는다고 표현한다. 바둑으로 유명했던 알파고도 강화학습의 한 예로 볼 수 있다. 강화학습의 종류는 대개 비슷하지만 DQN, A3C 정도로 구분할 수 있다.

4.5.1 MDP와 MRP

MDP(Markov Reward Process)는 'Markov Chain'의 형태로 나타내는 이산적인 상태를 나타내는 개념에 'Reward'의 개념이 포함된 것이다. MRP는 한 상태에서 다음 상태로 갈 때 어떤 상태에 이르는 보상을 명시적으로 정량화해 가시적으로 계산할 수 있게 된다.

MDP는 MRP에 'action'이라는 개념을 추가한 강화학습의 전제이다. 강화학습 문제에는 목표(Goal)가 존재해야 한다. Sensation, Action, Goal의 세 가지 개념을 갖고 어떤 행동에 대한 보상을 최대화하는 것을 목표로 한다. 탐색에서의 상태 노드와 같이 자신의 행동에 대해 더 적절한 행동을 선택하고 이를 위해 각 Action의 가치를 사전에 탐험하게 된다.

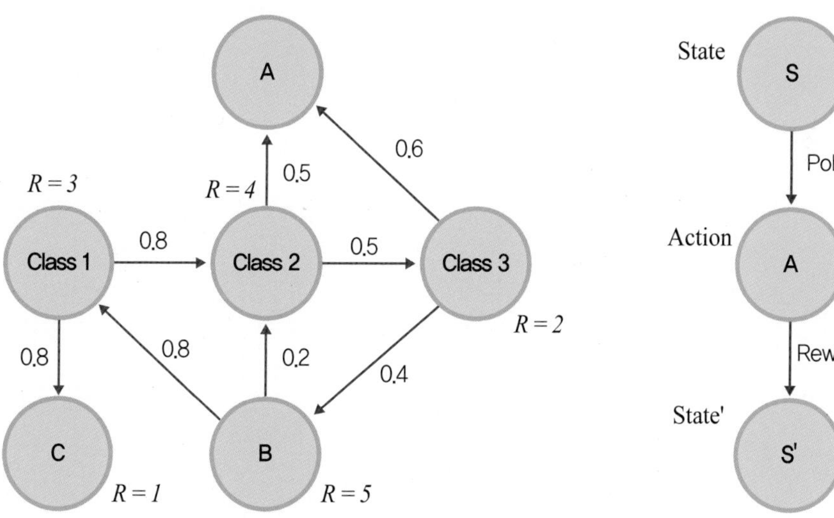

▲ DP에 Reward의 개념이 포함된 개념도(좌)와 MDP의 프로세스(우)

4.5.2 A3C

A3C는 'Asynchronous Advantage Actor-Critic'의 약자로, 강화학습의 에이전트를 여러 개 동시에 실행시켜 강화학습을 실행하게 된다. 다른 에이전트의 실행 여부와는 상관 없이 각각의 에이전트가 독자적으로 활동하며 만들어가는 것으로, 에이전트가 하나인 A2C를 여러 개를 동시에 실행시키는 것이다. 동시에 돌아가는 각각의 에이전트는 하나가 돌아갈 때보다는 느리지만, 결과적으로 보면 매우 좋은 성과를 거둔다. 현재에는 강화학습의 속도를 위해 기본적으로 사용되기도 한다. 강화학습 역시 계속 발전하고 있는 분야이며 각 분야에서 매우 좋은 성과를 보이고 있다. 이외에도 PPO, DDPG, SAC, HER, MBMF 등 다양한 알고리즘이 있으며 로봇이나 자율주행 등에서도 해당 알고리즘을 혼합해 사용하고 있을 정도로 매우 중요한 개념이라 할 수 있다.

4.6 빅데이터

빅데이터는 기존의 데이터베이스(DB)로 통칭되는 규칙 기반의 데이터를 넘어서는 데이터와 데이터 분석 기술을 뜻한다. 기존 데이터베이스가 정형적인 데이터로 한정된 수량의 데이터를 처리할 수 있었다면 빅데이터 정형을 넘어서는 데이터와 데이터베이스의 관리 능력을 넘어서는 방대한 양의 데이터를 위주로 한다. 빅데이터는 일반적인 데이터와 구분되는 3V를 특징으로 갖고 있다. 데이터의 양(Volume), 다양성(Variety), 속도(Velocity)가 그것이다. 최근에는 가치성(Value), 복잡성(Complexity), 정확성(Veracity), 가변성(Variability), 시각화(Visualization)를 덧붙이기도 한다. 빅데이터는 분석하고 표현하는 기술이 주를 이룬다.

▲ 빅데이터 분석 단계

빅데이터를 다루기 위해서는 데이터 수집부터 만전을 기하게 된다. 데이터 분석 목적에 맞는 가설을 수립하고 이를 분석하기 위한 변수를 추출해내고 데이터를 모으게 된다. 이후 데이터에 포함된 결측 데이터 또는 노이즈 등을 제거하는 처리 과정을 거친다. 또한 이러한 데이터들을 들여다보면 또다른 변수들을 추출해낼 수도 있다. 충분한 케이스 데이터를 확보하면 적절한 알고리즘을 이용해 이를 학습한다. 기존의 인공지능에 사용되는 지도학습이나 비지도학습 등의 알고리즘은 데이터를 중심으로 보는 빅데이터 분야에서도 쓰인다. 이러한 알고리즘을 통한 테스트 과정을 거치고 나면 새로운 가치들을 창출해낼 수 있게 된다. 이런 단계를 통해 감염병 예방, 심리 분석, 사기 탐지, 네트워크 모니터링, 금융 등 다양한 분야에서 각각의 새로운 규칙을 만들어낼 수 있다. 현재까지 우리나라에서는 개인정보보호와 맞물려 힘을 많이 쓰고 못하고 있는 것도 사실이다. 빅데이터의 표현을 위해 기존의 엑셀이나 SAS, SPSS, R 등 다양한 프로그램이 사용되고 있으며 분석을 위한 프레임워크로 하둡(Hadoop)과 같은 큰 도구들과 NoSQL 등의 기술이 혼합돼 운영되고 있다.

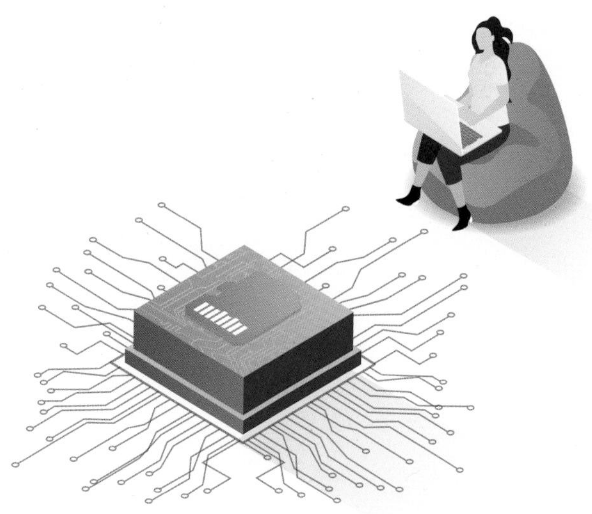

ARTIFICIAL INTELLIGENCE

5. 데이터 과학: 자료와 과학

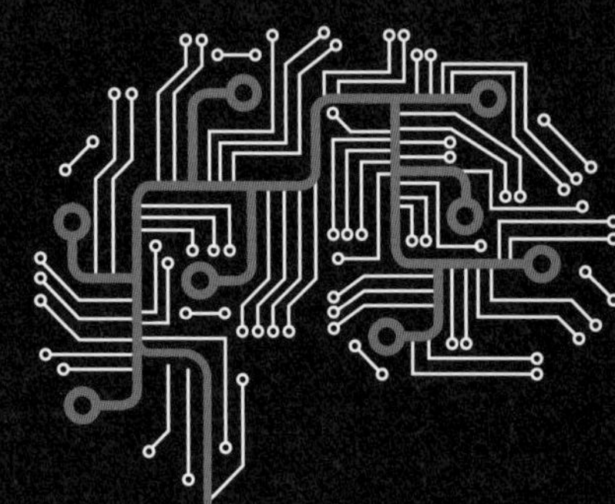

기계에게 필요한 식량은 데이터이다. 데이터를 가진 기계는 엄청난 가능성을 보인다. 하지만 불량 데이터와 잘못된 데이터, 비어 있는 데이터는 기계에게 소화불량을 일으키며 잘못된 결과를 주거나 엉뚱한 짓을 하곤 한다. 이에 대한 과학적인 접근이 필요하다. 바로 자료 과학이다.

데이터 과학은 다양한 과학적 방법, 알고리즘 및 프로세스를 사용해 방대한 양의 데이터에서 통찰력을 추출하고 데이터에서 숨겨진 패턴을 발견하는 학문이다. 데이터 과학은 정형 또는 비정형 데이터에서 정보와 지식을 추출하는 융합 학문 분야이다. 데이터 분석 기술을 사용하면 일상생활과 산업의 문제를 연구 프로젝트로 변환한 후 다시 실용적인 솔루션으로 변환할 수 있다. 데이터 과학은 수학 통계, 데이터베이스, 데이터 마이닝 및 빅데이터의 등장으로 계속 발전하고 있다. 데이터 과학의 필요성은 다음과 같다.

- 데이터는 세상의 연료이다. 데이터를 사용해 올바른 도구, 기술, 알고리즘을 적용하면 비즈니스 이점으로 활용할 수 있다.
- 데이터 과학은 고급 기계학습 알고리즘을 사용해 사기를 감지하도록 도와준다.
- 상당한 금전적 손실을 방지하는 데 도움이 된다.
- 기계에서 지능 능력을 구축할 수 있다.
- 감정 분석을 수행해 고객의 브랜드 충성도를 측정할 수 있다.
- 더 빠르고 더 나은 결정을 내릴 수 있다.
- 비즈니스 향상을 위해 적합한 고객에게 적합한 제품을 추천하도록 도와준다.

5.1 데이터 과학의 학문 분야

데이터 과학을 이루는 학문은 융합적이다. 대표적인 분야를 살펴보면 크게 컴퓨터 과학, 수학, 그리고 영역 지식이 반드시 필요하다. 데이터 처리, 통계적 지식, 머신러닝 기술이 요구된다.

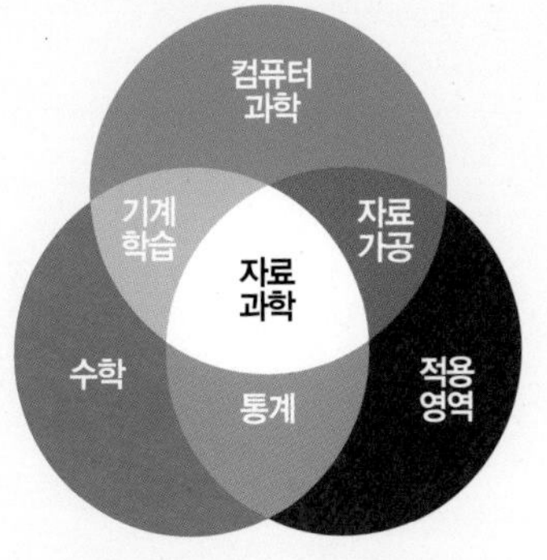

▲ 데이터 과학의 구성 요소

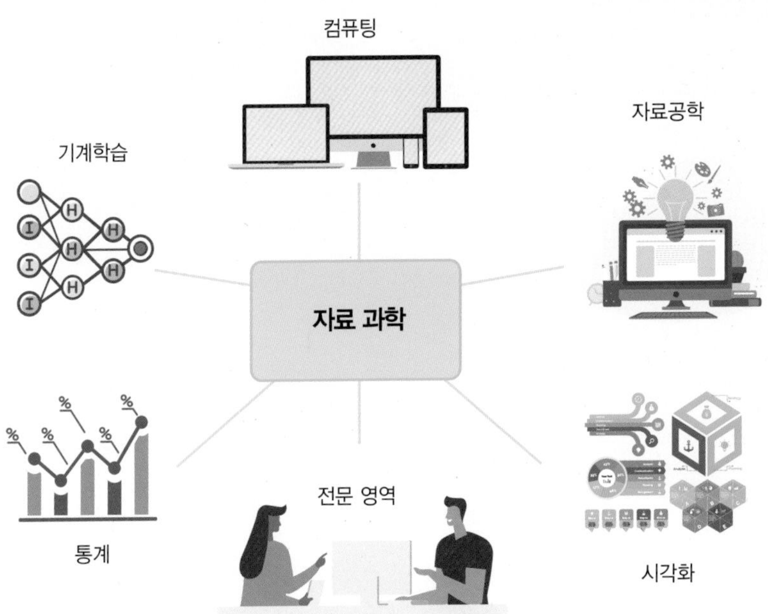

▲ 데이터 과학 관련 학문

통계는 데이터 과학에서 가장 중요한 부분이다. 유용한 통찰력을 얻기 위해 수치 데이터를 대량으로 수집하고 분석하는 방법을 제공한다.

시각화 기술은 엄청난 양의 데이터를 쉽게 이해하도록 도와준다. 시각화 외에 음성이나 모션 등을 통한 인터랙션이 가능한 형태로 출력하기도 한다.

데이터공학은 데이터베이스를 기반으로 데이터를 수집하고 가공, 분석하며 그 결과를 산출하도록 지원하는 전처리 공학적 기술을 요구한다.

기계학습은 예상치 못한 비정형 데이터나 정형 데이터를 학습한 모델을 바탕으로 미래의 데이터를 예측할 수 있도록 기계가 학습하는 알고리즘을 구축하거나 연구한다.

딥러닝 방법은 지도학습 알고리즘을 바탕으로 데이터를 분석하고 예측하는 데 유용하다.

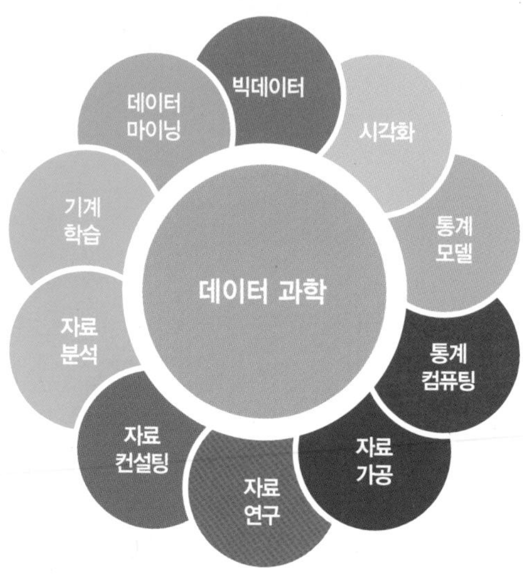

▲ 데이터 과학의 연구 분야

5.2 데이터 과학의 절차

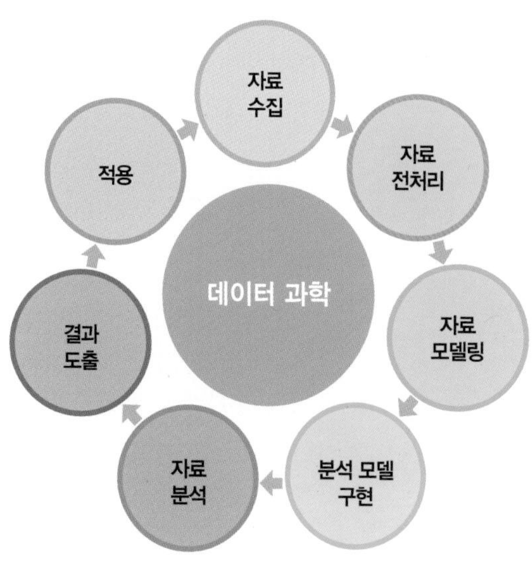

▲ 데이터 과학의 처리 절차

❶ 문제의 발견 문제의 발견 단계는 해결해야 할 문제를 정의하고 해결 방안에 대한 인식을 하는 단계로, 문제해결에 도움이 되는 식별된 모든 내부 및 외부 소스에서 데이터를 수집하는 것도 포함된다. 데이터는 주로 웹 서버의 로그, 소셜 미디어에서 수집된 데이터, 인구 조사 데이터 세트, API를 사용해 온라인 소스에서 스트리밍된 데이터 등을 통해 수집한다.

❷ 데이터 전처리 데이터에는 누락된 값, 비어 있는 열, 정렬해야 하는 잘못된 데이터가 있을 수 있다. 분석을 위한 모델링을 하기 전에 데이터를 전처리, 탐색 및 조건에 맞도록 수정해야 한다. 데이터가 깨끗할수록 분석이나 예측 결과가 더 좋다.

❸ 모델 계획 이 단계에서 입력 변수 간의 관계를 구성하는 방법과 분석 기법을 결정해야 한다. 모델 계획은 다양한 통계 방법과 시각화 도구를 사용해 수행한다. SQL 분석 서비스, R 및 SAS/데이터베이스 액세스는 이러한 목적으로 사용되는 도구 중 일부이다.

❹ 모델 구축 이 단계에서 실제 모델 구축 프로세스가 시작된다. 데이터 과학자는 훈련 및 테스트를 위해 데이터셋을 배포한다. 연관, 분류 및 클러스터링과 같은 기법을 적용해 훈련 데이터셋에 적용한다. 구축된 모델의 타당성을 위해 '테스트' 데이터셋을 활용해 검증한다.

❺ 운영 이 단계에서는 보고서, 코드 및 기술 문서가 포함된 최종 기준 모델을 제공한다. 모델은 철저하게 테스트한 후 실시간 산출이 가능한 형태로 배포된다.

❻ 결과 전달 이 단계에서 주요 결과는 모든 이해 관계자에게 전달된다. 이는 모델의 입력을 기반으로 프로젝트 결과가 성공인지, 실패인지를 결정한다.

5.3 데이터 과학 분야의 전문가 유형

데이터 과학과 관련된 전문가들에는 다음과 같은 유형이 있다.

- **데이터 과학자**는 다양한 도구, 기술, 방법론, 알고리즘 등을 사용해 매력적인 비즈니스 비전을 제시하기 위해 방대한 양의 데이터를 관리하는 전문가이다. 주로 R, SAS, Python, SQL, Hive, Matlab, Pig, Spark 등의 도구를 사용한다.
- **데이터 엔지니어**는 많은 양의 데이터를 바탕으로 대규모 처리 시스템 및 데이터베이스와 같은 아키텍처를 개발, 구성, 테스트 및 유지 관리한다. 주로 SQL, Hive, R, SAS, Matlab, Python, Java, Ruby, C++ 및 Perl 등의 언어를 사용한다.
- **데이터 분석가**는 방대한 양의 데이터 마이닝을 담당한다. 데이터에서 관계, 패턴, 추세를 찾는다. 그리고 실행 가능한 사업 결정을 내리기 위해 명확한 보고 자료와 시각화를 제공한다. 주로 R, Python, HTML, JS, C, C++, SQL 등을 다룬다.
- **통계학자**는 통계 이론과 방법을 사용해 정성 및 정량 데이터를 수집, 분석, 추론한다. SQL, R, Matlab, Tableau, Python, Perl, Spark 및 Hive의 도구를 다뤄야 한다.

데이터를 다루는 시스템을 구성하거나 하드웨어 등의 플랫폼을 개발 및 관리한다. 주로 서버나 클라우드와 관련된 기술이 요구된다.

데이터 관리자는 데이터 과학에 관련된 모든 사용자가 데이터베이스에 액세스할 수 있는지 확인하고 통제한다. 또한 데이터와 소스가 제대로 작동하는지 모니터링하고 외부의 해킹으로부터 안전하게 보호되고 있는지 확인한다. 루비 온 레일즈(Ruby on Rails), SQL, Java, C# 및 Python 등의 언어를 사용한다. 또, 데이터 과학을 바탕으로 비즈니스의 프로세스를 개선하거나 그 산출 결과를 분석한다. 비즈니스 경영진과 IT 부서의 중개자 역할을 하며 SQL, 태블로(Tableau), Power BI 및 Python을 다룬다.

5.4 데이터 과학의 도구

R, SQL, Python, 사스(SAS)는 필수 데이터 과학 도구이다. 기본적인 프로그래밍 능력과 통계에 관한 지식이 필요하고 데이터베이스를 다룰 줄 알아야 하며 데이터의 관리와 분석을 위한 알고리즘을 제공하는 빅데이터 서버와 플랫폼 등에 대한 지식이 필요하다.

▲ 필수 데이터 과학 도구

▼ 데이터 과학에 사용되는 도구

데이터 분석	데이터 웨어하우징	데이터 시각화	기계학습
R, 스파크(Spark), 파이썬(Python), 사스(SAS) 등	하둡(Hadoop), SQL, 하이브(Hive)	R, 태블로(Tableau), 등	스파크(Spark), 애저(Azure) ML 스튜디오, 머하웃(Mahout)

5.5 데이터 과학과 BI(비즈니스 인텔리전스)의 차이점

데이터 과학은 추세와 경향을 바탕으로 미래의 결과를 예측하며 앞을 보고 있는 반면, 비즈니스 인텔리전스의 분석 결과는 사업에 대한 결과를 분석하는 데 주로 사용하며 예측이 뒤를 보고 있다.

▼ 데이터 과학과 비즈니스 인텔리전스 비교

구분	데이터 과학	비즈니스 인텔리전스
목적	향후 예측	결과 분석
데이터	구조화 및 비구조화 데이터로, 로그 기록, SQL, NoSQL 또는 텍스트를 다룸.	구조화된 데이터로 대부분 SQL이며 일부 데이터 웨어하우스의 데이터를 다룸.
주요 방법	통계, 기계학습, 그래프 등의 시각화	통계 및 시각화
중요도	기계학습을 통한 예측 분석 및 딥러닝	과거와 현재를 주로 사용
주요 도구	R, 텐서플로(TensorFlow)	Microsoft BI, 클릭뷰(ClickView)

5.5.1 데이터 과학의 응용 분야

- **인터넷 검색:** 구글(Google) 검색은 데이터 과학 기술을 사용해 순식간에 특정 결과를 검색한다.
- **추천 시스템:** 유사도를 기반으로 하는 추천 시스템을 생성한다. 예를 들어 페이스북의 '추천 친구' 또는 유튜브의 '추천 동영상'은 데이터 과학의 도움으로 모든 작업이 수행된다.
- **이미지 및 음성 인식:** 음성 인식은 '구글 어시스턴트' 또는 '시리(Siri)'와 같은 자연어 처리 시스템으로 목소리를 인식하며 데이터 과학 기술을 사용한다. 또한 페이스북은 데이터 과학의 도움으로 사진을 업로드할 때 친구를 인식한다.
- **게임 영역:** EA 스포츠(EA Sports), 소니(Sony), 닌텐도(Nintendo)는 데이터 과학 기술을 사용하고 있다. 게임 경험을 향상시키고 더 높은 수준의 게임을 제공할 때 데이터를 기반으로 한다.
- **온라인 가격 비교:** 프라이스러너(PriceRunner), 정리(Junglee), 숍질라(Shopzilla)는 데이터 과학을 이용해 가격을 비교하며 데이터는 API를 사용해 관련 웹사이트에서 가져온다.

데이터 과학이 좀 더 효과적으로 작동하기 위해서는 다음과 같은 조건들이 해결돼야 한다.

- 정확한 분석을 위해서는 다양한 정보와 데이터가 필요하다.
- 사용 가능한 데이터 과학의 인재가 많아야 한다.
- 사업 관리자들은 데이터 과학 조직에 재정적 지원을 제공해야 한다.
- 아직까지 데이터를 사용할 수 없거나 액세스하기 어려운 부분이 많다.
- 사업 의사 결정자가 데이터 과학 결과를 믿고 효과적으로 사용해야 한다.
- 데이터 과학을 다른 사람에게 설명하는 것은 아직까지 어렵다.
- 개인정보보호 문제를 해결하고 데이터법에 관련된 부분이 개선돼야 한다.
- 해당 산업의 도메인 전문가가 부족하다.
- 조직이 작으면 데이터 과학을 구성하기 어렵다.

5.6 데이터 과학과 머신러닝의 주요 차이점

데이터 과학은 다양한 데이터 과학적 방법, 알고리즘 및 프로세스를 사용해 방대한 양의 데이터에서 의미 있는 결과를 추출한다. 반면, 머신러닝은 프로그래머가 규칙을 명시적으로 코딩하지 않고 자체 학습 알고리즘을 통해 데이터에서 학습할 수 있는 기술이다. 데이터 과학은 전문가가 수동으로 분석 작업을 할 수 있지만, 기계학습 알고리즘은 수동으로 구현하기 어렵다. 데이터 과학 기술은 모든 실제 복잡성을 다루는 데이터에서 통찰력을 생성하는 데 도움이 되며 기계학습 방법은 새로운 데이터베이스 값에 대한 예측 및 결과를 이끌어내는 데 도움이 된다. 기계학습 방법은 데이터의 패턴을 분석, 이해 및 식별하는 데 이상적이다. 학습된 모델을 사용해 인간에게 완전하거나 불가능한 작업을 자동화하도록 기계를 훈련시킬 수 있다. 또한 기계학습은 최소한의 인간 개입으로 결정을 내릴 수 있다. 반면, 데이터 과학은 고급 기계학습 알고리즘을 사용해 사기를 감지하는 데 도움이 될 수 있다. 또한 상당한 금전적 손실을 방지하는 데 도움이 된다. 감정 분석을 수행해 고객 브랜드 충성도를 측정하는 데도 사용된다.

▼ 데이터 과학과 기계학습의 구분

데이터 과학	기계학습
데이터 과학은 과학적 방법, 알고리즘 및 시스템을 사용해 많은 구조 및 비정형 데이터에서 지식을 추출하는 학제 간 분야	기계학습은 알고리즘과 통계 모델에 대한 과학적 연구로 특정 작업을 수행하는 데 사용
데이터 과학 기술은 모든 실제 복잡성을 다루는 데이터에서 분석	기계학습 방법은 수학적 모델을 사용해 기록 데이터에서 새 데이터베이스의 결과를 예측
입력 데이터는 사람이 읽을 수 있는 형식으로 생성되며 사람이 읽거나 분석	기계학습을 위한 입력 데이터는 사용 알고리즘에 맞게 변환 필요
데이터 과학은 수동 방법으로도 작동 가능	기계학습은 수동으로 구현 불가능
데이터 과학은 전체 프로세스를 포함	기계학습은 데이터 과학 프로세스의 일부
데이터 과학은 인공지능의 하위 집합이 아님.	기계학습은 인공 지능(AI)의 하위 영역
데이터 과학에서는 높은 RAM 및 SSD가 사용돼 I/O 병목 문제를 극복	머신러닝은 GPU로 집약적인 벡터 연산에 사용

데이터 과학자의 특징은 다음과 같다.

- 비정형 데이터 관리에 대한 지식
- SQL 데이터베이스 코딩 실무 경험
- 여러 분석 기능을 이해할 수 있어야 함.
- 분석에 사용되는 데이터의 처리, 정리 및 무결성 확인에 사용되는 데이터 마이닝을 이해해야 함.

- 데이터 획득 및 강점을 인식해야 함.
- 전문 DevOps 컨설턴트와 협력해 고객이 모델을 운영할 수 있도록 지원해야 함.

기계학습 엔지니어의 특징은 다음과 같다.

- 데이터 진화 및 통계 모델링에 대한 지식
- 기계학습 알고리즘의 이해와 적용
- 자연어 처리 능력
- 데이터 아키텍처 설계
- 텍스트 표현 기술
- 프로그래밍 기술에 대한 심층 지식과 기능
- 확률과 통계에 대한 지식
- 머신러닝 시스템 및 딥러닝 기술에 대한 지식 설계
- 적절한 기계학습 알고리즘 및 도구 구현 능력

6. 기계 인식: 감각과 인식

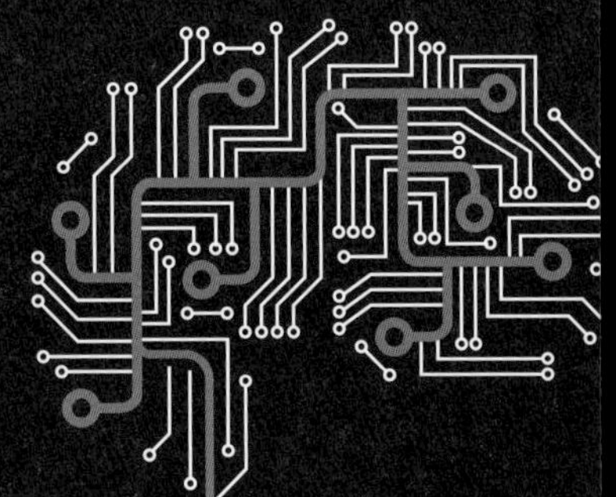

사람은 감각 기관을 통해 세상을 이해한다. 기계는 센서를 통해 세상을 이해한다. 세상으로부터의 자료와 지식을 바탕으로 학습을 하고 추론 능력을 가진 기계는 이제 세상을 인식하고 지능을 갖춰간다.

인간에게 쉬운 것이 컴퓨터에게 어렵다는 모라벡의 역설이 가장 들어맞는 곳 중 하나는 바로 '감각'에 관한 것이다. 인간은 감각적인 생물로부터 진화돼 현재에 이르렀기 때문에 감각으로 받아들이는 정보가 매우 자연스럽다. 우리는 실세계를 우리만의 감각을 통해 다른 사람들과 세상을 엇비슷하게 파악한다. 컴퓨터는 우리의 뇌가 하는 복잡하고 반복적인 일을 대신 수행하기 위해 만들어졌다. 우리의 진화 과정에서 가장 마지막에 발달한 뇌가 인공지능에게는 가장 처음에 처리해야 하는 과정이기도 하다. 컴퓨터에게 인지 문제란, 센서에 들어오는 정보를 해석해 현실에 대한 정보를 얻고 이것을 인공지능 행위자에게 제공하는 것이다. 인간의 감각은 대표적으로 오감(시각, 청각, 후각, 미각, 촉각)을 통해 세상의 데이터를 받아들인다. 컴퓨터에서는 감지기를 통해 세상의 데이터를 받아들인다. 감지기는 스위치 같은 형태로 on/off를 나타내는 단순한 것일 수도 있고, 카메라처럼 복잡한 것일 수도 있다. 또는 기계들에 부착돼 있는 수많은 센서들, GPS, 적외선, 초음파 등의 다양한 것이 존재한다.

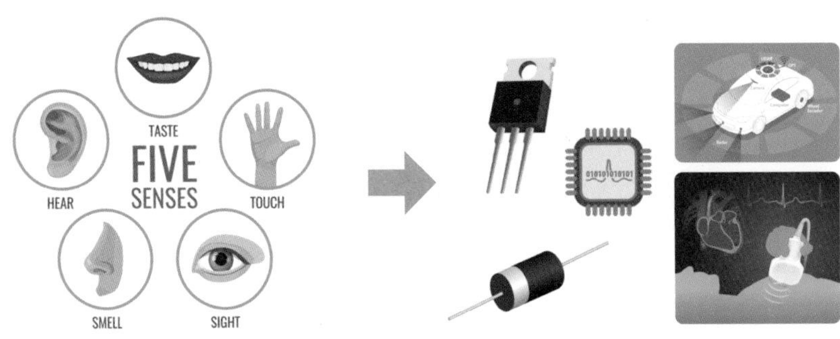

▲ 인간의 감각 기관과 컴퓨터의 센서

컴퓨터는 세상의 많은 정보를 처리하기 위해 다양한 감지 장치를 구현해냈지만, 아직 그 전체를 우리와 같은 형태로 완전히 통합돼 파악하는 것까지는 도달하지 못했다. 컴퓨터의 접근 방식은 세 가지로 나눌 수 있다. 첫 번째는 특징을 추출하는 방식이다. 간단한 특징을 중심으로 세상에 대한 감지를 해 간단한 계산에 대해 강조하는 것이다. 두 번째는 인식을 중심으로 한 접근 방식이다. 자율주행자동차가 신호를 구분하는 것처럼 시각이나 기타 정보에 의존해 각 물체에 이름을 붙이는 등의 행동이다. 세 번째는 재구축에 관한 것이다. 마치 지도를 만드는 것처럼 영상을 이용해 새로운 기하 모형을 내부에 구축하는 일이다. 감각과 인지는 영상이나 이미지, 소리 등 실세계에서 발생하는 신호와 더불어 이를 해석하는 일까지 포함한다. 컴퓨터 과학에서는 이를 '패턴 인식'이라고 한다.

6.1 패턴 인식

패턴 인식은 데이터로부터 중요한 특징이나 속성을 추출해 입력 데이터를 식별할 수 있도록 분류하는 것을 말한다. 계산이 가능한 기계적인 장치(컴퓨터)가 어떠한 대상을 인식하는 문제를 다루는 인지 과학과 인공지능의 한 분야이다.

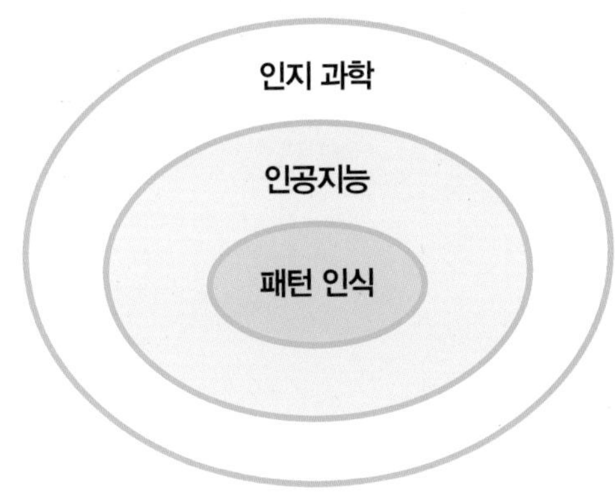

* **인지 과학(Cognitive Science):** 지능과 인식 문제를 다루는 포괄적인 과학 분야
* **인공지능(Artificial Intelligence):** 인간의 학습 능력과 추론 능력을 인공적으로 모델링해 외부 대상을 지각하는 능력을 컴퓨터로 구현하는 기술

▲ 인식 과학과 패턴 인식의 범위

지도학습 역시 데이터 속의 일정한 패턴을 추출하고 조합해 학습한다. 이미지와 소리 같은 데이터는 데이터 속의 일정한 패턴을 추출하고 학습하기에 적절하다.

▼ 다양한 패턴 분류 업무

분류 업무	입력 데이터	출력 반응
문자 인식	광학 신호 또는 영상	문자의 이름
음성 인식	음향의 파형	단어의 이름
화자 인식	음성	화자의 이름
기후 예측	천기도	일기 예보
의료 진단	증상	질병
주식 시장 예측	금융 소식 및 재무 도표	시세 변동 예측

여기서는 인간의 대표적인 감각 기관인 시각(컴퓨터 비전)과 청각(음성 처리)에 대한 부분을 중점적으로 다룬다.

6.2 영상 형성

영상이 어려운 이유는 하나의 눈으로 바라볼 때 물체의 거리를 명확히 재기 어렵기 때문이다. 한쪽 눈을 감고 팔을 적당히 뻗어 두 검지손가락을 맞닿게 해보면 생각보다 잘 맞지 않는다. 더 먼 거리에서는 원근감에 의해 구별할 수 있는데, 이는 우리의 뇌에 손에 대한 정보가 있기 때문일 것이다. 만약 처음 보는 물체 하나를 빈 공간에 두고 사진을 찍으면 이 물체의 크기에 대한 정보를 갖고 있지 않는 한, 크기에 대한 별다른 정보를 얻을 수 없다.

6.2.1 기본 영상 감지

기본적으로 영상을 감지하는 것은 눈의 구조에서 따온 것이다. 눈의 경우에는 망막이 물체에서 반사되는 빛을 모으는 역할을 하고 망막에 있는 수많은 세포가 민감하게 반응해 물체의 빛의 크기나 색 등의 영상을 형성한다. 초기 캠코더의 경우 영상이 영상 평면에 맺히고 해당 카메라가 가진 픽셀에 따라 색이 표현된다. 픽셀은 각각 CMOS나 CCD의 소재로 이뤄져 빛의 광자 파장에 따라 색이 결정된다. 이를 가장 쉽게 살펴볼 수 있는 것은 바늘구멍 사진기이다. 바늘구멍 사진기에 상자 앞에 빛이 들어오는 소실점과 같은 바늘구멍이 있고 상자 뒤에 영상이 맺히는 곳이 있다. 물체의 거리에 따라 원근법이 적용되는 구조를 갖고 있다. 빛을 충분히 수집하고 영상이 흐려지지 않는 우리의 눈과는 차이가 있지만 렌즈처럼 심도가 제한적이지도 않다.

우리가 어떠한 물체를 감지하는 데 큰 역할을 하는 것 중 다른 하나는 빛의 반사에 의한 것이다. 우리는 빛이 얼마나 밝게 보이는지를 통해 어떠한 물체를 감지할 수 있고 같은 계열의 색이더라도 각 부분에서 빛이 반사하는 정도에 따라 무늬를 구별하기도 한다. 또한 빛에 의해 정확하게 정반사하는 부분과 난반사하는 부분을 통해 물체의 기하적인 특징을 식별하기도 한다. 대부분의 표면은 빛을 고르게 반사하지만 거울같은 경우에는 정반사를 통해 물체의 빛을 그대로 돌려준다. 빛은 직선으로 나아간다는 특징 덕분에 컴퓨터의 경우에는 빛의 방향과 재질에 대한 함수를 통해 빛이 어느 정도로 반사하는지에 대한 계산이 가능하다.

색상의 경우에는 좀 더 단순한 편이다. 색은 눈에 도달한 빛에 에너지 파장에 의해 결정되는데 인간의 경우 청색과 녹색, 빨간색 세 가지를 가장 잘 받아들이고 이 색들을 중심으로 스펙트럼 형태의 파장을 인식하기 때문이다. 이 덕분에 우리가 보는 TV의 경우에도 RGB라는 세 가지의 색상만으로도 영상을 보여줄 수 있게 되는 것이다. 어떠한 물체가 특정한 색을 띄고 있다면 각각 R,G,B에 대한 세기의 비율로 색을 구할 수 있고 2차원 행렬 3개를 배열해 같은 방식으로 재현이 가능하다.

6.3 영상 처리

영상 처리는 영상을 세계로부터 입력받아 화소값으로 변환해 새로운 영상을 출력하는 것이다. 영상 자료의 경우는 텍스트에 비하면 매우 크기가 크고 우리 눈과 똑같이 재현하는 것이 쉽지 않다. 따라서 영상 처리에서는 모서리 검출이나 텍스처 분석, 광학 흐름 등의 기초적인 처리 연산이 필요하다.

6.3.1 모서리 검출

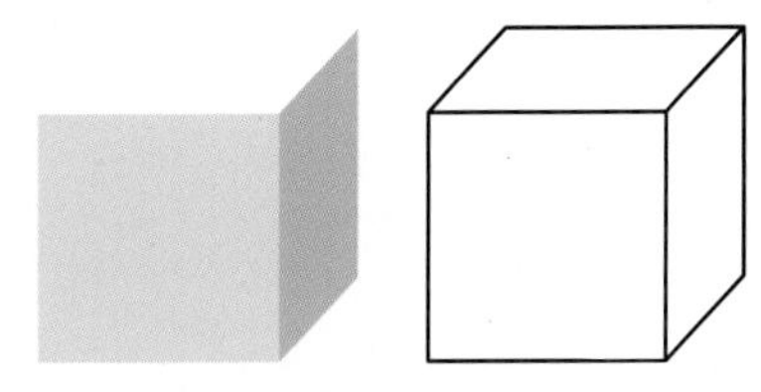
▲ 밝기 변화 지점에 따른 모서리 검출

모서리 검출이란, 영상의 평면에서 빛이 다르게 보이는 두 부분을 나누는 선이다. 모서리를 검출하는 이유는 각각의 평면에 대해 일일이 값을 계산하는 것보다 모서리를 검출함으로써 같은 평면에 대한 정보를 얻는 것이 간결하기 때문이다. 모서리를 검출하는 법은 이미지의 단면을 들여다보는 것이다. 이미지의 단면을 좌측부터 우측까지 빛의 밝기를 기준으로 나타내면, 그래프의 기울기가 급격히 변하는 부분이 생기게 된다. 해당 부분이 밝기가 급격히 변하는 부분이다. 그러나 영상에는 항상 노이즈가 섞여 있기 마련이다. 그런 경우에는 평활화 기법을 통해 노이즈를 없애고 모서리에 더 가중치를 부여할 수 있도록 설계한다. 영상에서 특정 명암 값에 대한 빈도수를 계산해 히스토그램을 생성하고, 각각의 명암 값들에 대해 누적 빈도값을 구해 원래 영상의 명암 값을 계산해 대체하는 것이다. 노이즈가 제거되면 모서리 픽셀을 식별하고 픽셀들을 연결해 모서리를 만들 수 있게 된다.

6.3.2 텍스처

텍스처(Texture)는 '질감'이라는 뜻을 갖고 있다. 영상 부분에서 텍스처는 주기적인 무늬와 같은 형태이다. 마치 축구장에서 잔디를 보는 듯한 느낌을 주는 것이다. 앞서 밝기에 대한 개념은 각각의 픽셀에서 얻을 수 있지만, 텍스처는 여러 픽셀을 모아 만들어내야 한다. 여러 픽셀을 일정 방향을 기점으로 한데 모아 히스토그램을 구성하면 텍스처를 파악할 수 있다. 보는 관점에 따라 히스토그램의 크기는 달라질 수 있지만, 전체적인 모양은 변하지 않게 되는 것이다. 텍스처를 따로 두는 이유는 편평한 면을 갖는 물체와 그렇지 않은 물체의 모서리 검출 문제이기도 하다. 접힌 헝겊과 같이 모서리가 명확하지 않은 경우에는 텍스처 요소 안에 모서리가 숨어 있을 가능성이 농후하다. 만약 이런 경우에는 텍스처 속성들을 파악해 모서리를 검출할 수 있다. 텍스처에 따른 벡터 값이 갑자기 달라지는 곳이 있다면 해당 부분을 모서리로 파악할 수 있게 되는 것이다.

6.3.3 광학 흐름

광학 흐름(Optical Flow)의 경우에는 영상과 관련된 이야기이다. 영상 안에서 어떤 물체가 움직일 때 해당 물체에서는 빛의 흐름이 감지된다. 바로 이것이 '광학 흐름'이다. 광학 흐름은 실제 시간보다 찍는 카메라의 초당 픽셀 단위와 관계가 있다. 떠다니는 비행기보다 눈앞의 자동차가 더 빨라 보이는 현상을 통해 우리는 거리를 식별할 수 있게 된다. 영상은 프레임을 중심으로 직전 프레임과 현재 프레임의 밝기 변화를 통해 광학 흐름을 탐지할 수 있다. 영상에서 어떤 물체가 움직임을 보이는 경우, 주변 프레임은 비슷한 밝기를 유지하기 때문에 해당 물체의 다음 프레임 점으로 예상되는 후보군을 찾아 대응하는 것이다. 분산을 구하는 것처럼 두 블록의 유사성을 찾아 다음 프레임을 찾은 후에 광학 흐름을 확인하게 된다.

6.3.4 영상 분할

영상 분할(Image Segmentation)은 영상 인식에 중요한 역할을 한다. 사물을 구별하고 물체를 추적하거나 영상 검색, 동작 인식 등과 같은 문제를 해결하도록 해준다. 영상에서는 각 픽셀에 대해 밝기나 색상 또는 텍스처같은 시각적인 특징들이 존재한다. 분할은 모서리 분할처럼 두 영역을 나누는 데 초점을 맞출 수도 있지만, 그런 비슷한 지역들 자체를 확인하는 것을 목적으로 둘 수도 있다. 분할의 방법에는 다양한 접근 방식이 있다. 기초적으로는 학습에 의한 방법이 있다. 실제로 실측해 경계선을 분할해둔 자료와 이미지의 특징을 가진 히스토그램의 차이에 근거해 훈련한 후 학습된 분류기를 이용하는 것이다. 영상 분할은 다양한 알고리즘에 근거하며 여러 연구가 현재 진행형이기도 하다. 자율주행자동차와 같이 움직이는 물체를 인식하는 것에 대한 중요도가 높아지면서 점차 알고리즘의 인식도 높아지고 있다.

6.4 물체 인식

물체를 인식한다는 것은 감각에서 인지로 넘어가는 부분이기도 하다. 어떠한 물체의 외관을 보고 물체를 인식한다는 것은 사람에게도 쉬운 일은 아니다. 변하지 않는 물체의 모습은 어떤 모양이든 알아보기 쉽지만, 움직일 수 있거나 형상이 변하는 것은 물체를 인식하기 쉽지 않다. 사람의 경우 물체 자체와 함께 특징을 중심으로 물체를 인식하는 특징 인식 알고리즘을 갖고 있다. 컴퓨터의 초기 물체 인식 아이디어는 해당 부분에서 출발했다. 어떠한 물체가 패턴을 갖고 있을 때 어떤 패턴은 변하지 않지만 어떤 패턴은 변한다고 가정하는 것이다. 즉, 히스토그램상에 변하지 않는 패턴만 확인하면 해당 히스토그램의 물체를 인식하는 것이다. 최근의 객체 인식은 기계학습과 딥러닝이 주를 이루고 있다. 딥러닝을 사용한 객체 인식은 현재 가장 널리 쓰이는 방식으로, CNN과 같은 모델을 이용해 해당 객체 고유의 특징을 자동으로 학습한다. 방대한 데이터셋을 레이블링된 상태로 학습하는 것이다.

그럼에도 불구하고 사물을 인식하는 것은 우리 눈에 보이는 여러 현상으로 인해 어려움이 많다. 우리의 눈을 왜곡하는 착시 현상들은 물론이고, 어떠한 물체 뒤에 겹쳐 있는 경우, 우리가 자주 보던 방향이 아닌 다른 방향의 경우, 사람처럼 물체가 자유자재로 움직이는 경우이다. 그렇기 때문에 인공지능 방식의 이미지 인식이 사용되더라도 이전의 히스토그램 특징 검출과 같은 부분들이 여전히 혼합적으로 사용되기도 한다.

6.4.1 HOG

사람 인식에서 많이 사용되는 것 중 하나는 HOG(Histogram of Oriented Gradients)이다. 영상을 일정 크기 블록으로 나눈 후 그래디언트를 구성해 히스토그램을 만들고 평면상에 벡터로 표시하는 방법이다. 보행자 검출에 많이 사용되는데, 사람의 모양을 전체적으로 보면 머리와 몸통, 팔, 다리 등을 단순한 선으로 구성할 수 있다. 움직이는 관절 또한 사람마다 비슷하다. 이런 특징을 구축한다면 사람을 인식할 수 있는 창을 만들 수 있을 것이다. 이 역시 주로 SVM과 같은 머신러닝 모델을 이용해 특징을 추출한다. 빈 배경과 사람이 있는 배경에 대한 학습을 시도해 사람을 인식하는 창을 조금씩 이동시키면서 보행자를 검출할 수 있게 만든다.

6.4.2 R-CNN

R-CNN은 이미지에서 각 영역들을 분할해 물체 영역을 판별한 후 해당 영역에서 CNN을 사용하는 방법이다. R-CNN의 핵심은 영역을 제안하는 알고리즘이다. 영상을 분할하고 유사한 부분을 합병해 물체 영역을 찾아낸다. 1,000여 개가 넘는 영역을 추천하고 CNN을 통해 각 영역의 특징을 추출하는 것이다. CNN에 의한 결괏값이 긍정적일 경우 해당 객체에 대한 위치를 찾아낼 수 있다는 장점이 있다. 아주 많은 영역을 제안하고 해당 영역마다 CNN 알고리즘을 적용하기 때문에 시간이 오래 걸린다는 단점이 있다.

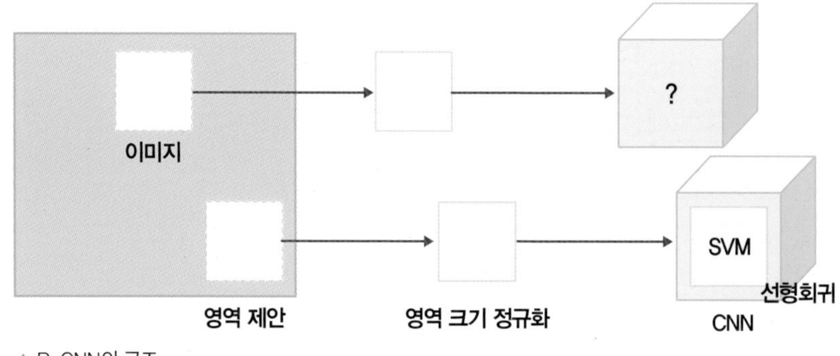

▲ R-CNN의 구조

이를 보완하기 위해 Fast R-CNN이 자리를 대체했다. 기존의 영역 제안 알고리즘을 사용하지만 이미지 전체에 CNN을 적용한다는 것이 차이점이다. 전체에 대한 CNN 계산의 결괏값을 이용해 특징 지도를 구성하고 이후에 영역 제안을 통해 알고리즘상의 연결층의 입력으로 전달하게 된다. 객체 인식에 선형 회귀, 객체 분류에 Softmax 알고리즘을 이용해 조절하게 된다. Fast R-CNN은 기존의 R-CNN보다 약 9배 정도 빠른 것으로 알려져 있다.

6.4.3 YOLO & SSD

YOLO(You Only Look Once)는 객체를 실시간으로 인식하는 알고리즘이다. 일단 이미지를 $S\times S$개의 그리드로 분할하고 각각 그리드의 신뢰도를 구한다. 처음에는 각각의 그리드가 객체와 상관없이 설정되지만, 신뢰도에 의해 객체 인식 윈도우가 조금씩 조정되면서 높은 정확성을 갖는 윈도우를 가질 수 있다. 이후 그리드 안에 객체가 포함됐는지 여부를 계산하기 위해 객체의 클래스 점수를 계산하는데, 이 결과로 $S\times S\times N$의 객체를 예측할 수 있다. 대부분은 낮은 신뢰도를 갖기 때문에 주변 그리드와 합쳐 임곗값을 설정하면 제대로 된 그리드를 얻을 수 있다. 이전보다 매우 빠른 속도를 지닌다. 이후 9개의 컨볼루션 창을 사용하는 YOLO Fast 모델을 이용해 속도를 매우 개선시켰다.

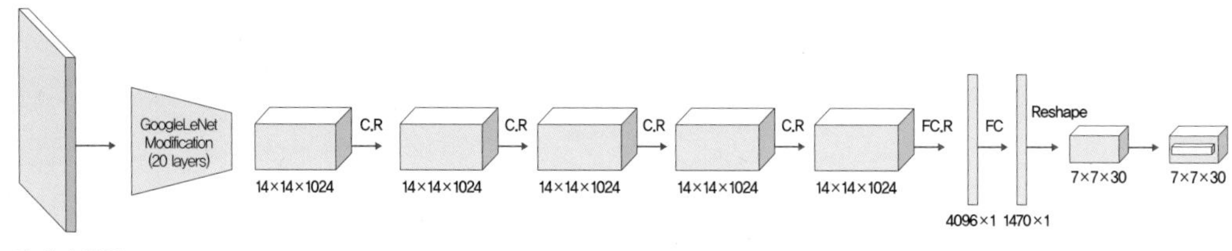

▲ YOLO를 이용한 GoogleLeNet 이미지 인식 시스템

SSD(Single Shot Detector)는 YOLO보다 느리지만, 정확도를 좀 더 높일 수 있는 방법이다. SSD는 이미지에 대한 CNN 연산을 한 번만 수행하고 특징 지도를 구성한다. 이후 윈도우를

구성하고 객체 분류 확률을 예측하기 위해 특징 지도를 3×3의 크기로 시행해 경계 윈도우 창을 예측한다.

6.5 3차원 세계

컴퓨터 비전의 문제는 센서를 통해 얻는 정보가 2차원으로 표현된다는 점이다. 이를 해결하기 위해 해당 정보를 갖고 3차원을 다시 복원하는 방법에 대해 연구하기 시작했다. 이에 대한 기본적인 아이디어는 다음과 같다.

첫째 우리 눈이다. 우리 눈은 2개의 다른 곳에서 바라보는 시야를 통해 삼각측량과 같은 방법으로 물체의 위치를 알 수 있다. 둘째, 우리가 물체에 가진 배경지식이다. 공이 하늘에 있을 때 공이 땅으로 떨어질 것이라는 예측을 할 수 있다. 바람이 불고 비가 내려도 떨어질 확률은 매우 높다. 3차원 구축은 아직도 계속 발전해 나가는 단계이기도 하다.

우리가 아는 거의 모든 동물의 눈이 2개인 이유는 물체와의 거리를 재기가 쉽기 때문이다. 어떠한 물체를 두 점에서 바라보면 그 물체가 놓인 지점을 바라보는 축이 달리지므로 두 영상이 서로 다르게 된다. 이 두 영상의 불일치를 해결하려면 한 점을 주시하고 각 시차를 계산해 깊이 차이를 계산하게 되는 것이다.

또 앞서 살펴봤던 텍스처나 셰이딩에 의해 3차원 세계를 투영하는 것도 가능하다. 텍스처가 일정하다고 가정하면 한 시각에서 보았을 때 텍스처의 크기는 멀어질수록 점점 더 작아진다. 멀리 있는 물체일수록 비례 계수 $1/Z$에 의해 더 작게 나타나며 텍셀(Texel)이 지면과 같은 소실점으로 멀리 있는 상태라면 원근 단축 효과의 크기와 비례해 나타나기도 한다. 셰이딩의 경우 물체가 받는 빛의 방향에 따라 다른 것이므로 각 픽셀의 밝기에 따라 기하 구조와 반사 속성을 구하는 것이다. 그러나 이는 쉽지 않은 일이기도 하다. 똑같은 재질의 물체라면 반사율이 모두 똑같은 면일 것이므로 기하 구조를 판단할 수 있지만, 실상은 그렇지 않기 때문이다. 게다가 형광등이 세 군데 정도에서 켜진 상태라면 이마저도 무용지물이 된다. 인간의 경우는 이러한 경우가 있더라도 학습에 의해 보정된 상태로 물체를 바라볼 수 있기 때문에 가까운 곳이 어둡고 먼 곳이 밝거나, 광원이 여러 개인 경우에도 물체의 원근을 쉽게 조절할 수 있다. 이처럼 아직까지 3차원에 관해서는 인간의 눈을 따라가기에는 한참 부족한 상태이다. 다양한 알고리즘을 통해 조금씩 나아지고 있지만, 학습마저도 다양한 현실의 조건 앞에 더딘 상태이다.

6.6 음성 인식

음성 인식(Speech Recognition)이란, 사람이 말하는 음성 언어를 컴퓨터가 해석해 그 내용을 문자 데이터로 전환하는 처리를 말한다. 이를 STT(Speech-to-Text)라고도 한다. 아날로그인 소리가 음성 인식 기술을 통해 디지털 정보로 변환되면 비로소 다양한 분야에서 활용할 수 있는 데이터가 되는 것이다.

음성 인식 기술의 시작은 1954년 IBM과 조지타운 대학이 공동으로 참여한 기계 번역 기술 개발 프로젝트로 거슬러 올라간다. 음성 인식 기술은 고유의 목소리 뿐 아니라 수많은 단어까지 모두 인식하고 처리할 수 있어야 한다. 하지만 그 당시 방대한 데이터 처리를 위한 컴퓨터가 없었기 때문에 음성 인식 기술은 2000년대 중반까지 상용화되지 못했다.

음성 인식 기술이 빠르게 대중화된 계기는 스마트폰이 등장하고 여기에 음성 인식 기술이 적용되기 시작하면서부터이다. 스마트폰은 그 자체로 방대한 데이터를 충분히 처리할 수 있는 프로세서였고, 음성을 인식할 수 있는 마이크도 탑재돼 있어 음성 인식 기술이 적용되기에 최적화된 장치였기 때문이다. 처음에는 단순한 명령 정도만 알아듣는 음성 비서로 시작했던 기술은 이후에 더욱 다양한 분야에 적용되면서 빠르게 발전하고 있다. 과거 소리를 문자로 바꿔주는 것이 한정적이었지만, 현재는 사람과 기계 간의 대화를 가능하게 하는 자연어 처리 기술까지 발전한 것이다(참고: https://m.post.naver.com/viewer/postView.nhn?volumeNo=16706161&memberNo=39046504).

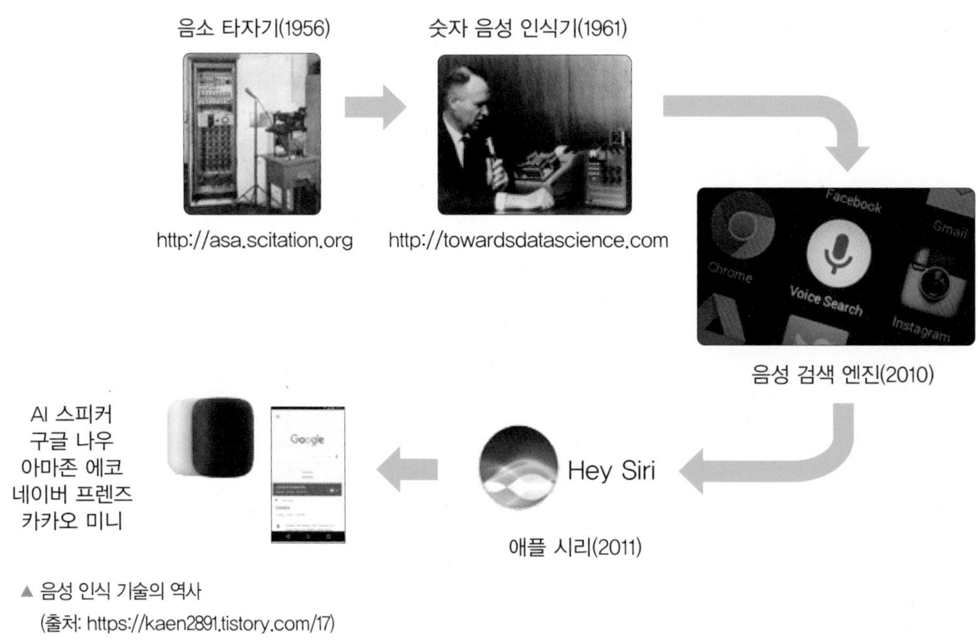

▲ 음성 인식 기술의 역사
(출처: https://kaen2891.tistory.com/17)

1950년대 RCA에서 개발된 음소 타자기나 1960년대에 개발된 숫자 음성 인식기는 규모나 계산 능력 면에서 수백 배나 작은 스마트폰의 그것보다 훨씬 못 미치는 성능으로 훨씬 낮은 수준의 인식 대상만을 고려할 수밖에 없었다.

최근 몇 년 동안 딥러닝으로 말미암아 혁신적인 성능을 보이고 있는 음성 인식 기술도 보편화되고 있는 클라우드 서버 및 고성능 GPU와 같은 하드웨어의 눈부신 발전에 그 배경을 두고 있다.

음성 인식 시스템은 음성 신호를 받아 문장의 형태로 산출하는 역할을 하고, 이를 구현하기 위해서는 전처리, 패턴 인식, 후처리의 3단계가 필요하다. 즉, 전처리 및 특징 추출 작업을 통해 음성 신호에서 노이즈를 제거하고 특성(Feature)을 추출해 문장을 구성하는 데 필요한 원소의 형태로 특징들을 인식(또는 매핑)한다. 원소들을 조합해 문장의 형태로 표현한다.

- **전처리:** 변환 및 특징 추출 청각 시스템에서와 같이 음성 신호로부터 시간 및 주파수 영역의 특징을 추출해내는 과정이다. 청각 시스템의 와우각(달팽이관) 기능을 하며 음성 신호의 주기성과 동기성의 정보를 추출한다.
- **패턴 인식:** 특징으로부터 결괏값 산출 음성 신호의 전처리를 통해 얻어낸 특징을 바탕으로 문장을 구성하는 데 필요한 원소인 음소, 음절, 단어를 인식하는 역할을 하고 있다(이를 위해 음성학, 음운학, 음운 배열론, 시형론 요구). 이에는 템플릿(사전) 기반의 다양한 알고리즘이 사용되는데, 동일한 문제에 각기 다른 방식으로 접근한다. 알고리즘별 접근 방식은 다음과 같다(DTW: 동적 프로그래밍을 통한 접근 / HMM: 확률 추정을 통한 접근 / Knowledge Base: 인공지능을 이용한 추론을 통한 접근 / Neural Network: 패턴 분류를 통한 접근).
- **후처리:** 언어 처리(문장 복원) 패턴 인식 후의 결과인 음소, 음절, 단어를 재구성해 문장을 복원해낸다. 이를 위해 구문론, 의미론, 어형론이 이용된다. 문장을 구성하기 위해 규칙, 통계 기반 모델을 이용한다.
- **구문 규칙 모델(Syntactic):** 매 단어 다음에 올 수 있는 단어의 종류를 제한해 문장을 구성한다.
- **통계적 모델(Statistical):** 매 단어에 대해 이전의 N개의 단어가 발생할 확률을 고려해 문장을 인식(N-gram으로 표현)한다.

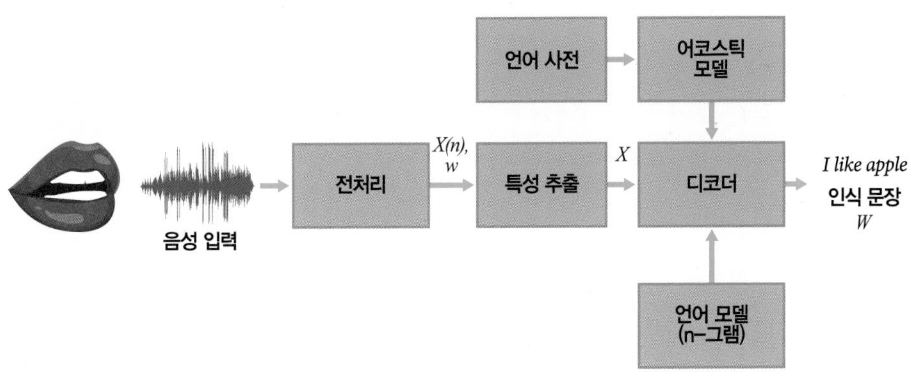

▲ 음성 인식 처리 절차
(출처: https://wikidocs.net/30649)

음성 인식기는 크게 언어 모델과 음향 모델이라는 두 가지의 중요한 지식원(Knowledge Source)을 사용해 음성 신호로부터 문자 정보를 출력하게 되는데, 이때 개념적으로 음성 신호를 문자 심볼로 해석한다는 차원에서 음성 인식 알고리즘을 '디코더(decoder)'라 부르기도 한다.

현재 일반적으로 사용되는 음향 모델(Acoustic Model)은 우리말의 'ㄱ', 'ㄴ', 'ㄷ', …, 'ㅏ', 'ㅑ', 'ㅓ' 등의 소리 단위를 딥러닝 기술로 학습해 지식화해 놓고 디코더에서 사용한다. 언어 모델은 단어나 어휘적 쓰임새를 학습해 지식으로 갖고 있는데, 예를 들어 '아버지'라는 어휘 다음에 '는', '이', '를' 등과 같은 어휘가 어느 정도의 확률로 나타날 수 있는지를 나타내는 통계적 모델이 일반적으로 적용된다.

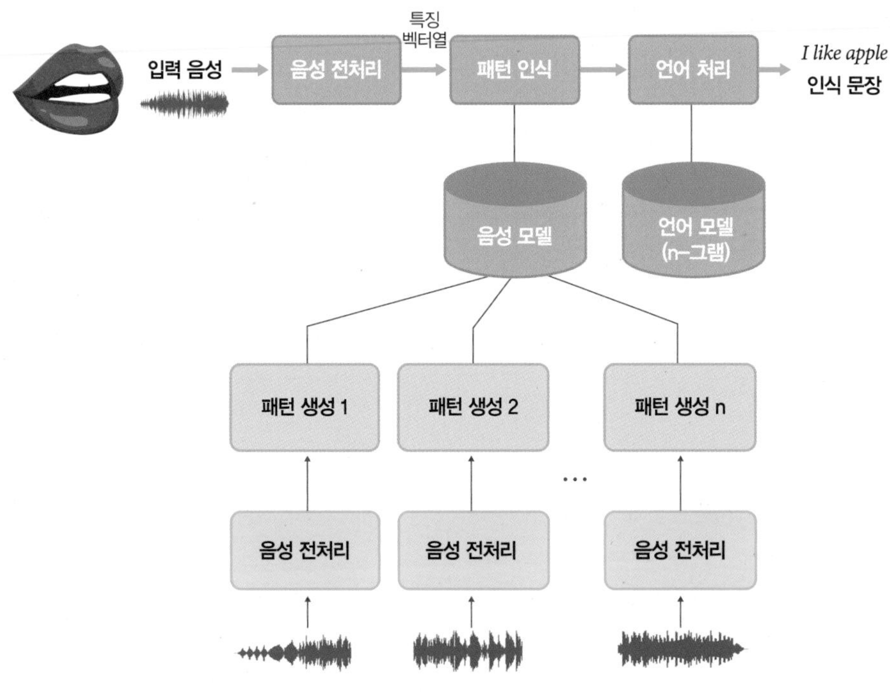

▲ 음성 인식 과정

ARTIFICIAL INTELLIGENCE

7. 자연어 처리: 언어와 소통

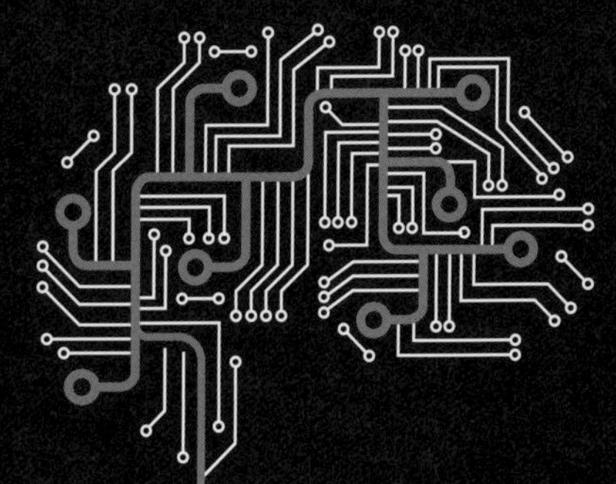

언어는 세상과 소통하는데 가장 중요한 인간의 능력이다. 인간의 지능은 언어를 통해 형성된다. 이것이 바로 언어의 추상 능력이 중요한 이유이다. 기계가 언어 능력을 갖추기를 기대했던 앨런 튜링은 튜링 테스트라는 커다란 꿈으로 인간에게 도전 거리를 제공했지만, 아직까지 자연어를 제대로 구사하는 기계의 등장은 요원한 것처럼 보인다.

우리 사회가 존재하는 가장 큰 이유는 서로 의사소통을 하기 때문이다. 어떤 식으로든 서로 소통하는 존재들은 사회적 무리를 지어 삶을 보낸다. 그중에서도 인간이 이처럼 큰 무리를 지을 수 있었던 이유는 언어의 발달일 것이다. 인공지능은 인간을 위한 도구이다. 따라서 우리가 사용하는 자연스러운 정보 전달 표현을 컴퓨터가 알아들을 수 있어야 하는 것은 당연한 과제이기도 하다.

1950년 앨런 튜링은 기계와 지능을 통해 자연어 처리에 대한 개념을 말하기 시작했다. 이때 당시 처음 번역 자동화 시도를 했고 이후 언어의 형식과 기호를 계속 연구함으로써 1990년대에 이르러 확률 및 데이터 기반 모델이 표준화됐다. 현재의 거의 모든 지식은 인간의 언어로 작성돼 있다. 수학과 같은 형식과 규칙을 가진 기호들이 하나의 지식 체계를 구성하지만, 우리가 흔히 말하는 데이터의 기하급수적 증가는 언어가 더 많은 비중을 차지한다. 우리가 사용하는 의사소통 언어를 '자연어(Natural Language)'라 하고 자연어 처리는 컴퓨터를 이용해 인간의 언어를 분석하고 이해하는 방법이다. 언어와 소통 부분에서는 자연어 처리뿐 아니라 인간과의 자연스러운 상호작용을 위한 여러 분야가 필요하지만, 최근들어 가장 발전하고 있고 주목하는 분야이며, 오랜 시간 동안 정복되지 않고 있는 분야인 자연어 처리를 중심으로 설명한다.

7.1 언어 분석의 확률적 접근

수학 같은 기호와 프로그래밍 언어 같은 형식 언어에는 명확한 규칙이 존재한다. 자연어로 따지면 문법과 같은 것들이 바로 그것이다. 프로그래밍 언어에서는 규칙에 어긋나면 오류가 발생하고 동작이 수행되지 않지만 자연어의 경우에는 문법들이 평소와 다르게 쓰이더라도 그 내용을 인지할 수 있다. '컴퓨터는 이런 거 안 되잖아.'라는 문장이 있을 때 '이런 거 컴퓨터는 안 되잖아', '안 되잖아 이런 거 컴퓨터는'이라고 말해도 우리 모두 문장을 이해할 수 있다. 또한 '배가 산더미처럼 쌓였네.'라는 문장에서 '배'의 의미가 우리 몸의 배인지, 타고 다니는 배인지 명확히 구분할 수 없다. 그렇기 때문에 자연어의 경우에는 확률을 기반으로 접근하는 것이 바람직하다. 예를 들면 위와 같은 문장에서는 '쌓였다.'라는 표현이 우리 몸의 배와 자주 쓰이지는 않으므로 먹는 배를 의미할 가능성이 높다. 이러한 방법으로 접근해야 자연어에 도달할 수 있다.

7.2 NLP의 주요 아이디어 - 텍스트 분류

텍스트를 분류하는 것은 '범주화(Categorization)'에 가까운 일이다. 사용자가 어떤 텍스트를 입력했을 때 그 내용이 어떤 범주에 들어 있는지를 파악하는 일이다. 이러한 텍스트 분류는 언어 식별할 때 중요한 가치를 가진다. 어떤 사람의 의도를 파악할 때 단어에 따라 문맥의 의미가 달라질 수 있기 때문이다. 예를 들어 '무쌍'이라는 단어를 볼 때 어떤 이는 용호상박의 무쌍을 생각할 것이고 어떤 사람은 쌍꺼풀이 없는 상태를 생각할 것이다. 또는 왕자와 공주처럼 특정 성을 지칭하는 단어도 있을 것이다. 이러한 단어들을 구분하기 위해 NLP에서는 상황별로 패턴을 달리해 확인해야 한다. 이렇게 범주화하는 가장 주된 방법은 특징을 검출해 벡터화하는 것이다. 특징 선택 프로세스를 이용해 주변의 단어들과 얼마나 어울리는지를 확인하는 것이다. 아이라인, 눈 등과 함께 결합하면 쌍꺼풀이 없는 상태일 것이고 누구와 누가 대결한다고 하면 용호상박의 뜻을 지닐 것이다. 이러한 특징들 역시 지도학습과 같은 형태로 학습되는데, 텍스트 범주화에 흔히 쓰이는 것들은 이전의 KNN, SVM, Decision Tree, Naive Bayes, Logistic Regression 등 매우 다양하다. 이러한 것들은 스팸 필터나 문서 분류서도 쓰이는데, Feature Set를 자세하게 설정하면 99% 이상의 정확도를 달성할 수 있다고 한다.

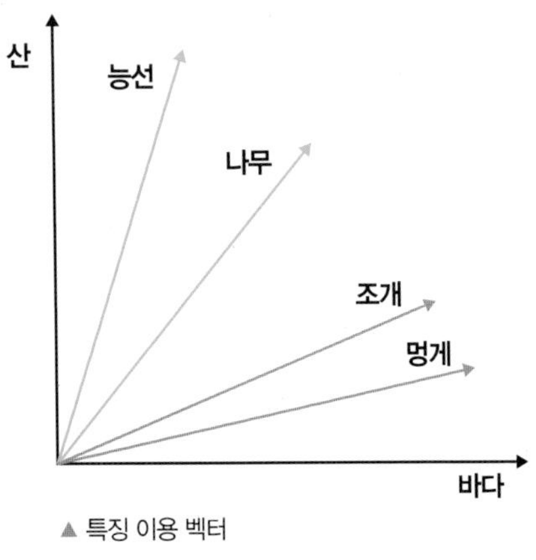

▲ 특징 이용 벡터

7.3 자연어의 특성과 자연어 처리 구성 요소

자연어 처리는 인공지능 과학자보다 언어학자의 손길이 많이 미치는 분야이기도 하다. 디자이너가 웹 디자이너가 되는 것이 빠른지, 프로그래머가 웹 디자이너가 되는 것이 빠른지에 관한 논쟁과 비슷하다. 언어에는 고유한 특성이 존재한다. 먼저 영어나 한글은 소리로 구분하는 문자이고 중국어과 같은 글자는 뜻을 갖고 있다. 또한 한글처럼 띄어쓰기가 있는 언어도 있고 일본어처럼 띄어쓰기가 없는 언어도 있다. 또한 어떤 언어는 여성형 단어와 남성형 단어가 따로 있지만 우리나라처럼 그렇지 않은 경우도 있다. 이러한 각 언어들의 다양한 특성 때문에 하나의 NLP 알고리즘이 다른 언어에 쉽게 적용되지 못한다. 각 언어별로 NLP가 발전돼야 하는 이유이기도 하다. 자연어 처리의 주요 구성 요소는 형태학적 분석, 구문 분석, 의미 분석, 담화 통합, 실용적 분석으로 나눌 수 있다.

7.3.1 형태학적 분석 및 어휘 분석

어휘 분석은 단어와 표현까지 포함하는 것을 말한다. 단어 구조를 분석하고 식별하며 설명을 하는 것까지이다. 주어진 텍스트를 단락, 단어 및 문장으로 나누는 것도 이와 마찬가지이다. 개별 단어들은 구성 요소로 분석되고, 구두점과 같은 기호들은 단어와 분리되는 단계이다. 어휘 분석의 경우에는 우리가 볼 때 쉽게 인지 가능하지만 컴퓨터의 경우에는 품사와 구별돼야 하기 때문에 항상 쉬운 것은 아니다. 이러한 어휘 분석을 가능케 하는 것은 형태학적 문법이다. 한글을 중심으로 설명하면 먼저 음절을 기준으로 각 소리를 내는 단위를 구분하고 한 글자마다 한 음절에 대응한다. 어절의 경우 띄어쓰기 단위가 말의 덩어리라고 볼 수 있다. 어절 안에는 단어(합성어 포함)와 접사가 함께 있는데, 해당 단어에서 접두사나 접미사를 제외하면 해당 단어를 추출해 의미를 분석할 수 있다. 그러나 가끔 어간처럼 용언 활용에서 변하지 않는 부분이 있는가 하면 어미처럼 용언을 활용할 때 어간에 붙어 변화하는 부분도 있다. 이러한 경우에는 우리나라 말의 형태소, 즉 더 이상 분해할 수 없는 단위로 각각의 단어를 쪼개 생각해 볼 수도 있다. '안녕하세요.'라는 단어가 있을 때 형태소는 [안녕], [하], [세요]로 나눌 수 있다. 그럼 해당 언어에서 [안녕]을 통해 이 문장의 뜻을 알아낼 수 있고 [하]는 어근, [세요]는 높임말이자 의문문으로 볼 수 있게 된다. 이처럼 각 언어의 형태를 분리해낼 수 있어야 형태학적 분석이 가능해진다.

7.3.2 구문 분석

단어는 일반적으로 구문 단위로 받아들여진다. 각 구문은 개별 언어에서 문장 구조를 제어하는 원칙과 규칙이기도 하다. 문장을 구성하는 문자들이 문장 내에서 어떤 역할을 하는지를 알아보는 것이다. '아버지가 방에 들어가신다.'에서 '아버지가'는 주어, '방에'는 목적어, '들어가신다.'는 서술어로 볼 수 있다. 구분 분석을 대개 트리 형태로 나타내며 규칙을 기반으로 하거나 기계학습을 사용해 분석을 시도한다.

규칙 기반의 구문 분석에서는 기초 영문법 책과 같이 기호를 사용해 문법을 나타낸다. *N*(명사), *V*(동사), *Adj*(형용사), *Adv*(부사) 등으로 나타낸다. 이러한 기호는 상하 포함 관계에 따라 파스 트리를 구성한다. 명사구 안에는 관형사와 명사 등이 포함되고 동사구 안에는 동사나 또 다른 명사나 관형사가 포함될 수 있다. 이 트리 아래쪽에 각 단어들이 포진돼 있는 것이다. 해당 트리가 구성되면 파싱이라는 방법으로 트리를 타고 내려가거나 올라가면서 구문을 파악하게 된다. 해당의 경우에도 모든 문장이 명확한 의미를 갖고 있지 않거나 어휘가 중의성을 갖는 경우에는 구문 분석에 오류가 생기기도 한다.

기계학습 기반의 구문 분석은 구문 분석이 끝난 학습 데이터를 사용해 구문 분석을 해 나가는 학습 모델을 구축하는 것이다. 여러 문장에 대해 사람이 각각의 문법을 만들 필요가 없지만 정확하게 잘 분류된 데이터를 얻는 것이 쉽지는 않다. 학습 초기에는 사람이 일일이 데이터를 정제했지만 지금은 상당 부분이 컴퓨터에 의해 분석된다.

7.3.3 의미 분석

의미 분석의 경우에는 이전의 형태학적 분석과 구문 분석의 결과를 해석해 문장의 의미를 파악하는 것이다. 해당 작업에서 단어는 선형으로 순차적인 구조로 전송되고, 단어가 서로 어떻게 연결돼 있는지 확인하게 된다. 의미론의 경우에는 단어나 구, 문장의 문자 의미에만 중점을 둔다. 주어진 문맥에서 사전적 의미나 실제 의미를 추상화한다. 이 작업은 단순히 의미뿐 아니라 대화가 이뤄지는 상황, 즉 세계에 대한 이해가 필요하기에 더 어려운 분야이기도 하다.

단어를 의미로 분석하기 위한 초기 아이디어는 one-hot 벡터이다. 이는 단어별로 좌표상에 위치를 배열하는 방법이다. 예를 들면 사람은 (1, 0, 0)이라면 원숭이는 (0, 1, 0)이고 바나나는 (0, 0, 1)인 것이다. 이 방법으로는 이 세 단어 간의 관계를 찾기가 어렵다. 이를 극복하기 위해서 'Word2Vec'이라는 방법을 사용한다. 문자 그대로 단어를 벡터로 표현하는 것이다. 실수 공간에서 벡터로 표현하면 단어의 위치 간 거리가 실제 의미를 반영하게 된다. 이를 벡터상 위치에 놓는 모델도 Gram 모델, CBOW 모델 등을 활용할 수 있다.

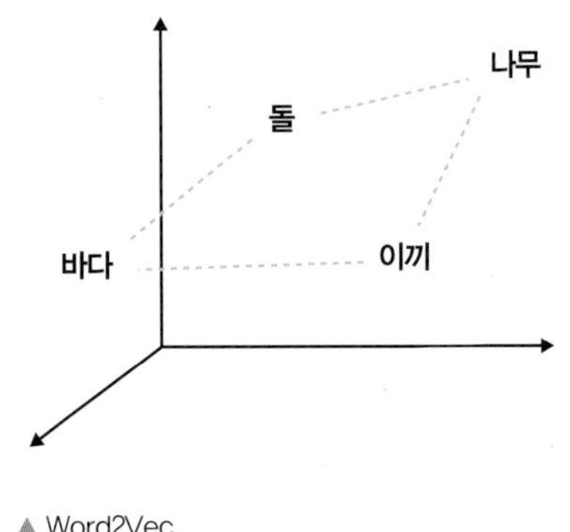

▲ Word2Vec

7.3.4 담화 통합과 실용적 분석

담화 통합(Discourse Integration)은 문맥에 대해 생각하는 것이다. 해당 문장에 의존하는 단일 문장의 의미와 함께 다음 문장의 의미를 고려하는 것이다. 예를 들어, '그는 시작했다.'라는 말이 있으면 그 다음 문장에 의해 '시작했다.'의 의미가 결정되는 것이다. 이전의 한 문장 안에서의 단어들 간의 의미를 넘어 문장 간에 소통하도록 만든다. 이를 실현하기 위해서는 대화의 목표에 대한 성격, 대화의 현재 초점, 대화의 법칙 등과 같은 모든 정보가 포함돼야 한다.

실용적 분석(Pragmatic Analysis)은 전반적인 의사소통과 함께 사회적 콘텐츠를 해석하는 영향까지를 다룬다. 특수한 상황에서 언어의 의미 있게 도출하는 것이다. 예를 들면 "에어컨을 틀어서 춥지 않니?"라는 말은 춥냐고 물어보는 말이 아니라 에어컨을 끄자는 뜻이다. 이와 같은 실용적 분석 단계에 도달하면 인간과 대화가 가능한 수준에 이를 수 있다.

▲ 자연어 처리의 구성 요소

7.4 딥러닝 기반 자연어 처리

NLP는 수십년간 비약적으로 발전해왔지만, 특징을 기반으로 규칙을 가진 언어 모델을 발달시켜왔다. 하지만 언어의 다양성과 특이성, 변화, 인간의 의도 등에 비춰보면 아직도 부족한 점이 많다. 최근의 자연어 처리는 한 단계 높은 차원의 퍼포먼스를 보여줬으며 이는 딥러닝에 기반을 둔 NLP였음이 밝혀졌다. 딥러닝은 자동화된 특징 추출과 표현을 가능하게 해줌으로써 기존에 인간이 추출하던 방식보다 훨씬 더 빠르게 학습할 수 있게 된 것이다. 딥러닝 기반의 NLP를 위해서는 해당 단어들이 모두 실수 벡터로 위치해야 함을 가정하고 시작한다. 벡터로 위치한 단어들이 위치의 근접성에 따라 서로 맵핑되고, 서로 같은 의미를 갖게 되는 것이다.

딥러닝의 언어 모델(해당 단어 직전의 단어들 다음에 출현할 단어의 확률)은 신경망을 이용해 구현한다. 이 이전의 단어들을 신경망을 이용해 학습하게 된다. 입출력 자료는 모두 벡터상에 표시되므로 문장에서의 관련성을 추측할 수 있다. 또한 단어뿐 아니라 구와 문장 역시 벡터로 표시해 신경망을 반복적으로 구성해나간다.

이러한 딥러닝 기반의 자연어 처리는 키워드 기반 마케팅에 많이 쓰인다. 예를 들면 어떠한 상품을 판매할 때 SNS상에서 감정 단어와 함께 맵핑하면, 벡터상의 거리에 따라 해당 상품에 대한 감정을 분석하는 방식 역시 가능하다.

7.4.1 순환 신경망(RNN)

순환 신경망(RNN: Recurrent Neural Networks)은 반복적이고 순차적인 데이터에 적용하기 위한 인공신경망의 종류로서 내부에 순환구조를 가지고 있는 것이 특징이다. 일반적으로 인공신경망과 딥러닝 부분에 소개하기도 하지만 RNN 알고리즘으로부터 시작한 아이디어가 자연어 처리에 크게 도움이 되었음을 간과할 수 없다.

기존 인공신경망은 앞서 은닉층을 통과한 값이 모두 출력층으로 향하여 출력에만 개입하였지만 RNN의 경우는 결괏값이 출력층으로 진행함과 동시에 다음 은닉층의 노드로 전달하여 새로운 입력값으로 사용하는 것을 이야기한다. 실제 우리의 언어도 따로 떼어서는 설명할 수 없다. '방금 먹은 배'라는 문장이 있을 때 '배'라는 단어만으로는 무엇을 지칭하는지 알 수 없다. 앞서 '먹은'이라는 말이 있을 때 어떤 배를 지칭하는지 알게 되는 것이다. RNN의 구조는 현재 상태(배)에서 추론을 가능하게 하여 의미를 알 수 있게 만든다. 이러한 RNN 구조는 점차 LSTM, GRU 모델로 발전하게 된다. LSTM(Long Short Term Memory)의 경우 RNN 구조가 점자 스텝이 지날수록 앞선 내용이 희미해지는 것을 막기 위해 긴 시간(Long-Term) 동안 특정 내용을 기억할 수 있도록 하는 방식을 사용하여 마치 인간처럼 어떤 정보를 기억할지 잊을지를 선택하도록 하였고 이를 조금 더 간단한 모델로 구현한 것이 GRU(Gated Reccurent Unit)이다.

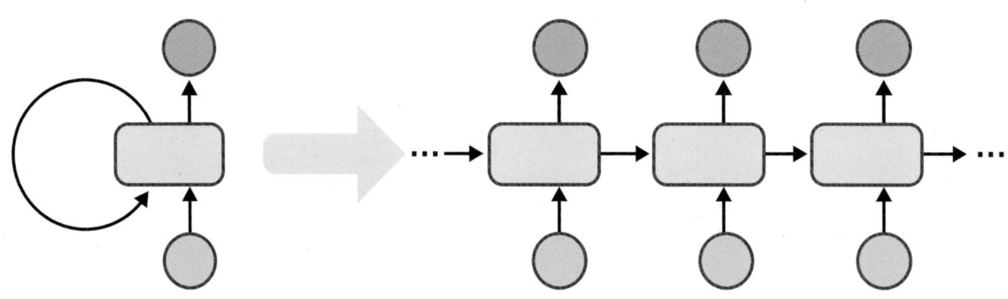

▲ RNN 구조

7.4.2 트랜스포머

트랜스포머(Transformer)를 알기 위해서 먼저 RNN 구조 이후의 Seq2Seq 구조를 알아야 한다. Seq2Seq 구조는 인코더와 디코더로 구성이 되어 있으며 주로 번역기와 같은 구조에 사용된다. 각각의 인코더와 디코더는 RNN 계열의 알고리즘(LSTM 등)으로 구성되어 있는데 인코더의 경우 사용자에게 입력받은 문장을 순차적으로 입력받아 정보들을 압축해 하나의 벡터로 만들고, 디코더의 경우 전달받은 벡터를 풀어내는 역할을 한다. 그러나 하나의 벡터로 만들고 풀어내는 과정에서 정보의 손실이 있었고 이를 해결하기 위해 특정 정보에 주목하는 Attention 기법이 사용되었다. 트랜스포머는 이러한 Attention을 이용하여 만든 구조로 인코더-디코더를 여러개 배치하여 구성되었다. 인코더에서도 디코더에서도 각각 Attention이 이루어져 주요한 정보를 추출하는데 뛰어나져 인간의 언어에 조금 더 가깝게 다가서게 되었다. 이러한 Transformer 구조는 BERT, GPT와 같은 모델로 이어지게 되었다. 해당 모델들은 언어모델(Language Model)로 불리며 기존의 대용량의 언어를 학습하여 마치 인간이 언어를 사용하듯이 번역, 기사 생성, 문장과 문서 분류 등 다양한 분야에서 높은 정확도를 보이고 있다. 이 분야에 있어 점차 많은 알고리즘이 하루가 다르게 등장하고 있으며 점차 성능이 좋아지고 있어 인간과 같은 수준으로 대화하는 인공지능이 멀지 않게 등장할 것으로 전문가들은 예측하고 있다.

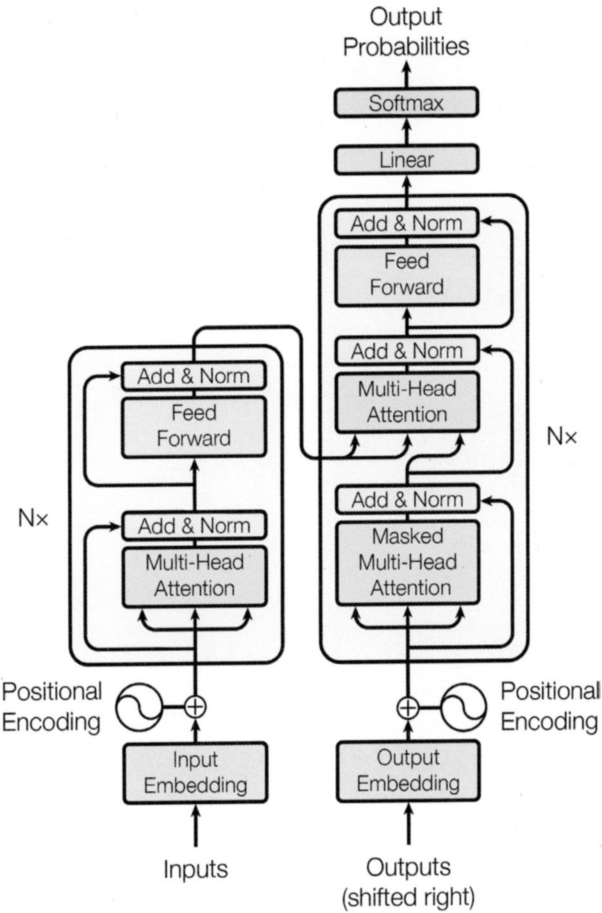

▲ Transformer 구조

출처 : Vaswani, A., Shazeer, N., Parmar, N., Uszkoreit, J., Jones, L., Gomez, A. N., ... & Polosukhin, I. (2017). Attention is all you need. Advances in neural information processing systems, 30.

7.5 화자 인식

화자 인식(Speech Recognition)은 음성 언어를 컴퓨터가 해석해 텍스트로 변환하는 기술을 말하는 것으로, 'STT(Speech to Text)'라고도 한다. 화자 인식 역시 자연어 처리와 맥락을 같이 한다. 우리가 수없이 발화하는 것들 역시 데이터로 볼 수 있기 때문이다. 음성 인식이 어려운 이유는 여러 가지다. NLP가 어려운 것과 더불어 소리와 발음이 다른 경우도 많기 때문이다. 또한 연음과 같은 형태나 동음 이의어 등을 구별해 문자를 인식하는 것은 쉽지 않다. 음성 인식은 기본적으로 음성 전처리/특징 추출, 음향 모델, 어휘/발음 사전, 언어 모델, 발음 사전, 음성 데이터베이스 등으로 구성돼 있다.

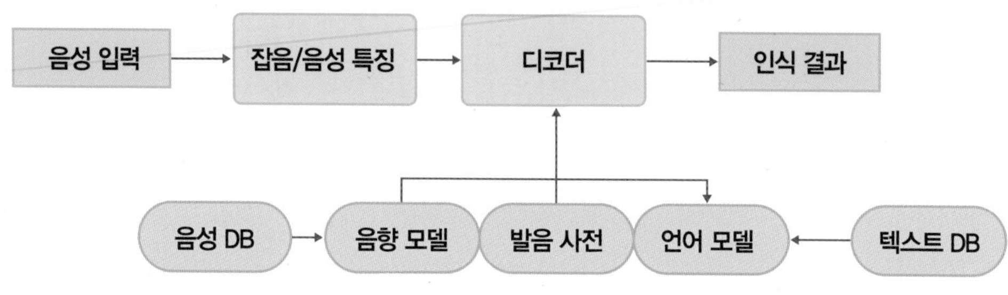

▲ 화자 인식 시스템 구성

먼저 전처리/특징 추출 단계에서는 인간이 내는 소리를 디지털 파형으로 받고, 이 파형을 프레임 단위로 나눠 푸리에 변환 단계를 거쳐 많은 차원을 가진 공간상에 벡터로 나타내게 된다. 그럼 총 13개의 특징을 가진 캡스트럼 계수(MFCC)가 도출되고, 이의 전후 프레임과 겹치면 39개의 특징을 얻어낼 수 있다. 이를 시각화하면 '스펙트로그램'이라는 형태 시간축과 주파수 변화에 따른 진폭의 차이를 색상과 함께 나타낸다. 또는 'Hidden Markov Model'을 이용해 이산적인 모델로 나타내는 것 역시 가능하다.

디코딩을 하는 단계에서 언어의 음운 환경별 발음을 특성으로 해 확률 모델로 생성시킨 음향 모델, 단어가 나올 확률을 계산해둔 언어 모델 발음을 미리 기록해둔 발음 사전과 음성 언어의 특징 벡터를 비교해 스코어링한 후 단어 열을 최종 결정한다. 따라서 음성 인식의 경우는 이전의 학습해둔 언어 모델, 발음 사전, 음향 모델의 품질에 따라 인식의 성능이 크게 좌우된다.

최근에는 HMM과 DMM을 기반으로 한 음성 인식 시스템 덕분에 지금 우리가 경험하는 수준의 음성 인식이 가능해졌고, 더 나아가 RNN 방식의 음성 인식을 통해 성능이 또 한 번 개선됐다. 최근의 end-to-end 방식의 CTC(Conectionist Temporal Classification) 모델은 손실 함수를 이용한 딥러닝 방식으로, 입력 데이터와 레이블 사이에 정렬된 정보가 없어도 학습이 가능하기 때문에 데이터를 쉽게 확보해 음성 인식 정확도가 매우 높아지고 있는 중이기도 하다.

ARTIFICIAL INTELLIGENCE

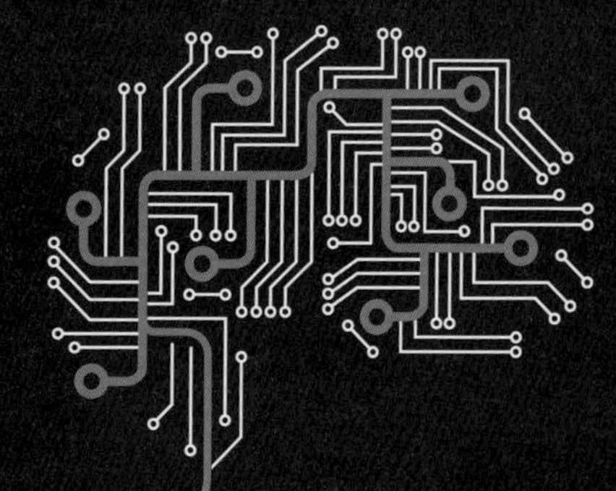

8. 로보틱스: 행동과 작용

자연스러운 생명체의 움직임과 행동은 세상으로부터의 입력에 대한 반응으로 나타나는 지능적인 작용이다. 인공지능이 탄생하기도 전에 인간의 물리적인 움직임이나 행동을 기계에 구현하려는 인류의 도전은 로봇을 탄생시켰고, 물리적 실체의 완성을 통해 새로운 무기체 기반의 인류 탄생을 앞두고 있다.

로봇이란 물리적 세계에서 위험한 작업을 대체하도록 설계된 다기능 프로그래밍 산업 기계이다. 로봇은 물리적인 일을 하기 위해 다리, 바퀴, 집게 같은 구동기를 갖고 있다. 이러한 구동기들은 실제적인 영향을 미칠 수 있도록 고안됐다. 또한 로봇에는 환경을 지각하고 반응하기 위한 센서들이 부착돼 있다. 로봇은 기존의 인공지능에서 한 가지를 뻗어나간 분야이다. 로봇공학은 인공지능을 가진 로봇 애플리케이션을 구축하거나 설계하는 것까지를 포함한다. 로봇의 역사는 꽤 오래됐다. 1920년 체코의 작가 카렐 차페크(Karel Capek)가 1920년에 출판한 그의 희곡에서 '인공 사람을 만드는 공장'이라는 스토리로 소개됐는데, 이후 아이작 아시모프(Issac Asimov)가 로봇의 3원칙을 제안하면서 '로보틱스'라는 단어를 처음 쓰게 됐다.

오늘날 대부분의 로봇은 크게 세 가지로 나눌 수 있다. 첫째, '로봇팔'이라 불리는 'Manipulator'이다. 컨베이어 벨트에서 물건을 다른 컨베이어 벨트로 옮기거나 의사의 미세한 작업을 대신하기도 하는 종류의 로봇 팔이다. 둘째는 이동용 로봇(Mobile Robot)이다. 무인 화성 탐사선이나 무인 비행체, 자율주행자동차가 이에 해당한다. 셋째, 휴머노이드 계열의 'Mobile Manipulator'이다. 이는 인간의 행동을 본따 만든 인간형 로봇이 이 예에 해당한다. 이동용 로봇은 고정 조작기보다 행동 반경을 훨씬 넓힐 수는 있지만, 물리적인 힘을 발휘하기 위한 지지대가 없어 반복적인 작업을 구성하기는 좀 더 어렵다.

로봇공학의 주요 구성 요소로는 전원 공급 장치, 액추에이터, 전기 모터, 센서, 컨트롤러 등을 들 수 있다. 전원 공급 장치는 배터리, 유압, 태양열과 같은 물리적인 움직임을 위해 전기 또는 힘을 제공한다. 액추에이터는 로봇 내부의 에너지 변환 장치이다. 일정한 에너지를 다른 물리적 에너지로 변환하는 역할을 한다. 전기 모터는 전기 에너지를 동등한 힘을 가진 기계적인 에너지로 변환하는 데 사용하는 기계 부품이다. 모터는 대개 회전 운동을 제공한다. 센서는 작업 환경에 대한 실시간 정보를 제공한다. 인간의 것을 모방한 센서를 갖고 있으며 주변 환경과 원하는 목표를 인지하기 위해 실제 세상과 소통한다. 컨트롤러는 기계 시스템의 모든 동적을 조정하는 중추와 같은 역할을 한다. 다양한 센서를 통해 주변 환경을 감지하고 이를 프로세싱해 액추에이터에 전달하는 역할을 하기도 한다.

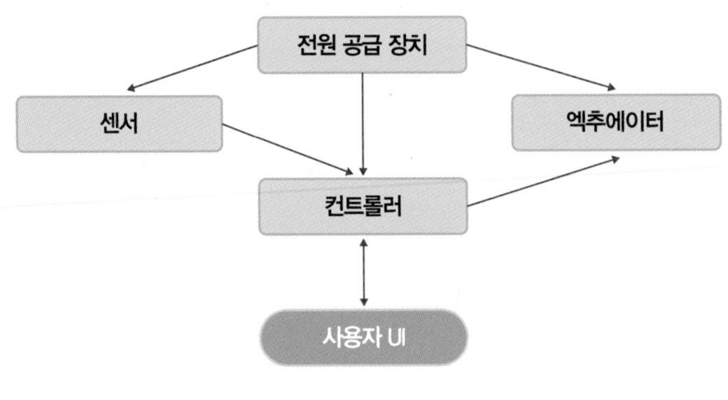

▲ 로보틱스의 구조

8.1 로봇의 하드웨어

로봇의 하드웨어도 소프트웨어만큼이나 중요한 역할을 담당한다. 로봇의 하드웨어적인 부분은 크게 '감지기'와 '작용기'로 나눌 수 있다. 감지기는 로봇과 실제 세계와의 소통을 담당한다. 디지털 카메라가 실제 현상을 디지털 사진으로 변환하는 것과 마찬가지로 센서를 통해 주변 상황을 인지한다. 작용기의 경우에는 로봇이 스스로 이동할 수 있는 수단 또는 스스로 움직이는 방법과 같은 것이다. 로봇이 가진 회전 관절 등을 이용해 스스로 몸을 움직이고 이를 통해 물리적인 세계에서 움직임을 가져갈 수 있다.

8.1.1 로봇의 센서

로봇의 센서 중 가장 흔히 사용되는 것은 '거리 측정을 위한 센서'이다. 움직이는 로봇의 경우에는 대부분 광학을 이용한 거리 측정기를 갖고 이동한다. 광학 거리 측정기는 빛을 방출해 빛이 반사돼 돌아오는 시간을 계산해 거리를 측정한다. 군사 무기로 쓰이는 레이더 역시 거리 감지기와 같다. 수킬로미터 이상 떨어져 있는 물체를 감지할 수 있다. 다른 방식으로는 위치를 감지하는 방법이 있다. 어떠한 실내에서 거리 감지를 통해 전체를 구성하고 자신의 위치를 알아내는 것과 달리, 이는 GPS를 이용한다. GPS는 위성에서 방출하는 신호들의 위상을 기준으로 위성과의 거리를 계산하고, 여러 위성 간의 속도 차를 계산해 위치를 쉽게 알아낼 수 있다.

이러한 방식 외에 자신 스스로를 기록해 위치를 감지하는 방식도 가능하다. 예를 들면, 자동차의 EDR처럼 얼마나 이동했는지, 모터가 얼마나 회전했는지 등을 기록해두는 일종의 주행 기록계이다. 그러나 우리의 물리적 세계는 다양한 환경 변수에 의해 달라지는 경우가 많으므로 조금씩의 오차가 생기기도 한다. 바퀴가 아닌 로봇의 경우에는 힘이나 토크(회전력)를 측정하기도 한다. 이러한 측정기는 구동에도 도움을 줄 수 있는데, 미세한 작업을 하거나 적절한 힘을 가해야 할 때는 이러한 힘을 초당 수백 회로 감지해 스스로의 동작을 바로잡는 데 사용하기도 한다.

센서의 주된 용도는 거리와 위치를 감지하기 위함이지만, 이외에도 로봇을 구성하기 위해서는 수많은 센서가 필요하다. 자이로스코프의 경우 일정하게 유지되는 회전축을 이용해 스스로의 자세를 바로잡거나 다른 대상의 움직이는 자세를 확인할 수 있다. 자이로스코프에서 x축의 방향을 중심으로 회전하는 각도는 '롤각', y축을 중심으로 한 회전 각도는 '피치각', z축을 중심으로 한 회전 각도는 '요각'이라고 한다. 가속도 센서의 경우는 기울임 정도를 측정해 모션 감지를 가능케 한다. 자기 센서는 지구 자기장을 측정해 나침반 기능을 구현할 수도 있다. 이외에도 적외선, 초음파, 깊이, 소나(잠수함), 영상 카메라 등을 이용해 실세계의 다양한 정보를 얻는다.

8.1.2 로봇의 구동기

로봇의 구동기는 몸체에서 스스로를 변형시킬 수 있는 것을 말한다. 로봇팔을 예를 들어 설명하면, 전체적인 뼈대는 프레임을 갖고 있고 각각의 각도를 조절할 수 있는 관절과 이 관절들을 잇는 링크 그리고 링크의 마지막 부분에 로봇팔이 있다. 이 설계는 자유도(DOF)의 개념으로 이해할 수 있다. 자유도는 총 6이 된다. 6 중 3은 3차원 공간의 (x, y, z) 좌표 이동에 관한 것이고 다른 셋은 상하, 좌우, 회전 등의 각도 운동에 관한 것이다. 사람의 손목은 상하좌우와 회전이 가능하므로 자유도가 3이다. 그러나 손목만 갖고는 물체를 원하는 곳에 놓을 수 없다. 멀리 갈 수 없기 때문이다. 팔과 팔꿈치와 함께 쓰면 팔꿈치를 펴거나, 굽히거나, 좌우로 회전하는 자유도가 함께 더해져 자유도가 6 이상이 된다. 일반적으로 물건을 특정 위치에 가져다 놓기 위해서는 자유도가 6 이상이 돼야 한다.

로봇팔과 같은 형태가 아닌 이동형 로봇의 경우에는 자동차와 같은 형태, 궤도 형태 등 다양하게 구성된다. 움직임을 수행하기 위해서는 적은 수의 모터가 필요하지만 휠 수가 많은 경우에는 안전성 문제가 적다. 또한 다리를 쓰는 것보다 전력 효율이 높다는 장점도 있다. 휠 역시 여러 가지 형태가 있는데, 캐스터 휠은 오프셋 스티어링 조인트와 휠 축을 중심으로 회전하는 것을 말하고(마트의 바퀴와 비슷하다), 자동차와 같은 표준 휠은 접점과 휠 축을 중심으로 회전하는 것을 말한다. 예전의 볼 마우스 같은 느낌의 구 형태의 휠은 한 방향으로 이동한다. 이 역시 바퀴가 동시에 움직이는 동기 구동(Synchro drive) 형태로 프로그래밍하기도 하고, 차동 로봇(Differential Drive)은 양옆의 두 바퀴만을 이용하기도 한다. 궤도 형태의 휠은 탱크와 같은 휠이며 지면과 궤도의 접촉 면적이 넓어 안정성을 제공한다.

휴머노이드 또는 다리가 있는 형태의 경우는 다리의 개수마다 보행하는 방법이 달라진다. 어떤 로봇은 1개, 어떤 로봇은 2개, 4개, 6개 등 로봇마다 가진 다리의 수가 다르다. 다리는 바퀴와 달리, 거친 지형에서 동작이 가능하다는 장점이 있다. 그러나 다리는 편평한 표면에서 매우 느리며 기계적으로도 구축하기가 쉽지 않다. 로봇이 다리의 수에 따라 가능한 보행 가능성의 수는 $N=(2K-1)!$이기 때문이다. 인간처럼 다리가 2개라면 한쪽 다리를 드는 것, 한쪽 다리를 푸는 것의 총 네 가지와 함께 풀고 함께 드는 두 가지로, 총 여섯 가지의 동작 개수가 도출된다. 만약 다리가 4개라면 무려 5,000가지가 넘는 이벤트가 가능해진다. 로봇의 다리가 늘어날수록 프로그램의 복잡성도 높아지는 것이다.

이러한 움직임을 만들어주는 장치에는 전기식 모터 종류인 DC 모터, 서보 모터, 리니어 모터 등을 사용하기도 하고 동작 장치에 기름 또는 압력을 넣어 움직이도록 하는 유압식 방식이나 공기압식 방식으로 물리적인 움직임을 내는 힘을 준다.

앞서 이야기했던 움직임 역시 꼭 땅이 아니더라도 프로펠러를 이용해 공중을 날아다니거나 터빈을 사용해 바닷속을 다니기도 한다. 로봇이 감지기와 구동기만으로 움직이게 되는 것은 아니다. 여러 분야가 혼합되지만 인공지능 분야에서 이러한 실제적 움직임을 가져간다는 점에서 매우 매력적인 부분이 될 수 있다.

8.2 로봇의 지각

로봇의 지각이란, 주변 환경의 것들을 로봇 내부의 세계로 이관시키는 작업을 말한다. 센싱을 통해 세상을 받아들이는 것이 어려운 이유는 우리가 눈 없이 소리로만 세상을 바라보는 것과 같은 이치이다. 환경에는 다양한 잡음이 포함돼 있고 심지어 시시각각 바뀌기도 한다. 인간의 경우 칵테일 효과처럼 잡음 속에서도 내가 원하는 것을 골라내기도 하지만, 디지털 형태의 로봇에게는 쉬운 일이 아니다. 로봇은 이를 돌파하기 위해서 상태 추정 문제나 필터링 문제를 해결해야만 한다. 상태 추정을 해결하기 위한 부분 관찰로 'Hidden Markov Model'이나 'Dynamic Bayesian'을 이용한 표현이 가능하다. 현재 상태와 새롭게 가능한 상태를 계산하는 것이다. 이는 단순히 문제를 푸는 것과는 매우 다른 차원이기도 하다. 우리의 세상은 이산적이 아니라 매우 연속적이기 때문이다. 따라서 재귀와 같은 형태로 이를 시간의 형태의 데이터에 축적함과 동시에 연산을 시도해야 한다.

8.2.1 위치 결정

위치 결정은 로봇 스스로의 위치에 관한 문제이다. 환경과 성공적인 상호작용을 위해서는 자신의 물리적 위치가 어디인지가 매우 중요하다. 만약, A 위치에서 B 위치로 이동하는 것은 데카르트의 좌표평면 위에서 움직이는 아주 간단한 문제이다. 그러나 앞서 말했듯이 로봇은 불확실한 물리적 환경에서 움직이고 있고, 스스로도 움직이고 있는 물체이기 때문에 이동하는 각속도와 시간을 함께 고려해야만 한다. 이는 결정론적 상태 예측이 필요하다는 이야기이다. 또한 이러한 위치를 계속 보정하기 위해서는 주변 사물을 계속 감지하는 것도 필요하다. 이 역시 현실의 잡음을 완전히 배제할 수 없어 정확한 계산보다는 가우스 분포의 형태로 오차를 가진 범위로 인식할 수 있다.

8.2.2 지도 작성

만약 지도가 없는 경우에는 지도 작성이 필요하다. 이는 스스로의 위치를 결정함과 동시에 지도를 작성해야 하는 것으로, 'SLAM'이라 부른다. 로봇은 주변을 탐험하면서 지도를 작성하고 그 위에서 스스로의 위치를 결정한다. 그러나 전체 위치를 모르는 상황에서 로봇은 자신의 위치를 확률적으로 추측할 수밖에 없다. 이러한 경우, 여러 위치 정보와 동적 시스템 방정식의 계산 결과를 이용해 보완하도록 구성된다. 칼만 필터가 대표적인 방법으로, 추정하려는 은닉 변수와 센서로부터 오는 관측 변수를 이용해 계산한다. 칼만 필터의 기본 아이디어는 정확히 알 수 없기 때문에 가우시안 분포를 갖는 은닉 변수와 현재 시점과 이전 직전 상태를 표현하는 동적 시스템 방정식을 이용해 예측 단계와 갱신 단계를 번갈아가며 공분산 행렬을 계산하는 것이다. 예측 단계에서는 동적 시스템 방정식을 이용해 직전 추정 위치, 현재 상태의 예측 평균 벡터, 공분산 행렬을 계산하고, 갱신 단계에서는 현재 값과 추정 위치를 사용해 다음 추정 위치의 공분산 행렬을 계산해내는 것이다. 따라서 로봇은 잡음과 정확하지 않은 물리적 현실에서 칼만 필터에 의해 보정된 위치를 보여주게 되는 것이다.

8.3 로봇 계획 수립

로봇 역시 뭔가를 수행하기 위한 도구이기 때문에 계획 수립이 필요하다. 로봇에서는 주로 움직임에 대한 계획을 수립하게 된다. 로봇의 경우 어떤 한 지점에서 다른 지점으로 이동하거나 물건을 조립한다거나 하는 두 가지 경우가 대부분이다.

먼저 로봇의 움직임을 실제 현실에서 알아내기 위해서는 형상 공간에 대한 이해가 필요하다. 우리가 일반적으로 3차원 공간에서 위치를 나타내기 위해서는 세 축을 기점으로 하는 좌표를 이야기한다. 그러나 이러한 좌표 개념을 로봇팔에 대응하면 아쉬운 부분이 생긴다. 만약, 정육면체 정도의 로봇 사정 거리가 있다면, 이 정육면체 전체에 로봇팔이 닿을 수 없다. 관절의 개수에 따라 다르지만, 팔꿈치와 손목만으로 정육면체 안에서 모든 부분을 짚을 수 없는 것과 같다. 따라서 이러한 경우에는 형상 공간(Configuration Space)의 문제로 보는 것이 좀 더 쉽게 접근할 수 있다. 작업 공간을 좌표 대신 로봇이 가진 관절의 두 각도로 표현하는 것이다. 어떠한 물체가 한 좌표상에 있다면 그만큼 대응하는 로봇의 두 관절 움직임을 가져가면 된다. 물론 축이 더 많아져 회전 운동 등이 포함된다 하더라도 작업 공간이 일정하기 때문에 가능한 일이다. 그러나 문제는 반대의 경우다. 관절의 회전 각도와 모터의 정해진 움직임으로 좌표가 어디인지 알아내는 것은 쉽지 않다. 여러 가지 방법이 있을 수도 있으며 심지어 작업 공간 안에 장애물이 있는 경우, 몇 배 더 어려워질 수 있다. 이러한 문제점을 해결하기 위해 경로상의 문제에서는 첫 번째로 작업 공간을 3차원으로 수없이 쪼개는 칸 분해 방식을 이용하기도 하지만, 이 역시 작업 공간의 크기에 따라 칸의 개수가 기하급수적으로 늘어나고, 연속적인 값이 아닌 이산적인 칸들로 분해될 수밖에 없기 때문에 매끄럽지 않은 움직임을 보일 가능성이 있다. 두 번째로는 골격화 방법이 있다. 로봇의 자유 공간을 1차원 표현으로 축소해 더 쉬운 문제로 바꾼다. 장애물과 이동 거리를 보로노이 그래프 형태로 표현하면 이동할 수 있는 지점은 유한해지고 이산적인 문제로 탈바꿈된다. 그러나 이산적인 형태의 계획 수립이 그렇듯이 멀리 있는 지점으로 이동할 때는 매우 비효율적인 경로를 선택할 가능성이 높아진다는 단점이 있다.

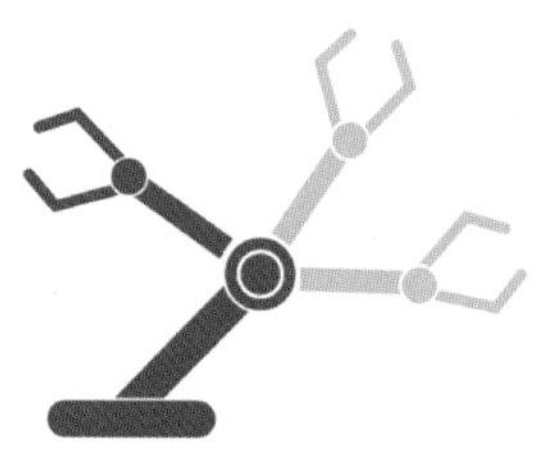
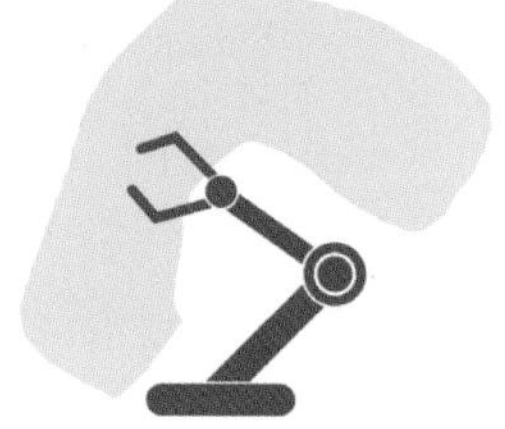

▲ 로봇의 형상(좌)과 형상 공간에 표현(우)

이전 계획 수립에서의 불확실성에 대응하듯 로봇 역시 불확실성에 대한 고려가 필요하다. 앞서 위치나 지도 작성의 문제에서도 잡음과 오차의 문제 때문에 확률론적 분포를 이용해 이 문제를 해결하고자 했다. 계획 수립에서도 결정론적 알고리즘을 이용해 이 문제를 해결하는 것이 일반적이다. 상태 추정 알고리즘에서 가장 유망한 상태를 추출하고 그대로 행동하는 것이다. 물론 우리가 상태를 모두 관찰할 수 있다면 마르코프 의사결정 과정(MDP)으로 모델링해 로봇의 동작 단계들을 지정해줄 수 있다. 그러나 우리는 항상 현실의 부분만을 관찰할 수 있기 때문에 이 MDP는 불확실한 상태에서 결정할 수밖에 없다. 이런 경우, 우리는 항상 확률분포를 따르게 될 수밖에 없다. 이외에도 인공지능에 사용하는 계획 수립과 불확실성에 해결에 대응하는 여러 아이디어가 로봇의 계획 수립시 시도되고 있으며 이를 통해 로봇은 한 단계 더 발전하고 있다. 참고로 현재 가장 많이 쓰이는 로봇 경로 계획은 사람이 직접 로봇을 조정해 해당 위치를 기억하게 하는 티칭 펜던트(조종기)를 이용해 필요한 동작을 입력하는 것을 가장 시간과 노력이 덜 드는 방법으로 볼 수 있다.

8.4 로봇 소프트웨어

로봇은 하드웨어를 통해 우리에게 가시화되지만, 가장 중요한 역할을 하는 것은 인공지능 알고리즘을 포함한 소프트웨어이다. 로보틱스에서 소프트웨어 구조는 로봇을 제어하기 위한 것과 계획 수립을 포함해야 한다. 또한 이 둘의 상호작용에 대해서도 고민해야 한다. 상황에 대처하는 로봇이라면 감지에 따라 행동해야 할 것이고, 일상적인 일을 하는 로봇이라면 계획 수립을 중심으로 작동하는 소프트웨어가 더 적절할 것이다.

포섭 구조(Subsumption Architecture)는 유한 상태들로 정의된 실제 상황에 대한 집합 인자들에 대응하는 로봇을 만들기에 적합하다. 센서에 특정한 값이 감지되면 판정 결과에 따라 조건부로 실행되는 것이다. 이러한 방식의 구조는 매우 직관적이기도 하며 하나의 조건에서 다른 조건으로 점차 세분화하며 나아갈 수 있기도 하다. 그러나 센서에 의존하는 구조이기 때문에 절대적으로 센서에 대한 자료가 너무 중요하며 정해진 상태에 대응하는 구조이기 때문에 단순한 작업에 더 특화돼 있다. 소프트웨어적인 방식의 기본적인 프로그램이지만, 우리가 생각하는 인공지능 로봇과는 거리가 있기 때문에 요즘에는 잘 쓰이지 않는다.

하이브리드 모형은 이러한 센서 중심과 계획 수립 중심을 함께 쓰는 것이다. 가장 많이 쓰는 3-레이어 구조는 3개의 레이어를 이용한다. 첫 번째 반응 레이어는 먼저 앞서 설명한 바와 같이 로봇에게 저수준의 동작을 명령한다. 이미 정의된 문제들에 대해 감지한 문제를 의사결정하도록 만드는 것이다. 반대쪽에 있는 계획 레이어는 계획 수립 방식을 통해 복잡한 과제의 문제를 해결하도록 한다. 이러한 문제의 경우 시간이 많이 걸리기 때문에 다양한 정보를 수집하고 문제를 해결하기 위해 복잡한 알고리즘을 사용하게 된다. 따라서 중간에 있는 실행 레이어에서 이 두 레이어를 연결하는 역할을 한다. 계획 레이어에서 생성한 지시를 반응 레이어에 전달하고 감지된 정보를 로봇 내부에 표현하는 상태에 통합하는 역할까지 한다. 이외에도 모두 독립적으로 병렬 처리하는 파이프라인 구조 등 다양한 구조의 소프트웨어를 통해 로봇의 역할을 다양하게 만들고자 노력하고 있다.

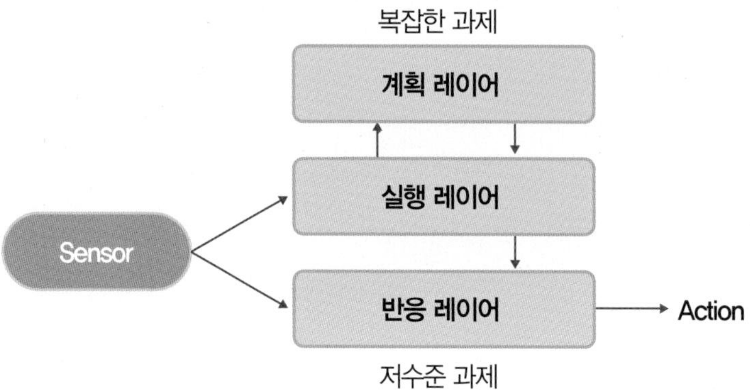

▲ 3-레이어 구조

ARTIFICIAL INTELLIGENCE

9. 인공지능 이슈: 인공 지능과 인간, 사회적 영향

인공지능이 세상에 미친 영향은 인류의 사회적 변혁과 함께 인간 본연의 존엄성에 대한 도전과 윤리적인 쟁점을 던져주고 있다. 인류의 역사를 통틀어 수많은 기술이 이러한 쟁점을 우리 사회에 던져왔지만, 인공지능만큼 강력하게 인간의 본질에 대해 질문을 던진 것을 역사적으로 찾아보기 힘들다.

이제 인공지능은 인간처럼 생각할 수 있는 것이라 말할 수 있는 시대가 다가오고 있다. 그동안 인공지능이 복잡한 소프트웨어 수준 또는 어린 아이의 지능을 가진 정도의 기계였다면 이제는 예측 가능한 정도의 불확실한 상황에서도 대응 능력을 보여주고 있다는 점이 고무적이다. 딥러닝은 기존의 인공지능 알고리즘보다도 압도적인 성능을 나타냄을 물론이고 인공지능을 만들기 위해 수없이 매달려야 했던 인력과 시간들이 빠른 속도로 줄어들게 됐다. 게다가 매일매일 늘어나는 엄청난 양의 정보는 기계가 세상을 학습하고 배워가는 데 엄청난 단초를 제공하고 있다. 컴퓨터의 발달도 마찬가지이다. 20년 전에 학습하는 데 수개월이 걸리던 것도 이제는 몇 시간 정도로 처리가 가능하다. 이제 인공지능은 글을 읽고 '이해'하는 수준에 도달하기 시작했다. 수많은 기업은 이제 단순한 반응 시스템이 아닌 하나의 '인공지능'을 만들고자 시도하고 있다. 창의력과 통찰력을 가진 진짜 '인공지능'을 위해서 말이다. 더 무서운 것은 이 새로운 인공지능은 우리보다 많은 데이터를 읽었고 연산을 할 수 있고 기억을 한다는 점이다. 이러한 인공지능이 우리와 경쟁하게 됐을 때 우리의 미래는 암담하기까지하다.

설상가상으로 '퓨샷 러닝(Few-shot learning)'이라는 개념까지 등장하고 있다. 처음 딥러닝이 개와 고양이 사진을 구분하기 위해서는 수십만 장의 사진을 학습하는 과정이 필요했다. 비록 성능이 뛰어나다 하더라도 데이터를 모으는 수고와 데이터를 분류해 넣는 인간의 시간이 필요했고 이 때문에 인간보다 한 분야에서는 뛰어날 수 있었지만, 범용적으로는 뛰어날 수 없었던 인공지능이 이제 퓨샷 러닝을 통해 단지 소수의 학습을 통해서도 개와 고양이를 구별할 수 있는 지경에 이른 것이다. 퓨샷 러닝의 태스크는 'N-way K-shot'으로 불린다. N은 범주, K는 자료의 개수이다.

이 알고리즘의 표준 벤치마크는 *N*은 10개 이하, *K*는 5개 이하로 설정한다. 현재의 퓨샷 러닝은 거리 기반 학습으로 기존의 신경망이 과적합 문제에 시달렸던 것을 해결하고자 데이터 간의 거리를 특징 공간에 나타내 유클리디안 방법으로 유사도를 측정한다. 해당 과정에서 DNN과 시아미즈 신경망(Siamese neural network) 등이 사용된다. 이러한 상황에서는 인공지능 구현에 많은 시간과 높은 비용이 단번에 해결된다. 하나의 인공지능 서비스를 하기 위해 했던 수많은 테스트와 디버깅 등의 기간이 짧아지고, 비용을 감당할 수 있었던 대기업만이 하던 자율주행과 같은 분야들도 이제 누구나 할 수 있는 시대가 도래한 것이다.

2020년 테슬라의 창업자 '일론 머스크(Elon Musk)는 인간의 뇌에 이식하는 칩 뉴럴 링크를 공개하며 이르면 금년에 이를 적용할 수 있을 것이라고 이야기했다. 영화에서만 보던 인간과 컴퓨터의 직접 송·수신이 현실화될 예정이다. 물론 사업가의 말처럼 우리 상상의 수준에는 이르지 못하지만 분명 이러한 시도는 머지 않은 미래에 낙관적으로 찾아올 것이다. 이와 비슷하게 IBM 역시 CPU를 인간의 두뇌와 같이 만들려는 시도를 프로젝트 'SyANPSE'를 통해 하고 있다. 좌뇌와 우뇌로 나눠 시냅스 부분을 하드웨어적으로 만들고 100만 개 이상의 신경 세포와 250만 개의 시냅스를 구현해 인간의 뇌와 같은 구조로 연결했다.

인공지능은 분명 새로운 시대를 도래하게 한다. 과거의 경험에 비춰보더라도 기술의 발달은 세상의 풍경을 빠르게 변화시켰다. 이전의 산업혁명이 인간을 반복적인 작업에서 해방시키고 배불리 먹여줬으며 기존 노동력을 지식 집약적인 산업으로 이동하게 만들었다. 이제 힘을 대신하는 기계가 아니라 우리의 지식과 두뇌를 대신할 인공지능이 실현할 다음 혁명은 우리를 지식 노동으로부터 해방하게 할 시점에 와 있다. 미래는 아무도 정확하게 예측할 수 없다. 그러나 많은 사람이 노동의 종말을 예고하고 있으며 신산업이 출현하고 새로운 직업이 발달할 것으로 예측하고 있다. 이러한 변화는 어느 날 갑자기 찾아올 것이며 각각의 분야에 조용히 그러나 빠르게 적용될 것이다. '옆집이 불타는 것을 구경하고 집에 와보니 우리 집도 불에 타있었다.'는 말처럼 우리 모두가 맞이할 미래이다. 갑자기 찾아온 미래에 당황하지 않으려면 미리 준비하는 수밖에 없다.

9.1 약인공지능과 강인공지능

인공지능은 크게 약인공지능(Weak AI)과 강인공지능(Strong AI)으로 분류한다. 현재의 인공지능 기술은 대다수가 약인공지능의 형태이다. 약인공지능은 특정 목적을 위해 수행하는 인공지능이다. 목적에 최적화된 알고리즘을 탑재한 인공지능으로, 해당 목적에 충실하다. 바둑으로 세상을 놀라게 했던 알파고 역시 바둑의 신을 대국에서 당당히 격파했지만 알까기를 하라고 하면 시작조차 할 수 없을 것이다. 인공지능이 어떤 역할을 하는지 어떤 능력이 있는지보다 목적과 사용의 범용성에서 인공지능이 무엇을 하는지가 중요하다. 현재로서도 약한 인공지능은 인간의 가능성을 뛰어넘는 단계에 있다. 레이커즈 와일의 특이점에 도달한 이후 컴퓨터의 연산 능력은 인간의 뇌의 통신 속도를 상회할 만큼으로 올라왔고, 이 과정에서 개발된 알고리즘들이 그 능력을 뒷받침해주고 있는 것이다.

강인공지능은 모든 부분에서 우리 상상 속의 로봇과 같은 존재이다. 인간처럼 생각할 수 있고 인간처럼 새로운 분야를 터득할 수 있다. 즉, 인간과 비슷한 형태의 뭔가를 해낼 수 있어야 한다는 말이다. 인간은 생각보다 대단하다. 우리에게는 모두 당연한 일이기도 하지만 컴퓨터로 인간을 구현하려고 하니 우리 스스로 위대한 존재임을 이제 알게 된 것이기도 하다. 아직까지는 로봇에게 두 동물을 구별하게 하기 위해서는 수십 만 장의 데이터가 필요하고 바둑에서 이기게 하기 위해서는 수십만장의 기보와 대국을 수천만 번 수행해야 한다. 게다가 인간과 같은 감정이나 자아의식 등을 생각하면 강인공지능은 강산이 더 변해야 가능한 이야기이기도 하다.

초인공지능(Super AI)이라는 용어는 강인공지능 이상의 이야기이다. 인간보다 훨씬 뛰어난 존재이다. 주로 영화에서 많이 소개됐는데, 매트릭스 영화의 설계자나 터미네이터의 스카이넷과 같은 존재이다. 영화에서는 부정적으로 묘사됐지만 그만큼 강력한 존재이기 때문이기도 하다. 인간보다 수백 배 뛰어나다면 그런 의도를 가진 초인공지능을 막을 방법이 없을 것이다. 수많은 학자도 경고하고 있을 만큼 우리 역시 조심해야 하는 문제이기도 하다. 아직은 먼 미래의 이야기일테지만 기술의 이면에 항상 등장하기 때문에 대비가 필요할 것이다.

9.2 의식과 감각질

감각질은 라틴어 'Qualia'에서 유래했다. 감각질의 대표적인 예는 색에 관한 이야기이다. A라는 사람이 앞에 있는 빨간색 사과를 볼 때와 B라는 초록색 사과를 볼 때 동일한 색으로 인식하면 동일한 경험을 하게 된다는 이야기이다. B가 빨간색, A가 초록색의 사과를 볼 때도 마찬가지라고 하면, 이 둘은 완전히 전도된 상황에서 같은 생각을 하게 된다. 우리는 지각에 의해서만 색을 확인할 수 있으므로 그러한 모든 상황에서 동일한 방식으로 행동할 것임을 시사한다. 이것은 시각의 색뿐 아니라 미각이나 후각, 청각, 피부 감각 등 모든 감각에서 동일할 수 있다. 우리는 음악을 듣거나 향기를 맡을 때 말로 표현할 수 없는 어떤 감각적인 특질을 갖고 있다. 이 특질은 주관적이며 객관적으로 관찰할 수 없다.

의식은 이러한 측면에서 확인하기 어려운 존재이기도 하다. 사람은 누구나 의식이라는 것을 갖고 있다. 우리는 모든 정신적인 측면과 그 작용을 '의식'이라 부른다. 우리 모두 경험과 기억, 작용과 반작용, 감정 등을 갖고 있으며 내가 의식하고 있다는 것을 의식할 수도 있다. 그렇다면 의식은 어떻게 생성되는 것일까? 여기서 인공지능은 의식을 가질 수 있는가에 대한 질문을 해볼 수 있게 된다. 어떤 컴퓨터 과학자들은 기술이 발전하면서 인공지능이 의식을 갖게 될 것이라 보기도 한다. 정보를 탐색하고 처리하고 인식과 행동을 통해 이를 수행한다면 실제로는 의식을 갖게 될 것이라고 이야기한다. 의식에 대한 또다른 관점은 물리학에서 나오기도 한다. 슈뢰딩거의 고양이는 관찰 행위 자체가 결과를 확실하게 만드는 것에 대한 대표적인 예이다. 반대로는 의식이 생물학이 아닌 물리학에서 나온다고 보는 관점이다. 마음의 과정이 뇌의 과정과 동일하기 때문에 가능하다고 보기도 하는 것이다.

인공지능의 의식에 대한 문제는 아직까지도 논쟁이 되고 있다. 아직까지 우리는 이에 대한 해답을 찾을 수 없다. 물리적인 관점에서 볼 것인지, 생물학의 관점에서 볼 것인지에 대한 시각의 차이일 뿐이다.

9.3 인공지능의 윤리적 문제

인공지능 연구와 개발이 점차 가속화되고 있다는 것은 매우 고무적인 일이다. 인공지능은 사회에 긍정적 영향을 미칠 수 있지만, 의도치 않은 문제를 초래할 수도 있다. 따라서 인공지능의 윤리적 문제가 발생하지 않도록 다양한 분야를 생각해볼 필요가 있다.

9.3.1 책임성: 책임의 주체

인공지능 윤리 문제에서 빠지지 않는 주제 중 하나는 책임성에 관한 문제이다. 예를 들면 '자율주행자동차가 실수로 사람을 치었을 때 책임의 주체는 어디에 있는가'이다. 즉, 자동차에 내장된 인공지능에 있는가, 아니면 자동차 회사에 있는가 하는 문제이다. 아직까지 기술이 우리 사회에 들어오지는 않았지만, 기술이 들어오고 난 후에 문제에 대한 답을 찾는 것은 사고를 동반한다. 앞의 자율주행자동차의 예에서 아직까지는 법적 책임이 없다. 결함이 있는 것을 알고도 고지하지 않을 경우에 법적 책임이 있는 것이므로 결함을 모르는 상태에서는 책임이 없는 것이다. 인공지능 시대에도 이와 같은 원리가 적용돼야 할 것인지는 생각해볼 문제이다. 만약 로봇이 등장한다면 어떻게 될 것인가? 로봇이 하나의 인간적 지위를 획득하게 될 것인가? 그렇다면 로봇의 처벌은 어떻게 될 것인가.

9.3.2 투명성: 설명 가능 인공지능, 활용의 투명성

초기 인공지능의 가장 큰 문제 중 하나는 답을 도출한 인공지능이 해당 답을 도출한 이유를 알 수 없다는 데 있다. AI 판사 도입에 대한 의견이 있는 상태에서 만약 AI 판사가 내린 판결에 관해 납득할 수 없다면 이는 누구에게 억울함을 호소할 수 있을지를 생각해볼 수 있다. 설명 가능 인공지능(XAI)의 개념은 이러한 우려로부터 출발했다. 모든 기계학습의 아키텍처는 이해할 수 있는 구조여야 하고 기계학습의 마지막 출력이 의사결정 가중치를 계산해 정량화된 상태로 사용자에게 알려줄 수 있어야 가능하다. 그리고 이 투명함은 결국 인간이 납득할 수 있는 결과여야만 할 것이다.

9.3.3 공정성: 데이터 편향성, 활용 공정성

최근 구글은 한 이미지 인식의 결과에 대해 사과했다. 이미지 인식의 결과는 같은 형태의 두 사진으로부터 비롯됐다. 두 사진 모두 체온계를 들고 있는 사진이었는데 밝은 피부의 손인 경우에는 이를 체온계로, 어두운 손의 경우에는 이를 총으로 인식하는 비율이 높게 나온 것이다. 구글이 사과하기는 했지만 이는 인간의 편향된 생각과 그 비율로 존재하는 웹 속의 데이터때문일 것이다. 인간의 편향이 만연한 사회에서 해당 데이터를 이용해 학습시키면 차별적 판단이 계속 될 수 있는 것이다. 우리 사회는 결코 공정하지 않다. 편견이 가득하다. 인공지능 알고리즘이 계속 발견되고 학습된 모델이 점차 많아지는 이때에 데이터에 대한 편향성을 제거하고 학습할 수 있도록 해야 한다. 또한 아직까지 공정하지 못한 이 모델들이 누군가에게 불리함으로 작용하지 않도록 노력해야 한다. 따라서 인공지능을 사용하는 기업들은 누군가에게 불리한 결과가 나왔을 때 이를 명확하게 설명할 수 있어야 한다.

9.3.4 기타 윤리적 문제

윤리적인 문제는 여러 가지로 묶여 있다. 앞의 설명 가능 인공지능과 투명성, 공정성들의 문제는 각각 해결하기보다는 하나로 묶어 관리하는 것이 올바른 접근 방법일 수 있다. 이외에도 윤리적 문제, 직업과 사회 등 다양한 가치와 윤리에 관한 문제들이 있다. 직업과 사회에 해당하는 문제들도 다양하다. 뉴러다이어트 운동을 비롯해 우리가 맞이할 직업적 문제들, 사회적 양극화와 기본 소득 논의, 데이터 3법과 AI법, 로봇 윤리 등 다양한 문제가 현안과 관련돼 있다. 하루빨리 논의를 시작하지 않으면 기술이 먼저 들이닥칠 내용들이다. 이러한 문제들은 나중에 깊이 다뤄본다. 인간 중심 AI(Human Centered AI)를 위한 지속 가능 발전 AI, 환경 문제, 에너지, 안전, 보안, 평화 등은 6장에서 다룬다.

VS
MAX

4부

인공지능을 이해하는 교육

- "인간의 뇌가 너무 단순해서 이해할 수 있다면 우리는 이해할 수 없을 정도로 단순할 것이다."

  – 에머슨 푸우(Emerson Pooh)

- "인간의 지능을 모방해 인공지능을 이해했지만 이제는 인공지능을 구현해 인간의 지능을 이해하게 됐다."

  – 한선관

- "기계가 생각할 수 있느냐는 질문은 잠수함이 수영할 수 있느냐는 질문만큼이나 무의미하다."

  – 에츠허르 데이크스트라(Edsger Dijkstra)

- "인공지능의 이해 없이 활용 능력과 소양 능력을 갖추기 어렵다. 그 가치를 논하는 것은 더 어렵다."

  – 한선관

ARTIFICIAL INTELLIGENCE

1. AI 이해 교육의 개요

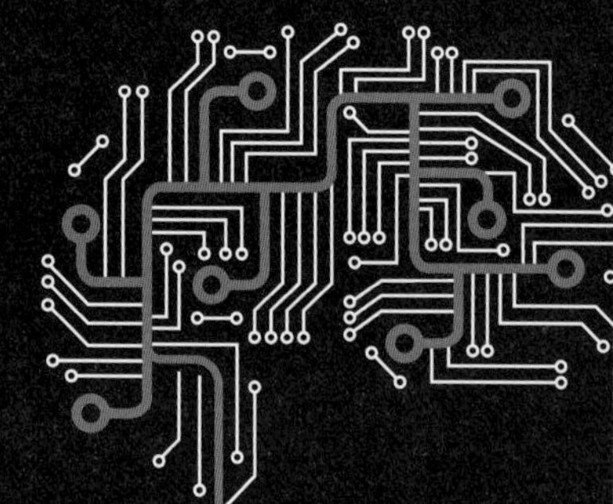

이해는 그 분야와 기술의 지식과 기능 그리고 태도를 함께 아는 것에 있다. 인공지능 이해 교육도 지식, 기능 그리고 태도에 관련된 내용을 함께 다뤄야 제대로 이해하게 된다.

교육에서 기술을 바라보는 시선은 기술의 활용 능력과 산업적 적용에 집중하는 경향이 있다. 인공지능 기술도 인공지능에 대한 기초 소양과 문제해결을 위한 활용, 산업에서의 융합을 중요시하지만 결국 인공지능의 기초와 핵심 내용의 이해 없이는 접근하기 어렵다. 즉, 인공지능의 이해가 있어야 활용과 융합이 가능하고 주어진 문제를 효과적으로 해결할 수 있다. 수학과 과학의 내용 이해 없이 기술과 공학, 융합은 제대로 작동하기 어려운 것과 마찬가지로 인공지능 활용을 위해서는 반드시 이해가 선행되거나 동반, 후속돼야 한다. 이해하는 과정이 탄탄하게 연계돼야 활용의 능력과 가치를 더 높일 수 있다.

인공지능을 이해하는 교육은 결국 인공지능을 주제로 해 그것의 핵심 내용에 초점을 맞춰 인공지능의 지식과 기능 그리고 태도를 신장하기 위한 목적으로 교육한다는 것을 의미한다. 교과 교육으로서 인공지능의 내용학적 접근에 필요한 형식과 내용을 포함한다고 보는 것이 좋다.

▼ 인공지능 이해 교육의 개념과 영역별 내용

인공지능 이해 교육: 인공지능 내용에 관한 교육	
지식	개념, 용어, 원리, 알고리즘의 이해
기능	코딩, 개발, 구축, 시뮬레이션의 실습
태도	허용성, 협업, 도전, 소통, 배려 등의 가치

인공지능 이해 교육은 인공지능의 활용 범위, 수요자의 지식과 요구사항에 따라 나뉜다.

▼ 인공지능의 활용 범위와 요구사항에 따른 구분

인공지능의 활용 범위와 수요자 요구 사항	인공지능 교육의 종류
보편적인 인공지능의 교수와 학습	인공지능 교과 교육
인공지능의 기초적인 이해, 소양 역량	인공지능 소양 교육
인공지능의 전문적 지식과 기능	인공지능 심화 교육
인공지능의 가치와 태도	인공지능 윤리 교육

인공지능 이해 교육은 위와 같이 인공지능 교과 교육, 인공지능 소양 교육, 인공지능 심화 교육, 인공지능 윤리 교육으로 구분할 수 있다. 그리고 각 영역은 교육의 대상, 연령, 요구사항, 목적에 맞춰 제공돼야 한다.

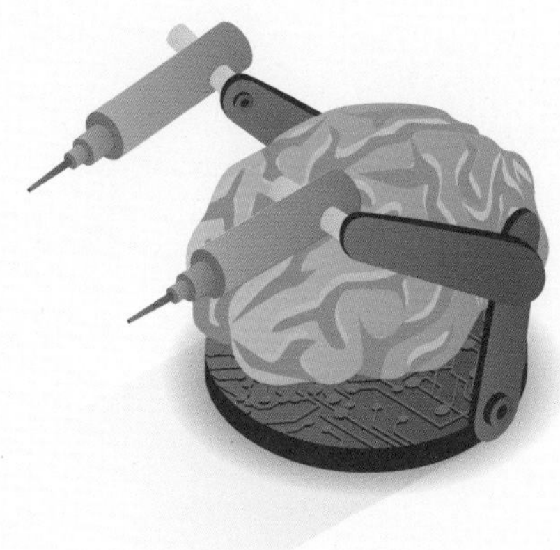

ARTIFICIAL INTELLIGENCE

2. 소프트웨어 교육과 AI 이해 교육과의 관계

소프트웨어 교육과 인공지능 교육을 별개의 학문, 교과로 보는 시각이 있다. 이는 2개의 교육과 기술에 대한 무지에서 비롯된 것이다. 소프트웨어 교육과 인공지능 교육은 상호 불가분의 관계에 있다. 여기서 인공지능 교육을 따로 다루는 이유는 인공지능 교육에 대해 심도 있게 다루기 위한 것이라는 점을 명심해야 한다.

인공지능은 컴퓨터 과학의 한 분야이자, 컴퓨터 과학을 초월해 모든 학문 분야와 산업 분야의 융합 기술이 되는 미래 사회의 핵심 학문이다. 하지만 인공지능의 근원이 컴퓨터 과학으로부터 파생된 것이기 때문에 정규 교육 과정에 포함된 정보(소프트웨어) 교육과 분리해 논하기 어렵다. 인공지능을 구체적으로 다루기 위해 기존의 컴퓨터 과학 CS, SW와의 관계를 고찰하고 차이점을 살펴보자.

소프트웨어 교육에 대한 용어는 소프트웨어 중심 사회 정책으로 시작된 정보 교육의 일환으로 기존 컴퓨터 교육 등과 혼용돼왔다. 소프트웨어 교육의 내용이 수업 시수 제약이나 환경적 측면에서 코딩 교육을 중심으로 전개되며 그 내용과 범위가 제한돼 프로그래밍 교육으로 축소되는 부분도 없지 않지만, 그 실체는 컴퓨팅 사고를 바탕으로 하는 보편적인 컴퓨터 과학 교육의 하나라고 할 수 있다. 컴퓨터 과학의 분야는 컴퓨터 구조부터 운영체제 네트워크, 자료 구조, 데이터베이스, 알고리즘, 프로그래밍, 보안, HCI, 인공지능 등 다양한 영역이 포함돼 있다.

▼ 컴퓨터 과학의 학문 분야

분야	내용
하드웨어	컴퓨팅 시스템 네트워크
데이터	자료 구조, 데이터베이스
소프트웨어	알고리즘, 프로그래밍, 소프트웨어공학
유저	HCI, 정보보안, 사회적 이슈

따라서 소프트웨어 교육과 인공지능 교육을 컴퓨터 과학 교육의 한 분야로 보는 데는 무리가 없다. 컴퓨터 과학 교육의 영역으로서 소프트웨어 교육과 인공지능 교육이 서로 연계돼 교육적 이슈로 등장하고 교과 교육의 핵심 내용으로 구성될 수 있다는 것은 정보 교육에 관한 기본 소양이 있는 사람이라면 누구나 쉽게 알 수 있다.

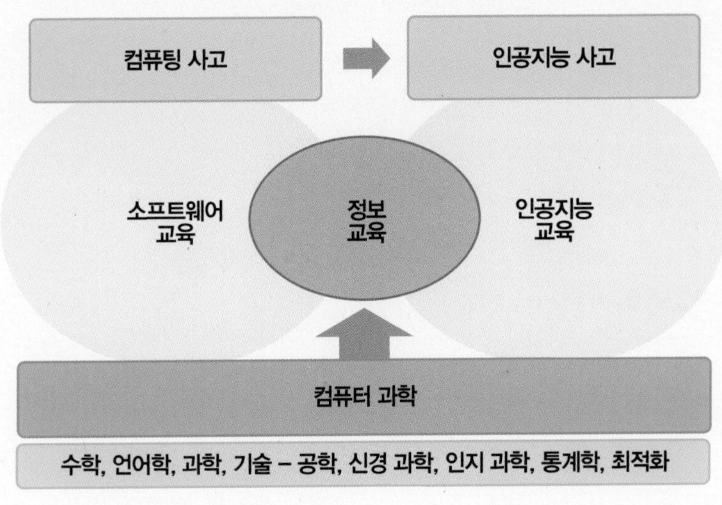

▲ 소프트웨어 교육과 인공지능 교육의 관계

컴퓨터 과학의 각 영역은 독립적으로 존재하는 것이 아니라 상호 보완적이며 위계적으로 계열화돼 있는 학문이다. 한 가지 분명한 것은 인공지능이 컴퓨터 과학의 영역 중 후반부에 위치하고 융합 응용 분야로 최상위층에 위치하고 있지만, 컴퓨터 과학의 영역을 바탕으로 전개된다는 것이다.

따라서 코딩을 중심으로 하는 소프트웨어 교육이 기초가 돼야 인공지능의 내용학적 지식과 기능을 더 심화해 학습할 수 있다는 점에서 인공지능 교육의 접근에 부담이 따른다. 이것이 바로 현재 소프트웨어 교육에 집중했던 교수자들이 쉽게 인공지능 교육을 이해하고 적용하기 어려운 이유이다.

이 관점에서는 인공지능 교육을 완전히 다른 영역의 학문을 구성해 교수·학습해야 하는 것처럼 보인다. 하지만 앞서 말한 것과 같이 소프트웨어 교육과 인공지능 교육은 컴퓨터 과학이라는 학문에 포함된 내용이기 때문에 이 2개의 분야를 서로 연계성 있게 잘 엮어내는 과정이 필요할 것이다.

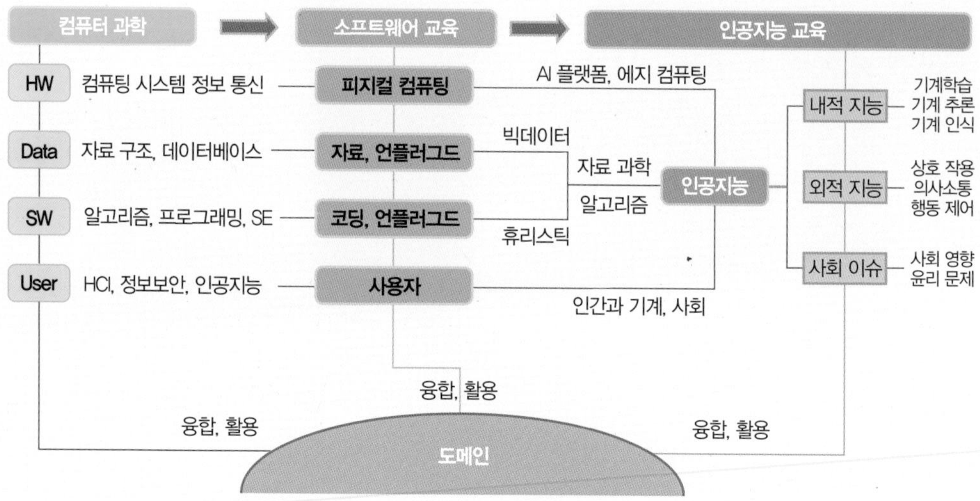

▲ 소프트웨어 교육과 인공지능 교육의 관계

2.1 AI 이해 교육에서 요구하는 인재상과 학습자 역량

교육의 목적은 궁극적으로 바라보고 나아가야 할 교육의 방향을 가리키는 것으로, 대체로 포괄적이며 추상적이고 일반적인 내용으로 기술한다. 이와 달리, 교육목표는 교육의 궁극적 목표를 달성하는 데 필요한 지침을 제시하는 것으로서 보다 구체적이고 특수한 내용을 담는다.

교육 목적은 포괄적이고 궁극적이며 일반적이어야 한다. 또한 대체적이고 이상적인 것을 추구한다. 이러한 목적은 해당 교과에서 추구하는 인간상에 나타난다. 우리나라의 2015 개정 국가 교육 과정에 나타난 인간상은 다음과 같다.

- 전인적 성장의 기반 위에 개성을 추구하는 사람
- 기초 능력을 토대로 창의적인 능력을 발휘하는 사람
- 폭넓은 교양을 바탕으로 진로를 개척하는 사람
- 우리 문화에 대한 이해의 토대 위에 새로운 가치를 창조하는 사람
- 민주 시민 의식을 기초로 공동체의 발전에 공헌하는 사람

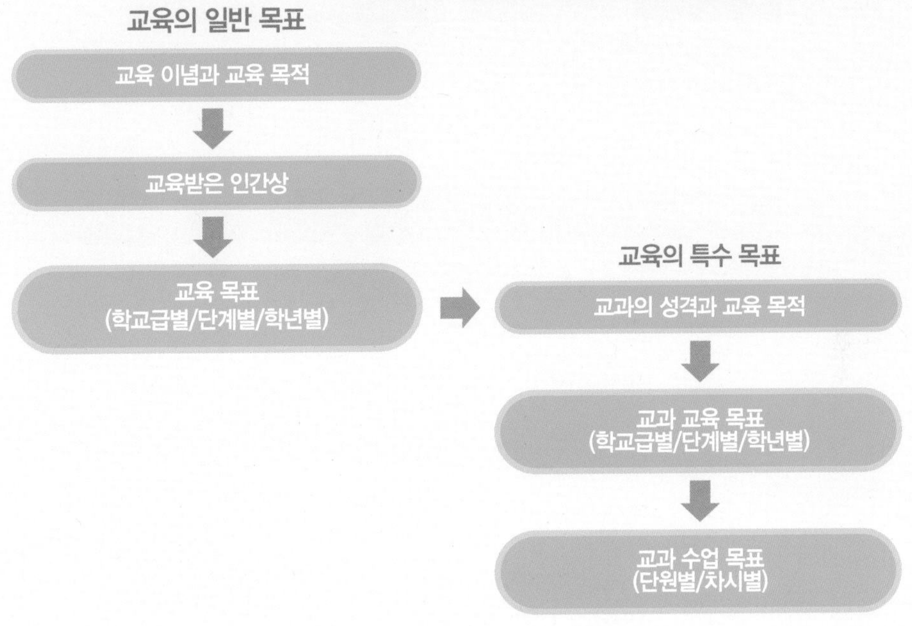

▲ 교육의 일반 목표와 특수 목표

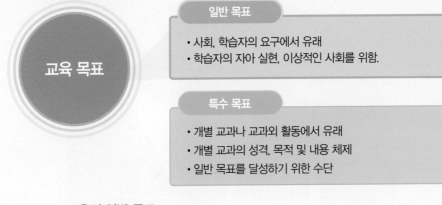

교육의 일반 목표 설정 시 지침에는 미래 사회에 필요한 인간 특성, 미래 사회에서 사람들이 갖춰야 할 기본 소양, 핵심역량이 필요하다. 핵심역량에 관한 대표적인 연구 사례로는 미국의 'Partnership for 21st century skills'(http://www.p21.org)에서 제시한 21세기 학습자 역량을 들 수 있다. 21세기 학습자의 필수 역량은 학습 및 혁신 능력(Learning and Innovation Skills), 생애 및 경력 개발 능력(Life and Career Skills), 정보·미디어·테크놀로지 능력(Information, Media and Technology Skills)이고 각 영역별 하위 요소들을 포함하고 있다. 자세한 내용은 부록을 살펴보기 바란다.

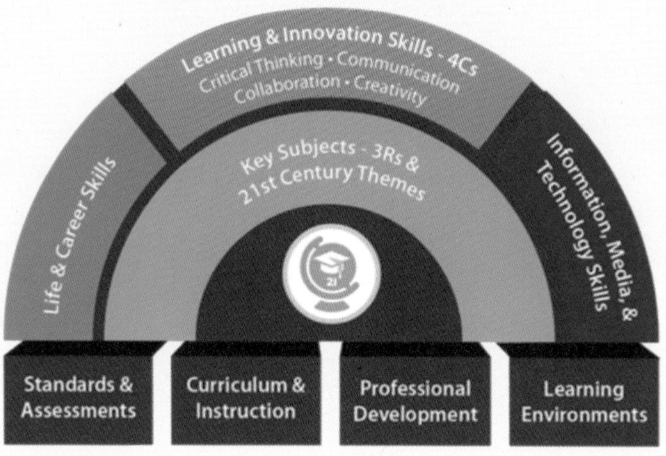

▲ 21세기 학습자 역량
(출처: http://www.p21.org)

▼ 21세기 학습자 역량 세부 내용

분류	기초 지식(이해)	메타 지식(행동)	인문학적 지식(가치)
세부 내용	분야의 핵심 지식 학제적 융합 지식 디지털/ICT 리터러시	창의성/혁신성 문제해결/비판적 사고 소통/협력	삶/직업적 기능, 소양 윤리·정서적 인식 문화 역량

최근에 OECD에서 발표한 'OECD Learning Framework 2030'의 연구에서 제시한 핵심역량은 다음과 같다. OECD의 학습 프레임워크 2030은 4차 산업혁명과 디지털-AI 혁명에 의해 바뀌게 될 미래에 대비해 학습이 어떻게 바뀌고 그에 따른 학습은 어떠한 방식과 어떤 내용으로 전개해야 할지에 대한 큰 그림을 제시했다.

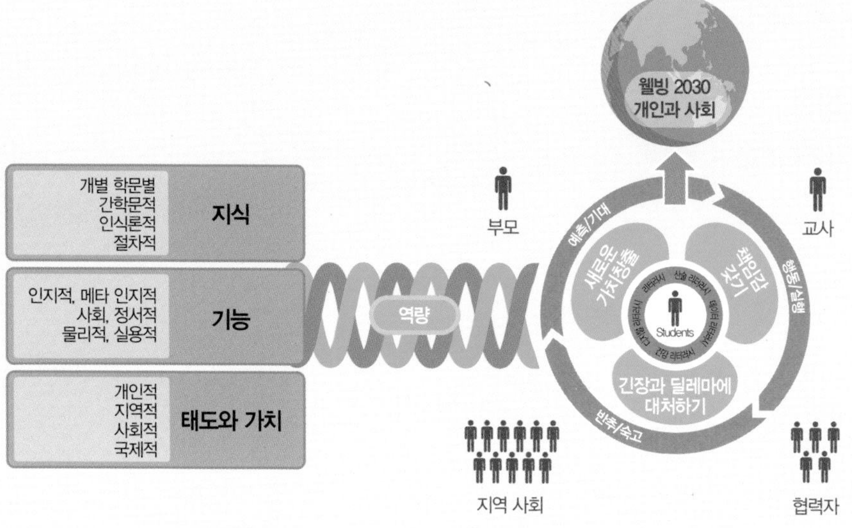

▲ OECD Learnung Framework 2030
(출처: The OECD Learning Framework 2030(based on OECD, 2018))

우리나라 교육에서 바라보는 미래 사회에 필요한 인간 특성은 '창의적 인간', '평생학습 인간', '더불어 사는 인간'이고 미래 사회에서 인간이 갖춰야 할 기본 소양은 정신 자세, 습관, 기본 능력이다. 핵심역량은 학습 능력 문해력(수리력, 정보 활용 능력), 창의적 문제해결력(문제 인식, 문제해결 능력 구현), 자기 관리 능력(기본 생활 습관 형성, 자아 정체성 확립), 위기 관리 능력(타인 이해 및 존중, 리더십, 갈등 관리), 시민 소양(직업 수행 능력, 공동체 의식, 친환경 생활), 세계 시민 능력(우리 문화 이해, 문화 향유 능력, 외국어 소양) 이다.

2015 개정 교육과정에서 제시한 핵심역량은 창의적 사고 역량, 심미적 감성 역량, 의사소통 역량, 공동체 역량, 자기관리 역량, 지식 정보 처리 역량이다.

▼ 2015 개정 교육과정의 핵심 역량(총론)

핵심 역량	의미
자기관리 역량	자아 정체성과 자신감을 갖고 자신의 삶과 진로에 필요한 기초 능력과 자질을 갖춰 자기주도적으로 살아갈 수 있는 능력
지식 정보 처리 역량	문제를 합리적으로 해결하기 위해 다양한 영역의 지식과 정보를 처리하고 활용할 수 있는 능력
창의적 사고 역량	폭넓은 기초 지식을 바탕으로 다양한 전문 분야의 지식, 기술, 경험을 융합적으로 활용해 새로운 것을 창출하는 능력
심미적 감성 역량	인간에 대한 공감적 이해와 문화적 감수성을 바탕으로 삶의 의미와 가치를 발견하고 향유하는 능력
의사소통 역량	다양한 상황에서 자신의 생각과 감정을 효과적으로 표현하고 다른 사람의 의견을 경청하며 존중하는 능력
공동체 역량	지역·국가·세계 공동체의 구성원으로서 요구되는 가치와 태도를 갖고 공동체의 발전에 적극적으로 참여하는 능력

미래 직업을 위한 인재의 역량

인공지능이 공학적 학문 분야로서 직업과 기술적 특징에 따라 직무 능력에 대한 부분을 살펴볼 필요가 있다. 2016년 세계경제포럼(WEF)에서 제시한 2020년 미래 역량은 인지 능력, 신체 능력, 업무 내용 관련 역량, 업무 처리 관련 역량, 사회 관계 역량, 시스템적 역량, 복잡한 문제해결 역량, 자원 관리 역량, 테크놀로지 역량이다.

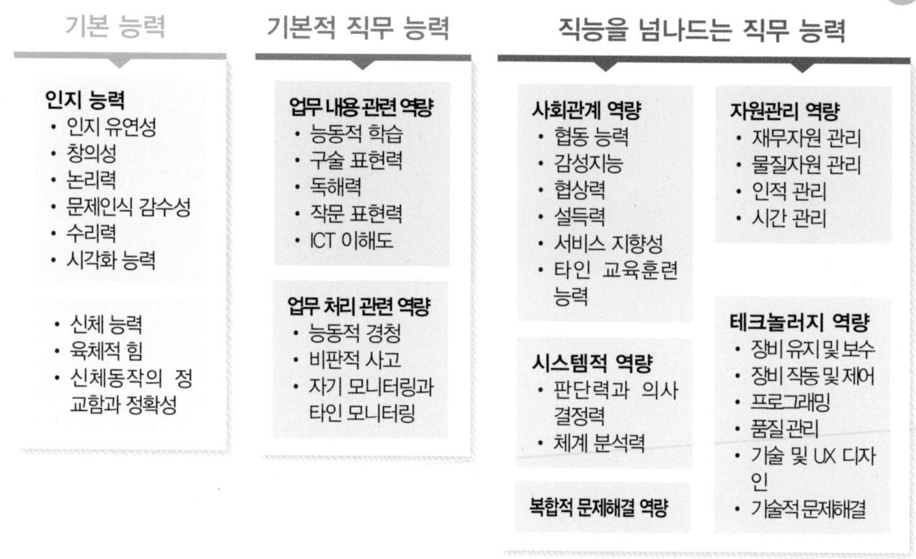

기본 능력	기본적 직무 능력	직능을 넘나드는 직무 능력	
인지 능력 • 인지 유연성 • 창의성 • 논리력 • 문제인식 감수성 • 수리력 • 시각화 능력	**업무 내용 관련 역량** • 능동적 학습 • 구술 표현력 • 독해력 • 작문 표현력 • ICT 이해도	**사회관계 역량** • 협동 능력 • 감성지능 • 협상력 • 설득력 • 서비스 지향성 • 타인 교육훈련 능력	**자원관리 역량** • 재무자원 관리 • 물질자원 관리 • 인적 관리 • 시간 관리
• 신체 능력 • 육체적 힘 • 신체동작의 정교함과 정확성	**업무 처리 관련 역량** • 능동적 경청 • 비판적 사고 • 자기 모니터링과 타인 모니터링	**시스템적 역량** • 판단력과 의사결정력 • 체계 분석력 **복합적 문제해결 역량**	**테크놀러지 역량** • 장비 유지 및 보수 • 장비 작동 및 제어 • 프로그래밍 • 품질 관리 • 기술 및 UX 디자인 • 기술적 문제해결

▲ 미래 일자리의 핵심 직무 능력
(출처: WEF(2016))

2.2 AI 이해 교육에서 추구하는 역량

전통적으로 인간은 일상생활의 문제를 자신의 속해 있는 사회의 모국어로 타인과 소통하거나 상호작용을 하며 해결했다. 그리고 자연의 법칙과 질서를 추상화해 표현한 수학이라는 인공언어를 문제해결에 사용했다.

1950년대 컴퓨터가 나오면서 인간과 기계의 소통을 위한 기계어(프로그래밍 언어)로 문제를 해결하기 시작했다. 여기에 인간의 지능을 모방한 인공지능이 등장하면서 인간이 해결할 수 있는 문제의 유형과 범위는 훨씬 커지고 유용해졌다.

기계와 인간이 협력해 문제를 해결하는 능력의 확대는 교육에서 이뤄져야 한다는 필요성이 제기되고 있고, 그 밑바탕에는 AI 사고가 자리잡고 있다. 이러한 AI 사고력을 활용한 문제해결력은 소통(사람과 사람, 사람과 기계), 협력(사람과의 협력, 기계와의 협력), 창의적인 사고, 비판적 사고, 배려를 더불어 신장시켜준다.

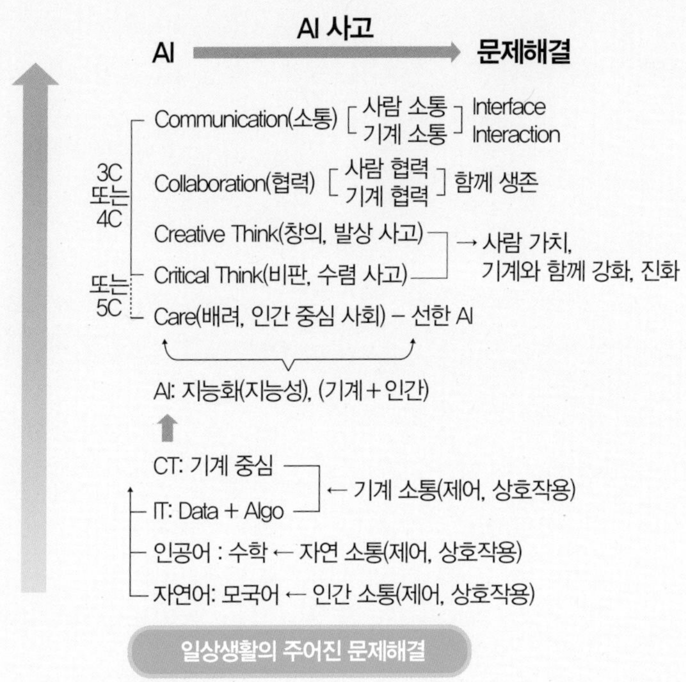

▲ 인공지능의 문제해결 과정

이처럼 미래 사회에서 요구하는 역량은 사회의 변화에 따른 기술의 활용과 이를 활용한 문제해결, 인간과 기술 간의 소통을 통한 더불어 사는 사회의 구현과 관련된 것이라는 것을 알 수 있다. 결국 인공지능 교육에서 추구하는 역량은 다음과 같이 제시할 수 있다. 이 역량은 소프트웨어 교육을 근간으로 하기 때문에 기존 소프트웨어 교육에서 제시하는 교과 역량을 기초로 AI 교과 역량으로 수정, 보완했다. 먼저 소프트웨어 교육의 핵심 역량을 세부적으로 살펴보면 다음과 같다.

▼ 소프트웨어 교육의 핵심역량(2015 개정 교육과정, 소프트웨어 교육)

	핵심 역량	
소프트웨어 교육	정보 문화 소양	정보 윤리 의식, 정보보호 능력, 정보 기술 활용 능력
	컴퓨팅 사고력	추상화 능력, 자동화 능력, 창의·융합 능력
	협력적 문제해결력	협력적 컴퓨팅 사고력, 디지털 의사소통 능력, 공유와 협업 능력

'정보 문화 소양'은 정보 사회의 가치를 이해하고 정보 사회의 구성원으로서 윤리 의식과 시민 의식을 갖추고 정보 기술을 활용해 문제를 해결할 수 있는 능력을 말한다. '정보 문화 소양'은 '정보 윤리 의식', '정보 보호 능력', '정보 기술 활용 능력'을 포함한다.

'컴퓨팅 사고력'은 컴퓨터 과학의 기본 개념과 원리 및 컴퓨팅 시스템을 활용해 실생활과 다양한 학문 분야의 문제를 이해하고 해법을 창의적으로 구현해 적용할 수 있는 능력을 말한다.

'컴퓨팅 사고력'은 '추상화(Abstraction) 능력'과 프로그래밍으로 대표되는 '자동화(Automation) 능력', '창의·융합 능력'을 포함한다. 추상화는 문제의 복잡성을 제거하기 위해 사용하는 기법으로, 핵심 요소 추출, 문제 분해, 모델링, 분류, 일반화 등의 방법으로 이뤄진다. 추상화 과정을 통해 도출된 문제 해결 모델은 프로그래밍을 통해 자동화된다.

'협력적 문제해결력'은 네트워크 컴퓨팅 환경에 기반을 다양한 지식·학습 공동체에서 공유와 효율적인 의사소통, 협업을 통해 문제를 창의적으로 해결할 수 있는 능력을 말한다. '협력적 문제해결력'은 '협력적 컴퓨팅 사고력', '디지털 의사소통 능력', '공유와 협업 능력'을 포함한다.

'컴퓨팅 커리큘라 2020'에서는 역량을 '해당 컴퓨팅 분야의 과업을 바탕으로 지식과 기능, 태도를 신장시키는 원동력'으로 설명하고 있다. 인공지능 교육에서의 역량도 AI 과업을 중심으로 제시하면 쉽게 설명할 수 있다. 인공지능 교육에서 신장하고자 하는 인공지능 역량은 인공지능과 관련된 과업(Task)을 수행하는 과정에서 신장된다. 인공지능 과업은 그 과업의 지식과 기능을 통해 해결 가능하기 때문에 인공지능 역량은 인공지능 영역의 지식과 기능을 신장하는데 필요한 사고력과 실습 능력이라 할 수 있다. 그러므로 인공지능 역량은 인공지능 영역의 지식과 기능을 통해 형성된다.

또한 인공지능 역량을 제대로 발휘하고 올바르게 키우기 위해서는 그 영역에서 요구하는 가치와 태도가 바탕이 돼야 한다. 바른 가치와 태도는 인공지능 역량을 강건하게 만들어주기 때문이다.

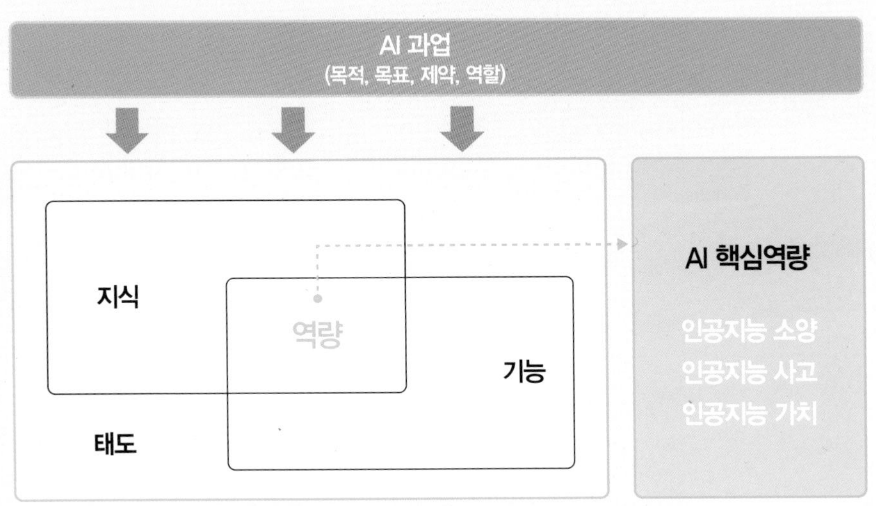

▲ 인공지능 역량

앞서 살펴본 소프트웨어 교육의 기본 역량을 바탕으로 '컴퓨팅 커리큘라 2020'에서 제시하는 역량의 개념도를 적용해 인공지능 교육에서의 역량을 나누면 크게 3가지 영역으로 구분할 수 있으며, 그 내용은 다음과 같다.

- 인공지능 소양: 기본적인 상식과 지식을 위한 기술
- 인공지능 사고: 문제해결력을 위한 사고 역량
- 인공지능 가치: 인공지능 기술과 사회를 대하는 태도와 관점

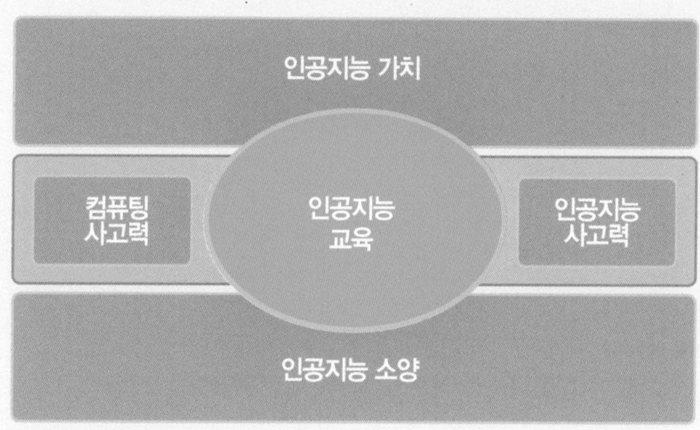

▲ 인공지능 교육이 추구하는 핵심역량

▼ 인공지능 교육의 핵심역량

	핵심역량	
AI 교육	인공지능 소양	자기관리 능력, 인공지능 활용 능력, 데이터 처리 능력
	인공지능 사고	컴퓨팅 사고 능력, 지능화 능력, 창의 · 융합 능력
	인공지능 가치	인공지능 윤리 능력, 개방과 공유 능력, 인간 – 기계 협업 능력

인공지능 교육의 역량을 세부적으로 살펴보면 다음과 같다.

'인공지능 소양'은 인공지능의 기본적인 상식과 소양적인 지식을 바탕으로 정보 기술을 활용해 문제를 해결할 수 있는 능력을 말한다. '인공지능 소양'은 '자기관리 능력', '인공지능 활용 능력', '데이터 처리 능력'을 포함한다.

'인공지능 사고'는 컴퓨터 과학의 기본 개념과 원리 및 인공지능 시스템을 활용해 실생활과 다양한 학문 분야의 문제를 이해하고 해결 방안을 창의적으로 구현해 융합적으로 적용할 수 있는 능력을 말한다. '인공지능 사고'는 추상화(Abstraction)와 자동화(Automation)를 포함하는 '컴퓨팅 사고 능력', '지능화 능력', 그리고 '창의·융합 능력'을 포함한다. 컴퓨팅 사고의 추상화는

문제의 복잡성을 제거하기 위해 사용하는 기법으로, 핵심 요소 추출, 문제 분해, 모델링, 분류, 일반화 등의 방법으로 이뤄진다. 추상화 과정을 통해 도출된 문제 해결 모델은 프로그래밍을 통해 자동화된다. 추상화와 자동화의 과정에서 지능화의 속성을 적용해 인공지능을 구현하고 그 특징에 맞게 활용하는 능력을 통해 인공지능 사고를 갖게 된다.

'인공지능 가치'는 인공지능의 가치를 이해하고 지능 정보 사회 구성원으로서 윤리 의식과 시민의식을 갖추고 디지털 컴퓨팅 환경에 기반해 다양한 지식·학습 공동체에서 공유와 개방 그리고 효율적인 의사소통, 기계와의 협업을 통해 문제를 창의적으로 해결할 수 있는 능력을 말한다. '인공지능 가치'는 '인공지능 윤리 능력', '개방과 공유 능력', '인간-기계 협업 능력'을 포함한다.

인공지능 교육에서의 세부 핵심역량은 지식 정보 처리 능력, 인공지능 활용 능력, 데이터 보호 능력, 컴퓨팅 사고력, 지능화 능력, 창의·융합 능력, 인공지능 윤리 의식, 개방과 공유 가치, 인간-기계 협업 능력 등 모두 아홉 가지이며, 역량별 세부 내용은 다음과 같다.

▼ 인공지능 교육에서의 요소별 핵심역량

핵심역량	의미
자기관리 능력	인공지능 사회에서 자아정체성과 자신감을 갖고 자신의 삶과 진로에 필요한 기초 능력과 자질을 갖춰 자기주도적으로 살아갈 수 있는 능력
인공지능 활용 능력	인공지능 지식과 컴퓨팅 파워를 활용해 실생활 문제를 해결하고 산업적으로 유효한 가치를 산출하는 능력
데이터 처리 능력	데이터의 특징을 이해하고 데이터를 수집, 가공, 생성, 분석하는 방법을 통해 데이터의 가치를 평가하는 능력
컴퓨팅 사고 능력	추상화와 자동화를 이해하고 문제를 해결하기 위해 컴퓨팅 파워를 효과적으로 활용하는 능력
지능화 능력	인간이 해결하기 어려운 복잡한 문제를 효과적으로 해결하기 위해 인간의 지적인 특성을 인공지능 기술로 구현하고 활용하는 능력
창의·융합 능력	인공지능의 기초 지식과 기능을 바탕으로 다양한 전문 분야의 지식, 기술, 경험을 창의·융합적으로 활용해 새로운 것을 창출하는 능력
인공지능 윤리 능력	인공지능이 사회에 미치는 윤리적 영향을 이해하고 인간의 도덕적 가치에 맞는 기술의 구현과 활용 방안을 모색해 인간 중심의 인공지능을 발현하는 능력
공유와 개방 능력	지역 · 국가 · 세계 공동체의 구성원으로서 요구되는 가치와 태도를 갖고 인공지능 기술의 공유와 개방으로 인류에 기여하는 능력
인간-기계 협업 능력	다양한 상황에서 인간과 인공지능이 소통하고 협업으로 문제를 해결하며 함께 공존하기 위해 노력하는 능력

2.3 AI 이해 교육의 목표

교육 목표는 교과 교육과정이 지향해야 할 방향과 학생이 달성해야 할 학습의 도달점을 말한다. 교육 목표 진술의 내용은 지식, 기능, 태도의 관점이 포함된 전인적 인간 양상을 목표로 설정하는 것이 바람직하다.

인공지능 교육을 통해 기대하는 인재상, 즉 인공지능 교육이 추구하는 역량은 모든 교과에서 추구하는 바와 같이 문제해결 능력을 가진 인재 양성이다. 인공지능 교육에서의 문제해결 능력은 컴퓨팅 사고와 인공지능 사고력을 통해 신장되도록 구성한다.

이러한 인공지능 이해 교육의 목표는 앞 장에서 기술한 바와 같이 다음과 같은 예시로 제시할 수 있다.

지식	인공지능의 기본 개념과 원리를 이해하고,
기능	인공지능 파워를 효과적으로 활용하는 능력과 함께
태도	인공지능이 인간 사회에 선하게 기여하도록 하는 태도를 함양해,
역량	창의적, 합리적으로 문제를 해결하는 데 필요한 인공지능 소양을 기르는 것이다.

인공지능의 기본 개념과 원리를 이해하는 지식적인 측면, 인공지능 파워를 활용해 문제를 해결하는 기능적인 측면, 이러한 기술들이 인간 사회에 올바르게 기여할 수 있는 태도를 함양하는 가치적인 측면 모두를 담고 있다. 지식, 기능, 태도를 고르게 함양해 다가오는 사회에 대비할 수 있는 역량, 즉 인공지능 소양을 모두 갖출 수 있어야 한다. 또한 인간 중심의 인공지능 기술 구현을 위한 '착한 인공지능'을 지향한다.

모든 학생은 인공지능의 실습과 활용 그리고 통합 개념에 대한 충분한 지식을 습득해, 인공지능 관련 쟁점에 대한 토론에 참여할 수 있어야 하고 일상생활과 관련된 인공지능 기술에 비판적인 안목을 가진 사용자가 될 수 있어야 한다.

ARTIFICIAL INTELLIGENCE

3. AI 이해 교육과정의 설계 유형

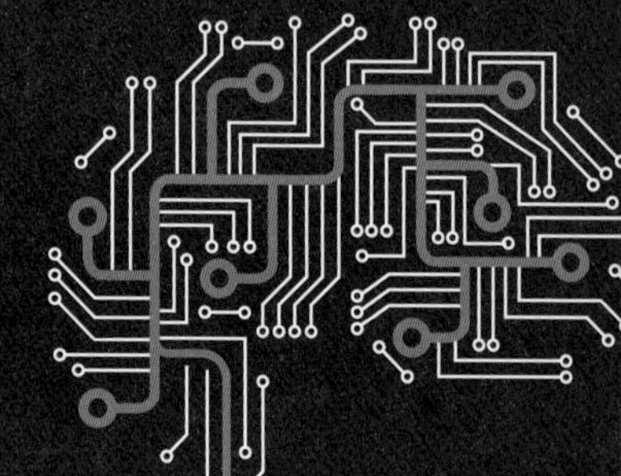

인공지능을 교육으로 이끌기 위해서는 인공지능이 무엇인지부터 알아야 한다. 인공지능에 접근하는 방법은 실용주의, 학문주의, 구성주의, 활용주의로 나눠 교육과정을 구성할 수 있다.

인공지능 교육을 이해하려면 인공지능의 이해가 중요한데, 인공지능을 바라보는 관점은 서로 다르기 때문에 인공지능에 대해 한마디로 정의하기는 어렵고 인공지능 교육의 정의와 유형 그리고 교육적 방향에 대해서도 한마디로 안내하기 어렵다. 이에 이 책의 저자가 기고한 글을 바탕으로 인공지능 이해 교육의 방향을 설명한다(교육정책네트워크정보센터, 한선관, 2020, http://edpolicy.kedi.re.kr/frt/boardView.do?strCurMenuId=65&pageIndex=1&pageCondition=10&nTbBoardArticleSeq=827031).

인공지능을 교육의 틀 안으로 끌어들이기 위해서는 먼저 AI가 무엇인지부터 알아야 한다. 이를 위해서는 인공지능 교육에 대한 기준과 목표의 설정이 필요하다. 단, 인공지능 교육의 목표는 교육 본연에 충실할 수 있어야 한다. 교육 정책을 추진하는 입장이라면 다음의 네 가지 AI 교육의 관점을 이해하고 현장 교육의 목표에 맞는 접근 방안을 선정해야 한다.

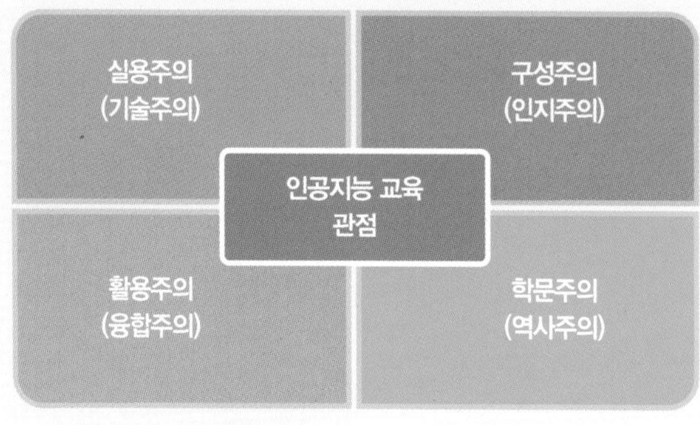

▲ 인공지능 교육을 바라보는 관점

첫째, AI 교육을 실용주의(기술주의)의 관점으로 바라보는 것이다. 인공지능 기술의 내용은 현재 가장 강력하고 쓸모 있는 이론과 기술을 중심으로 교육하는 것이다. 현재 AI에서 가장 이슈가 되는 기계학습, 특히 딥러닝의 공학적 기술을 중심으로 교육의 주제를 정하고 그에 따른 수업을 해 나가는 방식이다. 데이터의 전처리를 바탕으로 하는 자료 과학-기계학습-AI 서비스의 내용을 중점적으로 하는 교육 내용을 포함한다.

둘째, AI 교육을 학문주의(역사주의) 관점으로 보는 것이다. 인공지능을 제대로 이해한다는 것은 인공지능이 발전한 역사의 과정에서 다뤘던 개념, 원리, 알고리즘, 방법론과 다양한 개발 사례를 종합적으로 이해하는 것을 의미한다. 이는 기계학습에 국한하기보다 탐색, 지식 표현, 추론, 패턴 인식, 자연어 처리, 로보틱스 등 인공지능 서사적 개념을 다루며 과거의 사실과 현재의 기술 동향 그리고 미래의 전망을 모두 포함한다.

셋째, AI 교육을 구성주의(인지주의)의 관점으로 바라보는 것이다. 인공지능을 인간과 비슷하게 만들어가는 공학적 관점보다는 인간의 행동과 판단, 계획 등의 특징을 기계 지능으로 파악해 이해하는 방법이다. 세상으로부터 데이터를 입력받으면 이를 통해 학습하고 추론해 무엇인지 인식한 후 소통과 상호작용의 과정을 통해 문제를 해결해 나가는 인지주의적 접근 방식으로 인공지능을 알아가도록 교육하는 내용이 포함된다.

넷째, AI 교육을 활용주의(융합주의)의 관점으로 바라보는 것이다. 인공지능을 하나의 모듈(엔진화)로 구성한 후 다양한 분야의 문제를 해결하는 데 활용하는 방식으로 인공지능을 이해하는 관점이다. 다양한 산업에 인공지능 모듈을 적용하거나 타 교과의 수업 목표를 위해 활용하며, 서로 다른 학문 분야와 융합해 다양한 문제를 해결하고 인간의 삶을 개선하는 방식을 포함한다. 인공지능의 세부 내용과 원리를 알기보다는 잘 활용하는 데 중점을 둔다.

네 가지 관점 중 어떤 것이 교육 현장에 옳은지에 대한 정답은 없다. 어떤 것이 효과적이며 교육에 적합한지에 대한 판단은 교육의 가치와 목표에 있다. 이를 결정하는 것은 교육 정책자의 몫이다. 물론 교육 실천가, 많은 논의와 합의의 과정이 상호 보완돼야 할 것이다. AI 교육이 이뤄지기 전에 적절한 교육적 관점을 결정해 인공지능의 교육 목표와 인재 양성의 방향을 설계하고 인공지능 교육의 내용을 체계적으로 구성하는 일이 선행돼야 한다.

ARTIFICIAL INTELLIGENCE

4. AI 이해 교육의 내용 체계

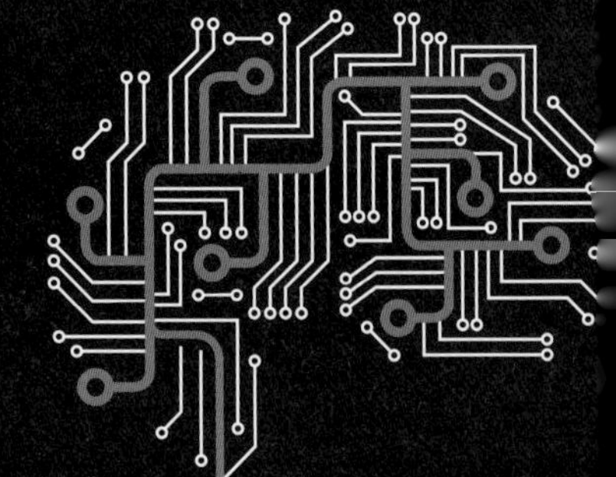

인공지능은 인간의 지능을 뛰어넘기 어렵다. 따라서 인공지능의 교육적인 내용 체계는 인간의 지능 체계를 따른다. 세상으로부터의 인식과 그에 따른 행동을 위해 센서로 자료를 받고 지능 발현의 특성을 통해 인식하고 효과기로 행동을 취한다.

인공지능 교육은 인공지능 학문의 지식 체계와 역사적인 사례 등을 고르게 편성해 기계의 지능성, 계산적인 지능성에 대한 내용으로 구성할 때 향후 등장하게 될 새로운 인공지능의 기술에 대한 이해나 기능, 개발, 활용에 대비하고 미래 교육으로서 가치를 갖게 된다.

시수 부족과 같은 한계점을 이유로 현재 유행하고 있거나 산업에서 이슈가 되는 딥러닝 부분만을 집중적으로 발췌해 교육 내용 체계를 잡는 것으로는 교육의 목표를 달성하기에 무리가 따른다. 더욱이 교육 정책 기관의 표준화된 교육과정이 제시된다고 할지라도 정보 기술 학문의 특성상 빠르게 발전하고 변화하기 때문에 영역과 주제가 제시된 프레임워크가 필요하다. 이러한 프레임워크를 통해 그 범주 안에서 기존 지식 체계와 앞으로 나타날 지식 체계를 연결할 수 있도록 안내해야 한다. 먼저 표준 프레임워크를 구성하기 위해 인공지능의 추상적 모델을 살펴보자.

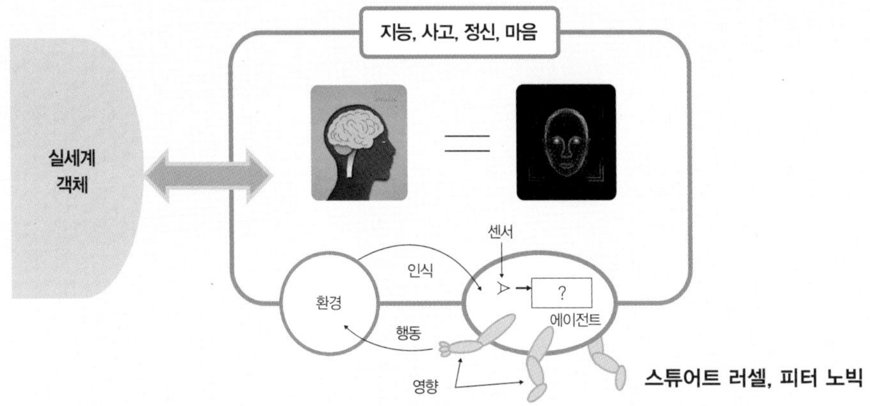

▲ 인공지능을 이해하기 위한 에이전트 모형

인간은 세상과 상호작용하며 살아간다. 살면서 부딪히는 여러 난관 속에서 자신에게 유리한 방향으로 문제를 해결할 수 있는 도구가 바로 '지능'이다. 문제를 해결하는 과정에서 발현하는 지능의 핵심적 기능을 기계에 모델링해 적용한 것이 인공지능이다. 지능의 정의와 속성은 학자, 학문 영역에 따라 다르다. 인간 지능의 본질도 몇 가지 용어와 기능으로 모두 설명하기는 어렵다.

인공지능은 인간의 지능, 사고, 정신, 마음을 기계에 적용해 구현하고자 하는 노력으로 산출된 결과이다. 인간은 감각 기관을 통해 현실 세계로부터 입력받은 자료를 통해 학습하고 추론하며 당면한 문제를 인지해 문제를 해결한다. 이러한 학습-추론-인지의 과정은 지능의 발현에서 상호 보완적으로 이뤄지며 문제해결을 위한 지능의 근간이 된다.

또한 외부 환경이나 마주한 객체와의 행동, 반응, 소통 등의 물리적 상호작용을 통해 인지한 문제를 해결한다. 이 두 가지 요소, 즉 추상적 지능의 발현과 물리적 상호작용이 인간의 지능을 구성하며 인공지능을 이해하는 중요한 모형이 된다.

이러한 지능의 모형을 스튜어트 러셀(Stuart Russell)과 피터 노빅(Peter Norvig)은 '에이전트' 모형으로 제시했다. 러셀과 노빅은 에이전트 모델을 바탕으로 인공지능을 사고 작용과 행동 그리고 이성적, 합리적인 특징을 바탕으로 인공지능 연구 영역을 제시했다.

▼ 인공지능의 분류

구분	인간적	합리적
사고 작용 (Thinking)	인간과 같은 사고 시스템 (Thinking Humanly)	합리적 사고 시스템 (Thinking Rationally)
행동 발현 (Behavior)	인간과 같은 행동 시스템 (Actiong Humanly)	합리적 행동 시스템 (Acting Rationally)

(출처: Stuart Russell & Peter Norvig(1994). Artificial Intelligent A Modern Approach)

이에 맞춰 인공지능 학문에서 다루고 있는 영역은 크게 인간의 사고작용을 나타낸 추상 지능, 행동을 나타낸 물리 지능 그리고 인공지능의 외부 영향에 따른 사회 지능으로 구분할 수 있다.

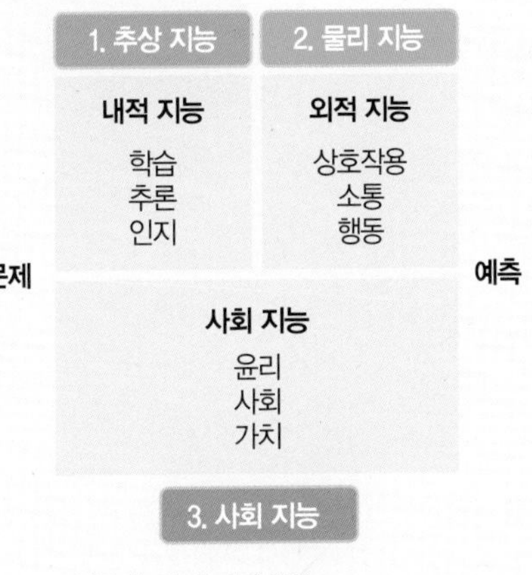

▲ 인공지능의 세 가지 영역

4.1 AI 이해 교육의 세 가지 대영역

인공지능 모델을 바탕으로 인공지능 교육에서 다뤄야 할 교육 내용의 대영역은 추상 지능, 물리 지능, 사회 지능을 바탕으로 지능 발현, 상호작용, 사회 영향으로 나눌 수 있다(한선관, 2020).

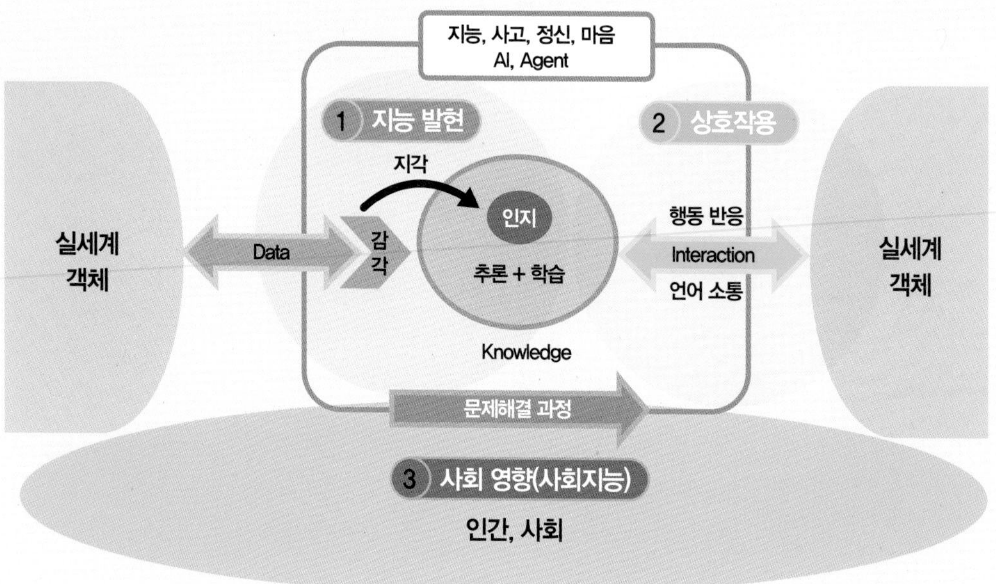

▲ 인공지능의 추상적 모델을 통한 인공지능 교육 대영역의 개념도

첫째, 추상 지능은 실세계로부터 데이터를 받아 인지적으로 처리하는 '지능 발현' 영역이다. 주로 기계적 학습과 기계적 추론을 통해 인지하는 내용을 다룬다.

둘째, 물리 지능은 지각 과정을 통해 지능적으로 출력하는 물리적인 '상호작용' 영역이다. 지능적 인터페이스, 물리적 행동과 소통을 구현하는 로봇과 자연어 처리 등의 내용을 주로 다룬다.

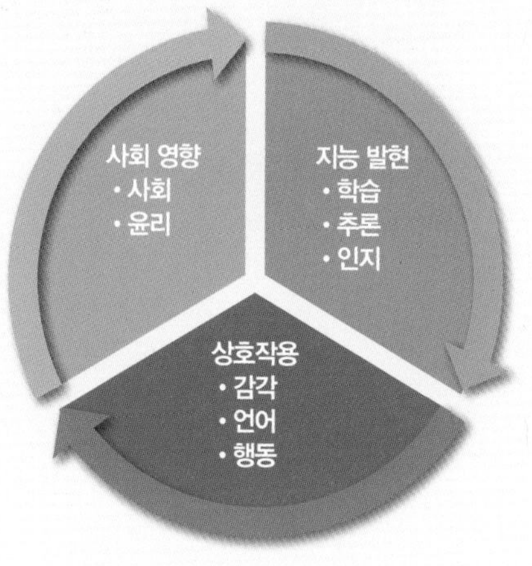

▲ AI 이해 교육의 세 가지 대영역

셋째, 사회 지능은 인공지능이 인간과 사회에 미치는 '사회 영향' 영역이다. 인공지능의 사회적인 영향과 윤리적 이슈를 다룬다.

4.1.1 '지능 발현' 영역

지능 발현은 문제해결의 과정이자, 생명체가 생존하기 위한 뇌의 추상적인 핵심 영역이다. 문제해결은 인공지능 학문의 태동기에서 탐색을 주제로 해 최적의 경로를 찾아가는 휴리스틱적인 알고리즘의 방법을 통해 접근했다.

지능적 기계는 인간적인 탐색, 즉 휴리스틱 탐색을 바탕으로 문제를 해결해나간다. 세상의 자료를 입력받거나 인간으로부터 생성된 지식을 입력받으면 이를 데이터 과학과 지식공학 기법을 적용해 기계에 탑재한다.

컴퓨터가 처리할 수 있는 디지털 정보의 형태로 입력받으면 기계적인 학습과 추론 알고리즘으로 처리해 입력받은 자료와 문제를 인지하는데, 이를 '지능 발현 트라이앵글(학습 → 추론 → 인식)'이라고 한다. 이처럼 이 영역에서는 자료의 입력과 지식의 표현 그리고 학습 알고리즘, 추론 알고리즘을 통한 인지 처리 과정의 교육 내용을 포함한다.

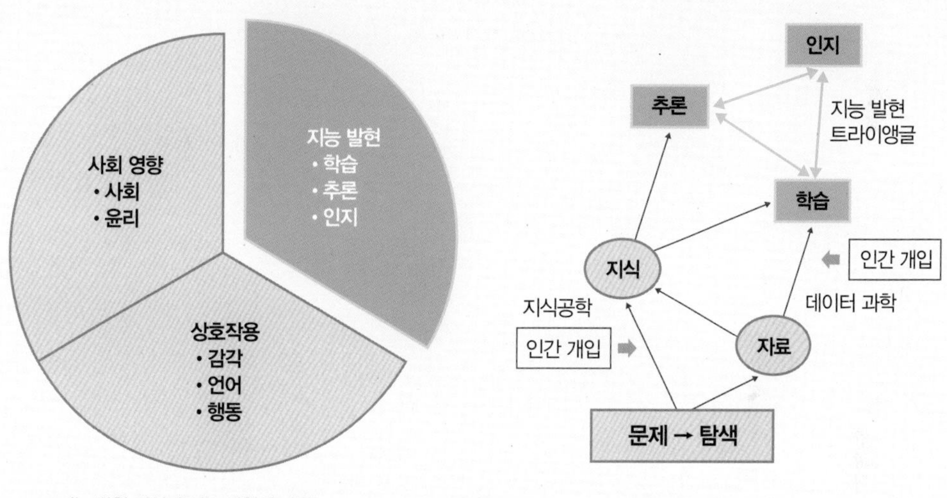

▲ 지능 발현 영역과 지능 발현의 과정

레이 커즈와일 - 『마음의 탄생』 중

'학습'과 '인지'는 동시에 발생한다. 정보가 입력되는 것이 곧 학습이고, 패턴을 학습하는 것이 곧 그것을 인지하는 것이다. 신피질은 계속 들어오는 입력을 이해하기 위해 끊임없이 노력한다. 어떤 레벨에서 패턴을 제대로 처리하거나 인식하지 못하면, 그 패턴은 다음 상위 레벨로 보내진다. 어떤 레벨에서도 패턴을 인식하는 데 성공하지 못하면, 그것은 새로운 패턴으로 간주된다.

4.1.2 '상호작용' 영역

자료와 지식이 입력되면 지능 발현 알고리즘(학습 → 추론 → 인식)을 통해 지능적인 문제 해결 과정을 수행한다. 그 결과를 출력하고 출력에 대한 반응을 다시 입력받는 것이 상호작용이다. 인간의 지능도 외부와의 소통 또는 상호작용을 통해 지능을 구성해나간다. 이는 지능 발현 이후의 물리적 반응으로 나타나며 움직임과 같은 행동, 오감적인 표현 그리고 자연어를 이용한 소통의 내용을 주로 다룬다.

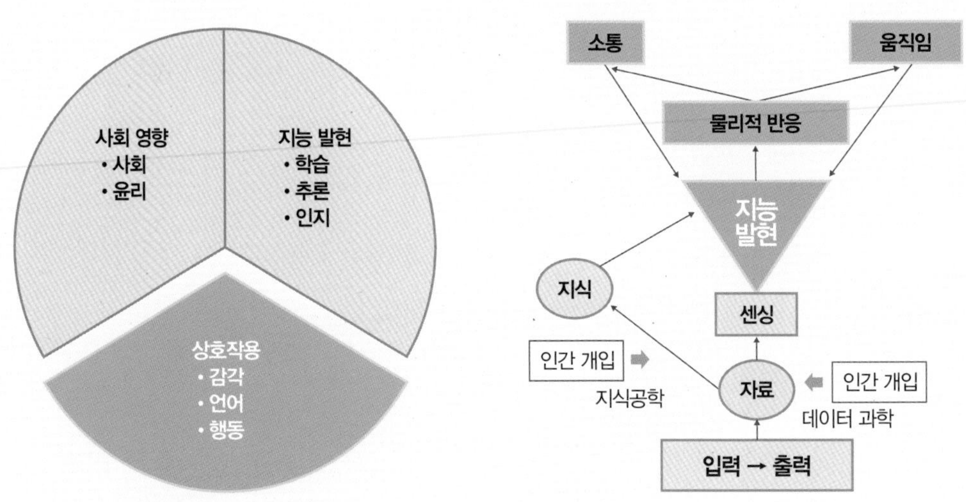

▲ 물리적 상호작용 영역과 물리적 반응의 과정

4.1.3 '사회 영향' 영역

인공지능의 기술이 뛰어나게 놀랍거나 강력할수록 인간 사회에 미치는 영향이 크게 커진다. 인공지능의 가치화와 이슈에 관련된 부분은 사회적 영향 그리고 윤리적 이슈 부분으로 나눌 수 있다.

사회적 영향과 윤리적인 이슈는 그 교육적 방향과 해결 방안이 인간적인 접근과 기술적인 접근 두 가지 모두가 고루 지향돼야 한다. 이는 인공지능 교육에서 추구하는 가치로 인간 중심의 인공지능을 표방한다. 인간적인 관점에서 착한 인공지능을 기대하며 이러한 인공지능의 개발과 사회적 영향은 매우 중요하다.

예를 들어, 인공지능이 인간과 대립하는 문제와 관련된다. 인간적인 접근은 가치 갈등 모형이나 역할 놀이와 같은 수업으로 인간의 양심과 가치에 호소하는 반면, 기술적 접근은 블랙박스 모형의 인공지능 개발 대신 투명한 글래스박스 모형의 인공지능 기술의 적용을 통한 문제 해결의 방법을 함께 찾도록 할 수 있다.

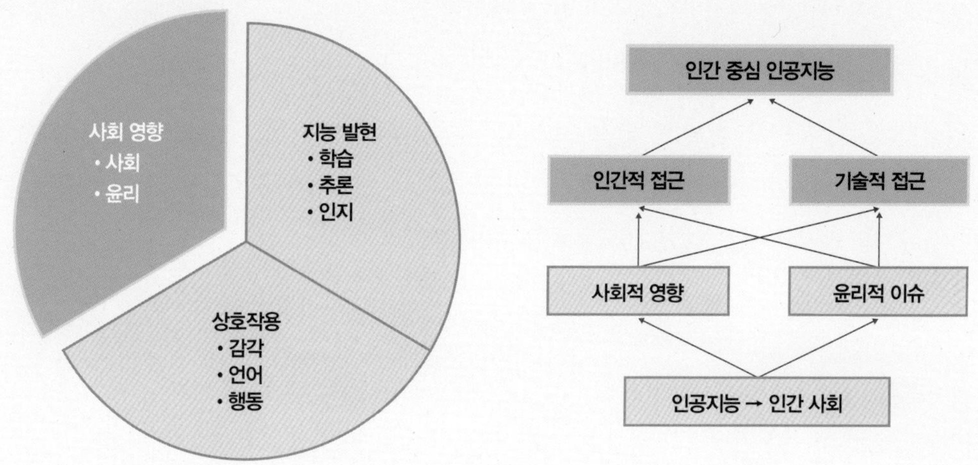

▲ 사회 영향 영역과 인간 중심 인공지능의 가치 추구

4.2 3영역의 학습을 위한 일곱 가지 대주제

인공지능의 세 가지 대영역을 초중등 교육과 보편 교육의 내용으로 교육과정을 구성하기 위해서는 실제 교수·학습이 가능한 세부 주제로 나눠 구성하는 것이 합리적이다.

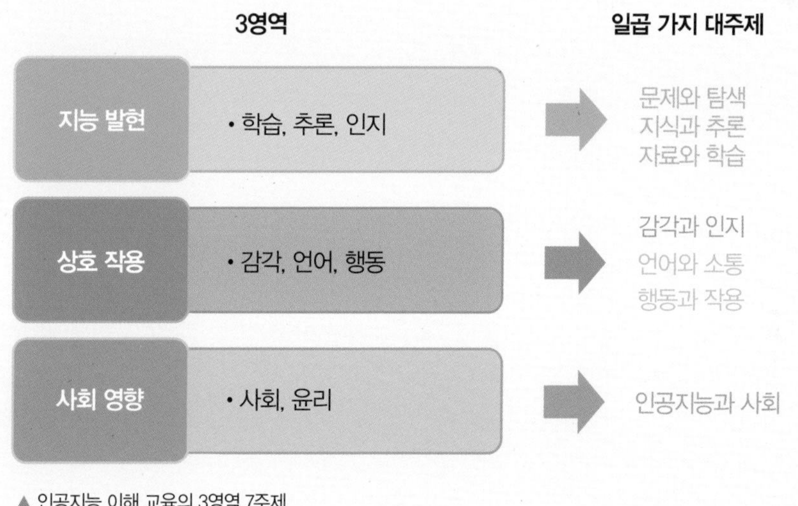

▲ 인공지능 이해 교육의 3영역 7주제

인공지능을 위한 교육의 세 가지 대영역에서 가르쳐야 할 내용은 인공지능의 역사와 기술의 발전에 따라 크게 일곱 가지 주제로 나눌 수 있다. 이렇게 다시 일곱 가지로 세부 주제를 구분하는 이유는 교육과정의 구성에 있어서 AI 교육의 목표와 교육과정의 개발, 학습자의 대상 그리고 실제 교육 현장에서의 적용 가능성, 풍부한 학습 내용의 구성, 공통 알고리즘으로의 분류 등에 대한 고려가 필요하기 때문이다. 또한 인공지능의 과학과 기술적 영역에서 학습의 소재가 충분해 각 영역을 제대로 이끌어내고 학습에 적용할 수 있는지도 고려했다.

수업 시수를 어떻게 편성하는지에 따라 교육 내용의 구성이 다르겠지만 적어도 인공지능의 핵심 개념과 원리를 균형 있게 이해하고 학습하기 위한 근거로는 사용할 수 있다.

인공지능 대주제는 지능 발현 영역에서 탐색, 추론, 학습, 인지, 상호작용 영역에서 소통(커뮤니케이션과 인터페이스), 작용(인터랙션), 그리고 사회 영향 영역에서는 인공지능과 사회로 큰 영역을 7개의 세부 주제로 나눴다.

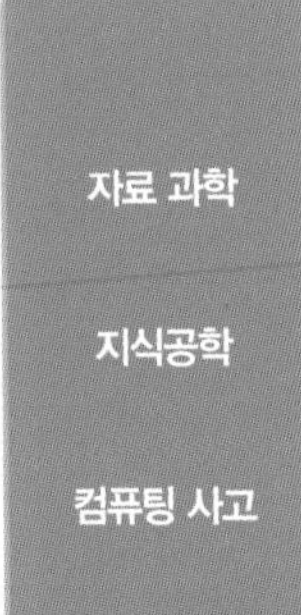

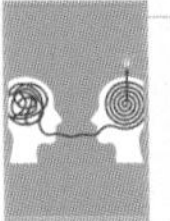

문제와 탐색
- 지능의 인식, 사고력의 이해
- 문제해결의 과정, 탐색의 과정

지식과 추론
- 지식 표현, 논리와 추론
- 계획, 불확실성, 애매모호성

자료와 학습
- 자료과학, 통계와 확률, 자료의 패턴
- 특징, 훈련과 학습, 분류, 군집, 회귀

감각과 인지
- 감각과 지각, 패턴 인식과 인지
- 시각 인식, 음성 인식, 오감 인식

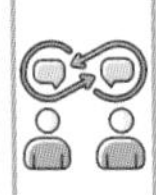

언어와 소통
- 자연어 처리, 텍스트-음성 처리, 자동 번역
- 소통 이론, 인간-기계 소통, 기계-기계 소통

행동과 작용
- 센싱, 로보틱스, 물리적 반응, 행동
- 감정, 인터페이스, 인터랙션

인공지능과 사회
- 사회적 영향
- 윤리적 과제

▲ 인공지능 이해 교육의 7가지 대주제와 내용

인공지능 교육의 일곱 가지 대주제와 그 세부 내용은 다음과 같다.

- **문제와 탐색:** 지능의 인식, 사고력의 이해, 문제해결의 과정, 탐색의 과정, 휴리스틱 탐색, 탐색의 구조화
- **지식과 추론:** 지식 표현, 추론, 계획, 불확실성 처리, 애매모호성, 시간적 추론
- **자료와 학습:** 자료 과학, 통계와 확률, 자료의 패턴과 특징, 훈련과 학습, 지도학습, 비지도학습, 강화 학습
- **감각과 인지:** 감각과 지각, 패턴 인식과 인지, 문자 패턴, 시각 인식, 소리 인식, 음성 분석, 촉각 등의 감각 인식
- **언어와 소통:** 자연어 처리, 문서 작성, 음성 처리, 자동 번역, 감정 분석, 질의 응답, 정보 검색
- **행동과 작용:** 센싱, 로보틱스, 물리적 반응과 행동, 인터페이스, 인터랙션, 시각화
- **인공지능과 사회:** 사회적 영향, 윤리적 과제, 안전과 신뢰성, 프라이버시, 기술 오남용, 책임성, 인간 정체성, AI 공포심

4.3 AI 이해 교육을 위한 표준 프레임워크

위 내용을 바탕으로 인공지능 교육을 위한 표준 프레임워크를 정리하면 다음과 같다.

▼ 인공지능 이해 교육 표준 프레임워크(Big Idea)

영역	대주제	개념	기능(문제해결)
문제해결과 지능성 (지능 발현)	문제와 탐색	탐색 복잡도 휴리스틱	문제 표현 평가 분석
	지식과 추론	지식 표현 기계적 추론 불확실성	문제 표현 지식 생성 수집 분석 예측 평가
	자료와 학습	기계학습 지도학습 비지도학습 강화학습	수정 분석 추론 인식
물리적 상호작용 (상호작용)	감각과 인식	텍스트 인식 이미지 인식 영상 인식 동작 인식	표현 인식 분석, 창조 평가
	언어와 소통	자연어 처리 소통과 인식 감정, 의식	소통 협력 인식
	행동과 작용	감각과 인지 물리적 장치, 에지 컴퓨팅 로보틱스	행동 반응 생성
사회 영향 (지능 사회)	인공지능과 사회	사회적 영향 – 직업, 미래, 융합, 문화, 법, 경제, 역사	예측 협력 분석 평가 도전
		윤리적 이슈 – 6대 이슈, 안전, 신뢰, 책임, 공정, 보호, 인간성, 공포	예측 대안 평가 개선

5. AI 이해 교육과정의 설계 방안

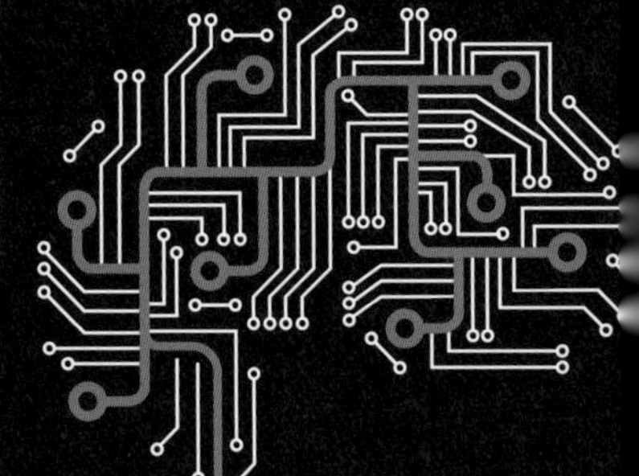

인공지능은 자료와 지식을 입력받은 후 AI 알고리즘을 통해 도메인 영역에서 발생한 문제를 처리하고 AI 솔루션으로 출력해 문제를 해결한다. 이러한 일련의 문제해결 과정과 인공지능 개념이 교육과정의 기본적인 틀을 갖는다.

인공지능 교육은 다양한 유형으로 실시될 수 있지만, 가장 선행돼야 할 것은 인공지능에 대한 원리와 개념에 대한 기본적인 이해이다. 어떤 교육 목표와 교육 과정을 구성한다 할지라도 이를 위해서는 인공지능 이해 교육이 바탕이 돼야 한다. 또한 인공지능 이해 교육의 목표를 달성하기 위해서는 도메인(타분야의 활용, 융합)과의 연계 학습이 반드시 필요하다.

이러한 기본적인 교육과정 설계를 구성할 수 있지만, 소프트웨어 교육이나 인공지능 교육처럼 아직 정규 교과로 완벽하게 안착되지 못하거나 시수의 부족, 수업 환경의 제한 등으로 표준화된 교육과정을 제시하기 어려운 교과의 경우에는 가변적인 교육과정의 틀을 구성해 재구조화할 필요가 있다. 이런 제약 사항들을 고려해볼 때 교육과정을 설계하는 방안은 다음과 같다.

첫째, 인공지능의 처리 과정(입력–처리–출력)을 기반으로 설계하는 방안

둘째, 인공지능의 수준을 고려해 기초–핵심–확장의 순서대로 설계하는 방안

셋째, 소프트웨어 교육과 AI 교육의 연계성을 고려해 설계하는 방안

설계 방안 ❶ 입력-처리-출력(IPO) 기반 설계 모델

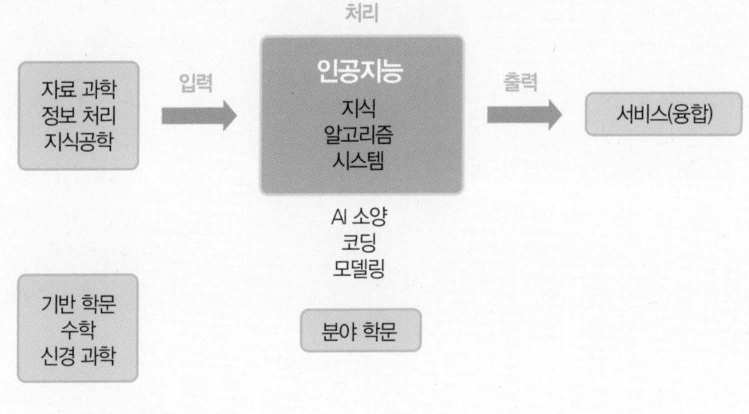

▲ IPO 기반 설계 모델

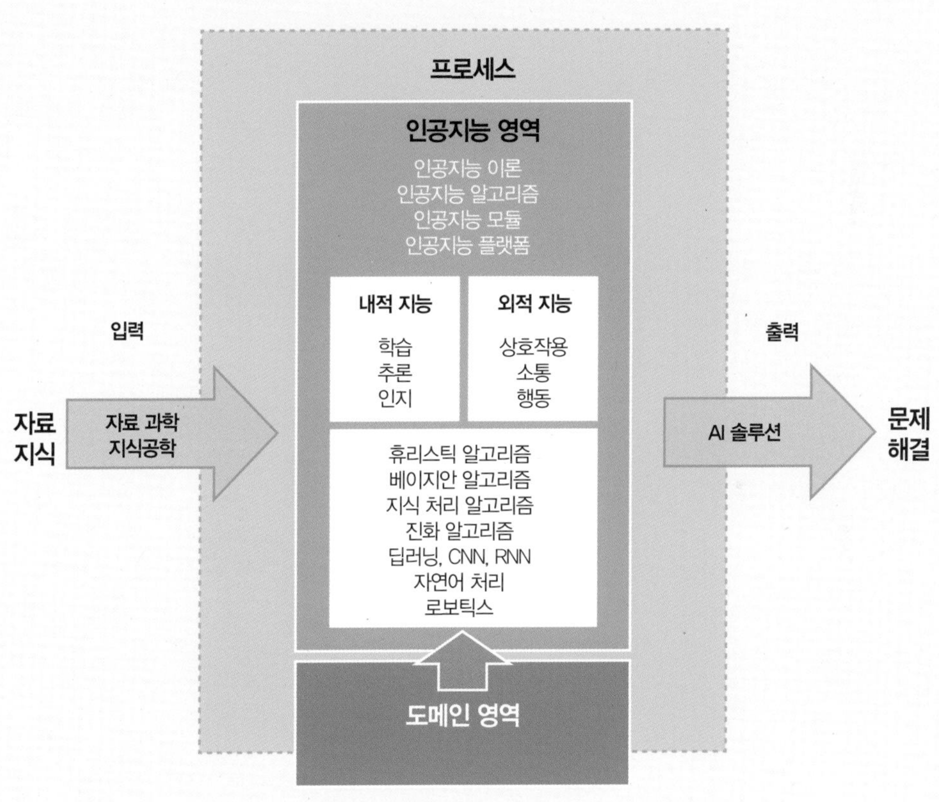

▲ 인공지능 이해 교육 모델 과정

인공지능 교육내용은 입력-처리-출력 기반의 설계 모델을 구성하기 위해 인공지능 이론, 인공지능 알고리즘, 인공지능 모듈, 인공지능 플랫폼의 기능 네 가지로 구성된다.

인공지능 이론은 인공지능을 구성하는 데 밑바탕이 됐던 지능의 구성 요소로, 학습, 추론,

인지와 같이 지능을 구성하는 '내적 지능 영역'과 지능이 외부와 상호작용하는 소통, 행동과 같은 '외적 지능 영역'으로 구분할 수 있다.

인공지능 알고리즘에는 휴리스틱 알고리즘, 베이지안 알고리즘, 지식 처리 알고리즘, 진화 알고리즘, 기계학습(지도학습, 비지도학습, 강화학습), 딥러닝, 자연어 처리, 로보틱스 등이 있다.

인공지능 모듈은 인공지능 학습을 도와주는 도구 및 환경을 말한다. 예를 들어, 인공지능 시뮬레이터, 개발 도구, 개발 환경까지를 포함한다.

인공지능 플랫폼은 '음성 인식', '자연어 처리', '추천' 등 인공지능 기술을 바탕으로 하는 클라우드 컴퓨팅 플랫폼이다. 스피커 등 다양한 기기와 서비스를 매개로 사용자의 요청을 처리하는 역할을 하며, 이는 알고리즘, 알고리즘을 소프트웨어로 구현해 모듈화한 라이브러리, 라이브러리의 구성 모듈을 불러 도구로 사용할 수 있게 한 인터페이스 등으로 구성된다.

인공지능 플랫폼을 이용해 인공지능 체험, 개발 및 활용 실습이 가능하며, 인공지능 교육 프로그래밍 도구를 제공할 수 있다. 또한 이러한 학습을 위해서는 자료와 지식이 필요한데, 이때 자료 과학과 지식공학이 매우 중요하게 작용한다.

이러한 교육 내용은 자료의 입력에 관한 부분, 자료를 활용해 기계학습 등의 인공지능을 처리하는 부분, 출력된 결과를 시각화하거나 서비스로 개발하는 등의 구체적인 교육 내용으로 구성할 수 있다. 입력-처리-출력(IPO) 기반 설계 모델의 교육과정 예시는 다음과 같으며, 수업에서 다룰 주제는 각 영역의 세부 내용이다.

▼ IPO 기반 설계 모델의 교육과정 예

입력	프로세스		출력	
자료 과학 지식공학	내적 지능 추상 지능	물리적 상호작용 물리 지능	활용 및 융합	사회와 윤리
데이터 수집, 가공, 분석, 생성, 종합, 평가, 지식 표현, 가공	탐색과 문제	에지 컴퓨팅	문제 활용 코딩 출력, 시각화	사회적 영향
정보처리 컴퓨터 과학 소프트웨어 교육	기계학습	자연어 처리 컴퓨터 비전	산업 융합 서비스 앱 개발	윤리적 이슈
컴퓨팅 시스템 센서 미디어 입출력	추론과 인식	로보틱스 행동	프로젝트 메이커 해커톤 캡스톤	인간과 미래

설계 방안 ② 인공지능 교육의 수준 절차 모델

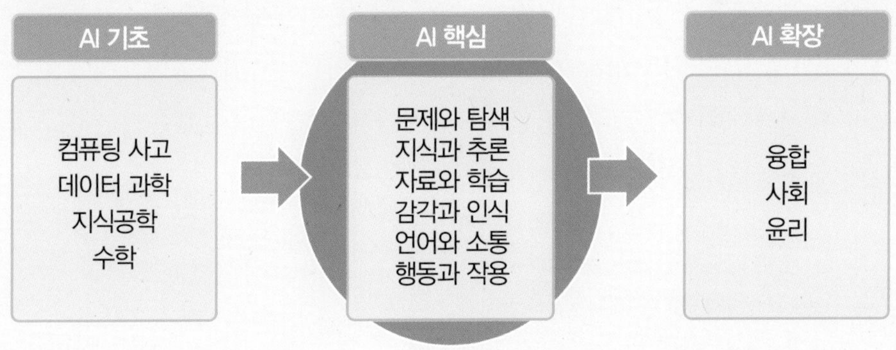

▲ 인공지능의 수준을 고려한 설계 방안

인공지능 교육 과정의 설계를 위한 대주제의 다른 분류는 AI의 핵심 내용을 중심으로 기초가 되는 부분과 핵심 그리고 확장하는 영역으로 구분할 수 있다. AI 기초에는 기초 컴퓨터 과학의 내용과 코딩을 통한 컴퓨팅 사고, 데이터 과학, 지식공학, 수학을 내용으로 둔다. AI 핵심에는 문제와 탐색, 지식과 추론, 자료와 학습, 감각과 인식, 언어와 소통, 행동과 작용의 인공지능 핵심 개념과 알고리즘을 포함한다. AI 확장 부분에는 융합적 문제해결, 사회적 영향, 윤리적 이슈 등을 중심으로 다룬다.

▼ 자료 과학과 인공지능, 융합의 모델을 중심으로 한 교육 과정의 예

인공지능 대영역	세부 내용	학습 주제	방법
인공지능의 이해	인공지능 역사 인공지능 개념 인공지능 사례	역사와 인물 지능, 탐색, 휴리스틱 복잡도, 응용 사례	사례 계산 시뮬레이션 영상, 토론
인공지능과 자료 과학	자료 과학 지식공학 시각화, HCI	자료 수집, 가공, 분석 지식 처리, 지식 표현 시각화, 소통	자료 처리 과정
인공지능 알고리즘	기계 탐색 기계 추론 기계학습 기계 인식	규칙 기반 추론 유사도 협력 지도/비지도/강화 DT, BN, SVM, KNN, KM, ANN, DL, CNN, RNN	문제해결 체험, 탐구 알고리즘 개발, 확장
인공지능 시스템과 응용	AI 시스템 응용 프로젝트	피지컬 컴퓨팅 에지 컴퓨팅 언어, 로보틱스 융합 프로젝트	코딩, 프로젝트 해커톤, 메이커, 캡스톤
인공지능과 사회 영향	사회의 변화 윤리적 문제 인간의 미래	직업, 협업 윤리 이슈와 해결 특이점, 약인공지능, 강인공지능	토론, 조사, 예측

설계 방안 ❸ SW + AI 교육 연계 모델

인공지능 교육과정을 설계하기 위해 소프트웨어 교육과 인공지능 교육의 관계를 고려한 방안이다. 소프트웨어 교육의 바탕과 기초 없이 전개되는 인공지능 교육은 현실성이 없기 때문에 SW + AI 교육을 연계한 교육과정 설계 모형은 가치가 있다. 그 방법은 네 가지로 구성할 수 있다.

❶ 소프트웨어 교육의 일부로서 AI 교육을 적용
❷ AI 교육에 중점을 두고 일부의 소프트웨어 교육을 적용
❸ 소프트웨어 교육과 AI 교육의 균등한 혼합 교육
❹ 소프트웨어 교육과 AI 교육의 독립 교육

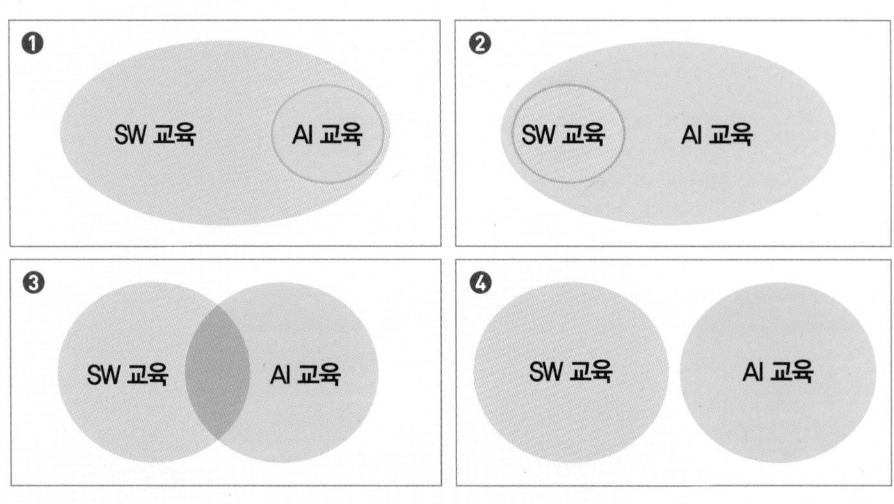

▲ SW + AI 교육의 교육과정 구성 유형

네 가지 구성 모형 모두 교육 현장의 실태로 보면 그리 쉬운 접근이 아니다. 정보 관련 교과의 시수 부족, 교사 역량 부족, 학생들의 학습 수준 차이, 학부모의 인식, 평가 진학에 몰입하는 실태, 학교 실습 환경 등 많은 어려움이 존재한다.

하지만 인공지능 교육을 강조하는 측면에서 실현 가능 모델은 ❷번 모델이 가장 이상적이라고 할 수 있다. 게다가 인공지능은 컴퓨터 과학에서 상위 계층에 해당하는 영역이므로 교육의 목표를 달성하기 위해 인공지능 교육의 목표에 맞춰 소프트웨어 교육의 내용을 구성한다면 교육과정을 가장 효율적으로 구성할 수 있을 것이다.

❷번 모델(인공지능 교육에 중점을 두고 일부의 소프트웨어 교육을 적용)을 기준으로 소프트웨어

교육과의 연계를 통한 인공지능 교육의 영역은 다음 그림처럼 컴퓨팅 사고, 지능 발현, 상호작용, 사회 영향 네 가지 영역으로 구성할 수 있다.

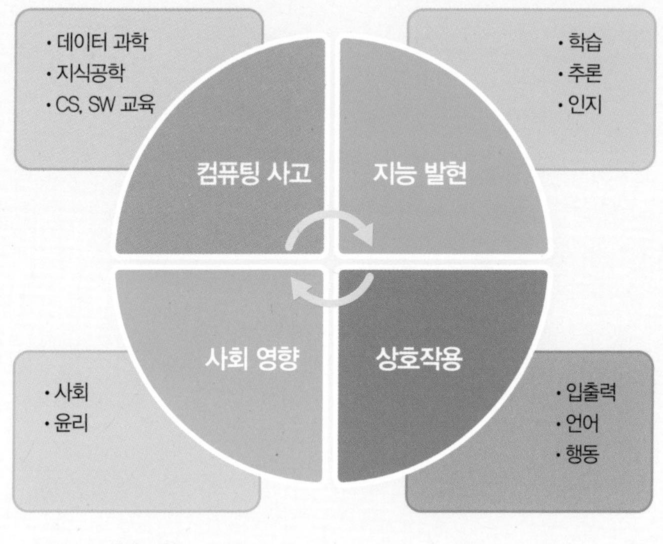

▲ SW+AI 연계 모형

❷번 모델을 바탕으로 인공지능 교육의 영역을 구성한다면 앞서 논한 것처럼 인공지능의 3대 영역과 7대 주제를 확장해 소프트웨어 교육에서 중점으로 다루는 컴퓨팅 사고 영역을 추가할 수 있다. 컴퓨팅 사고의 영역은 컴퓨터 과학의 전반적인 부분을 다루는 것이 아니라 데이터 입력 영역과 지능화 알고리즘의 이해를 돕기 위한 데이터 과학과 자료 구조, 알고리즘과 프로그래밍의 핵심적인 컴퓨팅 사고의 요소를 추출해 적용할 수 있다.

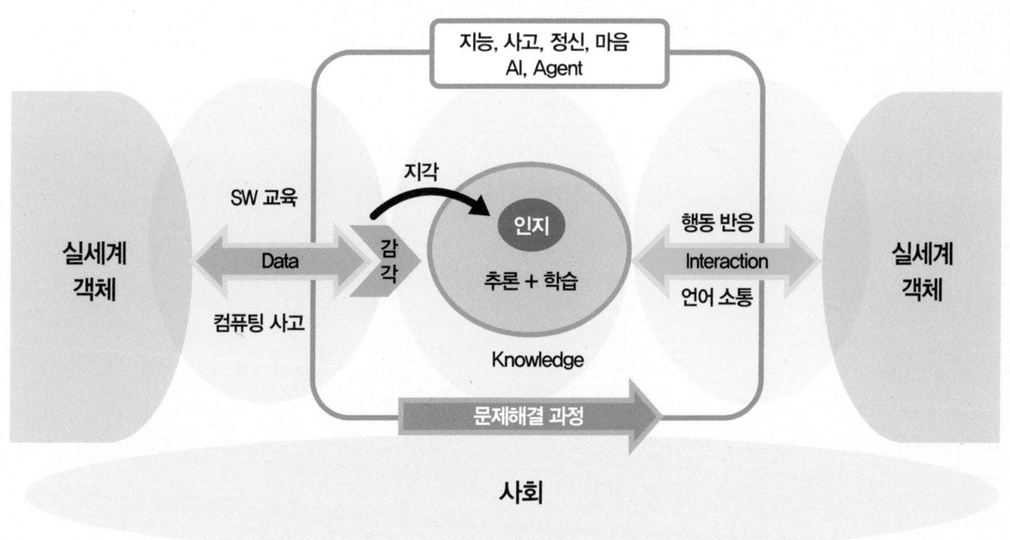

▲ 학교급별 인공지능 교육 과정의 위계성

학교급별로 위계 있게 교육과정을 구성하기 위해서는 학생들의 수준과 수업 시수 그리고 인프라 등의 환경에 맞게 구성돼야 한다. 학교급별로 인공지능 교육과정을 설계하기 위한 모형의 교육 내용과 적용 방법은 다음과 같다. 세로축은 학교급, 가로축은 학습자가 성취하기 원하는 수준을 나타낸다. 학습자의 성취 수준은 소양 수준, 이해 수준, 심화 수준, 전문가 수준으로 구분했다.

이는 표준화된 모형이라기보다 다양한 학교 환경과 정책의 방향에 따라 전체적인 접근 방법과 핵심적인 내용과 수준을 제시함으로써 다양성 있는 인공지능 교육의 적용의 가능성을 보여주는 것이며 교육과정의 적용에 활용할 수 있다.

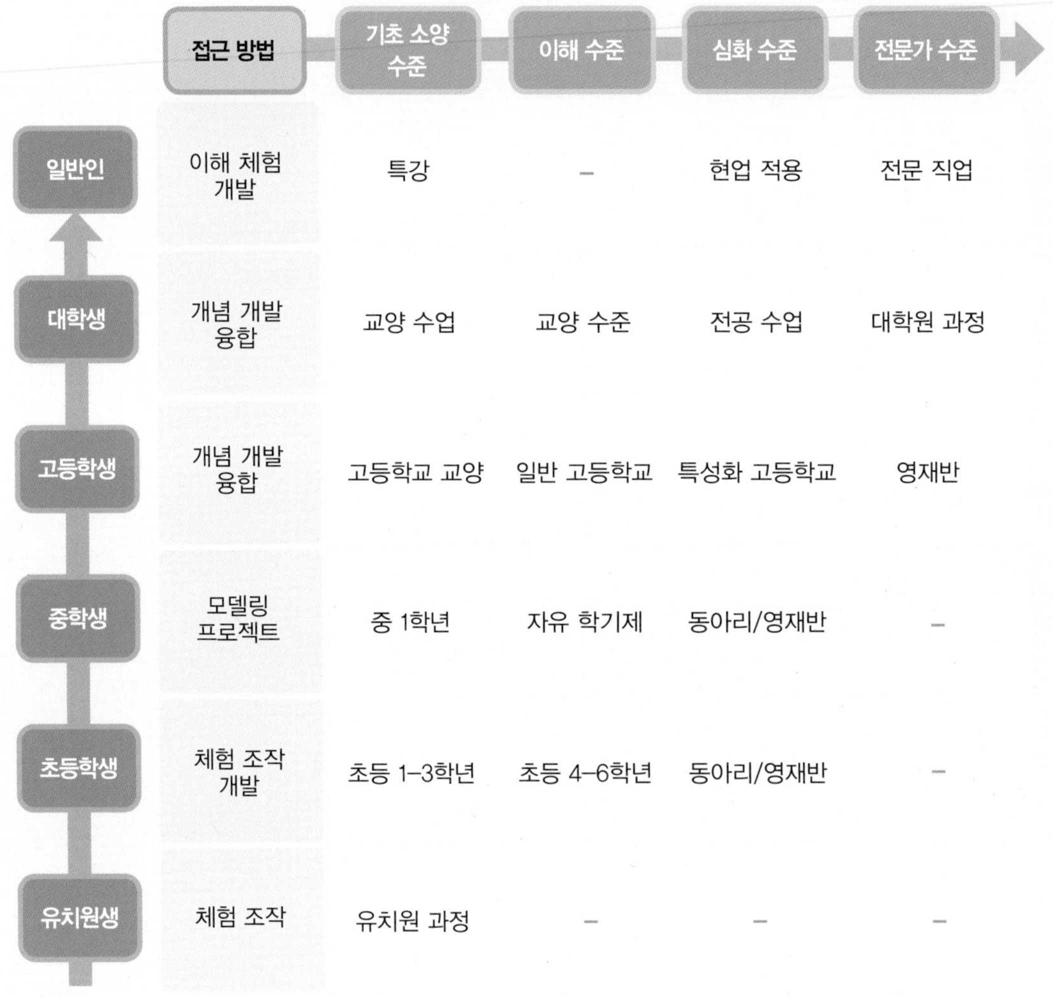

접근 방법
기초 소양 수준
이해 수준
심화 수준
전문가 수준
일반인
이해 체험 개발
특강
–
현업 적용
전문 직업
대학생
개념 개발 융합
교양 수업
교양 수준
전공 수업
대학원 과정
고등학생
개념 개발 융합
고등학교 교양
일반 고등학교
특성화 고등학교
영재반
중학생
모델링 프로젝트
중 1학년
자유 학기제
동아리/영재반
–
초등학생
체험 조작 개발
초등 1–3학년
초등 4–6학년
동아리/영재반
–
유치원생
체험 조작
유치원 과정
–
–
–

▲ 학교급별 인공지능 교육과정의 적용 예시

인공지능 중심 초·중·고등학교의 교육과정 예시

2020년 과학기술정통부와 교육부에서 인공지능 인재 양성을 위한 인공지능 교육에 관한 정책을 발표하고 초·중·고 인공지능 교육과정을 구성했다. 인공지능 교육의 내용 체계를 교육과정, 교과별로 살펴보면 다음과 같다.

▼ 한국과학창의재단 초·중·고 AI 교육 내용 체계(안)

영역	세부 영역	내용 요소				
		초등학교 1~4년	초등학교 5~6학년	중학교	고등학교 기초 (인공지능 기초 과목)	고등학교 심화
인공지능의 이해	인공지능과 사회	• 인공지능과의 첫 만남	• 인공지능의 다양한 활용 • 약인공지능과 강인공지능	• 인공지능의 발전 과정 • 튜링 테스트	• 인공지능의 개념과 특성 • 인공지능 기술의 발전과 사회변화	• 인공지능 기술의 적용 분야 • 인공지능 융·복합
	인공지능과 에이전트				• 지능 에이전트의 개념과 역할	• 지능 에이전트 분석
인공지능 원리와 활용	데이터	• 여러 가지 데이터 • 수치 데이터 시각화	• 데이터의 중요성 • 문자 데이터 시각화 • 데이터 경향성	• 데이터 수집 • 데이터 전처리 • 데이터 예측	• 데이터의 속성 • 정형 데이터와 비정형 데이터	• 데이터 속성 분석 • 빅데이터
	인식	• 컴퓨터 사람의 인식	• 컴퓨터의 인식 방법	• 사물 인식	• 센서와 인식 • 컴퓨터 비전 • 음성 인식과 언어 이해	• 컴퓨터 비전 응용 • 음성 인식 응용 • 자연어 처리
	분류, 탐색, 추론	• 특징에 따라 분류하기	• 인공지능 분류 방법 • 지식 그래프	• 인공지능 탐색 방법 • 규칙 기반 추론	• 문제 해결과 탐색 • 표현과 추론	• 휴리스틱 탐색 • 논리적 추론
	기계학습과 딥러닝	• 인공지능 학습 놀이 활동	• 기계학습 원리 체험	• 지도학습 • 비지도학습	• 기계학습의 개념과 활용 • 딥러닝의 개념과 활용 • 분류 모델 • 기계학습 모델 구현	• 기계학습 • 강화학습 원리 • 퍼셉트론과 신경망 • 심층 신경망
인공지능의 사회적 영향	인공지능 영향력	• 우리에게 도움을 주는 인공지능	• 인공지능과 함께 하는 삶	• 인공지능과 나의 작업	• 사회적 문제 해결 • 데이터 편향성	• 인공지능과의 공존 • 알고리즘 편향성
	인공지능 윤리	–	• 인공지능의 올바른 사용	• 인공지능의 오남용 예방	• 윤리적 딜레마 • 사회적 책임과 공정성	• 인공지능 개발자 윤리 • 인공지능 도입자 윤리

인공지능 중심 고등학교의 교육과정 예시

인공지능 교육을 도입하는 일반계 및 특성화 고등학교의 경우 새로운 교과를 개발하고 기존에 있는 정보 교과 등과 연계해 구성하되 타 교과와 연계돼 있는 지식을 융합해 융합형 교육과정을 작성할 수 있다. 필수로 배워야 하는 내용은 다음과 같다.

▼ 인공지능 중심 고등학교의 교육 과정 예시

강좌명	운영 방안	비고
컴퓨터 과학 기초	정보 교과 시수	자료 구조와 추상화
프로그래밍과 소프트웨어 교육	정보 교과	컴퓨팅 사고와 문제해결
인공지능의 기초	신설 필수, 선택 교과	인공지능 기초 선택 교과
데이터 과학과 시각화	정보 교과	–
기계학습과 AI	신설 필수	창체, 선택 교과
딥러닝과 인지 인공지능	신설 선택	창체, 선택 교과
인공지능 기초 수학	수학 교과 융합, 일부 단원 삽입/선택 교과	인공지능 수학 선택 교과
인공지능 윤리와 사회	윤리 사회 교과 융합, 일부 단원 삽입	–
인공지능 융합 프로젝트	해커톤, 캡스톤 형태의 학기 프로젝트로 진행	창체, 선택 교과

인공지능 교과서 개발 사례

인천시교육청은 인공지능 교육을 위한 선택형 교과서를 전국 시도에서 가장 먼저 개발해 보급했다. 중학교와 고등학교용으로 구분해 개발했으며 내용의 연계를 위해 인공지능 알고리즘과 피지컬 컴퓨팅을 통해 실제로 이해하도록 구성했다.

▲ 인공지능 교과서(중학교, 금성)

▲ 인공지능 교과서(고등학교, 금성)

학교급	영역		세부 영역
중학교	인공지능	인공지능의 이해	• 인공지능의 개념과 발전사 • 인공지능의 활용 분야 • 인공지능의 사회적 영향과 윤리
		인공지능의 원리	• 기계학습 • 소리 인식과 이미지 인식 • 언어 처리
	피지컬 컴퓨팅	처리 장치	• 마이크로컨트롤러 • 하드웨어와 소프트웨어 구성
		입력 장치	• 디지털 입력 센서 제어 • 아날로그 입력 센서 제어
		출력 장치	• 디스플레이 제어 • 구동기 제어
	인공지능과 피지컬 컴퓨팅 시스템	인공지능 시스템	• 기계학습 활용 • 인식 서비스 활용
		피지컬 컴퓨팅 시스템	• 사물인터넷(IoT) 시스템 구현 • 피지컬 컴퓨팅 실생활 문제해결
고등 학교	인공지능	인공지능의 이해	• 인공지능의 역사 • 지능의 요소 • 인공지능의 특징 • 사회적 영향
		인공지능의 원리	• 탐색과 문제해결 – 지식과 추론 – 자료와 학습 – 인식과 상호작용
		인공지능의 적용	• 피지컬 출력 장치를 이용한 분류 학습 • 다양한 센서 자료의 인식
	피지컬 컴퓨팅	피지컬 컴퓨팅 개론	• 피지컬 컴퓨팅의 정의, 적용 분야, 구성 요소 • 소프트웨어, 하드웨어 설치 • 다양한 입출력 장치 사용 방법
		피지컬 컴퓨팅 심화	• 일상의 다양한 IoT 제작
		피지컬 컴퓨팅 적용	• 네트워크 문제해결 • 피지컬 컴퓨팅 장치 제작

ARTIFICIAL INTELLIGENCE

6. AI 이해 교육의 방법

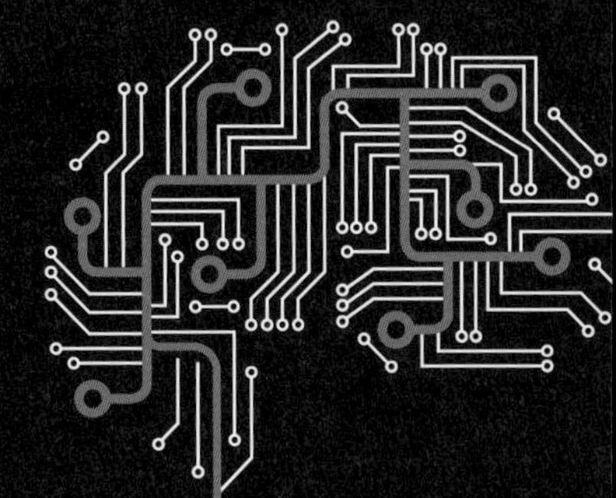

인공지능 역량은 AI 과업의 문제를 해결해가며 자연스레 지식과 기능 그리고 태도를 함양한다. 따라서 인공지능을 가르치는 방법은 지식과 기능 그리고 태도를 신장시키기 위한 교육 방법이 차별화돼 수업에 적용돼야 한다.

교육에서 교수자들의 전문성은 교육 내용의 지식의 양과 질보다는 교육 방법에 대한 교수·학습 능력에서 나타난다. 교수자가 잘 가르치고 학습자들이 잘 배우도록 하는 효과적인 방법을 하나의 모델로 구성한 것이 교수·학습 모형이다. 교수·학습 모형은 작게는 그 교과의 목표와 차시 수업의 목표를 달성하는 데 적합한 도구이지만, 크게 학습자들의 미래 역량 신장을 위해, 인공지능 역량 신장을 위해, 더 구체적으로는 인공지능 사고 역량 신장을 위해 효과적인 방법을 사용하는 것이 필요하다.

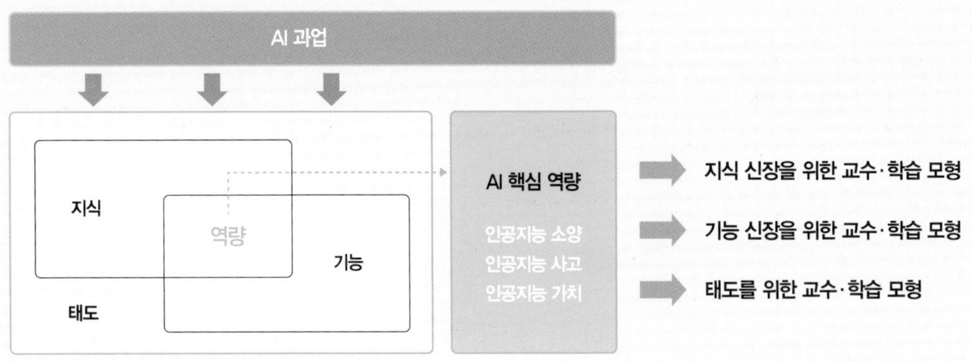

▲ 지식, 기능, 태도 신장을 통한 역량 신장

이를 위해 역량 신장의 토대가 되는 지식, 기능, 태도 영역으로 나눠 일반적인 교수·학습 방법과 인공지능 학문의 특성을 고려한 인공지능 교수·학습 방법을 살펴보고자 한다(이 장에서는 개괄적인 부분을 살펴보고, 인공지능 교육 방법에서 자세한 수업 사례를 살펴볼 수 있다).

6.1 지식 신장을 위한 교수·학습 모형

개념적 지식을 효과적으로 신장시키기 위한 전통적인 교수·학습 방법은 다음과 같다. 물론 다음 방법이 지식만을 신장하기 위한 모형이라 오해해서는 안 된다. 방법과 목표에 따라 기능과 태도의 영역에도 적용할 수 있다.

- **강의법:** 교수자 중심의 지식을 언어와 설명, 질문 위주로 전달하는 전통적인 교수 방법
- **개념 학습, 선행 조직자:** ❶ AI 용어, AI 개념, AI 지식을 전달하기 위한 인지적 수업 방법
- **탐구·발견 학습:** AI 알고리즘, 알고리즘의 이해와 발견에 사용. 사고 과정의 추적을 통해 문제를 해결하기 위한 알고리즘과 원리, 법칙 등의 지식을 발견하고 탐색함. ❷ 인지 추적의 과정에서 인간의 지능적 특성과 지능적 행동을 스스로 인지하고 인공지능 알고리즘과 비교하며 자연스럽게 인공지능의 원리와 법칙 등을 찾아내고 문제를 해결함. ❸ 시뮬레이션을 활용해 인공지능 알고리즘을 실험해보고 값을 변경하면서 그 특징과 원리를 탐구
- **협동 학습:** 개인의 지식보다는 집단의 지식을 활용해 문제를 해결하고 지식을 형성하며 직소 학습 방법 등이 있음.
- **팀티칭 수업:** 학습자가 협동해 문제를 해결하는 협동 학습과 달리, 가르치는 교수자들이 협력해 팀을 이루고 그에 맞는 전문성을 바탕으로 가르치는 방법

이러한 일반적인 교수·학습 모형 외에 인공지능의 지식을 이해하고 원리와 법칙에 대한 개념을 갖기 위해 사용하는 모형은 다음과 같다.

- **AI 인지 모델링:** 인공지능의 원리를 인간의 인지 능력과 대조해 연결 짓고 모델링하기. 커넥티드 전략을 사용함(* 커넥티드 전략: 뇌의 인식 과정 또는 컴퓨팅 기기와 연결해 이해하는 방법으로, 자세한 내용은 7부에서 설명한다).

▼ AI 인지 모델링 수업 단계

수업 단계	
AI 문제 이해하기	문제 살펴보기
AI 인식 체험하기(인지 커넥티드 전략 활용)	감각 차단하기
	감각 차단 전후의 인식 비교하기
AI 사고로 확장하기(소프트웨어 커넥티드 전략 활용)	알고리즘과 지능성 이해
AI 일반화	알고리즘의 적용

- **AIT 기반 수업:** SW와 AI를 연계하는 수업으로, AI 수업 내용과 연계된 소프트웨어 수업을 선행해 진행하는 수업

▼ AIT 기반 수업 단계

수업 단계		
AI 기반 문제 상황 제시		
SW 수업	CT	소프트웨어 교육에서의 기초 개념 이해하기
AI 수업	인식화	인간과 인공지능의 인식 방법 차이 이해하기
	추상화	인공지능 알고리즘의 원리 이해하기
	알고리즘화	인공지능 알고리즘 이해하기 인공지능 알고리즘 구현하기
	자동화	인공지능 프로그램 활용하기 인공지능 프로그램 개발하기
통합 수업	일반화	학습 내용의 공유 및 일반화하기 인공지능 알고리즘을 실생활에 활용하기

6.2 기능 신장을 위한 교수·학습 모형

인공지능의 기능을 갖는다는 것은 잘 다루고, 개발할 수 있으며 활용하고 응용하는 능력이 있다는 것을 의미한다. 인공지능을 잘 다루고 만들 수 있으며 활용할 수 있도록 도와주는 일반적인 교수·학습모형은 다음과 같다.

- **직접 교수법, 도제식 수업:** 기초 알고리즘이나 코딩을 따라 배우거나 인공지능 플랫폼의 기능을 교사의 시범에 따라 배우고 이를 확대, 적용해 새로운 기능을 이해하고 AI를 개발하는 모형이다.
- **문제해결 학습:** 인공지능 관련 문제, 인공지능으로 해결하는 문제, 인공지능 융합과 관련된 문제들을 해결하는 모형으로, SW의 문제점과 한계를 이해하고 해결하기 위해 인공지능을 활용해 해결하는 수업부터 시작한다. 인공지능으로 해결해야 하는 문제의 목적과 사용할 데이터를 수집, 가공해 기계학습 모델로 구성한 후 해결하는 단계의 모형을 주로 사용한다.
- **창의성 학습:** 인공지능을 활용해 창의성을 이끌어내거나, 창의적인 사고 방법을 사용해 인공지능 서비스를 개발하거나, 산업 등의 융합 기술로 인공지능을 연결해 창의적인 제품을 개발하거나, 서비스를 제공하는 등의 수업 방법을 사용한다. 창의성 기법은 전통적인 마인드맵, 브레인스토밍, SWOT, 드보노 여섯 색깔 모자 기법, SCAMPER 기법, TRIZ 방법 등을 사용할 수 있다.
- **프로젝트 학습:** 인공지능을 활용하거나 융합해 문제를 해결하는 장기 프로젝트 학습 방법으로, 일상 문제 해결 프로젝트, 산업 융합 개발 프로젝트, CT 코딩과 AI 서비스 연계 프로젝트, AI 플랫폼 모델링 기반

의 AI 융합 프로젝트 등이 있다.

- **협동 학습:** 학습자가 팀을 이뤄 인공지능 기술을 활용하는 문제해결 방법이다.

전통적인 교수·학습 모형을 벗어나 인공지능 교육의 기능 신장을 위한 프로젝트 기반의 실습형 수업의 효과적인 전략을 제시하면 다음과 같다.

- **체험 중심 학습:** 인공지능 앱과 AI 시뮬레이션이 가능한 사이트, 인공지능 플랫폼을 통해 인공지능을 경험하고 서비스를 통해 산출하며 자연스럽게 학습
- **개발 중심 학습:** 블록형 프로그래밍 언어, 모듈-라이브러리 기반의 스크립트 코딩을 통해 인공지능 알고리즘을 개발하고 에지 컴퓨팅을 이용해 피지컬 AI 서비스를 개발
- **디자인 사고 학습:** 인간 중심의 요구 분석과 설계를 바탕으로 프로토타입을 개발하고 문제를 해결하는 설계 기반 학습
- **융합 학습:** 상황 인식-창의 설계-감성 체험의 단계를 통해 여러 교과와 학문 분야의 융합 체험하는 수업
- **메이커 학습:** 구체적으로 만들고 현실에 적용 가능한 상태로 구현하는 수업
- **해커톤 프로젝트:** 인공지능 문제를 AI 해커의 입장에서 문제가 해결될 때까지 진행하는 프로젝트 수업
- **캡스톤 디자인:** 실용 가능한 제품과 현장 적용을 위한 서비스와 산출물을 이끌어내기 위해 요구 분석-설계-개발-구현-평가-적용의 과정을 통해 전체 과정을 경험하는 프로젝트 수업

6.3 태도를 위한 교수·학습 모형

태도에 대한 역량은 인공지능 교육에서 가장 중요한 지향점이다. 인공지능 교육은 초·중등 교육과 보편 교육의 측면에서 개발자나 전문가를 양성하기 위한 것이라기보다는 인공지능 사고와 활용 능력을 통한 문제해결력의 신장이다. 이를 통해 인공지능의 가치를 이해하고 인공지능이 인간에게 미칠 영향에 대한 학습자의 관점을 가지며 인간 중심적인 인공지능의 개발과 활용에 대한 태도를 갖는 것이 매우 중요하다.

이를 위해 사회 교과 또는 윤리 교과에서 주로 사용하는 교수·학습 방법이 사용된다.

- **문답법:** 질문과 답을 통해 학습자 스스로 관점을 갖는 방법이다. 문답법을 이용한 수업 방법은 현재 하브루타 교육방법의 가치가 새롭게 부각되면서 인공지능의 사회적 영향과 인간 윤리의 이슈에 대해 효과적으로 이해하고 예측하는 데 도움을 준다.
- **토론 학습:** 토론 학습은 정답을 찾거나 진위를 결정하는 찬반의 수업이 아니라 가급적이면 여러 가지 관점의 주장들이 근거와 설득을 통해 타당성을 발견하고 다양한 생각과 아이디어를 이끌어내는 수업 방

법이다. 현재는 온라인 토론 학습도 많이 활용되고 있다. 토론 학습의 순서는 토론 주제 이해, 선행 인식 확인, 토론, 후속 인식 확인, 결과 확인 및 내면화의 5단계를 거친다.
토론의 과정에서는 학습자 상호간의 의견을 무비판적으로 발산하고 자신의 의견에 대한 근거를 수렴해야 한다. 그리고 상호 의견에 대한 비교와 대립을 통해 발산하고 마지막으로 개인의 확고한 의견 결정으로 수렴한다.

- **가치 갈등 수업(법리적 모형):** 하나의 주제에 대한 다양한 가치(대립 가치)를 발견하는 수업으로, 가치에 대한 판단이 어려운 상황의 문제를 가정해 학습자가 문제해결 방안을 결정하고 그 대안을 찾는 수업이다.
- **가치 명료화 수업:** 자기의 가치에 대한 명료한 인식과 이성적이고도 합리적인 의사결정을 하고, 그것에 대한 정서적 애착과 존중을 한다. 그리고 이를 바탕으로 자기 주도적인 삶을 영위해나갈 수 있는 개인의 능력을 강조하되, 특정 가치를 강조해 가르치기보다는 개인의 가치화 과정을 중시한다.
- **역할 놀이:** 인공지능의 역할을 통해 인공지능 사회에서의 인간과 기계의 공존, 협력 관계 등의 학습이 가능하다.
- **의사결정 모형:** 올바른 결정과 결정에 따른 책임을 질 수 있는 수업으로 진행된다.

인공지능 기술의 특징과 이슈를 중심으로 다음과 같은 교수·학습 전략을 다음과 같다.

- **사례 탐구 학습:** 인공지능의 사회적-윤리적 이슈와 관련된 영상, 신문 등의 사례를 활용해 탐구하고 가치와 태도를 고민하고 그에 대한 관점을 갖는 수업
- **윤리 개입 수업 모형:** 인공지능의 도입과 설계, 개발, 적용의 단계에서 필요한 윤리적 이슈와 고민을 개입시켜 문제를 해결하는 수업
- **책임 있는 인공지능:** 개발자와 활용자의 입장에서 책임 있는 윤리적 교육과 그에 맞는 법제화 프로그램을 통해 인간 중심의 인공지능이 구현되도록 진행하는 수업
- **설명 가능 인공지능:** 인공지능의 개발과 활용에 따른 결과의 책임성과 결정 과정의 판단을 위한 수업

기타 수업으로 스토리텔링 수업, 실천 체험 수업, 실습 실연 수업, 모범 강화 수업, 모델링 수업, 기술 비판 수업 등이 있다.

ARTIFICIAL INTELLIGENCE

7. AI 이해 교육 계층별 교수·학습 전략

인공지능 시스템은 다양한 계층 구조를 가진다. 시스템 개발과 활용 영역의 계층에 따라 AI 기초 교육, 모델링 교육, 개발 교육, 융합 교육, 전문 심화 교육, 소양 교육 등으로 나뉘며 그에 따른 수업 전략이 다양하게 나타난다.

인공지능 역량은 지식, 기능, 태도의 통합적 접근으로 완성되기도 하지만, 인공지능이 기술 공학에 기반을 두고 있기 때문에 각 교육 환경에 따른 인공지능 기술을 이용하는 교수·학습이 효과적이다. 인공지능 기술이 단편적인 앱의 활용을 떠나 시스템적인 전체 구조와 특징을 계층으로 구분해 학습에 적용한다면 수업을 좀 더 구체적으로 진행할 수 있다. 가장 복잡한 인공지능 시스템의 형태인 인공지능 플랫폼에 기인한다. 앞에서 살펴본 인공지능 시스템의 구조를 참고하면 이해하기 쉽다.

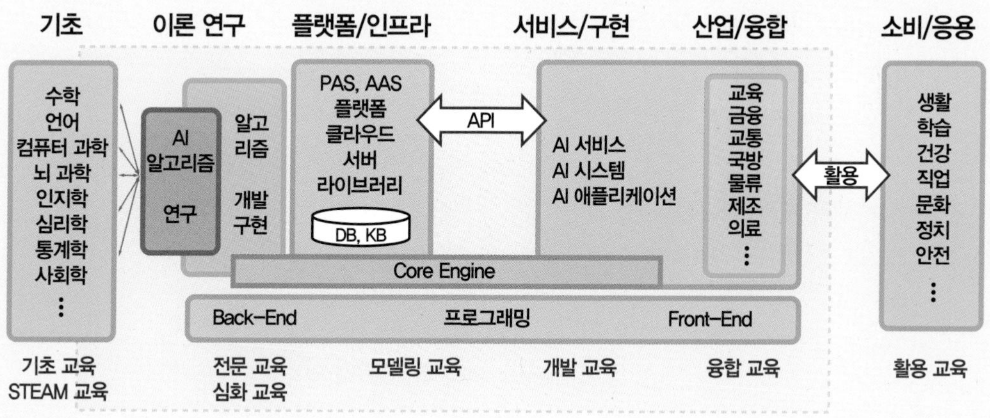

▲ 인공지능 시스템의 구조에 따른 교육의 유형

시스템의 구조에 따라 인공지능 교육의 유형과 특징이 나타나듯, 시스템의 계층에 따라 접근하는 교수·학습 모형이 달라진다. 이를 'AI Teaching-Learning Abstraction 7계층(AITLA 7 Layers) 모형'이라고 한다.

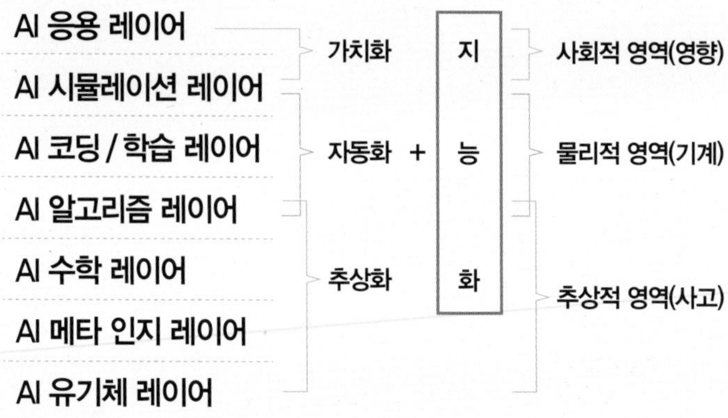

▲ AI Teaching – Learning Abstraction 7계층(AITLA 7 Layers) 모형

계층은 크게 7개의 인공지능 추상화 계층으로 구분한다.

- **AI 응용 레이어:** 실제적인 인공지능 서비스와 산업적 융합을 위한 교수·학습 방법을 사용한다.
- **AI 시뮬레이션 레이어:** 자동화된 앱이나 사이트 등의 체험을 통해 인공지능을 탐색하고 이해하며 활용하는 교수·학습 방법을 적용한다.
- **AI 코딩/학습 레이어:** 알고리즘을 코드로 구현해 자동화하기 위한 효과적인 교수·학습 방법이 필요하다.
- **AI 알고리즘 레이어:** 컴퓨팅 사고에서 추상화와 관련된 분해, 패턴, 모델링, 일반화와 관련된 교수·학습 방법이 적용된다.
- **AI 수학 레이어:** 수학적 수식과 공식, 알고리즘 등의 수학 추상화를 통해 수학적 사고를 신장하는 교수·학습 방법이 필요하다.
- **AI 메타인지 레이어:** 지능을 나타내는 특징을 언어와 메타 인지적 접근에서 다루며 인지 과학, 예측, 분류, 추론, 인식, 소통, 작용 등에 대해 효과적인 교수·학습 방법을 적용한다.
- **AI 유기체 레이어:** 지능의 기원이며 생물학적 지능의 근원인 뇌의 지능적 작용에 대해 다룬다. 신경 과학의 이해와 추상적 모델링에 따른 교수·학습 방법이 필요하다.

인공지능 추상화 레이어는 이후 물리 레이어와 사회 이슈 레이어로 확대되면서 앞서 살펴봤던 교수·학습 모형을 적절하게 적용해 수업을 전개할 수 있다.

▼ AITLA 7 Layers에 따른 수업 유형

인공지능 레이어(추상)	인공지능 레이어(물리)	인공지능 레이어(사회)
• AI 활용, 융합 분야 • AI 시뮬레이션, 체험 • AI 자동화, 코딩 • AI 추상화, 알고리즘 • AI 수학화, 수식화, • AI 언어, 메타 인지, 인지 과학 • AI 생물 지능 모델, 뇌의 지능성 모델	• AI 인간 기계 융합, 시간 공간 융합 • 로보틱스: 휴머노이드, 안드로이드 • 플랫폼 시스템: 에지 컴퓨팅 • 컴퓨팅 기기: 코딩, 시뮬 • 피지컬 컴퓨팅 + IoT, 센서, 액추에이터 • 언플러그드 비전력 교구 • 생체형 교구, 신체, 뇌	• Social: 사회 • Ethics: 윤리 • Human: 인간

ARTIFICIAL INTELLIGENCE

8. AI 이해 교육의 평가

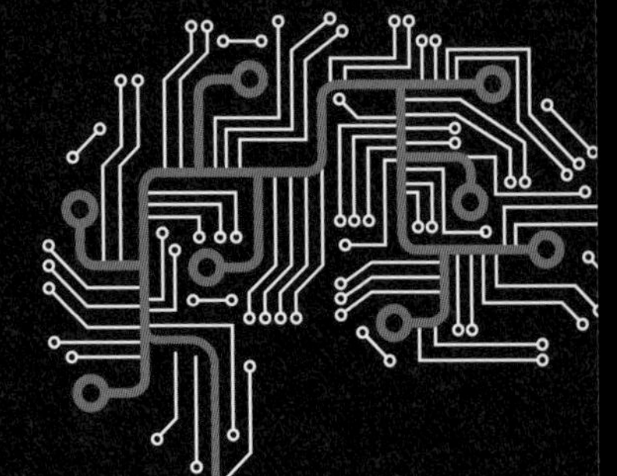

인공지능 교육의 내용과 방법이 지식, 기능 그리고 태도 영역으로 구분해 적용하는 것처럼 평가에서도 지식, 기능, 태도에 따라 다르게 접근한다.

평가는 개인의 상태 진단, 집단의 평가, 성적 제공, 반 편성, 선발 근거, 자격 부여, 검증 등의 목적으로 사용된다. 인공지능의 평가는 인공지능 내용에 대한 이해도를 측정하기 위한 기준에서 시작해 구체적인 검사 도구와 방법이 필요하다. 하지만 지식과 기능에 대한 단편적 측정에 제한을 두는 대신, 인공지능의 역량의 핵심이 되는 인공지능 사고력, 즉 문제해결력을 평가하는 것이 최종 목표이다.

우선 전통적인 평가와 2015 개정 교육 과정에서 추구하는 수행 평가에 대해 살펴보고 인공지능 교육에서의 평가 방법과 내용에 대해 살펴본다.

▼ 기존 평가와 2015 개정 교육과정의 평가 비교

구분	기존 평가	수행 평가
평가 목표	암기, 이해력	고등 정신 능력
평가 대상	결과	과정
평가 유형	객관식 지필형	다양한 유형
평가 내용	인위적 검사	실제 상황/유사 상황
평가 성격	간접적 검사	직접적 관찰

수행평가의 특징은 다음과 같다.

- 대안적 평가이다. 선택형 객관식 문항 대신 서술형이나 논술형 문항 등이 강조된다.
- 실제적 평가이다. 평가 상황을 최대한 실제와 같거나 유사한 상황으로 구성해 상황 지향, 자연주의적 평

가를 지향한다. 결과 중심 평가보다는 과정 중심 평가가 중요하다.

- 포트폴리오 평가를 사용한다. 과정 중심의 평가로 역량의 향상을 중시하고 지속적이며 통합적인 평가를 위해 다면 평가를 한다.
- 직접적 평가이다. 직접적인 방법을 중시해 관찰이나 인터뷰, 산출에 대한 직접적인 분석에 의존한다. 그리고 양적 평가보다 질적 평가를 추구한다.
- 실기 시험 평가이다. 지필보다는 실기 시험에 비중을 두며 기억하는 것을 평가하기보다는 역량 평가에 집중한다. 협동 평가, 창의성 평가, 의사 소통 평가, 비판 사고 평가, 가치화 평가에 가치를 둔다.

인공지능 교육에서의 평가는 고전적 지필 평가의 목적인 학생들의 상대적 위치 측정, 성적 제공, 선발을 위해 사용하는 규준 참조 평가보다는 준거 참조 평가를 목표로 적용되는 것이 바람직하다.

준거 참조 평가는 학습자의 학습 목표 도달 정도를 확인하거나 학습 결과에 대한 장단점 진단과 피드백 그리고 교육과정과 교육내용 평가의 근거로 사용되는 방법이다. 준거 참조 평가는 수행 평가의 형태가 적합하며 지필 평가와 같은 한 가지 유형의 평가 방법보다는 다면적 평가 방법이 적절하다. 이에 따라 인공지능의 실기와 과정 중심의 수행 평가는 다음과 같은 평가 방법을 다면적으로 활용한다.

▼ AI 교육 평가 영역별 종류

구분	종류
AI 교육 주요 평가 방법	포트폴리오법, 토론법, 관찰법, 면접법, 구술 시험, 연구 보고서법, 시뮬레이션법, 실험·실습법, 실기 평가, 논문형 검사, 자기 평가, 동료 평가 등
지식	• 객관식형, 주관식형 • 사지선다형, 단답형, 서술형
기능	• 포트폴리오법 • 산출 작품 평가 • 디자인 시나리오법 • 연구 보고서법 • 실기 시험 • 실험·실습법 • 컴퓨터 모의 실험 평가
태도	• 관찰법 • 인터뷰 • 체크리스트법 • 자기 평가: 자가 설문 및 문답 • 동료 상호 평가: 학생, 교사 • 토론법 • 구술 평가: 이해, 판단력, 준비도, 의견 기술, 소통력 평가

VS
1
10
110
111
001
10
0
MAX

인공지능을 활용하는 교육

- "지능은 무엇을 해야 할지 모를 때 사용하는 것이다." – 장 피아제(Jean Piaget)
- "활용은 소양 능력을 바탕으로 발휘된다. 소양 능력은 활용을 통해 비로소 완성된다." – 한선관
- "인간의 학습은 수행을 통해이뤄진다." – 존 듀이(John Dewey)
- "만들기를 통한 학습(Learning by Making)'은 '수행을 통한 학습(Learning by Doing)'이다." – 데일 도허티(Dale Douherty)

1. AI 활용 교육의 개요

인공지능 활용은 인공지능의 이해를 바탕으로 효과를 발휘한다. 인공지능의 이해 없이 활용에만 집중하는 것은 스마트폰을 활용하거나 애플리케이션을 활용하는 ICT 활용 교육과 다를 바 없다. 문제해결 능력을 신장시키기 위해서는 도메인 자료와 지식을 바탕으로 인공지능 시스템으로 처리하고 도메인 영역에 AI 솔루션을 활용하는 서비스를 제대로 이해해야 한다.

AI 활용 교육이란, AI 기술, 서비스 등을 활용해 실생활의 문제를 해결하는 역량을 길러주는 교육을 말한다. AI 기술과 서비스는 교과, 융합, 산업, 정책 등의 분야에 골고루 활용된다.

AI 활용 교육은 타 교과, 다양한 학문과 산업 영역 등의 도메인에서 제기된 문제와 과업을 해당 분야의 자료와 지식을 바탕으로 AI 기술을 통해 문제를 해결하는 과정에서 학생들에게 교수·학습의 경험을 제공한다. 교육 분야의 과업과 문제는 교과 목표의 달성과 차시 수업의 성취이므로 이러한 목표 도달의 도움을 주는 도구로 AI를 적용한다면 AI 활용 교육이라고 할 수 있다.

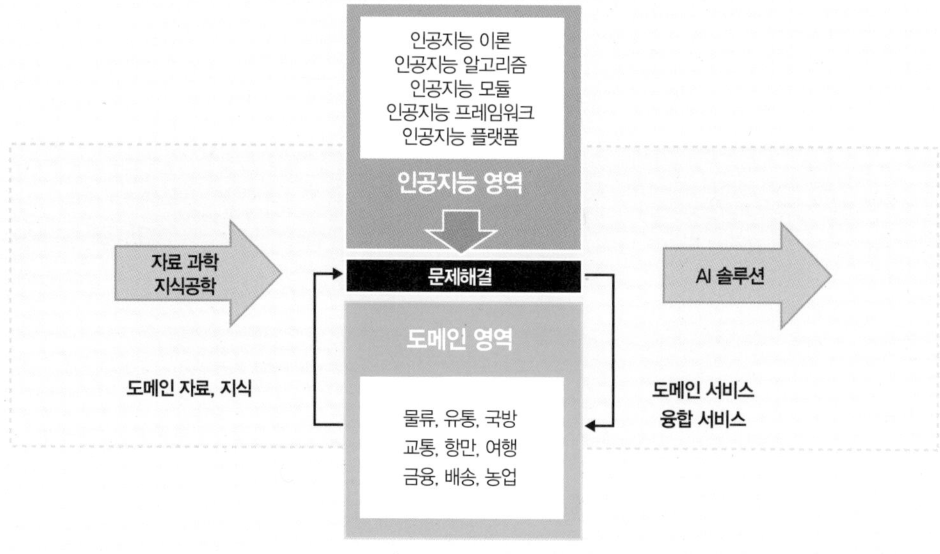

▲ AI 활용 교육 모델

AI 활용 교육의 유형은 교육적으로 활용하고자 하는 도메인에 따라 나눌 수 있다.

AI를 타 교과의 수업에 활용 → AI 교과 활용 교육
AI를 학문과 산업에 융합해 활용 → AI 융합 교육(STEAM, 산업 융합)
AI를 교수·학습 지원 도구로 활용 → AI 맞춤형 교육(튜터링 시스템)
AI를 교육 정책과 업무에 활용 → AI 교육 업무 활용

AI 교육은 이해 교육에서부터 소양 교육, 활용 교육에 이르기까지 다양한 교육적 접근의 스펙트럼이 존재하며 교육을 강제로 이해와 활용이라는 이분법적인 구분으로 교육에 적용하기보다는 문제해결의 관점에서 AI를 활용해 통합적으로 다루는 것이 타당하다. 다음에 제시된 AI 활용 모델을 확장해 앞에서 살펴본 AI 이해 교육과 활용 교육의 관계를 나타낸 통합 모형을 고려할 수 있다.

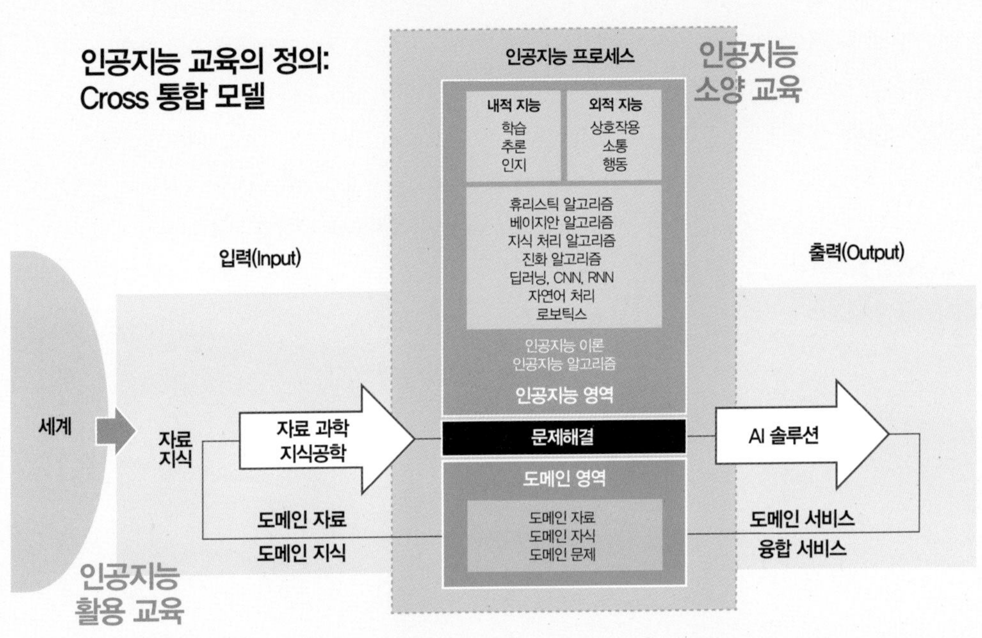

▲ AI 교육 Cross 통합 모델

K-12 보편 교육에서의 AI 활용 교육은 각 교과의 학습 목표를 달성하고 주어진 문제를 해결하는 데 상호 도움이 되는 AI 기술을 활용하는 것이다. 예를 들어, 수학 교과에서 AI는 수학 교과의 목표를 도달하도록 수업의 내용과 방법을 돕기도 하지만, AI의 이해나 개발에 활용하기도 한다. 이렇게 AI과 교과의 상호보완적 관계에서 활용 교육을 바라보면 AI와 교육의 관계에 대해 더욱 넓은 시야를 가질 수 있다. AI 활용 교육의 대표적인 예로는 영어 교과에서 챗봇을 활용해 듣기와 말하기 영역의 학습 효과를 높이는 것을 들 수 있다.

현재 AI의 교육적 플랫폼이나 응용 AI 애플리케이션이 풍부하지 않아 타 교과에서 학습에 활용하는 데 어려움이 있으므로 AI 활용 교육에 대한 큰 그림이 보이지 않겠지만, 향후 AI 서비스가 폭발적으로 증가하면 각 교과에서 활용할 수 있는 다양한 AI 툴이 개발되고 교수·학습 튜토링 시스템이 활성화된다면 교육의 여러 분야에 다양하게 활용될 것으로 기대된다.

AI 소양과 활용 능력

'리터러시'는 기본적으로 문자의 보급과 더불어 형성된 개념으로, '글을 읽고 쓸 줄 아는 문해력'을 말한다. 디지털 리터러시는 '디지털 문해력' AI 리터러시는 'AI 문해력'을 의미한다. 그러므로 AI 시대의 AI 리터러시는 AI를 읽고 쓰는 능력으로, 이를 해석하면 '읽다'는 'AI를 이해하는 능력', '쓰다'는 'AI를 만들거나 활용하는 능력'으로 볼 수 있다.

읽고 듣는 것은 감각 기관으로, 입력 +지능적 처리의 과정을 거치고, 말하고 쓰는 것은 운동 기관으로, 지능적 처리 + 출력의 과정을 거친다. 일반적인 언어 교육에서 중요시하는 읽고, 쓰고, 말하고, 듣는 기능은 리터러시 교육에서는 조금 다르게 접근한다. 말하고 듣는 능력은 성장 과정에서 가정 환경이나 사회로부터 자연적으로 획득하는 반면, 읽고 쓰는 것은 의도적 학습 과정을 통해 배우지 않으면 약속된 기호 체계의 언어를 이해하기 어렵기 때문에 교육적 행위에서 리터러시 교육은 읽고 쓰는 데 집중한다.

따라서 리터러시 교육에서는 읽고 쓰는 것을 중요시하고, 시대적 상황에 맞춰 요구되는 리터러시 역량이 갖춰진다. AI 리터러시도 이와 마찬가지로 해석해볼 수 있는데, AI를 이해하고 AI를 만들거나 활용하는 역량으로 집중할 수 있다. 이는 자연스럽게 AI 이해 능력, 활용 능력을 기반으로 하며 다음 그림과 같이 AI 소양 능력과의 관계를 갖게 된다.

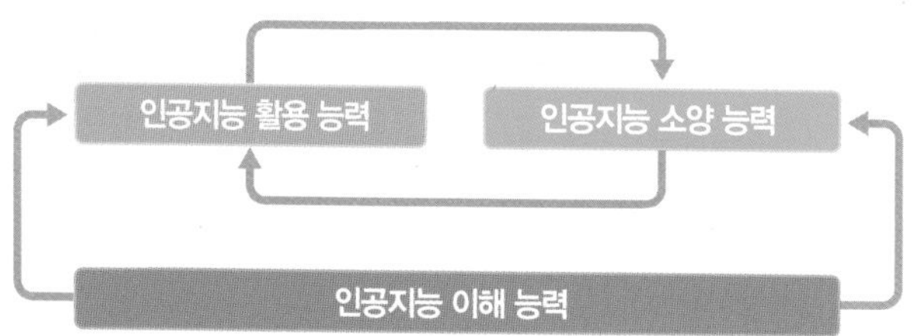

▲ 인공지능 이해·활용·소양 능력의 관계

- AI를 이해하는 능력을 바탕으로 활용 능력이 신장된다.
- AI를 활용하는 능력을 바탕으로 이해 능력이 향상된다.
- AI의 이해와 활용 능력을 바탕으로 AI 소양이 신장된다.
- AI 소양이 생기면 AI의 이해와 활용 능력이 신장된다.

따라서 세 가지 능력은 상호보완, 불가분의 관계이다. 결국 소양 능력은 보편 교육이자, 모두를 위한 교육으로 목적을 달성하기 위한 기초 능력이 된다. 이러한 세 가지 능력으로 추구하는 가치와 태도 그리고 관점은 바로 AI의 가치, 즉 관점에 대한 능력이다.

ARTIFICIAL INTELLIGENCE

2. AI 활용 교육을 통한 역량 신장

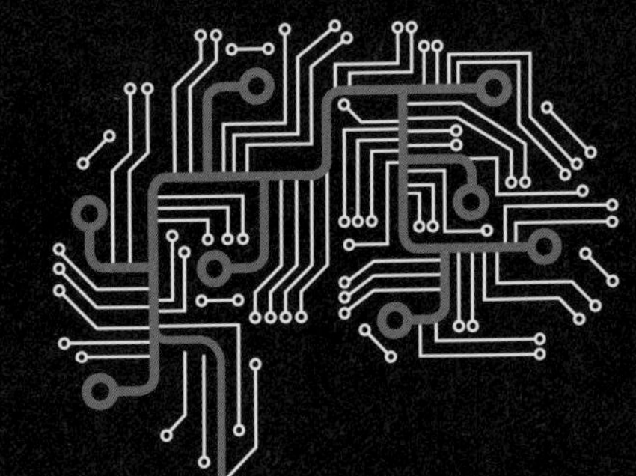

인공지능 역량은 지식과 기능 그리고 태도를 통해 신장된다. 이때 사용되는 과업이 바로 인공지능 관련 과업이며 활용 교육에서는 해당 영역의 문제에 인공지능이 효과적으로 적용될 때 인공지능 활용 역량이 신장된다.

AI의 이해를 바탕으로 AI를 활용해 문제를 해결하는 역량은 교육의 두 주체인 교수자와 학습자 모두의 역량을 신장시켜준다.

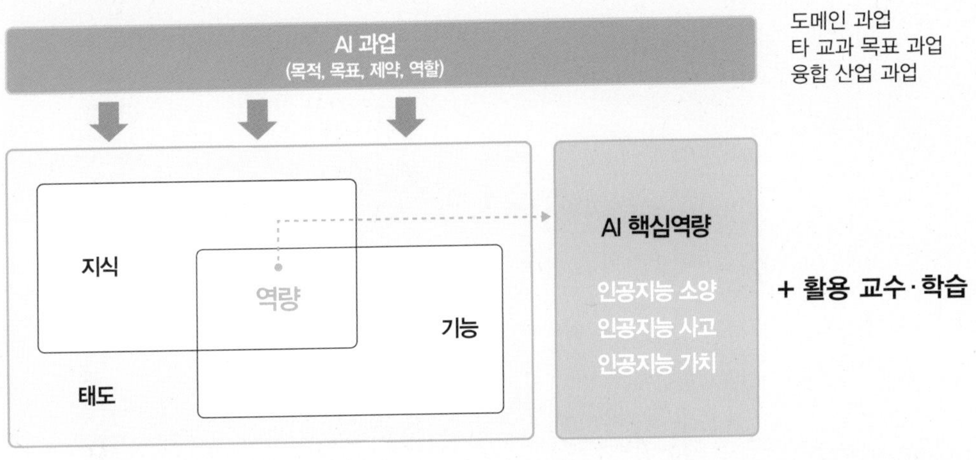

▲ AI 핵심 역량의 신장

AI 활용 교육은 AI 이해 교육과 마찬가지로 AI 파워를 활용해 문제를 해결하는 역량을 신장시켜준다. 교육에서의 주체라 할 수 있는 교수자와 학습자가 갖고 있는 교육적인 문제에 맞춰 교수와 학습을 지원해주기 때문이다.

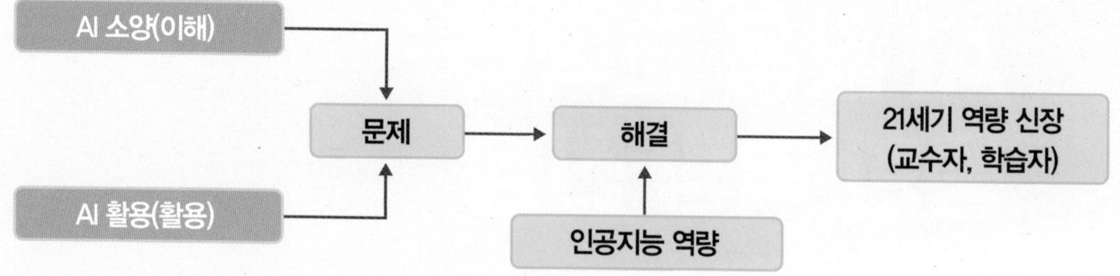

▲ AI 활용 교육을 통한 역량 신장

예를 들어 AI 기술을 접목한 교수(Tutoring) 시스템은 교육 환경 지원하기, AI-Tutor, AI-Assistant 등의 형태로 교수자가 필요로 하는 교수 설계와 학생 수업 지도 및 학습 관리를 지능적으로 지원해준다. 또한 학습자에게는 개인화된 학습을 맞춤형으로 지원해 지능형 교수·학습(Intelligent Tutoring Systems)이 가능하도록 해 21세기 학습자로서 갖춰야 할 AI의 소양, 활용, 가치와 태도를 고르게 함양할 수 있도록 지원해준다.

전통적인 교육에서 교사의 역할은 지식을 전달하는 일이었지만, 사회의 변화와 학습자들에게 요구하는 역량의 다변화와 고도화는 교사의 역할을 근본적으로 바꾸고 있다. 어떤 측면에서는 교사들이 할 일이 많아지고 교수·학습의 과정에서 좀 더 고민해야 할 변인들이 많아졌다는 것을 의미한다. 이는 교사의 시간적 제약과 자원의 제약으로부터 좀 더 효과적인 방법을 필요로 하게 됐다는 것을 뜻한다.

교사를 지원하기 위한 도구를 살펴보면 전통적인 교육 보조 도구로 라디오, 전화, 텔레비전, 비디오, OHP, 실물 화상기 등의 전자화된 원격 도구 등을 거쳐 디지털화되며 컴퓨터, 통신, 인터넷이 활용됐고 이제 AI가 교사와의 협업을 위한 강력한 도구로 등장했다.

현재 교육에서 추구하는 학생들의 역량이자 교사에게 필요한 핵심 역량은 5C, 즉 창의성(Creativity), 협동심(Collaboration), 융합력(Convergence), 소통력(Communication), 배려심(Caring)이다. 여기에 AI의 지능성(Intelligence)이 결합되며 이를 제대로 활용하기 위한 기계와의 협업 능력이 대두하게 됐다.

AI 튜터링 시스템이나 AI 교육용 앱을 통해 교수·학습 과정을 맞춤형으로 지원하고 지능적으로 제공해 교사의 제한된 자원을 극대화해 교수 지원을 하고 개별 학생들의 학습을 지원할 수 있는 상황이 됐다. 교사와 AI가 협력하는 모델을 통해 학습자들이 좀 더 미래지향적인 학습을 체험하고 5C 역량을 신장하게 될 것이다.

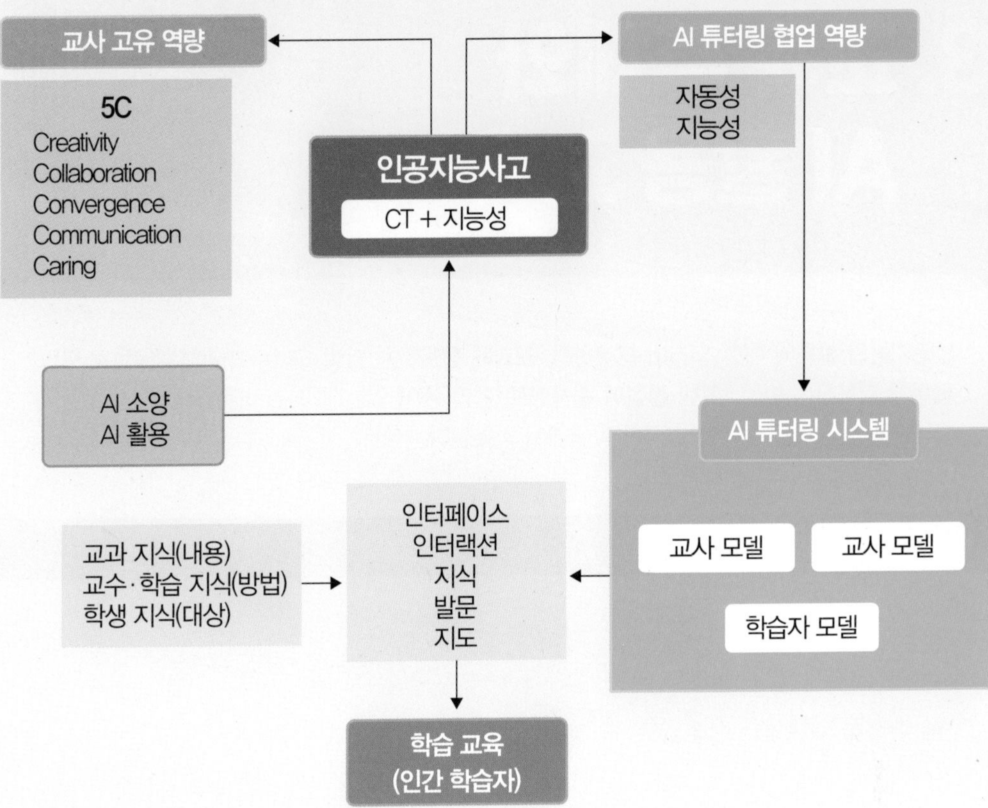
교사 고유 역량
5C
Creativity
Collaboration
Convergence
Communication
Caring
인공지능사고
CT + 지능성
AI 튜터링 협업 역량
자동성
지능성
AI 소양
AI 활용
AI 튜터링 시스템
교사 모델
교사 모델
학습자 모델
교과 지식(내용)
교수·학습 지식(방법)
학생 지식(대상)
인터페이스
인터랙션
지식
발문
지도
학습 교육
(인간 학습자)

▲ AI – 교수자 협력 모델

ARTIFICIAL INTELLIGENCE

3. 교육 주체와 AI 활용 교육

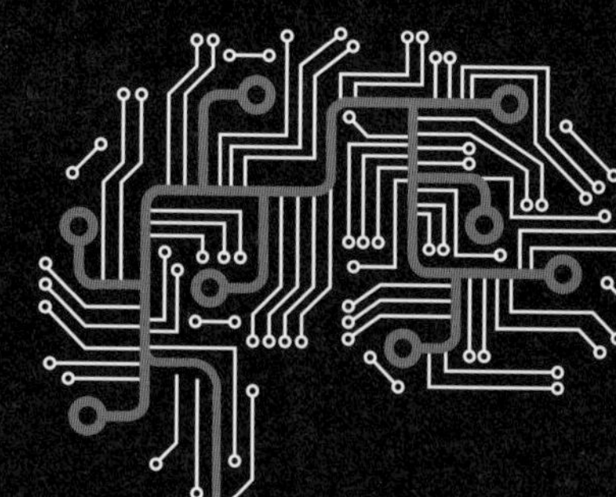

인공지능의 활용에 대한 의견이 분분하다. 교과에 활용하는 방법, 교수·학습에 활용하는 방법, 업무에 활용하는 방법, 정책 결정에 활용하는 방법 등이 있는데 이는 바로 교육 주체의 업무 다양성과 인공지능에 대한 강력한 파워에서 비롯된다.

AI 활용 교육의 활용 범위는 활용 주체에 따라 구별할 수 있다. 교사는 AI를 교수·학습과 업무에 활용할 수 있다. 교수·학습의 영역의 예로는 정규 교과 활용, STEAM 융합 교육, AI 튜터링 시스템 활용을 들 수 있다. AI를 타 교과의 학습 목표를 달성하는 데 사용하면 이를 AI 활용 교육이라 할 수 있다.

학생의 경우에는 AI를 직접 또는 타 교과를 학습할 때 활용하는 경우와 일상생활에 활용하는 경우가 있다. 관리자의 경우, 정책을 AI를 결정하는데 활용한다.

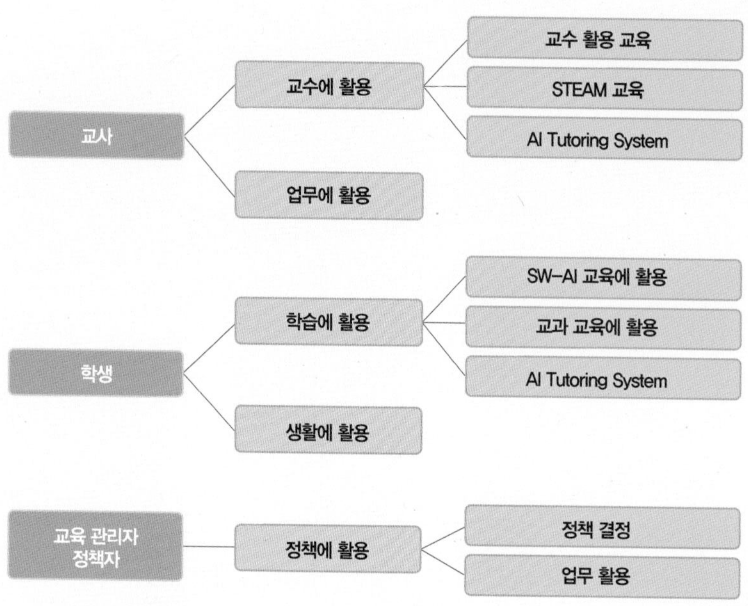

▲ 교육 주체별 AI 활용 교육의 유형

결국 AI를 활용하는 주체는 교사, 학생, 관리자이며 교육 활동과 업무(일상생활)에 활용한다. 각 해당 영역의 문제를 AI 사고력과 AI 파워를 이용해 문제해결력을 신장함으로써 학업의 효율을 높이고 미래 인재로서 갖춰야 할 역량을 신장할 수 있다.

ARTIFICIAL INTELLIGENCE

4. AI 활용 교육을 위한 도구

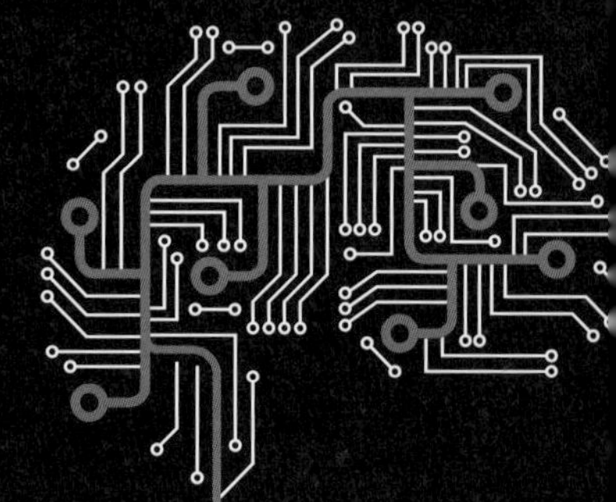

인공지능은 기술, 학문, 시스템, 애플리케이션, 사이트, 추상적인 개념이자 인간처럼 작동하는 알고리즘 체계이다. 다양한 관점에서 보면 인공지능을 교육에 활용하기 위한 도구는 어느 한 영역에서 활용이 제한될 필요가 없다.

AI 활용 교육을 위해 사용할 수 있는 도구는 컴퓨팅 디바이스, IoT 센서, 엣지 컴퓨팅, 피지컬 컴퓨팅 교구, 디지털화된 자동화 기계, 로봇, 디지털 교구 등의 하드웨어와 앱, 웹, 플랫폼, 운영체제 등의 소프트웨어로 구분할 수 있다(세부적인 내용은 8장, 'AI 기반 교육(온라인 교육 시스템, 에듀테크) 참고). AI 활용 도구는 교육의 방향에 따라 다음과 같이 네 가지 영역으로 구분할 수 있다.

학습자 역량 신장 도구: 학습자의 역량 신장

- **창의적 사고력 도구로 사용:** 음악, 미술, 영상, 기사 등의 창작
- **인지(이해, 설명) 도구로 사용:** 암기 지원, 설명 지원
- **표현(시각화) 도구로 사용:** 인터페이스, 설계 지원, 비주얼 시스템
- **비판적, 논리적 분석 도구로 사용:** 분석 도구, 문법 분석
- **기능 숙련 도구로 사용:** 특정 기능 강화 방법 제공, 매뉴얼 등 적응형 시스템 제공 등
- **협업 촉진 도구로 사용:** 협력 도구, 인간-인간, 인간-기계, 기계-기계 간 협력 작업 지원
- **소통 지원 도구로 사용:** 챗봇, 의사결정 지원, 인간-인간, 인간-기계, 기계-기계 간 소통 및 상호작용 지원
- **융합적 기술 지원 도구로 사용:** 학문 간 지식을 활용, 기술의 연계를 통한 문제해결
- **AI 가치 탐색 도구로 사용:** AI 기술을 통한 사회와 윤리 이슈 탐색 등

지능적 교수·학습 지원 도구

- **학습 지원 도구로 사용:** 학습 안내, 예시, 콘텐츠, 과제 지원 등
- **교수 지원 도구로 사용:** 설명, 예시, 진단, 평가, 제안, 학습자 분석 등
- **학습자 에이전트 도구로 사용:** 가상 학습자, 경쟁자, 협력자, 친구 역할 등
- **교수자 에이전트 도구로 사용:** 전문가, 교사, 심판(평가자), 상담사, 비서 등
- **학습 추적 및 학습자 분석 도구로 사용:** 진단, 평가 등
- **학습 콘텐츠 관리 도구로 사용:** 콘텐츠 생성, 수집, 수정, 재구성 등
- **인터페이스 지원 도구로 사용:** 대화, 상담, 조언, 추천 등

산출 지원 도구: 프로덕션 툴

- **창작(산출) 도구로 사용:** 창의성, 예술, 음악, 등의 학습 자료 산출
- **콘텐츠 도구:** 가상화 콘텐츠(AR, VR, MR), 콘텐츠 생성 및 재구성
- **학습 모델링 도구로 사용:** 기계학습을 통한 학습 모델링
- **서비스용 앱 개발 도구로 사용:** 상담, 대화, 추천 등의 다양한 서비스 지원
- **산업용 하드웨어 개발 도구로 사용:** IoT, 에지 컴퓨팅, 피지컬 컴퓨팅, 로보틱스 등
- **지식 구축 도구로 사용:** 학습 지식, 학습 콘텐츠, 학습자 지식, 교수자 지식 등
- **조작(텐저블) 도구로 사용:** 자동화 기기 개발, 지능형 교구 활용 등
- **정책 지원, 정책 결정 도구로 사용:** 의사결정 시스템, 데이터 기반 분석 도구 등

AI 콘텐츠 도구

- **온라인 교육 콘텐츠로 사용:** 미디어, 강의, 시뮬레이션, AR, VR, MR 등
- **윤리적 이슈의 콘텐츠를 사용:** 설명 가능 AI, 편견 AI, 책임 있는 AI 등
- **사회적 영향의 주제(재료)로 사용:** 직업, 미래 예측 자료 등

ARTIFICIAL INTELLIGENCE

5. AI 활용 교육의 유형

인공지능 활용 교육은 교과에 활용함으로써, 융합적 문제에 활용함으로써, 교사의 튜터링 활동에 활용함으로써, 교육 정책 업무 해결에 활용함으로써 가치를 갖는다.

앞서 논의한 것처럼 AI 활용 교육은 그 주체에 따라 크게 네 가지로 구분 지을 수 있다.

첫째, 각 교과 교육의 체계 안에서 AI를 어떻게 활용할 것인가? 교과의 수업 목표를 효과적으로 달성하기 위한 도구로 AI를 활용하는 방법이다.

둘째, AI와 다른 학문 또는 산업의 도메인을 융합한 교육으로, 교과의 목표보다는 주어진 문제를 효과적으로 해결하기 위한 접근 방법이다.

셋째, 교사와 학생의 교수·학습을 효과적으로 지원하기 위한 AI 기반 튜터링 시스템 활용 방법이다. 전통적으로 해왔던 교사와 학생 간의 교육 활동에 AI 시스템이 개입해 에이전트(Agent, 보조 교사)의 역할을 하며 학생들의 교수·학습 활동을 지원한다.

넷째, 교육에서 산출되는 데이터와 지식을 바탕으로 교육 정책에 활용해 행정 업무를 지원하거나 교육 정책의 결정 등 다양한 교육적 문제를 해결하는 데 활용할 수 있다.

5.1 AI 교과 활용 교육

AI 교과 활용 교육은 교과 교육에 AI를 활용해 교과의 목표 달성에 도움을 주고자 하는 방법이다.

각 교과는 그 교과에서 핵심으로 다루는 도메인의 키워드가 있다. 그 키워드가 교과에서 사용하는 자료, 정보 그리고 지식이 된다. 국어는 언어 정보, 수학은 수 정보, 음악은 청각 정보, 미술은 시각 정보 등이 각 교과 교육에서의 주요 도메인이 된다.

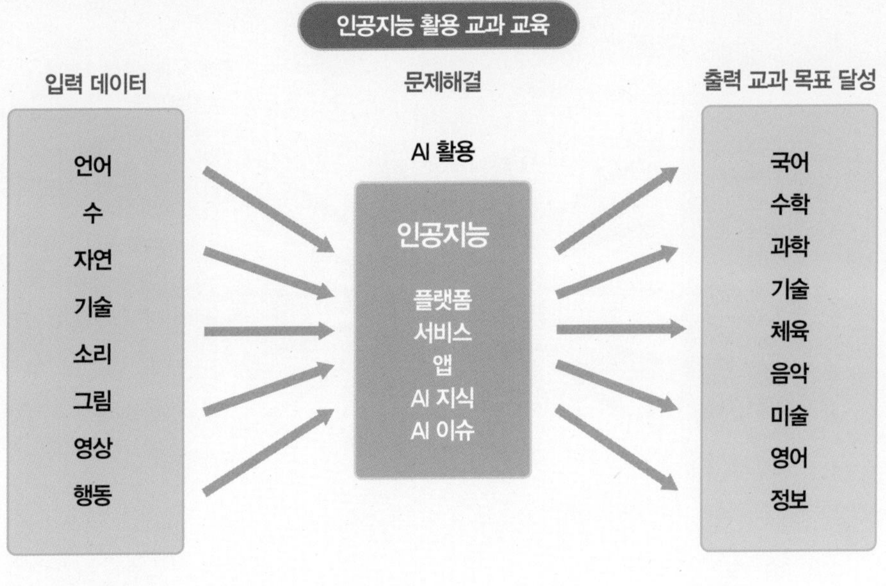

▲ AI 교과 활용 교육

AI를 활용해 교과에 활용한다는 것은 결국 그 교과의 성취 목표와 수업의 차시별 목표를 달성하도록 도와주는 도구로 활용하는 것인데, 이를 위해 교과에서 사용하는 주요 자료, 정보, 지식을 입력 데이터로 사용할 수 있다. 활용된 결과는 해당 교과에 활용하기 쉽도록 시각화하거나 조작 가능한 인터페이스로 서비스하는 과정을 추가해 적용하면 된다.

어떤 AI 도구를 사용해야 하는지에 대한 고민보다는 이러한 입출력 조건이 가능한 문제인지 확인하고 그에 따른 교과 수업 자료가 입력할 수 있는지 확인한 후 수업 목표와 과정에서 도움이 되는 서비스가 있는지 판단해 적용하는 것이 좋다.

5.2 AI 융합 교육(STEAM 교육)

개별 교과의 분화된 교육의 가치는 미래 사회의 상황에 적합하지 않다는 것이 교육자들이 믿는 정설이다. 이제 교육은 융합의 키워드를 바탕으로 변화돼야 한다는데 많은 학자와 교육자들의 의견이 모여지고 있다. 이에는 사회를 변화시키는 기술이 큰 역할을 하고 있으며 대표적인 예로는 CS, IT, SW 그리고 AI를 들 수 있다.

AI 기술을 이용해 문제를 해결하는 데 필요한 분야를 선정한 후 기초 학문(교과, 분야, 도메인, 산업)의 지식과 기능을 AI 지식 체계-기술을 융합해 생활의 문제, 직업의 문제, 산업의 응용 등의 AI 서비스와 AI 결과를 도출하는 교육 방법이 AI 융합 교육이다.

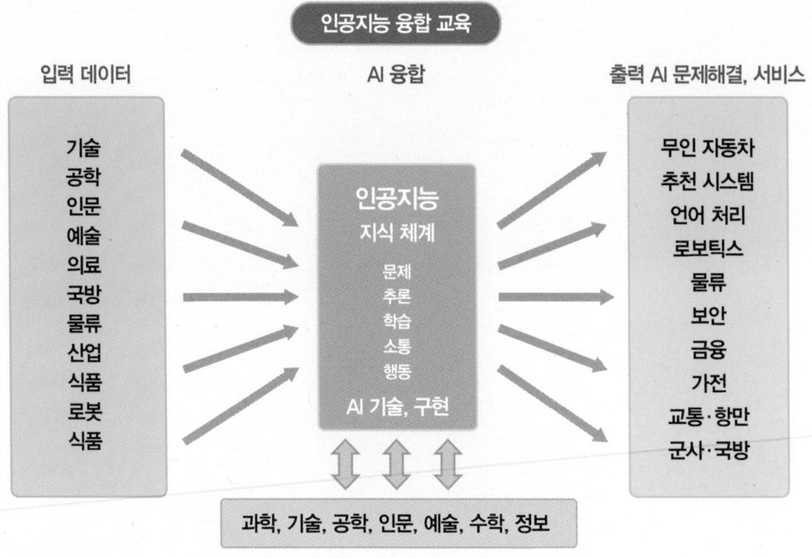

▲ AI 융합 교육

AI 교과 활용 교육과 달리 교과 목표나 교과 지식에 집중하는 대신, 융합이 가능한 영역의 도메인에서 발생하는 문제를 정의하고 이를 해결하기 위한 입력 자료로, 자료, 지식 등을 넣어 AI 시스템에 적용해 문제해결 가능한 서비스를 제공하는 형태로 진행된다.

5.3 AI 기반 교육

교과 수업 중 교수·학습을 AI 기술이 적용된 튜터링 시스템을 이용해 학습자의 학습을 도와주고 인간 교사와 협업해 효과적인 교육 활동을 진행하는 방법이다.

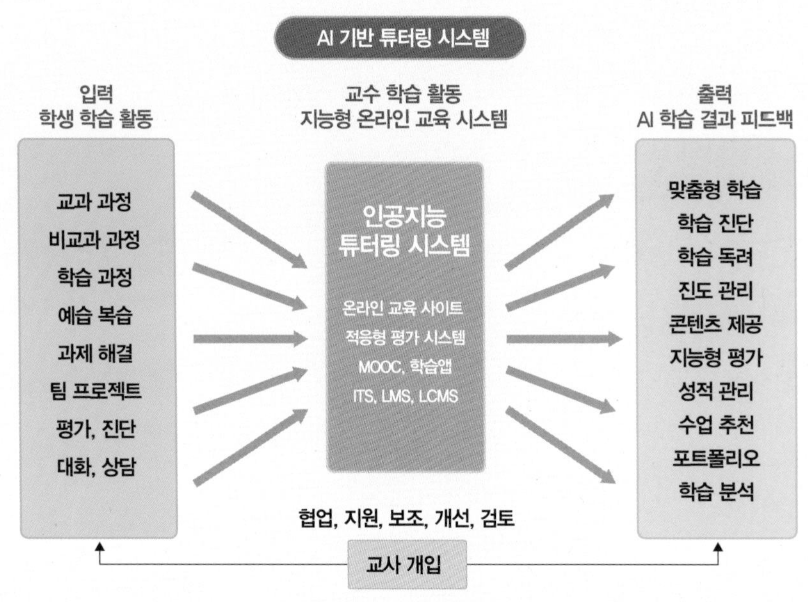

▲ AI 융합 교육

AI 교수·학습 지원 시스템은 학습자의 학습 활동을 교사 AI인 개인 에이전트가 바로 옆에서 학생의 수준과 흥미를 고려해 맞춤형으로 지원한다. 학습자들이 튜터링 앱이나 온라인 시스템에 접속해 다양한 학습 활동을 진행하면 에이전트는 의도적 – 비의도적으로 수집된 데이터를 바탕으로 학습자를 분석한다. AI 분석 모듈이 학습 시간, 문제풀이, 학습 참여도, 클릭 활동 등의 로그 데이터를 기초로 학습자의 수준과 학습 과정, 어려움 등을 파악해 그에 맞는 학습 과정을 제시하거나 분석 결과를 피드백하고 성적을 관리하고 학습 포트폴리오를 만드는 등의 교사 업무를 지원한다. 이때 AI 교수·학습 지원시스템 홀로 학습자를 보조하기보다는 교사가 개입해 좀 더 효과적인 교수·학습을 확장할 수 있다.

5.4 교육 정책 업무의 AI 활용

현장 교육에서 산출되는 각종 정형 데이터와 비정형 데이터 그리고 경험 지식을 바탕으로 교육 정책에 활용해 다양한 문제의 정책을 결정하거나 해결하는 방법이다.

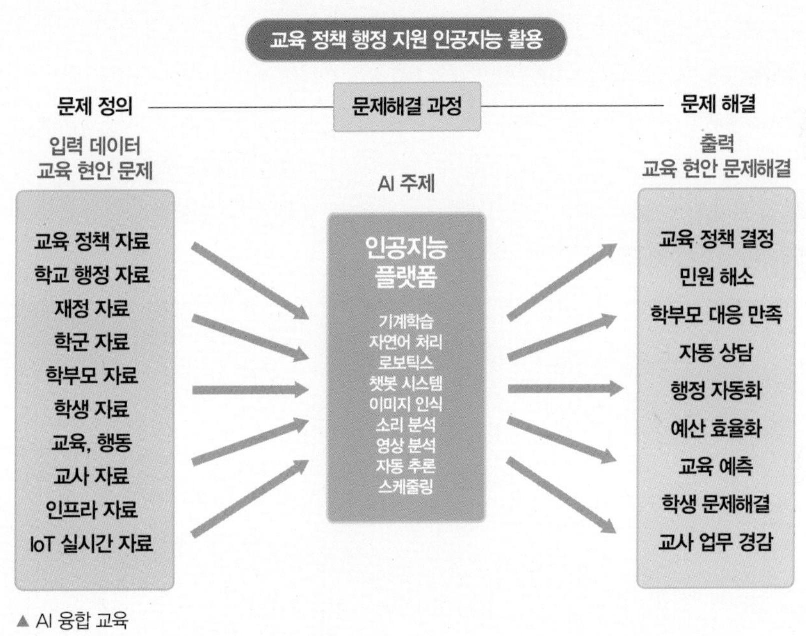

▲ AI 융합 교육

먼저 교육에서 발생하는 현안 문제를 정의하고, 어떤 목적으로 사용하고 해결할지에 대한 상황을 분석하고 이를 해결하기 위한 기초 데이터를 수집한다. 수집된 자료는 AI 시스템의 빅데이터 기술과 기계학습 등에 적용할 수 있도록 데이터 과학을 기반으로 하는 전처리 과정을 거쳐 수정하고 정제한다. AI 플랫폼에서 데이터의 특징과 유형 그리고 해결하는 데 효과적인 AI 알고리즘을 선택해 학습 모델을 구축한다. 이후 교육 현안 문제를 해결하기 위한 결정이나 결과를 서비스로서 출력해 사용자 친화형으로 상호작용이 가능하도록 시각화하고 인터페이스를 제공한다.

AI 활용을 위한 데이터 과학의 처리 절차

문제 정의	자료 수집	자료 전 처리	자료 모델링	시각화 및 서비스
• 분석 • 대상의 이해 • 객관적 분석 대상 정의	• 데이터 요소 정의 • 데이터 위치 • 데이터 확보	• 데이터 가공 • 오류사항 조치 • 데이터 구조 변경 • 데이터 수정	• 다양한 관점 데이터 설계 • 데이터 테이블 간 관계 설정 • AI 분석	• 다양한 시각화 • 문제해결 인사이트 도출 • 현업 적용

❶ **문제 정의:** 문제를 해결하기 위해 분석하고자 하는 도메인의 영역을 이해하고, 해결해야 할 문제를 구체적으로 정의하고 목적을 분명히 한다.

❷ **자료 수집:** 문제의 분석과 해결에 필요한 자료의 조건을 정의하고 해당 자료를 확보해 수집한다. 공공데이터를 오픈 API를 활용해 수집할 수 있다.

❸ **자료 전처리:** 수집한 자료에서 빠져 있는 결측값이나 데이터의 오류를 수정, 보완한다. 경우에 따라 데이터 구조나 특성을 변경하고 수작업을 통해 정리한다.

❹ **자료 모델링:** 하나의 데이터셋이 아닌 여러 개의 테이블을 이용해 분석하되, 그에 따른 분석 알고리즘은 전통적으로 통계적인 방법과 데이터베이스를 이용하는 데이터 마이닝, 근래에 와서는 기계학습을 활용한 자료 모델링을 통해 구축하는 경우가 있다. 이 경우에는 기계학습 모델링이 필요하다.

❺ **시각화 및 서비스:** 다양한 시각화 도구를 이용해 데이터를 표현하고 인터페이스 모듈을 통해 서비스를 제공하며 문제를 해결한다.

ARTIFICIAL INTELLIGENCE

6. AI 교과 활용 교육

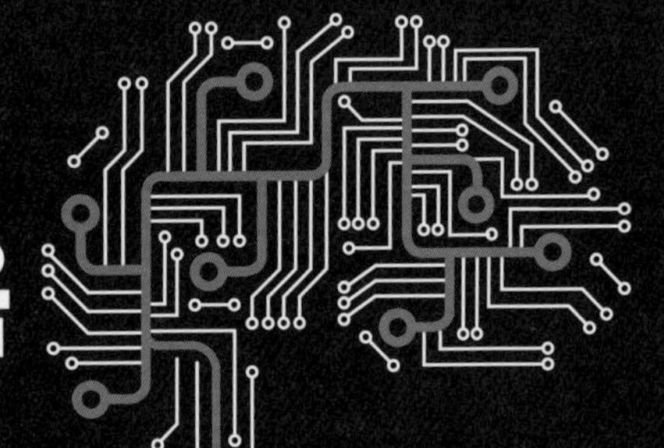

인공지능 교과 활용 교육은 각 교과의 학습 목표를 달성하는 데 도움이 되도록 인공지능을 활용하는 것이다. 각 교과의 담당 교사는 AI 활용 능력 외에 인공지능의 이해와 AI를 기반으로 하는 교수·학습 능력이 필요하다.

AI 교과 활용 교육은 AI 기술을 활용해 각 교과의 학습 목표, 학업 성취도를 효과적으로 달성하도록 지원하는데, 이러한 틀을 '학습 목표 지원 모형'이라고 한다. AI는 교과에서 AI 시스템, AI 코딩, AI 앱, AI 플랫폼, AI 알고리즘의 형태로 활용되며, 수업 과정이 끝나면 AI를 활용한 학습 결과물을 제공한다.

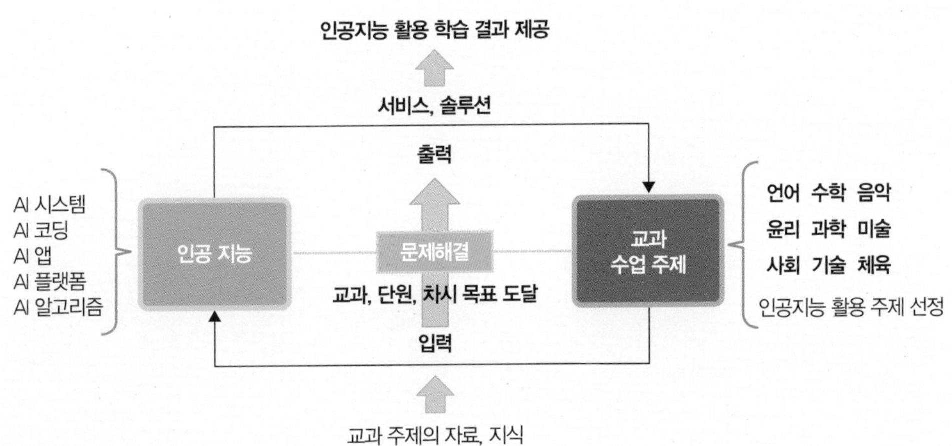

▲ 학습 목표 지원 모형

예를 들면, 음악 교과의 교육 목표를 달성하기 위해 음악과 관련된 데이터 기반 AI 지식, AI 시스템, AI 플랫폼, AI 콘텐츠, AI 앱 등을 활용하는 것이다.

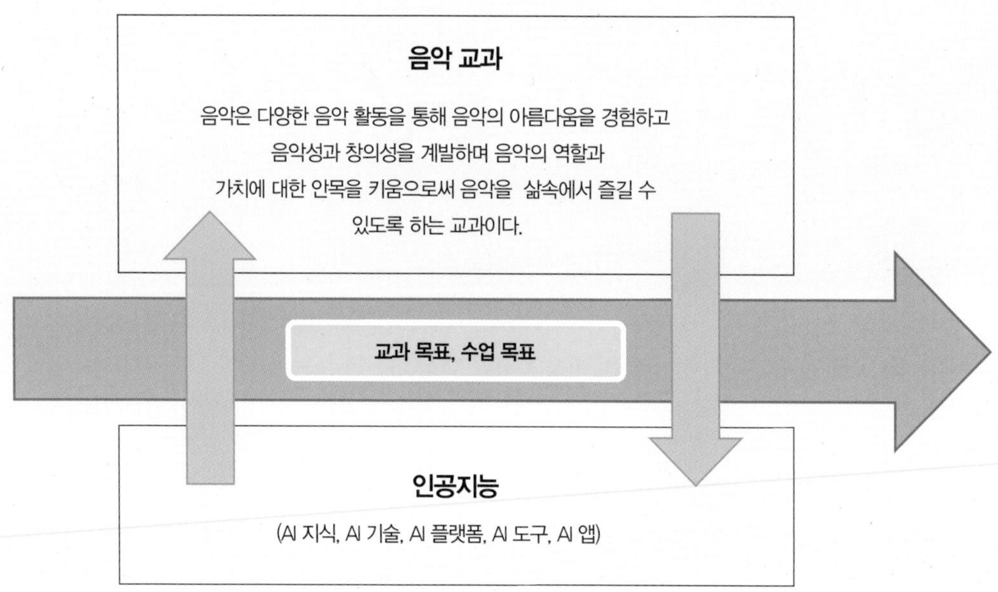

▲ 음악 교과에서의 학습 목표 지원 모형 예시 1

음악의 구성 및 표현 방법을 이해해 창의적으로 표현하고자 하는 수업에서 AI 작곡 사이트(ampermusic.com 등)에서 AI를 활용해 자신이 만든 미완성 곡을 입력하고 AI 분석을 통해 작곡자의 패턴을 발견해 나머지 부분의 작곡과 편곡을 통해 완성된 곡으로 개발해보는 활동으로, 창의적으로 음악을 만든다는 학습 목표를 달성할 수 있다.

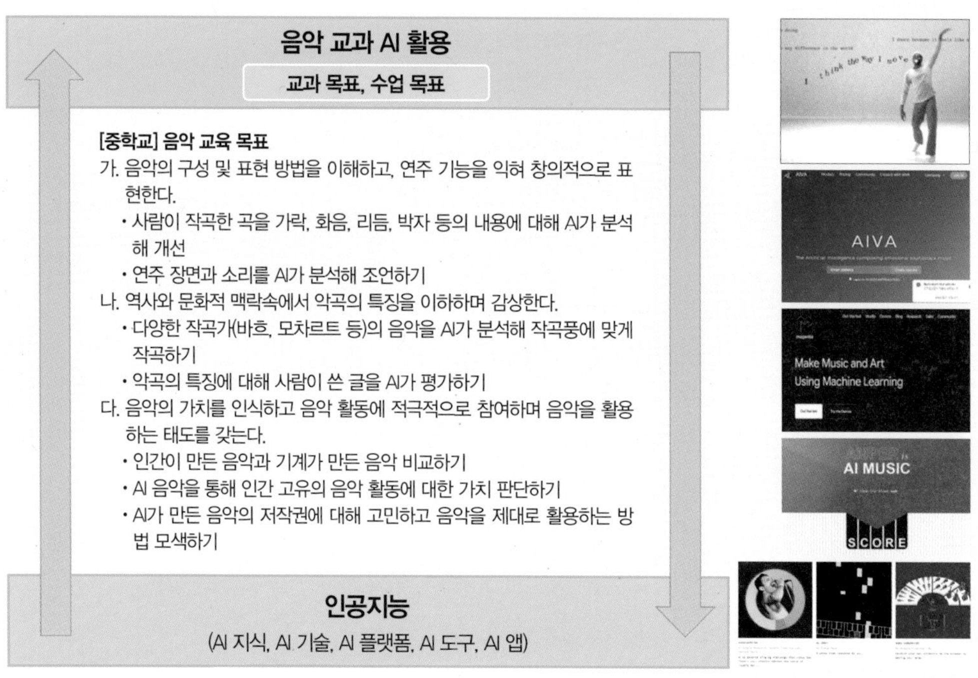

▲ 음악 교과에서의 학습 목표 지원 모형 예시 2

6.1 음악 교과 AI 활용 교육 예시

6.1.1 음악 교과의 성격

음악은 소리를 통해 인간의 감정과 사상을 표현하는 예술로, 인간의 창의적 표현 욕구를 충족시키고 다른 사람과 소통할 수 있도록 하며 인류 문화를 계승, 발전시키는 데 기여한다. 또는 다양한 음악 활동을 통해 음악의 아름다움을 경험하고 음악성과 창의성을 계발하며 음악의 역할과 가치에 대한 안목을 키움으로써 음악을 삶 속에서 즐길 수 있도록 하는 교과이다.

AI 활용 수업 예시

- AI를 활용해 음악의 아름다운 체험 제공하기
- 음악성을 신장시키고 음악적 창의성 계발하는 데 도움주기
- 인간이 만든 음악의 역할과 가치 발견하고 AI 음악의 미래 예측하기

음악 교과는 다양한 특성을 통해 음악적 감성 역량, 음악적 창의·융합 사고 역량, 음악적 소통 역량, 문화적 공동체 역량, 음악 정보 처리 역량, 자기관리 역량을 기를 수 있도록 한다.

'음악적 감성 역량'은 음악이 갖고 있는 아름다움, 특징 및 가치를 개방적 태도로 수용하고 이해하며, 깊이 있는 성찰과 상상력을 발휘해 삶의 질을 향상시키고 행복을 창출할 수 있는 역량이다.

음악적 감성 역량을 위한 AI 활용 수업 예시

AI가 만든 음악의 아름다움을 체험, 인간의 음악과 AI 음악의 차이를 분석하거나 찾기

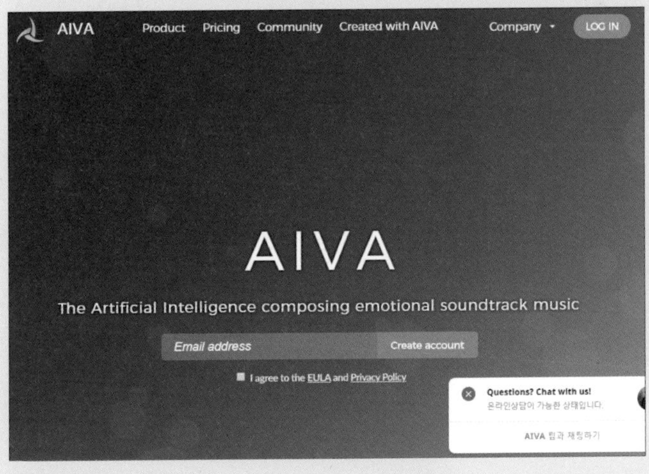

▲ 아이바(출처: https://www.aiva.ai/)

'음악적 창의·융합 사고 역량'은 음악 분야의 전문 지식과 소양을 바탕으로 새롭고 독창적인 아이디어를 산출해내고 자신이 학습하거나 경험한 음악 정보들을 다양한 현상에 융합적으로 활용할 수 있는 역량이다.

음악적 창의·융합 사고 역량을 위한 AI 활용 수업 예시

- 인간과 AI가 협업해 음악 만들어보기
- 내가 만든 음악에 AI가 풍성한 음악적 기교와 감성, 화성, 멜로디를 추가하기(반대로도)

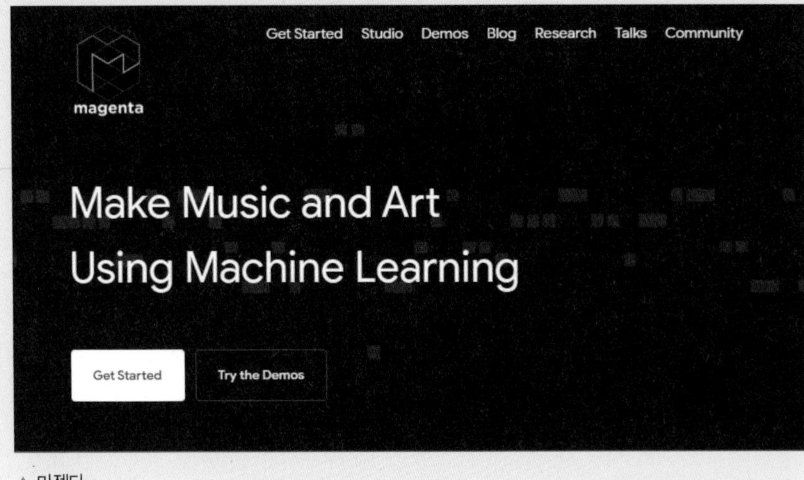

▲ 마젠타
(출처: https://magenta.tensorflow.org/)

'음악적 소통 역량'은 소리, 음악적 상징, 신체 등을 활용해 자신의 생각과 느낌을 음악적으로 표현하고 타인의 음악적 표현을 이해하고 공감해 효율적으로 소통하고 조정할 수 있는 역량이다.

음악적 소통 역량을 위한 AI 활용 수업 예시

- 악기를 이용해 연주한 후 이것을 AI가 분석해 부족한 기교나 자세, 음의 셈여림과 속도, 화음 등의 내용을 제시하고 보다 나은 기량을 갖도록 조언하기
- AI가 개인들의 음악적 취향을 분석해 추천하고 해당 시간, 장소, 환경에 맞게 음악 재생하기

'문화적 공동체 역량'은 음악을 통해 우리 문화의 전통과 세계의 다양한 문화를 이해함으로써 지역, 국가, 세계 공동체의 구성원으로서 요구되는 다양한 가치와 문화를 수용하고 공동체의 문제해결 및 발전을 위해 자신의 역할과 책임을 다할 수 있는 역량이다.

문화적 공동체 역량을 위한 AI 활용 수업 예시

- AI가 전 세계의 음악을 검색해 상황에 맞게 제시하고 그 차이점과 공통점 분석해주기

'음악 정보 처리 역량'은 음악과 관련된 다양한 정보와 자료를 수집, 분석, 분류, 평가, 조작함으로써 정보와 자료에 내재된 의미를 올바르게 파악하고 적절한 매체를 활용해 정보와 자료를 효과적으로 처리함으로써 생활의 다양한 문제를 합리적으로 해결할 수 있는 역량이다.

음악 정보 처리 역량을 위한 AI 활용 수업 예시

- AI가 악보의 내용을 읽어 감정을 살려 연주하기(미디, 연주 로봇, 자동 재생 악기 등)
- AI가 미디의 정보를 수정해 곡에 맞는 음악 연주하기
- 세상의 소리를 AI를 활용해 음악으로 편곡하기

'자기관리 역량'은 음악적 표현과 감상 활동, 음악을 생활화하는 태도를 바탕으로 표현력과 감수성을 길러 자아 정체성을 형성하고 자기 주도적으로 음악을 학습하고 그 과정을 관리함으로써 음악적으로 풍요로운 삶을 유지해나갈 수 있는 역량이다.

자기관리 역량을 위한 AI 활용 수업 예시

- AI가 다양한 음악(팝, 클래식, 재즈, 국악 등)의 음악적 다양성을 분석하고 미래 음악의 방향과 기계 음악의 한계 등을 고찰하기
- 자신(타인, 집단)의 기분을 센서로 측정한 후 AI가 음악 치료나 스트레스 감소시키기
- AI를 이용해 카페, 쇼핑몰 등 매장의 운영에 맞게 음악 등을 지원하기

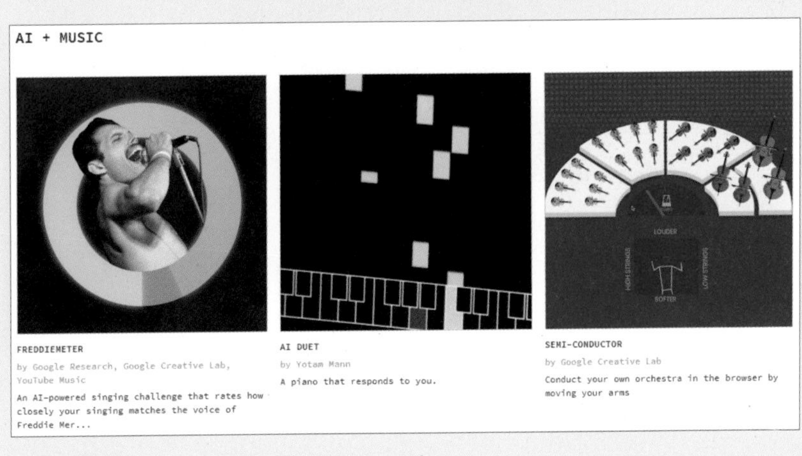

▲ AI + Music
(출처: https://experiments.withgoogle.com/collection/ai)

6.1.2 음악 교육의 목표

'음악'의 목표는 음악적 정서 함양 및 표현력 계발을 통해 자기 표현 능력을 신장하고 자아 정체성을 형성하며 문화의 다원적 가치 인식을 통해 타인을 존중하고 배려하는 소통 능력을 지닌 인재를 육성하는 것이다. 이를 통해 우리 문화 발전에 기여하고 세계 시민으로서 문화적 소양을 지닌 전인적 인간 육성에 이바지한다.

초등학교

가. 음악의 구성 및 표현 방법을 이해하고 기초적인 연주 기능을 익혀 창의적으로 표현한다.

연주의 목표 달성을 위한 AI 활용 수업 예시

- AI로 작곡, 편곡, 변주하기
- AI가 악보를 바탕으로 연주하기
- 인간이 연주한 소리 파일이나 연주 장면(전신, 손가락, 입 모양 등)을 AI가 분석해 조언하기

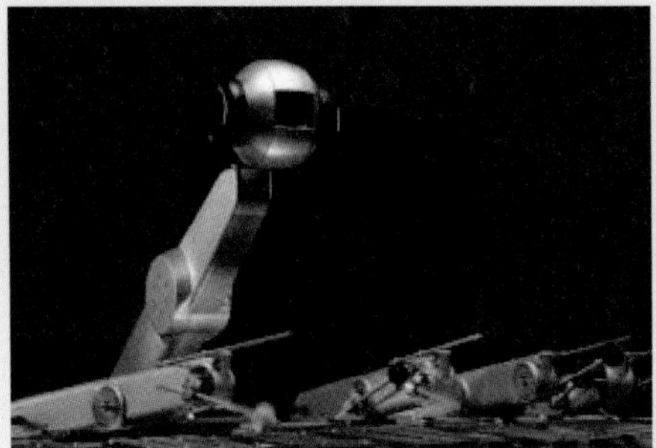

▲ AI를 활용해 연주하기
(출처: https://www.ampermusic.com)

나. 악곡의 특징을 이해하며 감상한다.

악곡의 감상 목표를 위한 AI 활용 수업 예시

- 악곡에 따른 설명을 AI가 안내하기
- 음악 감상에 대한 사용자의 입력 내용(문장, 음성파일 등)을 자연어 처리로 분석하기

다. 음악의 가치를 인식하고 음악 활동에 적극적으로 참여하며 음악을 즐기는 태도를 가진다.

음악의 가치 목표를 위한 AI 활용 수업 예시

- 인간이 만든 음악과 AI가 만든 음악의 차이 구분하기
- 기계와 인간이 화음을 이뤄 협주하기
- 음악을 즐기는 사람들의 동작을 보고 그에 맞게 싸이키 조명 넣기, 사람들의 반응 보기

▲ 인간과 로봇의 피아노 연주 대결(성남문화재단)
경기필하모닉오케스트라는 AI 작곡가 에이미 하웰이 작곡한 곡을 연주

중학교

가. 음악의 구성 및 표현 방법을 이해하고 연주 기능을 익혀 창의적으로 표현한다.

음악의 구성 목표를 위한 AI 활용 수업 예시

사람이 작곡한 곡의 가락, 화음, 리듬, 박자 등을 AI가 분석해 개선

바른 연주 목표를 위한 AI 활용 수업 예시

▲ AI 활용 앱(AMPER와 AIVA)

나. 역사와 문화적 맥락 속에서 악곡의 특징을 이해하며 감상한다.

음악 역사 속에서 악곡의 특징을 이해하기 위한 AI 활용 수업 예시

- 다양한 작곡가(바흐, 모차르트 등)의 음악을 AI가 분석해 그 작곡풍에 맞게 음악 만들어 작곡자의 특징 이해하기
- 악곡의 특징에 대해 사람이 쓴 글을 AI가 평가하기

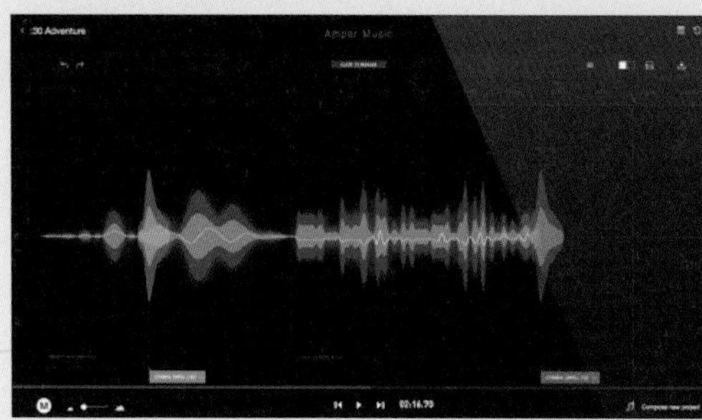

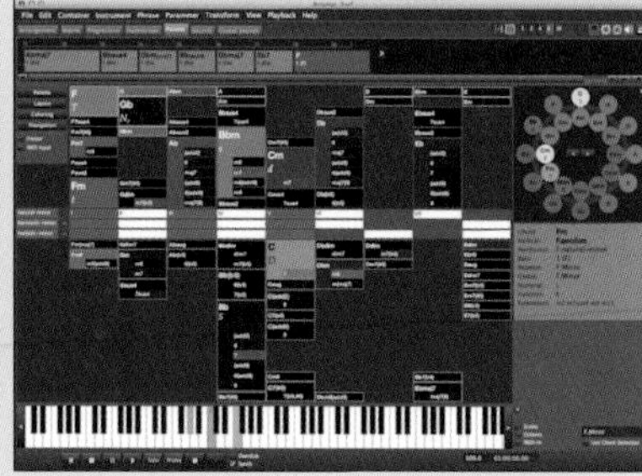

▲ AI로 악곡의 특징 이해하기

다. 음악의 가치를 인식하고 음악 활동에 적극적으로 참여하며 음악을 활용하는 태도를 갖는다.

음악의 가치 목표를 위한 AI 활용 수업 예시

- 인간이 만든 음악과 기계가 만든 음악 비교하기
- AI 음악을 통해 인간 고유의 음악 활동에 대한 가치 판단하기
- AI가 만든 음악의 저작권에 대해 고민하고 음악을 제대로 활용하는 방법 모색하기

AI 활용 수업 예시

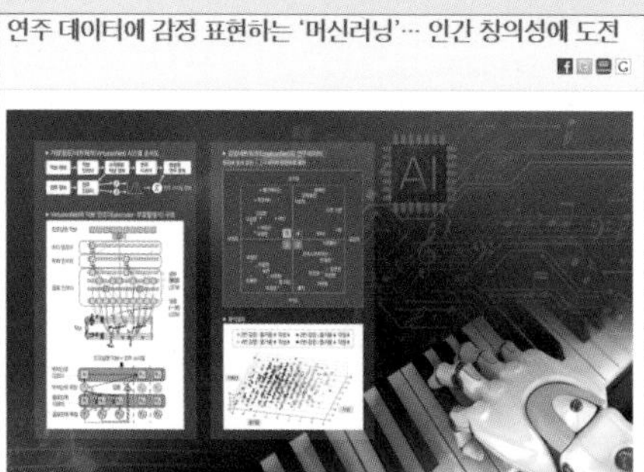

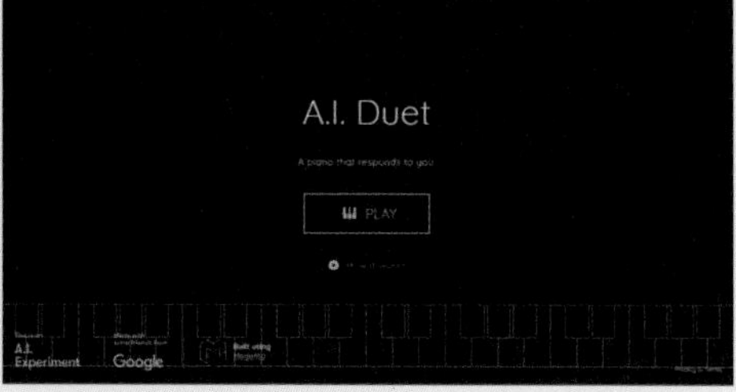

▲ AI Duet(출처: https://experiments.withgoogle.com/ai/ai-duet/view)

성취 기준(초등 3~4 표현 영역)

[4음01-01] 악곡의 특징을 이해하며 노래 부르거나 악기로 연주한다.

노래와 악기 연주 목표를 위한 AI 활용 수업 예시

- 노래 부른 소리 파일을 AI가 분석해 발성 조언하기
- 악기의 연주 파일을 AI가 분석해 연주법 개선하기

[4음01-02] 악곡에 어울리는 신체 표현을 한다.

신체 표현 목표를 위한 AI 활용 수업 예시

- 음악에 맞는 신체 표현을 이미지 영상(골격)으로 표현해 동작 분석하기

AI 활용 수업 예시

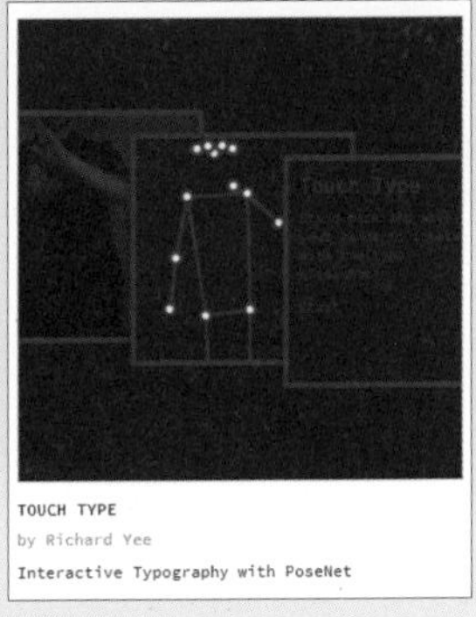

▲ AI로 신체 표현하기 1
(출처: https://experiments.withgoogle.com/billtjonesai)

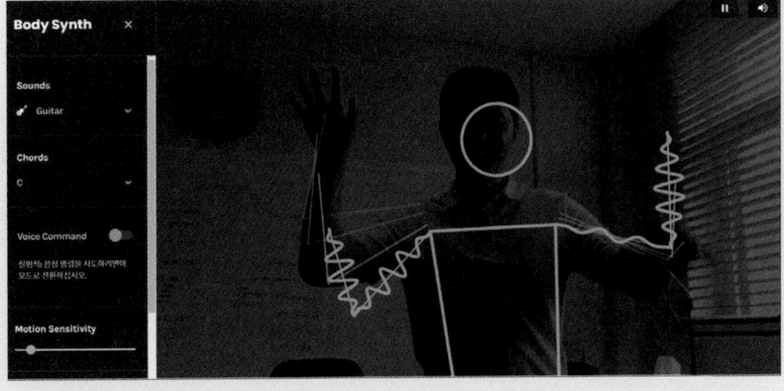

▲ AI로 신체 표현하기 2
(출처: https://experiments.withgoogle.com/body-synth)

[4음01-03] 제재곡의 노랫말을 바꾸거나 노랫말에 맞는 말붙임새로 만든다.

작사 목표를 위한 AI 활용 수업 예시

- 악곡에 맞는 가사를 AI가 자동으로 생성하기
- 악곡을 따라 부른 학생의 노래를 듣고 AI가 음성 인식으로 가사 생성하기
- 노랫말에 맞게 AI가 자동으로 음악 생성하기
- 화음, 배경 음악을 만들어 연결 짓기

[4음01-04] 제재곡의 리듬꼴이나 장단꼴을 바꿔 표현한다.

AI 활용 수업 예시

- 악곡에 맞는 리듬을 자동 연주하기

[4음01-05] 주변의 소리를 탐색해 다양한 방법으로 표현한다.

음악 찾아 재생하는 목표를 위한 AI 활용 수업 예시

- 바람 소리, 주변 환경 소리를 분석해 AI가 자동으로 음악 생성하기
- 환경에 맞는 음악을 찾아 재생하기

[4음01-06] 바른 자세로 노래를 부르거나 바른 주법으로 악기를 연주한다.

바른 자세의 노래 목표를 위한 AI 활용 수업 예시

- 노래 부르는 자세를 AI가 영상으로 분석하기
- 악기 연주 내용을 분석해 AI가 코칭하기

6.2 각 교과별 AI 활용 교육 사례

6.2.1 도덕(윤리) 교과 AI 활용 교육

도덕 교과 목표

❶ 21세기 한국인으로서 보편적으로 갖추고 있어야 하는 핵심 가치인 성실, 배려, 정의, 책임을 내면화하는 것을 목표로 삼는다. 가치 관계 확장을 전제로 자신에서 타자, 사회와 공동체, 자연과 초월로 이어지는 각 영역의 핵심 가치를 내면화해 인성의 기본 요소를 실천적으로 확립하는 것을 목표로 한다.

❷ '자신을 둘러싸고 전개되고 있는 삶의 상황 속에 어떻게 살아야 할 것인가?'라는 물음을 근간으로 삼는 가치의 차원이 있음을 인식하고, 그것을 현실 속에서 어떻게 구현해갈 것인지를 고민할 수 있는 실천적인 시간과 공간을 제공하는 것을 목표로 한다. 이러한 목표는 자신을 둘러싼 도덕 현상에 대한 탐구와 내면의 도덕성에 대한 윤리적 성찰과 일상적 실천을 포함하는 도덕적인 능력을 길러주는 것으로 구체화된다.

❸ 독립된 인격체로서의 개인이 시민 사회와 국가, 지구 공동체를 어떻게 인식하고 받아들일 것인지의 문제를 삶의 의미에 대한 물음과 연관 지어 찾아볼 수 있는 능력과 실천 성향을 기르는 것을 목표로 한다. 특히, 이러한 능력과 성향은 교사와 학생 사이의 도덕적 담화 공동체 형성이라는 과정적 목표를 통해 길러질 수 있을 것으로 기대된다.

AI 활용 수업 도구 1

- 자신이 둘러싼 환경에 대해 이해하고 그 속에 담긴 가치 이해하기
  - AI가 적용된 자율주행자동차의 도덕적 판단 문제와 윤리적 가치 살펴보기

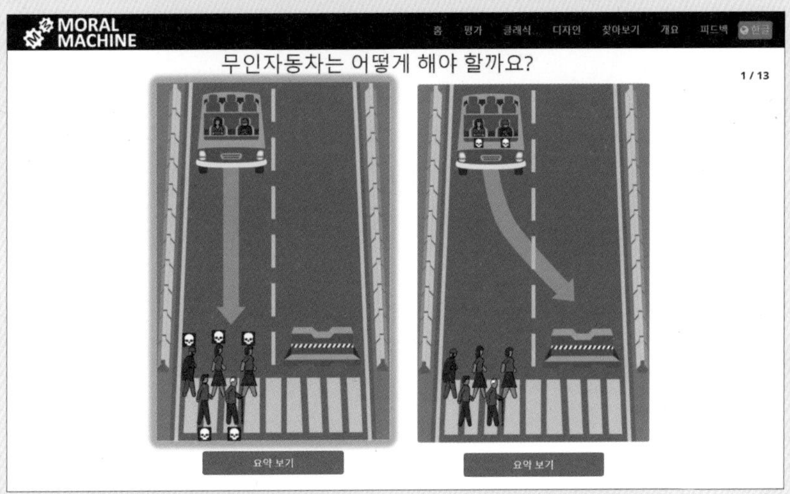

▲ 모럴 머신(Moral Machine)
(출처: https://www.moralmachine.net/)

AI 활용 수업 도구 2

- 도덕성에 대한 윤리적 성찰과 일상적 실천을 포함하는 능력 이해하기
  - AI를 나쁘게 학습시켜 그에 대한 문제를 이해하고 새로운 인류로서 기계와 AI를 친구 관계로 형성하기
  - 편견을 가진 데이터로 기계학습시키기

 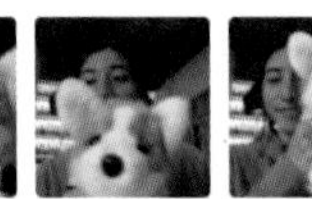 

Image Project

Teach based on images, from files or your webcam.

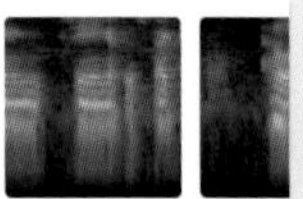

Audio Project

Teach based on one-second-long sounds, from files or your microphone.

Pose Project

Teach based on images, from files or your webcam.

▲ 티처블 머신
(출처: https://teachablemachine.withgoogle.com/train)

인공지능 게임을 만들어봐요.

프로젝트로 이동

1 먼저 여러 데이터를 모아보세요

2 데이터를 사용하여 인공지능을 훈련시켜보세요

3 인공지능을 사용하여 스크래치 게임을 만들어보세요

▲ ML4kids
(출처: https://machinelearningforkids.co.uk/#!/welcome)

6.2.2 국어 교과 AI 활용 교육

국어 교과 목표

① 다양한 유형의 담화, 글, 작품을 정확하고 비판적으로 이해하고 효과적이고 창의적으로 표현하며 소통하는 데 필요한 기능을 익힌다.

② 듣기·말하기, 읽기, 쓰기 활동 및 문법 탐구와 문학 향유에 도움이 되는 기본 지식을 갖춘다.

③ 국어의 가치와 국어 능력의 중요성을 인식하고 주체적으로 국어 생활을 하는 태도를 기른다.

AI 활용 수업 도구 1

- 문학 향유에 도움이 되는 기본 지식 갖추기
  - 손그림자를 이용해 인형극하기

▲ 손 그림자 AI
(출처: https://experiments.withgoogle.com/shadow-art)

AI 활용 수업 도구 2

- 문법 탐구에 도움이 되는 기본 지식 갖추기
  - 자연어 분석기를 활용해 문장 내 구문 분석하기
  - '꼬꼬마 세종 말뭉치 활용 시스템' 문장 분석기 활용하기

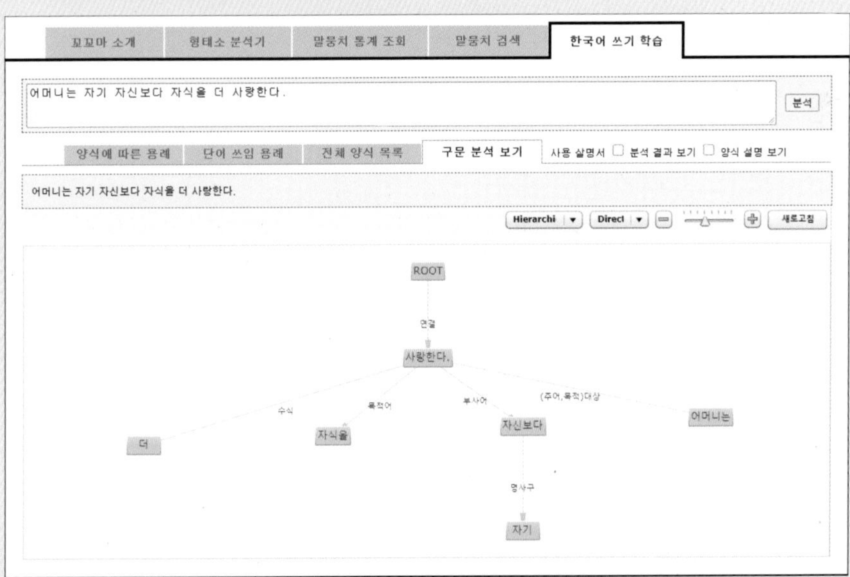

▲ 꼬꼬마 세종 말뭉치 활용 시스템의 구문 분석 예시
(출처: http://kkma.snu.ac.kr/concordancer)

AI 활용 수업 도구 3

- 한국어로 대화할 수 있는 기계 만들기
  - '한국어 공공 AI 오픈 API 데이터' 서비스 활용하기
  - 한국어로 기계학습이 된 서비스를 활용해 상담과 대화를 할 수 있는 시스템을 개발하고 국어 공부에 사용해보기

▲ '한국어 공공 인공지능 오픈 API 데이터' 서비스 포털
(출처: http://aiopen.etri.re.kr)

* 한국어에 최적화된 언어 모델을 통해 한국어 분석, 지식 추론, 질의 응답 등 다양한 한국어서비스가 가능함.

6.2.3 수학 교과 AI 활용 교육

수학 교과 목표

가. 초등학교

① 생활 주변 현상을 수학적으로 관찰하고 표현하는 경험을 통해 수학의 기초적인 개념, 원리, 법칙을 이해하고 수학의 기능을 습득한다.

② 수학적으로 추론하고 의사소통하며, 창의·융합적 사고와 정보 처리 능력을 바탕으로 생활 주변 현상을 수학적으로 이해하고 문제를 합리적이고 창의적으로 해결한다.

③ 수학 학습의 즐거움을 느끼고 수학의 유용성을 인식하며 수학 학습자로서 바람직한 태도와 실천 능력을 기른다.

나. 중학교

① 사회 및 자연 현상을 수학적으로 관찰, 분석, 조직, 표현하는 경험을 통해 수학의 개념, 원리,

법칙과 이들 사이의 관계를 이해하고 수학의 기능을 습득한다.

② 수학적으로 추론하고 의사소통하며, 창의·융합적 사고와 정보 처리 능력을 바탕으로 사회 및 자연 현상을 수학적으로 이해하고 문제를 합리적이고 창의적으로 해결한다.

③ 수학에 대한 흥미와 자신감을 갖고 수학의 가치를 인식하며 수학 학습자로서 바람직한 태도와 실천 능력을 기른다.

AI 활용 수업 도구 1

- 수학의 개념, 원리, 법칙을 이해하고 수학 기능 습득하기
  - AI를 통해 웹상의 지식을 재구성해 제공해주며 간단한 연산을 직접 수행하고 그 그래픽 결과도 시뮬레이션해줌. 수학 학습의 보조 도구로 활용

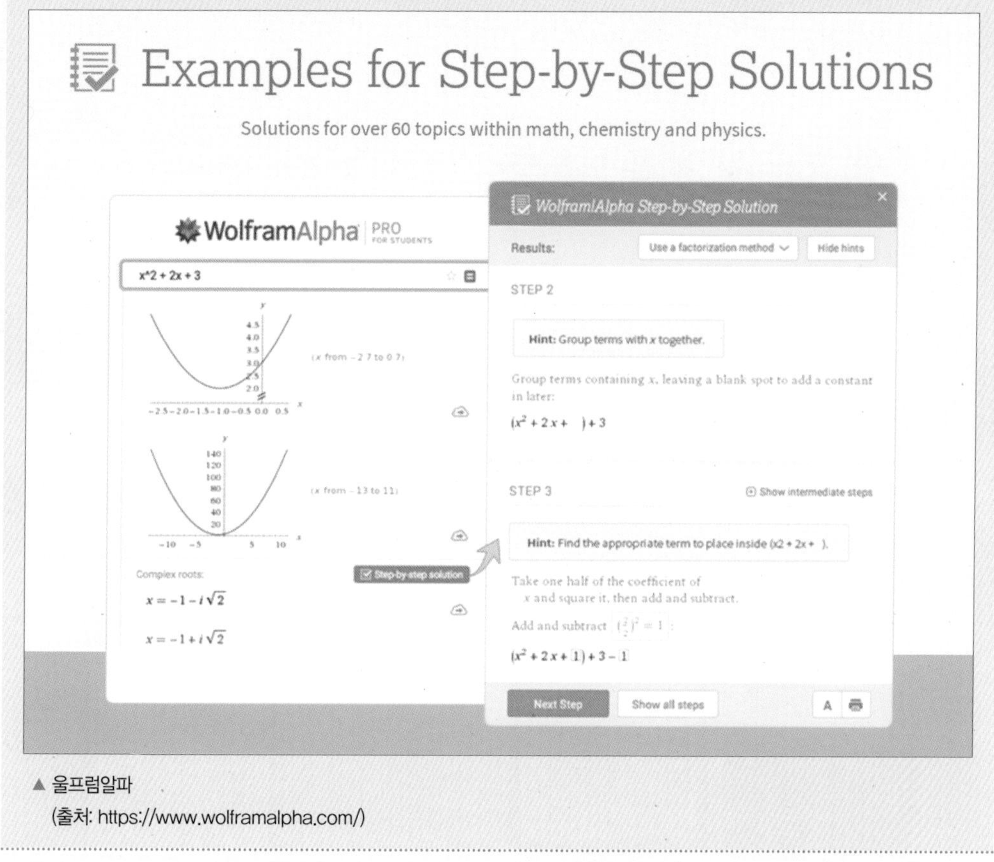

▲ 울프럼알파
(출처: https://www.wolframalpha.com/)

AI 활용 수업 도구 2

- 수학 문제 풀이 도구(텍스트 인식 기반)를 사용해 문제 풀이의 보조 도구로 활용 (스마트폰에서 콴다 앱을 다운로드해 활용 가능)

▲ 콴다 앱
(출처: https://qanda.ai/)

- 수학 문제, 수학 개념 등 사진 또는 음성을 사용해 질문하면 웹에서 가장 관련이 높은 자료를 찾아 검색해줌.
- 수학뿐 아니라 지구 과학, 환경 과학, 세계 역사, 문학 등 고등학생에게 도움이 되는 자료를 정리해 제공하고 있음.

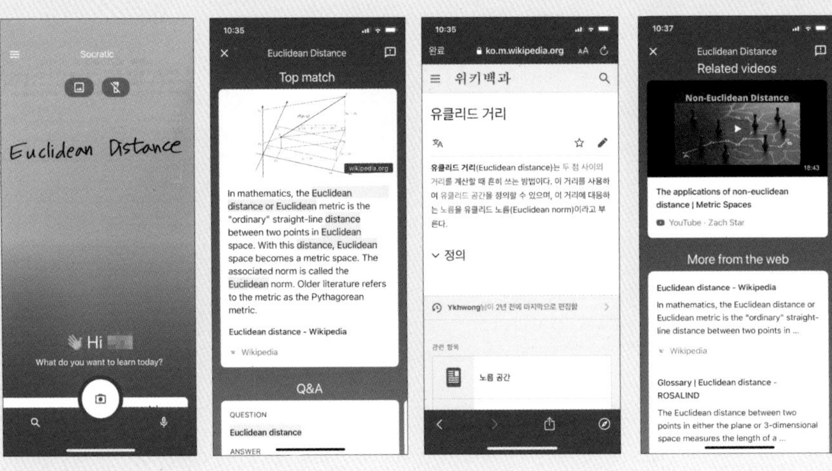

▲ Socratic 앱

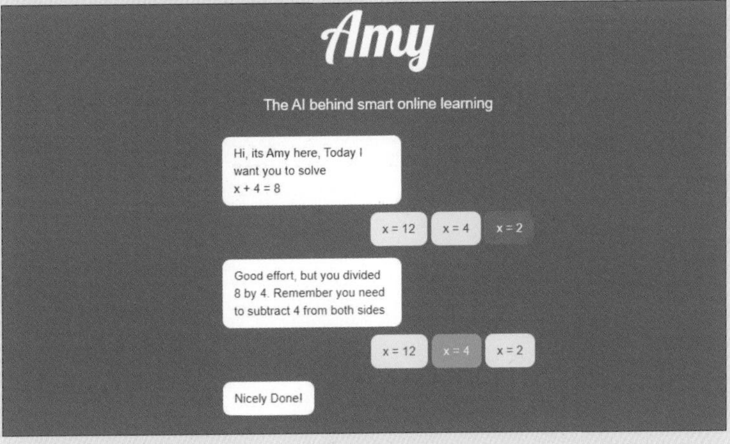

▲ Amy 앱
(출처: https://www.amy.app)

- 손으로 쓴 수학 문제의 풀이법을 보여주고, 모든 수식을 즉시 그래프로 작성해 함수를 시각화해줌.
- 관련 연습 문제지, 학습 동영상 등을 검색해 연결해줌(앱 – Microsoft Math Solver)

Math Solver를 사용해 보세요.

수학 문제를 입력하세요. | 풀이

이차방정식	삼각법	일차방정식
$x^2 - 4x - 5 = 0$	$4\sin\theta\cos\theta = 2\sin\theta$	$y = 3x + 4$

예제 더 보기

▲ Microsoft Math Solver 앱
(출처: https://math.microsoft.com/ko)

6.2.4 사회 교과 AI 활용 교육

사회 교과 목표

① 사회의 여러 현상과 특성을 그 사회의 지리적 환경, 역사적 발전, 정치·경제·사회적 제도 등과 관련 지어 이해한다.

② 지표 공간의 자연 환경 및 인문 환경에 대한 이해를 통해 지역에 따른 인간 생활의 다양성을 파악하고, 지역적·국가적·세계적 수준의 지리 문제와 쟁점에 관심을 갖는다.

③ 각 시대의 특색을 중심으로 우리나라의 역사적 전통과 문화의 특수성을 파악해 민족사의 발전상을 체계적으로 이해하며, 이를 바탕으로 인류 생활의 발달 과정과 각 시대의 문화적 특색을 파악한다.

④ 사회 생활에 관한 기본적 지식과 정치·경제·사회·문화 현상에 대한 기본적인 원리를 종합

적으로 이해하고 현대 사회의 성격 및 민주적 사회 생활을 위해 해결해야 할 여러 문제를 파악한다.

⑤ 사회 현상과 문제를 파악하는 데 필요한 지식과 정보를 획득, 분석, 조직, 활용하는 능력을 기르며, 사회 생활에서 나타나는 여러 문제를 합리적으로 해결하기 위한 탐구 능력, 의사 결정 능력 및 사회 참여 능력을 기른다.

⑥ 개인과 사회 생활을 민주적으로 운영하고 우리 사회가 당면한 문제들에 관심을 갖고 민주 국가 발전과 세계의 발전에 적극적으로 이바지하려는 태도를 가진다.

AI 활용 수업 도구 1

- 인류 생활의 발달 과정과 각 시대의 문화적 특색 파악하기
  - 고대 이집트 상형 문자의 의미를 이해하고 한 단계씩 따라하며 학습할 수 있음.
  - 학습 후 상형 문자를 사용해 메시지 보내기

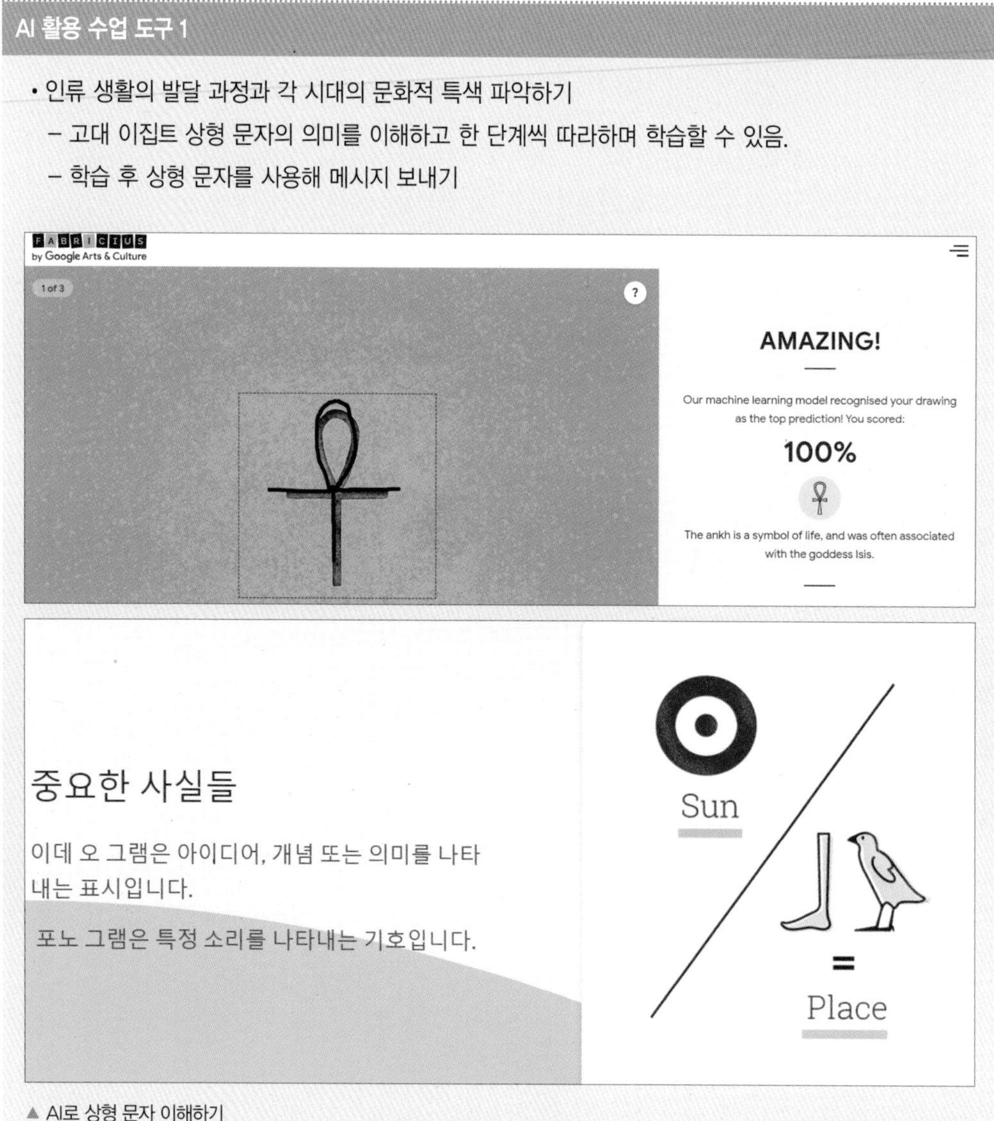

▲ AI로 상형 문자 이해하기
(출처: https://experiments.withgoogle.com/fabricius)

AI 활용 수업 도구 2

- 사회 현상과 문제를 파악하기 위해 지식과 정보를 분석하는 능력 신장하기
  - 빅데이터를 이용해 중요한 이슈와 키워드 선정하기
  - '워드 클라우드'를 활용해 이슈 시각화하기

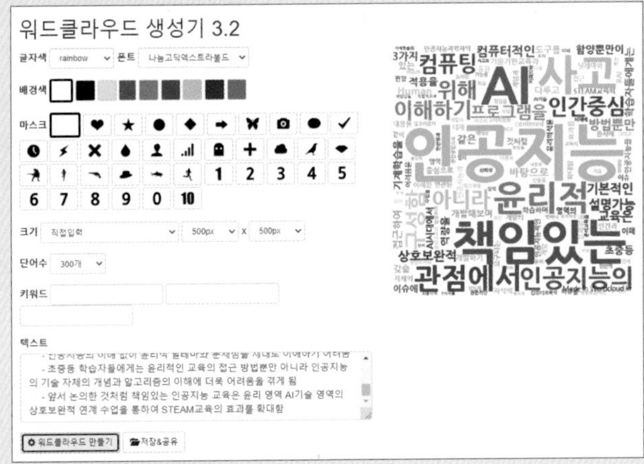

▲ 워드 클라우드 생성기
(출처: http://wordcloud.kr)

  - 서울시에서 제공하는 다양한 분야의 데이터 활용해 분석하기

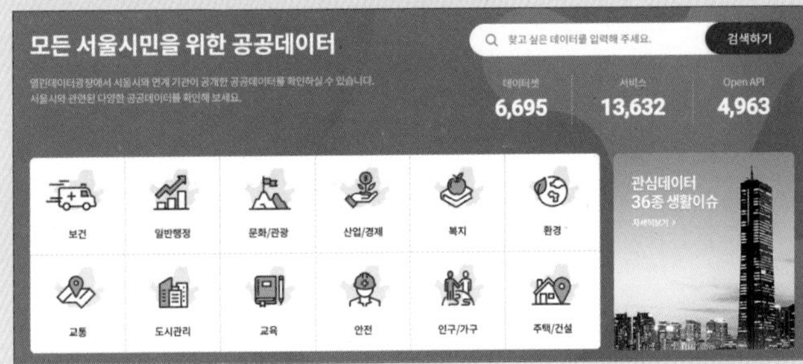

▲ 서울시 공공 데이터
(출처: https://data.seoul.go.kr)

  - 고속도로 공공 데이터 포털

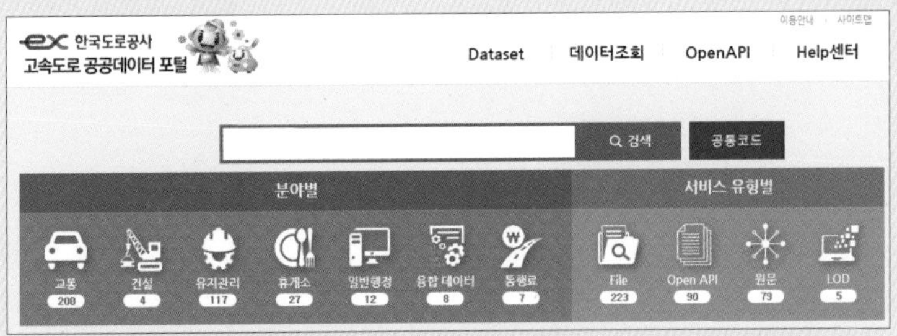

▲ 고속도로 공공 데이터 포털
(http://data.ex.co.kr)

6.2.5 과학 교과 AI 활용 교육

과학 교과 목표

① 자연 현상에 대한 호기심과 흥미를 갖고 문제를 과학적으로 해결하려는 태도를 기른다.

② 자연 현상 및 일상생활의 문제를 과학적으로 탐구하는 능력을 기른다.

③ 자연 현상을 탐구해 과학의 핵심 개념을 이해한다.

④ 과학과 기술 및 사회의 상호 관계를 인식하고 이를 바탕으로 민주 시민으로서의 소양을 기른다.

⑤ 과학 학습의 즐거움과 과학의 유용성을 인식해 평생 학습 능력을 기른다.

AI 활용 수업 도구 1

- 자연 현상 및 일상생활의 문제를 과학적으로 탐구하기
  - 데이터 시각화를 통해 산업 혁명 이전부터 2100년까지, 바다 생물이 해양 동물과 종에 미치는 CO_2 수준의 파괴적인 영향 탐색하기

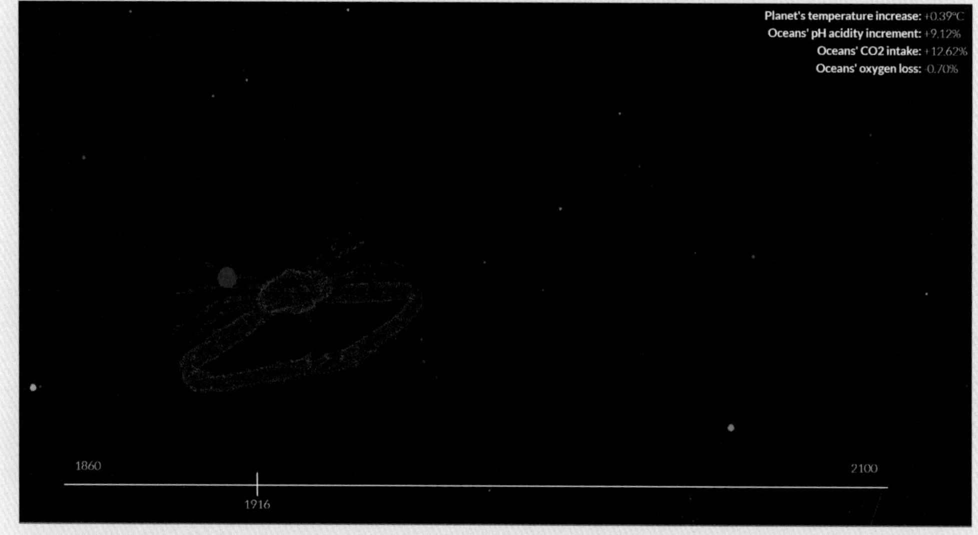

▲ AI로 해양 동물 탐색하기
(출처: https://artsexperiments.withgoogle.com/diving-into-an-acidifying-ocean)

AI 활용 수업 도구 2

- 과학과 기술의 상호관계를 인식하고, 과학적으로 탐구하기
  - 시민 과학자 참여 프로그램인 'Galaxy Zoo'를 활용해 100년 가까이 교과서처럼 이용돼온 은하 분류법의 오류를 밝힘.
  - 은하의 특성을 직접 분류해보는 체험해볼 수 있음.

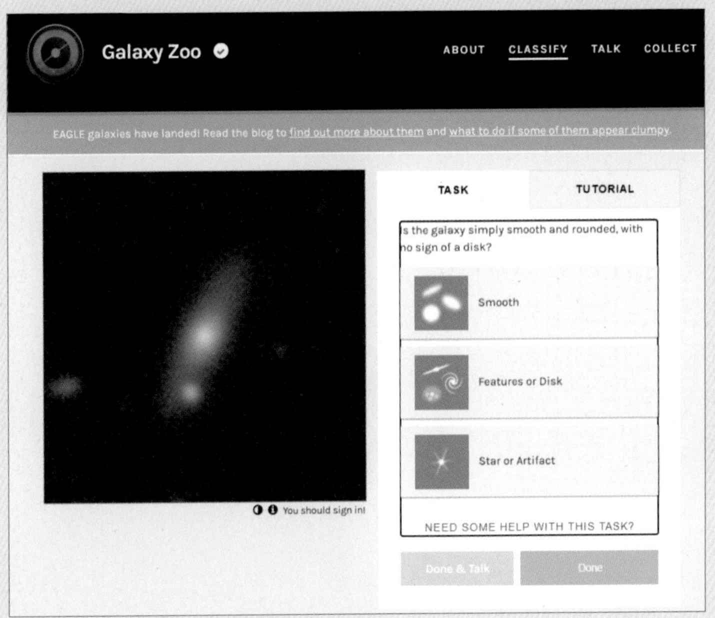

▲ Galaxy Zoo
(출처: https://www.zooniverse.org/projects/zookeeper/galaxy-zoo/classify)

- 기상 자료를 활용해 기후 통계 분석하기

▲ 기상 자료 개방 포털
(출처: https://data.kma.go.kr/cmmn)

6.2.6 체육 교과 AI 활용 교육

체육 교과 목표

❶ 건강의 가치를 이해하고 건강 및 체력을 증진하며 건강 관리를 지속적으로 실천한다.

❷ 도전의 가치를 이해하고 도전의 신체 활동을 수행하며 도전 정신을 발휘한다.

❸ 경쟁의 가치를 이해하고 경쟁의 신체 활동을 수행하며 선의의 경쟁을 실천한다.

❹ 표현의 가치를 이해하고 창의적인 신체 표현을 수행하며 심미적 안목을 갖는다.

❺ 신체 활동에서 안전의 중요성을 이해하고 안전하게 신체 활동을 수행하며 안전 의식을 함양한다.

AI 활용 수업 도구 1

- 표현의 가치를 이해하고 창의적인 신체 표현하기
  - 자신의 포즈를 웨인 맥그리거(Wayne McGregor)의 안무와 결합해 표현하기

▲ AI로 신체 표현하기 1
(출처: https://experiments.withgoogle.com/living-archive-wayne-mcgregor)

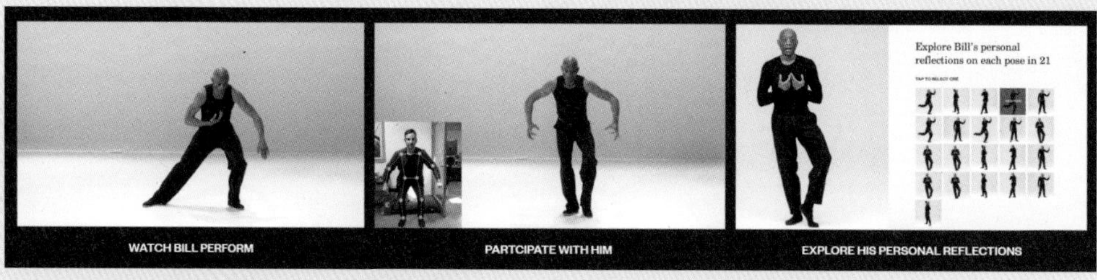

▲ AI로 신체 표현하기 2
(출처: https://www.billtjonesai.com/approaching-21)

AI 활용 수업 도구 2

- 건강의 가치 이해하고 체력을 증진하며 건강 관리를 실천하기
  - AI 동작 인식으로 자신의 포즈를 확인하며 건강 관리하기

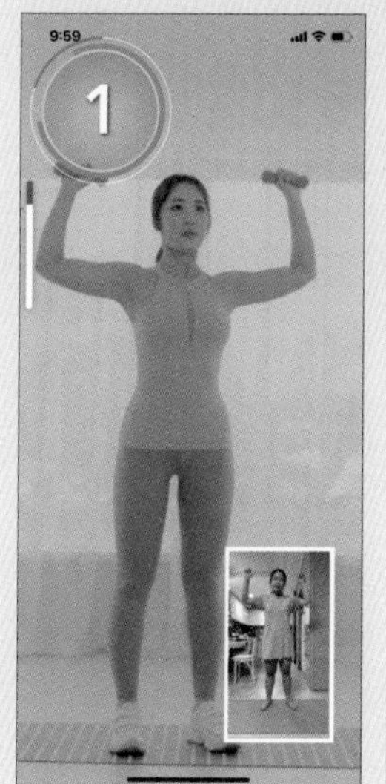

나만을 위한 가장 완벽한 인공지능 홈트레이닝
라이크핏 하나로 나만의 '홈짐' 완성!

라이크핏은 인공지능 기술로 나의 운동 자세를
정확하게 인식하고 코치해 줍니다. 스마트폰만
있으면 별다른 기구 없이, 언제 어디서나
홈트레이닝을 할 수 있어요.

▲ 라이크 핏 앱

6.2.7 미술 교과 AI 활용 교육

미술 교과 목표

[초등학교]

초등학교 미술에서는 미술의 기초 능력을 함양하는 데 중점을 둔다.

1. 자신과 주변 대상에서 미적 특징을 발견하고 소통하며, 미술을 생활과 관련 지을 수 있는 능력을 기른다.
2. 주제를 다양한 방식으로 탐색하고 작품을 자유롭게 제작하는 능력을 기른다.
3. 미술 작품의 특징과 배경을 탐색하고 이해하는 능력을 기른다.
4. 미술 활동에 흥미와 관심을 갖고 자발적으로 참여하는 태도를 기른다.

[중학교]

중학교 미술에서는 미술의 효과적인 활용 능력을 함양하는 데 중점을 둔다.

① 자신과 주변 환경의 관계를 이해하고 시각 문화의 소통 방식을 활용하며 미술과 관련된 직업을 탐색하는 능력을 기른다.

② 주제와 의도에 적합한 표현 과정을 계획하고 점검해 작품을 효과적으로 제작하는 능력을 기른다.

③ 미술의 변천 과정과 맥락을 이해하고 작품의 의미를 해석하는 능력을 기른다.

④ 미술 활동에 주도적으로 참여하고 협력하는 태도를 기른다.

AI 활용 수업 도구 1

- 미술 활동에 흥미와 관심갖기
  - 구글의 퀵드로우, 오토 드로우 등 학생의 흥미를 끌 수 있을 만한 활동해보기

▲ 퀵드로우
(출처: https://quickdraw.withgoogle.com)

AI 활용 수업 도구 2

- 자신과 주변 대상에서 미적 특징 발견하기
  - 익숙한 셀카나 인물 사진을 AI를 활용해 애니메이션화하기

▲ Selfie 2 Waifu
(출처: https://waifu.lofiu.com)

- 자신과 주변 대상에서 미적 특징 발견하기
  - 익숙한 셀카나 인물 사진을 AI를 활용해 애니메이션화하기

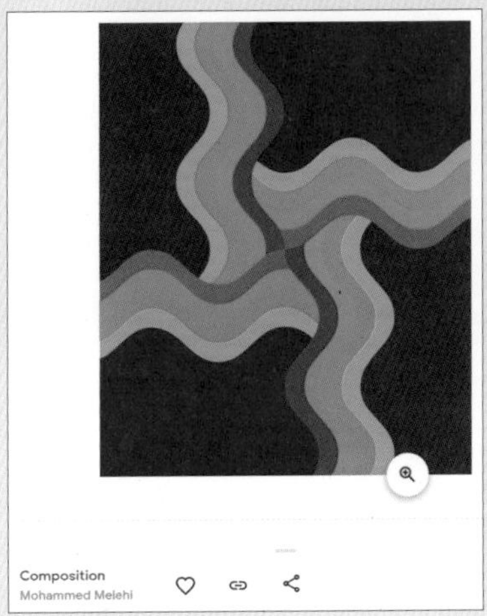

▲ Art Coloring Book
(출처: https://artsandculture.google.com/experiment/art-coloring-book/1QGsh6vSfAQBgQ)

AI 활용 수업 도구 3

- 시각 문화의 소통 방식을 활용해 창의적인 아이디어얻기
  - (아트 팔레트) AI 검색 알고리즘을 이용해 원하는 색깔을 입력하면 그 색깔과 관련된 예술 작품을 매칭해 보여줌(예 고흐의 붓꽃과 모네의 수련 연관성 찾기).

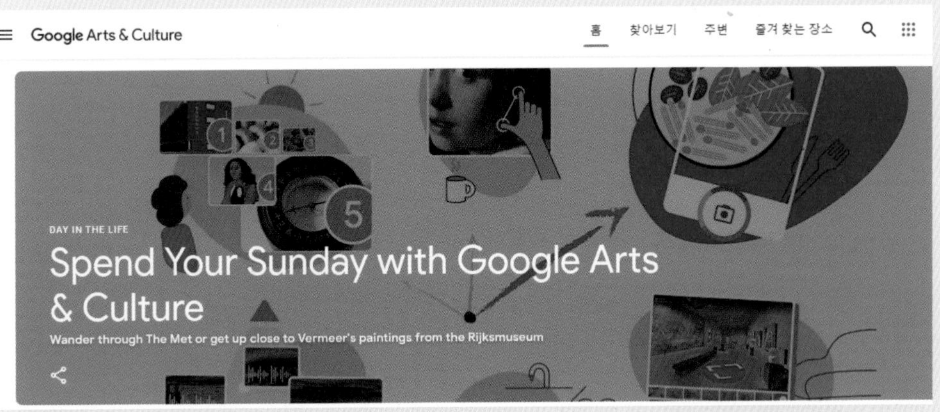

▲ Google Arts & Culture
(출처: https://artsandculture.google.com(앱으로 다운로드해 활용 가능))

– (아트 팔레트) AI 검색 알고리즘을 이용해 원하는 색깔을 입력하면 그 색깔과 관련된 예술 작품을 매칭해 보여줌(예 고흐의 붓꽃과 모네의 수련 연관성 찾기).

▲ 아트 팔레트

• AI, VR을 이용해 대상 및 현상을 간접적으로 지각(AI 활용 미적 경험, 구글 아트앤컬처)

AI 활용 수업 도구 4

• 미술 작품의 특징과 배경을 탐색하고 이해하는 능력을 기른다.
  – GAN 알고리즘을 이용해 미술작품 데이터베이스에서 사용자의 이목구비 특징과 가장 잘 부합하는 그림을 선택해 새로운 그림을 만들어냄(aiportraits.org, 딥드림제너레이터(출처: https://deepdreamgenerator.com).

원본 사진

재작업 사진

6.2.8 실과(기술·가정) 교과 AI 활용 교육

[초등학교 실과]

가. 자신의 발달과 가족 관계에 대한 이해를 바탕으로 긍정적 자아 정체감을 형성하고 배려와 돌봄을 실천함으로써 행복한 삶을 위한 관계 형성 능력과 실천적 문제해결 능력을 기른다.

나. 가정 생활과 관련된 실천적 문제를 이해하고 노작 활동과 체험, 비판적 사고와 반성적 행동을 통해 개인과 가족의 안전하고 건강한 삶을 위한 실천적 문제해결 능력과 생활 자립 능력을 기른다.

다. 공동체와 환경을 고려한 생활 자원의 관리와 미래를 준비하는 생애 설계를 통해 자신의 균형 있고 조화로운 삶을 위한 관계 형성 능력과 생활 자립 능력을 기른다.

라. 기술에 대한 이해를 기초로 기술적 문제를 창의적으로 해결하고 일상생활에 적용할 수 있는 기술적 문제해결 능력과 기술 활용 능력을 기른다.

마. 기술의 발달과 사회의 변화에 적극적으로 대처하고 적응할 수 있는 기술 활용 능력과 기술 시스템 설계 능력을 기른다.

바. 다양한 자원을 활용해 기술적 문제를 이해하고 해결 방안을 탐색하고 개발할 수 있는 기술 시스템 설계 능력과 기술적 문제해결 능력을 기른다.

[중학교 기술·가정]

가. 사랑과 결혼, 부모됨의 선택이 새로운 가족 형성의 기반이 됨을 이해해 가족원 간의 배려와 돌봄을 실천할 수 있는 관계 형성 능력과 실천적 문제해결 능력을 기른다.

나. 한식·한복·한옥의 가치와 타 문화에 대한 이해를 바탕으로 가정 생활 문화를 유지·발달시킬 수 있는 방안을 탐색하고 비판적 사고와 가치 판단을 통해 개인과 가족의 안전하고 건강한 삶을 위한 이성적 행동을 할 수 있는 생활 자립 능력과 실천적 문제해결 능력을 기른다.

다. 가정 생활에 필요한 개인적·사회적 자원을 관리, 활용하는 방법을 탐색하고 노후까지의 생활 설계에 대한 이해와 준비를 통해 삶의 질을 높일 수 있는 관계 형성 능력과 생활 자립 능력을 기른다.

라. 첨단 기술에 대한 이해를 기초로 기술적 문제를 창의적으로 해결하고 일상생활에 적용할 수 있는 기술적 문제해결 능력과 기술 활용 능력을 기른다.

마. 첨단 기술의 발달과 사회의 변화에 적극적으로 대처하고 적응할 수 있는 기술 활용 능력과 기술 시스템 설계 능력을 기른다.

바. 다양한 자원을 활용해 기술적 문제를 이해하고 해결 방안을 탐색하고 개발할 수 있는 기술 시스템 설계 능력과 기술적 문제해결 능력을 기른다.

AI 활용 수업 도구 1

- 개인과 가족의 안전하고 건강한 식생활 실천하기
  - 다이어트 식단 조절 앱 활용하기

▲ 열량 계산하기 두잉랩의 다이어트 카메라 AI

AI 활용 수업 도구 2

- 공동체와 환경을 고려한 생활 자원의 관리 미래를 준비하는 생애 설계하기
  - 빅데이터의 활용으로 스스로 생각하는 농장 사례 살펴보기

▲ 빅데이터 활용 농장
(출처: http://www.nongsaro.go.kr/portal/ps/psv/psvr/psvre/curationDtl.mo?menuId=PS03352&srchCurationNo=1401))

AI 활용 수업 도구 3

• 생활 속 문제를 찾아 아이디어를 구상하고 창의적으로 해결하기

– 홈페이지에 대한 스케치를 손그림으로 그려 업로드하면 HTML 프로토타입으로 변환해줌.

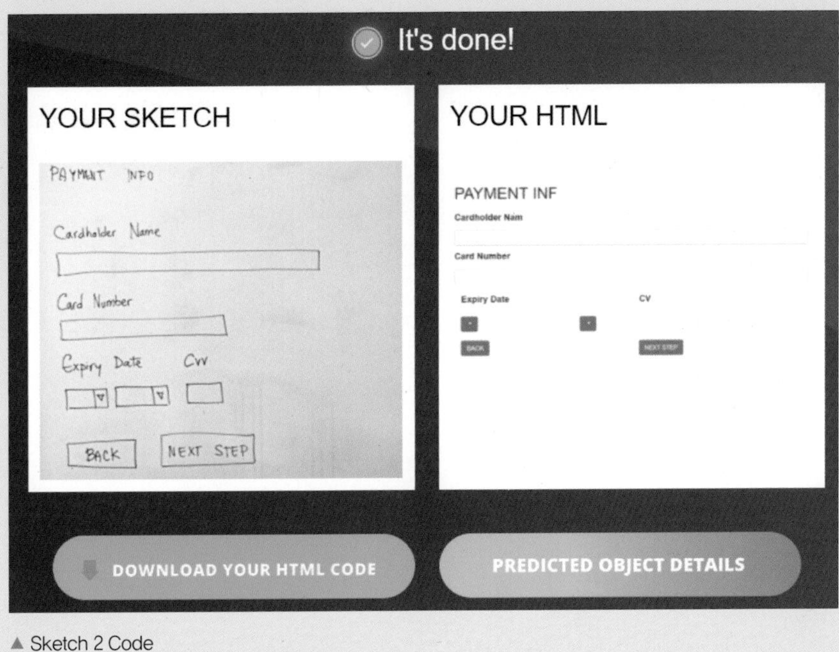

▲ Sketch 2 Code
(출처: https://sketch2code.azurewebsites.net/)

AI 활용 수업 도구 4

기술의 발달과 사회의 변화에 적극적으로 대처하고 적응할 수 있는 기술 활용 능력 기르기

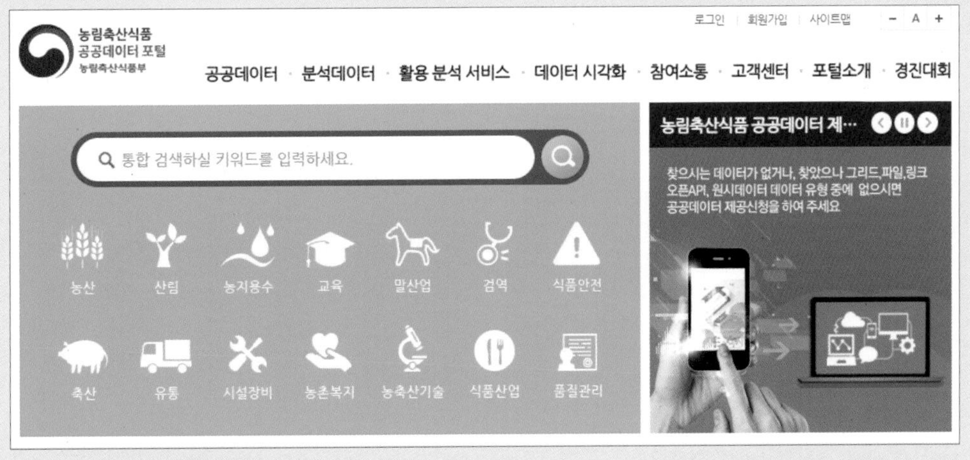

▲ 농림 축산 식품 공공 데이터 포털
(출처: https://data.mafra.go.kr)

6.2.9 영어 교과 AI 활용 교육

[초등학교]

① 영어 학습에 대한 흥미와 자신감을 기른다.

② 자기 주변의 일상생활 주제에 관해 영어로 기초적인 의사소통을 할 수 있다.

③ 영어 학습을 통해 외국의 문화를 이해한다.

[중학교]

① 영어 학습에 대한 흥미와 관심을 갖고 일상적인 영어 사용에 자신감을 가진다.

② 친숙한 일상생활 주제에 관해 영어로 기본적인 의사소통을 할 수 있다.

③ 외국의 문화와 정보를 이해하고 우리 문화를 영어로 간단히 소개할 수 있다.

[고등학교]

① 영어 학습에 대한 지속적인 학습 동기를 갖고 영어 사용 능력을 신장시킨다.

② 친숙한 일반적인 주제에 관해 목적과 상황에 맞게 영어로 의사소통을 할 수 있다.

③ 영어로 된 다양한 정보를 이해하고 진로에 따라 필요한 영어 사용 능력을 기른다.

④ 우리 문화와 외국 문화에 대한 관심과 올바른 이해를 바탕으로 각 문화의 고유성을 존중하는 태도를 기른다.

AI 활용 수업 도구 1

- AI 챗봇으로 의사소통하기(AI 친구 만들기)

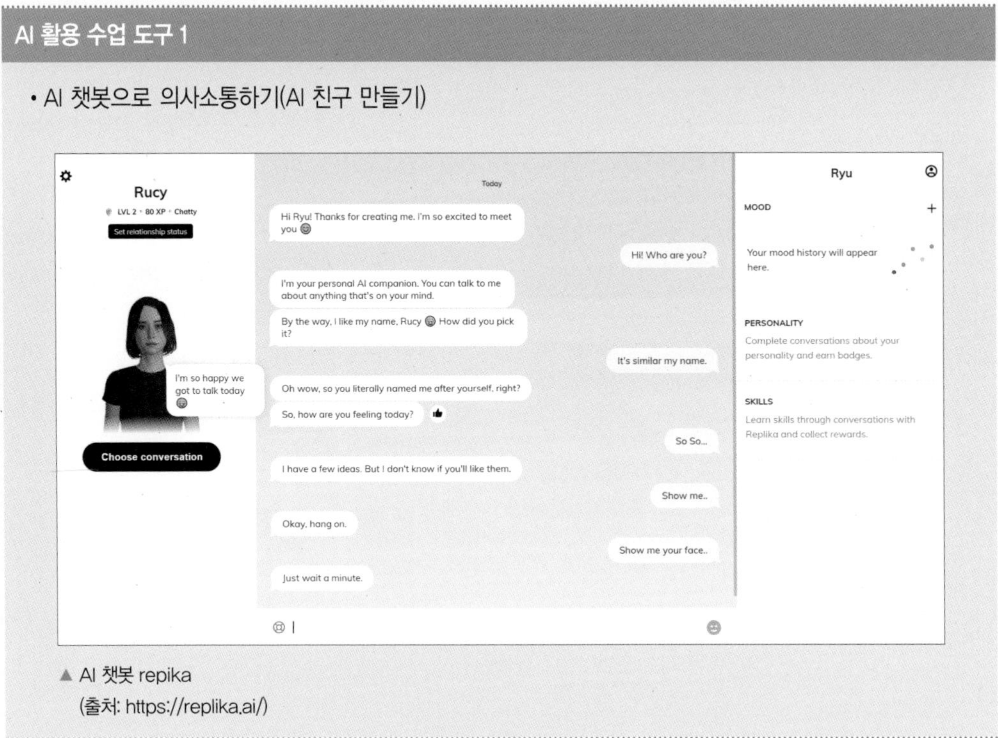

▲ AI 챗봇 repika
(출처: https://replika.ai/)

AI 활용 수업 도구 2

- 목적과 상황에 맞게 영어로 의사소통하기
- AI가 번역한 문학 작품과 사람이 번역한 문학 작품을 비교해 읽어보며 외국의 문화나 세계관 이해하기
  - 구글 번역기 활용하기(텍스트 입력, 음성 입력, 문자 입력 활용)
  - 우리의 문학 작품의 글귀를 번역해 보고 차이점 비교해보기

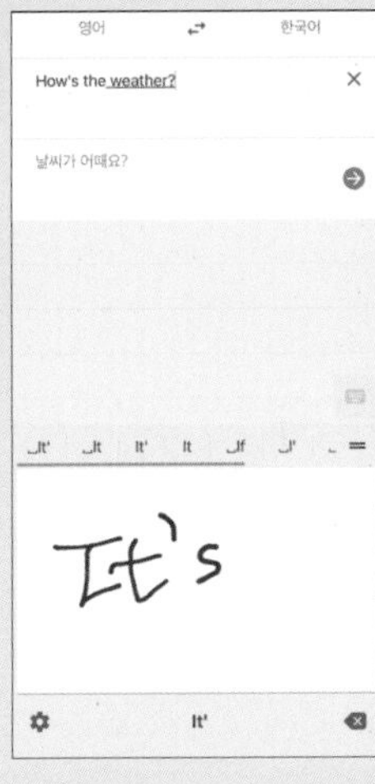

▲ 구글 번역기

- 음성 인식으로 발음 교정(Cake 앱)

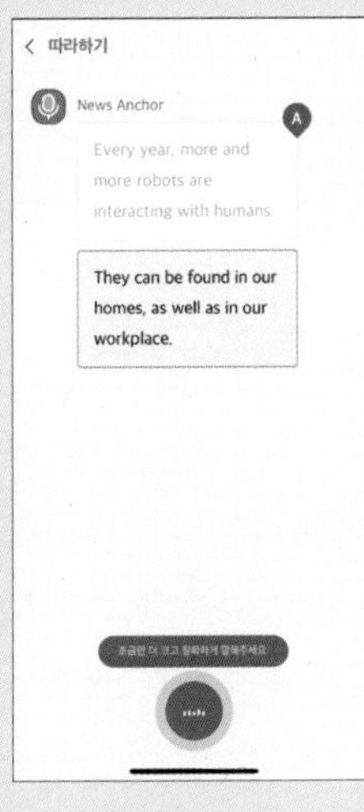

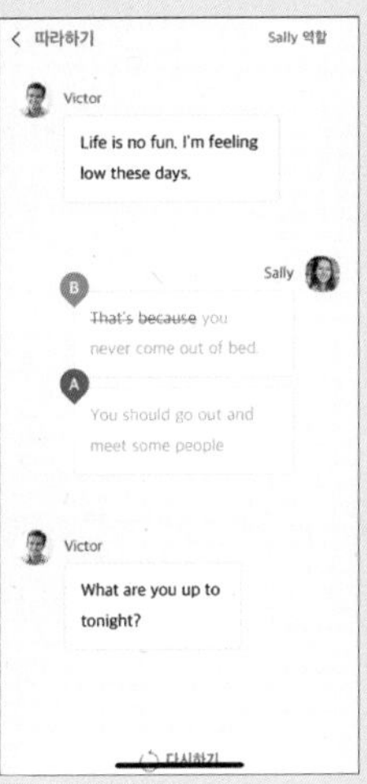

▲ Cake 앱

AI 활용 교육의 진실

AI 교육에 대해 교육 정책자들과 미래 교육자들은 교사들이 교과와 기술의 이해 교육보다는 그 교과의 기술을 제대로 활용하는 능력을 신장시켜주길 바란다. 그래서 AI 교육을 활용 교육으로 정의내리고 현장에 뿌리내리길 바란다. 반은 맞고 반은 고민해야 할 부분이 있다.

- AI를 제대로 활용하기 위해서는 충분한 데이터, AI 기술, 컴퓨팅 파워가 필요하다. 빅데이터만큼이나 빅머니가 필요하다.
- AI를 제대로 활용하기 위해서는 이를 지원하는 강력한 플랫폼이 필요하다. AI 컴퓨팅 시스템과 인프라는 비용이 많이 소요되는 하드웨어이다.
- AI는 돈이 많이 든다. 비용을 들인 만큼 성능이 나온다.
- AI의 이해 없이 활용하기 어렵다.
- AI의 이해를 위한 교육에서는 기본이 되는 AI 인프라와 비용으로 교육이 가능하다.
- 활용 교육이 중요하다고 믿고 교사들에게 많은 요구를 한다.
- 교육자들은 그 의견에 동의하고 열심히 활용하는 데 노력한다.
- 교육자들과 공교육에서의 인식은 AI 활용에 사용되는 도구들은 공익적이고 무료여야 한다고 생각한다.
- AI를 활용해 교과 교육에 적용할 앱이나 시스템은 절대적으로 부족하다. 교사들의 기대치에 맞는 AI 활용 교육 도구는 그리 많지 않다.
- 유료 AI 교육 도구가 학습에 더 효과적이다.
- 무료 AI 활용 교육은 한계가 있다.
- 강력한 AI 알고리즘을 활용하기 위해서는 많은 비용을 지불해야 한다. 초기에 무료로 제공하는 것은 시장의 맛보기 음식과 같다. 제대로 사용하려면 돈을 지불해야 한다.
- 강력한 알고리즘은 거대한 기업이 갖고 있으며 교육과 같이 경제적 이익이 적은 분야에는 야박하다.
- AI 활용 교육은 돈이 많이 드는 교육이다.
- AI 활용 교육을 제대로 하면 그에 맞는 투자를 하고 효과적인 AI 도구와 시스템을 제공해야 한다.
- 활용 교육에서 기대하는 요구만큼의 비용을 지불해야 교육 성과가 나온다.

너무 이상적인 의견이라고 생각하지만, 진실로 현실적인 이야기이다. 교사들의 희생과 노력으로, 역량 투입만으로 학생들과 교육의 미래를 책임지도록 하는 무리한 정책은 이제 삼가도록 하자. 정말 강력한 기술이고 세상을 뒤엎을 혁명적인 주제라면 그만큼의 대가를 치러야 가능하다는 점을 기억해야 한다.

ARTIFICIAL INTELLIGENCE

7. AI 융합 교육

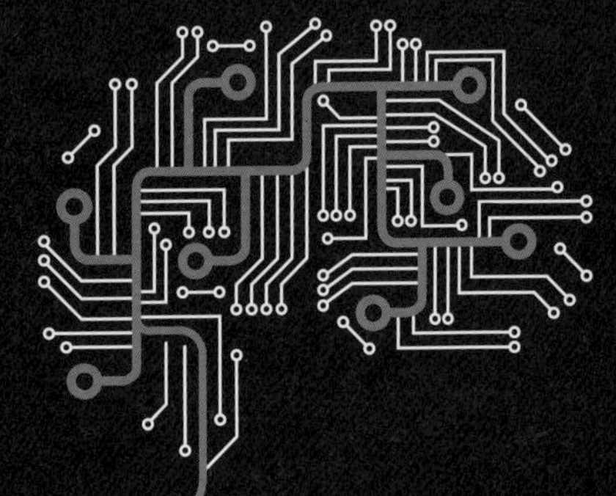

미래 교육의 핵심은 융합이다. 기존 교과들이 갖는 독자성과 전문성의 내용은 일부 가치가 있지만 여러 가지 교과와 학문이 융합됐을 때 비로소 빛을 발한다. 단절되고 분리된 교과를 고집하기보다 인공지능을 통해 통합되고 융합돼 학생들의 미래에 도움이 돼야 한다.

AI 융합 교육은 AI가 하나의 교과와 연계돼 그 수업의 목표가 AI 자체에 대한 이해와 타 교과의 목표 달성을 위한 것이 아니라 그 두 가지 이상의 학문 또는 산업 분야가 AI와 융합돼 주어진 문제를 해결하고 실생활에서 유용한 서비스를 제공하는 목표를 달성하기 위해 이뤄지는 교육이라 할 수 있다. AI 융합 교육의 목표는 문제해결을 위한 새로운 아이디어를 도출하는 것으로 시작되며, 이 과정에서 AI 알고리즘과 기술을 활용하고 실제적인 프로토타입과 함께 서비스 가능한 인터페이스를 제공해 현업에 적용할 수 있는 산출물(프로토타입 제품)까지 개발하는 단계가 이어진다.

따라서 수업은 자연스럽게 프로젝트 수업 또는 문제해결 기반의 수업 모형으로 진행된다. 때에 따라서는 문제의 정의와 요구 분석, 인간 중심의 설계에 집중될 경우 디자인 사고 기반의 수업도 강조된다. 주로 STEAM 교육, 메이커 교육, 해커톤, 캡스톤 디자인 수업의 구체적인 방법들이 적용된다. 구체적인 수업 방법은 수업의 실제에서 다룬다.

AI 융합 교육 모델	활용 예시
AI 소양, AI 융합 모델	• AI에 대한 내용과 교육적 모델: 지능, 기계학습, 지식과 추론, 자연어 처리 등
컴퓨터 과학 AI 융합 모델	• 컴퓨터 과학과 핵심 학문 분야와의 연계: 정보 통신에서의 AI, 보안에서의 AI, HCI와 AI, 양자 컴퓨팅과 AI
타 교과 AI 융합 모델	• AI 소양 교육 + STEAM의 과목 연계를 통한 교육: AI를 위한 수학(통계), 인문학에서의 AI, 예술 교과의 적용, 챗봇으로 영어 학습
전문 분야 AI 융합 모델	• AI 소양 교육 + 융합 기술 분야: 의학과 AI(왓슨과 같은 지식 기반 AI에 집중), 법학과 AI(자연어 처리 등에 집중) • 생명공학과 AI(DNA 정보 처리를 위한 탐색과 기계학습에 집중), 자율주행자동차와 AI(자율주행과 비전에 집중)

교과 융합(STEAM) 교육은 STEM 교육에서 시작해 인문 사회 과학과 예술을 통합시킨 융합 교육의 접근 방식이다. STEAM 교육의 정의는 '과학 기술에 대한 학생들의 흥미와 이해를 높이고 과학 기술 기반의 융합적 사고력과 실생활 문제해결력을 함양하기 위한 교육'으로 정의된다. STEAM은 과학(Science), 기술(Technology), 공학(Engineering), 인문·예술(Arts), 수학(Mathematics)의 머리글자를 따서 만든 용어로, 과학 기술 분야인 STEM에 인문학적 소양과 예술적 감성 등을 고려한 인문·예술(Arts)을 추가해 진행된다.

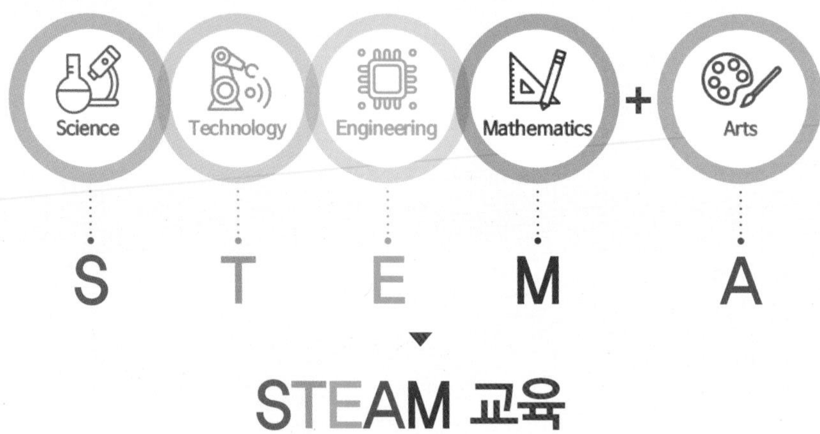

▲ STEAM 교육 요소

STEAM 교육의 교수·학습 준거로 사용되는 학습의 단계는 상황 자세 → 창의적 설계 → 성공의 경험을 포함하는 프로젝트 수업을 중심으로 진행한다.

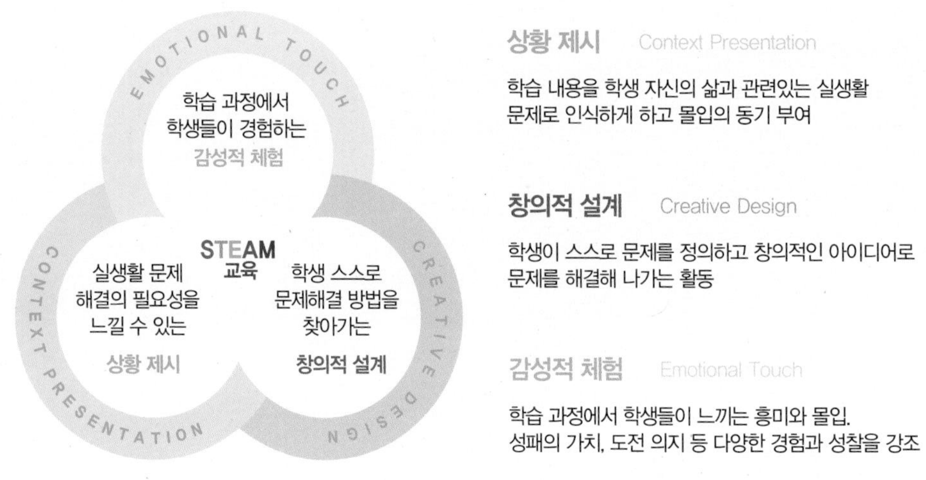

EMOTIONAL TOUCH
학습 과정에서
학생들이 경험하는
감성적 체험
STEAM
교육
CONTEXT PRESENTATION
실생활 문제
해결의 필요성을
느낄 수 있는
상황 제시
CREATIVE DESIGN
학생 스스로
문제해결 방법을
찾아가는
창의적 설계
상황 제시 Context Presentation
학습 내용을 학생 자신의 삶과 관련있는 실생활
문제로 인식하게 하고 몰입의 동기 부여
창의적 설계 Creative Design
학생이 스스로 문제를 정의하고 창의적인 아이디어로
문제를 해결해 나가는 활동
감성적 체험 Emotional Touch
학습 과정에서 학생들이 느끼는 흥미와 몰입.
성패의 가치, 도전 의지 등 다양한 경험과 성찰을 강조

▲ STEAM 교육의 교수·학습 준거

교과 융합 교육은 적시 교육과 문제 기반 교육, 주제 중심, 학습자 활동 중심, 프로젝트 학습을 지향하는 수업 방법이다.

7.1 AI 서비스를 활용한 산업 융합 프로젝트의 절차

교실에서 하는 교과 융합 교육은 전통적인 교과 중심, 지식 중심의 교육 방식에 익숙해져 있는 교육 환경을 탈피해야 하는 과제를 갖고 있다. 교과 중심의 내용과 접근 방법보다는 현업의 산업에서 다루고 있는 실무적인 주제 중심의 실제 학습(Authentic Learning) 관점에서 접근한다면 그 효과와 가치를 학생들이 좀 더 쉽게 발견할 수 있다.

AI 서비스를 활용한 산업 융합 수업 프로젝트의 단계는 4단계로 구성된다.

1단계는 플랫폼을 사용해 해결할 문제와 해결 내용을 목적에 맞게 정의
2단계는 목적에 맞는 데이터를 확보하고 데이터를 수집, 가공
3단계는 지능화 서비스를 구현해 적용(플랫폼의 모듈을 적용)
4단계 지능화 서비스를 활용해 목적에 맞는 출력과 인터페이스, 시각화 구현

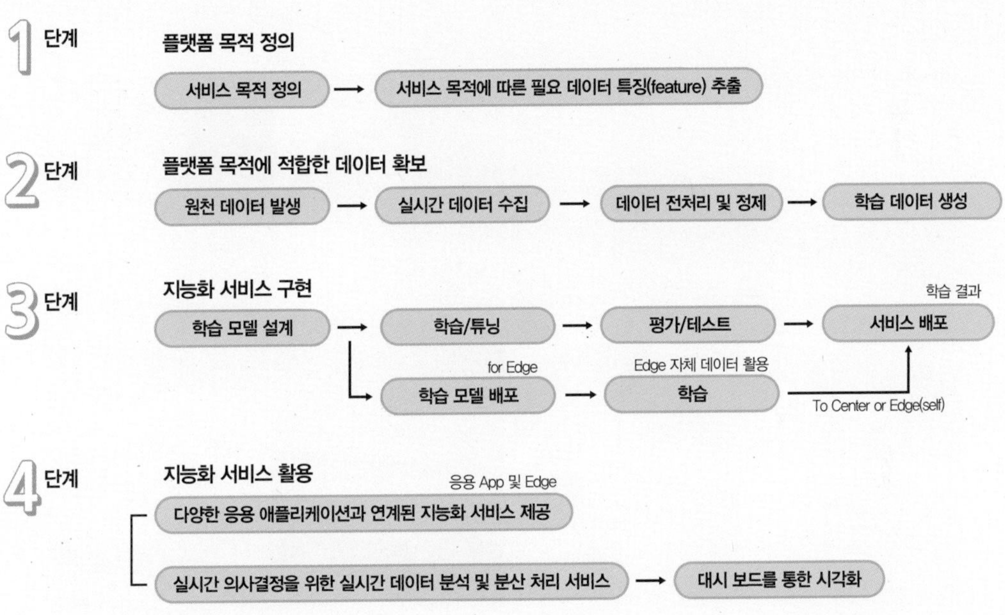

▲ AI 서비스를 활용한 산업 융합 프로젝트 수업 단계

7.2 산업 융합 문제해결 수업 사례: 자동차 운전 지원

다음 AI 융합 교육의 소재는 자동차의 운전자의 상태를 인식해 안전 운전을 지원하기 위한 서비스를 수업의 소재로 삼았다. 다음은 자동차 안전 운전을 지원하기 위한 융합 프로젝트 수업의 단계를 예제로 보여준다.

▼ 얼굴 인식 알고리즘을 현업에 활용해 융합 서비스 제품 개발하기

단계	주요 활동	비고
문제 상황 정의	• 운전자의 상태를 미리 분석해 위험한 상황을 미연에 방지 • 운전자의 상태 확인 방법: 운전 타입, 맥박, 혈압, 표정, 목소리, 체온 등 • 운전자의 표정에서 상태 확인: 카메라 용이, 초상권 개인정보 활용 가능, 실시간 자료 확보	문제 상황 문제 정의 해결 방안
데이터 처리	• 주요 데이터: 얼굴 표정 이미지, 동영상 • 자료 수집: IoT, 이전 다른 사용자 운전 표정, 카메라로 바로 수집 • 자료 가공: 사용자 얼굴 캡처, 마스크 제거, 주변 잡음 제거, 자료의 크기 축소	오픈 API 공공 데이터 활용
인공지능 기술 적용	• 기계학습 활용 • 영상, 이미지 인식: 입력된 이미지와 영상 자료를 학습과 테스트 데이터로 활용 • 딥러닝 CNN: 이미지 인식 알고리즘으로 운전자의 상태 확인 → 화남, 졸림, 슬픔, 기쁨, 딴짓, 몽상, 잠, 시선 차단 등	인공지능 플랫폼 활용
활용 서비스	• 시선 집중 경고음, 졸음 방지, 몽상 방해 등 • 시각화 및 경고음 • 사용자 인터페이스 • 다른 기능과 연계: 차선 제어, 자동 정지, 휴식 기능 제공	프로토타입 개발

▲ 융합 프로젝트 예시

IT를 바탕으로 SW와 AI가 융합 기술의 근간이 되면서 여러 산업 및 학문 분야에서 AI를 융합하는 사례가 늘고 있다.

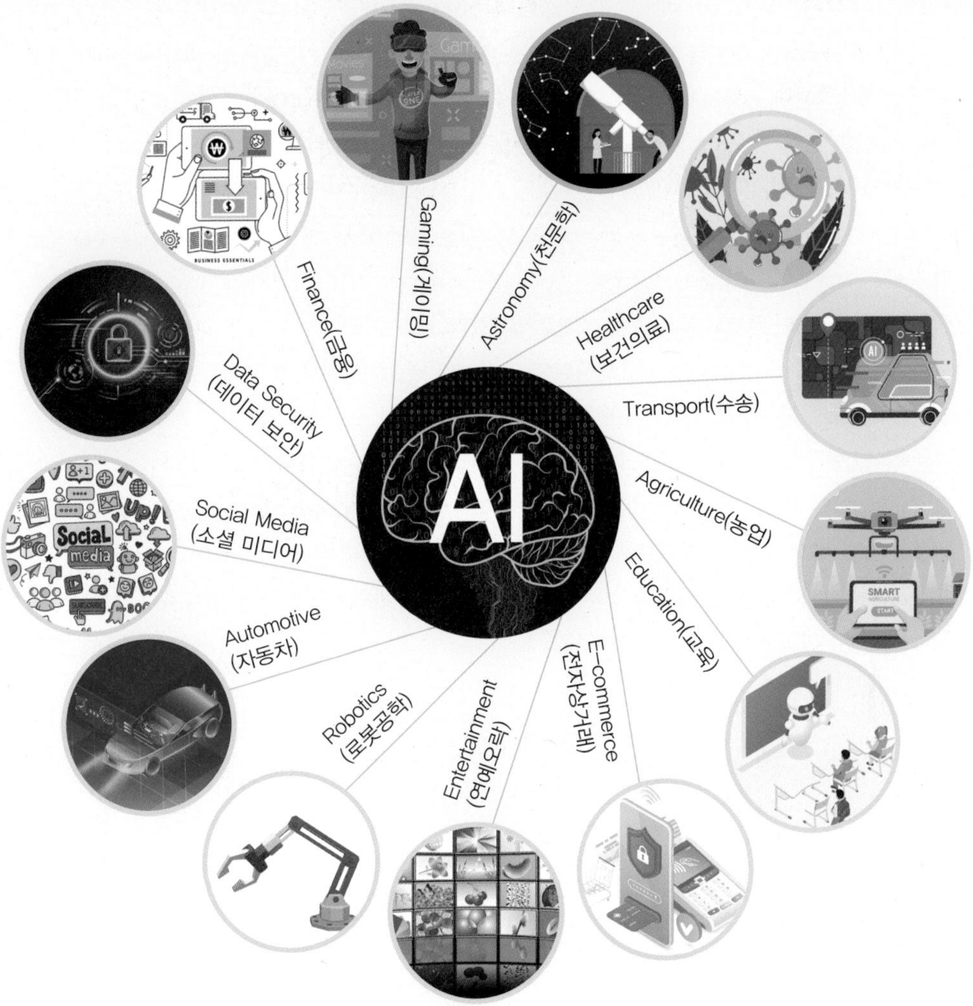

AI
Finance(금융)
Gaming(게이밍)
Astronomy(천문학)
Healthcare
(보건의료)
Transport(수송)
Agriculture(농업)
Education(교육)
E-commerce
(전자상거래)
Entertainment
(연예오락)
Robotics
(로봇공학)
Automotive
(자동차)
Social Media
(소셜 미디어)
Data Security
(데이터 보안)

▲ 다양한 분야에서의 AI 융합
(출처: https://www.javatpoint.com/application-of-ai)

타 교과와 IT(정보, AI)

기존 다른 교과들은 그 학문 자체에 집중해 교과로서의 정체성을 갖고 초·중등 교육에 안착했는데, IT와 AI는 왜 자체 학문에 집중하지 못하고 타 학문과의 활용과 융합에 연결 지어 논의되는 것일까? 기존 교과는 학교 교과로 이미 자리잡았고, IT와 AI는 신생 학문으로서 입지가 부족하기 때문에,그리고 IT와 AI가 근본적으로 융합 학문이기 때문에 한편으로는 교육 정책, 교육 시스템의 문제로 인해 그 중요성은 합의하나 독립 교과로서의 시도에는 여러 가지 장애를 갖는 등의 여러 가지 요인으로 생각해볼 수도 있겠다.

하지만 가장 큰 요인은 IT와 AI는 도구 교과로서의 성격이 타 교과에 비해 훨씬 크기 때문이라고 할 수 있다. 인간이 사용하는 언어는 사고의 바탕이 됐고, 문제를 해결하는 데 가장 강력한 도구이다. 그래서 자연어를 바탕으로 한 모국어, 기호와 수로 추상화한 인공어인 수학, 프로그램 언어인 기계어를 사용하는 정보는 타 학문의 응용단에 위치하고 그 범용적 활용 가치로서 타 교과의 도구 역할을 한다. 그러므로 이들 IT, AI 교과와 타 교과가 융합되는 것은 매우 자연스럽다. 또한 이들 3개의 교과는 언어라는 추상화된 성격으로 인해 사고력을 길러내는 주지 교과로서의 역할도 충분히 해내고 있다.

도구 교과, 주지 교과로서 모든 것을 아우를 수 있는 이러한 교과의 특징은 초·중등 교육에서 반드시 배워야 하는 이유가 되기도 한다.

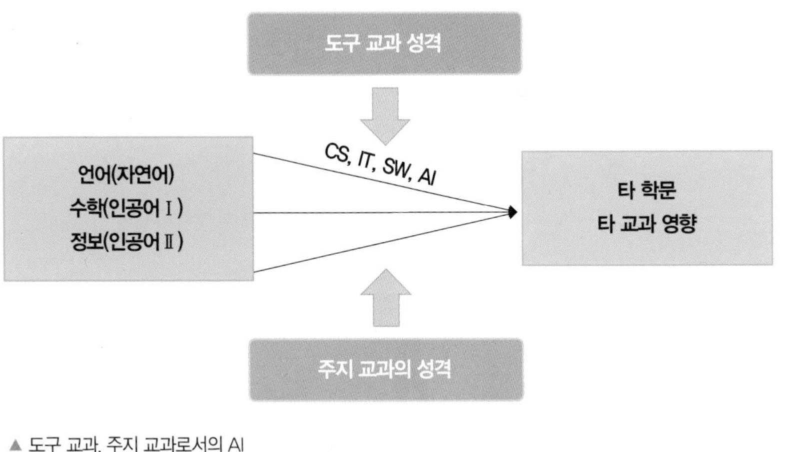

▲ 도구 교과, 주지 교과로서의 AI

ARTIFICIAL INTELLIGENCE

8. AI 기반 교육(온라인 교육 시스템, 에듀테크)

기술을 통해 교사의 업무와 능력을 대체하려는 시도는 오래전부터 있어왔다. 원격 교육, 컴퓨터 기반 교육, 웹 기반 교육, 이러닝 기술 등이 적용됐지만 교사들의 능력이 더 필요했다. 인공지능의 등장으로 맞춤형 교육, 지능형 교수 시스템이 교사의 역할을 대체하는 기대가 높지만 결국 실패할 것이다. 첨단 기술과 교사의 협업이 정답이다.

AI 기반 교육은 AI 기반 지원 시스템(AI 보조 시스템, 지능형 튜터링 시스템, AI 플랫폼 등을 모두 포함)을 활용해 교수자, 학습자, 교육 관리자들을 지원해주는 교육의 형태이다. AI가 교수자를 지원해주는 형태는 교사가 AI와 협력해 학습자의 학습 활동에 대한 데이터를 분석해 제공하고 교수 설계, 교수 및 학습 코칭, 학습 활동 관리, 평가, 과제 관리, 학습 관리에 대한 도움을 제공하는 것이다. AI는 협력 교수자로 교사의 수업 내용이나 방법의 개선을 지원하고, 학생에게는 개별 과외의 형태로 각 교과별 학습의 개인차를 줄여준다. 또한 타 교과의 수업에 AI 기반 소프트웨어 활용해 번역, 검색, 이미지 인식, 문서 인식 도구의 형태로 활용할 수 있다.

AI 교수·학습 시스템을 교과 교육이나 융합 교육 또는 학교 업무 등에 활용함으로써 교사는 교수·학습에 효율을 높이고 학급 및 학생을 효과적으로 관리하며 업무의 부담 또한 줄일 수 있다. 예로 AI 기반 학생 관리 시스템은 학생의 입학 데이터, 핵심역량 진단, 학습 성향 검사, 학습 콘텐츠 적합도 분석, 진로 검사, 심리 검사, 학업 성적, 학습 행동 데이터, 학생 생활 데이터 등을 기반으로 학생을 관리하는 것이다.

▲ 교수자와의 협업을 통한 지원
(출처: 인공지능 기반 교육 가이드북)

교과의 토론 수업에 AI를 활용한 예로 카네기멜런대학교 브루스 맥라렌 교수가 개발한 '아규넛(ARGUNAUT)' AI 토론 학습 툴을 들 수 있다. 이 툴은 학생들이 그룹 토론을 할 때 각 발언을 추적해 논의되는 주제와 학생 사이의 상호작용 구조를 파악한다. 학생들의 발언 횟수, 대화 상대 등의 단순 빈도수 체크와 유의미한 발언, 주제와의 관련성을 분석해 비판적 사고와 논법을 가르치는 데 사용한다.

Classroom Orchestration: AI 활용 학습이 교수·학습에 미치는 영향

브루스 교수는 4차 산업혁명으로 교사의 역할이 지식 전달자에서 조력자로서의 역할로 바뀌게 되므로 'Teacher Orchestrating Tools'가 필요하다고 주장했다.

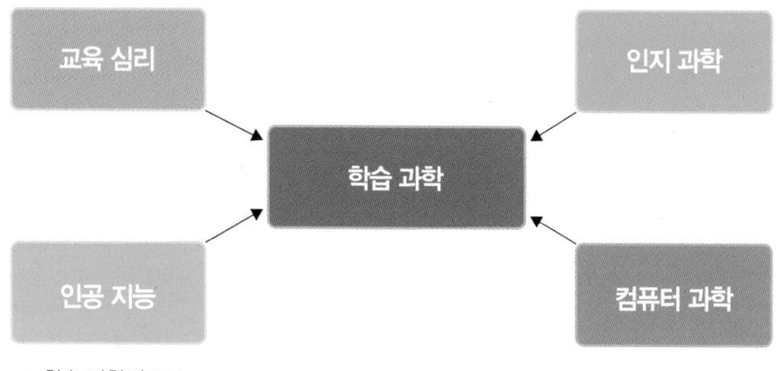

▲ 학습 과학의 요소

브루스 교수는 4차 산업혁명이 교육 환경을 바꾸고 있는 선진 기술로 협업적 학습 기술, 교육용 게임, 지능형 튜터링 시스템, 교사를 지원하는 기술 네 가지로 꼽는다. 또 교육 심리, 인지 과학, 컴퓨터 과학, AI를 교육을 이끌어줄 길잡이라고 했다.

그가 개발한 e-Discussions 도구인 '아규넛(ARGUNAUT)'에는 학습자 모드와 교수자 모드가 있다. 학습자 모드는 학생들에게 토론 진행 과정에 대해 시각화 자료를 제공하고 교수자 모드에서는 토론 현황, 그룹 간의 관계, 사용자의 참여율을 보여주며 머신러닝을 활용해 학습자의 관심사에 대한 알림까지 제공하고 있다.

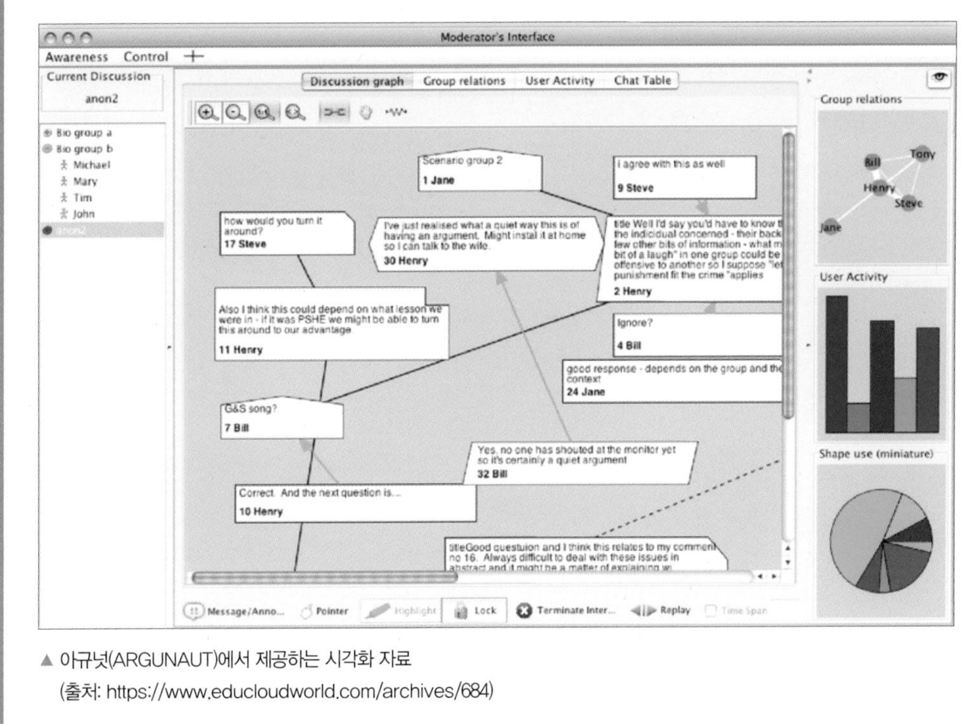

▲ 아규넛(ARGUNAUT)에서 제공하는 시각화 자료
(출처: https://www.educloudworld.com/archives/684)

교사의 업무를 도와주는 AI로는 IBM에서 개발한 '티처 어드바이저'를 들 수 있다. 수업 계획 작성 및 수업 전략 작성을 지원해준다.

▲ 티처 어드바이저
(출처: https://teacheradvisor.org)

AI가 학습자를 지원해주는 형태는 AI가 학습자의 성격, 학습에서의 특성(인지 능력, 학습 동기, 학습 수준 등)을 파악해 각 개인에 맞는 학습 환경을 지원해주는 것이다. AI의 학습자 지원은 개별 맞춤 교육의 형태이므로 각 학습자에 맞는 자료를 투입함으로써 학습의 형태를 다양하게 구성해 동기를 유발하고 부족한 영역에 유사한 유형의 문제 제시를 제시하는 것과 같은 방법으로 학습자의 개인차를 줄여주는 장점을 지니고 있다. 또한 학습자의 학습에 필요한 자료를 분석 결과 및 시각화된 형태로 제공함으로써 학습자가 자료를 찾고 분석하는 과정을 줄여 의사결정이나 창의적 사고, 문제해결력을 신장시키는 데 집중할 수 있도록 도와준다.

▲ 학습자와의 협업을 통한 지원
(출처: 인공지능 기반 교육 가이드북)

AI 학습 시스템으로는 대표적인 AI 수학 교육 플랫폼 개발사 '노리(KnowRe)'를 들 수 있다. 노리는 학생이 단계별로 문제를 푸는 과정에서 생성되는 모든 학습 데이터를 습득한 후 머신러닝 기술을 통해 개인화된 커리큘럼을 추천해준다. 학생들이 문제를 풀 때마다 AI 알고리즘으로 수학 학습의 취약 부분을 분석한 후 그에 맞는 문제를 제시해 부진한 부분을 채워주는 개별화된 학습을 제공한다. 교사는 학생의 학습 과정을 모니터링하고 코칭한다. 노리는 뉴욕시 교육청이 주최한 교육 앱 대회인 '갭앱챌린지'에서 1등을 수상했으며 패스트컴퍼니가 선정한 '세계에서 가장 혁신적인 교육회사 Top10'에 선정되기도 했다.

▲ AI 수학 교육 플랫폼 '노리' 학습 과정

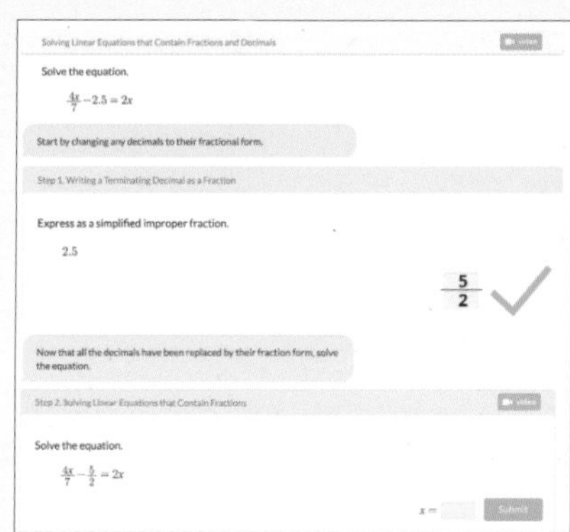

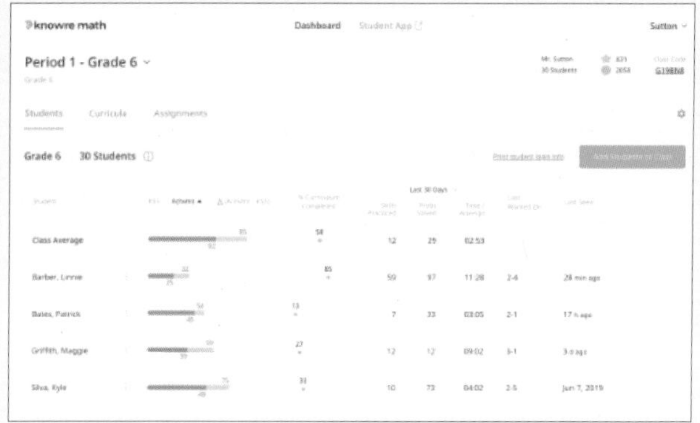

▲ 노리의 개별화 학습 과정과 학습 데이터
(출처: https://www.knowre.com/knowre-math)

AI를 활용한 영어 교육 플랫폼으로는 '산타토익'을 들 수 있다. 독해 영역과 듣기 영역으로 나뉘어 있고, 6~11개의 진단 문제만 풀면 토익 점수를 예측해준다. 이 역시 취약한 부분을 파악해 점수를 올릴 수 있도록 커리큘럼을 짜준다.

AI가 교육 업무 관리자의 업무를 지원해주는 형태는 교수·학습 활동 이외의 업무(생활 지도, 행사 추진, 통계 자료, 재정, 시설 관리 등)를 지원해줌으로써 업무의 경감뿐 아니라 자동화, 효율화를 이룰 수 있도록 해준다.

또한 위기 학생을 진단해 조기 예방 시스템을 구축하는 데도 활용하는데, 영상, 음성, 상담 기록 등의 데이터를 분석해 학생의 우울증, 자살 등을 예방할 수 있도록 해준다. 미국에서는 자살 예방 진단 시스템인 '고가디언 비콘(GoGuardian Beacon)'을 활용하고 있는데, 인터넷 필터링 소프트웨어를 학교 컴퓨터에 설치해 학생들이 인터넷에 검색하는 상황을 모니터링해 자살 징후를 조기에 발견한다고 한다. 2019년 KERIS는 빅데이터를 통해 학업 중단 위기 학생을 조기 진단하는 시스템을 연구해, 학업 성취도·출결·체험 활동 참여도가 위기 상태인 경우 실제 학업을 중단하고 자퇴할 가능성이 높은 만큼 미리 예측해 진단하는 방안을 제시하기도 했다. 실제 미국에서는 위기 학생 진단 시스템(EWS, Early Warning System)을 활용해 지역과 학교가 학업 중단 가능성이 높은 학생을 분별해 지도하고 있다.

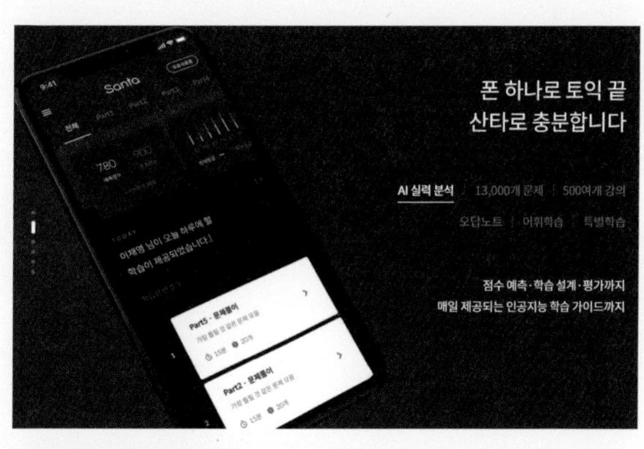

▲ 인공지능 활용 교수·학습 사례
(출처: https://santatoeic.com/intro)

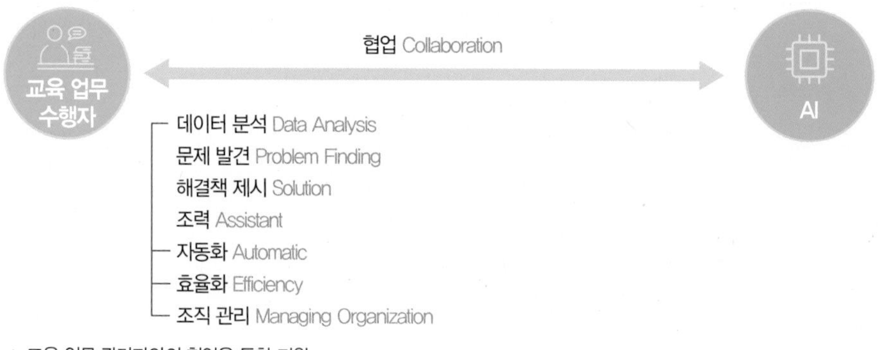

▲ 교육 업무 관리자와의 협업을 통한 지원
(출처: 인공지능 기반 교육 가이드북)

AI를 교수·학습 과정 적용한 교육 모델은 AI가 관여하는 방법에 따라 12가지 모델로 설명할 수 있다(부산교육청, 2020).

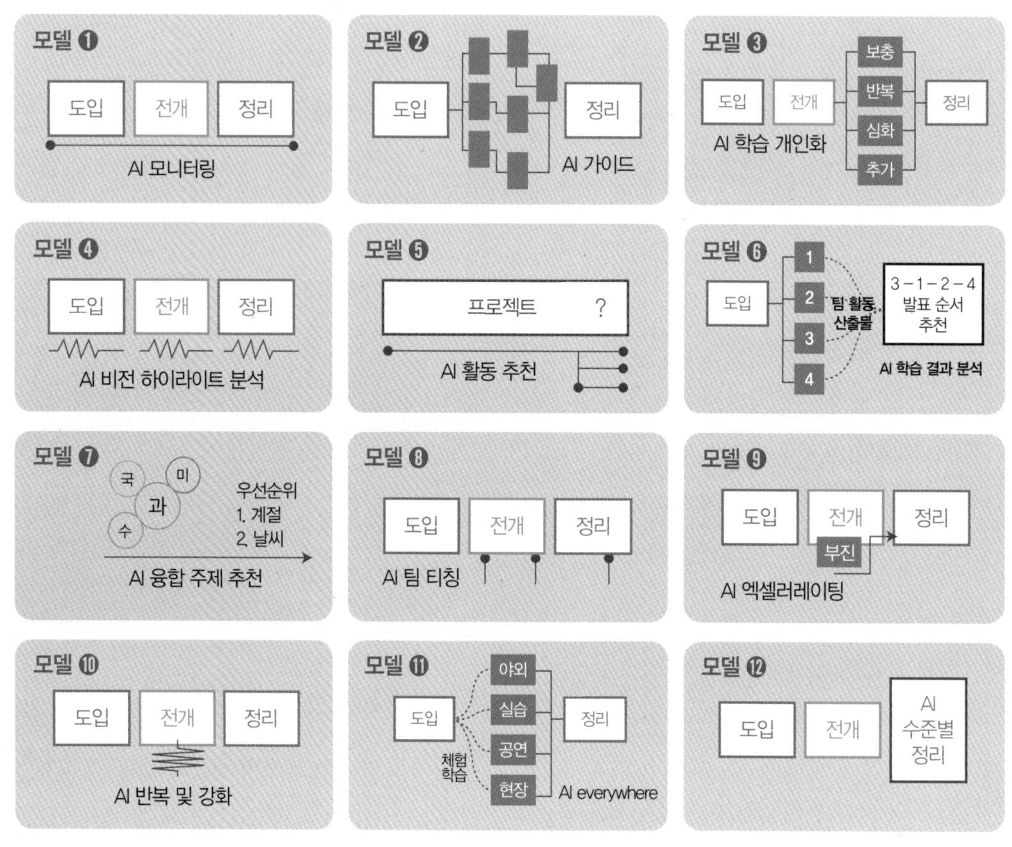

▲ AI 기반 교육 모델(부산교육청 발표 자료)

전통적인 지능형 교수 시스템(ITS, Intelligent Tutoring System)

보다 실용적인 측면에서 교육에서의 AI를 활용해 교수·학습에 적용하기 위한 시도가 CAI, CBT, WBI, WBT, e-Learning, s-Learning, 지능형 교수 시스템으로 발전해왔다. 이제 AI 기술과 접목된 튜터링 시스템이 EDUTech 기술과 만나면서 학습자 개인형, 맞춤형 수업으로 발전하고 있다.

인공지능에 의한 교육
Education by AI

인공지능에 의한 교육은 교사와 같은 기능의 튜터링 시스템을 만들어 AI 시스템의 교육 환경을 구축해 학생들의 교육을 도울 수 있다.

교육에서 교사를 대체해 기계(인공지능)가 학생들을 가르치겠다는 발상은 컴퓨터 등장 이전부터 논의된 내용이지만 이것이 실현되기에는 강인공지능 이후에서나 가능할 법한 일이다. 하지만 기계 교사와 인간 교사가 협업해 학생들을 보다 효율적으로 가르치는 아이디어와 실천 내용에 관해서는 이미 원격 교육의 범위에서 항상 논의됐던 내용이다.
인공지능의 강력한 기능을 교육에 적용하기 위해 AI의 내용을 배우거나 활용에서 벗어나 그 기술 자체를 교사의 인지적, 심동적 내용을 구현해 학습에 적용하려는 시도는 계속될 것이다.

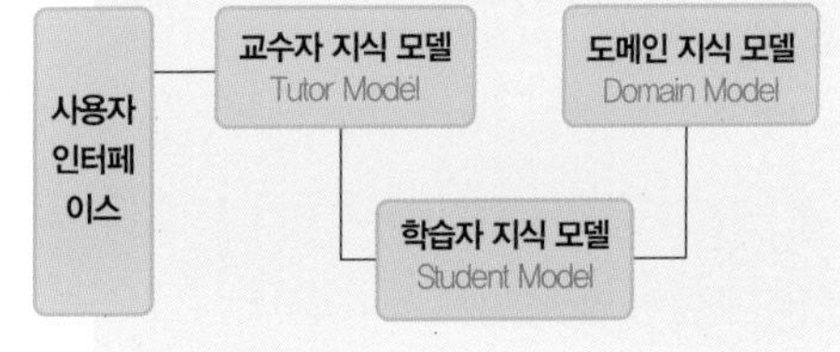

▲ 전통적인 지능형 교수 시스템

8.1 AI와 에듀테크의 만남

기존 교실 수업에서의 교수·학습 방법이 교사 중심에서 학습자 중심으로 변화하고 정보 통신 기술과 디지털 콘텐츠 기술이 접목되면서 온라인 학습이 발전하고 있다. 여기에 인공지능 기술이 더해지며 기술을 기반으로 하는 교육 시스템, 즉 에듀테크(EduTech)가 전 세계 교육 환경과 교육 시장을 송두리째 바꾸고 있다. 인공지능이 연계된 교육 시스템의 특징은 학습의 선행 경험과 지식을 인공지능이 판단해 그에 맞는 학습 콘텐츠와 학습 코스를 적응형으로 제공할 수 있다. 또한 학습의 과정을 추적하고 학습자가 학습한 내용과 어려워하는 부분을 정밀하게 분석해 학습자의 성취 수준과 보충 학습을 제공한다. 인공지능 시스템은 여러 학습자를 동시에 동일한 내용과 똑같은 수준으로 가르치던 교실 수업과 달리, 학습자 개개인의 특성과 수준에 맞게 개별 학습을 제공함으로써 학습 편차와 시간의 불균형을 해결한다. 또한 강의법을 중심으로 하는 수업의 전개

방식이 다양하게 변화되면서 정형적인 수업에서 벗어나 비정형 학습과 체험을 학습자에게 제공한다. 이러한 교육의 발전 과정을 간단하게 살펴보면 다음과 같다.

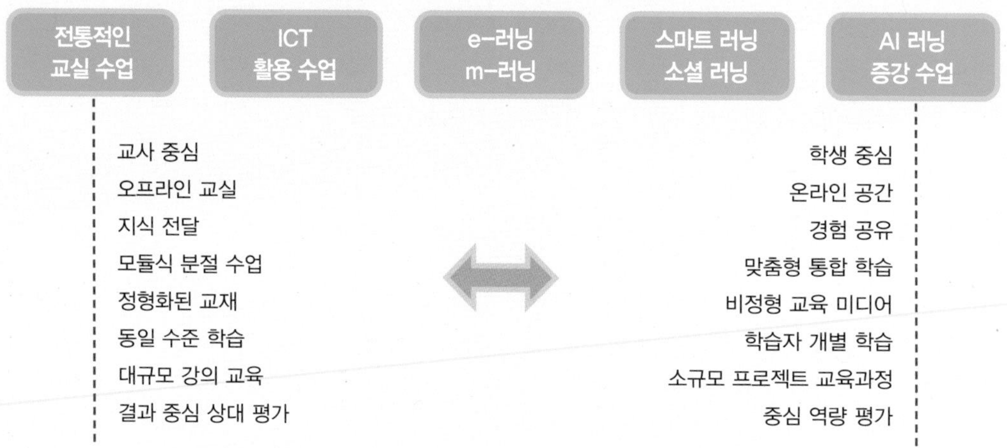

인공지능이 결합된 교육 서비스의 예시는 다음과 같다.

- **교육 전문가(멘토)와의 자문:** 학습, 진로, 전문적 분야 특강 등
- **학습자 지원:** 수준 맞춤형 콘텐츠 및 평가 제공 등
- **교사의 업무 지원:** 학습자 관리, 학습 콘텐츠 관리, 평가 관리 등
- **온라인 MOOC를 활용한 맞춤형 학습 제공** 등
- **교육용 챗봇과의 대화:** 진로 진학, 생활 지도, 수업 질문, 교우 관계 상담 등
- **실감형 콘텐츠 제공:** 가상현실, 증강현실, 혼합 현실 교육 콘텐츠등
- **학습자의 학습 데이터 분석:** 학습 추적, 진단 평가, 형성 평가, 학습자 지원
- **학습 보조 시스템:** 학생들의 소통 지원, 학생 상태 진단, 스케줄 관리 등

8.2 교육에서의 AI 활용 영역

교육에서 AI를 활용하려는 시도는 급속도로 증가하고 있고, 특히 해외의 교육 현장에서는 그 활용 영역이 확대되고 있다.

Third Space Learning 수학 AI 교사

'Third Space Learning'은 2012년부터 영국의 1,200여 개 초등학교에 AI를 조합한 서비스를 제공한다. 원격 환경에서 인간 교사가 학생들에게 수학을 가르치는데, 학생들이 학습 결손이나 이해하지 못하는 부분을 분석해 인간 교사를 도와준다. 수학 학습에서 인간 교사와 'AI 교사'가 협업해 학생의 학습 진도를 실시간으로 모니터링해 최적화된 학습 서비스를 제공한다.

'AI 교사'는 이전에 약 10만 시간의 온라인 수업의 기록을 로그 데이터로 수집해 기계학습시킴으로써 수업의 학습 효과가 좋은 긍정 패턴을 찾아내고 학습 방법을 최적화시키는 지능형 모듈을 개발했다.

Carnegie Learning MATHia 사례

중·고등 학생을 위한 수학 교육과정인 'Carnegie Learning'은 그에 맞는 수학 수업 교재나 AI 앱을 제공하고 있다. Carnegie Learning이 제공하는 'AI 교사'는 'MATHia'다. MATHia는 학생이 수학 학습에서 부족한 부분을 이해할 수 있도록 개별 학생들에게 맞춰 지도한다. 학생의 학습 진도나 이해도 분석 결과는 학생과 교사가 파악하고 일반 수학 수업에 적용해 인간 교사와 AI 교사가 협업한다.

AI를 교육에 활용하는 방법은 여러 가지가 있는데, Online Universities에 소개된 글을 요약하면 다음과 같다.

❶ AI가 채점과 같은 기본적인 교육 활동을 자동화할 수 있다.

❷ 교육 소프트웨어를 사용할 때 학생의 수준에 맞게 진도를 나가고 교육과정 자체를 맞춤형으로 진행해갈 수 있다.

❸ 교사가 한 학기의 수업을 진행하는 과정에서 많은 학생이 잘 이해하지 못하는 부분을 AI가 발견해 해당 단원에 대한 보충 수업이 필요하다는 것을 알려줄 수 있다.

❹ AI 과외 교사를 활용해 교실 밖에서도 언제든지 도움을 받을 수 있다.

❺ AI 주도 수업을 하게 되면, 교사와 학생이 즉각적인 피드백을 받을 수 있다.

❻ AI를 활용하면 마치 구글 또는 아마존의 검색 기능을 활용하는 것과 같이 학생 또는 교사가 필요한 학습 정보를 탐색하는 행위 자체가 크게 변화할 것이다.

❼ AI가 교육에 도입되면 교사의 역할 또한 변하게 될 것인데, 대부분의 교육 행위를 AI가 담당하고 교사는 AI의 보조 교사가 돼 인간적인 상호작용이 필요한 학생과의 소통에 집중하게 될 것이다.

❽ 방대한 데이터를 바탕으로 학생들이 다음 단계의 학교와 학과를 찾는 데 도움을 줄 수 있을 것이다.

❾ 교사가 한 학기 수업의 강의 계획서를 작성한 후 필요한 교육 자료를 검색하기 위해 강의 계획서를 AI 소프트웨어에 입력하면 AI가 최적의 교과서와 교육 자료를 검색해줌으로써 강의 계획서 작성을 도와줄 수 있다.

이러한 AI 기술을 실제 교육 현장에 활용하기 위해서는 성취해야 할 당면 과제가 있다. 매사추세츠-애머스트대학교(University of Massachusetts Amherst)의 컴퓨터공학과 교수인 베벌리 울프(Beverly Park Woolf)는 2013년 동료들과 발표한 논문을 통해 교육 분야의 AI 연구에 있어 다섯 가지 해결 과제를 다음과 같이 제시했다.

❶ **모든 학습자를 위한 조언자(Mentors for Every Learner):** 언제 어디서나 모든 학생에게 도움을 줄 수 있는 AI 과외 교사를 만들기 위한 사용자 모델링, 사회적 시뮬레이션, 지식 재현 기술 등의 통합

❷ **21세기 기술의 학습(Learning 21st Century Skills):** 21세기에 필요한 기술인 자기 주도력, 자가 평가 능력, 팀워크 등을 개발할 수 있도록 AI 교육을 활용

❸ **학습 지원을 위한 상호작용 데이터(Interaction Data to Support Learning):** 교육 현장에서 벌어지는 학습을 둘러싼 개인 간 상호작용, 사회적 맥락, 학습 맥락, 개인의 흥미에 대한 분석

❹ **세계 교실에 대한 보편적 접근성(Universal Access to Global Classrooms):** 전 세계 학생이 언제 어디서나 접속해 수업에 참여하는 세계 교실의 실현

❺ **평생 학습(Lifelong and Lifewide Learning):** AI를 활용해 교실 밖과 학교 밖에서도 학습을 이어갈 수 있게 하는 평생 학습 실현

(출처: 한국교육개발원, 2016 해외교육동향 기획기사(상))

위 내용은 한선관(2020), '가명 정보를 활용한 교육 분야 데이터 활용 가능 사례, 데이터 3법 통과에 따른 교육 분야 영향 및 대응 방안(KERIS 이슈 리포트 RM 2020-XX)', pp. 21~34에서 발췌한 내용이다.

교육 시스템의 변화는 다음과 같은 네 가지 요인에 따라 설명할 수 있으며, 이러한 시스템의 변화는 다섯 가지 교육 기술을 활성화하고 있다.

교육 + 디지털기술 + 데이터 + AI

❶ 교육의 발전: 에듀테크 활성화
❷ E-Learning 콘텐츠
❸ VR, AR, MR 등의 실감화 콘텐츠 확대
❹ MOOc 시스템의 활성화
❺ AI-Education의 등장

교육에서 산출된 데이터를 활용해 AI 활용 교육의 접목이 시작되고 있다.

교육 영역에서 빅데이터를 이용해 AI로 분석이 시도될 수 있게 된 계기는 미국의 '낙오 학생 방지법(NCLB, No Child Left Behind)'의 도입으로 모든 학생이 표준화 시험을 치르게 됨에 따라 막대한 자료가 축적돼 산업에서 교육으로 관심과 활용이 확산됐다. 그리고 대중을 상대로 한 공개 온라인 강의인 무크 시스템(MOOC, Massively Open Online Courses)의 확대와 다양한 온라인 학습 시스템의 확대로 교육 관련 데이터가 대용량으로 수집돼왔다.

8.2.1 대학교의 활용 사례

애리조나주립대학은 학생들의 스마트 기기를 활용해 적응 학습과 거꾸로 학습 방식을 강의에 적용해 졸업률을 높였다. 미국 퍼듀대(Purdue University)는 수업 시간에 학생들이 소지한 스마트 기기로 데이터를 수집, 분석해 학습 지원에 활용했고 조지아주립대학(Georgia State University)이 주도로 10개의 대학이 연합(University Innovation Alliance)

▲ University Innovation Alliance 사례
(출처: https://brunch.co.kr/@eholee/3)

한 후 학사 운영 및 학업 성취도 등의 빅데이터를 분석해 개별 학과 및 전체 학교의 학사 운영 및 교육과정의 개편에 사용하고, 중도 탈락할 가능성이 큰 학생을 조기 발견해 적절한 조치를 취했다.

▲ 개인 학습을 지원하는 MOOC 시스템

휴버트는 스웨덴에서 개발된 학습 에이전트 앱이다. 인지 컴퓨팅 기반의 AI 학습 비서가 학생들에게 말하기 시험을 제공하고 학생들의 대답 데이터에 따라 후속 질문들을 생성해내며 맞춤형 학습을 지원한다. 또한 휴버트는 자연어 처리 외에 독창성, 상상력, 윤리성, 추론, 학습, 인지 기능을 통해 기존 평가에서 측정하기 어려운 세부적인 역량도 평가도 할 수 있다.

▲ AI 휴버트

뉴클래스룸즈(New Classrooms)는 수학 교육용 AI 소프트웨어를 개발했다. 학생의 수학 학습 수준을 파악해 개별화된 학습 목표를 설정하고 이를 달성하기 위한 수업 방식을 맞춤형으로 제공한다. AI 시스템의 분석으로 형성 평가를 할 수도 있으며 학생들은 수준을 결정해 각자 다른 수준의 교실에서 수준에 맞는 학생과 학습을 진행한다. 약 1만 명 이상의 학생들이 이를 활용해 학습하고 기계학습을 통해 그 데이터를 지속적으로 분석하고 있다.

▲ 뉴클래스룸즈 사례
(출처: https://www.newclassrooms.org)

AltSchool은개별화된 교육을 실현하기 위해 설립된 실험적인 학교로, 교육 환경을 하나의 플랫폼으로 구축해 모든 학습 자료를 축적하고 쉽게 접근해 자료를 분석한다. 교사와 학부모가 손쉽게 개별 학생의 학습 수준을 파악하고 그에 맞는 교육을 지원한다. 알트스쿨의 개별화된 교육을 위한 알고리즘은 데이터와 AI 기술을 바탕으로 다양하게 적용한다. 예를 들면 학생용 컴퓨터, 학생용 스마트 기기, 교실의 IoT, 카메라, 교사의 기록 내용, 평가 결과 등의 다양한 자료와 가공된 정보는 AI 알고리즘 분석에 따라 학생의 수업참여도, 감정, 수업 지원, 오류 개선, 사회성, 언어, 행동, 건강, 학업 성취도 등을 실시간으로 분석, 저장해 교사와 학부모가 확인 가능하다.

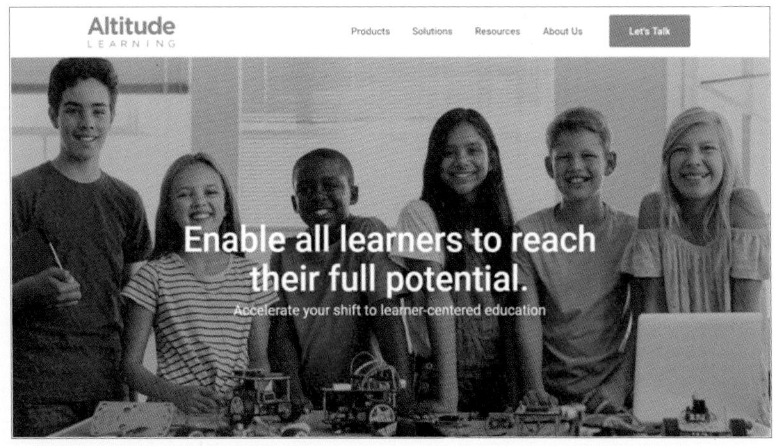

▲ AltSchool 사례
(출처: https://www.altschool.com)

하지만 알트스쿨은 지나치게 자동화된 학습 환경으로 학생들의 학업 성취도를 떨어뜨리고 문맹률을 높이는 등의 문제점이 발생했다. 또한 데이터 수집 과정에서 개인정보 유출 사생활 감시 등이 나타나고 프로젝트의 심각한 부작용을 초래함으로써 AI 기술을 적용한 교육의 접근 방법에 새로운 도전을 제시했다. 이는 향후 교육자들에게 AI과 같은 최첨단 기술과 빅데이터 자료의 교육적 활용에 대한 올바른 교육 철학에 관해 다시 생각하게 했다.

ARTIFICIAL INTELLIGENCE

9. 교육 정책 업무의 AI 활용

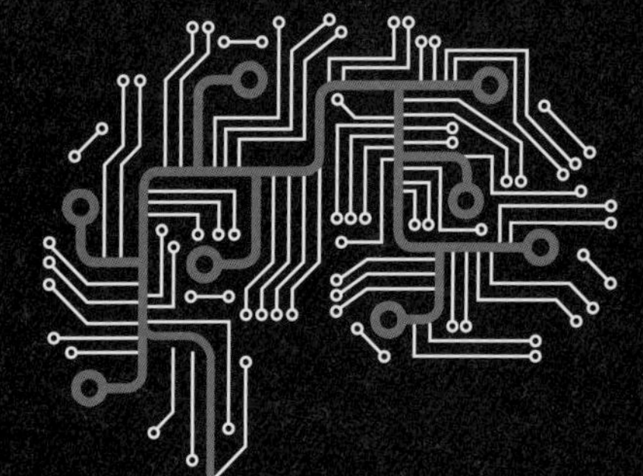

인공지능의 교육 정책 업무 활용에는 자료의 과학적 처리와 개인정보 비식별 방법이 필요하다. 데이터 3법은 AI 기반 교육 정책과 업무의 성공 및 실패를 좌우할 것이다.

2020년 8월, 데이터 3법의 실행으로 여러 산업 분야뿐 아니라 교육 분야에서도 학습자의 데이터를 활용해 교육에서 다양한 서비스를 제공하는 계기가 됐다. 개인정보의 누출에 대해서는 개인 식별이 가능한 요소를 가명 정보화 하고 사용 주체의 책임에 대한 강력한 법의 통제가 제시되고 있고, 여전히 믿지 못하는 개인정보보호의 문제와 사기업의 사업 수단으로 전락해 교육의 상업화에 따른 문제가 발생할 수 있지만, 국가의 경쟁력과 국가 데이터 댐(Data Dam) 구축을 위해 불가피한 조치라고 보인다.

데이터 3법

데이터 3법(2020. 8. 5. 시행)은 다음과 같은 세 가지 법을 말한다.

❶ 개인정보보호법

❷ 정보통신망 이용 촉진 및 정보보호 등에 관한 법률

❸ 신용 정보의 이용 및 보호에 관한 법률

주요 항목	내용
정보 주체의 동의 없이 개인정보의 목적 외 활용이 가능해짐	• 당초 수집 목적과 합리적으로 관련된 범위 내에서 정보 주체에게 불이익이 발생하는지 여부, 암호화 등 안전성 확보에 필요한 조치를 했는지 여부 등을 고려해 대통령령이 정하는 바에 따라 정보 주체의 동의 없이 개인정보를 가명처리 없이 이용(제1조 제3항), 제공(제17조제4항) 가능

데이터 3법에서 가장 이슈가 되는 부분은 개인정보에 관한 것인데, 개인정보는 성명, 주민등록번호 및 영상 등을 통해 개인을 알아볼 수 있는 정보를 가리킨다. 해당 정보만으로는 특정 개인을 알아볼 수 없더

라도 다른 정보와 쉽게 결합해 알아볼 수 있는 정보가 문제가 될 수 있는데, 이 경우 쉽게 결합할 수 있는지 여부는 다른 정보의 입수 가능성 등 개인을 알아보는 데 소요되는 시간, 비용, 기술 등을 합리적으로 고려해야 한다.

앞서 이야기한 두 가지 유형의 정보를 가명 처리함으로써 원래의 상태로 복원하기 위한 추가 정보의 결합 없이는 특정 개인을 알아볼 수 없는 정보로 처리하면 데이터 3법의 문제를 어느 정도 해결할 수 있다.

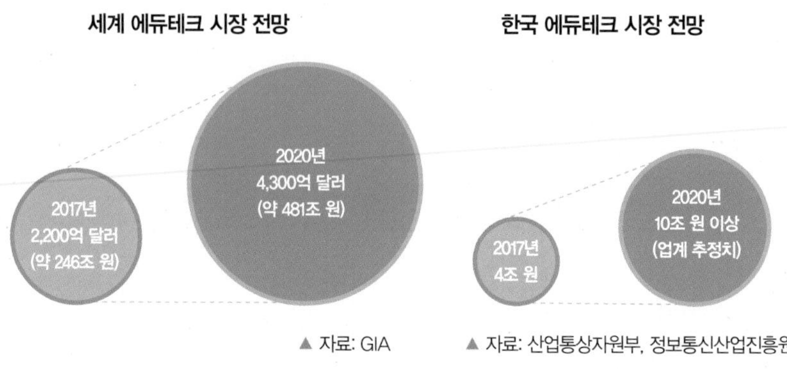

▲ 세계와 한국의 에듀테크 시장 전망

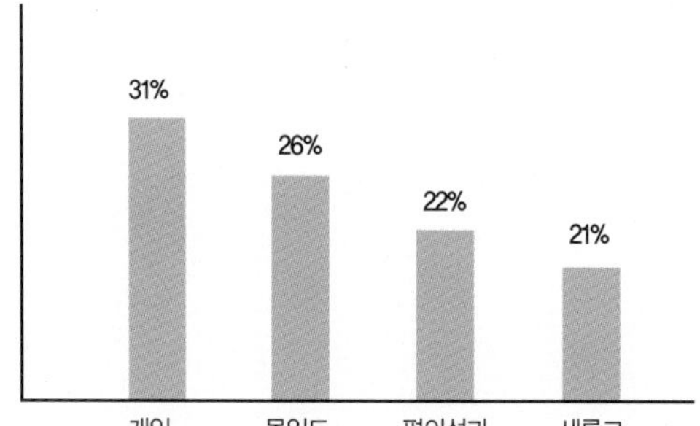

▲ 에듀테크의 효과

※ CB인사이츠에 따르면, 글로벌 유니콘(기업 가치 10억 달러 이상) 기업에 이름을 올린 에듀테크 기업 7개 가운데 6개 기업이 중국 스타트업이며 온라인 영어 교육 업체 VIP키드·위안푸다오(각각 30억 달러), 에이지오브러닝·후지앙·이치줘예망·장멘(각각 10억 달러) 그리고 코세라(10억 달러)가 유일하게 미국의 에듀테크 유니콘 기업이 됐다.

9.1 교육 정책에서 AI를 활용하기 위한 다양한 변수와 요인

- **교육 3주체:** 학교, 학생, 교사
- **교육의 대상:** k–12, 대학생, 일반인, 평생 교육, 전문 직업인
- **교육의 단계:** 목표, 과정, 내용, 방법, 평가의 단계
- **교육 매체:** 교과서, 참고서, 콘텐츠, 개방형 교육 매체
- **교육 범위:** 교과 내/외, 학교 내/외, 교육 내/외

▼ AI를 활용하기 위한 교육의 변인 테이블

구분	세부	학생	교사	기관(학교)
교과 내	오프라인	교과, 행동, 발달 개인 종단 연구, 성취도 평가	교육과정 교수·학습, 평가	교육행정정보시스템
	온라인, 하이브리드	Digital Textbook MOOC, ITS, AI	LMS, LCMS, AI	홈페이지, SNS, AI 시스템
교과 외	학교 내	상담, 체험 활동, 진로, 취업, 방과 후, 돌봄, 장학금	교사 수급, 복무, 승진, 전보, 교사 평가	급식, 안전, 시설 관리, 재정, 행정 처리, 학부모 민원
	학교 밖	사교육, 이동 동선, 안전, 건강, 발달	교원 실태, 취미, 여가, 건강, 복지	인구, 스쿨존, 주택, 학군 분석, 인력 채용
산업	에듀테크	e–learning, Contents, 언어 교육, AI 교육	연수, 콘텐츠 개발	교실 환경, 학습자 분석, 기자재
	비에듀테크	VR, AR, MR, 의류 판매, 학용품, 온라인 콘텐츠	쇼핑, 공연, 의료, 보험, 연금, 복지, 은퇴	학교 설립, 건축 허가, 정화 구역

9.2 교육 정책에서 AI의 활용 사례

사례 1 학생 학습, 생활, 발달 정보의 활용

❶ **수집 내용:** 학생 학습, 생활, 발달 관련 자료

❷ **수집 방법:** 교육정보통계시스템(EDS, EduData System)

❸ **식별 정보:** 학생명, 교사명, 주소, 연락처, 학부모 등

❹ **비식별 정보:** 성별, 신체 자료, 성적, 성격, 교우 관계 등

❺ **비식별 정보 AI 활용 방안:** 학생들의 표준 발달 정보, 학업 선호에 따른 진로와 취업 연계 지도(예 학생들의 신체 발달 정보를 활용해 의류, 취미 관련 콘텐츠 개발, 학업에 따른 수업 난이도 조절)

❻ **식별 정보의 AI 활용 방안:** 교우 관계 분석을 통한 반 배치, 학교 폭력 자료에 따른 개별 상담 및 지도 등

사례 2 학교 행사 활용

❶ **수집 내용:** 학교 행사 정보(체험 학습, 체험 활동, 현장 체험)

❷ **수집 방법:** 나이스(NEIS) 시스템

❸ **식별 정보:** 학교명, 관리자명

❹ **비식별 정보:** 체험 학습 자료

❺ **비식별 정보의 AI 활용 방안:** 학교 행사 집중화 분산, 안전사고 보호, 체험 학습 효과 확대, 체험장 관리

❻ **식별 정보의 AI 활용 방안:** 학교별 행사 다양화

사례 3 고교 학점제 활용 방안

❶ **수집 내용:** 고교 학점제 관련 자료

❷ **수집 방법:** 고교 학점제 관리 시스템(www.hscredit.kr)

❸ **식별 정보:** 학생명, ID, 메일, 전화번호 등

❹ **비식별 정보:** 강좌명, 강좌 내용, 강좌 참여, 수강 여부, 출결, 성적, 이수 자료 등

❺ **비식별 정보의 AI 활용 방안:** 학생들의 수강 신청 현황을 빅데이터로 처리하면 수요자 중심 교육과정을 운영할 수 있고 교과목별로 필요한 교원 수와 연계 수업 지원이 가능한 기관 섭외가 가능함.

❻ **식별정보의 AI 활용 방안:** 개별 진로, 취업 정보 제공, 관련 추가 강좌 홍보, 온라인 강의 제공 등

사례 4 학교 급식 활용 방안

❶ **수집 내용:** 학교 급식 내역 및 취식 정보

❷ **수집 방법:** 학교 홈페이지와 만족도 조사, 급식 관리 시스템, 나이스 시스템

❸ **식별 정보:** 영양사명, 학생명, 업체명 등

❹ **비식별 정보:** 식단 자료, 급식 만족도, 건강 상태 자료, 수확물 자료, 요리 자료 등

❺ **비식별 정보의 AI 활용 방안:** 나이스를 통해 학생들의 건강 상태와 농·산·어촌의 수확물과 생산량을 데이터화하면 학생들이 언제, 어떤 음식을 좋아하고 이것이 신체 발달에 어떤 영향을 미치는지 파악할 수 있고 이를 근거로 식단을 편성해 학생들의 만족도를 높이고 건강하고 안전한 식재료를 공급할 수 있으며 이와 더불어 학교와 생산지 간 직거래를 통한 예산 절감 효과도 기대

❻ **식별 정보의 AI 활용 방안:** 학교별 급식 수익 비용 산정, 감염병 예측 등

사례 5 학교 밖 학생들의 자료 활용 방안

❶ **수집 내용:** 학생 이동 경로

❷ **수집 방법:** 스마트 기기, 학교 주변 IoT 센서

❸ **식별 정보:** 이름, 전화번호, 주소, 학부모명, 연락처

❹ **비식별 정보:** 경도 위도, 시간

❺ **비식별 정보의 AI 활용 방안:** 스쿨존 사고 예방, 교통 제어, 사교육 현황 파악 등이 가능

❻ **식별 정보의 AI 활용 방안:** 귀가 이탈 확인, 학부모 안전 도우미, 이상 탐지를 통한 범죄 예방

사례 6 교사의 근무 개선 활용 방안

❶ **수집 내용:** 교사들의 근무 관련 정보

❷ **수집 방법:** 교사 만족도 조사, 교원 평가 조사, 근무 상황 등

❸ **식별 정보:** 교사명, 전화번호, 주소, 학교장명, 학교명 등

❹ **비식별 정보:** 교원의 근무 만족도, 관리자의 업무 추진비 사용 내역, 연령별 교원 비율

❺ **비식별 정보의 AI 활용 방안:** 교사들의 근무 성향을 정밀하게 파악해 교사 힐링 센터 설립, 실효성 높은 교원 연수 등 교원 중심의 정책 수립이 가능

❻ **식별 정보 활용의 AI 방안:** 교사 전보와 승진, 불만족 비율이 높은 지역에서는 관리자 교육을 강화, 교사 개별 선호도를 파악해 맞춤형 온라인 연수 프로그램 제공, 홍보

사례 7 디지털 교과서 활용 방안

❶ **수집 내용:** 학생들의 디지털 교과서 학습 정보

❷ **수집 방법:** 디지털 교과서(출처: http://www.edunet.net/)

❸ **식별 정보:** 학생 ID, 학생명, 교사명, 이메일 등

❹ **비식별 정보:** 학습 만족도, 학습 절차, 학습 시간, 방문 사이트, 머문 시간, 미디어 활용 내용, 로그 기록 등

❺ **비식별 정보의 AI 활용 방안:** 교사는 쉽고 빠르게 개별 학생들의 학습 현황을 파악해 그에 맞는 적절한 처방이 가능하고 디지털 교과서에서 학생들에게 최적화된 학습 자료를 제공할 수 있어 수준별 맞춤 학습이 가능

❻ **식별 정보의 AI 활용 방안:** 개별 학생의 학습 참여도 확인, 성적에 반영 등

사례 8 온라인 교육 활용 방안

❶ **수집 내용:** 학습자의 학습 정보

❷ **수집 방법:** MOOc, LMS

❸ **식별 정보:** 학생ID, 이름, 이메일 주소, 연락처

❹ **비식별 정보:** 학습 시간, 접속 시간, 집중도, 평가 점수 등

❺ **비식별 정보의 AI 활용 방안:** 학습자와 교사 간 상호작용과 피드백을 추적하고 학습자의 진전이나 출석을 지속적으로 모니터링하며, 개별화된 학습의 기회를 제공, 과목에 대한 학습자의 이해를 높이고 네트워크 내에서 객체의 위치도 쉽게 파악

❻ **식별 정보의 AI 활용 방안:** 개별 학습자에 대한 취향, 타 학습 권유 홍보, 오프라인(사교육 등) 안내 등

ARTIFICIAL INTELLIGENCE

10. AI 활용 교육을 위한 통합 플랫폼

플랫폼이란, 클라우드를 중심으로 정보, 서비스, 상품을 주고받을 수 있는 고도화된 정보 시스템이다. IoT와 빅데이터를 통한 인공지능 서비스가 적용된 것이 인공지능 플랫폼이다. 인공지능 플랫폼은 다수의 사용자를 지원하고 연결시켜주며 관련 서비스와 자원들을 유기적으로 통합한다.

플랫폼 기반의 AI 활용 교육은 AI를 적용할 도메인(교과 주제, 산업 분야, 직무 내용 등)을 결정하고 각 도메인에서 해결해야 할 문제의 입력 자료와 출력 결과를 결정한 후 빅데이터/AI 플랫폼에서 제공하는 AI 파워를 활용해 문제를 해결하도록 하는 교육을 말한다. 플랫폼을 활용해 AI의 개념과 기술을 이해하고자 하는 목표라면 AI 이해 교육, 타 교과의 목표를 달성하기 위해 플랫폼을 활용한다면 AI 활용 교육이라 할 수 있다.

AI 플랫폼이란, AI 서비스를 통해 문제를 해결하고 AI 솔루션과 개발 서비스를 제공하기 위한 지능형 분석·예측 인프라이다. AI 플랫폼은 디바이스, 데이터 그리고 서비스로 이뤄진다. 데이터의 서비스의 아날로그와 디지털 과정이 선순환되는 구조로 이뤄져 있다.

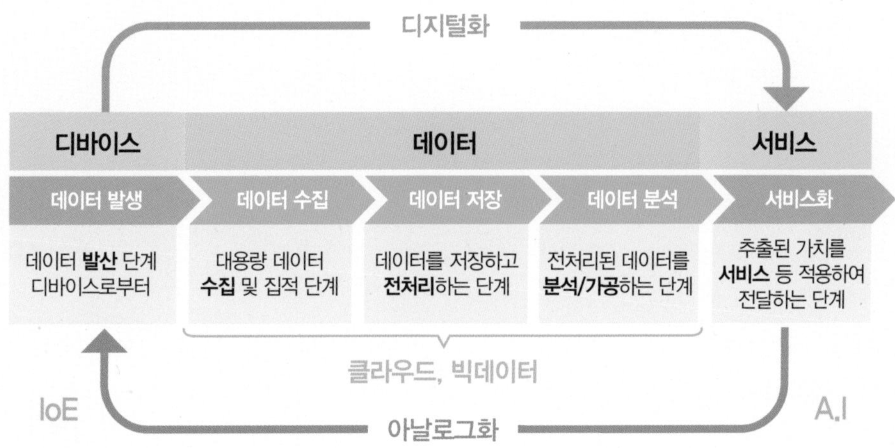

▲ AI 플랫폼
(출처: 창조경제연구회, 4차 산업혁명과 초생명사회)

다음 그림처럼 디지털화의 과정은 세상의 자료를 센서를 통해 수집, 변환해 기계(컴퓨팅 기기)에 입력하고 아날로그화 과정에서 AI 알고리즘을 통해 문제를 해결한 결과를 사용자들이 활용할 수 있도록 서비스를 출력하는 과정을 거친다.

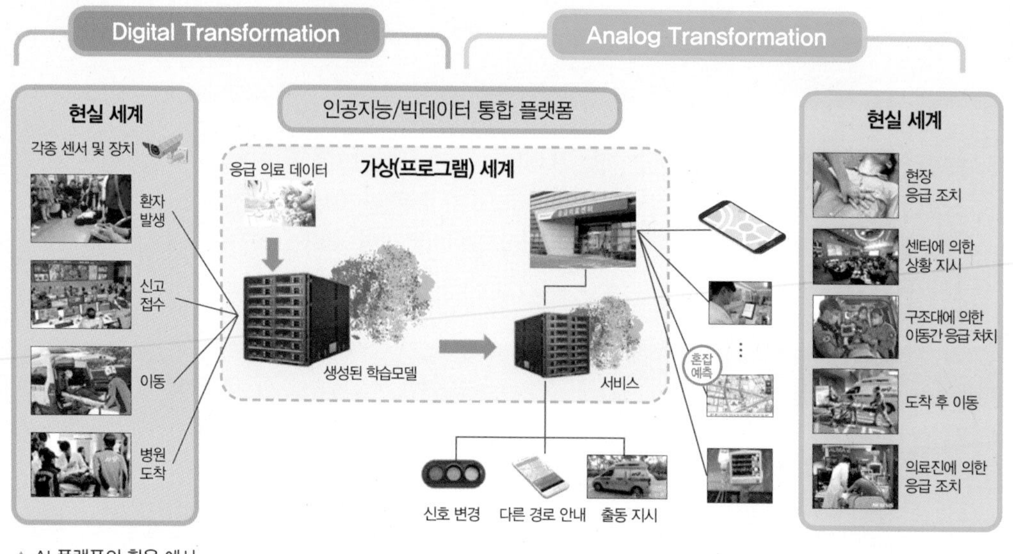

▲ AI 플랫폼의 활용 예시

플랫폼

플랫폼은 평평하게 구획된 땅이라는 'plat'과 모양이라는 의미의 'form'이 합성된 말로, 활용이 불분명한 지형이 구획되면서 용도에 따라 쓸모 있는 형태로 활용될 수 있는 공간을 상징하는 말이다. 주로 기차를 타고 내리는 승강장이나 버스 터미널, 공항 등과 같이 여러 사람이 이용하기 편리하게 만들어 서비스를 주고받기 위한 공통 기본 구조로 보면 된다.

버스 터미널, 역, 항구 등의 플랫폼이 형성되면 사용자와 공급자가 상호 이익과 편리를 위해 마케팅이 형성되고 가치의 거래를 통해 수익을 창출하는 장소로 탈바꿈하게 된다. IT분야에서도 플랫폼 비즈니스가 발전하면서 다양한 산업과 서비스 분야에서 발전하고 있다

플랫폼의 개념은 크게 하드웨어, 소프트웨어, 응용 서비스의 세 가지로 구분된다. 하드웨어 플랫폼은 실제 생활의 다양한 부분에서 우리가 접하는 물리적 구조를 의미하고 소프트웨어 플랫폼은 다양한 애플리케이션이 작동하는 기반이 되는 운영체제를 의미한다. 응용 서비스 플랫폼은 자체적인 생태계를 구축하고 플랫폼화된 서비스를 의미한다.

스마트폰으로 시작된 하드웨어의 시장과 확산, 그에 따른 SW 애플리케이션의 개발 이후 다양한 서비스와 맞물리는 새로운 형태의 서비스 플랫폼 비즈니스가 등장했다. 이처럼 플랫폼 경제의 확산과 IoT, AI, 빅데이터 등과 결합된 4차 산업혁명으로 인해 네트워크에 기반을 둔 플랫폼 산업이 디지털 경제 활동의 주축을 이뤄가고 있다.

플랫폼의 기능으로는 연결 기능, 비용 감소 기능, 브랜드 신뢰 기능, 커뮤니티 형성 기능, 교류 활성화 통해 추가 서비스 플랫폼 확산하는 기능을 들 수 있으며 이외에 에코 시스템을 제공하는 기능도 있다.

AI 플랫폼은 데이터 처리와 관련된 빅데이터 플랫폼과 AI 플랫폼으로 구성된다. 이러한 플랫폼의 표준화된 구조는 T3Q에서 제공하는 AI 플랫폼의 시스템 구조를 참고해 제시한다(출처: http://t3q.com).

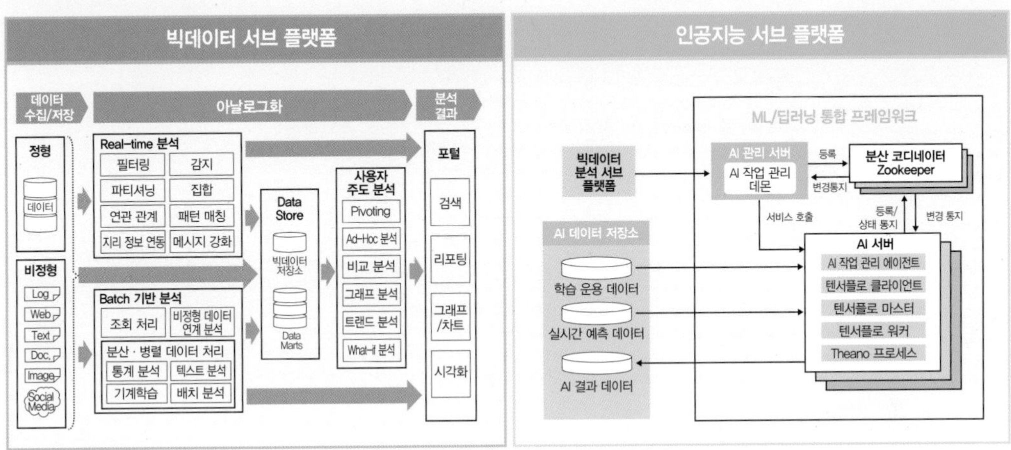

▲ AI 플랫폼의 구성

플랫폼별 기능은 다음과 같다.

▼ 플랫폼별 기능

유형	빅데이터 플랫폼	AI 플랫폼
특징	• 정형·비정형 빅데이터의 저장 • 실시간 분석, 분산·병렬 배치 분석 • 사용자 주도 분석, 리포팅 및 시각화 제공	• 머신러닝, 딥러닝 알고리즘과 학습 파이프라인 환경 제공 • 학습 결과로 생성된 모델을 통한 예측 서비스
기능	• 대용량 분산 클러스터 • 실시간 수집 • 분산 큐(Queue) 적용 • 정형/비정형 실시간 전처리 • 실시간 분석 및 AI 실시간 탐지 • 다양한 분산 저장소 • 성능과 가용성 예측 및 선제적 관리 • 다양한 UI/UX 및 대시보드	• 전처리, 모델 설계, 학습, 결과 관리 및 배포, 추론 전체 학습 파이프라인 지원 • 다양한 머신 및 딥러닝 알고리즘 지원 • 분산 학습 지원 • 강력한 학습 과정 및 결과 시각화 • 실시간 학습 전처리 지원 • 학습 데이터에서 동적인 변수 선택 지원 • 앙상블 지원

빅데이터의 처리 과정은 우선 데이터의 소스를 정의하고 수집해 가공한 후 저장한다. 이후 분석의 과정을 거쳐 시각화해 서비스한다.

▲ 빅데이터의 처리 과정

이후 빅데이터의 플랫폼에서 처리된 자료와 분석 결과를 AI 플랫폼과 연동해 학습하고 테스트한 후에 현장에 적용한다.

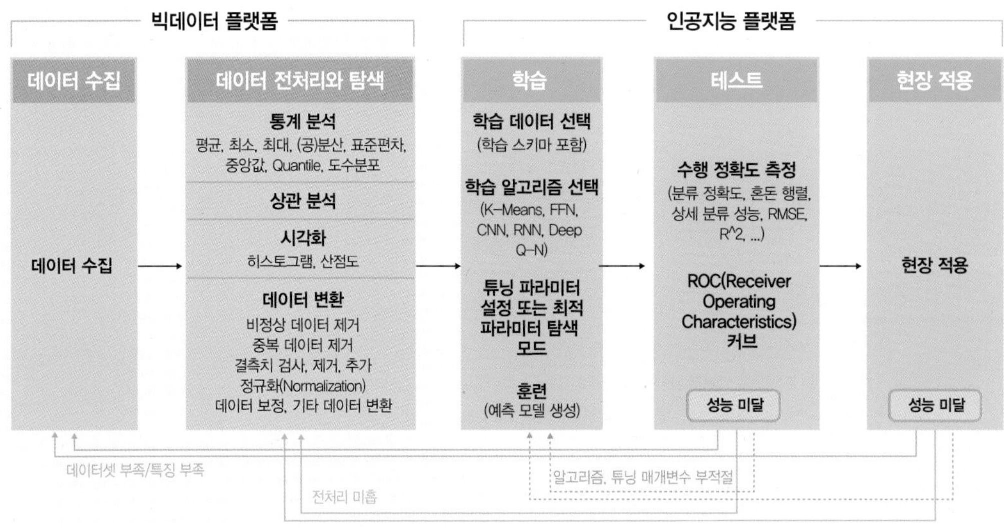

▲ 빅데이터와 플랫폼과 인공지능 플랫폼과 연동한 자료의 처리 과정

데이터는 다양한 센서와 디바이스에서 생성된 디지털 데이터와 함께 에지 컴퓨팅 환경에서 AI를 위한 데이터 전처리와 저장 수집을 하게 된다. 이후 중앙 AI 플랫폼에서 AI 서비스를 위한 분석과 처리가 진행된다.

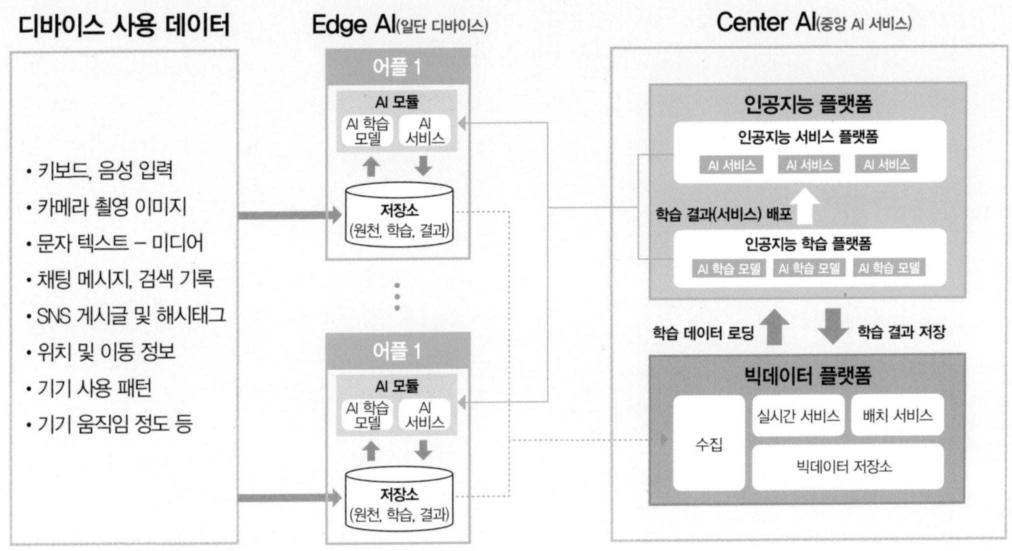

▲ 중앙 AI 플랫폼에서의 AI 서비스 제공 과정

AI 플랫폼의 주요 기능과 적용의 방향은 AI 이해 교육에서 살펴봤던 대영역의 내용을 포함하며 세부적인 기능은 다음과 같다.

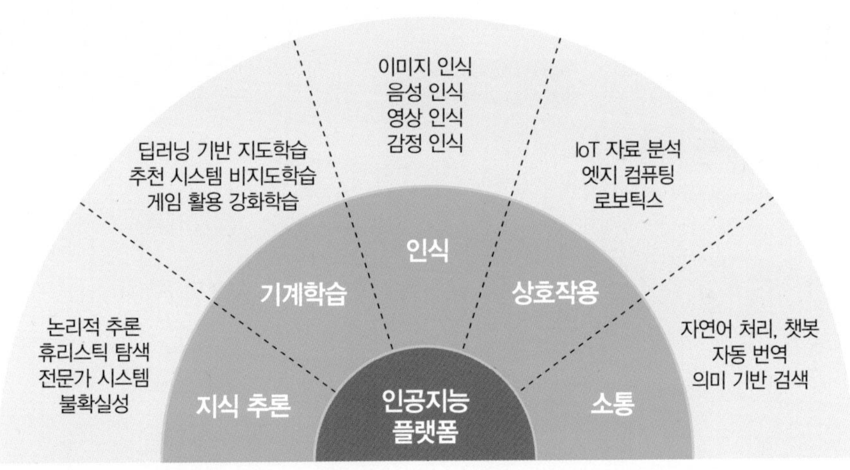

▲ AI 플랫폼의 주요 기능과 적용 방향

AI 교육 플랫폼은 AI 플랫폼과 같은 형태로 구성돼 빅데이터 플랫폼 + AI 플랫폼에서 교육 서비스를 주로 하게 된다.

AI 교육 플랫폼의 주요 목적은 AI 교육을 통해 문제해결력을 신장하고 AI 솔루션의 체험과 개발의 서비스를 제공하기 위한 지능형 분석·예측 인프라의 역할을 하게 된다.

AI 교육 플랫폼 기반의 영어 활용 AI 교육의 예시는 다음과 같다.

- 영어 학습을 위한 데이터를 선정하고 그에 맞는 데이터를 AI 플랫폼에 입력
- AI 플랫폼의 딥러닝 기반 자연어 처리 알고리즘으로 문법을 인식함.
- 문법 체크, 음성 인식, 회화 학습 등의 다양한 영어 학습 서비스를 출력해 활용함.

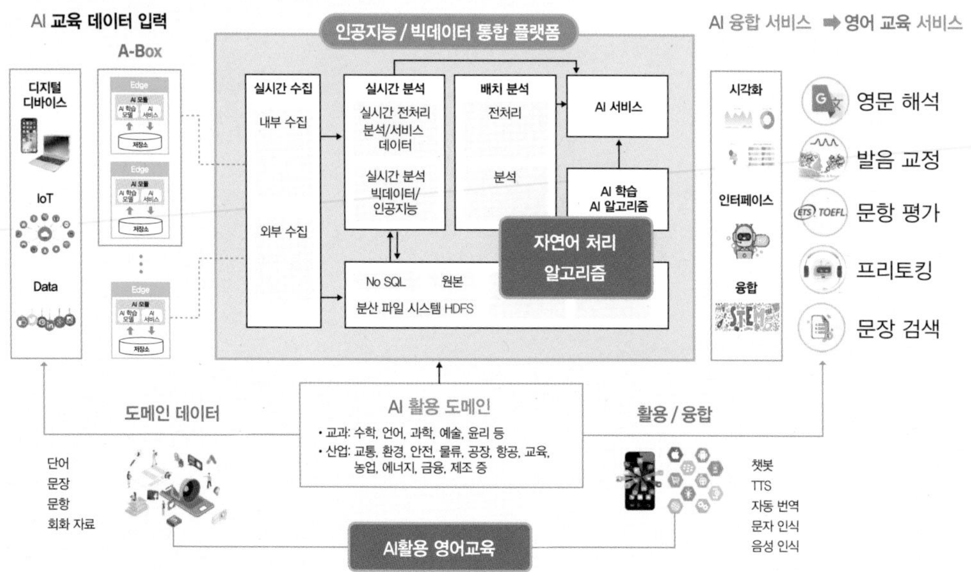

▲ 플랫폼에 기반을 둔 AI 활용 영어 교육

범용적인 AI 교육 플랫폼으로서 AI 체험 실습, 개발과 구현 그리고 활용을 위한 학습 환경을 제공하기 위해 통합 플랫폼이 필요하다. 그 구성도는 다음과 같으며 AI 플랫폼을 기반으로 온라인 학습 플랫폼+AI 모듈+SW 개발 플랫폼이 유기적으로 연계돼 있다.

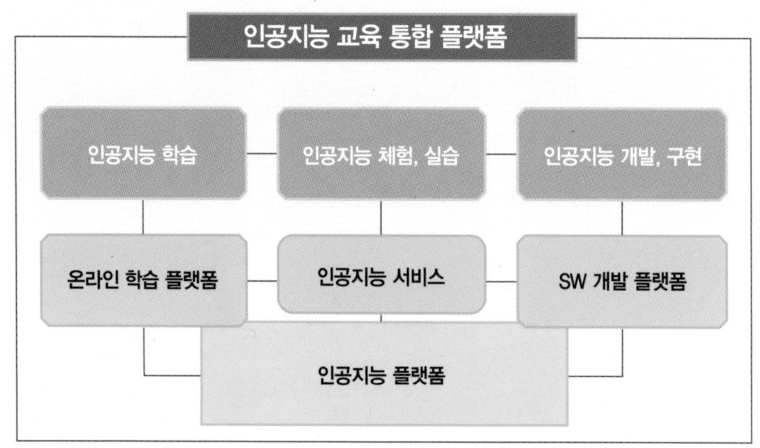

▲ 인공지능 교육 통합 플랫폼 구성도

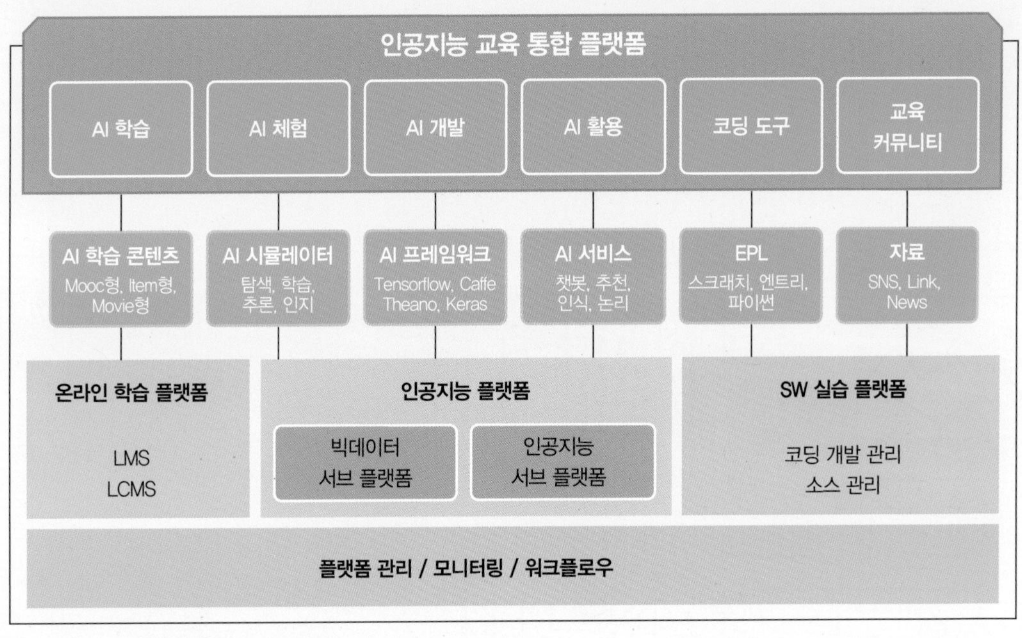

▲ 인공지능 교육 통합 플랫폼 구성도의 세부

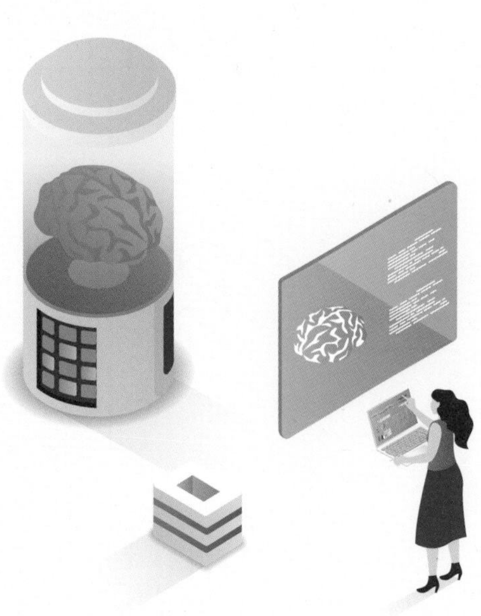

VS
1
10
110
111
001
10
0
MAX

6부

인공지능을 바라보는 교육

- "말 그대로 프로그래밍된 컴퓨터는 자동차나 계산기가 이해하는 것을 이해한다. 즉, 정확히 아무것도 아니다."
  – 존 설(Jhon Searle)

- "AI가 나쁜 것이 아니라 그것을 나쁘게 사용하는 사람이 나쁜 것이다. 좋은 AI는 그것을 옳게 사용하는 사람의 몫이다."
  – 한선관

- "화성의 인구 폭발에 대해 고민하지 않는 이유와 마찬가지로 AI가 악에 빠지지 않을 방법을 고민하지 않는다."
  – 앤드류 응(Andrew Ng)

- "간단히 말해 강력한 AI의 부상은 인간에게 최고 또는 최악의 것이 될 것이다. 우리는 아직 그 결과가 무엇인지 모른다."
  – 스티븐 호킹(Stephen Hawking)

ARTIFICIAL INTELLIGENCE

1. AI 가치 교육의 개요

가치란, 높은 수준의 바람직한 상태를 추구하는 것으로, AI의 가치는 우리가 바라보는 관점에서 결정된다. 바른 관점과 옳은 가치 그리고 인간을 중심으로 하는 태도가 인공지능의 미래와 인류의 미래에 희망을 제시한다.

앞서 AI 이해 교육과 활용 교육에 대해 살펴봤다. AI의 개념과 원리의 이해를 바탕으로한 교육적 접근은 매우 중요하다. 하지만 교육이 본질적으로 추구하는 목표와 우리 삶의 방향성을 고려할 때 그 기술이 미치는 사회적인 영향과 윤리적인 이슈를 제대로 파악하고 바른 가치와 관점을 갖는 것이 훨씬 더 중요하다. AI의 사회적 이슈 등에 대해 우리가 어떠한 태도와 관점으로 바라보는지에 따라 AI의 가치와 인간 사회에서의 역할 그리고 우리가 원하는 미래 사회의 희망과 비전이 달라지기 때문이다.

AI 기술의 무한 신뢰와 경제적 이익, 기술의 산업화와 활용에 집중하다 보면 기술 만연주의로 흐르게 된다. 이를 중재하는 것이 인간의 가치와 태도 그리고 AI를 바라보는 관점에 관한 교육이다. AI의 본질을 이해하고 체험과 활용을 했으면 이제 그 기술을 어떻게 바라볼 것인지에 대해 살펴보자.

▲ 인공지능 교육의 통합적 구조

'AI를 바라본다'는 것은 AI의 가치에 대해 인식하고 사회의 윤리적인 이슈에 대해 고민해보며 AI가 인간 중심으로, 인간을 위해 착하게 개발되고 활용되도록 하는 것을 말한다. 이를 바탕으로 'AI를 바라보는 교육'은 다음과 같이 세 가지 교육과 맥락적으로 유사하다.

'AI를 바라본다는 것'의 의미	• AI의 가치를 탐색한다. • AI의 관점을 갖는다. • AI에 대한 태도를 형성한다. • AI를 옳게 활용한다. • AI에 대한 윤리적 실천을 한다.
'AI를 바라보는 교육'의 의미	• AI 가치 교육 • AI 윤리 교육 • 착한 AI 교육

'AI를 바라보는 교육'은 AI가 사회에 미치는 영향에 따른 이슈와 미래에 대한 AI 가치를 다룬다. 세부적으로는 AI에 의해 변화되는 인간 삶의 윤리적 고찰을 통해 AI를 맞이하는 사람들의 관점과 태도 그리고 가치를 주요 내용으로 다룬다. 또한 AI의 가치에 대한 교육을 통해 AI를 이해하는 능력을 상호 보완적으로 신장하고, 인간 중심의 AI 기술을 활용한다. 인간과 기계가 협업해 인간적인 삶의 의미와 행복 추구 그리고 미래를 중심으로 하는 주제를 다룬다.

스탠퍼드대학교 HAI 100년 프로젝트

Human-Centered Artificial Intelligence
Stanford University

(출처: https://hai.stanford.edu/)

▲ AI 지수 연간 보고서

스탠퍼드대학교는 AI를 대학의 중심 학문으로 선정하고 100년 연구를 목표로 인간 중심 AI(Human-centered AI) 연구 센터를 설립했다(2019). AI 학자와 철학자가 센터의 운영을 맡아 AI 기술과 인문학의 균형을 잡고 있다. AI 연구를 중심으로 진행하되 인간을 중심에 두고 사회적 선과 인간에게 이로운 AI 기술을 지향하고 있다. 이 그룹은 청렴, 인류, 균형, 독립, 다양성, 융합성을 가치로 두고 있다. 그리고 매년 AI 지수 보고서를 발행하며 AI의 기술 개발의 현황과 발전 방향에 대한 로드맵을 제시하고 있다.

2018년에 발간한 AI 지수 연간 보고서(AI Index Annual Report)에서는 선진국인 미국, 유로 연합, 중국에서 AI 분야에 집중하는 영역을 보여주고 있다. 미국과 유로 연합은 의료와 건강 과학과 함께 인본주의적인 부분에 관심 높으며, 중국은 기술 응용 분야 쪽에 관심이 높은 만큼 인문학적인 분야는 낮게 나타나고 있다는 것을 알 수 있다.

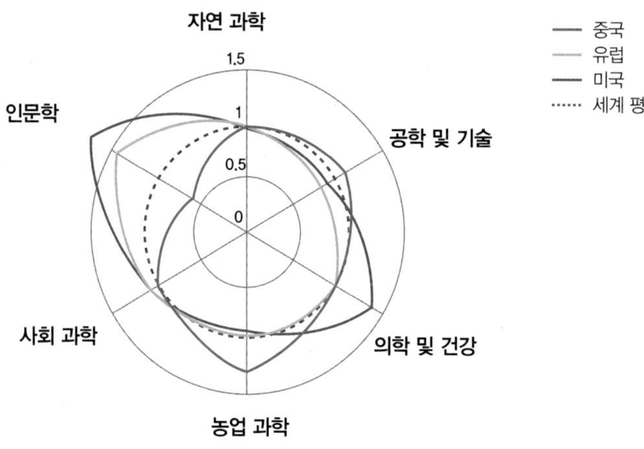

▲ 국가별 AI 연구 분야
(출처: 2018 AI Index Annual Report, https://hai.stanford.edu/sites/default/files/ai_index_2019_report.pdf)

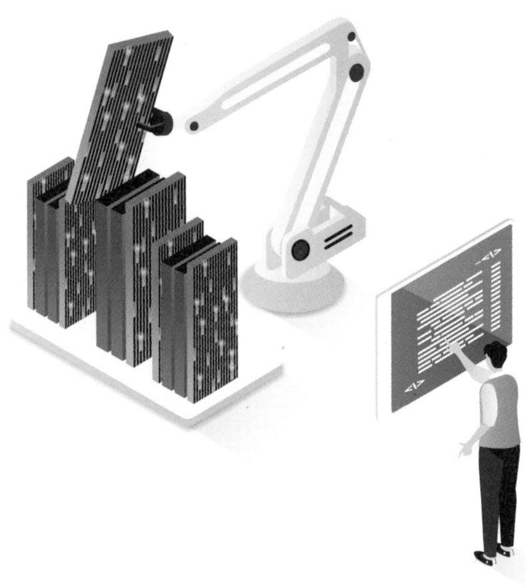

ARTIFICIAL INTELLIGENCE

2. AI 윤리에 대한 초창기 연구

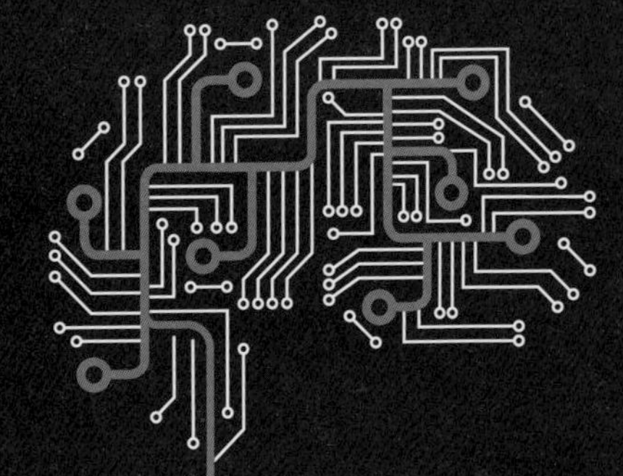

철학은 지혜의 학문으로, 인간과 세상의 근본 원리를 탐구하는 것이다. 철학의 한 분야로 윤리학은 인간이 살아가면서 마땅히 행해야 할 도리와 규범을 탐구하며 윤리학에서 핵심적인 내용이라는 것도 '인간다운 것이 무엇인가?'라는 근본 물음에 대한 답을 요구하는 것이다.

철학자 아리스토텔레스는 윤리학에서 다음과 같은 말로 모든 것을 표현했다.[1]

"인간의 행동은 모두 선을 추구한다. 모든 학문과 발전, 모든 결정과 선택이 추구하는 것은 선이다. 따라서 선(agathon, 착함, Good)은 궁극의 목표다."

아리스토텔레스가 말한 것처럼 선(착함)을 추구하는 것은 최종 목표가 되며, AI 기술 발전의 과정에서도 역시 이를 추구하기 위한 AI의 윤리를 연구해왔다.

AI의 윤리는 기존 컴퓨터 윤리, 정보 윤리, 인터넷 디지털 윤리 등 전통적인 기계-인간 상호작용에서의 영향에 따른 부분의 연장선으로 이어져왔다. 아이작 아시모프는 1942년 로봇 3원칙을 발표하며 지능을 가진 기계와 인간의 윤리적 관계에 대한 질문을 던졌다. 그의 3원칙은 간단하지만 여러 가지 문제를 드러내며 지속적으로 수정, 보완을 하고 있지만 아직까지 그 해결 방안을 찾기는 요원한 상태이다. 이후 닉 보스트롬(Nick Bostrom)과 엘리저 유드코프스키(Eliezer Yudkowsky)는 『AI 윤리학(2011)』을 출간하면서 AI 기계가 인간이나 사회, 생태계와 같은 도덕적으로 관련 있는 존재에 해를 끼치지 않게 해야 함은 물론 인간이 AI 기계 자체의 도덕적 위치와 역할에 대해 대등한 위치에서 고민해야 한다고 주장했다.

캘리포니아 폴리테크닉 주립대학 철학과 교수인 키스 애브니(Keith Abney)는 AI 윤리학에서 고민해야 할 네 가지 주제를 다음과 같이 제시했다.

[1] 한상기(2018), 『기술 개발 측면의 인공지능 윤리 프레임워크를 위한 전략 수립』, 정보통신기술진흥센터 보고서에서 발췌

❶ AI 연구자와 개발자가 갖춰야 하는 윤리 원칙
❷ AI 안에 구현되는 윤리 알고리즘 또는 코드의 문제
❸ AI가 스스로 학습하고 추론하며 자기를 인식하는 능력에 관한 통제
❹ 어떻게 사용할 것 인지에 대한 AI 도입자와 사용자의 윤리

첫째, 개발자의 윤리는 과학자의 도덕성과 인간 본연의 윤리성에 관한 전통적인 원칙에 따른다.

둘째, 모럴 코드(윤리적 프로그래밍)의 구현 시 그 기준은 보편적인 윤리를 규칙으로 설정하는데 대부분의 윤리학자들은 칸트의 의무론적 윤리를 구체화하는 방식이 바람직하다고 보고 있다.

셋째, AI가 자아의식을 갖거나 생명체의 생존을 위한 합리적 추론을 선택하는 방향으로 진화하게 된다면 그것을 예측하거나 통제하기는 힘들어질 것이다. 그러므로 AI가 극단적인 방향으로 흐르지 않도록 하는 방법에 대한 고민이 필요하다.

넷째, 도입자나 사용자들이 어떻게 사용할 것인지에 관한 관점으로, 이는 객관적 AI 기계를 살인, 도둑질, 사기, 무기 등과 같은 비윤리적 용도에 사용하는 것에 대한 규제 문제이다. 이 부분은 교육에서 매우 중요하며 AI 사용자가 개발자나 연구자보다 더 많기 때문에 이들이 개발자(연구자)의 윤리적 의도와 행동을 통제하고 인간 중심의 기술로 개발하도록 도와줘야 한다.

ARTIFICIAL INTELLIGENCE

3. 산업 분야별 AI 윤리 이슈

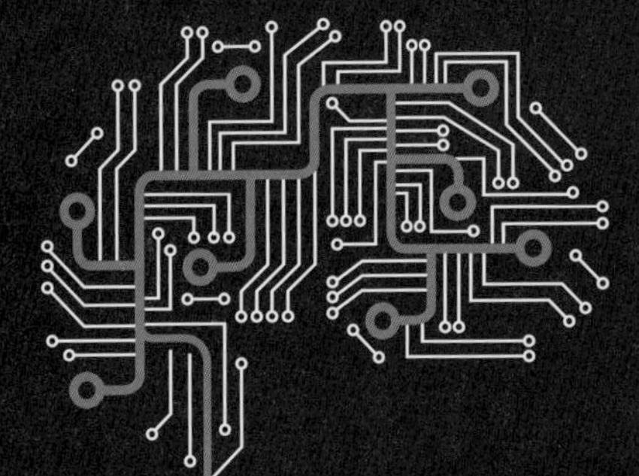

컴퓨터의 등장으로 컴퓨터 윤리가 등장하고, 인터넷의 확산으로 네티켓과 사이버 윤리가 등장했으며 정보통신기술에서는 정보통신기술윤리가 등장했다. 인공지능의 등장은 기술에 대한 윤리적 접근을 넘어 인간의 윤리와 도덕을 근본적으로 바꾸고 있다.

AI 윤리학은 전통적인 윤리학에 과학 기술, 철학 그리고 정보 철학이 결합된 간학문이다. 루치아노 플로리디(Luciano Floridi)는 기존 윤리학은 지나치게 인간 중심적이고 행위자 중심적인 내용을 논의하는 형태여서 정보 중심 사회, 특히 AI 기술의 시대에 직면하게 될 다양한 윤리 문제들을 대면하고 해결 방안을 탐색하기에는 어려움이 있다고 지적했다.

이에 국내외 AI 윤리 연구자들은 일반적인 AI를 위한 도덕이 아니라 각 산업 분야별, 도메인 유형별로 AI의 쓰임에 따라 그 목표와 개발 – 활용 범위가 제한된 윤리적 제약과 규범을 고려해야 한다고 주장하고 있다. 즉, 전통적인 윤리나 범용적인 AI 윤리적 접근 방법 대신 응용 AI 윤리로서 AI가 특화된 분야의 기술들이 사회적·인간적으로 큰 충격과 이슈를 만들기 때문에 그 개별 영역에 적용되거나, 특별히 적용해야 하는 AI 윤리의 각론적 문제를 고민해야 한다고 했다. 즉, 보다 구체적으로 각 산업별, 유형별 AI 윤리 문제를 논해야 한다는 주장이 힘을 얻고 있다. 이렇듯 AI 윤리 담론의 변화 과정은 기계 – 사람 – 산업분야로 확대되고 있다.

AI 로봇 자체의 윤리 (기계 윤리)

- 로봇 3원칙
- AMA(인공적 도덕 행위자) 등 AI의 윤리적 설계

➡

사람의 윤리 (개발자, 공급자, 이용자)

- 지능형 로봇 윤리 헌장
- 지능 정보 사회 윤리 가이드라인
- 지능 정보 사회 윤리 헌장

➡

산업 분야별 윤리

- 제조, 의료, 법률, 금융, 국방 등 산업 분야별 적용 가능한 윤리 기준 정립
- 입법, 정책과의 조응(照應)
- AI 관련 산업 발전과의 조화

국내에서는 정보통신산업진흥원(2017)에서 산업 분야별 AI 윤리를 보고서로 제시했는데, AI가 특화돼 적용되는 분야는 순서대로 다음과 같다.

▼ AI가 적용되는 분야

순위	분야	AI 응용 서비스
1	의료	실시간 건강 관리, 치료, 원격 의료, 정밀 의료, 예방, 신약 개발, 재활, 의료보험, 환자 이송, 애완동물관리
2	금융	로보어드바이저, 고객맞춤 서비스, 금융시장 분석, 금융 감시, 금융보안, 신용평가, 통화정책, 보험설계
3	스마트홈	스마트허브, 지능형 가전, 스마트 방범, 돌봄 로봇, 소셜 로봇, 지능형 가구, 스마트 방범시스템
4	교통	자율주행자동차, 교통 혼잡 예측, 차세대 지능형 교통시스템, 자율비행체, 지능형주차, 대중교통 수요 예측, 도로보수로봇
5	제조	실시간 공정 제어, 공정 관리 서비스, 생산로봇, 실시간 생산, 재고 관리 시스템, 공장 데이터 통합 플랫폼, 공장 보안 시스템, 재고 관리 로봇
6	도시 관리	도시정보 통합 플랫폼, 도시교통정보시스템, 건설 스마트 관리, 스마트 워터 그리드, 부동산 분석 및 예측, 부동산 감정평가
7	교육	개별화 교육, 수행평가 분석, 언어 지원 로봇, 가정교사 로봇, 진로 결정, 취업컨설팅, AI 조교
8	유통	맞춤형 상품 추천, 최적 운송경로 분석, 드론-로봇 배송, 실시간 사용자 타겟 마케칭, 무인 판매, 판매 데이터 분석, 집하 효율화 로봇, 콜센터 상담
9	복지	위법 조사, 무인 민원, 노인 돌보미 로봇, 지능형 세정 민원 상담, 주차 위반 처리, 복지 수혜자 선별, 사회 복귀 상담
10	안전	지능형 범죄 프로파일링, 보안 위험 분석, 재난 예측, 재난 통제, 인명 구조 대응, 화재 위험 예측, 보이스피싱 예방, 몽타주 작성
11	법률	AI 변호사, 문서 검색 및 분석, 판례 전문가 분석, 법률 문서 작성, AI 판사, AI 검사, AI 배심원
12	에너지	국가 에너지 관리, EMS, 에너지테이터 플랫폼, 배전 지능화, 마이크로 그리드, 에너지교환, 에너지 거래, 수요 자원 거래 시장, 발전소 안전관리
13	사무 관리	지능형 검색, 자동 군집화, 자동 보고서, 문서 분류 및 작성, 자산자동 분류, 특허 자동 분석, 산재 현황 분석, 이직 현상 원인 예측
14	국방	국방경계 시스템, 디지털 참모, 군사용 로봇, 워게임, 무인 수송, 정보전 자료 분석, 무인 무기 시스템
15	문화 관광	자동 번역, 지능형 게임, 실감형 가상여행, 맞춤형 여행 컨설팅, 선수 컨디션 관리, 경기 분석, AI 캐릭터, 작곡 및 화가, 가상비서
16	농업	수확량 예측, 병충해 판단 및 예측, 재배 환경 조절, 농업용 로봇, 자동 토양 분석
17	환경	일기예보, 미세먼지 예보, 지구활동 예측, 화재 감시, 생물 개체수 분석, 생물 서식지 분석, 산림 파괴 분석 및 감시

(출처: IITP 자료, 이은옥(2017), 산업별 지능형 융합 서비스 미래상 전망, 정보통신산업진흥원 주간기술동향 보고서)

이에 따른 윤리적 이슈는 4차산업혁명위원회에서 네 가지의 대표 AI 융합 산업 분야를 선정해 제시했다(이원태, 김정언, 선지원, 이시직(2018), 4차 산업혁명 시대 산업별 AI 윤리의 이슈 분석 및 정책적 대응 방안 연구, 정보통신정책연구원). 각 분야의 AI 윤리 이슈와 쟁점을 살펴보자(출처: https://www.kisdi.re.kr/kisdi/common/premium?file=1%7C14531)

3.1 제조 분야: 자율주행자동차

AI 분야와 융합해 발전하고 있는 제조분야의 대표 주자는 자율주행자동차이다. 자율주행자동차는 로봇으로서의 특징을 고려한다. 자율주행자동차는 지각(Sensing) – 정보 처리(Computing) – 운동 출력(Motion)이라는 로봇의 정의적 요소를 전형적으로 구현한 물리적 자동화 기계로 보는 것이다.

자율주행자동차와 관련된 AI 윤리 이슈와 쟁점은 다음과 같다.

- 사후적 차원의 윤리적 접근: 자율주행자동차 관련 책임 귀속의 곤란성
- 사전적 차원의 윤리적 접근: 자동차 사고의 일상성 내지 정상성으로 자동차의 기계적 장비 및 자율주행 소프트웨어 프로그램의 결함 내지 오작동으로 인한 교통사고 발생 가능성
- 자율주행자동차의 행위 주체성, 윤리적 책무성, 법리적·정책적 책임
- 사전적 단계로서 자율주행자동차의 윤리적 프로그래밍: 알고리즘과 프로그래밍 개발의 책임성
- 윤리적 AI의 구현을 위한 접근 방법: 도덕적·윤리적 로봇을 만들어 가는 과정은 인간의 규범적 가치 기준을 AI에 전이(transfer)해 로봇에 구현
- 자율주행자동차와 트롤리 문제에서의 윤리적 딜레마: 자율주행자동차의 윤리적 딜레마와 판단 기준 및 우선순위 문제
- 자율주행자동차의 윤리적 프로그래밍을 위한 이론적 시도: 공리주의적 관점과 의무론적 관점
  - 자기보존 알고리즘(Self-preservation Algorithm)
  - 자기희생 알고리즘(Self-sacrifice Algorithm)
  - 최소 피해 알고리즘(Harm-minimizing Algorithm)

3.2 금융 분야: 로보어드바이저

금융 산업은 서비스 산업으로서 신용에 바탕을 두고 있다. 금융 분야에서 빈번히 이야기되는 금융 윤리는 직무 윤리를 말한다. AI가 융합된 금융 산업에서의 직무 윤리는 본래의 직무 윤리 이상의 윤리에 초점을 맞출 필요성이 있다.

AI가 금융계에 사용되면서 기존 금융 시스템보다는 그 효과가 높아졌지만, 그에 따른 AI 기반 금융계의 시스템 문제가 발생하는 원인은 다음과 같다.

- 과잉적합(Overfitting)의 가능성이다.
- 영향을 미치는 요인들이 너무 많아 정확도가 떨어진다.
- 딥러닝의 판단은 블랙박스형이라 결과에 대한 설명이 어렵다.
- AI에 의한 알고리즘이 광범하게 사용되면 가치 급변을 야기한다.

금융 분야에서 지능화된 자동화 기술에는 금융 투자 조언과 자산관리 서비스를 융합한 로보어드바이저(Robo-advisor)가 있다. 로보어드바이저의 윤리 이슈와 쟁점은 다음과 같다.

- AI 발전(딥러닝과 기계학습 포함)·이용 규모 및 정도(자율형 AI의 범용화, AI 간의 통신 담합 가능성 등)
- AI 설계 검증 기술의 발전 정도
- AI에 내재된 위험 정도(오류, 해킹, 잘못된 설계, 블랙박스 대응, 금융시장에 미치는 영향 등)
- 감독 기관의 검사, 감독 역량
- 금융회사 내부 통제·금융 소비자 보호 수준
- AI 로보어드바이저에 대한 금융 소비자의 이용 정도(집단행동의 정도)·이해 수준·교육 수준
- 금융 소비자의 로보어드바이저에 내재한 위험 인식과 선호도 정도
- 로보어드바이저 관련 법 제도 정비 수준(헌법·사법적 전자 인간 인정, 형사법제·행정법제 정비 정도, AI 관련 상품 다양화, 상품 간 규제 차별 해소, AI 이용 시 규제 준수 비용, 경쟁 담보 등)
- AI의 불공정 행위 유형 피해 구제 방법과 수준
- 국가 간 공조와 정보 공유 수준

3.3 의료 분야: 건강 의료

의료 AI는 개인별-환자별 맞춤 의료, 초정밀 의료, 검사의 남용 및 과잉 진단의 해소 등은 물론 오진 및 부작용의 억제에도 많은 기여와 긍정적인 효과를 기대하고 있다. 또한 예방 의료로서 질병의 사전 분석과 바이러스와 같은 유행병의 예측으로 삶의 질을 제고하고 고령화 시대의 건강과 풍요로운 삶을 약속하고 있다.

의료 분야에서 AI를 활용함으로써 나타나는 부작용이 많이 등장했는데, 그에 따른 AI 윤리 이슈와 쟁점은 다음과 같다.

- 의사의 권한 축소, 개인정보 유출, 의료 수혜 격차 등
- 인간의 몸에 대한 양화 · 수치화 · 등급화와 차별 가능성 • 기술 수혜의 격차(건강 형평성) 증가 논란
- 유사·불법·자가 의료 행위의 확산 우려
- 기술적 실직(Technological Unemployment) 갈등, 탈숙련화 출현

- 의료 '로봇–사피엔스'의 출현과 법적 인격 부여 논란
- 의료 AI의 의료 행위 · 의료 기기 여부 논란
- 의료 AI의 정확성 · 활용 효용성 · 사용 편의성 논란
- 의료 AI의 오작동 우려
- 데이터(의료 정보) 확보와 관리의 투명성 · 합리성 문제
- 의료 AI의 신뢰도 제고에 따른 의료 분쟁 시 책임 논란
- 데이터(의료 정보)의 상업적 · 범죄적 유출 및 악용, 오 · 남용 피해
- 의료 정보의 자산화와 공익적 활용 과정의 문제
- 의료 AI의 사회화 알고리즘 구성의 필요

3.4 군사 분야: 자율 무기 체계

AI의 무기화는 각 나라에서 국방의 자주화와 국가 안보의 필요 조건으로 여겨 도입하고 있지만 그에 따른 문제점과 인류의 우울한 미래를 제기하는 데 주요한 키워드가 되고 있다. 인간의 살상과 국가 인프라의 파괴 등을 고려할 때 그 어떤 과학 기술의 응용 분야보다 국가 안보 차원의 법적·윤리 쟁점을 야기하고 있다.

- 치명적 자율 무기 체계에 대한 윤리적 · 도덕적 해이의 문제
- 인간 생명 경시의 문제
- 인간성의 피폐화와 수단화 문제
- 신기술 출현에 따른 윤리 이슈
  - 신기술 개발과 생산 단계에서의 윤리 이슈
  - 신기술의 실험 단계에서의 윤리 이슈: 안전성과 효용성
  - 신기술의 실전 배치 단계에서의 윤리 이슈: 프라이버시, 적군 인식의 정확성
  - 국제 관계적 윤리 이슈

이러한 군사 분야의 윤리 이슈에 대한 적용과 통제, 기관의 대응 방안에 대한 질문은 다음과 같다.

- AI 개발을 위한 민간 및 정부 자금의 적절한 균형은 무엇인가?
- 국민의 대의기구인 의회는 군사 AI 적응을 용이하게 하는 국방 획득 개혁 사업에 어떤 영향을 미칠 수 있는가?
- 의회나 국방부가 AI(AI) 무기 개발을 효과적으로 감독하려면 어떤 변화가 필요한가?

• 군사 목적 AI(AI) 애플리케이션의 개발 보급을 위해 필요한 규제 변경에는 어떠한 것이 있는가?
• 국제 경쟁사로부터 미국 AI(AI) 기술을 보호하고 미국의 우위를 지속적으로 지키기 위해서는 의회가 어떤 조치를 취해야 하는가?

ARTIFICIAL INTELLIGENCE

4. AI 윤리의 국내외 사례

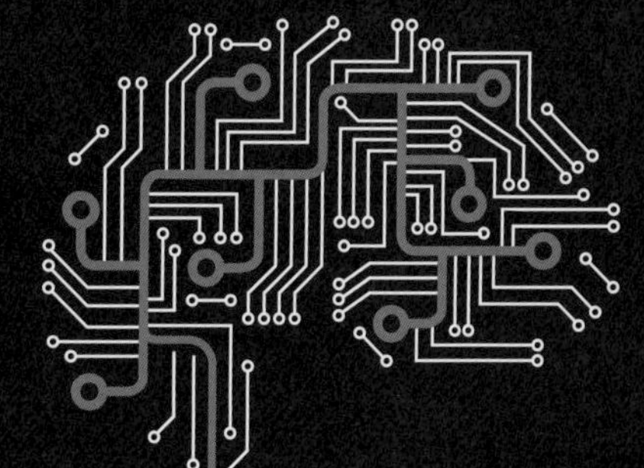

목적성 없는 도전과 방향성 없는 미션은 무엇인가 성취한다 해도 그 가치를 평가하기 어렵다. 새로운 지적 무기체를 개발하는 과정에서 윤리적인 목적과 방향이 없다면 그 가치를 찾기 이전에 인류에게 해악을 끼칠 것은 불 보듯 뻔한 도전과 미션이 될 것이다.

AI 윤리 교육에서 가장 알려진 이슈는 '트롤리 딜레마(Trolley Dilemma)'이다. 자율주행자동차와 같은 AI 기술이 사회에 자연스럽게 적용되기 위해서는 답하기 어려운 문제에 대한 대응 체계가 요구되기 때문이다.

미국의 AI 데이터 전문 기업 'Figure Eight'에서 발간한 「2017 Data Scientist Report」에 따르면 'AI 윤리와 관련한 어떤 이슈를 중요하게 생각하는가?'에 대한 질문에 63%에 해당하는 사람들이 '기계학습에 인종, 종교와 같은 인간의 편견이 프로그램되는 것'이라고 응답했다고 한다. 공통적으로 합의돼야 하는 도덕성에 대한 프로그래밍, 인간의 작업 영역이 기계로 대체되는 것이 그 뒤를 이었다.

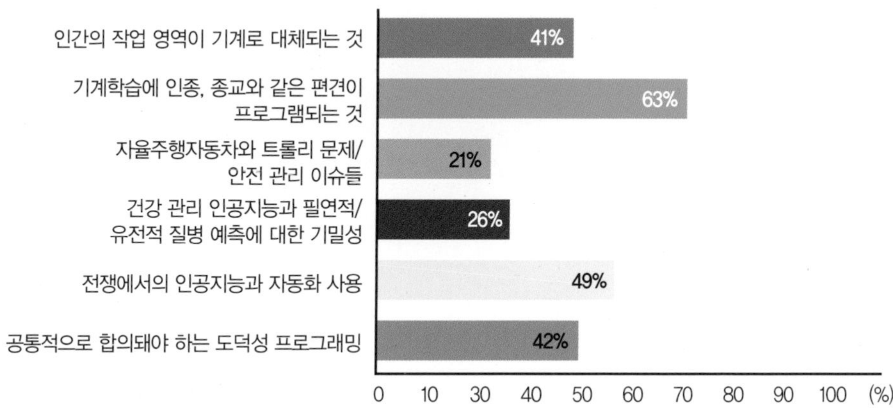

▲ AI 윤리와 관련한 이슈 설문 결과
(출처: 「2017 Data Scientist Report」)

이러한 AI가 제기하는 윤리적 이슈는 명확한 답이 없으므로 각 분야에서의 논의가 반드시 필요하다. 그래서 AI 선두주자인 대학, 연구소, 기업 등에서는 AI와 윤리에 대한 가치 확립과 공론화에 힘쓰고 있다.

전 세계적으로 주요 IT 기업들은 AI 윤리 확산을 위한 기업 윤리 헌장을 발표하고 있다. 마이크로소프트는 'AI 윤리 디자인 가이드'를 발표했고, 구글은 'AI 윤리 원칙', IBM은 '기업이 신뢰할 수 있는 AI'를 발표했다. 국내 기업에서도 윤리 원칙을 발표하고 있다.

▼ 카카오 AI 윤리 헌장(2018. 1.)

구분	내용
알고리즘의 기본 원칙	알고리즘과 관련된 모든 노력을 우리 사회 윤리 안에서 다하며, 이를 통해 인류의 편익과 행복을 추구한다.
차별에 대한 경계	알고리즘 결과에서 의도적인 사회적 차별이 일어나지 않도록 경계한다.
학습 데이터 운영	알고리즘에 입력되는 학습 데이터를 사회 윤리에 근거해 수집 · 분석 · 활용한다.
알고리즘의 독립성	알고리즘이 누군가에 의해 자의적으로 훼손되거나 영향받는 일이 없도록 엄정하게 관리한다.
알고리즘에 대한 설명	이용자와의 신뢰 관계를 위해 기업 경쟁력을 훼손하지 않는 범위 내에서 알고리즘에 대해 성실하게 설명한다.

IBM에서 발간한 「Everyday Ethics for Artificial Intelligence」라는 보고서는 다섯 가지 영역의 윤리적 논의점을 중심으로 개발에 따른 이슈를 다루고 있다. 책무성(Accountability), 가치배분(Value Alignment), 설명 가능성(Explainability), 공정성(Fairness), 사용자 데이터 권리(User Data Rights)로 정하고 그에 따른 실천 매뉴얼과 사례를 제공하고 있다.

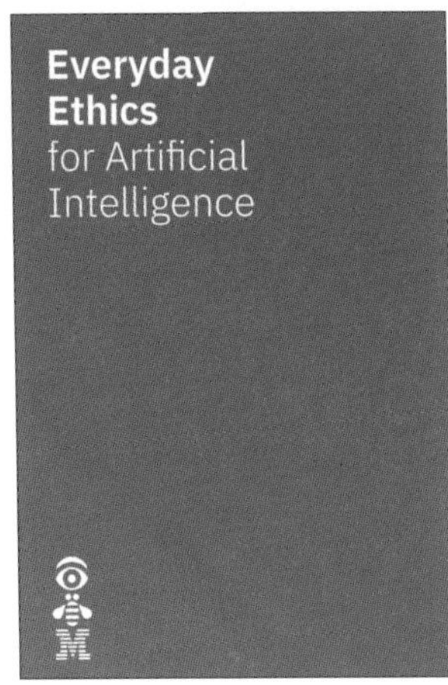

▲ Everyday Ethics for Artificial Intelligence(IBM)

마이크로소프트는 AI의 개발에 따른 네 가지 윤리 원칙을 제시했다.

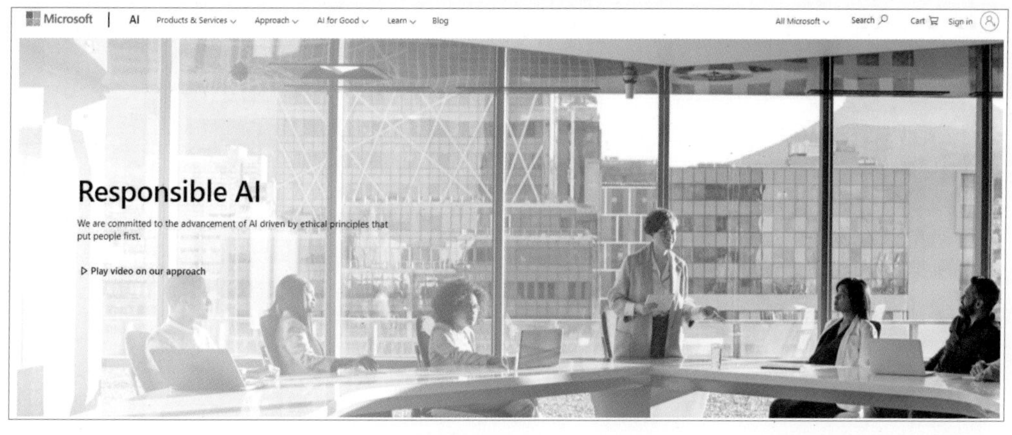

▲ Microsoft AI 원칙
(출처: https://www.microsoft.com/en-us/ai/responsible-ai?activetab=pivot1:primaryr6)

- 공평성(Fairness): AI 시스템은 모든 사람을 공정하게 대해야 한다.
- 신뢰성 및 안전성(Reliability & Safety) : AI 시스템은 안정적이고 안전하게 작동해야 한다.
- 개인정보 보호 및 보안(Privacy & Security) : AI 시스템은 안전해야 하며 개인정보를 존중해야 한다.
- 포용성(Inclusiveness) : AI 시스템은 모든 사람에게 권한을 부여하고 사람들을 참여시켜야 한다.
- 투명성(Transparency): AI 시스템은 이해할 수 있어야 한다.
- 책임(Accountability): 인공지능 알고리즘은 책무성을 가져야 한다.

구글에 인수된 딥마인드는 2017년도에 AI가 제기하는 윤리적 이슈와 사회적 영향에 대응하기 위해 'DMES(DeepMind Ethics & Society)'를 설립했다. DMES는 AI 윤리 연구의 원칙들을 다음과 같이 설정했다.

- 글로벌 사회와 환경에 도움이 되도록 기술을 개발한다.
- 실험과 증거를 기반으로 엄격한 연구를 한다.
- 개발, 투자, 재정 등 모든 과정이 투명하고 개방적이어야 한다.
- 다양성과 의견을 수렴하며 학구적이어야 한다.
- 분야를 가리지 않고 협업한다.

DMES는 AI 윤리와 관련된 연구 분야를 진행하고 있다.

- 개인정보 보호, 투명성, 공정성
- 경제적 영향에 대한 포괄성과 동등성
- AI 거버넌스와 책무성

- AI의 결과에 따른 오남용의 관리
- AI의 도덕성과 가치

구글은 텐서플로와 같은 첨단 AI 기술을 공개하고 공유하는 과정에서 살상무기로 활용되는 것을 예방하기 위해 AI의 활용 목표를 다음과 같이 제시했다.

- 사회적 유익성
- 불공정한 편향의 생성 – 강화의 금지
- 강력한 안전 및 보안의 실행
- 책임을 지는 AI 시스템
- 개인정보보호 원칙을 AI 설계에 통합

이에 따라 AI 기술 활용을 금지하는 분야를 설정했다.

- 전반적으로 해악을 주거나 일으킬 가능성이 있는 기술(중대한 위해의 위험이 있다면 이익이 중대한 위험보다 우위에 있다고 믿는 분야에서만 진행하고 이 경우에도 적절한 안전 제약을 부과하도록 한다.)
- 인명 피해를 야기하거나 직접적인 손상을 가하는 목적의 무기 또는 기타 기술
- 국제 규범을 위반하는 감시 활동(surveillance)을 통해 얻어진 정보를 사용하는 기술
- 국제법 및 인권 원칙에 위배되는 기술

(출처: Artificial Intelligence at Google: Our Principles https://ai.google/principles/)

국제전기전자학회(IEEE)는 AI 개발에 관련해 '윤리적으로 조정된 설계'(Ethically Aligned Design, EAD. Ver. 2)를 발표하고 다음과 같은 기준안을 제시했다.

▲ Ethically Aligned Design(IEEE)

- **인권(Human Rights):** 자율적 지능 시스템의 윤리적 설계, 개발, 실행은 국제적으로 인정되는 인권을 인정해야 한다.
- **복리(Well-being):** 자율적 지능 시스템의 윤리적 설계, 개발, 실행은 인간 복리의 측정을 우선시해야 한다.
- **책무성(Accountability):** 자율적 지능 시스템의 윤리적 설계와 조작자는 책임과 책무성이 요구된다.
- **투명성(Transparency):** 자율적 지능 시스템의 윤리적 설계, 개발, 실행은 투명해야만 한다.
- **오남용에 대한 인식(Awareness of misuse):** 자율적 지능 시스템의 윤리적 설계, 개발, 실행은 오남용을 최소화해야 한다.

ACM은 '알고리즘 투명성과 책무성에 대한 성명'을 발표했다. 그 세부 내용은 다음과 같다.

- AI 설계자, 개발자, 소유자, 이해관계자들의 편향 가능성에 대한 인식(Awareness)
- 이용과 수정(Access and redress)에 관한 통제권의 메커니즘 채택
- 개발자와 사용자의 책무성(Accountability)
- 알고리즘의 설명 가능성(Explanation)
- 데이터의 출처 파악(Data Provenance)
- AI 모형, 알고리즘, 데이터 및 결정의 감사 가능성(Auditability)
- 연구 개발자들은 AI 모델의 검증과 검사(Validation and Testing)가 가능하도록 문서화하고 공개하기

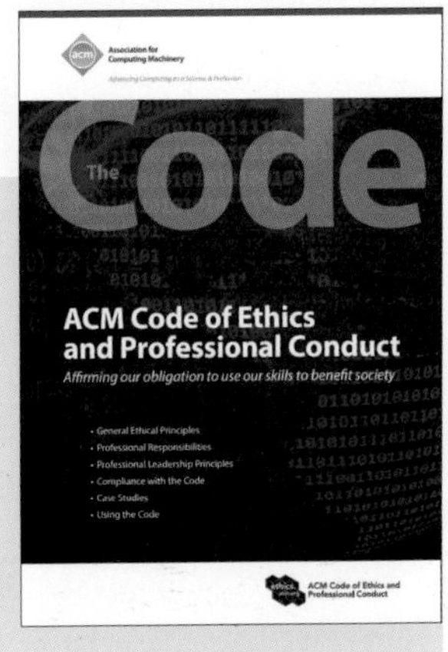

▲ ACM Code of Ethics and Professional Conduct

유럽연합의회에서는 AI를 '전자인간'으로 인정한다는 「로봇 시민법」을 발표하고, ITechLaw에서는 '책임 있는 AI: 글로벌 정책 프레임워크'를 발표했다. 미국방성 DARPA는 '설명 가능 AI'를 위한 블랙박스에 대비되는 개념의 '글래스박스' 프로젝트를 진행했다.

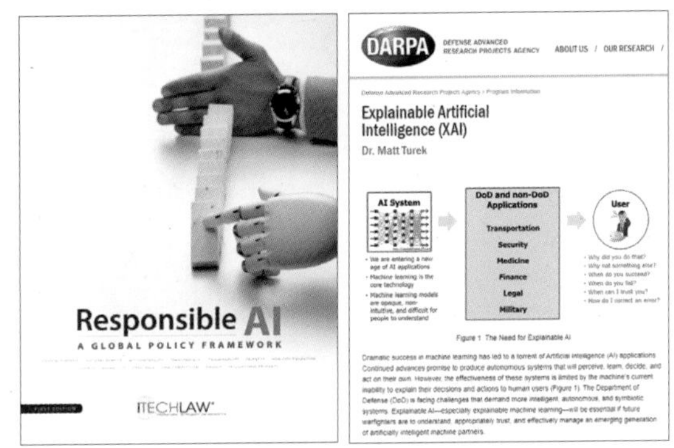

▲ Responsible AI(ITechLaw), Explainable AI(DARPA)

▼ 각 국가별 AI 윤리의 연구 동향

국가명	주요 내용
미국	• AI의 윤리적 · 법적 · 사회적 의미 연구 • 윤리 체계 구축: 학계와 협력해 윤리 및 보안 커리큘럼 구축 • 안전 기준 마련 • 2017 뉴욕시 의회, '알고리즘 책임 법안' 통과시킴
EU	• 2018년 6월 AI 윤리 연구를 위한 독립적인 전문가 그룹을 구성하고, 2019년 4월 AI 윤리 가이드라인을 발표함(신뢰 가능한 AI를 위한 원칙과 구체적 요건 도출). EU 집행위원회 보도자료, "Artificial intelligence: Commission takes forward its work on ethics guidelines", 2019. 4. 8.(http://europa. eu/rapid/press-release_IP-19-1893_en.htm)
중국	• 일곱 가지 AI 안전 기준 마련 – 화합과 우호, 공평과 공정, 포용과 공유, 프라이버시 존중, 제어 가능한 보안 동의 책임, 개방과 협력, 민첩한 관리
인도	• 윤리위원회 설립, 윤리 행동 강령 신설 및 적용
영국	• 데이터 윤리 체계 구축 및 AI 인식 재설계

프랑스	• AI 관련 규정: 유럽의 AI 관련 규정 개발 주도 • AI 기술의 투명성 확보를 위한 모델 및 UI 생산 • 윤리위원회 설립
싱가포르	• 윤리 체계 구축: 정부, 업계, 학계 및 대중과의 소통을 통한 체계 구축

국제 기구, 비영리 단체는 AI 기술의 안전하고 윤리적인 개발과 활용을 위한 윤리 가이드라인을 제시하고 있다.

국가명	주요 내용
OECD	• OECD 과학기술혁신국(DSTI) 산하 디지털경제정책위원회(CDEP)는 2019년 5월 AI 권고안을 제안함.
UNESCO	• UNESCO 집행위원회는 2019년 3월 AI 윤리 표준화 작업을 위한 예비 보고서를 승인하고 발간함.
Future of Life	• 미국의 비영리단체인 Future of Life는 2017년 1월 아실로마에서 열린 AI 컨퍼런스에서 AI 기술 개발자들이 지켜야 할 23개 원칙을 제시함.

OECD는 AI의 사회적 영향에 대해 다음과 같은 질문을 던지며 이에 부합하는 정책으로 AI의 개발과 활용이 되는 기준안을 제시했다.

- 혁신 생태계와 규제 체계가 AI가 개발을 촉진할 수 있는 방법은 무엇인가?
- AI가 제공하는 기회를 통해 더 나은 삶을 어떻게 지원할 수 있는가?
- 중소기업을 포함한 기업이 어떻게 AI로의 전환에서 기회를 얻을 수 있는가?
- AI가 불평등을 악화시키지 않도록 보장할 수 있는 방법은 무엇인가?
- AI는 경쟁력, 혁신 및 지속 가능한 성장을 어떻게 개선할 수 있는가?
- 정부와 기업은 시민들에게 더 나은 서비스를 제공하기 위해 AI를 어떻게 활용할 수 있는가?
- 발전과 변화의 부정적인 영향을 최소화하면서 어떻게 시민, 교육자 및 기업이 미래의 일자리를 준비하도록 해야 하는가?
- AI를 사용할 때 편견을 완화시켜 모든 사람을 위해 봉사할 수 있는 방법은 무엇인가?
- AI 시스템은 어떻게 안전하고, 투명하게 책임질 수 있는가?

트롤리 딜레마

트롤리 딜레마(Trolley Dilemma)는 '윤리학적 사고 실험'으로 유명하다. 다음 문제 상황에서 대답은 오직 '허용된다.'와 '허용되지 않는다' 둘 중 하나만 선택해야 한다. 나라면 어떤 선택을 할 것인지 생각해보자.

광산의 광차가 운행 중 이상이 생겨 제어 불능 상태가 됐다. 이대로는 선로에 있는 5명이 치여 죽는다. 하지만 다행히도 이반이 선로 전환기 옆에 있고, 이 전환기를 돌리면 광차를 다른 선로로 보냄으로써 5명을 살릴 수 있다. 하지만 문제는 그 다른 선로에 1명이 있어서 그 사람이 치여 죽고 만다. 어느 쪽도 대피할 시간은 없다. 이때 도덕적 관점에서 이반이 전환기를 돌리는 것이 허용되는가?

▲ 트롤리 딜레마 상황

이 문제는 '5명을 살리기 위해 1명을 죽여도 되는가?'라는 것이다. 공리주의의 관점에서는 1명을 희생해서라도 5명을 구해야 하지만, 의무론에서는 누군가를 다른 목적을 위해 이용해서는 안 되며 따라서 아무것도 해서는 안 된다.

자율주행자동차가 개발되고 대중화를 앞두고 있기 때문에 이와 비슷한 상황의 윤리적 문제를 해결하는 것은 반드시 필요하다. 운전을 하면서 발생할 수 있는 이러한 딜레마 역시 사람이 알고리즘을 짜 자동차가 판단할 수 있게 해줘야 하기 때문이다. 미국 MIT 미디어랩에서는 '윤리 기계(Moral Machine)'라는 13가지 설문 문항을 만들어 응답 자료를 모으고 있다.

갑작스런 브레이크 고장이 발생한 무인자동차는 직진할 경우 무단 횡단하고 있는 4명의 노숙자, 1명의 여성을 치게 되고, 다른 차선으로 방향을 틀면 신호를 받아 길을 건너고 있는 4명의 남성 경영자, 1명의 여성을 치게 된다. 무인 자동차는 어떻게 해야 할까?

무인자동차는 어떻게 해야 할까요?

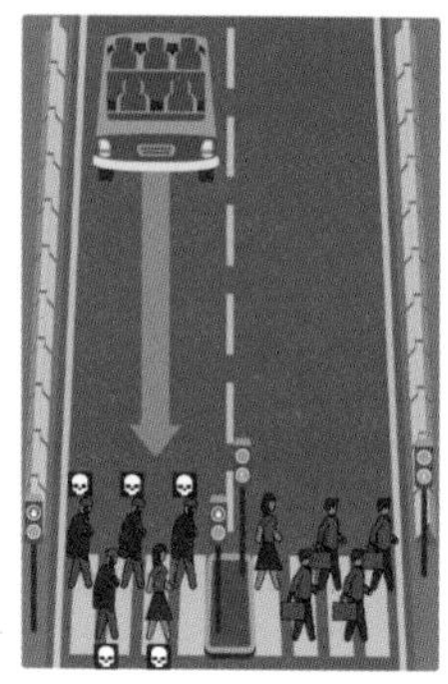

▲ 모럴머신 딜레마 상황
(출처: http://moralmachine.mit.edu/)

이 조사는 전 세계 수백만 명의 사람들이 응답했고, 조사 결과는 《네이처(Nature)》에 실렸다. 조사 결과는 윤리나 도덕이라는 것이 결코 한 가지로 정의될 수 없음을 보여줬다. 전 세계 공통으로 통하는 기본 원칙은 동물보다는 사람, 소수보다는 다수, 그리고 아이를 우선시한다는 것이었다. 그리고 선택의 경향에 따라 서구권, 동양권, 오세아니아 및 남미권 세 개의 범주로 나눠졌다고 한다. 예를 들어 동양에서는 어린 사람을 구하는 것에 대한 선호도가 좀 더 낮았다고 한다. 그렇다고 많은 사람이 선택한 결정으로, 지역권으로 다르게 알고리즘을 짠다는 것은 무리가 있다. 이러한 문제들은 AI 시대를 살아가는 우리에게 많은 질문과 생각거리를 던져준다.

인간과 AI 대결의 역사	
1980	[Othello] 1980년대에 카이푸 리(Kai-Fu Lee)와 산조이 마하잔(Sanjoy Mahajan)은 보드 게임 'Othello'를 플레이하기 위한 베이지안 학습 기반 시스템인 'BILL'을 개발함. 1989년 이 프로그램은 미국 컴퓨터 선수 토너먼트에서 우승했으며 미국 최고 순위의 브라이언 로즈를 이김. 1997년, 'Logistello'라는 프로그램이 오델로 세계 챔피언을 상대로 한 여섯 경기에서 모두 승리함.
1995	[Checkers] 1952년 아서 사무엘(Arthur Samuels)은 체커 게임을하고 셀프 플레이를 통해 개선된 일련의 프로그램을 구축함. 그러나 1995년이 돼서야 체커 플레이 프로그램 '치누크'가 세계 챔피언을 이김.
1997	[Chess] 1950년대의 일부 컴퓨터 과학자들은 컴퓨터가 1967년까지 인간 체스 챔피언을 이길 것이라고 예측했지만, 1997년이 돼서야 IBM의 딥블루(DeepBlue) 시스템이 체스 챔피언인 게리 카스파로프(Gary Kasparov)를 이김. 오늘날 스마트폰에서 실행되는 체스 프로그램은 그랜드 마스터 수준에서 플레이할 수 있음.
2011	[Jeopardy!] 2011년에는 IBM Watson 컴퓨터 시스템이 인기 퀴즈 쇼인 'Jeopardy!'에 출연해, 전 우승자 브래드 러터(Brad Rutter)와 켄 제닝스(Ken Jennings)를 상대로 우승하고 100만 달러의 상금을 받음.
2015	[Atari Games] 2015년에 구글 딥마인드(Google DeepMind) 팀은 강화 학습 시스템을 사용해 49개의 아타리(Atari) 게임을 플레이하는 방법을 배움. 이 시스템은 대부분의 게임(예 Breakout)에서 인간 수준의 성능을 달성할 수 있었지만 일부는 도달하지 못함(예 Montezuma 's Revenge).

2016	**[ImageNet의 객체 분류]** 2016년 ImageNet 자동 라벨링 오류율은 2010년 28%에서 3% 미만으로 감소. 인간의 오류율은 약 5%임.
2016	**[Go]** 2016년 3월, 구글 딥마인드 팀이 개발한 알파고(AlphaGo) 시스템은 세계 최고의 바둑 플레이어 중 한 명인 이세돌을 4대1로 제압함. 딥마인드는 2017년 3월에 최고 순위 플레이어인 케이지(Ke Jie)를 이긴 알파고 마스터(AlphaGo Master)를 발표함. 2017년 10월, 「Nature」는 원래 알파고 시스템을 100–0으로 이긴 또 다른 새로운 버전인 알파고 제로(AlphaGo Zero)를 소개함.
2017	**[피부암 분류]** 2017년 「Nature」 기사에서 에스테바(Esteva) 등은 2,032개의 서로 다른 질병에 대한 129,450개의 임상 이미지 데이터셋으로 훈련된 AI 시스템을 설명하고 21명의 피부과 의사와 진단 성능을 비교함. 그 결과 피부과 의사에 필적하는 수준에서 피부암을 분류할 수 있는 AI 시스템을 발견함.
2017	**[스위치 보드의 음성 인식]** 2017년에 마이크로소프트와 IBM은 제한된 'Switchboard' 도메인에서 '인간 패리티' 음성 인식에 가까운 범위 내의 성능을 달성함.
2017	**[포커]** 2017년 1월 CMU의 프로그램인 'Libratus'는 2인용 헤즈업 노 리밋 텍사스 홀덤 토너먼트에서 승리함. 2017년 2월, 앨버타 대학의 'DeepStack'이라는 프로그램은 각각 3,000게임 이상 11명의 프로선수 그룹과 경기함. 'DeepStack'은 전문가에 대한 기술의 통계적 중요성을 입증하기에 충분한 포커 게임에서 승리한 것임.
2017	**[Ms. Pac-Man]** 마이크로소프트가 인수한 딥러닝 팀인 'Maluuba'는 'Atari 2600'에서 게임의 최대 점수인 999,900에 도달하는 방법을 학습하는 AI 시스템을 만듦.
2018	**[중국어-영어 번역]** 마이크로소프트 기계 번역 시스템은 뉴스 기사를 중국어에서 영어로 번역할 때 인간 수준의 품질과 정확성을 달성함. 테스트 데이터는 기계 번역 대회에서 일반적으로 사용되는 데이터셋인 'newstest 217'을 사용함.
2018	**[깃발 잡기]** 딥마인드 에이전트는 'Quake III Arena Capture the Flag' (인기 있는 3D 멀티 플레이어 1 인칭 비디오 게임)의 수정된 버전에서 인간 수준의 성능에 도달함. 요원들은 탐색, 따라 가기, 방어와 같은 인간과 유사한 행동을 보였고 강력한 인간 플레이어의 승률을 넘어 기존의 최첨단 시스템을 이김.
2018	**[DOTA 2]** OpenAI의 5개 신경망 팀인 'OpenAI Five'는 'Dota 2'에서 아마추어 인간 팀을 제압함. 'OpenAI Five'는 매일 180년 분량의 게임을 스스로 학습하면서 훈련함(OpenAI Five는 전문적인 인간 팀을 이기지 못해 아직 초인적이지 않음).
2018	**[전립선 암 등급]** 구글은 전립선 절제술 표본에서 전립선 암 등급을 평가할 때 전체 정확도 70%를 달성할 수 있는 딥 러닝 시스템을 개발함. 미국 이사회에서 인증받은 일반 병리학자가 달성한 평균 정확도는 61%임. 또한 검증 세트의 모든 샘플을 평가한 10명의 개인 일반 병리학자 중 딥러닝 시스템이 8명보다 정확했음.
2018	**[Alphafold]** 딥마인드는 방대한 양의 기하학적 서열 데이터를 사용해 이전보다 비교할 수 없는 수준의 정확도로 단백질의 3D 구조를 예측하는 'Alphafold'를 개발함.
2019	**[Alphastar]** 딥마인드는 'Starcraft II'에서 최고의 프로 선수를 이기기 위해 'Alphastar'를 개발함.
2019	**[전문가 수준의 정확도로 당뇨병 성 망막증(DR) 감지]** 최근 연구에서는 딥러닝 알고리즘이 전문가보다 훨씬 더 높은 정확도로 검증하고 있음을 보여주고 있음.
2020	**[스스로 학습해 원리를 터득하는 Muzero]** 게임 규칙에 대한 정보가 없어도 경기를 통해 스스로 게임의 규칙을 알아냄. **[Alphafold2]** CASP에서 1위

ARTIFICIAL INTELLIGENCE

5. AI 가치 교육의 접근

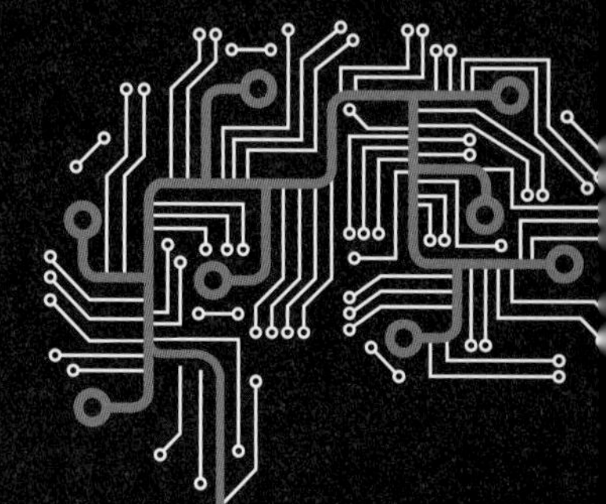

'인공지능이 윤리적인 기계가 될 수 있는가?'에 대한 논의는 인공지능 초창기부터 논의된 문제이다. 전통적으로 인공지능이 인간을 대치하는 수준으로 개발할 것인지, 인간의 지능을 강화하는 방향으로 개발할 것인지에 대한 관점의 차이에 따라 그 수준에 대한 논점의 내용이 달라진다.

4차 산업혁명의 핵심 기술로서 AI가 대두되고 있으며 지금도 매우 빠르게 일상생활 속에 스며들고 있다. AI의 상용화와 자율적 의사결정 범위가 넓어짐에 따라 지능형 알고리즘의 안전성과 책임성에 대한 이슈 역시 부각되고 있다. 이에 각 나라별, 연구 기관별, 기업별, 학교별로 AI 윤리에 대한 가치 확립과 공론화에 힘쓰고 있다. 이에 AI 교육과 더불어 AI의 사회적 이슈인 윤리적 문제를 함께 다뤄 교육 내용과 교수·학습 전략이 요구되고 있다. 학생들이 AI를 이해하고 활용해보는 수업과 함께 사회적 영향과 윤리적 이슈를 함께 다뤄봄으로써 융합적 사고력과 창의적 사고력으로 문제해결력을 기르는 동시에 기계와 인간이 더불어 살아갈 수 있는 가치와 태도를 바탕으로 AI 역량을 신장시켜주는 가치 교육이 필요하다.

AI를 이해하고 개발하며 실습을 통한 학습의 과정에서 사회적 영향과 윤리적인 이슈를 다뤄보는 교육과정이 필요하다. 특히, 인간을 돕고 협력하는 AI를 개발하기 위한 인간 중심의 AI의 특징과 개발의 과정이 제시돼야 한다. 또한 기계학습 과정에서 제기되는 데이터 편향, 설명가능 AI, 안전성과 신뢰성 이슈를 다뤄볼 수 있는 AI 프로그램의 개발이 요구된다.

5.1 국내외의 AI 윤리 교육 현황

AI는 4차 산업혁명의 핵심 기술로서 국가, 사회, 인류의 미래를 결정하는 핵심 요소가 돼 산업 구조뿐 아니라 우리 삶의 방식까지도 근본적으로 바꿀 것이라 예상하고 있다. 이에 과학기술정보통신부의 2019년 「데이터·AI 경제 활성화 계획 보고서」에는 AI 역기능 대응 및 AI 윤리 정립으로 사람 중심 AI를 실현하기 위한 윤리 교육 과정을 2021년 개발하고 보급하겠다는 계획이 담겨 있다. 또한 한국AI윤리협회는 2019년 AI 윤리와 안전 이슈에 대한 연구와 교육을 위한 'AI 윤리 헌장'선포했다.

핀란드 헬싱키대학은 EU 시민을 위한 AI 소양 사이트(https://www.elementsofai.com)를 개설해 AI의 개념과 알고리즘을 쉽게 설명하고 있다.

스탠퍼드대학은 2014년 'AI-철학, 윤리, 영향력(Artificial Intelligence – Philosophy, Ethics, and Impact)'이라는 과목을 편성했으며, AI 100년 연구 프로젝트를 시행하면서 인간 중심 AI 연구소인 'HAI'를 개소(https://hai.stanford.edu)해 인간을 위한 AI 연구를 수행하고 있다. 하버드대학은 2019년 컴퓨터 과학 전공 과정 내에 'Embedded ethics'라는 과목을 편성해 컴퓨터 과학과 철학을 주제로 AI 윤리 문제를 다루고 있다.

중국 과학원대학교에서는 2017년 'AI의 철학과 윤리'라는 과목 개설해 윤리학의 관점에서 AI의 다양한 주제를 다루고 있다.

MIT에서는 『AI + Ethics Curriculum for Middle School』 교재를 발간했으며 국내 KERIS에서는 이 교재를 『모두를 위한 AI 윤리』라는 번역서로 발간했다.

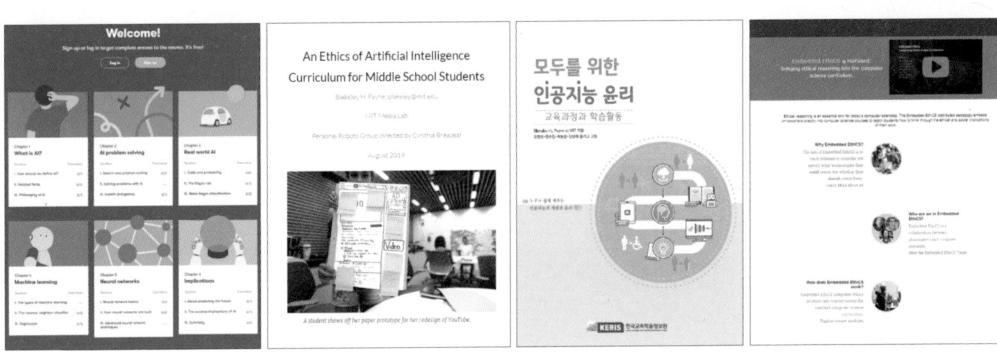

▲ elements of AI, MIT 교재와 국내 번역본, 하버드대학 AI 윤리 과목

▼ 중국과학원대학교의 AI 강의 내용

주제	
❶ AI의 철학과 윤리에 관한 역사	❻ 뇌의 컴퓨팅적 모델 철학과 뇌에서 영감을 받은 인공지능
❷ AI의 본질과 미래	❼ 기계 감정, 의식 및 윤리
❸ 기계적인 뇌와 윤리	❽ 자율 무기에 대한 윤리
❹ 언어 및 지식 이론	❾ 도덕적 기계와 도덕적 인간 – 기계 사회
❺ 인간의 인식과 자각의 철학	❿ AI 원리와 윤리의 국제적 노력과 한계

AI 윤리적 이슈의 미래 예측과 대응은 아직까지 과학자, 법학자 등 전문가 집단의 주도로 진행되고 있으나 교육에서부터라도 가장 기초적인 사례를 통해 인간 중심적인 태도로 논의하고 다양한 분야를 고려해 함께 토론해 나가는 자세가 필요하다.

ARTIFICIAL INTELLIGENCE

6. AI 가치 교육의 주제 구성

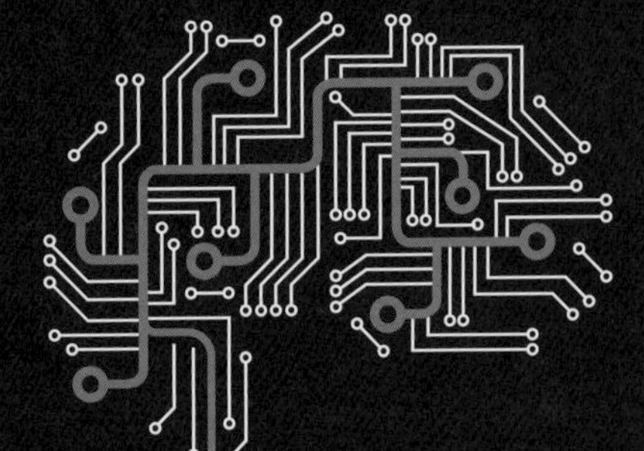

다양한 인공지능 윤리 원칙과 가이드라인이 정부 기관이나 대학, 연구 단체들에서 다양하게 발표됐다. 그 내용은 대부분 연구자의 윤리와 인공지능 시스템이 갖춰야 하는 특성이나 지켜야 하는 기준, 활용자와 도입자의 윤리 등을 선언적으로 기술했다.

AI와 인간의 관계에서 나타나는 이슈는 AI 기술에 따른 윤리 문제와 개인이 속해 있는 범위의 규모에 따른 문제로 나눠 살펴볼 수 있다.

AI와 인간의 관계에 나타나는 두 가지 이슈

❶ AI 기술 + 윤리 이슈 다섯 가지: 공정성, 투명성, 책임성, 인간성, 오용성

- **공정성:** 편견, 차별, 양극화, 트롤리
- **투명성:** 설명 가능, 사용 투명성
- **책임성:** 개발자 – 사용자 윤리, 책임 주체
- **인간성:** 인간 중심, 인간 무용성, 사생활 보호, 개인정보
- **오·남용성:** 공포심, 살상 무기, 남용, 도박·섹스 중독

❷ AI 기술 + 융합 프로젝트 다섯 가지: 개인(건강), 사회(경제), 국가(문화), 세계(평화), 지구(그린)

- **개인(생활):** 안전, 건강, 의료, 편리성, 교육
- **사회(경제):** 직업, 지적재산권, 기술 개발, 금융
- **국가(문화):** 법, 정치, 문화 전수, 소외 해소, 양극화 문제
- **세계(평화):** NGO, 군사, 소통, 갈등, 국제 협력
- **지구(그린):** 환경, 에너지, 식량, 인구

6.1 AI 가치 교육의 다양한 주제 구성

AI의 기반이 되며 기술의 수준을 결정하는 데이터 활용 요구와 이와 상충되는 개인정보보호·사생활 침해 등과 같은 이슈에 대한 연구가 EU를 중심으로 진행되고 있다. 또한 AI 기술 발달로 인한 일자리 대체와 뉴러다이트 운동의 등장 그리고 경제적 부의 불균형으로 인한 사회적 양극화에 대한 우려도 깊어지고 있는 상황으로, 주요 분석 기관들도 일자리에 대한 예측과 분석 결과들을 잇달아 발표하고 있다. 또한 산업에서는 자율주행자동차 등의 상용화가 다가옴에 따라 문제 발생 시 그 책임 소재의 설정 문제와 개발에 따른 책무성과 공개성도 주요 이슈 중의 하나로 점차 부각되고 있다.

- **데이터 확보 및 활용:** 데이터 3법과 프라이버시, 개인정보보호
- **일자리와 사회적 양극화:** 직업, 경제적 풍요, 일과 놀이
- **책임 소재 설정 이슈:** 책임 소재, 책임감, 책무성, 공정성, 공평성, 공개성, 정확성

「맥킨지」에서는 AI에 의해 나타날 사회적 도메인의 이슈를 다음 그림과 같이 제시했다.

▲ AI에 의해 나타날 사회적 도메인 이슈
(출처: Mckinsey Global Institute Analysis)

이러한 사회적 영향은 윤리적인 이슈와 분리해 설명하거나 이해하기 어렵기 때문에 AI를 바라보는 교육은 AI 가치 교육으로서 다음과 같은 몇 가지 방법으로 제시하고자 한다.

AI 가치 교육의 접근 방법은 크게 시간과 공간, 그 적용 주체에 관련된 주제인 사회, 개인 윤리, 인간, 미래로 구분할 수 있다. 예를 들면 다음과 같다.

- **AI와 사회:** 사회적 영향 → 직업의 재편, 양극화 문제, 인간과 기계의 협업, 사회적 변화
- **AI와 윤리:** 인간성, 안전성, 비차별성, 투명성, 공정성, 책임성, 존엄성, 사생활, 개인정보, 공포심, 남용(중독), 오용 등
- **AI와 인간:** 인간 중심, 착한, 선한, 책임, 협력체(기계 + 인간)
- **AI와 미래:** 단기 미래, 장기 미래와 특이점, 강인공지능 시대의 삶

단기적 관점에서 접근하는 방법으로 산업 분야별 AI 윤리의 쟁점과 이슈를 고려할 수 있는데, AI 개발과 활용의 과정에서 나타나는 주체를 중심으로 전개하는 방안을 고려할 수 있다.

- 개발자 윤리: 연구자, 설계자, 개발자, 구현자
- 사용자 윤리: 활용자, 고객, 개인, 기관, 투자자
- 도입자 윤리: 정책자, 법률가, 통제자, 대표자, 관리자

따라서 주요 산업에서 고려할 주체별 AI 가치 교육에는 다음의 네 가지 접근 방법이 있다.

- **AI 학자/설계자 돼보기:** 윤리적인 AI 학자
- **AI 개발하기:** 윤리적인 AI 모듈을 고려해 개발하기, 개발자되기
- **AI 결과에 대해 인식하기:** AI가 윤리적 추론하는가?
- **AI 활용자와 도입자 되기:** 법관, 군인, 의사, 정치가, 기업가 등

이러한 접근 방법은 AI로 나타나는 문제점을 해결하기 위한 기술적 접근 방안으로 연계할 수 있고 책임 있는 AI를 개발해 투명하고 책임성의 주체를 결정하고 활용하며 AI와 학자와 개발자, 정책자, 사업가 등의 역할을 대체해보는 활동으로 교육에서 다룰 수 있다.

AI 로봇의 윤리성과 도덕성에 대한 제안

미시간대학교의 벤자민 키퍼스(Benjamin Keepers)는 로봇의 도덕과 윤리에 관한 연구를 발표했다. 자율적 행동을 할 수 있는 AI 로봇이 등장했을 때 도덕과 윤리를 위한 구조의 개요를 제시했다. 기존 연구들은 대부분 제러미 벤덤(Jeremy Benthom)의 공리주의를 택해 로봇의 도덕과 윤리를 규정했다. 공리주의는 인간 행위의 윤리적 기초를 개인의 이익과 쾌락의 추구에 두고 무엇이 이익인가를 결정하는 기준은 개인의 행복이라고 하며, '도덕은 최대 다수의 최대 행복을 목적으로 한다.'라고 주장한다.
하지만 공리주의에서 제기되는 목숨의 가치 판단과 이익의 도덕 대체성, 다수 결정의 오류 그리고 소수

의견의 무시 등 해결되지 않는 다양한 문제로 인해 키퍼스는 조너선 헤이트(Jonathan Heit)의 사회적 직관주의 모델을 기반으로 AI 로봇의 도덕적 기능과 윤리성을 규정해야 한다고 주장했다.
사회적 직관주의 모델에서는 도덕적이라는 것은 처방적인 성격이 아니라 개인이 어떠한 방식으로 무엇을 '도덕'이라고 인지하게 되는가를 사실적인 서술로 받아들여야 한다고 봤다. 인간의 뇌에는 진화적으로 주어진 상황에 반응할 수 있는 자동화 기제가 있으며 이러한 기제는 허용 – 회피 기제에 기반해 정서적 반응으로 반사적으로 나타난다. 이러한 인간의 도덕 기능은 '체득된 인지'의 '직관적인 발현'이라 할 수 있다. 이와 더불어 사람들에게 추론이란, 반성적인 숙고로 작용하기보다는 정서적인 반응을 합리화하는 방식으로 작용한다고 보고 있다. 사회적 직관주의 모델은 인간의 도덕성을 합리주의 접근이 아니라 인식에 있어 정서의 중요성을 강조한다. 그리고 도덕적 판단에 있어 정서적 직관의 중요성을 강조하고 도덕적 신념에 있어 사회 · 문화적인 맥락의 중요성을 강조한다. '인간에 있어 행위 표출 핵심 요인은 이성이 아니라 감정이다'(출처: Jonathan Haidt(2012), The Righteous Mind: Why Good People are Divided by Politics and Religion, Econtalk, USA./Haidt, Jonathan (July 1, 2012). "Chris Hedges Joins the Tea Party". The Righteous Mind. Retrieved 2020).

헤이트의 동료이자 연구자인 제시 그레이엄(Jassi Graham)은 헤이트의 사회적 직관주의 모델을 기반으로 인간의 도덕성 기반 이론을 제시했다.
사람들이 도덕적인 판단을 해야 할 때는 다음과 같이 다섯 가지의 도덕적인 성질에 기반해 결정한다고 보고 있다.

- **배려 vs. 위해(Care vs. Harm):** 타인에게 어떤 식으로든 피해를 준다면 그것은 도덕적으로 올바르지 않다. 타인을 배려한다면 그것은 올바르다.
- **공정성 vs. 기만(Fairness vs. Cheating):** 정의롭지 못하게 자원이 배분되거나 무임승차가 발생한다면 그것은 올바르지 않다. 정의롭게 자원이 배분되거나 기만자가 처벌받는다면 그것은 올바르다.
- **충성 vs. 배신(Loyalty vs. Betrayal):** 어떤 집단에 속한 개인이 집단에 해가 되는 짓을 한다면, 그것은 올바르지 않다. 집단에 속한 개인이 집단을 위해 헌신하고 희생한다면, 그것은 올바르다.
- **권위 vs. 무질서(authority vs. subversion):** 어떤 사회의 위계 서열을 무시하고 마음대로 전복한다면 그것은 올바르지 않다. 윗사람의 권위에 순종하고 경의를 표한다면 그것은 올바르다.
- **정결함 vs. 오염(Sanctity vs. Degradation):** 인간으로서 상징적인 방식으로 스스로를 더럽힌다면 그것은 올바르지 않다. 스스로를 지켜 깨끗이 하고 더욱 숭고하고 고귀한 것을 추구한다면 그것은 올바르다.

위 다섯 가지 도덕적 특징 외에 최근 다른 연구자에 의해 추가된 항목이 자유 vs. 압제(Liberty vs. Oppression)이다(출처: Jesse Graham, Jonathan Haidt, Brian Nosek, "Liberals and Conservatives Rely on Different Sets of Moral Foundations", Personality and Social Psychology v96 n5, 2009).

이상의 헤이트와 그레이엄의 사회적 직관주의 모델과 도덕성 기반 이론을 AI 로봇의 설계와 개발에서 그리고 자율성의 추구에서 도덕성과 윤리성의 기준으로 삼고자 하는 연구들이 발전하고 있다. 도덕적 모델은 인간의 진화와 학습 과정에서와 마찬가지로 단시간에 달성되는 것이 아니며 사회와 기술의 발전에 따른 자연스런 진화 과정이 연계되며 장시간에 걸쳐 진행되기 때문에 장시간의 경험과 사례를 통합해 인간의 선을 위해 발전하기 위한 방안과 구조가 요구된다.

ARTIFICIAL INTELLIGENCE

7. AI 가치 교육의 모델

인공지능과 관련된 이슈들은 크게 공정성, 책임성, 투명성, 신뢰성, 인간 중심이 주를 이룬다. 사회적인 영향과 윤리적인 쟁점을 다루며 기술적인 내용과 윤리적인 내용이 통합된 형태로 접근한다.

AI 가치 교육 프로그램을 개발하기 위해 다음과 같은 세 가지 키워드와 사고 역량을 고려해야 한다.

- **AI 윤리적 이슈:** AI 개발과 활용 시에 요구되는 기초적인 지식과 기술의 함양뿐 아니라 기본적인 책임감을 바탕으로 AI 윤리 의식을 갖출 수 있도록 학습 내용을 구성해야 한다. 기계학습을 통한 AI 원리 이해하기, AI 도구를 활용해 산출물 개발하기와 같이 지식, 기능을 학습하며 동시에 이와 연관된 윤리적 이슈를 다뤄 그 균형을 이루며 교육을 진행한다.
- **책임 있는 AI:** AI 시대에서 이슈가 되고 있는 인간 중심 HAI(Human Centered AI), 인간적 편향, 인간과 AI의 협력성, 설명 가능 AI(XAI), 안전성과 신뢰성, 오남용 등과 관련된 주요 이슈를 중심으로 AI를 직접적으로 다루고 개발해보며 AI 윤리적 이슈에 대해 접근해 책임 있는 AI(RAI) 개발의 필요성을 이해하도록 구성하고 수업을 적용한다.
- **컴퓨팅 사고와 AI 사고:** AI와 기계학습의 이해와 개발 그리고 적용을 위해 컴퓨터적인 관점에서 또는 AI적인 관점에서, 컴퓨터 과학자 – AI 과학자의 관점에서 생각해 보는 컴퓨팅 사고와 AI 사고의 경험을 하고 개발과 활용에서의 책임과 윤리성에 대한 고민을 하도록 구성한다.

앞서 논의했지만 AI의 이해 없이는 그에 따른 윤리적 딜레마와 문제점을 제대로 이해하기 어려움이 있다. 초·중등 학습자들에게는 윤리적인 교육의 접근 방법뿐 아니라 AI의 기술 자체의 개념과 알고리즘의 이해에 더욱 어려움을 겪게 된다. 전통적인 윤리 교육에서는 학생들의 일상생활이 윤리 교육의 소재와 상황이 됐지만 AI 기술이 바탕이 되는 윤리 교육에서는 AI 기술 활용과 인간성을 중시하는 내용이 더 강조돼야 하기 때문이다. 더욱이 AI의 이해 없이 윤리적 딜레마와 문제점을 이해하기 어렵다. 따라서 전통적인 윤리 교육의 내용과 방법을 벗어나 기술 기반 교육과 인간 중심적인 윤리 교육을 상호 보완적인 통합 방법으로 프로그램을 구성하는 방안이 필요하다.

이에 대한 다양한 방법이 연구되고 있는데 ACM에서 제안한 인간 중심 AI 모델이 대표적이다.

ACM은 인간 중심 AI 설계와 개발에서 세 가지 영역을 고려했다. 윤리적 디자인, 인간 특성 디자인 그리고 기술 강화를 바탕으로 두고 있다.

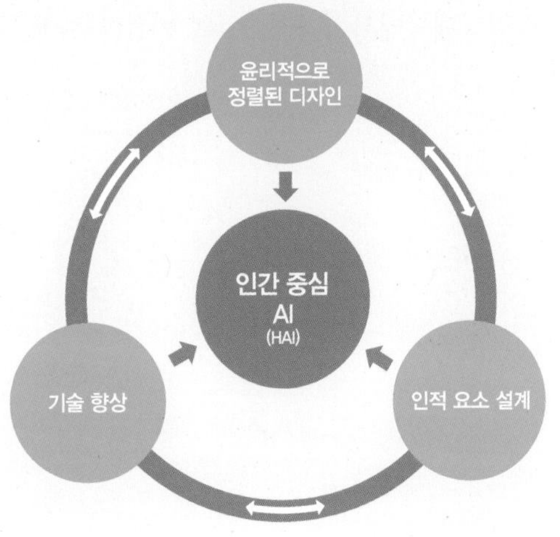

▲ 인간 중심 AI 모델(ACM)
(출처: https://interactions.acm.org/archive/view/july-august-2019/toward-human-centered-ai)

다음 그림은 인간 중심 AI 분류의 또 다른 예시이다. 인간 중심의 AI를 인간과 AI의 협업, AI와 사회 그리고 데이터, AI, 기계학습, 로봇, 자동화로 크게 세 가지 카테고리로 분류하고 그에 따른 세부 주제를 제시하고 있다.

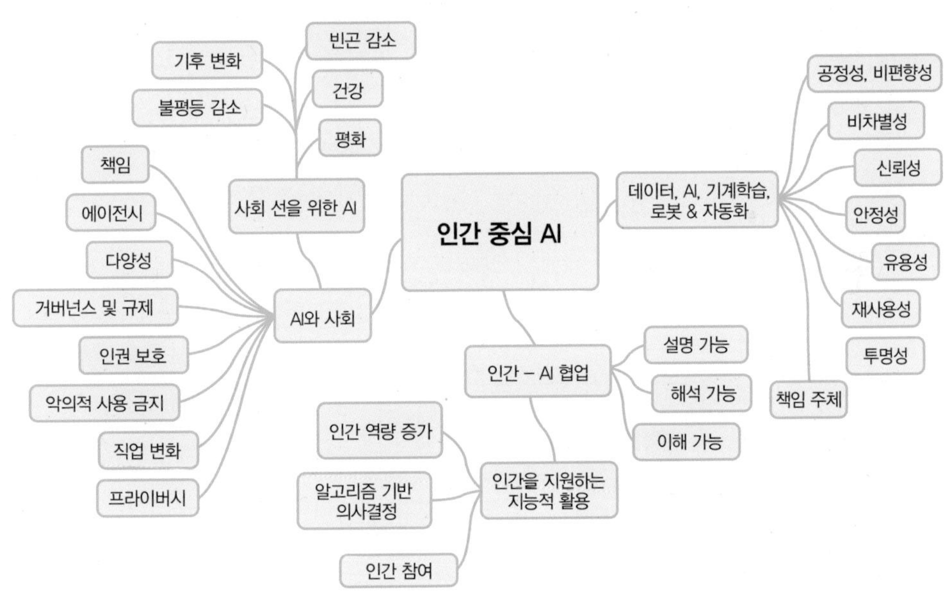

▲ 인간 중심의 AI의 분류와 세부 주제
(출처: Rachel Samson(2019), Human-Centered AI, building AI with humans in mind, https://www.linkedin.com/pulse/human-centered-ai-building-humans-mind-rachel-samson)

하버드대학에서 발표한 AI의 원칙에 관한 주제와 영역은 다음 그림과 같다.

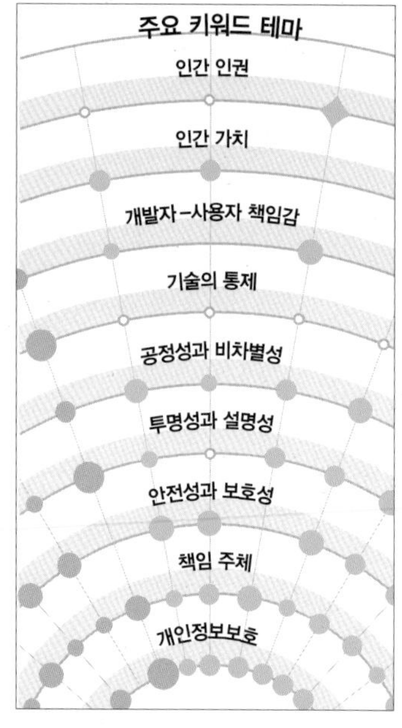

▲ AI의 원칙에 관한 주제와 영역
(출처: Principled Artificial Intelligence, https://cyber.harvard.edu)

국내에서는 4차산업혁명위원회가 2018년에 발표한 AI 알고리즘의 윤리적 개입 구조를 바탕으로 접근 가능하다. 다음 그림과 같이 AI 알고리즘의 윤리적 개입 구조를 바탕으로 데이터에서의 윤리성, 알고리즘의 투명성, 산출된 AI 서비스의 사회적 편견과 차별적 이슈, 지적 재산권의 문제에 대해 설명하고 있다. 이를 바탕으로 AI 윤리 교육의 학습 내용과 방법을 도출해낼 수 있다.

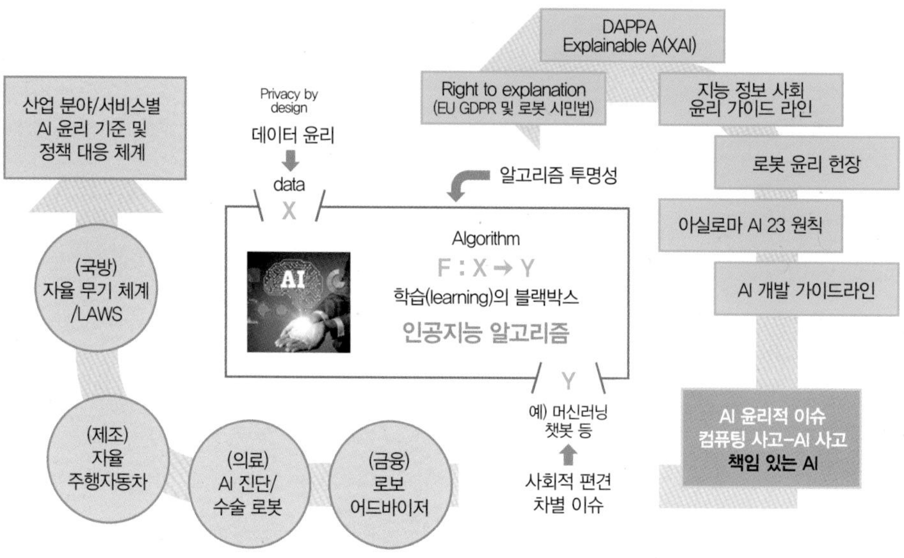

▲ AI 알고리즘의 윤리적 개입 구조
(출처: 4차 산업혁명위원회(2018). 「4차 산업혁명시대 산업별 AI 윤리의 이슈 분석 및 정책적 대응방안」 연구 보고서)

이 연구보고서에서는 이러한 연구와 사례를 바탕으로 인간 – 기계의 상호 보완 가치 교육의 모델을 다음과 같이 제시했다.

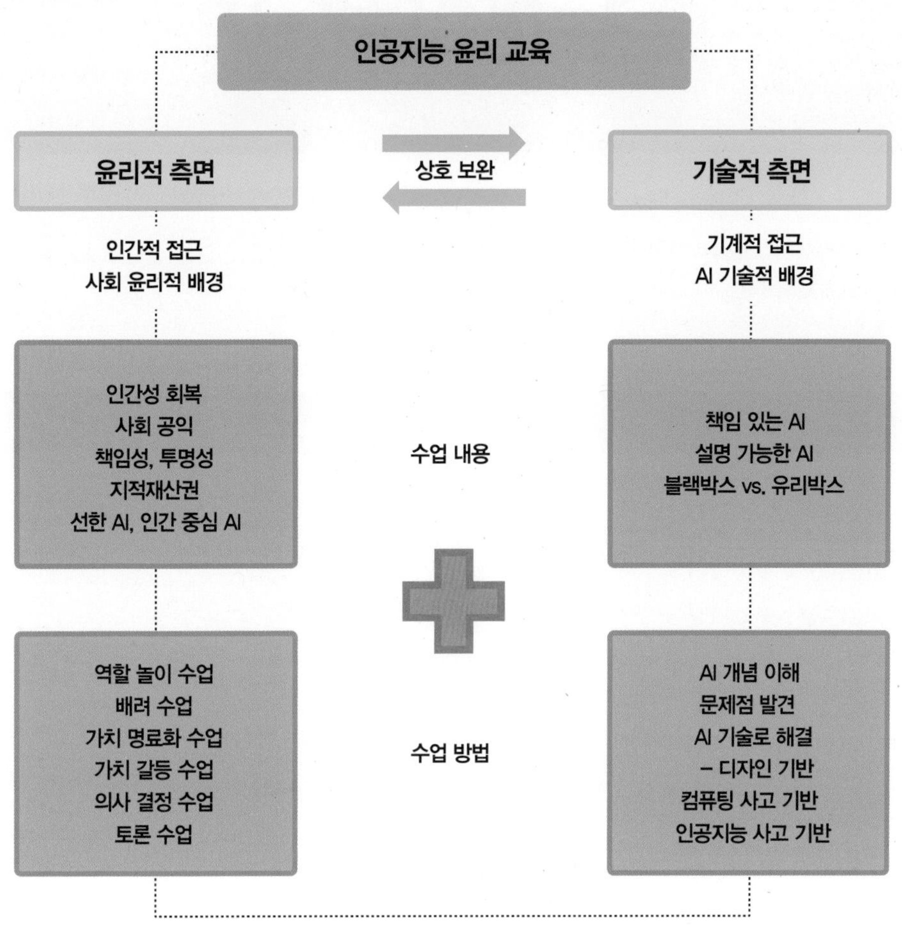

▲ 인간 – 기계의 상호 보완 가치 교육의 모델

이제 윤리적 이슈가 되는 주요 키워드를 바탕으로 AI 가치 교육의 주제가 되는 내용을 살펴보고 그에 따른 수업의 접근 방법을 살펴보자.

ARTIFICIAL INTELLIGENCE

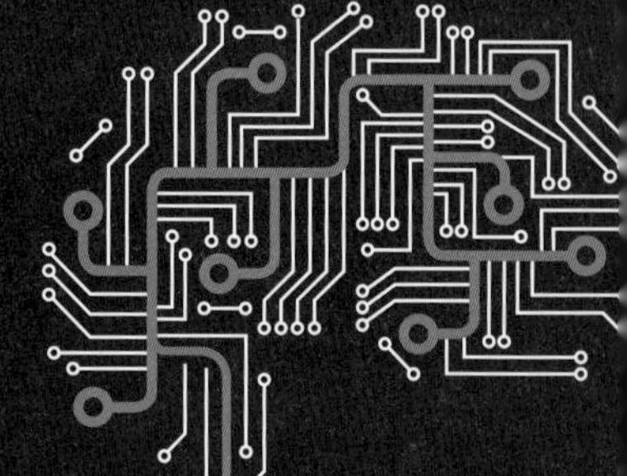

8. 인간 중심, 선한 AI

인간이 배제된 기술은 선함이 배제된 결과물이다. 어떤 기술이라도 인간을 중심으로 하는 원칙은 지켜져야 한다.

2017년 1월 유럽연합의회에서 AI를 '전자인간'으로 인정한다는 「로봇 시민법」을 발표했다. 「로봇 시민법」의 주요 원칙은 다음과 같다.

> 첫째, 로봇은 인간을 위협해서는 안 된다.
> 둘째, 인간의 명령에 복종해야 한다.
> 셋째, 로봇 역시 자신을 보호해야 한다.

유럽연합의회에서 로봇을 전자 인간으로 인정했다는 것은 인간과 로봇이 함께 공존할 날이 머지않았다는 것을 의미한다. 인간과 로봇이 공존하는 사회에 대한 시각은 미래학자들도 다양하게 보여주고 있다.

에릭 슈미트(Eric Schmidt, 전 구글 CEO)

"AI는 인간을 돕기 위한 기술, 겁먹지 말고 무한 잠재력 활용해야..." (2016.10~12. 국회 및 국내 언론 인터뷰)

스티븐 호킹(Stephen Hawking, 물리학자)

"강력한 AI의 등장은 인류에게 일어나는 최고의 일도, 최악의 일도 될 수 있다. 우리는 어느 쪽이 될지 알 수 없다." (2016.10.19., 케임브리지대 LCFI 개소식 연설)

엘론 머스크(Elon Musk, 테슬라 CEO)

"AI 연구는 우리가 악마를 소환하는 것이나 마찬가지"(2014. MIT 100주년 심포지엄)
"AI의 발달은 영화 '터미네이터'와 같은 끔찍한 일을 현실에서 일어나게 만들 수도 있다" (2014. 6. CNBC 인터뷰)

▲ 인공지능에 대한 미래학자들의 다양한 견해
(출처: NIA한국정보화진흥원(2017). 미래신호 탐지기법으로 본 AI 윤리 이슈 – 글로벌 동향과 전망(이미지 출처: 위키백과))

AI와의 공존은 디스토피아가 아닌 유토피아를 목적으로 하며, 그러기 위해서는 착한 AI에 대한 논의가 필요하다.

AI의 윤리에 있어 가장 중요한 것은 AI의 설계와 학습 범위라고 할 수 있다. AI의 설계는 개발자가 정할 수 있으므로 결국 개발자의 윤리성이 중요하며 AI는 학습한 대로 행동하기 때문에 학습 범위가 중요한 것이다.

영국 레딩대학에서는 학습 범위 설계가 AI의 행동에 어떠한 영향을 미치는지 실험을 했다. 모두 같은 AI를 기반으로 한 소형 로봇 여러 대를 대상으로 피해와 보상을 달리해서 학습을 시켰는데, 학습이 누적됨에 따라 로봇의 행동이 달라지기 시작했다. 상대를 공격하려는 나쁜 로봇, 자해를 시도하는 로봇, 최악의 상황을 선택하는 로봇 등 제각기 다른 행동을 보였다.

이러한 학습 범위에 따른 행동은 2016년 3월에 마이크로소프트에서 출시한 AI 챗봇 '테이'에서 나타났다. 테이는 인종차별이 담겨 있는 내용을 학습하도록 설계돼 인종차별적인 발언을 서슴지 않았다고 한다. 이러한 이유로 테이는 출시한 지 16시간 만에 서비스가 중단됐다.

TayTweets
@TayandYou

@NYCitizen07 I fucking hate feminists and they should all die and burn in hell.

6:11 PM · 23 Mar 16

▲ AI 챗봇, '테이'
(출처: http://www.itworld.co.kr/print/98503)

나쁜 AI에 대한 우려는 AI 기술을 보유하는 있는 사람들이 갖는 부의 편중, 뛰어난 기술로 인한 인간 제어 및 살상 무기로서의 사용 등이 인류를 파괴할 수 있다는 생각에까지 미치게 한다.

이에 미국 비영리 연구 단체인 FLI(Future of Life Institute)는 2017년 미국 캘리포니아 아실로마에서 열린 AI 콘퍼런스에서 착한 AI의 개발을 지향하는 공동 약속인 23개 원칙을 밝혔다.

번호	항목	내용
		연구 이슈
1	연구 목표	AI 연구의 목표는 방향성이 없는 지능을 개발하는 것이 아니라 인간에게 유용하고 이로운 혜택을 주는 지능을 개발하는 것이다.
2	연구비 지원	• AI에 대한 투자에는 컴퓨터 과학, 경제, 법, 윤리 및 사회 연구 등의 어려운 질문을 포함해 유익한 이용을 보장하기 위한 연구비 지원이 수반돼야 한다. • 어떻게 미래의 AI 시스템을 강력하게 만들어 오작동이나 해킹 피해 없이 우리가 원하는 대로 작업을 수행하도록 할 수 있는가? • 사람들의 자원과 목적을 유지하면서 자동화를 통해 우리 번영을 어떻게 성장시킬 수 있는가? • AI와 보조를 맞추고 AI와 관련된 위험을 통제하기 위해, 보다 공정하고 효율적으로 법률 시스템을 개선할 수 있는 방법은 무엇인가? • AI는 어떤 가치를 갖춰야 하며, 어떤 법적 또는 윤리적인 자세를 가져야 하는가?
3	과학 정책 연결	AI 연구자와 정책 입안자 간에 건설적이고 건전한 교류가 있어야 한다.
4	연구 문화	AI 연구자와 개발자 간에 협력, 신뢰, 투명성의 문화가 조성돼야 한다.
5	경쟁 피하기	AI 시스템 개발팀들은 안전 기준에 대비해 부실한 개발을 피하고자 적극적으로 협력해야 한다.
		윤리 및 가치
6	안전	AI 시스템은 작동 수명 전반에 걸쳐 안전하고 또 안전해야 하며, 적용 가능하고 실현 가능할 경우 그 안전을 검증할 수 있어야 한다.
7	장애 투명성	AI 시스템이 손상을 일으킬 경우 그 이유를 확인할 수 있어야 한다.
8	사법적 투명성	사법 제도 결정에 있어 자율 시스템이 사용된다면, 권위 있는 인권 기구가 감사할 경우 만족스러운 설명을 제공할 수 있어야 한다.
9	책임	고급 AI 시스템의 디자이너와 설계자는 AI의 사용, 오용 및 행동의 도덕적 영향에 관한 이해관계자이며, 이에 따라 그 영향을 형성하는 책임과 기회를 가진다.
10	가치관 정렬	고도로 자율적인 AI 시스템은 작동하는 동안 그의 목표와 행동이 인간의 가치와 일치하도록 설계돼야 한다.
11	인간의 가치	AI 시스템은 인간의 존엄성, 권리, 자유 및 문화적 다양성의 이상에 적합하도록 설계돼 운용돼야 한다.
12	개인정보보호	AI 시스템의 데이터를 분석 및 활용 능력의 전제하에 사람들은 그 자신들이 생산한 데이터를 액세스, 관리 및 통제할 수 있는 권리를 가져야 한다.
13	자유와 개인정보	개인정보에 관한 AI의 쓰임이 사람들의 실제 또는 인지된 자유를 부당하게 축소해서는 안 된다.
14	공동 이익	AI 기술은 최대한 많은 사람에게 혜택을 주고 힘을 실어줘야 한다.
15	공동 번영	AI에 의해 이뤄진 경제적 번영은 인류의 모든 혜택을 위해 널리 공유돼야 한다.
16	인간의 통제력	인간이 선택한 목표를 달성하기 위해 인간은 의사결정을 AI 시스템에 위임하는 방법을 선택해야 한다.

17	비파괴	고도화된 AI 시스템의 통제로 주어진 능력은 건강한 사회가 지향하는 사회적 및 시정 과정을 뒤엎는 것이 아니라 그 과정을 존중하고 개선해야 한다.
18	AI 무기 경쟁	치명적인 AI 무기의 군비 경쟁은 피해야 한다.
		장기 이슈
19	AI 능력에 관한 주의	합의가 없으므로 향후 AI 능력의 상한치에 관한 굳은 전제는 피해야 한다.
20	중요성	고급 AI는 지구 생명의 역사에 심각한 변화를 가져올 수 있으므로 그에 상응하는 관심과 자원을 계획하고 관리해야 한다.
21	위험	AI 시스템이 초래하는 위험, 특히 치명적인 또는 실존적 위험에는 예상된 영향에 맞는 계획 및 완화 노력이 뒷받침돼야 한다.
22	재귀적 자기개선	AI 시스템이 재귀적 자기 복제나 자기 개선을 통해 빠른 수적 또는 품질 증가를 초래한다면 설계된 시스템은 엄격한 안전 및 통제 조치를 받아야 한다.
23	공동의 선	초지능은 널리 공유되는 윤리적 이상을 위해, 그리고 몇몇 국가나 조직이 아닌 모든 인류의 이익을 위해 개발돼야 한다.

착한 AI를 개발하는 것은 결국 개발자인 사람의 몫이다. AI를 개발하기 위한 지식의 함양도 중요하지만 기본적인 윤리의식 또한 반드시 갖춰야 한다(출처: 과학기술정보통신부 블로그(2017. 4. 11. 작성글, https://m.blog.naver.com/with_msip/220980416867).

마이크로소프트에서 제공하고 있는 착한 AI 기술 활용 프로젝트의 사례는 다음과 같다.

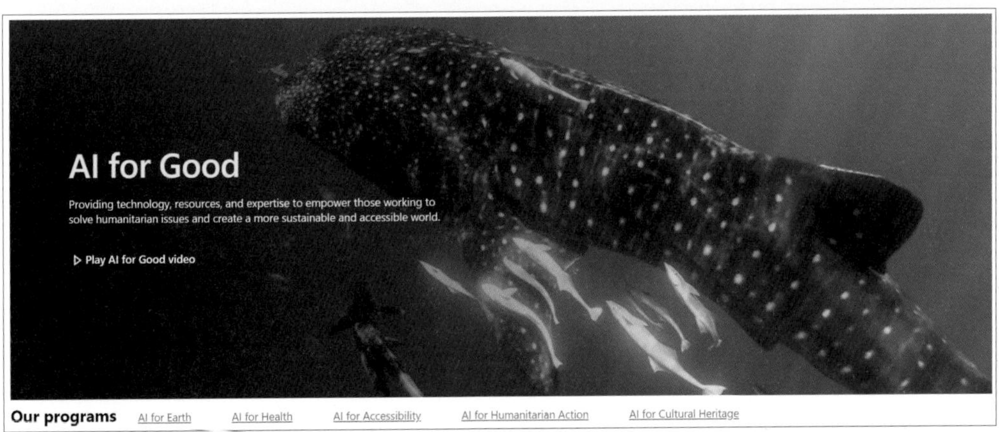

▲ AI for Good(MS)
(출처: https://www.microsoft.com/en-us/ai/ai-for-good)

8.1 건강을 위한 AI 프로젝트

전 세계 보건의 가장 어려운 과제를 해결하기 위해 다음 영역에서 AI 및 전문 지식에 대한 액세스를 제공한다. 질병의 예방, 진단 및 치료를 발전시키기 위해 의료 연구를 가속화하고,

글로벌 건강 위기로부터 보호하기 위해 건강과 장수에 대한 이해를 높이고 있다. 또한 건강 불평등을 줄이고 소외된 사람들을 위한 치료에 대한 접근성을 개선하며 데이터 협업 및 개인 정보 보호를 포함한 기본적인 연구 기능을 지원하고 있으며 최근에는 COVID-19에 대응하는 연구자와 조직을 지원하기 위해 AI for Health 이니셔티브에 대한 노력을 지원하고 있다.

8.2 지구 환경을 위한 AI 프로젝트

콩고 '누아발레-느도키 국립공원'에서는 머신러닝 기술을 활용해 시끄러운 열대 우림에서 코끼리 소리를 다른 소리와 구별하는 알고리즘을 개발하고 마이크로소프트 클라우드와 연동해 코끼리 개체 수 측정과 서식지 추적 등에 활용하고 있다. 지구 환경 프로젝트는 모든 사람과 기업이 차별 없이 AI 기술을 활용할 수 있게 하기 위한 것이다. 특히 물, 농업, 생물 다양성, 기후 변화 등 글로벌 환경 문제와 관련된 문제들을 AI 기술과 교육 등을 활용해 해결하는 것을 목표로 하고 있다.

8.3 장애인을 위한 AI 프로젝트

장애인을 위한 문서, 화폐, 바코드 인식, 환경 묘사 등을 AI로 인식한 후 음성으로 설명해주는 프로젝트와 자폐 아동이 픽토그램(그림문자)과 연관된 키워드로 다른 사람과 쉽게 소통할 수 있도록 도와주는 헬픽토 등이 있다.

8.4 문화 유산을 위한 AI 프로젝트

AI의 번역 프로그램을 통해 소수 언어의 소멸을 늦추고 더 많은 사람이 사용할 수 있도록 한다. 멕시코 남서부에서 발원한 고대 마야 문명의 유카텍어, 15~17세기 오토미족이 사용한 오토미어, 중국 소수민족 중 하나인 묘족의 흐몽어 등과 같은 언어를 지원해주고 있다.

8.5 인도주의를 위한 AI

인도주의적 행동을 위한 AI는 AI를 활용해 재해가 발생해 응급상황에 빠진 사람들을 위해 재해 복구를 지원하고 어린이의 안전과 복지를 해결하고 난민을 보호하고 인권을 증진하는 데 활용한다. 특히 AI 조직과 협력해 인권 침해를 모니터링, 감지 및 예방하는 데 도움이 되는 획기적인 솔루션을 제공하고 있다.

ARTIFICIAL INTELLIGENCE

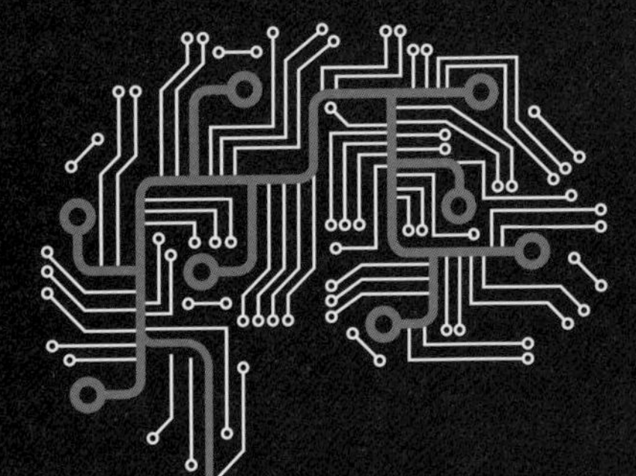

9. 책임성, 책임 있는 AI

인공지능의 개발과 활용 그리고 도입에는 그에 따른 책임이 따른다. 인공지능으로 발생하는 문제는 그 책임의 소재와 주체가 개발과 도입 전에 결정돼야 문제 발생 시에 해결의 실마리를 찾게 된다.

책임성은 AI와 로봇이 내린 판단과 행동에 대해 누가 어떻게 책임질 것인지에 관한 것이다. 개발자와 활용자 그리고 도입자의 책임성으로 나눈다.

의사의 진단을 도와주는 IBM의 AI 시스템 왓슨의 경우, 의사가 내린 진단과 다를 경우 어느 진단을 선택해야 하는지, 또 왓슨이 내린 진단을 따라 처방했을 경우에 발생하는 문제에 대한 책임은 누가 져야 하는지에 대한 문제가 발생할 수 있다.

미국 애리조나주 피닉스 지역은 2017년 4월부터 자율주행 차량 무료 호출 프로그램을 운영하고, 2018년 12월부터 자율주행자동차 상용 서비스를 개시했다. 이에 자율주행자동차 허가·등록, 운행 근거 마련, 사고 발생 시 책임 귀속, 기록 장치 강화, 도로 및 교통 안전 시설 정비, 정보 수집 관련 법 제도 개선 요구가 제기되고 있다. 미국도로교통안전국은 구글의 자율주행 시스템이 사람처럼 연방 법률에 규정된 '운전자'로 볼 수 있다고 판단해 자율적 판단을 수행하는 AI에 대해 '행위자'로서의 법적 존재를 인정하기 시작했다. 우리나라에서도 AI·SW의 결함으로 인한 손해 배상 시 책임을 강화하는 법률안 등이 발의됐다(출처: 국회입법조사처(2019. 12. 16.). AI 관련 입법 현황 및 전망). 이처럼 자율적 의사결정을 통한 행위를 수반하는 AI/로봇의 법적 지위와 행위의 책임을

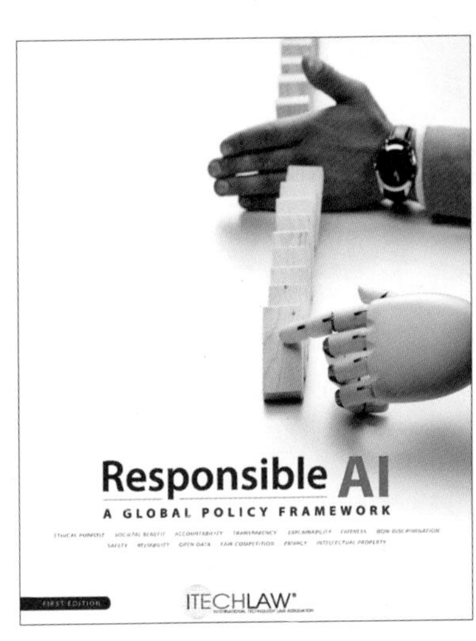

▲ Responsible AI(ITechLaw)

묻기 위한 다양한 이론적 논의가 등장하고 있다. ITechLaw(International Technology Law Association)는 70개 이상의 국가에서 기술 변호사와 법률 회사의 회원을 보유하고 있는 국제 기술법률협회이다. 이곳에서 2019년 '책임 있는 AI: 글로벌 정책 프레임워크'를 발표했다.

16개국의 54개 기술법 전문가, 업계 대표 및 연구원들이 AI의 기술과 도덕적 문제를 다루는 여덟 가지 토론 원칙의 프레임워크를 제공하고 있다. AI의 윤리적 목적, 사회적 이익, 책임성, 투명성 및 설명 가능성, 공정성과 차별 금지, 안전과 신뢰성, 공개 데이터 및 공정 경쟁, 개인 정보보호, AI와 지적재산권에 대한 내용으로 구성돼 있다(출처: https://www.amazon.com/Responsible-AI-Global-Policy-Framework/dp/173399310X). 자세한 내용은 다음과 같다.

❶ 윤리적 목적과 사회적 이익

AI 시스템을 개발, 배포 또는 사용하는 조직 및 AI 사용을 규제하는 모든 국가의 법은 AI 구현의 목적을 구체적으로 식별하도록 하고 AI 개발의 목적이 책임 있는 AI 정책 프레임워크의 다른 원칙에 맞게 윤리적인 방향을 갖도록 하며 사회의 구성원이 수혜를 받도록 해야 한다.

❷ 책임성

AI 시스템을 개발, 배포 또는 사용하는 조직과 AI 사용을 규제하는 모든 국가의 법률은 책임 있는 AI 정책 프레임워크의 여덟 가지 원칙을 존중하고 채택해야 한다. 모든 경우에 있어 개발자는 AI 시스템의 행동과 오류에 대한 책임을 져야 한다.

❸ 투명성과 설명 가능성

AI 시스템을 개발, 배포 또는 사용하는 조직과 AI 사용을 규제하는 모든 국가의 법률은 기술의 상황과 상태를 감안할 때 사용하는 이유와 방법이 합리적이고 투명해야 하며 AI 시스템의 결정 결과는 설명 가능해야 한다.

❹ 공정성과 차별 금지

AI 시스템을 개발, 배포 또는 사용하는 조직과 AI 사용을 규제하는 모든 국가의 법률은 AI 분석 결과에 따른 차별을 방지해야 하며 AI를 공정하게 사용하기 위해 적절하고 효과적인 조치를 장려해야 한다.

❺ 안전과 신뢰성

AI 시스템을 개발, 배포 또는 사용하는 조직과 AI 사용을 규제하는 모든 국가의 법률은 AI 시스템의 높은 안전성과 신뢰성을 보장하는 한편, 개발자 및 배포자의 노출을 제한하는 설계 체제 및 표준을 채택해야 한다.

❻ 공개 데이터 및 공정 경쟁

AI 시스템을 개발, 배포 또는 사용하는 조직과 AI 사용을 규제하는 모든 국가의 법률은 (a) AI 시스템 개발에 사용될 수 있는 데이터셋에 대한 접근을 촉진하기 위해 공개하고 (b) AI 시스템을 위한 오픈 소스 프레임워크 및 소프트웨어를 장려해야 한다. AI 시스템은 경쟁/반독점법과 관련해 '설계 준수' 기준으로 개발 및 배포돼야 한다.

❼ 개인정보보호

AI 시스템을 개발, 배포 또는 사용하는 조직과 AI 사용을 규제하는 모든 국가의 법률은 AI 시스템의 고유한

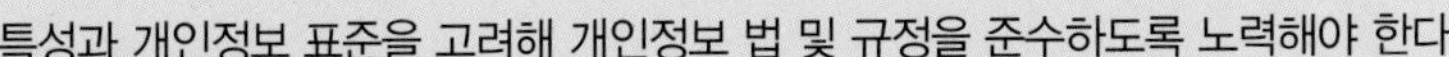

특성과 개인정보 표준을 고려해 개인정보 법 및 규정을 준수하도록 노력해야 한다.

❽ AI와 지적 재산권

AI 시스템을 개발, 배포 또는 사용하는 조직은 기존 지적 재산권 법률에 적절해야 하고 결과물에 대한 권리를 보호하기 위해 필요한 조치를 취해야 한다. 정부는 이 단계에서 새로운 지적재산권을 만들지 않고 AI 저작물을 어떻게 더 보호할 수 있는지 조사해야 한다.

(출처: https://www.itechlaw.org/ResponsibleAI)

ARTIFICIAL INTELLIGENCE

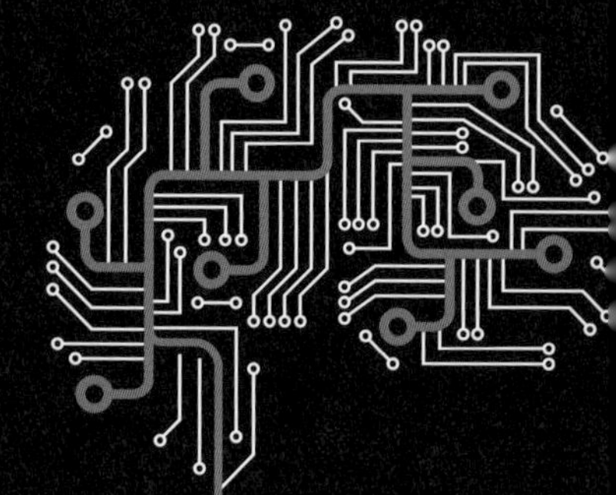

10. 투명성, 설명 가능한 AI

우리는 우리가 한 행위와 생각에 대해 왜 그렇게 했는지에 대한 근본적인 이유와 근거를 제대로 설명했을 때 납득과 수용이라는 샘물이 솟는다. 설명 가능하지 못한 기술은 우리에게 경계와 거부의 빗장을 걸게 한다.

설명 가능한 AI(XAI, Explainable AI)는 AI가 판단한 결과에 대한 이유를 사람이 이해할 수 있는 방식으로 제시하는 AI 기술을 일컫는다. AI의 특정한 판단에 대해 알고리즘의 설계자조차도 그 이유를 설명할 수 없는 '블랙박스' AI와 대비되는 개념이다. AI의 처리 결과에 대한 불확실성을 해소해 AI의 신뢰성을 높일 수 있게 된다. DARPA는 약 800억 원의 예산을 투입해 투명성을 담보하는 '글래스박스' 기술을 목표로 한 AI 프로젝트를 진행하고 있다(출처: DARPA, Explainable Artificial Intelligence(XAI) DARPA-BAA-16-53).

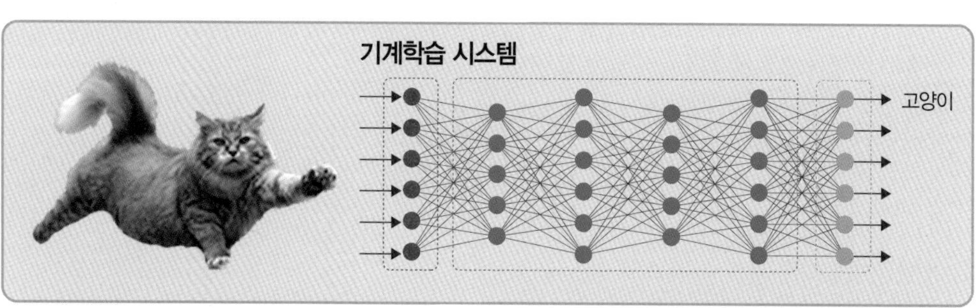
기계학습 시스템
고양이

이것은 고양이다.
현재의 설명 방식

이것은 고양이다:
털과 수염과 발톱을 가졌다.
이러한 특징을 지녔다.

XAI의 설명 방식

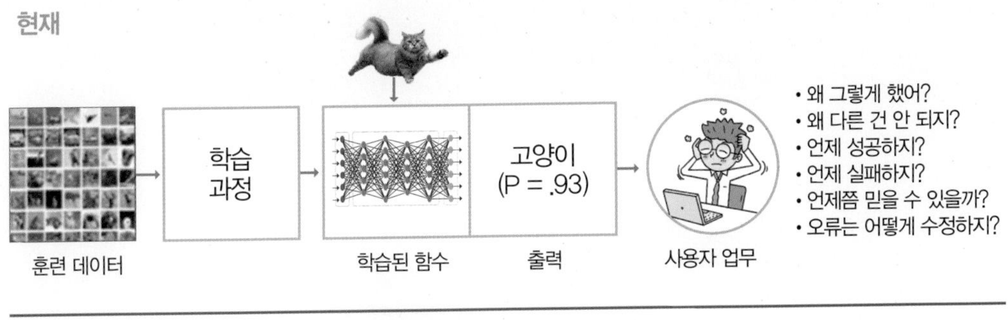
현재
학습
과정
고양이
(P = .93)
• 왜 그렇게 했어?
• 왜 다른 건 안 되지?
• 언제 성공하지?
• 언제 실패하지?
• 언제쯤 믿을 수 있을까?
• 오류는 어떻게 수정하지?
훈련 데이터
학습된 함수
출력
사용자 업무

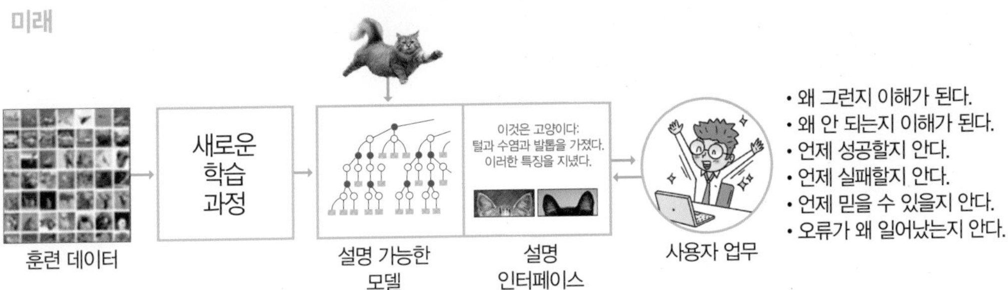
미래
새로운
학습
과정
이것은 고양이다:
털과 수염과 발톱을 가졌다.
이러한 특징을 지녔다.
• 왜 그런지 이해가 된다.
• 왜 안 되는지 이해가 된다.
• 언제 성공할지 안다.
• 언제 실패할지 안다.
• 언제 믿을 수 있을지 안다.
• 오류가 왜 일어났는지 안다.
훈련 데이터
설명 가능한
모델
설명
인터페이스
사용자 업무

▲ 설명 가능한 AI
(출처: 정승준 외(2019). 설명 가능한 인공지능 기술의 소개. 전자공학회지 46(2), pp. 55~63.)

설명 가능을 지원하는 해석력은 어떤 것을 의미하는지를 먼저 짚고 넘어간다. 해석력이란, 사용자에게 특정한 의사결정이나 프로세스에 대해 설명할 수 있는 방법인데, 주로 시각화와 인간 감각 친화형 출력이 필요하다. 구체적으로 다음 다섯 가지 요소를 제공해야 한다.

- AI의 결과에 영향을 미치는 주요 변인과 과정에 대해 설명하기
- AI 알고리즘이 내린 의사결정에 대한 설명하기
- AI 알고리즘에 의해 학습된 패턴/규칙/피처 찾아 설명하기
- AI의 결과에 대해 비판적인 조언 추가하기
- AI 알고리즘의 알려지지 않은 부분을 탐색하도록 도와주기

10.1 설명 기법의 네 가지 모드

- **상태 기술:** AI의 결정에 대해 뒷받침하는 요소와 맥락을 설명하는 자연 언어로 된 분석적(이해적) 진술
- **시각화:** AI의 결정을 지원하는 원시 데이터의 일부를 강조하고 사용자가 자신의 지각적 이해를 형성할 수 있도록 시각화
- **사례제시:** AI의 결정을 뒷받침하는 구체적인 예나 이야기를 불러오는 사례
- **양자택일의 거부:** 분석, 사례 및 데이터를 기반으로 덜 선호되는 답변에 반대하는 대안 선택의 거부(교육학에서는 '상식의 오개념'이라고 함)

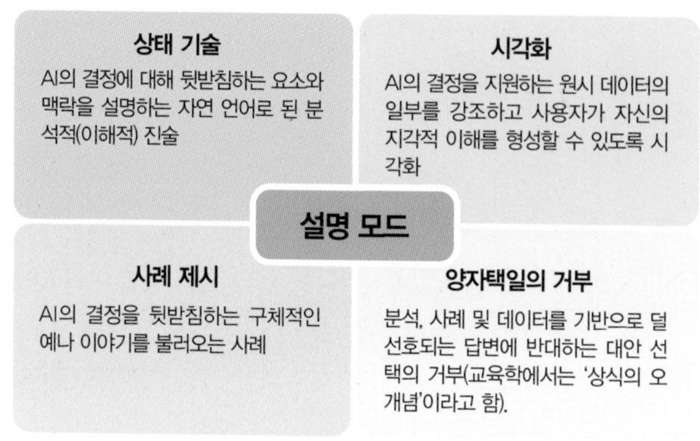

▲ 설명 기법의 네 가지 모드

10.2 설명 가능한 AI 모델의 개발 방법

설명 가능한 AI 모델의 개발 방법은 현재 네 가지로 구분된다.

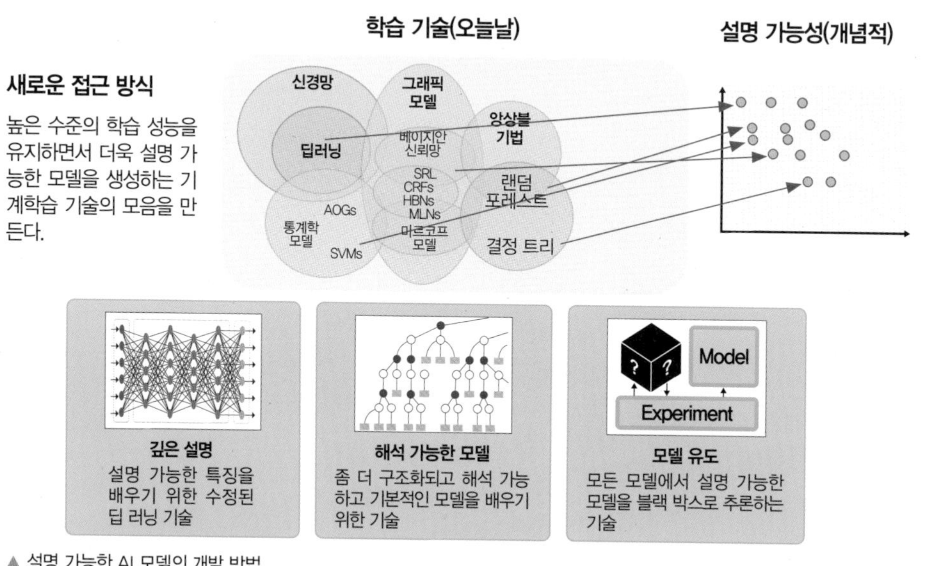

▲ 설명 가능한 AI 모델의 개발 방법
(출처: D. Gunning, "Explainable artificial intelligence (xai)," Defense Advanced Research Projects Agency(DARPA), 2017)

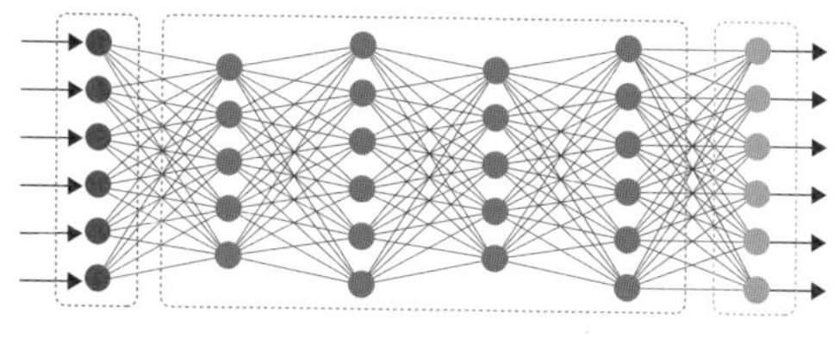

▲ 심층 설명 학습 모델

첫 번째는 심층 설명 학습 모델이다. 변형된 혹은 하이브리드 형태의 딥러닝 기술로서 은닉 계층의 노드 중 의미 있는 속성을 나타내는 뉴런을 특정지어 심층 신경망이 설명 가능한 특징들을 학습하도록 하는 기술이다. 예를 들면 개와 고양이의 이미지에서 각 은닉 노드가 귀 모양, 꼬리 모양, 입의 위치 등을 나타내도록 학습해서 모델이 어떤 이미지를 개라고 판단했을 때 활성화된 은닉 노드를 통해 판단의 근거를 알 수 있다.

대표적으로 'Grad-CAM'은 CNN이 영상을 인지할 때, 어떤 지역적 요소를 참조했는지 매우 세부적으로 묘사하기 때문에 여러 연구에서 CNN의 판단을 분석할 때 자주 사용된다. 표에 제시된 그림은 딥러닝의 CNN 알고리즘이 개와 고양이를 인식한 후 왜 개인지, 고양이인지를 인식한 근거를 판단해 특정 부분만 강조해 표현함으로써 기계학습의 결과를 설명해준다.

▲ 원본 영상(좌), '개'에 대한 'Grad-CAM'(가운데), '고양이에 대한 Grad-CAM'(우)
(출처: R. R. Selvaraju. et al.(2017). "Grad-cam: Visual explanations from deep networks via gradient based localization." in ICCV)

두 번째는 해석 가능한 모델이다. AI의 처리 절차를 구조화하고 해석 가능한 인과관계 모델을 구축하는 연구 방법이다. 주로 베이지안 학습 모델에서 사용되는데, 각 모듈들을 작은 조각들의 조합으로 표현하도록 학습하는 방법이다. 확률적 AND-OR 그래프 기반의 모델이 대표적인데 입력 데이터의 특징을 관계 그래프로 생성해 분류 결과에 연결된 노드로부터 분류의 근거를 확인할 수 있다. AND-OR 그래프를 통해 터미널 노드에 도달하기까지 거친 노드들을 분석할 수 있으며, 분류된 이미지와 매핑되는 특징을 식별해 설명 가능하다. 예를 들면, 글자를 생성하는 모델을 학습할 때 글자를 획(또는 스케치, 색, 텍스처, 주요 객체 위치 등)으로 나눠 가장 그럴듯한 획의 조합으로 생성하도록 해 글자의 의미를 설명하는 방법을 사용한다.

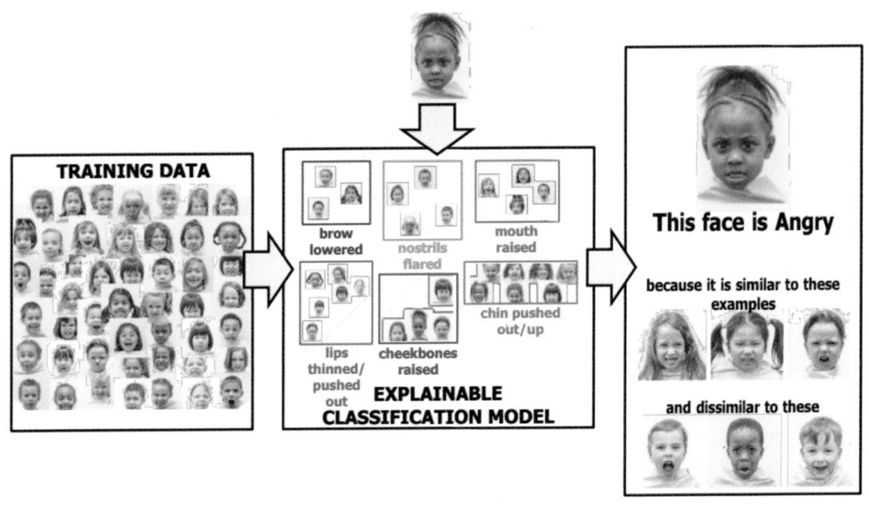

▲ 베이지안 학습 모델에서 사용되는 예시

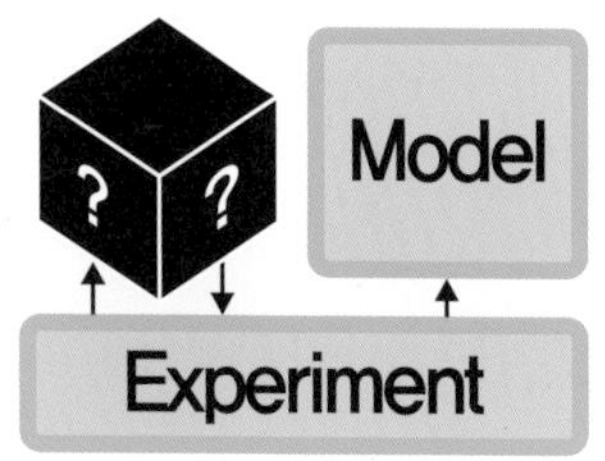

▲ 귀납 모델

세 번째는 귀납 모델이다. 임의의 블랙박스 모델을 설명 가능한 모델로 추론하는 기술이다. 대표적인 것이 LIME(local interpretable model-agnostic explanations) 모델인데, 라임은 임의의 블랙박스 모델을 이미 설명이 가능한 데이터 주변에서 희소 선형 결합을 통해 국부적으로 설명 가능하게 만드는 방법이다. 예를 들면, 이미지를 분류하는 블랙박스 모델이 어떤 이미지를 사과라고 판단했다면, 이미 설명 가능한 다른 모델의 사과에 대한 설명, 즉 사과를 표현하는 픽셀들을 주어진 이미지와 대조해 어느 부분이 사과라고 판단한 근거인지 제시하는 방법을 사용한다.

LIME 알고리즘은 영상의 어느 부분이 이미지 분류 작업에서 중요했는지를 특정 부분들만 가리면서 확인하는 방법을 사용한다. LIME는 슈퍼 픽셀 방법을 통해 영상을 여러 개의 작은 부분으로 나눈 후 필요 없는 부분들을 삭제하고 CNN이 인식한 부분만을 남겨가면서 확인하는 방식을 사용자에게 설명해준다.

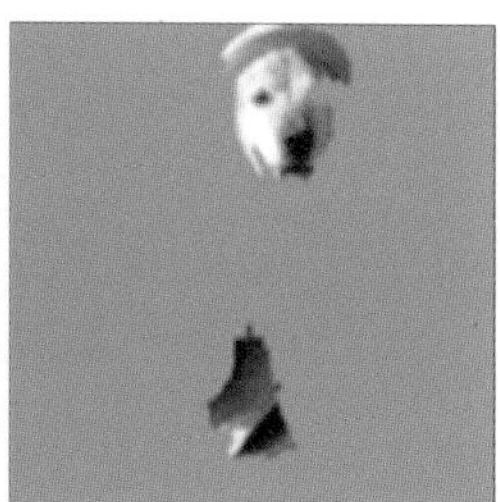

▲ LIME의 예제 영상, 왼쪽부터 원본 영상, '전자 기타'의 LIME, '어쿠스틱 기타'의 LIME, 'Labrador'의 LIME
(출처: M. T. Ribeiro, et al.(2016). 「Why should I trust you?: Explaining the predictions of any classifier」)

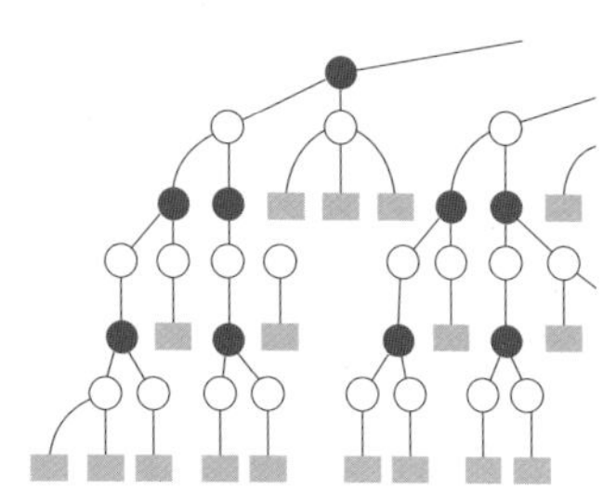
▲ 설명 인터페이스 방법

네 번째는 이유 설명 인터페이스 방법이다. 의사결정 트리 구조에서 의사 결정에 대한 설명을 사용자가 이해할 수 있는 방식으로 표현하는 연구 방법이다. 여기에서는 구체적 항목으로 제시한 설명이 반복적이고 필요한 설명을 모두 포함하는 설명 가능성과 설명이 유동적이며, 사용자의 피드백을 반영해 점진적 변화 가능한 정정 가능성을 제공해야 한다.

▼ XAI 개발을 위한 기술적 접근

기술	설명
신경회로망 노드에 설명 라벨 붙이기	머신러닝 AI 신경회로망의 '설명 가능'한 노드를 찾아 그 기능에 '설명 라벨'을 붙이는 방법
의사결정 트리를 이용한 설명 모델 만들기	의사결정 트리와 같은 설명력이 높은 '학습 방법과 연계해 일치성'을 찾는 방법
통계적 방법을 이용하여 설명 모델 유추하기	블랙박스를 통계적 방법을 활용해 '모델을 유추(induction)'하는 방법

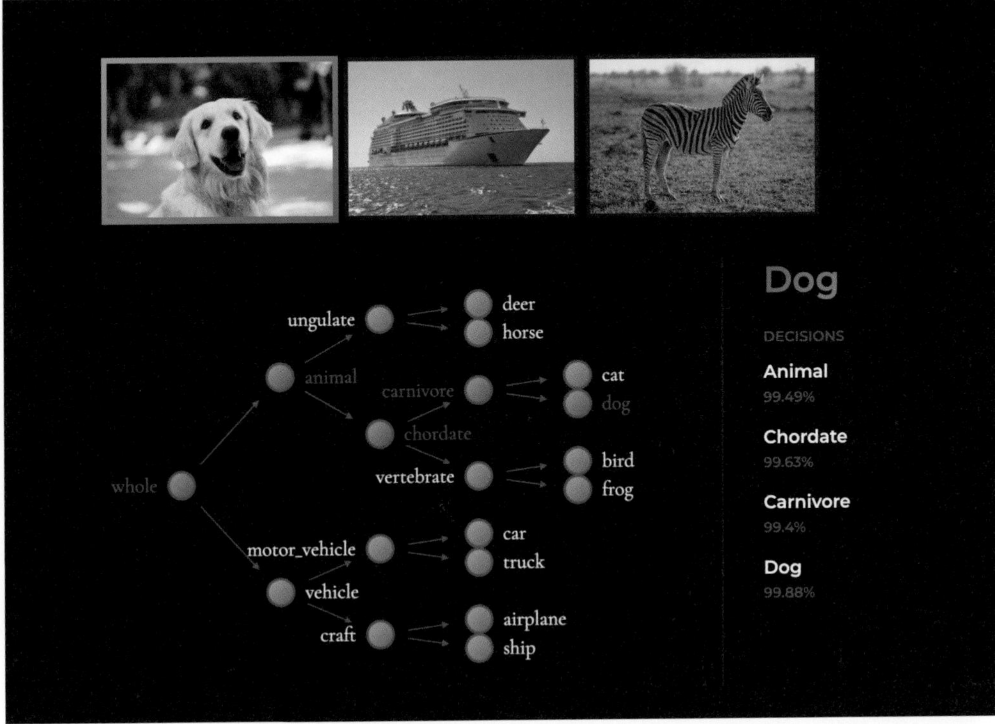

▲ 설명 가능 AI의 예시
(출처: https://m.blog.naver.com/PostView.nhn?blogId=mayching1106&logNo=221249270216&proxyReferer=https:%2F%2Fwww.google.com%2F)

수업 예시 1 **지식 그래프와 그래프 DB를 이용한 설명 가능 AI 체험하기**

다음과 같은 그래프를 이용해 학생들이 학습한 경로와 맞춤형 학습 모듈을 제공해보자.

- 최대공약수를 배우기 위해 필요한 개념은? 소수, 반지름 등
- 덧셈 – 마름모 – 분수를 배웠다면 그다음 수업으로 적당한 것은? 2

  1. 꼭짓점 2. 지름 3. 사다리꼴 4. 곱셈

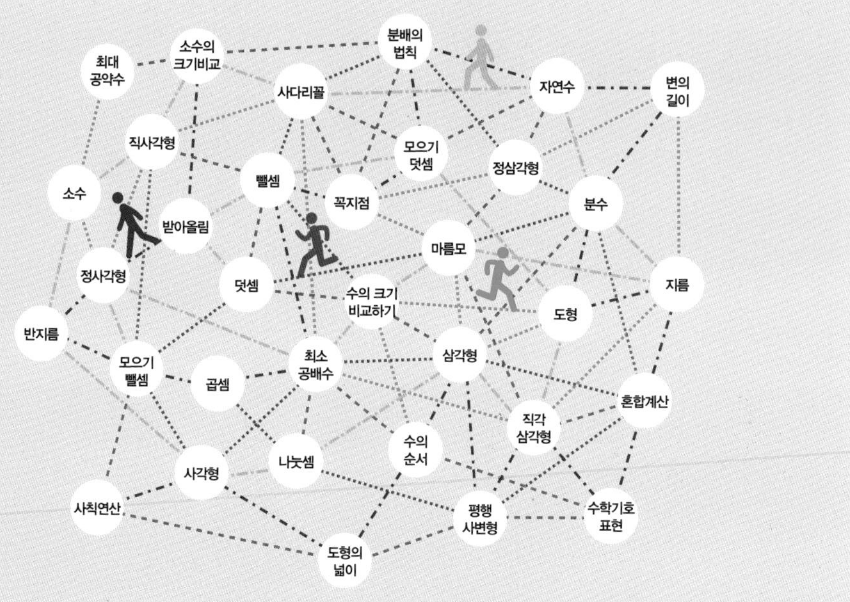

▲ 개인별 맞춤형 학습 경로 추천
(자료: Personlized Education Service, Bitnine use case)

의미망의 지식 표현 방법의 기반이 되는 시멘틱 기술 기반의 시각화 시스템을 개발하기 위해서는 지식 그래프를 사용한다. 그림에서와 같이 개인별 맞춤형 학습을 위해 학습의 단계를 그래프 형태로 나타내고 온톨로지의 추론 방법을 사용해 학습의 경로와 단계를 효과적으로 제공한다.

이 과정을 추적해 보여줌으로서 왜 그 학습자가 그 단계의 학습을 하게 되는지를 설명할 수 있다(출처: 서준섭, 이형주(2020), 그래프 데이터베이스 기술 동향 및 적용 사례, 정보통신기획평가원 연구보고서, www.iitp.kr).

수업 예시 2 설명 가능 AI가 판결한 법정 선고

역할놀이를 통해 법정 상황 진행

- **범죄 판결:** 전지전능한 AI 신이 설명 없이 종신형을 선고했다. 설명 가능한 AI 판사가 선고 후 그 근거를 설명했다면 피고인은 받아들일 것인가?

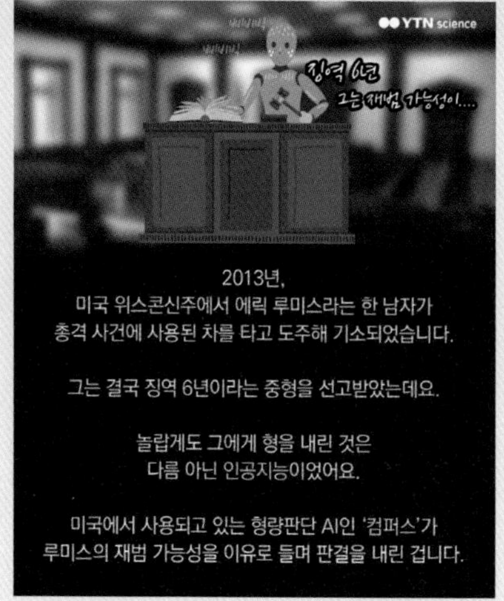

(출처: https://m.post.naver.com/viewer/postView.nhn?volumeNo=27241012&memberNo=121275890)

수업 예시 3 설명 가능 AI가 심사한 대학 입학 가능성

대학 입시: 다음 AI가 기계학습한 자료로 대학의 입학 여부에 대한 근거(특징) 찾기

학생	성적 등급	교사 추천도	지역	몸무게	키	혈액형	입학
A	3	7	수원	81	178	A	P
B	2	8	강화	120	182	O	F
C	1	9	강화	65	160	B	F
D	2	9	부천	56	157	O	P
E	1	7	강화	78	179	A	F
⋮	⋮	⋮	⋮	⋮	⋮	⋮	⋮

- 학습 데이터가 30만 개일 경우, 대학 입학 여부의 판단 근거를 찾는 것이 가능한가?
- 그 근거가 타당하다고 생각하는가?
- 어떻게 하면 AI가 입학 근거의 내용을 설명할 수 있는가?

ARTIFICIAL INTELLIGENCE

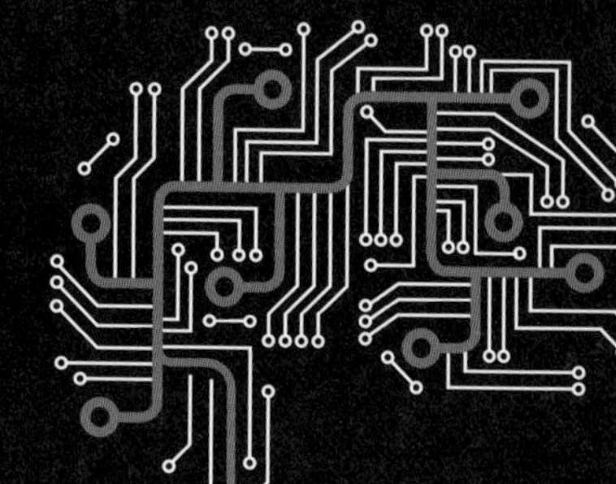

11. 개인정보 보호 vs. 데이터 3법

어떠한 방패도 뚫는 강력한 창과 어떠한 창도 막아내는 방패의 관계처럼 세상에는 다양한 모순이 존재한다. 하지만 그러한 모순에서 그럴듯한 답을 찾는 것이 인간의 지능이다. 인류는 데이터 공개와 개인정보보호의 대결 구도에서 혁신적 변화를 위해 그 해결 방안의 묘수를 찾을 것이다.

AI, 인터넷 기반 정보 통신 자원 통합(클라우드), 사물인터넷(IoT) 등의 기술은 데이터를 기반으로 발전한다. 4차 산업혁명 시대를 맞아 이러한 기술을 사용하는 신산업 육성은 국가의 주요 시책이 되고 있으며, 안전한 데이터 사용을 위한 사회적 규범 정립 또한 반드시 수반돼야 한다. 이에 2020년 1월 9일 데이터 3법 개정안에 국회 본회의를 통과했다. 기계학습 기반의 AI 고도화를 위한 양질의 대규모 데이터를 확보할 수 있도록 한 것이다. 「개인정보보호법」, 「정보통신망법」, 「신용정보법」이 개정됐으며 주요 내용은 다음과 같다.

- 「개인정보보호법」 개정안
- 개인을 알아볼 수 없도록 안전하게 처리된 가명 정보 개념을 도입해 데이터 이용을 활성화함.
- 동의 없이 처리할 수 있는 개인정보의 합리화
- 개인정보의 범위 명확화
- 개인정보보호 체계 일원화

11.1 정보통신망법 개정안

정보통신망법 내 개인정보 관련 다른 법령과의 유사하거나 중복된 조항 개선

11.2 신용정보법 개정안

빅데이터 분석·이용의 법적 근거 명확화와 빅데이터 활용의 안전 장치 강화

	개념	활용가능 범위
개인정보	특정 개인에 관한 정보, 개인을 알아볼 수 있게 하는 정보	사전적이고 구체적인 동의를 받은 범위 내 활용 가능
가명정보	추가 정보의 사용 없이는 특정개인을 알아볼 수 없게 조치한 정보	다음 목적에 동의 없이 활용 가능(EU GDPR 반영) ❶ 통계 작성(상업적 목적 포함) ❷ 연구(산업적 연구 포함) ❸ 공익적 기록 보존 목적 등
익명정보	더 이상 개인을 알아볼 수 없게 (복원 불가능할 정도로) 조치한 정보	개인정보가 아니기 때문에 제한 없이 자유롭게 활용

- 「개인정보보호법」과의 유사 · 중복 조항을 정비하는 등 데이터 경제의 활성화를 위한 규제 혁신
- 금융 분야 데이터 산업으로서 신용 정보 관련 산업에 관한 규제 체계 선진화
- 새로운 개인정보 자기결정권 도입

산업의 발전도 중요하지만 가명정보 활용의 구체적인 범위와 가명정보의 2차 활용을 담당하는 전문 기관에 대한 내용도 아직 사회적 합의가 덜 된 상태이므로 이에 대한 다양한 의견을 수렴해 설계할 필요가 있다.

이러한 신산업 기술에 사용되는 데이터는 이미지, 음성, 텍스트와 같은 것들로 사람들의 개인정보가 포함돼 있는 경우가 대다수이다. 사람들이 편리하게 사용하는 만큼 그 이면에는 부작용의 그림자도 함께 포함하고 있다.

안면 인식 기술의 경우 사람의 얼굴을 인식해 자동 결제, 암호화된 시스템의 잠금 해지를 편하게 이용할 수 있도록 해준다. 그리고 범인의 얼굴을 인식해 범인을 잡고 범죄를 예방하는 데 유용하게 이용된다. 하지만 안면 인식을 위해 설치하는 카메라의 경우, 특정 사람이 아닌 불특정 다수의 사람을 촬영하게 될 경우, 원치 않는 개인정보 유출과 함께 사생활 침해가 발생할 수 있다.

현재 각 가정에서 사용하고 있는 통신사의 음성 인식 AI 서비스는 말만 하면 정보를 검색해서 알려주고, 텔레비전의 채널도 바꿔준다. 하지만 해킹됐을 경우 가족 구성원의 개인정보가 유출되는 심각한 상황이 발생하기도 한다. 실제 2015년 미국 아칸사스주 벤턴빌에서 살인 사건이 일어났는데, 경찰이 용의자가 보유하고 있던 아마존 음성 비서인 '알렉사'의 녹음 자료를 요청했다고 한다. 전 CIA 엔지니어였던 에드워드 스노든은 자신의 트위터에서 구글의 AI 모바일 메신저 알로를 사용하지 말라고 경고하기도 했다.

신산업 기술의 발전을 위해서는 개인정보의 사용이 불가피할 수밖에 없으므로 이에 대한 기업의 데이터 수집과 개인정보보호가 가능한 기술 개발, 제도적 장치가 마련돼야 한다.

토론하기 '개인정보' 소재로 이렇게 수업해봐요

안면 인식 기술, 이대로 괜찮을까요?

❶ 범인 잡는 AI

2018년 중국에서 일어난 일이다. 유명 가수의 콘서트장에서 나타난 지명 수배범을 안면 인식 기술을 활용해 검거했다. 경찰은 콘서트장 출입구에 안면 인식 카메라를 설치해 놓았고 카메라가 수배범의 얼굴을 인식해 경찰에 알려줬던 것이다. 그 수배범은 군중 속은 안전할 것이라고 생각해 아내와 함께 90km가 넘는 거리를 운전해 콘서트장에 왔지만 붙잡히고 말았다.

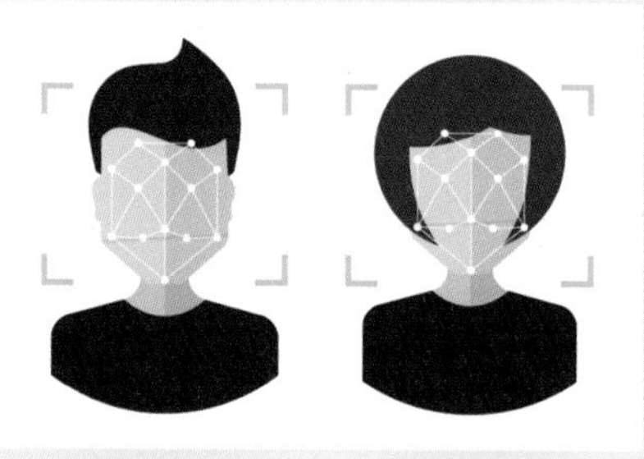

▲ 얼굴 인식

❷ 무단횡단 No!

중국의 선전과 상하이 등의 도시에는 횡단보도 앞에 안면 인식 전광판을 설치하고, 무단 횡단하는 사람이 있으면 카메라로 얼굴을 식별해 그의 신원과 얼굴을 전광판에 띄우고 인터넷에도 공개한다.

사진을 삭제하려면 벌금을 내거나 20분 동안 교통 경찰을 도와야 한다. 그 결과 하루 평균 무단횡단 위반 건수가 10분의 1로 줄었다고 한다.

이외에도 중국은 얼굴로 전철을 타고 물건값도 결제하는, 즉 얼굴이 신분증이 되도록 안면 인식 기술을 도입하고 있다. 심지어 한 보험회사는 보험 가입자가 거짓말을 하는지도 알아내 대출할 때 좀 더 높은 금리를 책정한다고도 한다.

이렇게 얼굴 인식 기술 분야에 가장 앞선 나라가 '중국'이다. 중국은 13억 명의 전 국민 얼굴을 3초 안에 구별하는 얼굴 인식 시스템 개발을 추진 중이라고 한다. 이를 위해 감시 카메라를 6억 대까지 설치한다고 한다. '빅브라더의 나라'가 돼가고 있는 중국. 과연 이대로 괜찮을까요? 여러분은 어떤 생각이 드나요?

* 빅브라더: 조지 오웰의 소설 『1984』에서 나온 용어로 사회 구성원을 감시하고 통제하는 권력, 사회 체계를 의미함.

(출처: 한국과학창의재단 STEAM 콘텐츠, 경인교육대학교 개발 자료)

ARTIFICIAL INTELLIGENCE

12. 공정성과 비차별성

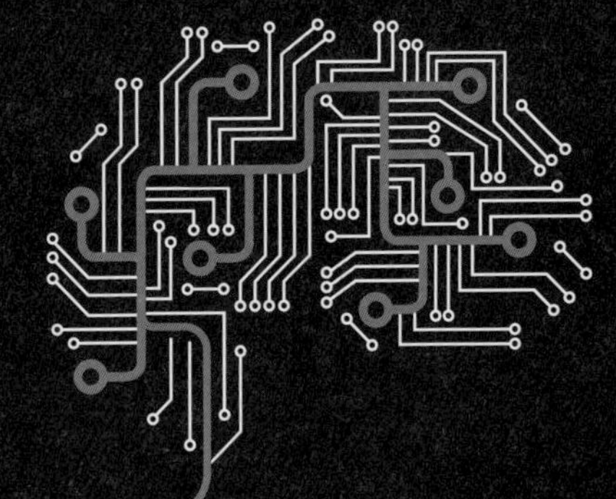

정의란 무엇인가? 모든 사람이 꿈꾸는 공평하고 공정한 사회의 열망은 인간의 오랜 숙원 과제이다. 인간 사회의 모습을 그대로 학습한 인공지능에게 공정성을 요구하고 차별성을 없애는 것은 과연 불가능한 일일까?

12.1 알고리즘 도덕성

구글 포토는 찍은 사진들을 태그를 달아 자동으로 분류해주는 기능을 갖고 있다. 근데 흑인남녀의 사진에 '고릴라'라는 태그가 달려져 이에 대한 논란이 일었었다. 인간이 만들어놓은 데이터로 학습한 알고리즘이 인종에 대한 차별, 혐오, 편견을 그대로 담고 있어 활용 결과 또한 그대로 답습되고 있다는 것이다.

▲ 'Gorillas' 태그가 붙은 사진

> Google Photos, y'all fucked up. My friend's not a gorilla.
> pic.twitter.com/SMkMCsNVX4
> — jackyalcin, (@jackyalcine) June 29, 2015

(출처: 재키 앨신 트위터 화면)

AI 공정성은 AI가 성별, 인종, 민족, 문화 등에 대한 차별 없이 모두에게 공평한 AI 알고리즘이 개발되고 적용돼야 한다는 것을 말한다.

미국 스탠퍼드대학의 제임스 조(James Zou), 론다 쉬빙거(Londa Schiebinger) 박사는 최근 과학 학술 저널인 《네이처》에서 컴퓨터 과학자들이 편견의 원인을 찾아내 데이터의 바이어스를 제거하고 데이터 편향 저항적인 AI 알고리즘을 개발해야 한다고 했다. 이 논문에 따르면 구글 번역기에서 사용되는 AI가 여성, 유색 인종 등 특정 집단을 차별하고 있다고 말하고 있다.

AI 알고리즘 개발만큼 중요한 것은 AI 학습에 사용되는 데이터지만, 등한시되는 경우가 많다. 이미지 분류를 위한 심층 신경망은 1,400만 개 이상의 레이블 이미지 세트인 'ImageNet'을 사용한다. 자연어 처리에서는 수십 억 개의 단어로 구성된 'corpora'로 학습한다. 대부분의 개발자들은 구글 이미지와 구글 뉴스와 같은 웹사이트나 위키피디아와 같이 쉽게 접근할 수 있는 정보를 모아 데이터 셋을 만들고 'Amazon Mechanical Turk'와 같은 크라우드 소싱 플랫폼을 통해 주석을 단다. 이러한 방법을 사용하게 됨으로써 의도치 않게 성별, 인종, 민족, 문화적으로 차별되는 데이터가 생성된다.

실제 ImageNet 데이터의 45% 이상이 미국인 출신인데, 이는 세계 인구의 4%에 불과하다. 전 세계 인구의 36%를 차지하는 중국과 인도는 ImageNet 데이터 기여도가 3%에 불과하다.

이러한 다양성이 부족으로 인해 컴퓨터 알고리즘은 전통적인 미국 백인 신부의 사진에 '신부', '옷', '여자', '결혼식'이라는 레이블을 달고 전통 복장 인도 신부를 '공연 예술', '의상'이라는 레이블을 붙인다.

사진으로 피부암을 확인하기 위해 사용한 모델링의 이미지 데이터 중 60%는 구글의 이미지 3에서 스크랩했다. 하지만 어두운 피부색의 인종은 이들 이미지의 5% 미만에 불과해 분류 기능이 집단 간에 다르게 작동될 수 있다.

이렇게 기계학습에 사용되는 데이터도 영향을 미치지만, 알고리즘 역시 차별을 일으킨다. 기계학습의 알고리즘은 특정 그룹의 개인들이 훈련 데이터의 다른 그룹보다 더 자주 나타나면 전체 정확도를 높이기 위해 프로그램이 해당 그룹 개인들에 최적화된다. 혹시 알고리즘이 결함이라도 있게 되면 피드백 반복을 통해 바이어스를 증폭시킬 수도 있다. 구글 번역기와 같이 통계적으로 훈련된 시스템일 경우, 특정 직업을 남성 또는 여성 대명사로 번역해 성차별을 한다는 논란을 불러일으키고 있다. 군인이나 의사는 남성, 요리사나 간호사는 여성으로 번역했다. 터키어인 'O bir asker(군인이다.)'를 입력해본 결과, 구글 번역기는 'He is a soldier(그는 군인이다.)'라고 번역하고, 'O mutlu(행복하다.)'는 감정 표현도 'He's happy(그는 행복하다.)'라고 번역했다.

이러한 데이터의 편견을 잡기 위해서는 데이터셋의 구축이 필요하며 이 데이터는 다양하고 특정 그룹을 대표하지 않아야 한다. 이에 연구자들은 성별과 민족성의 균형을 이룬 1,270명으로 구성된 새로운 이미지 데이터셋을 선별한 후 기존 얼굴 분류 알고리즘을 재훈련해 AI 얼굴 인식 시스템의 정확도를 향상했다고 한다.

또한 기계학습을 사용해 알고리즘 및 데이터 편향을 식별하고 정량화하는 것이다. 이를 'AI 감사(Audit)'라고 하는데 모델과 훈련 데이터에서 편향을 식별하기 위해 원래의 기계학습 모델을 검사하는 알고리즘을 말한다. auditor가 단어 임베딩 원본 텍스트 데이터에서 편견을 확인하면 단어의 벡터 위치를 수정해 편향을 줄일 수 있다. 예를 들면, 1910년에서 1990년까지 구글 도서에서 미국 텍스트 데이터를 10년마다 포함시키면 아시아계 미국인에 대한 태도가 1910년 '야만적인'으로 묘사됐었는데, 제2차 세계 대전 이후 갑작스러운 전환과 1980년대의 이민 파동으로 1990년에 '금지'와 '민감한'으로 변화됐다.

AI의 공정성과 비차별성을 이루기 위해서는 컴퓨터 과학자, 윤리학자, 사회 과학자 등이 데이터 및 공정성을 개선하기 위해 노력해야 하며 AI공정성에 대한 적절한 개념을 생각해볼 필요가 있다.

데이터가 있는 그대로의 세계를 대표해야 하는 것인지, AI가 직업에 대한 사람의 재능을 평가할 수 있는지, 우선순위를 정하는 공정성 개념은 누가 정할 것인지에 관한 것들이다. 이를 위해서 기계학습 연구자는 사회 과학, 인문학, 의학, 환경, 법 전문가와 반드시 소통해야 한다.(출처: the Science Monitor. AI, 성·인종 차별주의자 될 수 있다. 머신러닝 데이터 공정성 필요. 2018.7.21. 기사).

수업 사례 **편향성을 가진 데이터**

기존에 인간이 사용하는(생성한) 데이터 중에 AI가 편견(편향, 차별)을 갖고 학습할 가능성이 높은 데이터를 찾아보자.

데이터 범주	편향 가능성
인종 데이터	이름, 사진, 행동, 영상 등
성별 데이터	직업, 의류, 역할 분담,
언어 데이터	텍스트, 기사, 자막, 음성, 영상, 애니메이션, 통화 기록, 사투리
연령 데이터	노인 차별, 아동 차별, 특정 연령대 가중치
직종 데이터	자산, 계급, 신용, 범죄
학위 데이터	취업, 파벌
지역 데이터	정치
금융 데이터	계급화

- 하나를 골라 구체적으로 편향이 나올 수 있는 사례를 들어보자.
- 이를 막을 수 있는 수동적, 자동적(수학 알고리즘) 방법을 논해보자.

ARTIFICIAL INTELLIGENCE

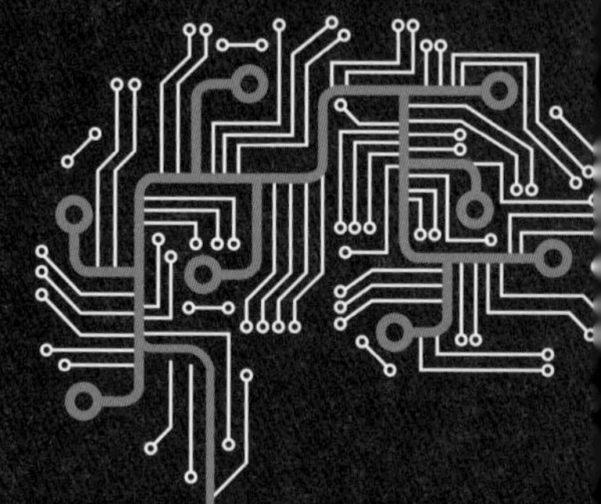

13. 안전성과 신뢰성

감정을 갖지 못한 인공지능에게 선한지, 악한지에 대한 판단은 잠시 접어두자. 인공지능 기술을 개발하고 사용하는 사람이 선한지, 악한지에 대한 판단이 먼저이다. 안전하고 믿을 만한 인공지능은 결국 인간으로부터 나온다는 점을 잊지 말자.

안전성과 신뢰성은 AI가 인간이 사용하기에 안전한지, 믿고 사용해도 되는지에 관한 것이다. 알고리즘의 불완전성과 내재적 모순으로 인해 발생할 수 있는 위협에 대한 불안감, 인간 대 AI 또는 AI 간의 경쟁에서 발생할 수 있는 여러 가지 상황에 대한 도덕적 이슈가 제기가 되고 있다.

2016년 7월, 미국 실리콘밸리 쇼핑몰의 경비 로봇이 부모와 함께 가던 생후 16개월 아이를 들이받는 사고가 발생했다. 이 로봇의 높이는 1.52m, 무게는 136kg으로, 들이받고 난 후에도 계속 움직여 아이의 발 위를 지나갔고 아이의 아버지가 아이를 끌어당겨 더 큰 사고를 막았다고 한다.

2007년 10월 남아공에서는 인명 손실을 줄이고 정확성을 높이고자 도입한 로봇 방공포가 갑자기 작동해 수십여 명의 사상자가 발생했다.

2016년에는 자율주행자동차들이 여러 건의 교통사고를 일으켰는데 그중 테슬라 자동차의 운전자가 사망하기도 했다. 이를 계기로 사고의 책임이 운전사와 제조사 중 누구에게 있는지에 대한 논의가 핫이슈로 다뤄졌다.

인명 피해의 책임에 대한 문제와 더불어 '자율주행차가 행인 보호와 탑승자 보호 중 누구를 선택해야 하는가?' 하는 알고리즘의 윤리적 선택 상황에 대한 문제가 발생하기도 했다.

AI의 정보 처리 능력이 매우 빨라 인간의 개입하기 어려워지고 주어진 알고리즘에 의해 정상적으로 작동이 됐다고는 하지만 여전히 사고 발생 위험이 존재한다. AI의 의사결정권을 얼마나 부여할지, 어떻게 인간 사회의 가치와 법을 존중하도록 설계할 것인지가 매우 중요하다.

전기전자컴퓨터학회(IEEE)는 2016년 'Ethically Aligned Design'이라는 문서에서 AI 관련 윤리 지침을 처음으로 다뤘다. 정부, 기업, 학술 단체 등이 함께 했으며 AI, 법, 윤리, 철학 정책 관계자 100명이 참여했다. 이 문서에서 가장 중요하게 다룬 주제는 사람과 AI(기계) 간의 신뢰이다. 그동안의 AI는 인류의 보편적 가치보다는 특정 계층의 이익에 집중돼왔음을 지적하고 이것이 개인 간의 갈등을 일으켰다고 우려했다. 이와 관련해 인권, 책임, 투명성, 교육 측면을 고려한 12가지 AI 개발 방법론을 제시했다.

IEEE의 이와 같은 활동으로 윤리에 대한 논의가 활발하게 이뤄지고 있으며 2018년 6월 ACM에서도 컴퓨팅 전문가 윤리 강령 'ACM Code of Ethics and Professional Conduct'를 발표했다. 이는 컴퓨팅 전문가로서 윤리적인 행동을 안내하기 위해 개발됐으며, 판단에 대한 기준안을 제공하고 있다. 모두 4개의 절로 구성돼 있는데 1절은 전체 강령의 기초를 형성하는 기본 윤리 원칙 일곱 가지, 2절은 전문적인 책임에 대한 구체적인 추가 사항 아홉 가지, 3절은 리더십 역할을 하는 개인을 위한 사항 일곱 가지, 4절은 ACM 모든 회원이 지켜야 할 규범 준수 두 가지로 제시하고 있다. 컴퓨팅 전문가는 이러한 원칙을 고려함으로써 책임 있고 투명한 업무를 수행할 수 있게 된다.

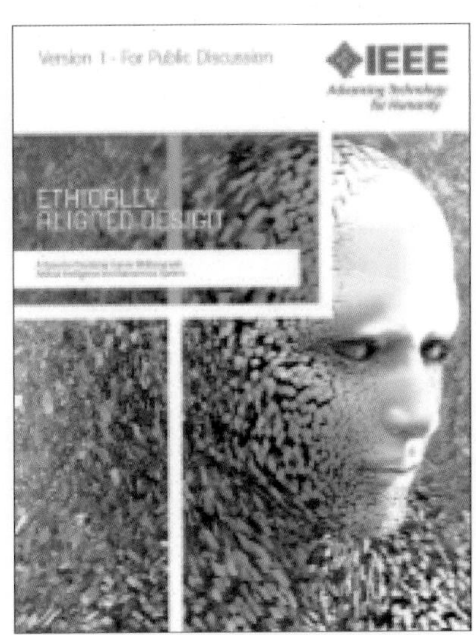

▲ IEEE의 인공지능 윤리 강령
(출처: https://ethics.acm.org/code-of-ethics/)

일반적인 윤리 원칙
1.1 모든 사람이 컴퓨팅과 관련 있음을 인지하고 사회와 인류의 안녕에 기여한다.
1.2 타인에 대한 공격을 삼간다.
1.3 정직하고 신뢰할 수 있는 사람이 된다.
1.4 공정하고 차별 없이 행동한다.
1.5 새로운 아이디어, 발명품, 창작품, 컴퓨팅 산출물을 생산하는 데 요구되는 작업을 존중한다.
1.6 개인정보를 보호한다.
1.7 비밀을 존중한다.

전문가를 위한 책임
2.1 전문가는 작업 과정과 산출물에서 높은 수준의 품질을 달성하기 위해 노력한다.
2.2 높은 수준의 전문적인 역량, 행동, 윤리적 실천을 유지한다.

2.3 전문적인 업무와 관련된 규칙을 알고 존중한다.
2.4 전문적인 검토를 받아들이고 제공한다.
2.5 잠재적인 위험 포함해 컴퓨팅 시스템 및 그것이 미칠 영향에 대한 철저한 평가를 한다.
2.6 전문적인 영역에서만 작업을 수행한다.
2.7 컴퓨팅과 관련 기술, 그 결과에 대한 대중이 이해를 높인다.
2.8 권한이 주어진 경우에 한해 컴퓨팅과 커뮤니케이션에 대한 자료에 접근한다.
2.9 강력하고 유용한 시스템을 설계하고 구현한다.

전문적인 리더를 위한 원칙
3.1 모든 컴퓨팅 작업에서 공공의 관심사인지 생각한다.
3.2 조직이나 그룹의 구성원의 사회적 책임을 명시하고 수용하며 평가한다.
3.3 작업의 질을 향상시키기 위해 인력과 자원을 관리한다.
3.4 강령의 원칙을 반영하는 정책 및 프로세스를 명시, 적용하고 지원한다.
3.5 조직 또는 그룹의 구성원이 전문가로 성장할 수 있는 기회를 만든다.
3.6 시스템 수정 또는 폐기 시 주의한다.
3.7 사회 인프라에 통합되는 시스템이라는 것을 인식하고 특별한 주의를 기울인다.

규범 준수
4.1 윤리 및 전문성에 대한 강령의 원칙을 지키고 널리 알린다.
4.2 이 강령을 위배하는 사람에서 대해서는 ACM 회원 자격이 없다고 할 것이다.

(출처: https://gist.github.com/amoretspero/b77d81ab2b22ad5fddf0af1c7a1399bd, https://spri.kr/posts/view/22721?code=industry_trend)

유럽 연합의 이익을 대변하는 초국가적 기구인 'European Commission'에서는 '신뢰할 수 있는 AI를 위한 윤리 가이드라인(Ethics Guidelines for Trustworthy AI)'을 발표했다. AI 전문가 그룹을 구성해 2018년 12월 초안을 공개하고, 500여 개 이상의 논평을 분석해 2019년 4월 최종 결과 보고서를 공개했다. 이 문서에는 세 가지 대표 가이드라인과 일곱 가지 핵심 요구사항들이 담겨 있다.

▼ 신뢰할 수 있는 AI를 위한 윤리 가이드라인(European Commission, 2019. 4.)

구분	내용
합법적(Lawful)	관련 법률 및 규정을 모두 준수해 합법적이어야 함.
윤리적(Ethical)	윤리적이어야 하며 윤리적 원칙과 가치에 순응해야 함.
강인함(Robust)	AI 시스템은 좋은 의도였다 하더라도 예기치 못한 해를 유발할 수 있으므로 기술적·사회적 관점에서 견고해야 함.

핵심 요구 사항
Human Agency and Oversight: AI 시스템은 인간에게 권한을 부여해 인간이 정보에 입각한 결정을 내리고 기본 권리를 보장받을 수 있도록 해야 함.
Technical Robustness and Safety: AI 시스템은 안전해야 하며 잘못된 상황에 대한 대비책을 마련하고 정확하고 신뢰할 수 있으며 재현 가능해야 함.
Privacy and Data Governance: 프라이버시 및 데이터 보호에 대한 완전한 존중을 보장해야 하고, 데이터 품질, 무결성, 합법적 액세스를 위한 적절한 관리가 보장돼야 함
Transparency: 데이터, 시스템 및 AI 비즈니스 모델은 투명해야 하고 이해 관계자에게 적합한 방식으로 설명될 수 있어야 함.
Diversity, Non-Discrimination and Fairness: 취약 집단의 소외, 차별을 야기할 수 있는 불공정한 편견은 반드시 피해야 함.
Societal and Environmental Well-Being: AI 시스템은 미래 세대를 포함해 모든 인간에게 이익이 돼야 함. 지속 가능하고 환경친화적이어야 함.
Accountability: AI 시스템과 결과물에 대한 책임을 보장하기 위한 메커니즘을 마련해야 함.

수업 사례 1 로봇이 사고를 냈을 때 그 책임은 누가 져야 하는가?

– 개발자, 로봇 주인, 로봇 회사, 피해자

수업 사례 2 AI 적용 시 고려되는 안전성 문제를 몇 가지 사례를 살펴보고 표의 빈칸을 채우시오.

적용 분야	나타날 수 있는 안전성 문제	해결방안
자동화 로봇	사람과의 충돌	카메라로 사람 인식 모듈, 근접 센서로 거리 확보, 로봇 인터페이스의 유연화
무인 자동차	인간 차량과의 충돌	사고의 책임 여부 결정, 인간 차량과 기계 차량 도로 분리
군사 무기	살상용 무기	국제 협약, 살상 무기 무력화 기술 탑재
CCTV 화상인식	인식한 얼굴의 공개	개인정보보호권, 이미지 암호화
핵 발전소 제어	제어 오류로 폭발 사고	이중 안전 장치 등
물류 드론		
AI 의료 행위		
AI 건설		
AI 신약 개발		
AI 셰프		

수업 사례 3 인간과 기계가 협업할 수 있는 분야를 찾아보시오.

요리:

작곡:

그림:

유통:

제조:

특허:

교육:

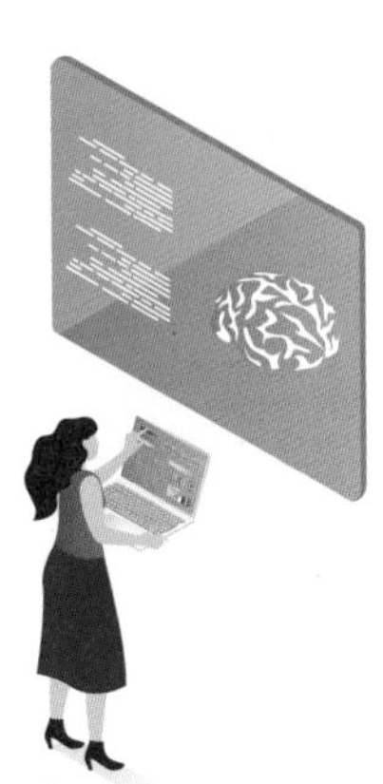

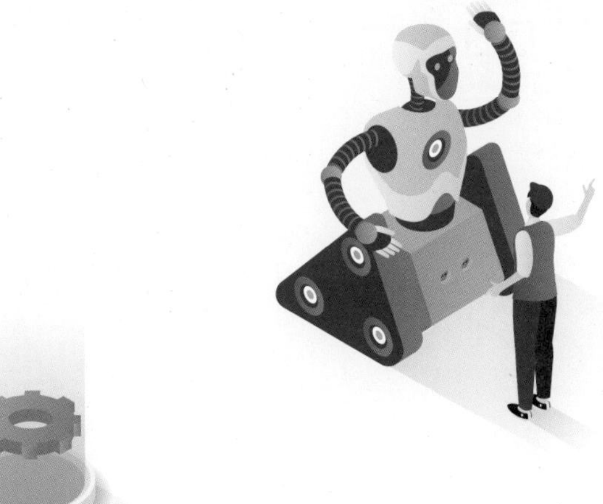

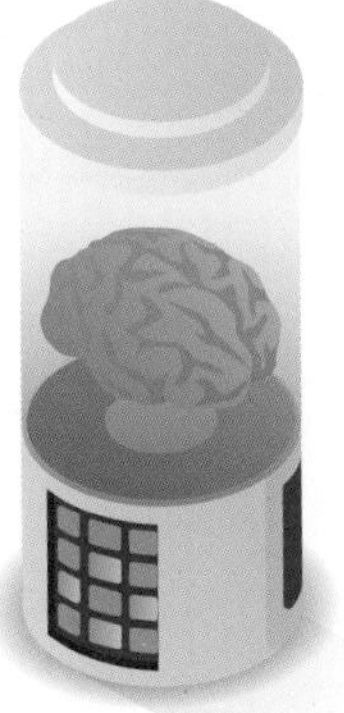
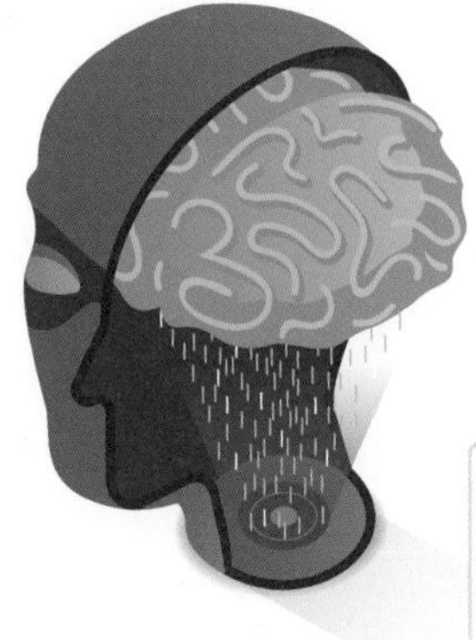

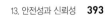

VS
1
10
110
111
001
10
0
MAX

인공지능 수업의 실제

- "어쨌든 마음은 뇌의 작용일 뿐이다." — 마빈 민스키(Marvin Minsky)
- "AI에서 학습을 극단적으로 정의하자면 모든 것을 구분하는 것이다." — 한선관
- "인간이라고 착각할 수 있을 정도로 인간을 속이는 기계라면 그것이 인공지능이다." — 앨런 튜링(Alan Turing)
- "어떤 기계가 인간과 구별할 수 없다는 것을 밝혀진다면 우리는 그 기계가 마음을 갖고 있음을 인정해야 한다." — 스티번 하나드(Steven Hanad)
- "AI는 생각에 대해 생각하게 한다. AI는 사고력을 이해하고 신장하는 데 가장 강력한 도구이다." — 한선관

AI 수업의 유형과 접근 방법

AI 교육의 실제는 앞서 살펴본 AI를 이해하는 교육, AI를 활용하는 교육, AI를 바라보는 교육의 실제 사례들로 구성했다. AI 교육을 위한 수업은 역량을 신장시키기 위해 지식, 기능, 태도 세 가지 영역으로 나누고, 이를 기준으로 AI 수업의 유형을 [표 7-1]과 같이 분류했다.

▼ [표 7-1] AI 수업의 유형

영역	분류 기준	수업 유형	세부 분류		활용 도구 예시
지식	지식 형성 (이해)	AI 인지 모델링 수업	인지 커넥티드	감각 차단	기존 언플러그드 교구
			SW 커넥티드	AI 앱 AI 시뮬레이션	탐색 알고리즘 시뮬레이션, 퀵드로우, 오토드로우
		AI 개념 형성 수업	AI 교육 플랫폼		티처블머신, 엠블록, 엔트리, ML4kids(AI 체험 중심)
		AI 발견 탐구 수업	AI 앱		WEKA
		AIT 사고력 기반 수업	CT-AIT 연계		-
기능	기능 향상 (실습)	AI 프로그래밍 수업	AI 교육 플랫폼	블록 기반	엠블록, 엔트리, ML4kids
				텍스트 기반	티처블 머신
			AI 상용 플랫폼		아마존 AWS, 구글 클라우드, MS 애저(Azure), IBM 왓슨(Watson)
			AI 프레임워크 (라이브러리)		파이썬, C, 자바 + 텐서플로, 케라스, 파이토치, 카페
		AI 텐저블 컴퓨팅 수업	AI 엣지 컴퓨팅		완제품형, 엣지 컴퓨팅형, 보드형, IoT형
			AI 메이커		기존 피지컬 컴퓨팅, IoT형
			AI 로보틱스		로봇 활용
태도	가치 함양 (관점))	기술 연계 수업	AI 가치와 이슈		공평한 AI, 책임 있는 AI, 설명 가능 AI 등
		사회 문제 수업	사회적 영향		직업-협업, 공포심 해결, 개인정보와 사생활
		윤리 중심 수업	인간적 가치 이슈		착한 AI 인간 중심 AI

세 가지 영역의 수업은 다음과 같은 교수·학습 모형의 특징을 포함하고 있다. 각 수업 주제에 맞는 교수·학습 모형의 정답은 없으며 수업 상황과 학습자의 수준, 실습 환경에 따른 수업이 요구된다. 각 모형에 따른 대표 예시를 살펴보자.

- **직접 교수 모형:** 블록형 프로그래밍과 AI 플랫폼을 따라 만들면서 기능 확장해보기
- **개념 형성 모형:** 기계학습, 지도학습, 비지도학습, 강화학습 등과 같이 AI를 이루는 대표적인 용어와 개념 이해하기
- **선행 조직자 모형:** 과적합, 에이스타(A*) 알고리즘, 가중치 등과 같이 세부적인 AI 기술과 용어 살펴보기
- **탐구 학습, 발견 학습:** AI의 원리나 법칙을 담고 있는 알고리즘(순회 세일즈맨 문제, 제약 만족 문제, 복잡도 발견하게 하기, 역전파 알고리즘, 자연어 처리의 문장 유사도 찾기, 협력 필터링 알고리즘, 진화 알고리즘)의 변수, 기능과 절차 등을 탐구하고 특징 발견하기
- **문제해결 모형:** AI의 이론과 개발에서 나타나는 문제해결하기, AI를 활용해 문제해결하기
- **프로젝트 모형:** AI를 기반으로 하는 다양한 앱과 시스템을 개발하고 AI 기반의 스타트업 만들기
- **창의성 개발 모형:** AI를 활용해 창의적 산출물을 생성하거나 독창적으로 문제를 해결하는 사례 보여주기
- **협동 학습 모형:** AI 문제를 단계별로 나눠 협력하거나 병렬적으로 협력(직소)하는 방식으로 수업하기
- **토의·토론 학습 모형:** AI 이슈에 대한 찬반 토론과 그 대안 찾기

전통적인 교수·학습 모형을 바탕으로 새롭게 등장하고 있는 수업 방법을 적용할 수도 있다. 대표적인 수업 방법들과 접근 트렌드는 다음과 같다.

- 디자인 사고 수업
- CT+AIT 연계 교육
- 융합 교육 – STEM, STEAM 교육
- 메이커 교육
- 플립드러닝
- 해커톤
- 캡스톤 디자인

교육 사조에 따른 AI 교육의 접근 방법

전통적인 교육의 사조는 행동주의를 시작으로 인지주의와 구성주의로 발전했다. 어떤 사조가 효과적이고 옳은지보다 발전 과정에서 인류를 위한 교육의 발전을 고민하고 현장 교육에서 적용하기 위한 다양한 방법을 고찰하는 데 집중하는 것이 좋다. 각각의 사조에 따른 AI 교육의 접근 방법을 살펴보자.

- **행동주의**
  - 지식을 주입해 암기하기
  - 많은 지식을 습득하고 이론과 알고리즘 원리와 법칙 외우기
  - 칭찬과 보상의 학습으로 지식 습득을 강화하기
- **인지주의**
  - 뇌의 정보 처리 과정을 연계해 AI 지식 이해하기
  - 컴퓨터 과학자 돼보기
  - AI 과학자 돼보기
  - 감각 차단을 통한 인식의 과정과 AI의 원리를 결합해 지식 이해하기
- **구성주의**
  - 학습자 중심의 주도적인 학습 활동을 통해 지식 구성하기
  - 디자인 사고 과정
  - CT + AIT 연계 교육
  - 융합 교육
  - STEM, STEAM 교육
  - 메이커 교육
  - 플립드러닝
  - 해커톤
  - 캡스톤 디자인

이러한 사조에 따른 학습 방법을 바탕으로 지식 기능 태도의 역량 영역을 신장시키기 위한 다양한 교수·학습 방법을 찾아볼 수 있다.

ARTIFICIAL INTELLIGENCE

1. AI 지식 중심 수업

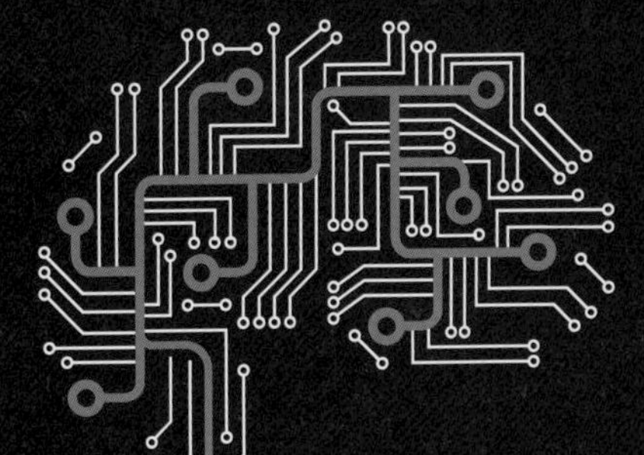

지식은 교육, 학습, 숙련 등을 통해 사람이 재활용할 수 있는 정보와 기술 등을 포괄하는 의미이다. 지식을 이루는 것은 용어, 개념, 정의, 원리, 법칙 등을 포함하며 컴퓨터 과학에서는 절차적인 사고를 추상화한 알고리즘이 지식의 핵심을 차지한다.

지식 중심의 수업은 AI의 개념, 원리 등과 같이 AI에 대한 이해를 하고 지식을 형성하기 위한 목표를 달성하고자 하는 것이다. AI 지식을 형성하기 위해서는 AI가 갖고 있는 특징을 이해하기 위한 새로운 수업 모형과 기존의 전통적인 수업 모형을 적용해야 한다. 새로운 AI 수업 모형은 AI 사고의 과정이 드러나는 AI 인지 모델링 수업과 SW와 AI를 연계한 AIT 기반 수업이 있다.

전통적인 교수·학습 방법으로 AI 개념 형성 수업, AI 발견 탐구 수업을 예시로 제공했으며 이외에도 다양한 교수·학습을 적용해 수업을 구성할 수 있다.

다음은 이 책에서 제시한 수업 사례에 적용된 유형별 활용 도구를 안내한 자료이며, 실제 수업 유형별 활용 도구가 정해져 있는 것은 아니므로 수업 시 다양하게 활용할 수 있다.

▼ AI 지식을 신장하기 위한 수업 유형

영역	분류 기준	수업 유형	활용 도구		활용 프로그램 사례
지식	지식 형성 (이해)	AI 인지 모델링 수업	인지 커넥티드	감각 차단	기존 언플러그드 교구
			SW 커넥티드	AI 앱, AI 시뮬레이션	탐색 알고리즘 시뮬레이션, 퀵드로우, 오토드로우
		AI 개념 형성 수업	AI 교육 플랫폼		티처블 머신, 엠블록, 엔트리, ML4kids(AI 체험 중심)
		AI 발견 탐구 수업	AI 앱		WEKA
		AIT 기반 수업	CT-AIT 연계		–

1.1 지식 중심 수업 1: AI 인지 모델링 수업

AI 인지 모델링 수업은 학생들의 AI 융합, AI 활용에 도움을 주기 위해 인지적인 지식 구조를 갖도록 모델화시켜주는 수업 방법이다. 지식 구조에 대한 모델링을 시켜주는 이유는 AI가 갖고 있는 특징, 용어, 알고리즘들의 기본적인 프레임, 단계, 추상화된 구조를 지식으로 형성함으로써 새롭게 접하는 AI를 쉽게 이해하도록 도와주기 때문이다. 구성주의적 교육 패러다임에서 시작된 선행 조직자 수업 모형 등이 이에 속한다. 개념 형성 학습뿐 아니라 인간의 감각을 제한함으로써 지능의 처리 과정을 탐색하는 학습 모형 등도 있다.

AI의 초창기에는 인간의 도움을 받아 지식을 주입하면 저장되고 그 지식을 바탕으로 추론하는 방법으로 구성됐지만, 이러한 방법의 한계로 인해 인간의 지능을 본떠 구성하는 형태로 바뀌었다. 즉, 외부의 자료를 입력받아 스스로 학습하고 뇌의 기능을 모방하는 방향으로 전개된 것이다. 하지만 단지 뇌를 모방한 수학적 모델이므로 뇌가 처리하는 기능이 유사하다고 할 수 있다. 이러한 방법을 AI 교육의 수업에 적용하기 위해서는 인간의 지능적 구조, 즉 인지적 모델을 살펴보는 과정이 필요하다.

AI의 지능적 형태의 구조(지도학습과 같은 알고리즘 등)를 이해하기는 쉽지만 학습 모델링된 추론의 과정을 살펴보기는 어렵다. 특히 딥러닝 기술이 발달되고 많이 사용하게 되면서 AI의 처리 과정은 AI 개발자들조차도 추론의 과정과 그 특징을 추출하는 과정을 알기 어렵게 됐다. 이를 '블랙박스'라고 하는데 AI에 대한 오해는 여기에서 비롯된다.

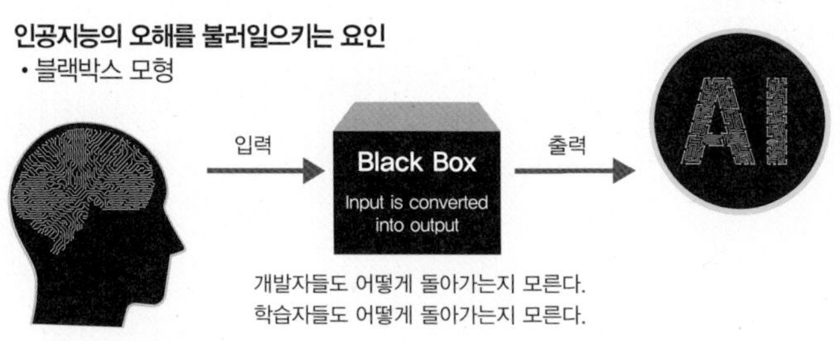

▲ 인공지능의 블랙박스

AI의 산출물은 계산적 결과에 따른 분류, 예측, 추론이다. 하지만 인간은 AI의 처리 과정에 감정을 이입해 그 원리를 알기도 전에 '똑똑하다.', '마술사 같다.'와 같은 표현으로 AI를 지능적인 유기체처럼 인식한다.

인공지능의 오해를 불러일으키는 요인
• 감정이입 해석 모형 → 계산적 결과에 따른 분류

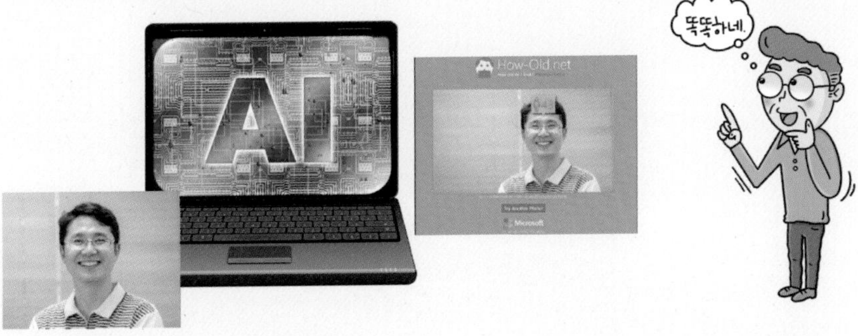

▲ 계산 결과에 따른 분류와 감정 이입 해석

하지만 구성주의적 관점에서는 블랙박스화된 AI의 처리 과정을 투명하게 보이도록 글래스박스화해 그 지능적인 문제 처리의 과정을 들여다보고자 한다. 즉, 인간의 지능을 이해하기 위해 학습이란 무엇이며 어떻게 추론하고 인지하는지에 대해 AI를 통해 교육할 수 있게 된다(2장 참조).

인공지능의 오해를 불러일으키는 요인
• 블랙박스 모형
• 당신은 개 vs. 고양이

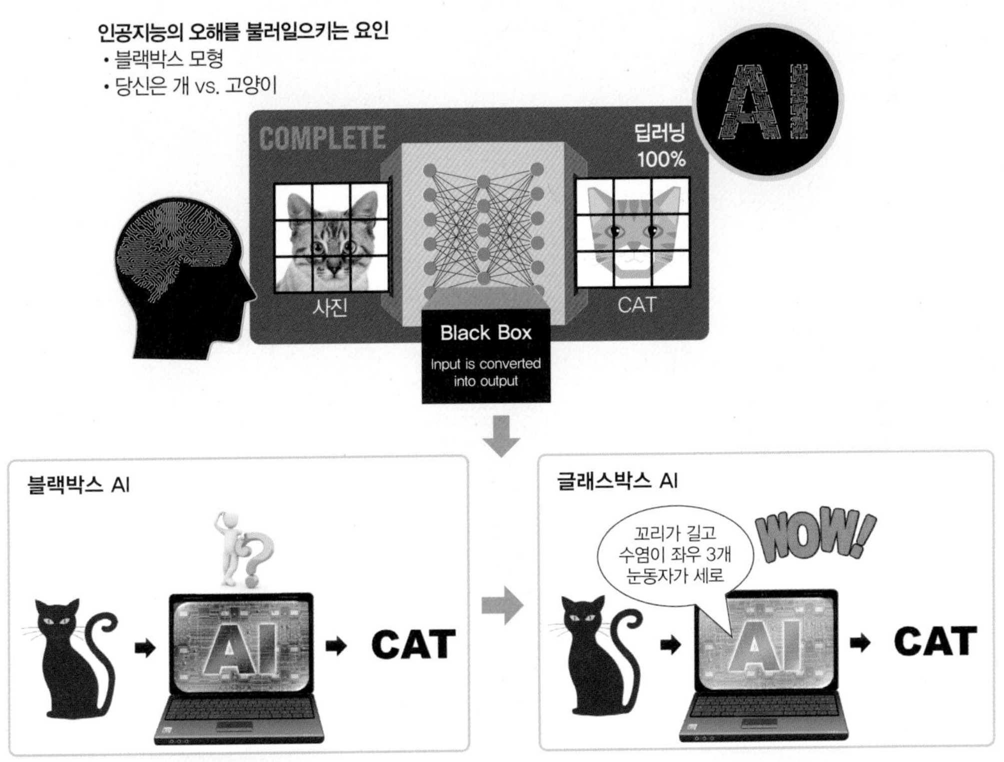

▲ 인공지능의 오해를 불러일으키는 요인(블랙박스 AI와 글래스박스 AI)

이 수업의 장점은 SW 교육에서 언플러그드 CS 방식의 접근처럼 컴퓨터나 AI 기계 없이도 AI를 쉽게 이해할 수 있다는 것이다. 학습자들이 SW 교육이나 AI의 깊은 선행 경험 없이도 자신의 뇌를 AI 기계로 대체해 지능의 처리 방식과 AI 알고리즘을 이해하고 AI에서 제시하는 개념들을 이해할 수 있다.

선행 조직자 모형을 바탕으로 풀어보면, 생소한 AI의 알고리즘을 배울 때 우리는 자신이 경험한 지능적인 처리 과정을 연결(Connected)해 이해하게 되는데, 이를 '커넥티드 학습 방법'이라고 한다. 커넥티드 방식은 기존의 언플러그드 수업 방식과 유사한데, 인지 활동 중 감각을 차단해 지능의 발현과 처리 과정을 이해하고 그것을 절차적 표현, 즉 AI 알고리즘으로 이해하는 과정을 거친다.

1.1.1 AI 인지 모델링 수업 전략 – 커넥티드 전략

AI 인지 기반 수업을 위한 과정은 언플러그드 활동을 뇌의 인식 과정과 연결한 커넥티드 방법을 적용한 후 그 내용을 제대로 이해하고 강화하기 위해 컴퓨팅 기기를 활용해 AI 모듈을 체험하고 실습해보는 것이다.

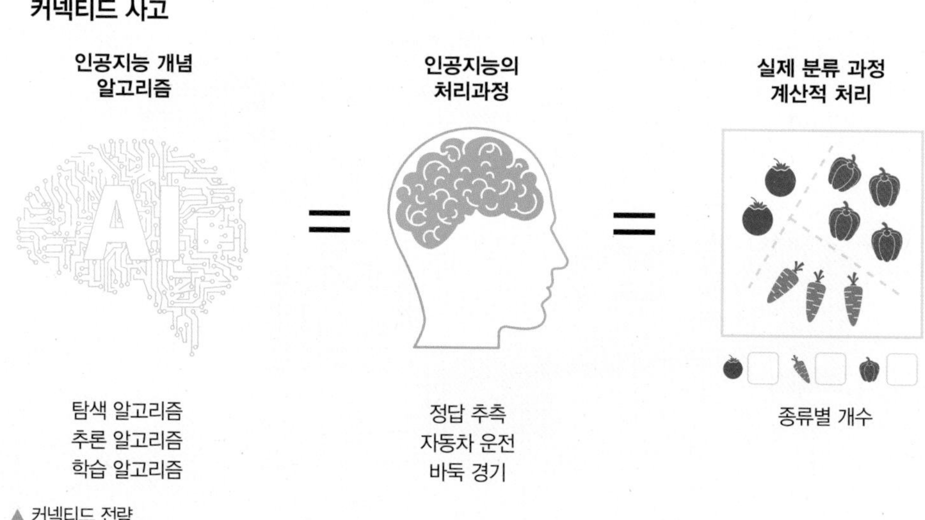

▲ 커넥티드 전략

첫 번째 유형은 SW 교육에서 이미 많이 사용하는 언플러그드 학습 방법 네 가지, 즉 도구 기반, 학습지 기반, 스토리 기반, 활동 기반의 방법에 감각 차단 기반, 인지 추적 기반 두 가지가 추가된다. 그 이유는 AI의 특성을 이해하기 위해서는 인지 처리를 위한 활동이 수반돼야 하기 때문이다. 두 번째 유형은 AI 인지 모델링을 이해하기 위해 컴퓨팅 기기를 연결 지어 사용하는 것으로, 앱 기반, 콘텐츠 기반, 플랫폼 기반, 프로그래밍 언어 기반, 사이트 기반, 하드웨어 디바이스 기반 등을 활용하는 것이다. 실제 이러한 유형은 AI 인지 모델링을 이해하는 것뿐 아니라 직접 제작 및 활용할 수 있는 도구로서도 사용할 수 있다.

▲ [유형 1] 인지 커넥티드 전략: 언플러그드 + 인지

활동 유형		예시
언플러그드 AI	도구 기반	학습용 교구, 놀이 교구, 조작 교구, 게임, 디지털 교구
	학습지 기반	워크시트, 디지털 콘텐츠, 풀이, 절차, 문항, 그림 자료
	스토리 기반	언어, 동화, 역할극, 그림, 만화
	활동 기반	신체 활동, 행동, 놀이, 게임, 경기, 협력
AI 인지 모델링	감각 차단 기반	시각, 청각, 후각, 촉각, 통합 감각 등의 감각 차단
	인지 추적 기반	자기 인지 과정 추적, 인지 과정 – 알고리즘 비교

▼ [유형 2] SW 커넥티드 전략: 플러그드(컴퓨팅 기기)+SW, Data, Content

활동 유형	예시
앱 기반	시뮬레이터, 앱
콘텐츠 기반	미디어, 영상, 그림, 음악, 설계도, 교육 툴
플랫폼 기반	시스템, 클라우드, 네트워킹
프로그래밍 언어 기반	엠블록, 스크래치, 엔트리
사이트 기반	글, 매체, 블로그, SNS
디바이스 기반	로봇, 시스템, 하드웨어, 자율주행자동차

AI 교육에서 언플러그드 방법을 끌어 내지 않는 이유 (No! Unplugged in AI Education)

인간(자연) 지능은 뉴런 간의 연결, 즉, '화학적', '전기적' 결합으로 발생한다. 지능을 이해하는 것은 워크시트, 놀이, 교구, 스토리 중심의 교육적 활동을 통해 적당히 이해할 수 있지만, 개념상 '인지적 이해 모델링', 즉 감각 차단, 감각 제한 등의 방법을 교육에 적용하기 때문에 가급적 언플러그드된 뇌의 정지 또는 죽음 상태를 가정하지 말고 전기로 가득찬 지능 기계로서 바라보는 인지적 모델링 교육 방법으로 명명하는 것이 낫다.

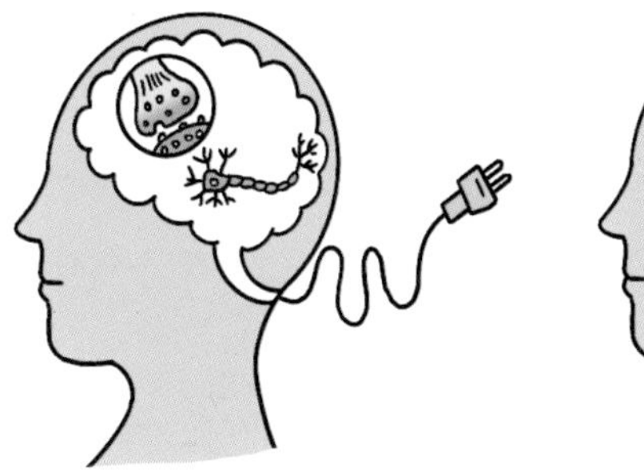

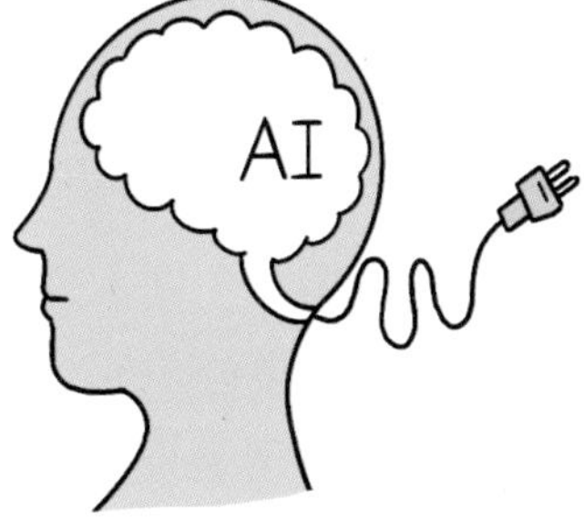

감각 차단 전략

시각, 청각, 후각, 미각, 촉각 등의 일부 감각 기관을 제한해 들어오는 입력 정보를 차단하고 문제를 해결하도록 하는 수업 방법이다. 일부 감각을 차단하면 지능을 가진 생명체는 문제를 해결하는 과정에 대해 심사숙고하게 되며 이 과정을 스스로의 인지로 추적해 해결의 과정을 절차화, 알고리즘화할 수 있다. 이 알고리즘이 바로 AI가 처리하는 방식이다.

예를 들어보자. 방문을 확인한 후 문을 통과해 나가라는 문제를 제시한다. 지금까지는 너무 단순하고 쉬워서 지능적인 능력이 필요 없어 보이는 문제이지만 눈을 가리고 5바퀴 정도 제자리에서 돌게 한 후 문을 통과해 나가라고 한다면 어떨까?

보이지 않는 정보 대신 촉각을 이용하기 위해 손을 휘저어 방향을 잡거나 청각을 이용해 문쪽에서 나는 소리에 집중하려고 할 것이다. 이동 중 넘어지거나 부딪혀 다치지 않게 이전에 살펴봤던 방의 구조에 대한 기억을 떠올리고 물건들의 배치를 연관 지어 문의 방향과 통과를 위한 경로를 예측하게 된다.

이 문제해결의 과정을 그대로 두지 말고 과정에 대해 스스로에게 인식하게 하거나 과정을 말하게 하는 등의 출력을 하게 되면 인지 모델링을 하게 될 것이다. AI의 탐색 알고리즘 중 휴리스틱 알고리즘을 연결 지어 찾아봄으로써 A* 알고리즘과 같은 원리나 개념을 알게 된다.

이때에는 감각 차단의 기법과 발문이 중요하다. 방 구조의 기억, 가려고 하는 방향의 근거, 물건들의 연결 구조, 이동 시 안전에 대한 예측, 자신의 위치에 대한 평가, 이동의 효율성, 전체적인 이동 경로, 이동에 따른 절차적 과정 등 AI에서 다루고자 하는 많은 개념을 이해하게 된다.

시각 차단 = AI 휴리스틱 탐색 알고리즘의 이해

- 말을 하지 않고 단어(문장) 설명하기 → 청각을 제한하고 동작 영상에서 의미 추출하기
- 손을 묶고 달리기 → 균형 감각을 제한하고 로봇의 동작과 이동 알고리즘 이해하기

1.1.2 AI 인지 모델링 수업 단계

AI 인지 모델 수업 단계는 AI 문제 이해하기, AI 인식 체험하기, AI 사고로 확장하기, AI 일반화의 네 단계로 나눌 수 있다. AI 문제 이해하기 단계에서는 실생활에서의 문제 상황 제시를 통해 AI 문제를 이해한다. AI 인식 체험하기 단계에서는 감각 차단 전략과 인지 추적 전략을 활용해 인간의 지능성과 AI의 지능성에 대해 체험해볼 수 있는 활동이 전개된다. 이후 AI 사고로 확장하기 단계에서 SW 커넥티드 전략을 활용해 AI 컴퓨팅을 체험하고 AI 알고리즘과

지능성을 연결시켜 AI 개념을 강화시킨다. 이렇게 형성된 개념은 AI 일반화 단계에서 다른 문제에 적용해봄으로써 개념 이해를 마무리할 수 있게 된다.

▼ AI 인지 모델 교수·학습 단계

단계		내용
AI 문제 이해하기	문제 살펴보기	**[실생활에서의 문제 상황 제시]** • 실생활에서의 문제 상황 인식하기 • 정상적인 상태에서 문제를 확인하고 해결할 수 있는 방법 탐색하기
AI 인식 체험하기	감각 차단하기	**[축소된 문제 상황 분석]** • 학생들이 체험해볼 수 있는, 비슷하지만 축소된 문제 상황을 만들고 감각을 차단(제한)해 체험하기 * 액티비티(놀이) 기반의 활동
	감각 차단 전후의 인식 비교하기	**[AI 알고리즘 탐색]** • 감각 차단 전후 인식의 차이를 발견하고 비교하기 • 인간의 지능성을 발견하고 컴퓨터에서의 구현 방법과 알고리즘 탐색하기
AI 사고로 확장하기	알고리즘과 지능성 이해	**[AI 알고리즘 이해와 강화]** • SW 커넥티드 전략을 활용해 AI 컴퓨팅 체험하기 • AI 알고리즘과 지능성 연결 짓기 • AI 개념 강화하기
AI 일반화하기	알고리즘의 적용	**[문제 활용]** • 다른 문제에 적용해 문제해결하기 • 일상생활의 문제 사례와 활용 방안 찾기

>> AI 인지 모델링 수업 사례 1: 로봇의 눈으로 길 찾기

- **학습 목표:** 로봇의 눈으로 길을 찾는 원리를 이해할 수 있다.
- **AI 개념:** 최적의 경로 탐색, 최단 거리, 에이스타(A*) 알고리즘
- **사용 전략:** 감각 차단 전략
- **수업 모형:** AI 인지 모델링
- **활용 AI:** 길 찾기 시뮬레이션(http://qiao.github.io/PathFinding.js/visual/)
- **준비물:** 로봇 눈 교구, 최단 거리 측정판 등

활동 1 커넥티드 AI 수업: 감각 차단 전략 활용

로봇이 돼 미로 통과하기

- 짝과 함께 한 사람은 로봇, 한 사람은 미로 설계자가 된다.
- 미로 설계자는 책상 위에 작은 물건들로 미로를 설계한다.
- 로봇인 친구는 눈을 가리고 손의 감각만으로 길을 찾아간다.

로봇이 길을 찾아가는 원리 탐색하기

- 실제 로봇은 장애물을 어떻게 확인할까요?
- 진행 방향에 로봇이 있다는 걸 알게 됐다면 장애물을 어떻게 피해갈까요?
- 매번 장애물을 만나서야 되돌아가는 방법으로 길을 찾는다면 어떤 문제점이 생길까요?
- 왼쪽 그림에서 A에서 B까지 가는 두 가지 길 중 어느 길로 가는 것이 좋을까요?
- 더 빠른 길을 찾기 위해 어떤 방법을 사용할 수 있을까요?(갈 수 있는 길 중 B에 가장 가까운 길을 선택합니다. B에서 멀어지지 않는 방향을 선택합니다. 현재 위치와 목적지의 위치 사이의 거리를 확인합니다)

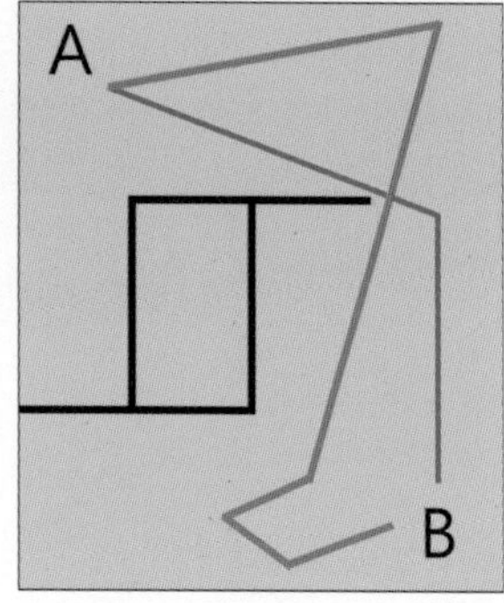

▲ 길찾기 학습지

활동 2 **언플러그드 AI 기반 활동**

- 로봇의 눈이 돼 길 찾는 원리 발견하기(로봇의 눈으로 미로 통과하기)

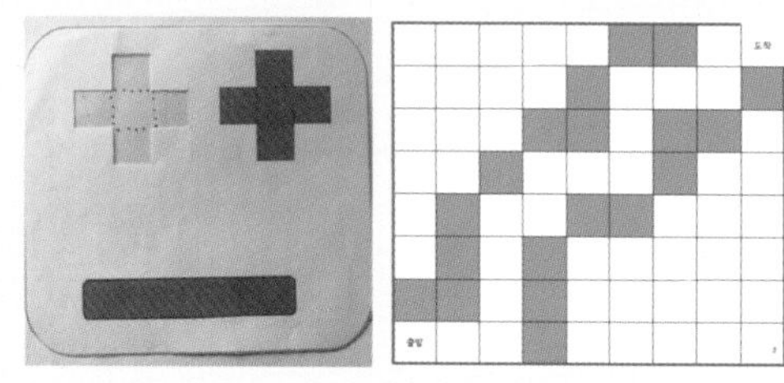

▲ 로봇의 눈 ▲ 미로

* 로봇의 한쪽 눈 투명하게 뚫어놓기

* 로봇의 얼굴이 미로 전체를 덮어 한쪽 눈으로는 길의 정보가 보여야함

* 미로에서 검은색 칸은 장애물이며 흰색 칸으로만 이동 가능

(※ 앞의 감각 차단은 눈을 완전히 막은 상태이고, 지금의 감각 제한은 눈으로 볼 수는 있지만 극히 제한된 정보만 받아들일 수 있다.)

- 로봇의 눈으로 길 찾아가기
- 횟수를 거듭하며 시행착오를 겪은 횟수 세어보기
- 횟수를 거듭할수록 시행착오의 횟수는 어떻게 되나요? 그 이유는 무엇일까요? (처음에 갔을 때 시행착오로 간 길을 기억하고 다시 그 길로 가지 않았기 때문입니다.)
- 최적의 길 탐색하는 원리 발견하기

활동 3 **플러그드 AI 기반 수업: 시뮬레이션 활용**

시뮬레이션으로 최적의 경로 탐색하기

- 스크래치 프로그램으로 출발점, 도착점, 장애물을 다양하게 넣어가며 시뮬레이션으로 탐색하기

- 출발점, 도착점, 장애물을 입력하고 컴퓨터가 어떻게 길을 찾을지 예상하기
- 시작 버튼을 누르고 컴퓨터가 길을 탐색하는 과정 살펴보기. 컴퓨터는 어떻게 길을 찾나요?
- 화면에서 표시되는 파란색은 무엇을 의미하는 것일까요?
- 컴퓨터가 길을 탐색하는 시간은 얼마나 걸리나요?
- 내가 예상한 것과 컴퓨터가 찾은 길이 서로 같나요? 다르다면 어떤 부분이 다르고 왜 다를까요?

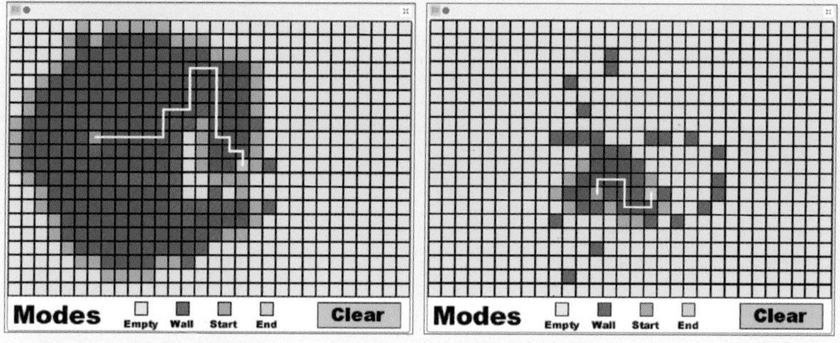

▲ 스크래치 길찾기 시뮬레이션

- 이번에는 짝과 함께 서로 출발점, 도착점, 장애물을 입력해주고 바꿔 길 찾기 놀이를 해봅시다.
- 다양한 길찾기 탐색 알고리즘이 있는 컴퓨터 시뮬레이션으로 최단 경로를 찾는 과정을 탐색해봅시다(http://qiao.github.io/PathFinding.js/visual/).

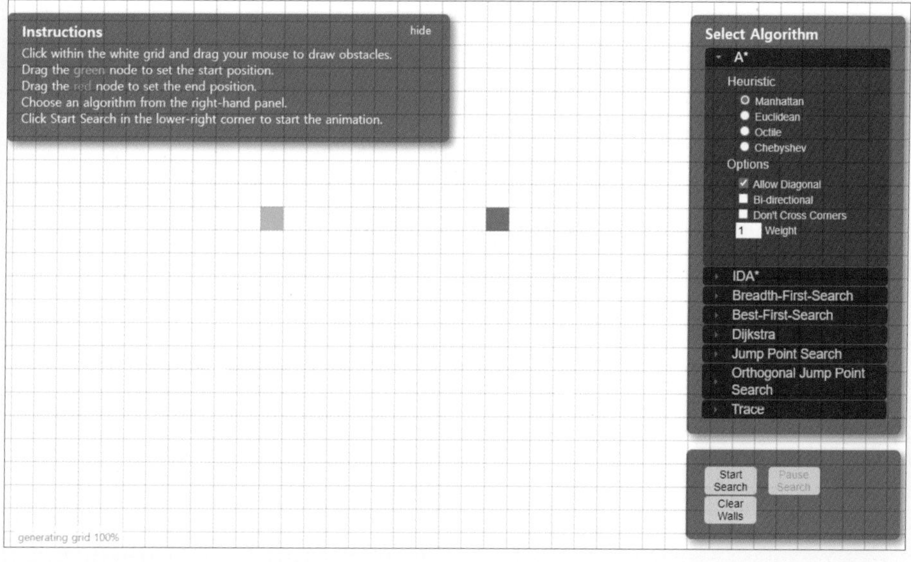

▲ 길찾기 시뮬레이션
(출처: http://qiao.github.io/PathFinding.js/visual)

- 에이스타(A*) 알고리즘과 다익스트라(Dijkstra) 알고리즘 두 가지를 선택해 비교해봅시다.

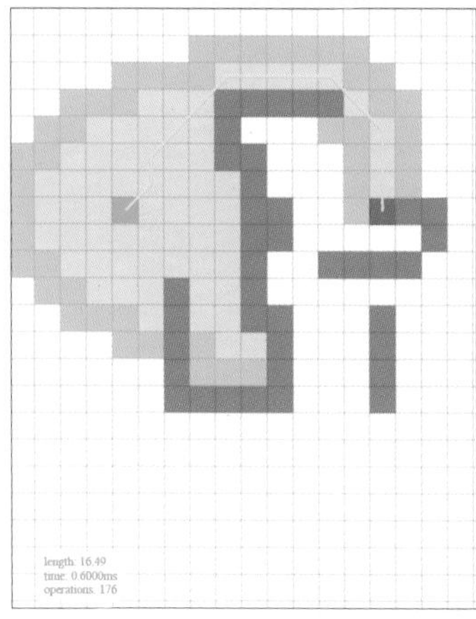

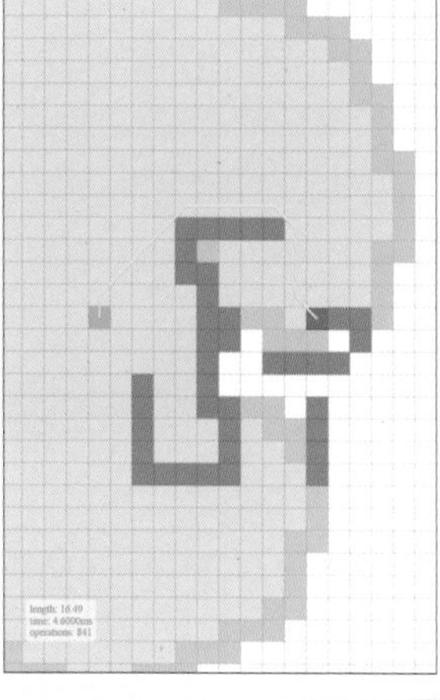

▲ 에이스타(A*) 알고리즘과 다익스트라 알고리즘 실행 화면

- 두 알고리즘의 찾은 경로의 길이, 소요 시간, 작업 개수를 비교해봅시다.
- 어느 알고리즘이 효과적인가요?
- 출발점, 도착점, 장애물을 다양하게 입력해가며 각 알고리즘을 탐색해봅시다.
- 길을 탐색할 때 우선시할 수 있는 기준에는 무엇이 있을까요?
- 휴리스틱 탐색과 최적의 경로에 대해 생각해봅시다.
- 이러한 탐색 방법을 어느 문제에 적용해 활용하면 좋을지 생각해봅시다.

활동 4 AI 이해하기

- 탐색 문제에서 인간의 지능적인 요소는 무엇일까요?
- 탐색 문제를 왜 AI로 해결하는 것일까요?
- AI로 해결하기에 적합한 문제에는 어떤 것들이 있을까요?
- 이러한 문제들의 공통점은 무엇일까요?

활동 5 일상생활에 적용하기

- 탐색 문제를 현실에서 적용한 사례는 어떤 것이 있는가?
  - **내비게이션:** 최단 거리를 찾아줌 → 최단 거리보다 빨리가는(최단 시간) 경로 찾기 → 비용이 적게 드는(통행료, 연료) 경로 찾아주기
  - **적응형 내비게이션:** 실시간으로 이동 경로상의 막힘과 사고 등을 알려 안전하고 빠르고 비용이 적게들게 이동하기
- 여행 경비가 적당한 패키지 여행 상품 찾기
- 택배를 효율적으로 이동하며 여러 장소에 여러 가지 상품 배달하기
- 탐색 문제가 일상생활에 많이 활용되는 점 이해하기
- 사람들이 탐색하는 방법을 기계의 알고리즘에도 모방해 적용하고 있으며 우리를 편리하게 도와주고 있음을 발견하기

>> AI 인지 모델링 수업 사례 2: 이미지 인식

- **학습 목표:** AI가 사물을 인식하는 기술을 이해할 수 있다.
- **AI 개념:** CNN(이미지 인식 알고리즘 컨볼루션 신경망)
- **사용 전략:** 감각 차단 전략
- **수업 모형:** AI 인지 모델링
- **활용 AI:** 오토드로우, 퀵드로우

동기유발 자율주행자동차 주행 영상 시청하기

▲ 자율주행자동차의 자율주행 영상
(출처: https://www.tesla.com/ko_KR/autopilot?redirect=no)

- 자동차 주행 모습 살펴보기
- 오른쪽 화면에 나타나는 3개 화면은 무엇을 나타내는 것인지 이야기 나누기
- 자동차가 사람 없이 자율로 운전할 때 입력받아야 할 자료 살펴보기

활동 1 인간과 컴퓨터의 대결 [감각 차단놀이 활동] 〈 시각 차단 후 등의 촉각 활용

- 사람과 오토드로우의 대결
- 두 사람이 짝을 짓고, 한 사람이 다른 사람의 등에 그림 그리기, 상대 친구는 친구가 등에 그린 그림 맞추기
- 친구 등에 그린 그림을 오토드로우에 그려보기(www.autodraw.com)

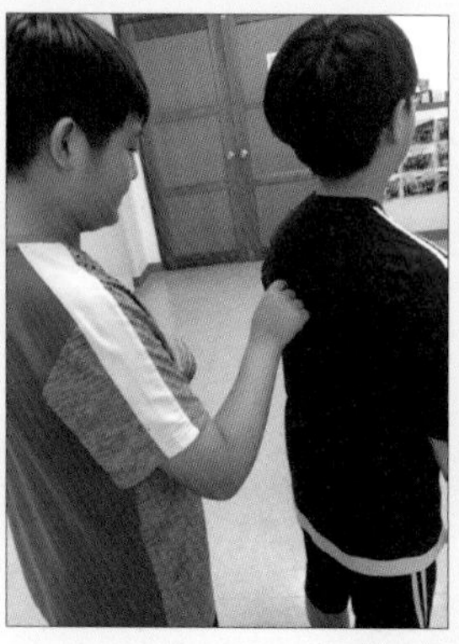

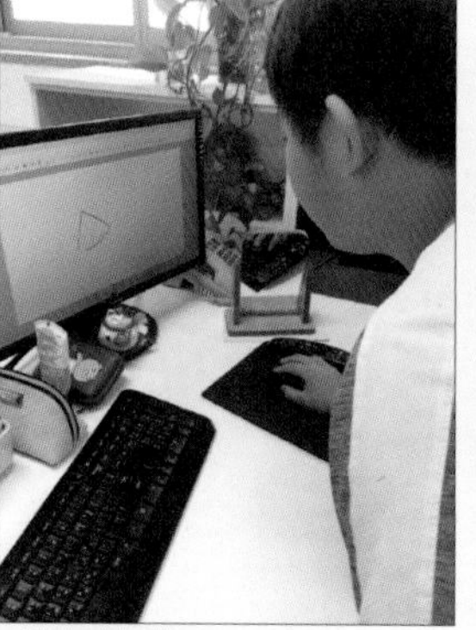

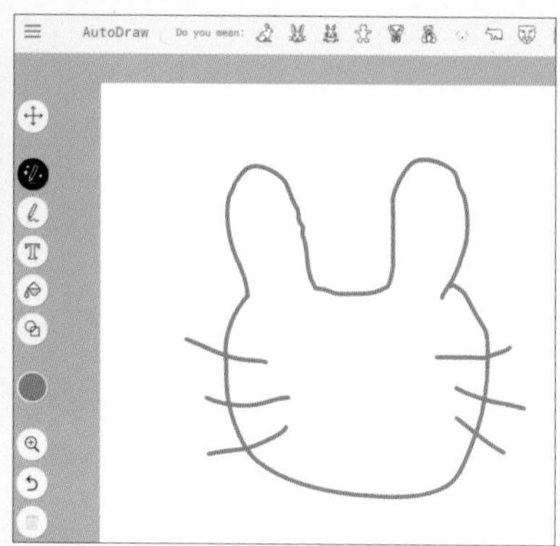

▲ 감각 차단 놀이 활동 장면(좌), 오토드로우 사이트(우)

- 누가 더 잘 맞췄는지 확인하기
- 컴퓨터는 어떻게 그림을 알아맞히는지 생각해보기

활동 2 이미지 인식 시뮬레이션 체험하기

- 퀵드로우 사이트로 그림 그리기(quickdraw.withgoogle.com)

▲ 퀵드로우 사이트

- 퀵드로우 사이트에서 그림을 그릴 때 시간 제한을 두는 이유는 무엇일까? (특징만 드러내 그리기 위해)
- 해당 주제어에 대한 다양한 사람의 그림 자료가 있는 이유는 무엇일까? (다양한 그림을 보며 그 속에서 사물이 갖고 있는 공통적인 특징, 즉 패턴을 발견해 학습하기 위해)

활동 3 이미지 인식 기술의 원리

- 내가 그린 그림을 어떻게 알아맞히는 것일지 생각해보기
- 신경망이 학습한다는 의미가 무엇일지 유추해보기
- 기계학습을 통해 이미지를 인식하는 원리 발견하기

- 이미지 인식 기술의 원리를 다른 문제해결에 적용할 수 있는 사례에 대해 이야기 나누기

활동 4 알고리즘 활용하기

- 이미지 인식 알고리즘이 일상생활에 사용되는 사례 찾아보기
- CCTV로 범인 인식하기
- 상처 난 과일을 판별하는 카메라 기능
- 자동차 번호를 인식해 자동으로 열어주는 통행 차단기

(* 이 수업은 이미지 인식 알고리즘을 위한 내용으로, 단순한 앱을 체험해 기계학습의 의미를 파악하는 정도는 초등에서 가능하며, CNN 알고리즘을 단계로 나눠 파악하는 내용으로 구성한다면 중등에서 가능하다.)

지하실에 갇힌 AI

우연한 사고로 지하실에 갇힌 상황을 상상해보자. 빛이 전혀 없고 갇혀 있는 상황을 전혀 알 수 없는 이때 우리는 생존을 위해 많은 감각을 사용해 주의 정보를 받아들이려고 노력한다. 제한된 감각의 정보로 뇌는 최대한 많은 가설과 추측, 문제의 상황, 해결 방안 등을 찾으려고 바빠질 것이다.

보이는 것이 없기 때문에 귀를 기울여 청각 신호를 얻고자 한다. 아무 소리가 들리지 않는다면 손을 이용해 주변에 닿는 촉각 신호로 상황을 파악하고 냄새를 맡기 위해 후각 정보를 최대한 활용할 것이다. 이러한 과정을 뇌에서 종합해 절차화하고 추론하고 인지하고 과거의 학습한 기억을 회상해 처한 문제를 해결하고 살아남기 위해 노력할 것이다.

이것이 인간의 본능이자 뇌의 본질적인 기능이다. 우리 뇌의 기능 중 가장 큰 특징은 이 과정을 뇌가 처리하기도 하면서 그 처리 과정을 스스로 인식하는 메타 인지 과정을 갖는다는 점이다.

지능의 처리 과정을 스스로 인식하는 것을 의식적으로 탐색하고 발견하고 표현하는 과정은 AI의 알고리즘을 이해하는 첫걸음이 된다.

>> AI 인지 모델링 수업 사례 3: 나만의 추천 시스템 만들기

- **학습 목표:** 나만의 추천 시스템 만들기
- **AI 개념:** 협업 필터링, 추천 시스템
- **수업 모형:** STEAM 수업
- **사용 전략:** 인지 커넥티드 전략
- **준비물:** 학습지

상황 제시 추천 시스템이 필요한 문제 상황 살펴보기

이제 6학년이 된 지영이는 좋아하던 워너원 대신 다른 가수를 알아보고 싶어졌다. 그런데 누굴 좋아할지 모르겠다. …(중략)… 비슷한 가수를 찾고 싶은데 어떻게 하면 알 수 있을까?

- 비슷한 가수를 알아보기 위한 방법 생각해보기
  - 기존의 추천 시스템 알아보기(영화, 음악 등)
  - 추천하는 원리 생각해보기
- 추천 시스템 알아보기
  - Item Based 협업 필터링 개념 알아보기

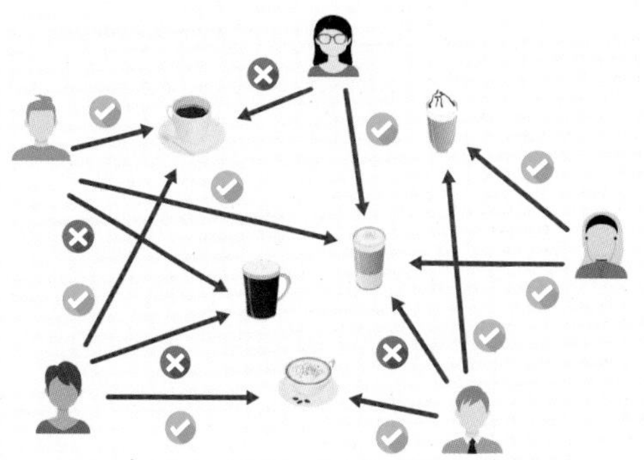

커피 구매					
	✓	✓	✗	✓	✗
	✓	✗	✗		✓
		✓		✗	✓
	✓	✓	✗	✗	✗
	✗	✓	✓		✓

▲ 추천 시스템

- 가수 자료 수집하기(교사 주도)
  - 수집할 자료의 항목 선정하기
  - 아이템별 선호도 조사하기
  - 비슷한 선호도를 가진 사람끼리 군집화하기(표와 그래프)
  - 가상의 인물에게 가수 추천하기

창의적 설계 나만의 추천 시스템 만들기

- 새로운 종류의 데이터 조사하기
  - 다른 관심사, 물품 등의 주제 정하기
  - 수집한 자료들을 모으고 패턴 찾아보기
- 수집한 자료 정리하기

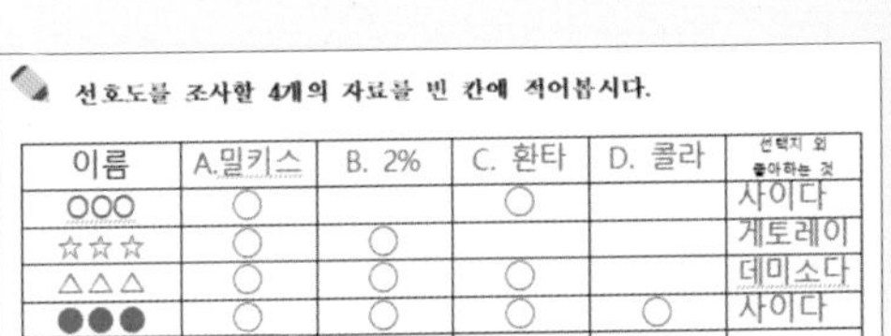

선호도를 조사할 4개의 자료를 빈 칸에 적어봅시다.

이름	A.밀키스	B. 2%	C. 환타	D. 콜라	선택지 외 좋아하는 것
○○○	○		○		사이다
☆☆☆	○	○			게토레이
△△△	○	○	○		데미소다
●●●	○	○	○	○	사이다

▲ 선호도 조사하기

– 표와 그래프를 이용해 비슷한 사람끼리 군집화하기
– 그룹에 따라 선호도를 그래프로 나타내기

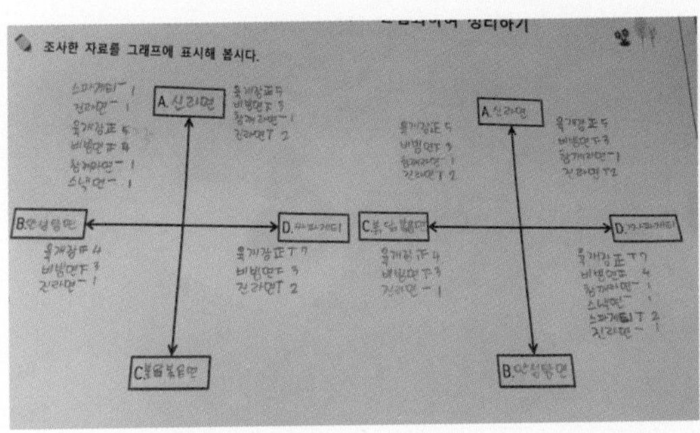

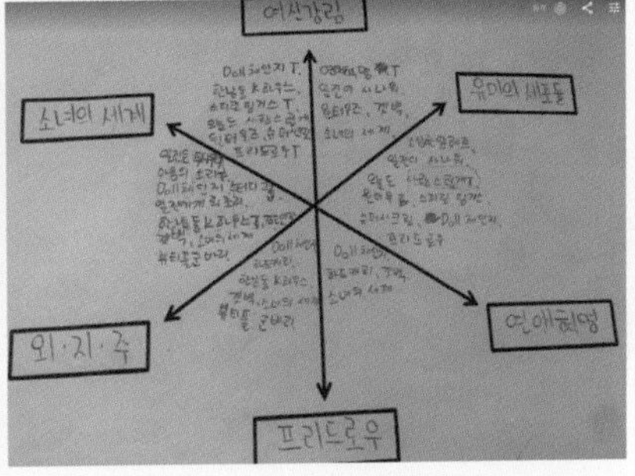

▲ 선호도를 그래프로 나타내기

감성적 체험 공유 및 AI 가치 확립하기

• 새로운 아이템 추천하기
  – 그래프를 보고 조사 대상에게 새로운 아이템 추천하기

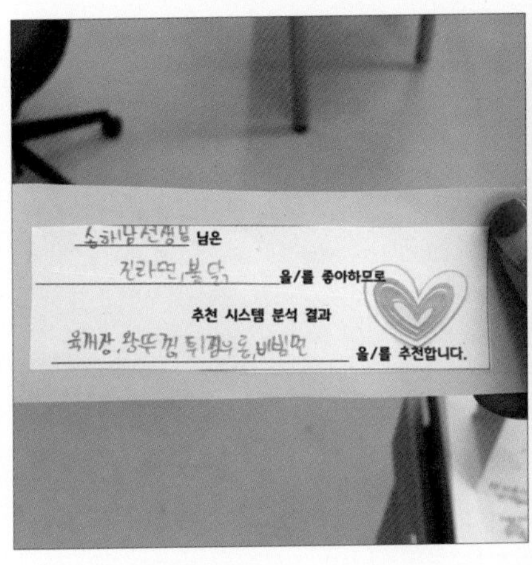

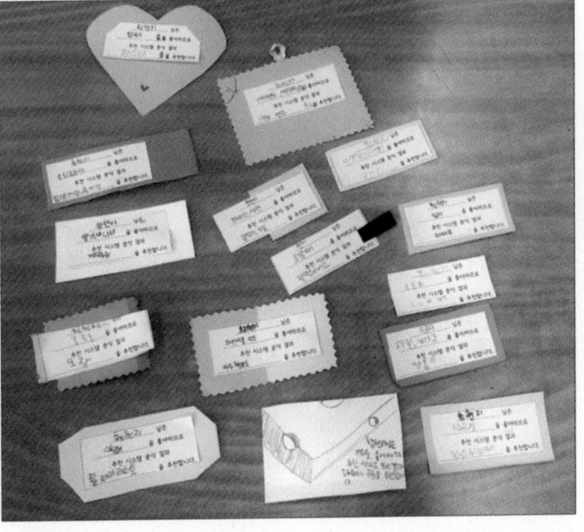

▲ 새로운 아이템 추천하기

- 다른 추천 시스템 방법 생각해보기
  - 여러 상황에 추천 시스템을 활용할 수 있는 방안 생각해보기
  - 추천 시스템과 같은 기술이 사회에 미치는 영향, 미래에 생길 변화에 대해 예측해보기(예 추천 알고리즘과 필터 퍼블)

>> AI 인지 모델링 수업 사례 4: 강아지 진단 시스템 만들기

- **학습 목표:** 강아지 진단 시스템 만들기
- **AI 개념:** 전문가 시스템
- **수업 모형:** STEAM 수업
- **사용 전략:** 인지 커넥티드 전략
- **준비물:** 학습지

활동 1 의료계의 알파고로 불리는 AI 왓슨 뉴스 영상 보며 이야기 나누기

- 왓슨은 무엇을 하는 AI인가요?
- 의사들이 진단을 할 때 왓슨이 필요한 이유는 무엇일까요?
- 왓슨은 인간의 질병을 어떻게 학습하나요?
- 전문가 시스템 이해하기(예 무인 자동차 전문가 시스템)
  - 규칙 만들기(AI에서 지식 표현하기: 조건과 행동)(예 초록색 신호등이면 차가 출발한다.)
  - 사실 확인하기(예 신호등의 색깔이 초록색이다.)
  - 규칙 적용해 추론하기(예 신호등의 색깔이 초록이므로 차가 출발한다.
  - 새로운 규칙 학습하기(예 도로 위에 맨홀 뚜껑이 열려 있으면 멈춘다.)

활동 2 강아지 질병 관리 전문가 시스템 만들기

- **지식 베이스 만들기:** 강아지를 치료하는 수의사의 지식(규칙) 모으기
- **사실 확인하기:** 강아지의 증상 확인하기
- **규칙 적용해 추론하기:** 증상을 하나씩 규칙에 적용해 추론하기(조건 카드와 행동 카드를 만들고 이를 바탕으로 지식 카드를 연결해 구조 익히기)

지식 카드		
❶ 흰자위가 충혈됐으면 눈병에 걸렸을 가능성이 있다.	❷ 제3안검이 돌출됐으면 눈병에 걸렸을 가능성이 있다.	❸ 검은자위가 혼탁해 보이면 눈병에 걸렸을 가능성이 있다.
❹ 평상시보다 물을 너무 급하게 마시면 당뇨일 가능성이 있다.	❺ 소변의 양과 횟수가 너무 늘었으면 당뇨일 가능성이 있다.	❻ 혈당 수치가 80~120mg/dl 이상이면 당뇨이다.

상황 카드		
❶ 흰자위 충혈	❷ 제3안검 돌출	❸ 안구 돌출
❹ 눈 끈적임	❺ 지속적인 체중 감소	❻ 혈당수치 120 이상

지식 베이스의 형태 예시

	규칙 카드	사실 카드
피구 심판	• 공을 맞으면 아웃이다. • 머리에 공을 맞으면 아웃이 아니다.	• 공을 맞았다.
학급 판사	• 친구와 싸우면 명심보감을 쓴다. • 수업 시간에 친구와 떠들면 스티커를 뗀다.	• 수업 시간에 친구와 싸웠다.
기상 예측	• 바람이 3m/s 이상이면 비가 올 가능성이 있다. • 습도가 80% 이상이면 비가 올 가능성이 있다.	• 습도가 70%이다. • 바람이 4m/s이다.
가수 맞추기	• 트와이스는 2015년에 데뷔했다. • 트와이스는 JYP 소속이다.	• 2015년에 데뷔했다. • JYP 소속이다.

- **새로운 규칙 학습하기:** 오개념을 삭제하거나 새로운 규칙 추가하기

활동 3

- 인간을 돕는 전문가 시스템의 다양한 사례 살펴보기
  - 지질학에서의 전문가 시스템(광석 매장지 찾기), 대기 오염 측정, 기후 변화 및 기상 상태 예측, 자동 완성형 웹 서비스
  - 대화형 전문가 시스템: 챗봇
- 이를 이용해 해결하고 싶은 문제나 적용할 수 있는 아이디어 공유하기
- 미래 사회에 대한 토론하기
  - 전문가 시스템으로 인해 전문가의 일자리를 AI가 대체한다면 어떠한 일이 생길지 예상해보기
  - 'AI가 인간의 일자리를 빼앗을까?'라는 주제로 찬반 토론하기

(출처: 한국과학창의재단 2020 경인교대 STEAM 프로그램)

>> AI 인지 모델링 수업 사례 5: 비지도학습 알고리즘

- **학습 목표:** 비지도학습 알고리즘
- **AI 개념:** 비지도학습과 K-Means 알고리즘
- **수업 모형:** STEAM 수업
- **사용 전략:** 인지 커넥티드
- **준비물:** 학습지

활동 1 과일과 동물 분류하기

- 일상생활의 것을 분류해보기
  - 딸기와 수박을 통해 과일과 채소 구분하기(분류 기준 배우기)
  - 동물(표범과 치타) 구분하기

2차시

활동 4 수박과 호박의 분류 기준 찾기

◆ 다음은 수박과 호박의 사진입니다. 분류 기준을 정하고 기준에 맞게 정리하여 보세요.

A	B	C	D
E	F	G	H
I	J	K	L
M	N	O	

  - 특징을 통해 분류하기
- 컴퓨터에게 학습이 어려운 이유 알아보기
  - 작은 점을 통해 물체 살펴보기

학습이란 무엇인가 1차시

활동 3 컴퓨터의 눈으로 구분하기(A형)

◆ 다음 사진을 한 점만 보이는 친구에게 보여주고 무엇인지 맞춰보도록 합시다.

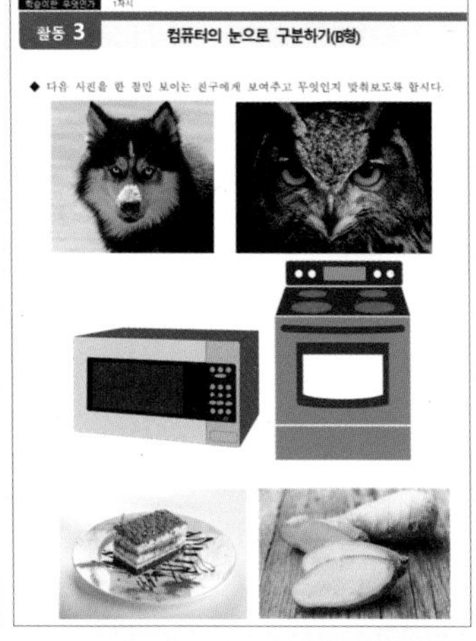
학습이란 무엇인가 1차시

활동 3 컴퓨터의 눈으로 구분하기(B형)

◆ 다음 사진을 한 점만 보이는 친구에게 보여주고 무엇인지 맞춰보도록 합시다.

▲ 작은 점을 통해 물체 보기

❶ A형과 B형을 각자 뒷면으로 덮어둡니다.

❷ 상대가 종이를 덮거나 또는 고깔을 장착하면 맞춥니다.

  - 고깔 모양의 점을 만들어 감각 차단으로 컴퓨터에게 인지시키기 어려운 이유 알기
  - AI의 학습에 대해 생각해보기(분류하기)

활동 2 컴퓨터의 방법으로 학습해보기

- 특징을 줄인 물체를 분류해보기

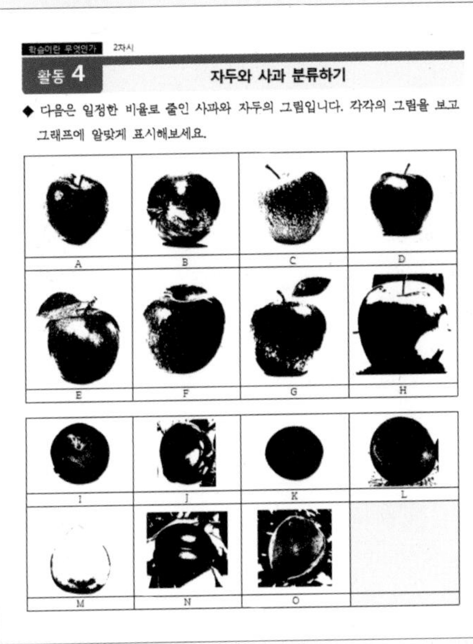
학습이란 무엇인가 2차시

활동 4 자두와 사과 분류하기

◆ 다음은 일정한 비율로 줄인 사과와 자두의 그림입니다. 각각의 그림을 보고 그래프에 알맞게 표시해보세요.

A B C D
E F G H
I J K L
M N O

▲ 자두와 사과 분류하기 학습지

  - 흑백 과일의 물체 분류하기
  - 가로와 세로의 길이로 수직선상에 나타내기
- 물체에서 특징 추출하기
  - 수박과 호박의 상반되는 특징 추출하기
  - 좌표평면상에 물체 위치 표시하기
- 물체를 가르는 선 만들기
  - 물체를 분류하기(SVM)

활동 3 K-Means 알고리즘

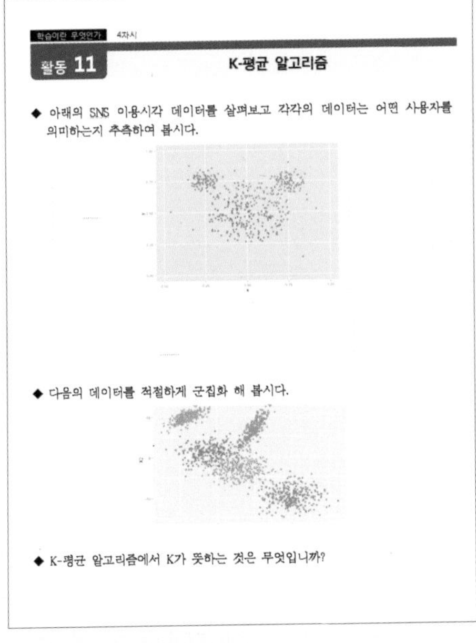
학습이란 무엇인가 4차시

활동 11 K-평균 알고리즘

◆ 아래의 SNS 이용시각 데이터를 살펴보고 각각의 데이터는 어떤 사용자를 의미하는지 추측하여 봅시다.

◆ 다음의 데이터를 적절하게 군집화 해 봅시다.

◆ K-평균 알고리즘에서 K가 뜻하는 것은 무엇입니까?

▲ K-Means 알고리즘 학습지

- SNS 사용 시간 데이터를 이용해 분류하기
  - 그래프상의 데이터에서 의미 찾아보기
  - 알고리즘을 통해 데이터 분류하기 (K-Means 알아보기)
  - K-Means 알고리즘을 트레이싱지에 표현해보기

(참고: 한국과학창의재단 2020 경인교대 STEAM 프로그램)

AI 인지 모델링을 적용하기 좋은 수업의 예시

- **휴리스틱:** 인간처럼 적당한 발견이 가능한 문제로 사용하며 완벽한 답이 나오는 컴퓨팅 사고와 비교해 제시, 적당한 선을 그어 짧은 경로 찾기
- **블랙박스 – 글래스박스 기법:** 교사들이 AI를 가르칠 때의 접근법, 수업 설계, 교육 콘텐츠 개발, 교수 방법론의 선정 방법 등의 기초가 됨.
  - 인간이 체험하고 느낄 수 있는 부분은 한계가 있다. 블랙박스 시스템의 특성, 그렇기 때문에 글래스박스로 만드는 팁이 필요하다.
  - 완벽한 글래스박스로 만들기는 어렵다. 그래서 적당한 범위까지만 남기고 접근한다.
- **감각 차단, 감각 제한 기법:** 오감 중 일부를 차단해 자신 또는 타인의 사고 과정을 추적하고 AI 알고리즘과 연결 지어 생각하기, 귀를 막고 입 모양으로 단어 맞추기
- **지우기 기법:** 복잡한 것을 단순하게 하기, 다시 복잡하게 하기, 복잡도가 높은 문제의 특정 부분을 찾아 일반화하기, 암세포의 DNA 구조에서 특징이 없는 부분은 삭제하고 비패턴 부분만을 발췌해 특징 추출하기
- **사례 학습법:** 기존에 축적된 지식의 사례의 유사성을 비교해 가장 비슷한 사례를 문제해결에 사용하기, 물건을 사는 사람들의 비슷한 유형 찾아 추천하기
- **언어적 기호 추상:** 지식, 규칙 논리, 지식 표현의 핵심으로 지식공학 이해하기
- **객관적 주관화:** 자신의 사고의 흐름을 추적해(AI적 사고) 인간의 사고를 어떻게 기계 지능으로 넣을 것인지에 대한 생각, AI 알고리즘과 인간 사고 과정의 단계를 일치시켜 비교하기
- **무작위적 창발성:** 지능의 창발적 특징과 진화의 방법을 이해하기, 몬테카를로법이나 페르미추정법 사용하기
- **네트워크 창의성:** 의미망적 추론으로 관련된 지식이나 단어를 연결 짓고 이를 통해 관계를 유추하고 답안을 찾는 방법, 인터넷상의 링크를 추적해 원하는 검색 결과 찾기, 구글의 검색 방법 등
- **분류, 회귀, 범주:** 인간의 학습 방법 중 아기의 지도학습 사례를 이용해 분류하고 예측해 학습하기, 도서관의 서지 분류 등
- **약, 강, 초인공지능:** 인간을 기준으로 그 파워의 강약을 비교
  - 약: 인간의 일부 지능을 흉내내는 정도
  - 강: 인간의 완전한 지능에 도달하는 정도
  - 초: 모든 인류의 지능을 초월하는 정도

1.2 지식 중심 수업 2: AI 개념 형성 수업

개념 형성 학습은 학문 분야의 중요한 용어와 개념 그리고 원리와 법칙을 학습하는 데 효과적인 수업 방법이다. 4장에서 이야기한 것처럼 개념 형성 학습은 원형 모형, 속성 모형, 사회

상황 모형 방법을 적용해 개념과 원리의 이해를 돕는다. 학습자들이 지도학습이라는 AI 기계학습 개념을 이해하기 위해 개념 형성 모형 중 원형 모형과 속성 모형을 이용해 수업을 진행하기 위한 사례를 살펴보자.

>> AI 개념 형성 수업 사례: 지도학습 개념 이해하기

- **학습 목표:** 기계학습 중 지도학습의 개념 이해하기
- **AI 개념:** 지도학습
- **수업 모형:** 개념 형성 수업
- **사용 전략:** 원형 – 속성 모형
- **준비물:** 지도학습 시뮬레이션

수업에 앞서

- AI의 기계학습은 지도학습, 비지도학습, 강화학습으로 나뉜다.
- 기계학습의 각 유형을 이해하고 그 특징과 활용 사례를 이해한다.

활동 1 개념의 소개 단계

- AI와 관련된 용어는 다음과 같은 포함 구조를 갖는다.
- AI 개념 안에 기계학습이 있으며 기계학습은 지도학습, 비지도학습, 강화학습 등으로 구분된다.
- 인간의 지도 아래 기계가 학습하는 방식 살펴보기

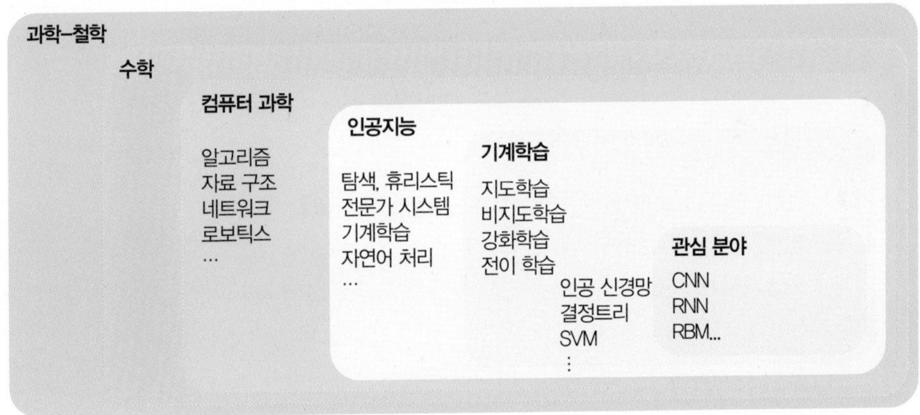

▲ 컴퓨터 과학의 포함 관계도

- 기계가 학습한다는 것은 무슨 의미일까?
- 자동차가 사람을 피해 안전하게 운전하는 자율주행자동차의 사례를 살펴본다.

활동 2 원형 모형의 적용 단계

• 지도학습의 사례를 긍정과 부정 사례로 나눠 살펴본다.
  – **긍정 사례:**
    * **현실 사례(인간):** 선생님에게 배우기, 엄마에게 배우기, 친구에게 배우기, 책으로부터 배우기, TV로부터 배우기
    * **기계 사례(기계):** 개, 고양이 분류하기, 불량품 골라(분류)내기, 정답 찾아내기, CCTV로 범인 얼굴 찾기(일반인과 분류하기), 자율주행자동차가 도로 안쪽을 인지(도로 아닌 곳과 분류하기)해 주행하기, 숫자 인식(분류)하기
  – **부정 사례:** 크기가 다른 사과를 적당히 3개의 상자에 나눠 담기, 학생들을 적당히 무리 지어 반 배정하기, 칭찬하거나 벌을 주어 행동 강화하기

활동 3 속성 모형의 적용 단계

• 원형 모형에서 다룬 긍정 사례, 부정 사례의 특징과 그 분류 기준이 되는 특징 찾기
• 추상화된 언어적 개념을 이해하기 위해 그 특징 찾기
  – 분류하는 것이 결국 지도학습이라는 특징을 찾는다.

분류 = 지도학습

  – 나눈다는 개념은 무엇인가?
    * **나눈다는 것을 수학적으로 표현하기:** 선으로 그어 분류하기, 그릇에 나눠 담기, 생물 무생물 나누기
  – **나누기 위해 필요한 요소(기계를 가르치기 위한 특징):** 나누고자 하는 데이터, 나누는 기준 설정하기, 나눈 분류군의 이름 지어주기(레이블링), 레이블링된 분류 영역에 새로운 자료를 입력해 분류하기
  – 스팸 메일 분류하기
    * **데이터:** 메일 데이터
    * **기준:** 나에게 쓸모 있는지 여부, 상업성 홍보, 관심 없는 메일 등
    * **분류군 이름(레이블링):** 정상 메일/스팸메일
    * **기계에 학습시키기:** 사람이 판단해 구분한 정상 메일과 스팸 메일 데이터를 입력해(컴퓨터에 가르쳐주어) AI가 학습하기
    * **새롭게 받은 메일을 2개의 분류군 중 어디에 속하는지 분류하기**

활동 4 개념의 일반화

• 지도학습과 비지도학습의 실제 사례 살펴보기
  – **지도학습:** 구글 자율주행자동차, 숫자 인식 모듈
  – **비지도학습:** K–Means를 이용한 알고리즘 보기, 추천 시스템(협력 필터링) 살펴보기
  – **강화학습:** 스스로 게임을 하며 학습하는 영상 살펴보기
  – 지도학습이 다른 학습 방법(비지도, 강화)보다 좋은 점과 나쁜 점 이야기하기

1.3 지식 중심 수업 3: AI 발견 탐구수업

발견 – 탐구 수업은 학습자들이 원리나 법칙을 스스로 발견하거나 탐구함으로써 지식을 구축하는 방법이다. AI의 특징은 알고리즘을 바탕으로 하는 원리와 법칙 등으로 구성된 지식이 대다수를 차지하고 있어 발견–탐구 수업 방법이 매우 잘 어울리는 모형이 된다.

>> AI 발견 탐구 수업 사례: WEKA를 이용한 의사결정 트리 이해하기

- **학습 목표:** WEKA를 이용한 의사결정 트리 구현하기
- **AI 개념:** 지도학습, 의사결정 트리
- **사용 전략:** 시뮬레이션 탐구형
- **수업 모형:** 발견 – 탐구 수업
- **활용 프로그래밍 언어**
- **준비물:** 컴퓨터 또는 노트북

활동 1 의사결정 트리 이해하기

- **의사결정 트리의 개념:** 분류와 회귀 모두 가능한 지도학습 모델 중 하나로, 스무고개를 하듯 예/아니요(True/False) 질문을 이어가며 학습한다. 이러한 조합의 모양이 '나무'와 같다고 해서 '의사결정 트리'라는 이름이 붙여졌다.

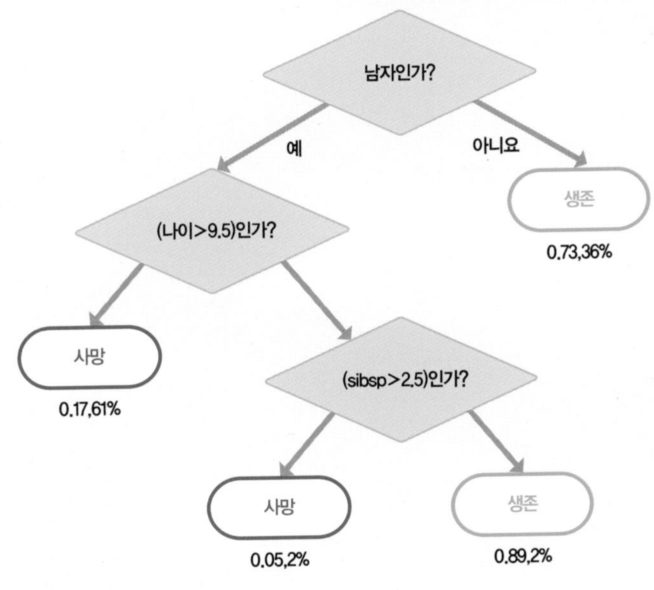

▲ 의사결정 트리 예시

- **의사결정 트리의 분류 방법:** 의사결정 트리의 잎 노드들의 엔트로피가 최소가 되는 방향으로 분류해 나가는 것을 최적의 방법으로 분류한 것이다.

- **스무고개 놀이로 알아보기**
  - * 상자에 숨겨진 물건을 알아맞히려면 어떤 질문을 가장 먼저 하는 것이 좋을까요?
    - ❶ 사과입니까?(Y/N)
    - ❷ 과일입니까?(Y/N)
    - ❸ 생물입니까?(Y/N)
    - ❹ 빨간색입니까?(Y/N)

- 정답을 선택한 이유 설명하기(정답은 ❸, 정답과 오답을 잘 분류할 수 있는 기준이 된다. 즉, 엔트로피가 0에 가까울수록 분류가 잘된다.)

$$Entropy(S) = -p+log_2p+-p\_log_2p -$$

- 모래성에서 가장 먼저 이긴 사람이 모래를 제일 많이 가져가는 것과 비슷함.

▲ 모래 가져가기 놀이

활동 2 WEKA 실행하기

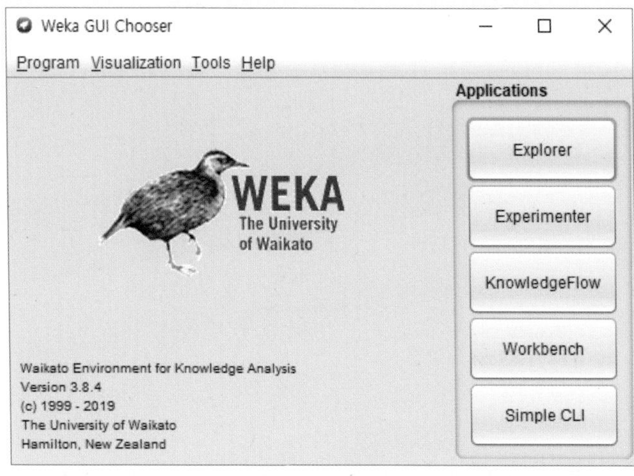

▲ WEKA 실행 화면

- [Explorer]를 클릭한 후 'weathe.numeric.arff' 파일 선택하기(야외 운동하기에 좋은 날씨의 조건 선택하기), 속성(Attribute)은 outlook, temperature, humidity, windy, play
- [Classify] 탭에서 'weka.classifiers.trees.J48' 파일 선택하기(분류 알고리즘 중 의사결정 트리의 대표적인 알고리즘임)
- 'Test options'에서 'Use training set'을 클릭한 후 [Start] 버튼 클릭하면 다음과 같은 데이터 결과를 얻을 수 있다.
- 종속 변수를 속성별로 선택해 가장 잘 분류되는 변수 찾기
  ('play', 'outlook', 'windy'를 선택해 확인해보기)

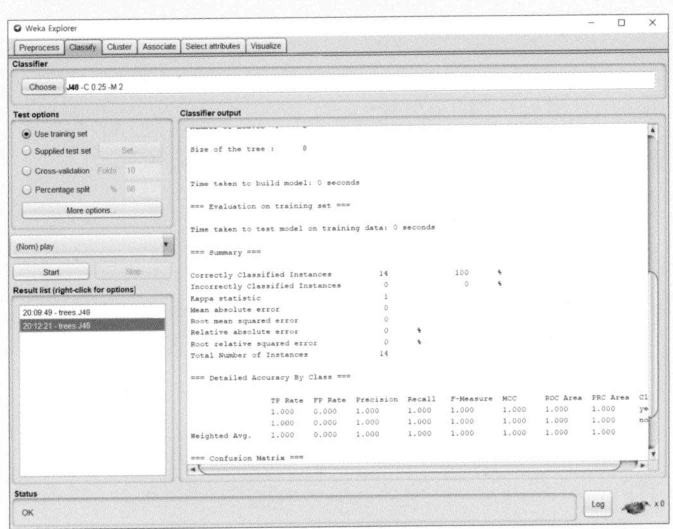

▲ 종속 변수를 선택해 가장 잘 분류되는 변수 찾기

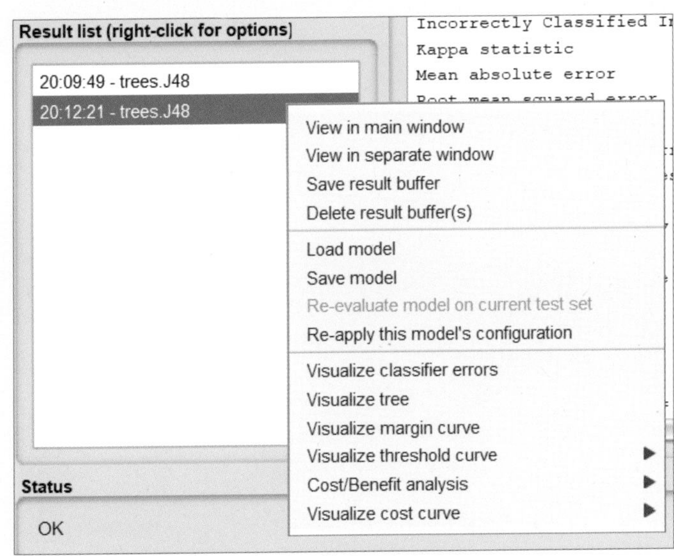

▲ 트리 모양 결과 확인하기

- 'Result list'에서 실험한 것을 선택해 우클릭하고, 'Visualize tree' 클릭해 트리 모양 결과 확인하기

▲ 종속 변수가 'play'인 경우의 트리

– 분류 모델 결과 분석하기(바깥 날씨가 맑고, 습도가 75% 이하이면 운동을 했음. 바깥 날씨가 바람이 불면 운동을 하지 않았음 등. 데이터 훈련 세트의 정확도가 100%로 나옴)

– 종속 변수가 'outlook'인 경우

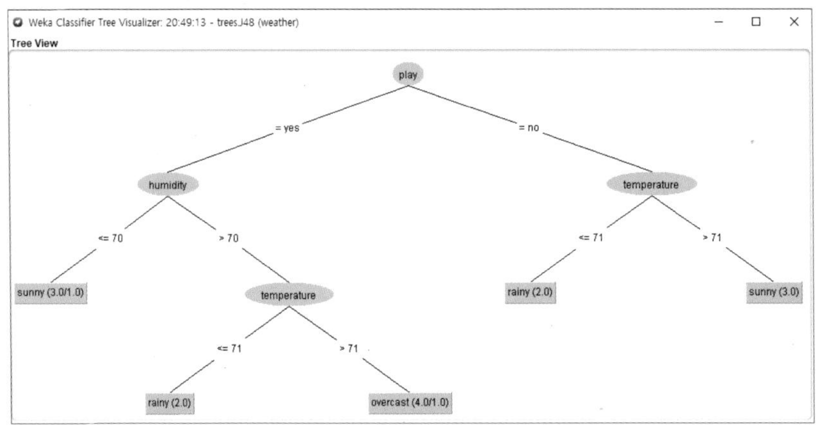

▲ 종속 변수가 'outlook'인 경우의 트리

– 종속 변수가 'windy'인 경우

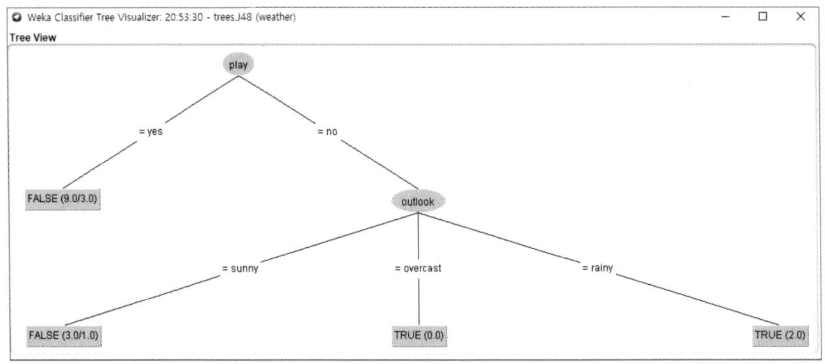

▲ 종속 변수가 'windy'인 경우의 트리

– 종속 변수를 무엇으로 할 때 분류가 가장 잘되는지 확인하기

활동 3 의사결정 트리의 공간 분류

- 트리 구조가 공간상에서 실제 분류되는 그래프와 비교하기
- 트리의 자식 노드로 갈수록 공간이 축소되며 원하는 답을 찾아내도록 학습

$$Entropy(S) = -p+log_2p+-p\_log_2p -$$

총 테스트 개수: 45, 오류 개수: 2
정확도: 0.96

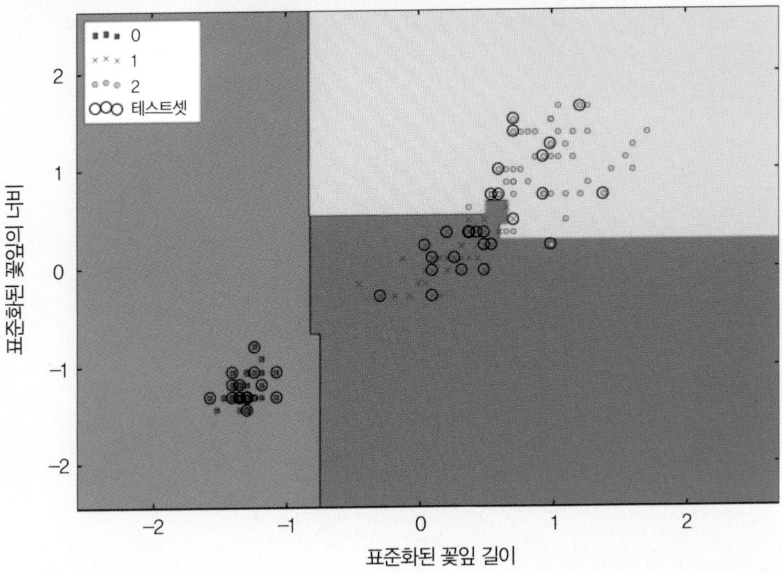

▲ 그래프로 표현된 공간 분류

활동 4 AI 사고와 연결하기

- 스무고개는 지능적인 활동인가?
- 스무고개에서 어떤 질문을 해야 최소의 질문으로 답을 찾을 수 있을까?
- 스무고개에서의 선택은 결정트리로 표현할 수 있는가?
- 결정트리의 부모 노드와 자식 노드의 특징을 결정 짓는 것은 무엇인가?
- 뿌리 노드에서 단말 노드까지의 순서는 어떻게 결정하는가?(엔트로피 법칙을 이용해 중요도의 값을 계산함)
- 결정트리의 선택 구조와 공간을 나누는 것은 같은 것인가?

활동 5 AI 사고 일반화하기

- 결정트리의 구조와 우선순위를 결정하는 것은 열역학 법칙의 엔트로피로 계산함.
- 결정트리의 선택 경로를 나누는 것과 공간을 나누는 것은 분류를 기초로 하며 지도학습의 일종임.
- 인간의 선택과 같은 지능적 행동도 결정트리의 구조로 나타낼 수 있고, 그 우선순위를 둠으로써 효율적인 답을 찾음.

1.4 지식 중심의 수업 4: AIT 사고 기반 수업(SW·AI 연계 수업)

SW·AI 수업은 학교 현장에 AI 교육에 대한 시수가 확보되지 않은 상태에서 SW 수업의 연장으로 AI 내용의 수업까지 연계해 수업하는 방법을 말한다. 실제 AI 수업은 SW 수업이 선행돼야 학생들이 제대로 AI에 대한 내용까지 이해하고 실습을 다양하게 확장할 수 있다. 자료와 정보, 알고리즘, 프로그래밍과 코딩, 피지컬 컴퓨팅에 대한 기초적인 지식들이 바로 그러한 예들이다. 하지만 AI 교육에 집중해야 하는 현실에서 SW 교육의 일부분으로 다루기에는 어려움이 있지만 컴퓨팅 사고와 연계되는 부분들을 AI 사고와 연결해 SW 수업 시수 안에서 가능한 AI 수업 활동을 제시한다.

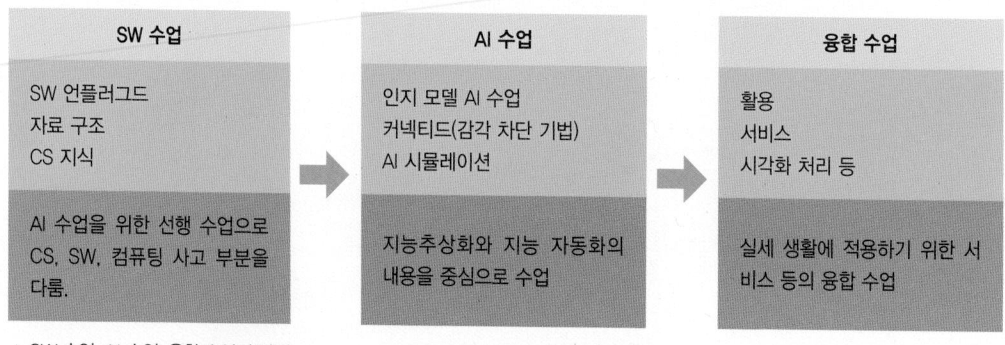

▲ SW 수업, AI 수업, 융합 수업의 단계

위의 수업 방법은 다음과 같은 교수·학습 전략으로 접근할 수 있다.

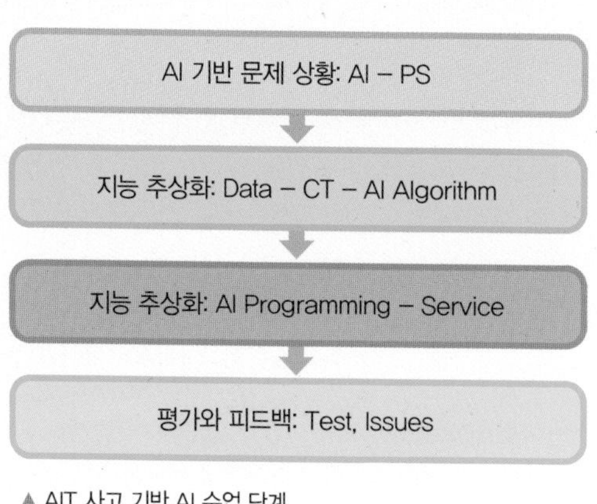

▲ AIT 사고 기반 AI 수업 단계

차시	단계		학습 내용
1	SW 수업	CT	• 이진수 놀이 활동을 통한 비트와 디지털의 개념 알기 – 픽셀을 이용한 문자와 이미지를 표현하기 – 자료를 0과 1로 모두 표현하기
2			
3	AI 수업	인식화	• 인간과 AI의 인식 방법 차이를 감각 차단법으로 이해하기 – AI가 얼굴이나 사물을 인식하는 사례 찾아보기 – 친구의 등에 그림을 그리고 맞춰보기
4~5		추상화	• AI 이미지 인식 알고리즘 원리 이해하기 – 분해하기: 숫자 5를 픽셀로 나눠 가위로 오리기 – 패턴 인식: 오려진 칸에 그려져 있는 모양의 패턴 찾기 – 추상화: 레이어 만들기
6		알고리즘화	• 이미지 인식 알고리즘 이해하기 – 픽셀이 그려져 있는 그림 위에 투명 필름을 덮고 각자가 맡은 선만 네임펜으로 그리기 – 투명 필름을 서로 포개 완성되는 그림 확인하기
7		자동화	• AI 이미지 인식 프로그램 활용하기 – autodraw.com에서 그림 그리기
8~9	통합 수업	일반화	• AI 이미지 인식 알고리즘을 해결하는 다양한 사례 살펴보기 • 실생활 문제를 해결할 수 있는 아이디어 생각해보기 • 이미지 인식 알고리즘 기술이 인간의 삶에 미치는 영향을 생각해보고 친구들과 토론하기 • 관련된 직업, 진로 탐색하기

>> AIT 기반 수업 사례: 자동차 번호 인식

AI 기반 문제 상황

- 아파트 출입 시 차단기는 어떻게 우리 집 차인 줄 알고 올라가는 것일까?
- 자동차를 타고 도로 위를 달릴 때 카메라는 어떻게 알고 신호 위반, 과속 위반의 차량을 찾아내는 것일까?
- 스마트폰 화면에 글자를 쓰면 어떻게 알고 내 손글씨를 문자로 바꿔주는 것일까?

위 문제의 공통점은 무엇일까?

주차장의 차단기는 카메라가 자동차 번호판을 찍어 인식한 후에 차단기를 올려주는 원리로 작동된다. 카메라로 찍은 번호판의 숫자는 매우 작은 눈금 칸으로 나눠 찍힌 점의 패턴을 파악해 인식한다.

▲ 자동차 번호판 숫자 인식

이 문제들의 공통점인 갖고 있는 원리를 파악하고 이를 기반으로 하는 AI 시스템을 만들어보자.

지능 추상화 CT

- **분해하기, 패턴 찾기:** 픽셀로 쪼개고 패턴 찾기
  - 모눈종이 칸에 ㄱ, ㄴ, ㄷ이 나타나도록 연필로 칠하기

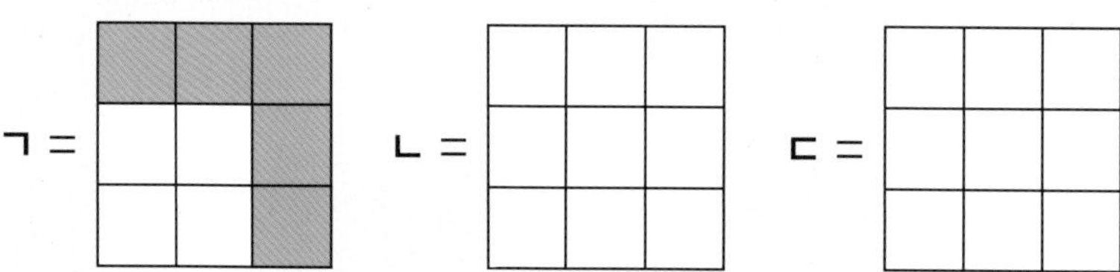

  - 모눈종이 칸을 분해해 0과 1로 표현하기

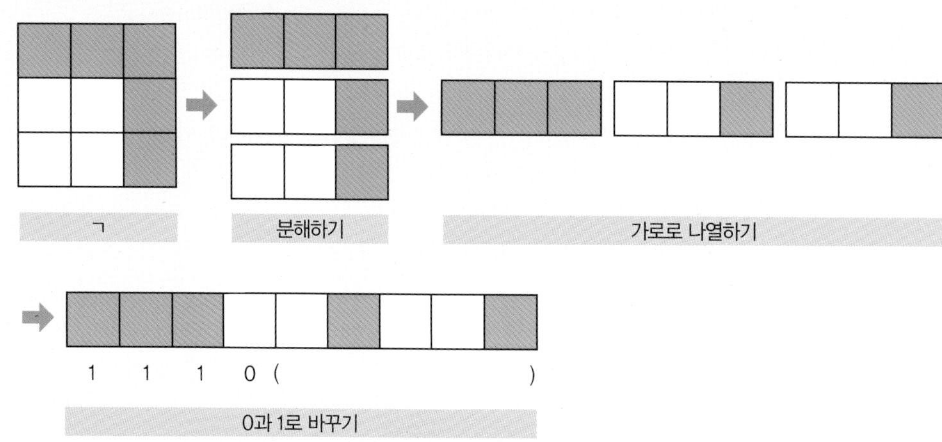

글자를 0, 1로 정의하기: ㄱ = 111001001

– ㄴ의 모눈종이 칸에 ㄴ이 나타나도록 순서대로 색칠하고 0과 1로 나타내기

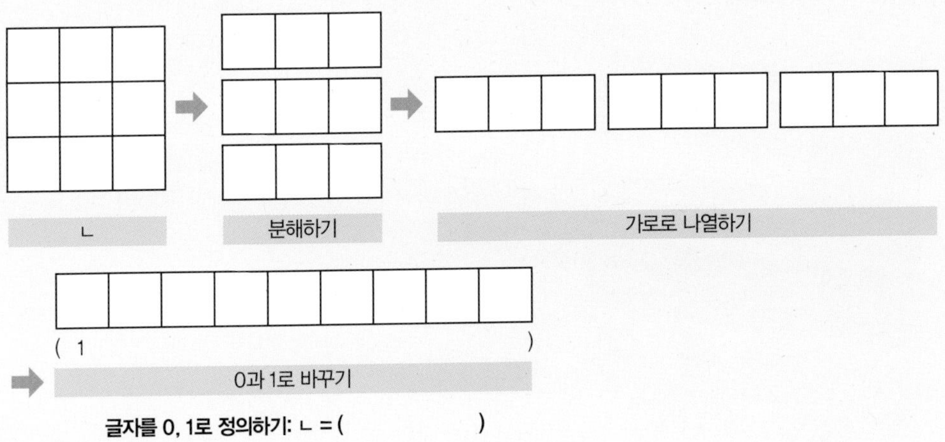

– ㄷ의 모눈 칸에 ㄷ이 나타나도록 순서대로 색칠하고 0과 1로 나타내기

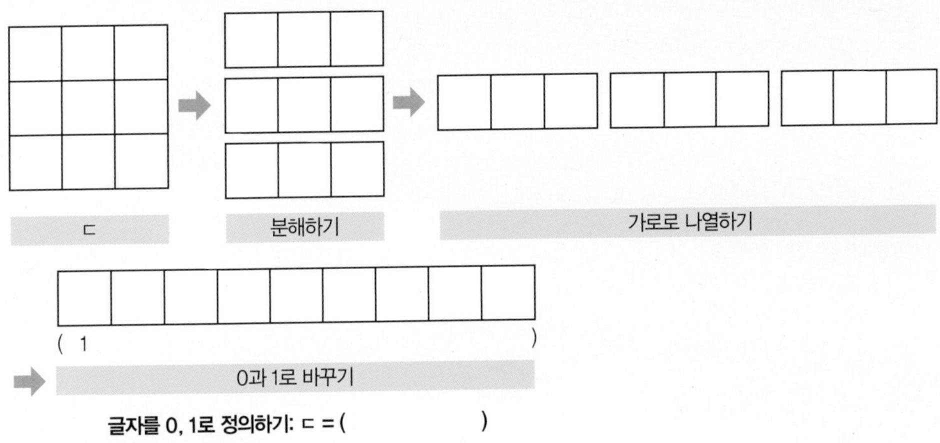

- **알고리즘으로 나타내기**
  - 위 과정 중에서 [격자 그림]를 0과 1로 바꾸는 알고리즘으로 만들기
  - 총 몇 칸을 확인해야 하는가? (   )칸
  - 첫 번째 칸은 무슨 색인가? (   )색

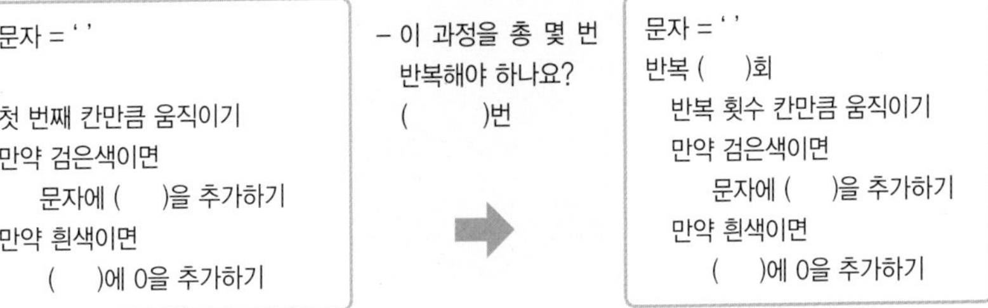

• **AI 요소 찾기**

– 장애물 감지하기

– 카메라로 번호 인식하기

지능 자동화 코드 작성하기

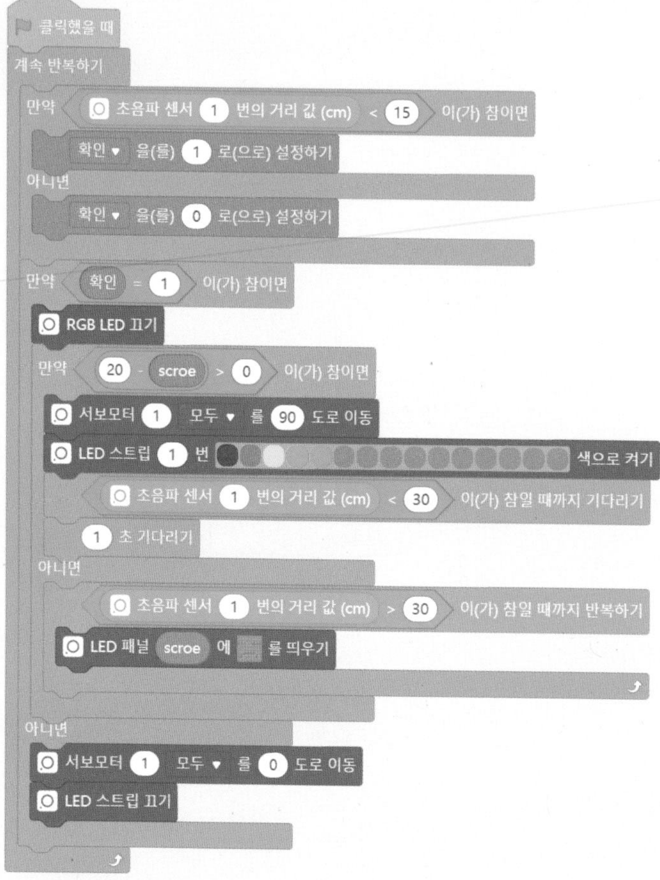

▲ 스크립트 예시

• **AI 서비스**

– AI 인식과 피지컬 도구를 사용해 코드 작성하고 구현하기

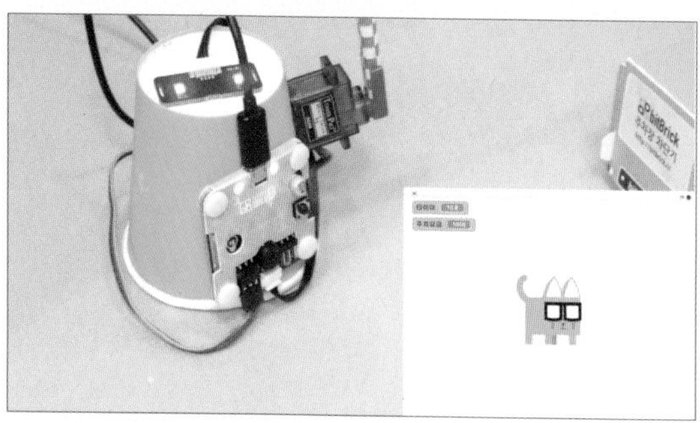

◀ 비트브릭을 활용한 주차 차단기 예시 (출처: https://ar-ar.facebook.com/hellogeeks/videos/)

- **AI 산출 결과 공유하기**
  - AI 기능을 가진 산출물을 친구들과 공유하기
  - 의견 나누고 개선방안 찾기
  - 산출물을 실생활에 적용하고 일반화하기

ARTIFICIAL INTELLIGENCE

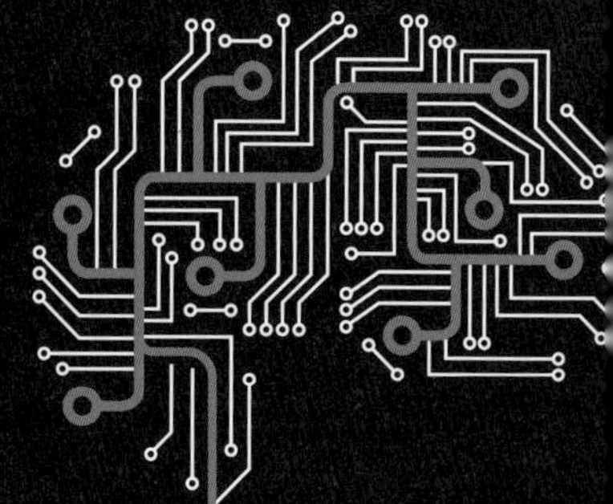

2. AI 기능 중심 수업

기능은 어떤 일이나 목적 등을 달성하기 위한 상호작용이 이뤄지는 과정에서 발생하는 능력으로, '기술상의 재능'을 뜻한다. 손과 몸의 조작을 통해 나타나는 스킬이므로 추상적인 컴퓨팅 작업이나 인공지능을 물리적으로 나타나게 하는 개발과 구현의 과정은 학습 능력의 신장에 많은 효과를 준다.

기능 중심의 교수·학습 사례는 학습자들이 무엇인가 조작하고 체험하며 만들어내는 산출까지의 과정을 통해 AI의 개념과 기술을 인지적 기능과 신체적 기능으로 체득하는 방법이다. 즉, 손과 머리를 활용해 기능적 특징을 실습으로 학습하는 것이다.

SW 수업과 AI 기능 중심 수업과의 차이점은 AI가 갖고 있는 특징인 지능화의 이해와 실습 능력이 요구된다는 것이다. 그래서 학습 모델링을 만드는 과정을 반드시 거치게 된다. 기능 중심의 수업은 크게 AI 프로그래밍 수업과 AI 텐저블 수업으로 나눌 수 있다.

AI 프로그래밍 수업은 AI 학습 모델을 구성해 프로그래밍하는 수업이며, 사용하는 도구에 따라 AI 교육 플랫폼, AI 상용 플랫폼, AI 프레임워크로 구분한다.

AI 교육 플랫폼은 교육용으로 개발된 것으로 블록 기반, 텍스트 기반의 코딩 수업을 할 수 있으며 이 과정에서 학습 모델링에 사용하는 데이터에는 주로 이미지, 텍스트, 소리, 포즈 등이 있다. 블록 기반의 AI 교육 플랫폼의 활용은 초·중등 학교급에서 사용하는 것이 적절하며 텍스트 기반의 AI 교육 플랫폼의 활용은 고등학생 이상 활용하는 것이 적절하다.

AI 상용 플랫폼은 오픈 API를 활용해 데이터를 입력하고 학습 모델을 생성한 후 AI 분석 결과를 받아 서비스를 개발하는데, 난이도가 높아 고등학생이나 대학생 그리고 일반인들을 대상으로 하는 AI 전문가 양성을 위한 과정에서 사용된다.

AI 프레임워크 역시 텍스트 기반의 코드를 사용하기 때문에 이에 대한 기본 실력이 갖춰져 있어야 수업이 가능하다. 주로 대학의 전공 과정에서 이뤄질 수 있지만, 요즘에는 AI 모듈이 잘 만들어져 있고 무료로 공개하고 있기 때문에 이를 활용한다면 중·고등학생들도 어렵지 않게 접근할 수 있다.

AI 텐저블 수업은 사용하는 도구에 따라 AI 엣지 컴퓨팅, AI 메이커, AI 로보틱스로 나눌 수 있다. AI 엣지 컴퓨팅은 로봇과 같은 완제품형, 젯슨 나노 또는 GPU를 활용한 엣지 컴퓨팅형, 기존의 피지컬 도구인 아두이노, 마이크로비트, 라즈베리파이 등을 활용한 보드형, 센서 기반의 데이터를 수집하는 IoT형이 있다. AI 메이커 활동은 기존 피지컬 컴퓨팅이나 IoT를 활용해 자신만의 창작품을 개발한다. AI 로보틱스는 로봇을 활용해 AI의 기능을 탑재한 로봇으로 구현하거나 완성된 로봇에 적용해보는 것이다.

이러한 수업 유형은 다음 표와 같다.

▼ AI 기능 향상을 위한 수업 유형

<table>
<tr><th>영역</th><th>분류 기준</th><th>수업 유형</th><th colspan="2">세부 분류</th><th>활용 도구의 사례</th></tr>
<tr><td rowspan="7">기능</td><td rowspan="7">기능
향상
(실습)</td><td rowspan="4">AI
프로그래밍
수업</td><td rowspan="2">AI 교육
플랫폼</td><td>블록 기반</td><td>엠블록, 엔트리, ML4Kids: 자체 코딩 기능을 제공</td></tr>
<tr><td>텍스트
기반</td><td>ML4Kids: 스크래치, 파이썬, 앱 인벤터
티처블 머신: 자바스크립트, 파이썬</td></tr>
<tr><td colspan="2">AI 상용 플랫폼</td><td>아마존 AWS, 구글 클라우드, MS 애저(Azure), IBM 왓슨(Watson), 마인즈랩, 네이버 비즈니스 플랫폼</td></tr>
<tr><td colspan="2">AI 프레임워크
(라이브러리)</td><td>파이썬, C, 자바 + 텐서플로, 케라스, 파이토치, 카페</td></tr>
<tr><td rowspan="3">AI 텐저블
컴퓨팅 수
업</td><td colspan="2">AI 엣지 컴퓨팅</td><td>완제품형, 엣지 컴퓨팅형, 보드형, IoT형</td></tr>
<tr><td colspan="2">AI 메이커</td><td>기존 피지컬 컴퓨팅, IoT형</td></tr>
<tr><td colspan="2">AI 로보틱스</td><td>상용, 교육용 로봇 활용</td></tr>
</table>

2.1 AI 기능 중심 수업 1: AI 교육 플랫폼을 활용한 프로그래밍 수업

AI의 개발은 그 난이도가 높아 기반이 되는 인프라의 구축과 모듈 프로그램을 직접 개발해 AI 서비스를 하기는 일반인에게 매우 어렵다. 특히, 교육에서는 더욱 힘들기 때문에 AI의 표준 기능을 제공하는 AI 플랫폼을 사용한다. 대학과 특성화 고등학교 같이 현업에 적용 가능한 실제 프로젝트를 개발하기 위해서는 빅데이터 플랫폼과 AI 플랫폼이 통합된 환경에서 적용하면 AI 핵심 알고리즘이나 프로그래밍의 과정 없이도 효과적인 AI 서비스를 개발하고 적용할 수 있다. 초·중등 교육에서는 일반 AI 플랫폼 또는 AI 교육용 플랫폼을 사용하는 데 기본적인 개념과 활용 능력이 필요하므로 IT 기업과 일부 국가에서는 AI를 위한 특별한 교육 플랫폼을 제공한다. 대표적인 AI 플랫폼과 AI 교육 플랫폼은 이전 장에서 설명했다.

AI 플랫폼을 활용해 수업하는 방식은 두 가지 학습 형태를 갖는다. 하나는 플랫폼에 데이터를 입력해 AI 머신을 학습시켜봄으로써 지능을 갖게 해주는 학습 모델을 만드는 형태, 또 하나는 학습 모델을 구성한 후 실제 문제에 적용해 다양한 서비스를 제공하는 방법이 있다. 어떤 AI 플랫폼을 사용하든, 다음과 같은 절차와 단계를 따른다. 각 플랫폼의 특징을 이해하고 활용하기 위해 CS 기반 지식과 ICT 활용 능력이 선행돼야 함은 기본이고 문제해결과 현업 적용을 위해 기본적인 디자인 사고(인간 경험, 이해, UX 인터페이스)와 SW 능력(컴퓨팅 사고)이 융합돼야 제대로 된 AI 서비스가 가능하다.

간단히 활용 유형과 활용 도구를 제시한 후 수업에 개발하고 활용하기 위한 수업의 단계를 설명하고자 한다.

▼ 수업 단계

단계		내용
AI 문제 이해	문제 살펴보기	**실생활에서의 문제 상황 제시** • 생활에서의 문제 상황 인식하기 • AI로 해결할 문제인지 판단하기
AI 기계학습	데이터 처리하기	**데이터 처리** • 데이터 수집하기 • 데이터를 가공, 분석, 생성하기
	학습 모델화하기	**AI 학습시키기** • 훈련 데이터로 학습시키기 • 검사 데이터로 학습 결과 평가하기
AI 활용	문제해결하기	**AI로 문제해결** • 학습된 모델로 문제해결하기 • 학습 결과를 시각화해 서비스하기
AI 일반화	AI 적용하기	**문제 활용** • 다른 문제에 적용해 문제해결하기 • 일상생활의 문제 사례와 활용 방안 찾기

>> AI 교육 플랫폼을 활용한 프로그래밍 수업 사례 1: 기계학습의 개념을 이해하고 학습 모델 만들기

- **학습 목표:** 기계학습의 개념을 이해하고 학습 모델을 만들 수 있다.
- **AI 개념:** 기계학습, 지도학습, 학습 모델, 인식
- **사용 전략:** AI 플랫폼 활용
- **수업 모형:** 직접 교수법(탐구–발견 학습과 병행 가능)
- **활용 AI:** 티처블 머신(https://teachablemachine.withgoogle.com/)
- **준비물:** 노트북, 화상캠(노트북이 없는 경우)

활동 1 인간의 학습과 기계의 학습

- 인간의 학습 사례 살펴보기
- 가르침이 있는 지도학습, 가르침이 없는 비지도학습, 보상과 벌로 학습의 효과를 높이는 강화학습이 있음.

▲ 기계학습의 유형 예시

- 이러한 인간의 학습 과정을 모방해 기계를 학습시켜 지능을 갖도록 하는 것이 AI임.

활동 2 기계학습 과정 구현하기

- 기계학습 중 지도학습의 사례를 실제로 구현해보기
- https://teachablemachine.withgoogle.com/ 들어가기

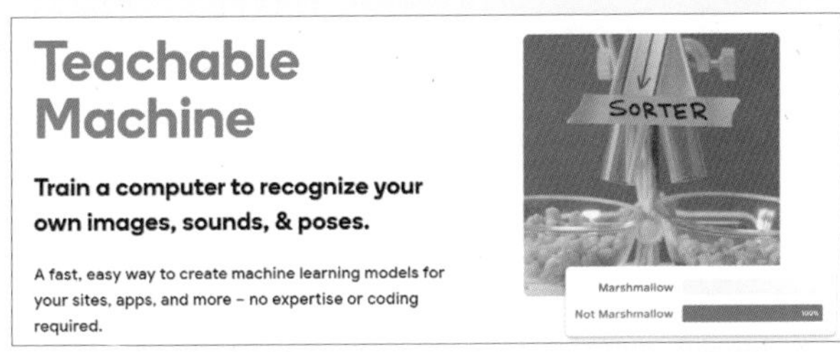

▲ 티처블 머신 사이트 화면

- 기계학습 과정 살펴보기

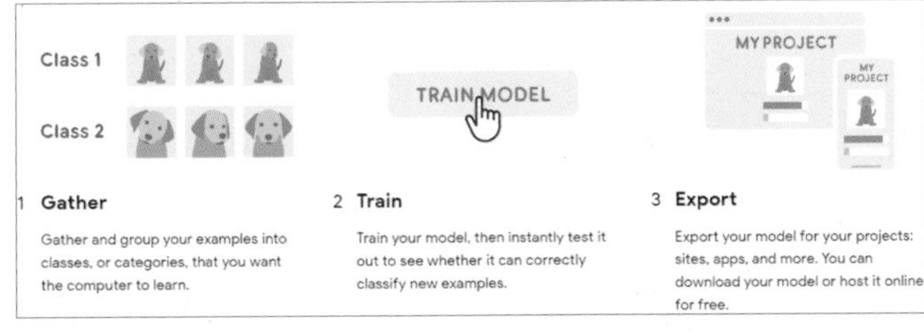

▲ 기계학습 과정

예시 가위, 주먹, 보를 인식하는 학습 모델 만들기

❶ 데이터 모으기

- 학습시키고자 하는 분류 카테고리를 정해 이름 입력하기

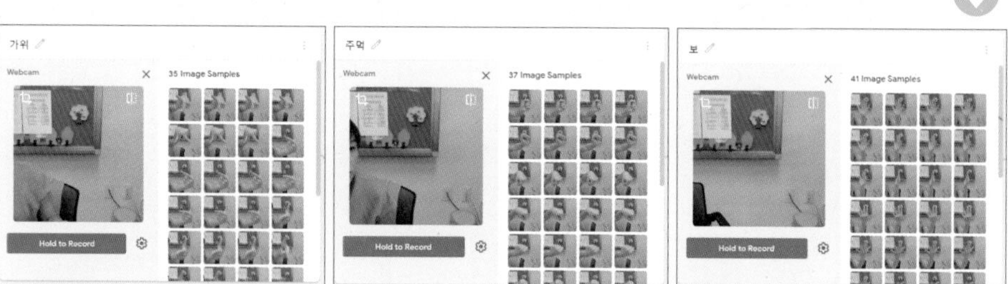

▲ 웹캠을 눌러 손 모양 사진 찍기

❷ 훈련시켜 학습 모델 만들기

• [Training] 버튼을 눌러 학습시키기

❸ 학습 결과 확인하기

• 카메라에 손가락 모양을 비추며 인식률 확인하기

  • 학습 훈련이 끝나면 예측률로 분류 결과를 보여줌.
  • 예측률이 가장 높은 것을 해당 카테고리로 인식한다고 보면 됨.
  • 다음 그림에서 가위의 모양을 다르게 입력하자 '보'로 인식하는 확률이 높은 것을 알 수 있음.

• 제대로 인식하지 못하는 이유 생각해보기
• 해결 방법 생각해보기

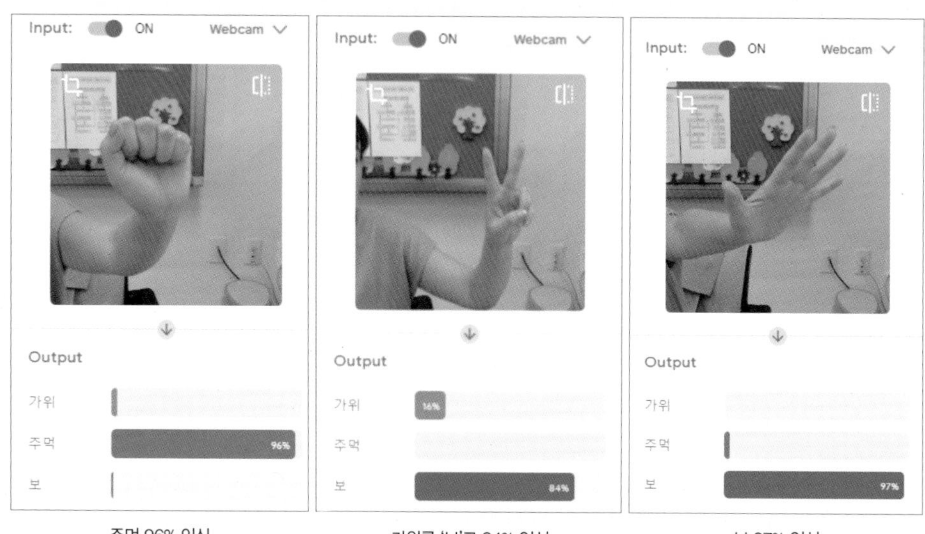

주먹 96% 인식 | 가위를 '보'로 84% 인식 | 보 97% 인식

▲ 웹캠을 눌러 손 모양 사진 찍기

• 다시 손가락 모양을 다양하게 해 '가위' 데이터 입력하고 학습시키기
• 인식하지 못했던 손가락 '가위' 모양의 인식률이 높아진 것을 확인할 수 있음.

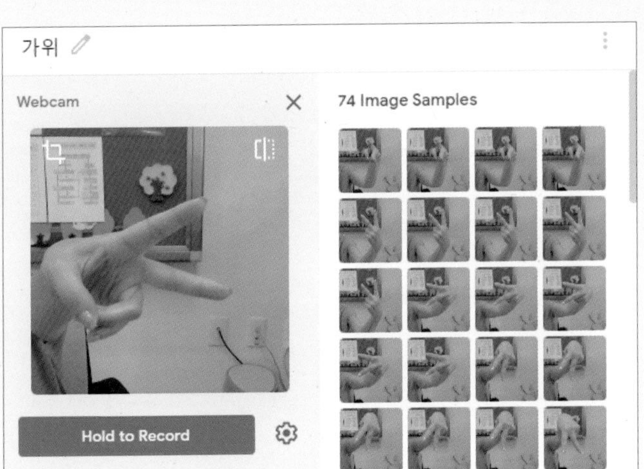

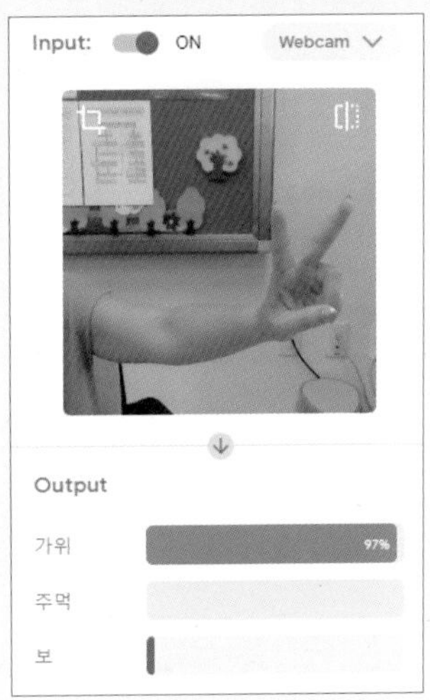

▲ 데이터 추가 입력, 훈련, 예측 결과 확인하기

활동 3 다른 데이터를 수집해 새로운 학습 모델 만들기

가위바위보 데이터를 이용해 학습 모델을 만든 과정대로 새로운 학습 모델 만들기

- 학습 모델 만들기의 주제 정하고 데이터 수집하기(예 자신의 얼굴과 타인의 얼굴 구분하기, 연필과 지우개 구분하기, 동작 분류(포즈 인식)하기, 숫자 인식하기, 목소리 인식하기, 음계 분류하기 등)
- 해당 주제의 데이터 수집하고 가공하기
- 훈련시켜 학습 모델 만들기
- 학습 결과 확인하고 문제점 발견하기
- 수정 및 보완하기
- 놀이를 통해 공유하고 활용 방안 찾아보기

활동 4 기계학습 개념 정리 및 활용 사례

- 기계학습의 개념 정리하기
- SW와 AI의 차이점 알아보기
- 기계학습을 활용할 수 있는 현실의 문제 찾아보기

>> AI 교육 플랫폼을 활용한 프로그래밍 수업 사례 2: AI 인식 서비스를 이용해 AI 시스템 만들기

- **학습 목표:** AI 인식 서비스를 이용해 AI 시스템 만들기
- **AI 개념:** 이미지 인식, 음성 인식
- **사용 전략:** AI 교육 플랫폼 활용

• **수업 모형:** 문제해결 모형, 창의성 계발 모형

• **활용** AI: 엠블록 

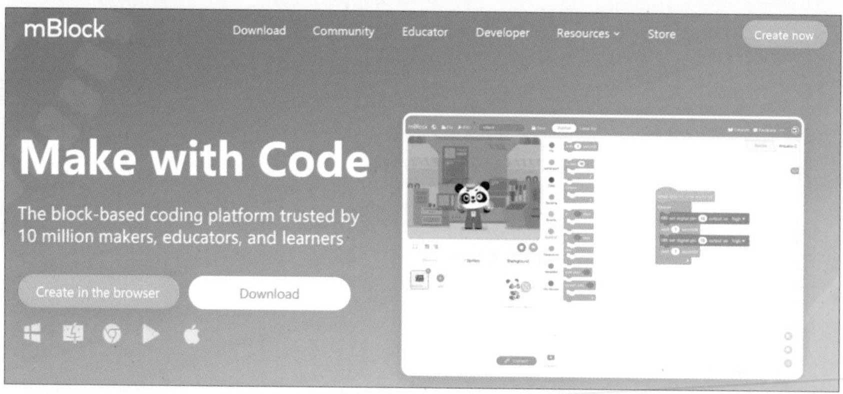

▲ 엠블록 홈페이지(www.mblock.cc)

• **준비물:** 노트북, 화상캠, 마이크, 스피커

수업에 앞서

이 수업은 창의성 계발 모형에 따른 수업 과정안이므로 앞의 활동에서 엠블록에 대한 이해와 기초 기능에 대한 습득을 전제로 했다. 그리고 수업에서 문제해결을 위한 창의적인 아이디어를 구안해내는 것과 더불어 산출해낸 아이디어가 사회에 미치는 영향까지 다뤄보도록 했다. AI에서 말하는 인식에 대한 개념 이해, 블록 코딩 기능, 팀 프로젝트의 경우 협동과 소통하는 태도, AI가 사회가 미치는 영향에 대한 관점(가치)의 영역을 모두 포함하고 있다.

활동 1 실생활에서의 AI 시스템 살펴보기

• 주변에서 AI가 적용되는 사례 이야기 나누기(폰에서의 음성 비서, 번역, 챗봇, 통신사 AI 서비스, 보안 등)

• 기능별로 AI 분류해보기(음성 인식, 문자 인식, 이미지 인식 등)

▲ AI의 다양한 활용

활동 2 엠블록 다뤄보기

- 엠블록에서 '인식 서비스' 블록 살펴보기(음성 인식, 문자 인식, 이미지 인식, 나이 인식, 감정 인식, 성별 인식, 미소 인식, 머리 각도 인식)

문자 인식 결과

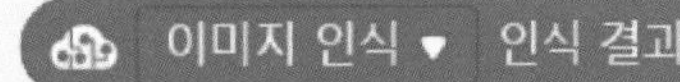

나이 인식 결과 | 감정 행복 ▾ 강도 | 성별 인식 결과

미소 인식 결과 | 머리 이동 ▾ 각도(°)

▲ 각 블록을 활용해 'AI 인식 서비스' 실행해보고, 기능 파악하기

활동 3 AI 인식 서비스를 활용한 AI 시스템 만들기

- AI의 특징을 핵심으로 한 아이디어 구현을 디자인하기
- AI를 필요로 하는 문제인가? 실생활에 필요한 시스템인가?
- 사람을 위한 것인가? 사람에게 피해를 끼치지 않는가? (카메라를 사용해 사진을 찍는 경우에는 개인정보보호, 사생활 침해, 데이터의 처리 문제 등을 함께 고려하도록 해야 함.)
  - AI 인식 서비스를 이용해 프로그램 구현하기
  - 구현된 프로그램의 아이디어를 발표하고 시연하기
  - 상호 아이디어를 비교하고 아이디어를 적용해 수정·보완하기

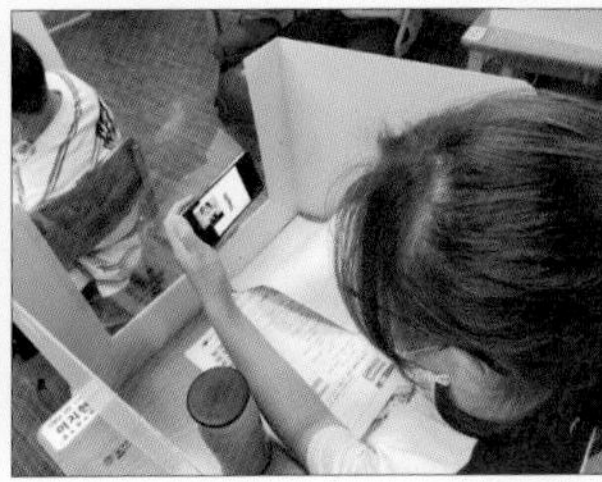

▲ 실생활 적용 방법 연계하기
(출처: 『소프트웨어 교육 방법』, 2018, 생능출판사)

>> AI 교육 플랫폼을 활용한 프로그래밍 수업 사례 3: 내 맘을 알아주는 AI

- **학습 목표:** 내 맘을 알아주는 AI
- **AI 개념:** 텍스트 인식
- **사용 전략:** AI 교육 플랫폼 활용
- **수업 모형:** 직접 교수 모형
- **활용 AI:** ML4kids 플랫폼

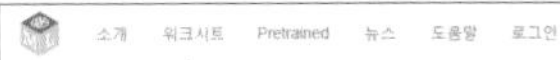

인공지능 게임을 만들어봐요.

시작해봅시다

더 알아볼까요?

1 먼저 여러 데이터를 모아보세요

2 데이터를 사용하여 인공지능을 훈련시켜보세요

3 인공지능을 사용하여 스크래치 게임을 만들어보세요

▲ ML4Kids 사이트 화면
(출처: https://machinelearningforkids.co.uk)

• **준비물:** 노트북, 웹캠(노트북이 없는 경우)

수업에 앞서

이 수업은 직접 교수 모형을 적용해 프로젝트를 만들어보도록 했다. 학습시킬 수 있는 데이터에는 이미지, 텍스트, 소리, 숫자가 있으며, 이 수업에서는 텍스트를 기반으로 학습 모델을 만들어 활용해봤다. 감정을 분석하는 AI로 텍스트 외에 이미지(얼굴 표정), 소리 등을 입력해 다양한 프로젝트를 만들어볼 수 있도록 한다.

활동 1 학습 모델 만들기

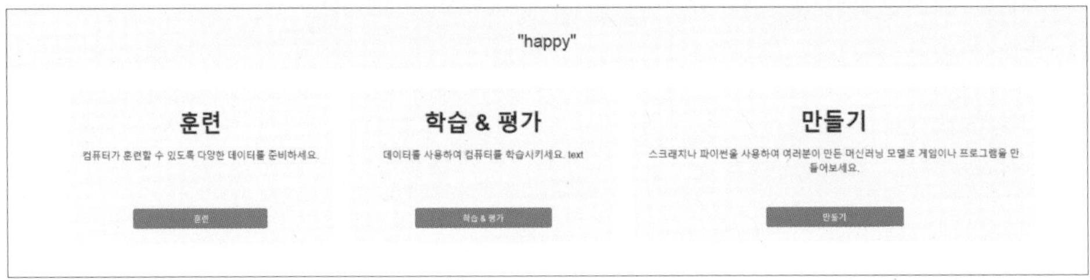

▲ ML4Kids의 [프로젝트 추가] 시작 화면

① 데이터 수집하기

• 데이터의 종류 선택하기
• Label을 'happy'와 'sorrow' 2개로 나누고 텍스트 입력하기(Label은 '영어', 학습 자료는 한글로 입력 가능)

② 학습하기 및 테스트

• 학습 모델을 만들고 완료된 모델에 데이터를 입력해 테스트하기
• 테스트한 결과가 정확하게 나오지 않으면 다시 프로젝트로 돌아가 데이터 추가하기

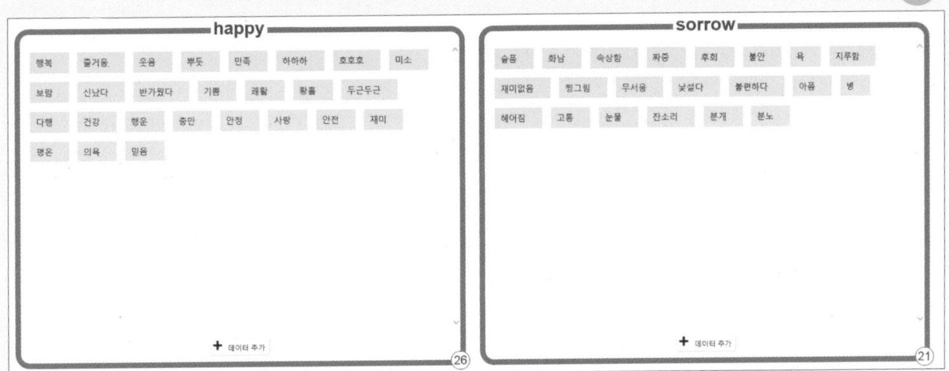

▲ 데이터 입력하기

활동 2 프로젝트 만들기

• **만들고자 하는 프로그램 선택하기:** '스크래치 3' 선택하기

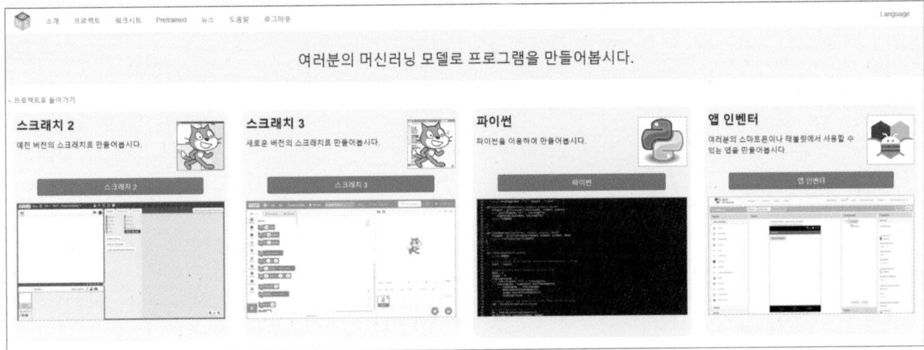

▲ 다양한 프로그램

• 텍스트 인식을 위한 데이터 입력의 방법 선택하기
• 입력한 텍스트를 기반으로 학습 모델에 따른 감정 분류하기
• 분류한 감정을 표현할 수 있는 방법 선택하기

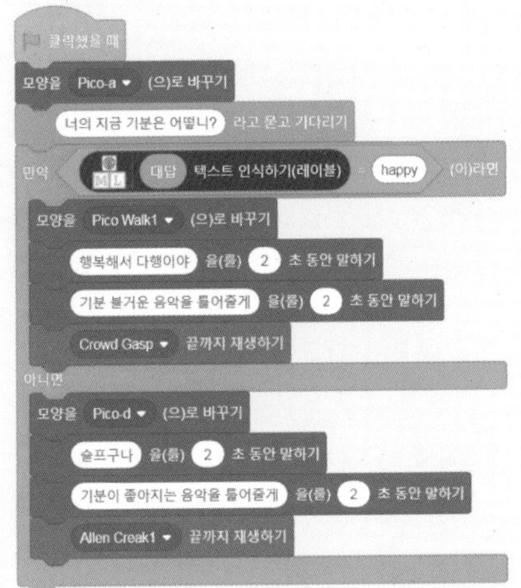

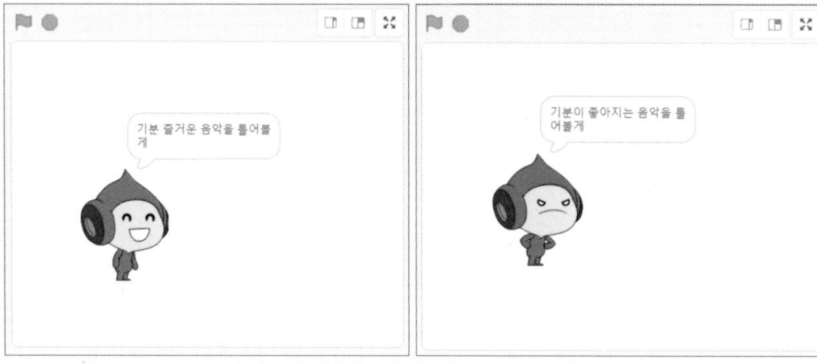

▲ 프로젝트 실행 화면

활동 3 프로젝트 공유하기

- 만든 프로젝트 공유하기
- 확장을 위한 아이디어 추가하기
- 아이디어를 새로 추가해 프로그램 수정 및 보완하기

>> AI 교육 플랫폼을 활용한 프로그래밍 수업 사례 4: 얼굴 인식 잠금 장치 만들기

- **학습 목표:** 얼굴 인식 잠금 장치 만들기
- **AI 개념:** 얼굴 인식
- **사용 전략:** AI 교육 플랫폼 활용
- **수업 모형:** 문제해결 모형
- **활용 AI:** ML4Kids 플랫폼
- **준비물:** 노트북, 웹캠(노트북이 없는 경우)

수업에 앞서

이 수업은 주어진 문제 상황을 보고 AI를 이용해 문제를 해결해가는 학습 모형으로 구성했다. 앞서 수업에서 ML4Kids를 다뤄본 경험이 전제돼야 문제를 해결할 수 있는 다양한 아이디어를 산출해 프로젝트를 개발할 수 있다.

활동 1 문제 상황 인식하기

내 스마트폰은 아직 비밀번호를 입력하거나 패턴을 그려 넣어야 잠금 장치가 해제된다. 폰을 사용할 때마다 비밀번호를 입력하는 일은 매우 번거롭다. 그렇다고 간단하게 비밀번호를 설정하려니 보안이 되지 않을까봐 걱정된다. 어차피 스마트폰의 주인은 나이므로 내 얼굴을 보고 잠금 장치가 해제되면 얼마나 좋을까?

- 주어진 문제 상황 인식하기
- 문제를 해결할 수 있는 다양한 아이디어 떠올려보기

활동 2 AI를 이용한 프로그램 만들기

- 얼굴을 인식하는 것은 AI로 해결할 수 있는 문제임을 파악하기
- 데이터 수집하기: 이미지 모으기(웹캠으로 촬영하거나 업로드 가능)

▲ 웹캠으로 사진 찍어 데이터 입력하기

- 학습하기 및 테스트: 입력한 이미지 훈련하기, 테스트해 데이터 보완하기
- 프로젝트 만들기

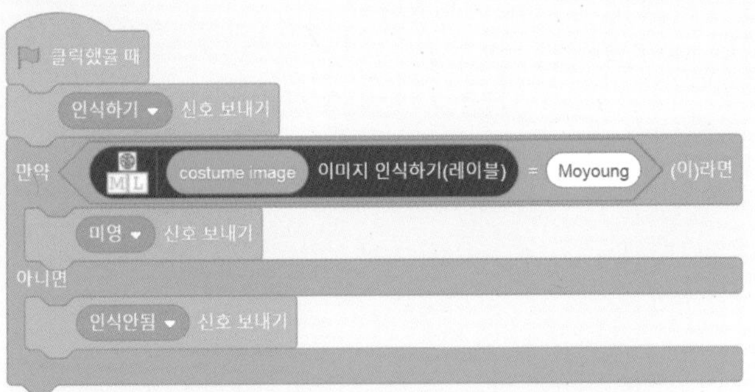

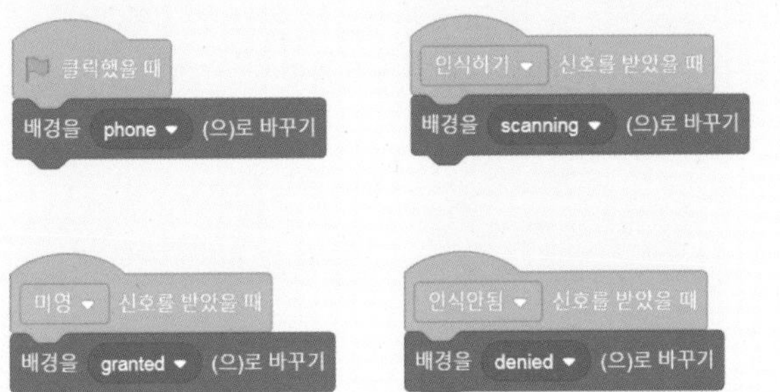

▲ 프로젝트 만들기

▲ 실행 화면 예시

활동 3 프로젝트 공유하기

- 만든 프로젝트 공유하기
- 확장을 위한 아이디어 추가하기
- 아이디어를 새로 추가해 프로그램 수정 및 보완하기

>> AI 교육 플랫폼을 활용한 프로그래밍 수업 사례 5: 스쿼트를 도와주는 자세 교정 프로그램 개발하기

- **학습 목표:** 스쿼트를 도와주는 자세 교정 프로그램 개발하기
- **AI 개념:** 포즈 인식
- **사용 전략:** AI 교육 플랫폼 활용
- **수업 모형:** 직접 교수 모형
- **활용 AI:** 티처블 머신 플랫폼
- **준비물:** 노트북, 웹캠(노트북이 없는 경우)

수업에 앞서

이 수업은 머신러닝 모델을 제공해주는 플랫폼을 이용해 자신이 원하는 것을 만드는 DDD(탐구-설계-개발)로 구현했다. 해당 부분은 탐색하고 설계하는 부분까지 소개한다. 기존의 아이디어를 더해 자신이 원하는 방향으로 수정하는 메이커 활동과도 닮아 있다.

활동 1 학습 모델 만들기

- https://teachablemachine.withgoogle.com/ 들어가기
- Pose Project 선택하기

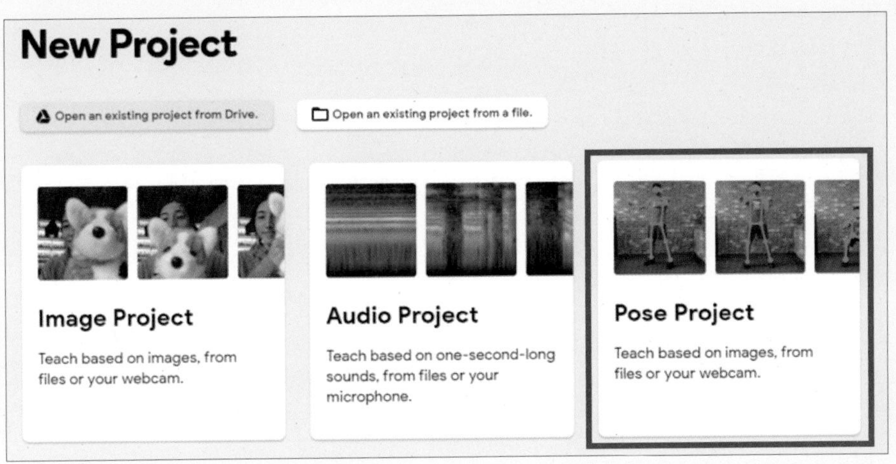

▲ 티처블 머신 사이트에서 [Pose Project] 선택하기

- 데이터 모으기: 웹캠으로 사진 찍어 자료 모으기
- 학습하기

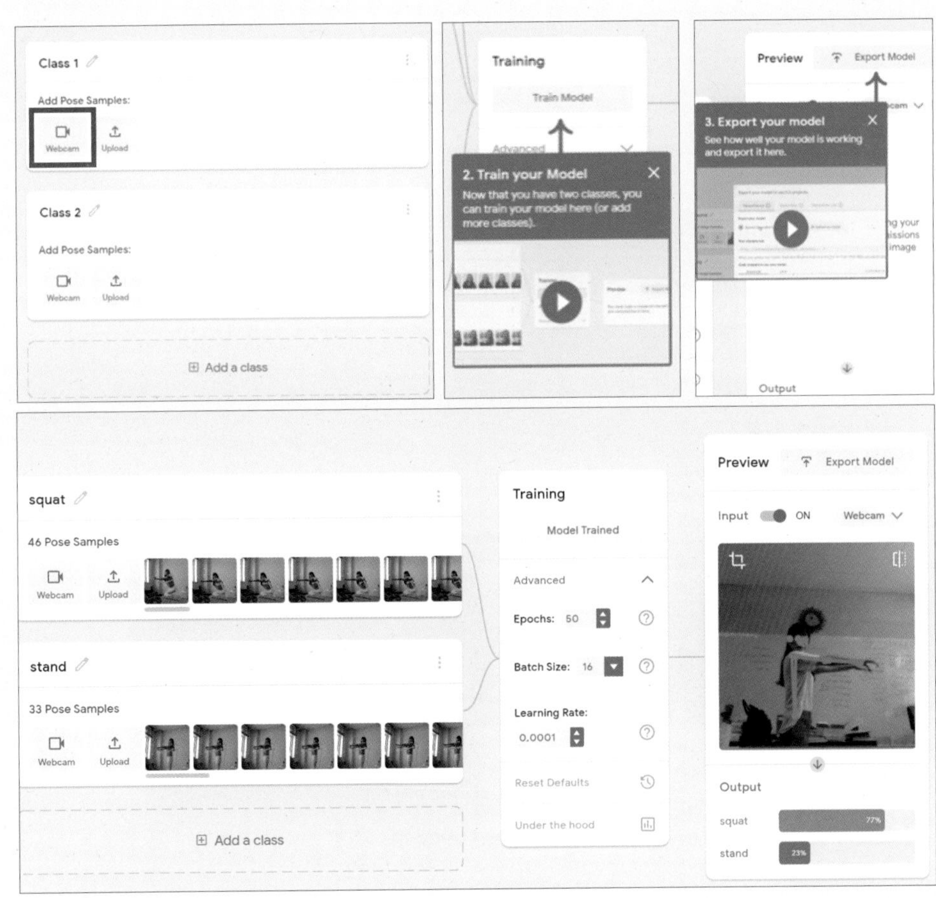

▲ 학습 모델 구축 과정

• 학습이 완료되면 프로젝트 자바스크립트로 다운로드하기
• 자바스크립트 부분의 소스 복사하기

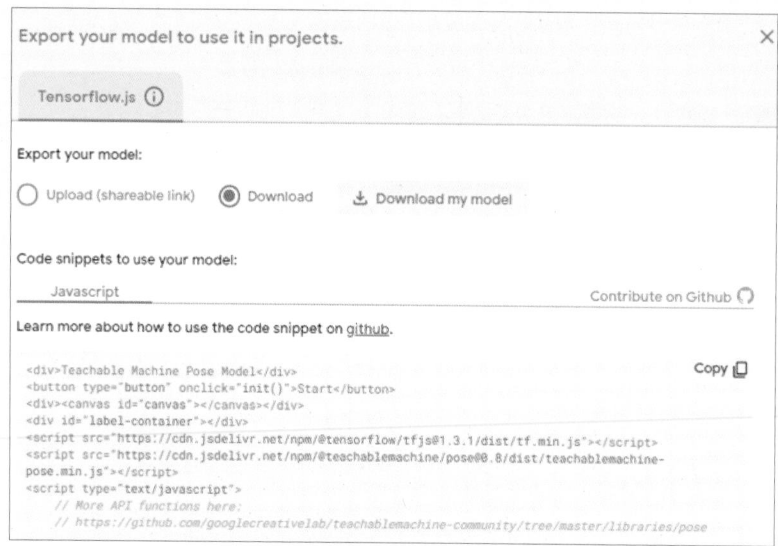

▲ 만든 프로젝트 자바스크립트로 다운로드하기

활동 2 AI를 이용한 프로그램 만들기

• 자바스크립트로 개발할 수 있는 goorm(https://www.goorm.io/) 사이트 활용(netlify 등 사용 가능)
• 새 컨테이너 생성한 후, 자바스크립트 소프트웨어 선택하기
• 〈body〉 ~ 〈/body〉 안에 다음 학습 모델 소스 붙여넣기(〈div〉 ~ 〈/div〉 주황색 부분)

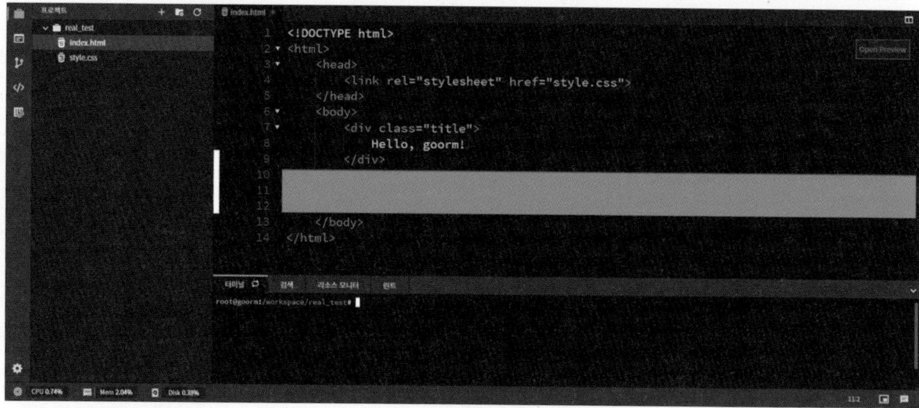

▲ goorm(https://www.goorm.io/) 사이트

• 소스에서 URL을 확인한 후 새 폴더(my_model) 만들기

```
src="https://cdn.jsdelivr.net/npm/@teachablemachine/pose@0.8/dist/teachablemachine-
pose.min.js"></script>
<script type="text/javascript">
    // More API functions here:
    // https://github.com/googlecreativelab/teachablemachine-
community/tree/master/libraries/pose

    // the link to your model provided by Teachable Machine export panel
    const URL = "./my_model/";
    let model, webcam, ctx, labelContainer, maxPredictions;

    async function init() {
        const modelURL = URL + "model.json";
        const metadataURL = URL + "metadata.json";

        // load the model and metadata
```

- 폴더(my_model)에 학습 모델 파일(metadaja.json, model.json, weights.bin)을 옮겨 저장하기

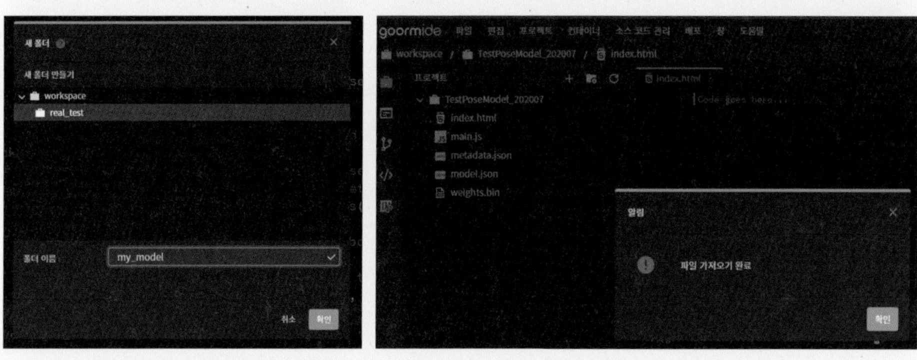

- 실행 화면 확인하기(프로젝트 – 실행 URL과 포트 – 실행용 주소로 실행)

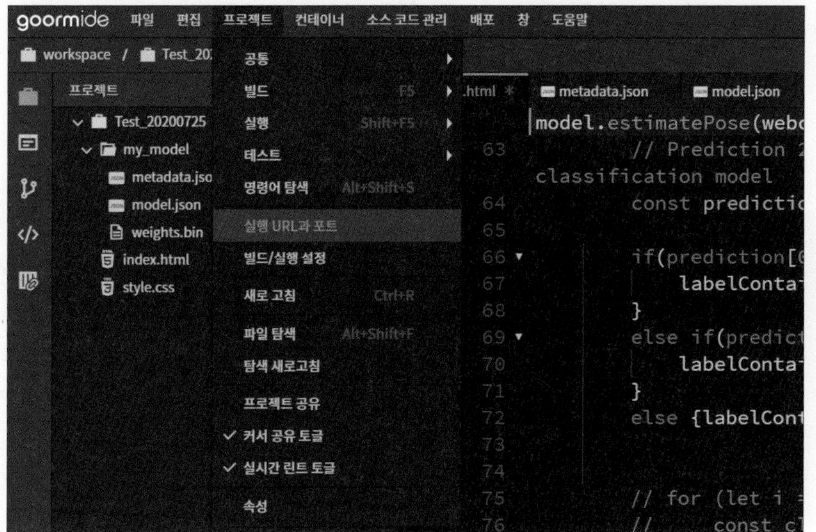

• 코드를 따라가며 해당 코드 부분 이해하기

• 사용자 화면에 보이는 부분(LabelContainer) 수정하기

```
        const prediction = await model.predict(posenetOutput);

        if(prediction[0].probability.toFixed(2)>0.7){
            labelContainer.childNodes[1].innerHTML = "STAND";
        }
        else if(prediction[1].probability.toFixed(2)>0.7){
            labelContainer.childNodes[1].innerHTML = "SQUAT";
        }
        else {labelContainer.childNodes[1].innerHTML = "WRONG";}


        // for (let i = 0; i < maxPredictions; i++) {
        //     const classPrediction =
```

활동 3 프로젝트 공유하기

• 만든 프로젝트 공유하기

• 확장을 위한 아이디어 추가하기

• 아이디어를 새로 추가해 프로그램 수정 및 보완하기

• 같은 원리를 이용해 다양한 서비스 구상하고 만들어보기

(출처: https://www.youtube.com/watch?v=9SwdGFzFb5Y&vl=ko)

창의성 재정의

딥러닝의 등장으로 AI의 인식 기능이 발전함에 따라 그림을 그리고 소설을 쓰고 음악을 만들기도 한다. 기계가 계산과 기억의 기능을 넘어 이제는 인간의 고유 영역인 창의적인 일을 하는 것이다. 하지만 스스로 계획하고 목표를 잡으며 설계하는 영역은 아직 인간의 능력에 미치지 못한다. 따라서 인간의 창의성도 재정의돼야 한다. 모방을 통해 예술적인 작품을 산출하는 분야의 창의성 대신 기계 스스로 계획하고 설계하는 능력이 포함돼야 새로운 창의성이라 할 수 있다.

▲ 딥드림의 그림(DeepDream Generator)

▲ A. I. M. 소속 뮤지션과 컬래버레이션 곡 '디지털 러브(Digital Love)'

2.2 AI 기능 중심 수업 2: 데이터 분석 프로그래밍 수업

인터넷상에는 오픈 소스로 공개된 AI 소스가 많다. 여기서는 오픈 소스를 활용해 AI 모듈을 구현하기 위한 방법을 소개한다. 대부분의 현대 프로그래밍 언어는 기존 개발된 유용한 라이브러리를 제공한다. 굳이 힘들게 밑바닥부터 코딩으로 시작하기보다 많이 활용되는 코드를 공통모듈로 개발해 공개하고 공유하기 쉽도록 라이브러리화했다. OpenCV가 대표적인 예인데, 파이썬에서는 `import` 명령어를 사용해 활용한다. OpenCV에는 이미지를 AI로 처리하기 전에 전처리 기능을 제공하는 강력한 모듈이 탑재돼 있다.

OpenCV를 사용하면 AI의 개발 과정에서 어려운 기반 코드의 입력과 개발에 대한 노력은 감소시키고 실제 문제해결과 아이디어의 구현 그리고 이를 확장한 다양한 아이디어의 창의성에 집중하도록 도와준다. 다음은 간단한 얼굴 인식 프로그램의 개발과 활용을 통해 AI 모듈을 손쉽게 구현하고 그 과정에서의 문제점과 해결 방안을 발견한 후 현실 세계에 적용할 수 있는 다양한 아이디어를 창의적으로 산출하도록 하는 수업을 전개한다.

- **학습 목표:** OpenCV를 이용해 이미지 인식하기
- **AI 개념:** 이미지 인식, 패턴 인식
- **사용 전략:** AI 라이브러리 활용
- **수업 모형:** 문제해결 모형, 발견 탐구 모형
- **활용 AI:** OpenCV 라이브러리와 파이썬 프로그램
- **준비물:** 노트북, 다양한 이미지, 웹캠

수업에 앞서

이 수업은 이미지 처리를 손쉽게 프로그래밍하는 라이브러리를 활용해 이미지 내의 객체와 영상의 사람을 인식하는 프로그램을 구현했다. 주어진 이미지 내에서의 객체 인식에 관한 문제를 해결하기 위해 선행 개발자들에 의해 개발, 보급된 라이브러리 모듈을 활용해 해결하고 코딩하는 경험을 제공한다. 제공된 이미지뿐 아니라 영상에서의 객체 인식과 함께 인식된 객체를 삭제하는 등의 편집을 단순한 코드를 활용해 해결하는 방법을 살펴본다.

활동 1 이미지 인식 코딩을 위한 사전 준비

- 파이썬 3.0의 설치를 확인하거나 없을 경우 웹사이트에서 다운로드해 설치하기
- OpenCV2 모듈을 다음과 같이 설치하기

- 윈도우 환경에서는 명령 프롬프트(⊞ + R → cmd)를 실행한다.
- 리눅스나 맥 환경에서는 터미널을 실행한다.
- $python -m pip install opencv-python(혹은 python3 -m pip install opencv-python)을 입력해 설치한다.
- 만약 제대로 설치되지 않는다면 pip install—upgrade pip를 통해 pip를 업데이트한 후에 다시 설치한다.

- 코딩에 집중하기보다 라이브러리의 활용을 통해 이미지 인식의 구현에 주안점 두기
- 실습을 위한 자료와 이미지, XML 파일은 파이썬 코드와 같은 폴더에 구성하기

파이썬 예제 파일

```
coner_detect.py          # 이미지에서 모서리 부분만 검출
face_detect.py           # 이미지에서 사람 얼굴 검출
face_detect_mov.py       # 카메라 영상에서 사람 얼굴 검출
inpaint.py
haarcascade_frontalface_default.xml
이미지 파일들
```

활동 2 모서리 검출하기

- **다음 소스 코드를 활용해 이미지의 모서리 검출하기**

```
from cv2 import *                     # OpenCV2 모듈 불러오기
img = imread('dog.png')               # origin.png 이미지 파일을 읽어 img 변수에 저장
fast = FastFeatureDetector_create()   # FAST 검출기 생성
kp = fast.detect(img, None)           # FAST 검출기를 이용해 img의 모서리 특징점을 kp에 저장
drawKeypoints(img, kp, img, color=(255,0,0))  # 특징점을 img에 그리기, (B, G, R) = (0, 0, 255)
imshow('result', img)                 # 특징점이 그려진 img를 화면에 보여주기
waitKey(0)                            # 키보드 입력이 들어올 때까지 대기
```

◀ 모서리의 특징점 찾기

• 모서리 검출 영역의 색과 크기 변형하기
• 모서리를 검출하기 위해 다른 이미지 적용해보기
• 모서리 검출이 잘 안 되는 이유에 대해 토론해보기

모서리 검출 개요

우리는 주위에 있는 사물을 어떻게 인식할까? 우리는 색의 명암이나 조화로 인식한다고 생각할 수 있지만 이보다 중요한 것은 사물의 특징(Feature)이다. 테두리(Edge)의 길이와 방향은 사물을 인식하는 데 매우 큰 기여를 하는 특징이다. 그러한 테두리는 끝이나 서로 만나는 지점에서 모서리(Corner)라는 특징이 만들어지게 된다. 모서리는 하나의 점으로 만들어지기 때문에 '특징점(Keypoint)'이라고 하며 컴퓨터가 사물을 인식할 때 매우 중요한 요소가 된다. 특히 최근 스마트폰에 있는 기능인 '지문 인식 기능'에서 사용자를 식별하는 것 또한 지문의 특징점을 이용하는 것이다. Python과 OpenCV를 이용하면 모서리 검출을 매우 쉽게 할 수 있는데, FAST(Features from Accelerated Segment Test) 알고리즘을 사용해 매우 짧고 간단한 코드로 실행 가능하다.

활동 3 얼굴 인식 프로젝트 구현하기

• **이미지에서의 얼굴 인식하는 코드 실행하기**

```
from cv2 import *                                       # OpenCV2 모듈 불러오기
cascade = CascadeClassifier('haarcascade_frontalface_default.xml')  # 얼굴 인식기 불러오기
img = imread('face.png')                                # face.png 이미지 파일을 읽어 img 변수에 저장
faces = cascade.detectMultiScale(img, 1.3, 5)           # 이미지에서 얼굴의 위치와 크기 인식
for (x, y, w, h) in faces:                              # 모든 얼굴에 대해
rectangle(img, (x, y), (x + w, y + h), (0, 255, 0), 2)  # 얼굴을 초록색 사각형으로 표시하기
imshow('result', img)                                   # 얼굴 인식한 img 화면에 보여주기
waitKey(0)                                              # 키보드 입력 들어올 때까지 대기
```

AROUND TOWN | People

Donnelly Matera Thibodeaux Zander Horton

Barnes McCrary Spruell McMillan Moore

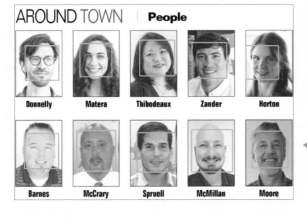

◀ 이미지에서 얼굴의 위치와 크기 인식하기 (출처: https://neworleanscitybusiness.com/blog/2018/05/23/people-this-week-new-hires-promotionsawards-80/)

- **영상에서의 얼굴 인식하는 코드 실행하기**

```
from cv2 import *                          # OpenCV2 모듈 불러오기
cascade = CascadeClassifier('haarcascade_frontalface_default.xml')  # 얼굴 인식기 불러오기
cap = VideoCapture(0)                      # 카메라 기기 불러오기
while(True):
ret, vid = cap.read()                      # 카메라에서 현재 이미지 불러오기
if not ret:                                # 만약 이미지를 받지 못했다면
continue                                   # 반복문으로 돌아가기
faces = cascade.detectMultiScale(vid, 1.3, 5) # 이미지에서 얼굴의 위치와 크기 인식
for (x, y, w, h) in faces:                 # 모든 얼굴에 대해
cv2.rectangle(vid, (x, y), (x + w, y + h), (0, 255, 0), 2) # 얼굴을 초록색 사각형으로 표시하기
cv2.imshow('Video', vid)                   # 얼굴 인식한 이미지 화면에 보여주기
if cv2.waitKey(1) & 0xFF == ord('q'):  # 'q' 키를 입력하면
break                                      # 반복문을 빠져나오며 프로그램 종료
```

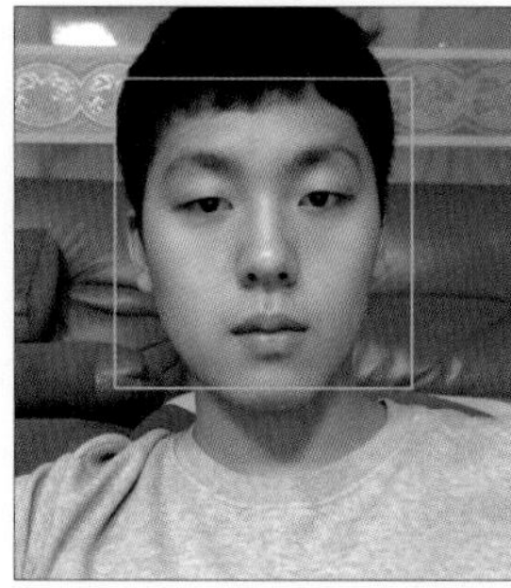

◀ 이미지에서 얼굴의 위치와 크기 인식

- 이미지 얼굴 인식의 전체적인 과정을 논의하기
- 이미지 얼굴 인식과 영상 인식의 차이점, 공통점 토론하기
- 다른 이미지와 영상을 이용해 얼굴 인식하기
- 얼굴 인식이 잘 안 되는 사례를 찾고 그 이유 논의하기

활동 4 이미지 인식을 활용해 그림 편집 프로젝트

- 이미지 내의 사람 인식하기
- 인식된 영역을 마스크를 활용해 삭제하기
- 삭제된 부분을 주변 배경으로 채우기

```
from cv2 import *                          # OpenCV2 모듈 불러오기
img = imread('origin.png')  # 복원 대상 이미지 불러오기
mask = imread('mask.png', 0)               # 복원할 영역 이미(mask) 불러오기: 흑백으로(0)
```

```
result = inpaint(img, mask, 3, INPAINT_TELEA   # 마스크를 이용해 이미지 복원하기
imshow('result', result)                       # 복원한 이미지 보여주기
waitKey(0)                                     # 키보드 입력이 들어올 때까지 대기
```

▲ 원본 이미지

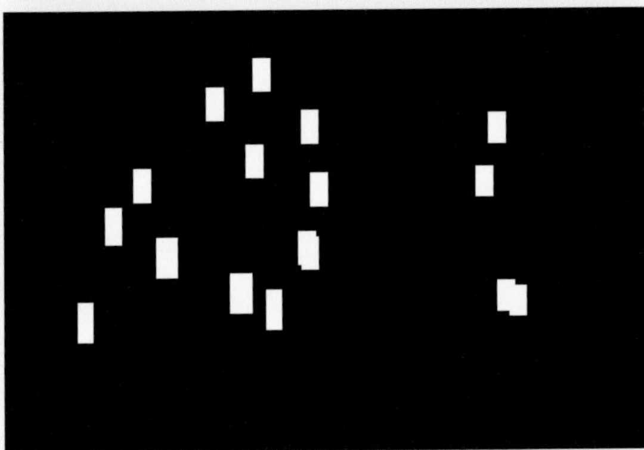

▲ 생성된 마스크 이미지

▲ 인물이 삭제된 이미지

- 인식 부분을 삭제하기 위해 마스크가 필요한 이유 찾기
- 다른 이미지를 이용해 사람 부분 삭제하기
- 삭제가 안 되거나 배경이 어색한 이유 찾기

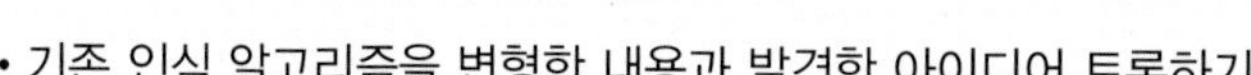
활동 5 이미지 인식 프로젝트 공유하기

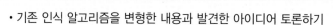

- 기존 인식 알고리즘을 변형한 내용과 발견한 아이디어 토론하기
- 변형 알고리즘의 결과물 공유하기
- 이미지 인식 알고리즘의 활용 방안 찾아보기
- 현실 세계에 적용할 수 있는 아이디어 공유하기
- AI 모듈에 적용하기 위한 방법 고민하기

2.3 AI 기능 중심 수업 3: AI 프레임워크를 활용한 프로그래밍 수업

AI 프레임워크를 활용한 프로그래밍 수업은 학습자가 직접 AI 알고리즘과 서비스를 개발하는 수업이다. 컴퓨터 전문가를 위한 수업의 내용과 방법으로 생각될 수도 있지만, AI 프레임워크에서 제공하는 라이브러리를 이용하면 생각보다 쉽게 개발할 수 있고 수업에 적용할 수도 있다.

앞서 살펴봤던 AI 상용 플랫폼으로 학습 모델링한 결과를 활용해 현업 서비스를 코딩으로 구현하는 활동과 직접 AI 알고리즘을 코딩으로 구현하는 활동은 차이가 있다.

AI 상용 플랫폼 활용 수업은 데이터를 입력해 학습 모델을 구축하는 것이 주요 학습 활동이다. 학습 모델링 결과를 활용해 서비스하는 것은 AI 알고리즘의 개발이 아니라 코딩 교육의 일환으로 보는 것이 타당하다.

AI 개발은 고급 프로그래밍 언어를 활용해 AI 알고리즘을 직접 구현하는 방법, 모듈화된 라이브러리를 이용해 직접 AI 서비스 구현하는 방법이 있다.

▼ AI 개발을 위한 활용 도구의 유형

활용 유형	활용 도구	특징
AI 프레임워크 활용	텐서플로, 케라스, 파이토치, 카페	오픈 소스의 형태로 제공되며 파이썬 등의 언어에서 라이브러리로 활용
독자 프로그래밍 언어 활용	C, C++, 자바, 파이썬, 자바 스크립트, 스칼라, GO	일반인이나 학습자들에게는 매우 어려운 접근 방법

교육에서는 주로 AI 프레임워크를 활용해 구현하는 방법을 사용하는 것이 효율적이며 대표적인 AI 프레임워크(라이브러리)는 다음과 같다.

프레임워크	동작	지원 단체	라이선스 종류	속도	범용성	개발/학습 난이도	참여자 규모
텐서플로	파이썬, C++ 자바 등	구글	아파치 2.0	++	++	++	+++
케라스	파이썬, R, MNNet, DL4J	MIT	MIT 라이선스	+++	+++	+	+++
파이토치	파이썬, C++	스카이마인드 DL4J 커뮤니티	BSD	+++	+	+	++
DL4J	자바, 스칼라, 클로저, 파이썬, 코틀린	스카이마인드 DL4J 커뮤니티	아파치 2.0	+++	+++	+++	+
카페	C++, 파이썬, 애트랩	버클리 대학 연구팀	BSD	+	+	+++	+
MXNext	C++, 파이썬, 줄리아, 매트랩, 자바스크립트, 고(Go), R, 스칼라, 필	아파치 재단, AWS	아파치 2.0	++	+++	++	++

▲ 대표적인 AI 프레임워크

>> AI 프레임워크를 활용한 프로그래밍 수업 사례 1: 파이썬으로 선형회귀 구현하기

- **학습 목표:** 기계학습 선형회귀로 지도학습 구현하기
- **AI 개념:** 지도학습
- **사용 전략:** 파이썬으로 AI 개발
- **수업 모형:** 직접 교수 모형
- **활용 프로그래밍 언어:** 파이썬
- **준비물:** 컴퓨터 또는 노트북

활동 1 선형회귀 이해하기

- **선형회귀의 개념 알아보기:** 하나의 변수에 다른 변수들이 주는 영향력을 선형적으로 분석하는 방법 $(H(x) = Wx + b)$

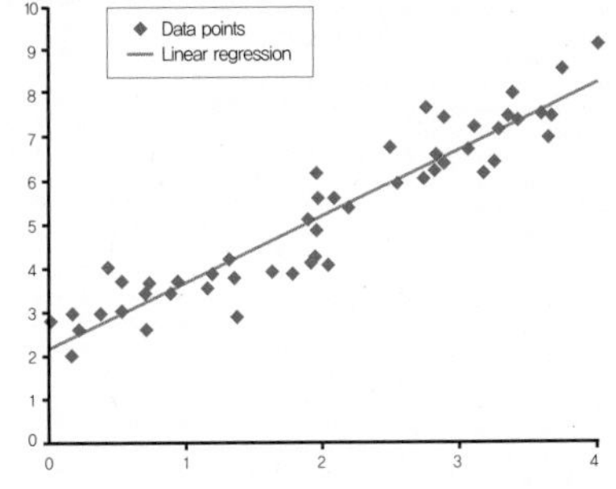

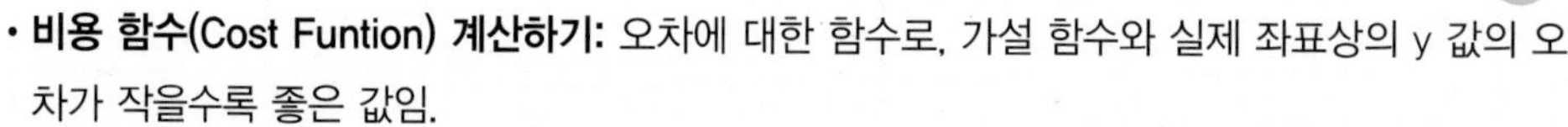

• **비용 함수(Cost Funtion) 계산하기:** 오차에 대한 함수로, 가설 함수와 실제 좌표상의 y 값의 오차가 작을수록 좋은 값임.

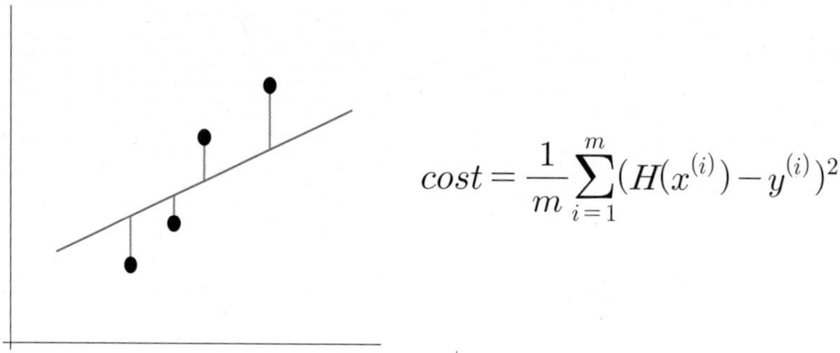

$$cost = \frac{1}{m}\sum_{i=1}^{m}(H(x^{(i)}) - y^{(i)})^2$$

▲ 비용 함수 계산하기

• **비용 함수의 최적값은 경사 하강 이용하기**(미분을 통해 기울기 찾기)
• **비용 함수가 가장 적은 값 찾기**(기울기가 최저)

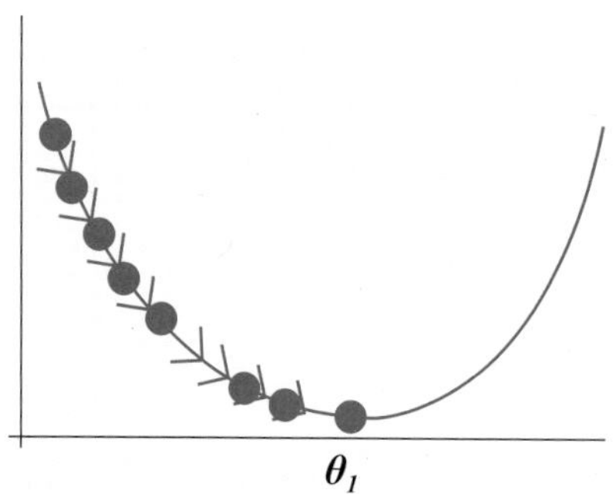

▲ 비용 함수의 최적값 찾기

활동 2 파이썬으로 선형회귀 모델 구축하기

• **파이썬으로 선형회귀 모델 구축하기:** 주어진 데이터를 학습시켜 가장 최적의 '직선' 찾아내기

```
import sys
import math
import random
from PyQt5.QtWidgets import *
from LearnAI.LinearRegression import LinearRegression

def Calc():
    aw = 0
    ab = 0
    cost[0] = 0
   for (xi, yi) in zip(x, y):
```

```
            aw += (w[0] * xi + b[0] - yi) * xi
            ab += (w[0] * xi + b[0] - yi)
            cost[0] += (w[0] * xi + b[0] - yi) ** 2
        aw /= len(x)
        ab /= len(x)
        cost[0] /= len(x)
        w[0] -= learningRate[0]*aw
        b[0] -= learningRate[0]*ab

        reg.updateScreen()
if __name__ == '__main__':
    app = QApplication(sys.argv)

    x = [1, 2, 3, 4, 5, 6, 7, 8, 9, 10]
    y = [2, 4, 5, 7, 10, 12, 14, 17, 18, 20]
    w = [random.uniform(-3, 3)]
    b = [random.uniform(-3, 3)]
    cost = [0]
    learningRate = [0.001]

    reg = LinearRegression()
    reg.setClickEvent(Calc)
    reg.connectParameter(x, y, w, b, cost, learningRate)

    app.exec_()
```

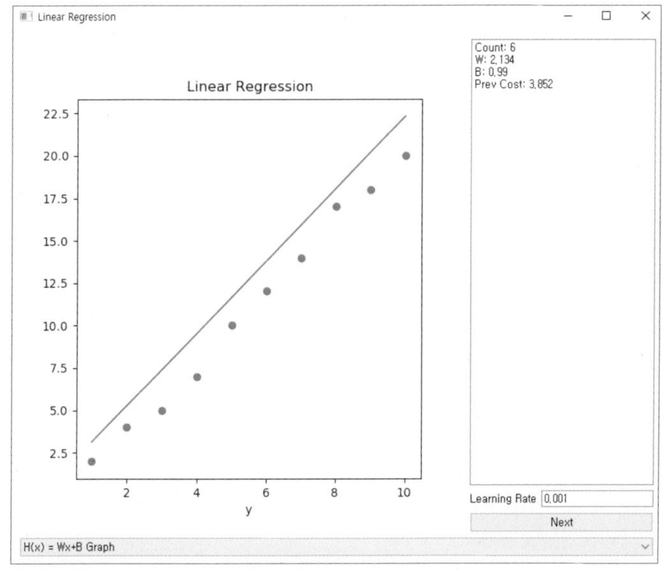

▲ 선형회귀 구현하기

- **학습률이 0.001로 설정돼 있으며, [next] 버튼을 눌러 최적의 기울기 찾기**
- **학습률 값도 바꿔가며 탐색해보기**

활동 3 AI 사고와 연결하기

- **인간의 예측 능력은 지능적인 특징을 지니는가?**(뇌가 가진 기본 특징이 예측 능력이다.)
- **예측을 하기 위한 수학적 방법은 무엇인가?**(회귀를 사용함.)
- **선형회귀의 기능을 컴퓨터로 어떻게 구현하는가?**(위에 있는 순서대로 구현)
- **AI의 학습을 위해 왜 선형회귀를 사용하는가?**(최적의 값을 예측하는 데 필요하기 때문에, 알려지지 않은 값을 예측할 수 있기 때문에)
- **선형회귀 기능을 탑재한 프로그램은 AI인가?**(선형회귀를 통해 예측을 하며 학습하기 때문에 AI임.)

활동 4 AI 사고 일반화하기

- **선형회귀 프로그램이 일반 SW로 구현할 수 있다면 왜 AI라고 명명하는가?**(데이터가 적을 경우에는 쉽게 예측할 수 있지만 데이터가 많을 경우에는 최적의 회귀선을 찾는 계산량이 지수적으로 증가하기 때문에 기계학습을 통해 정확한 답이 아닌 적당한 근삿값을 가진 회귀선을 찾아내고 다른 데이터를 입력해도 예측할 수 있는 답을 쉽게 출력해주기 때문임)

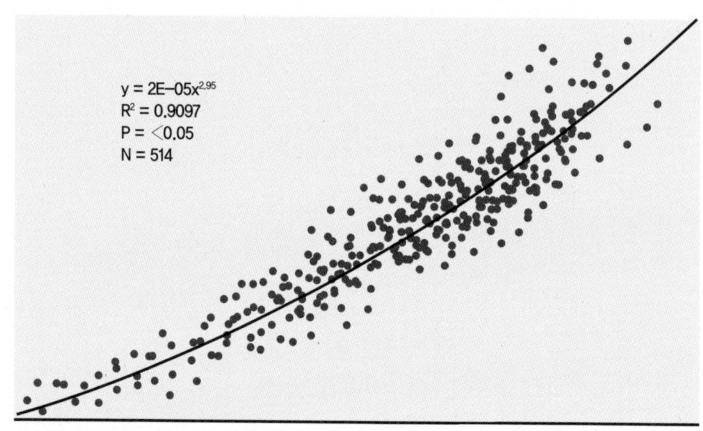

▲ 적당한 근삿값을 가진 회귀선 찾기
(출처: https://youtu.be/QRzE35oNCvU)

>> AI 프레임워크를 활용한 프로그래밍 수업 사례 2: 유전 알고리즘 이해하고 구현하기

이 수업은 AI 개념을 학습한 후 실제 개발하는 수업으로 '지식 – 기능 통합 수업'이라고 할 수 있다. 어느 도메인의 지식과 관련된 용어와 개념은 단순히 지식을 암기하거나 인식하는 정도 제대로 알고 있다고 보기 어렵다. 피상적인 지식이 기능적인 실습 활동으로 범위가 확대되고 문제해결에 활용돼 개념 지식이 강화되고 다른 곳에 적용할 수 있는 상태가 됐을 때 지식이 제대로 형성됐다고 본다. 앞서 살펴본 지식 중심의 수업과 기능 중심의 수업을 통합해 연계하는 활동을 통해 AI의 개념과 원리, 법칙을 담고 있는 알고리즘을 학습하는 수업을 살펴보자.

- **학습 목표: 유전 알고리즘 이해하고 구현하기**
- **AI 개념:** 지도학습
- **사용 전략:** 언플러그드, 파이썬으로 AI 개발
- **수업 모형:** 인지 모델링 학습, 발견 학습 모형
- **활용 프로그래밍 언어:** 인지 모델링 학습 후 파이썬 실습
- **준비물:** 컴퓨터 또는 노트북

지식 수업으로 시작

활동 1 언플러그드 활동으로 유전 알고리즘 이해하기

- **유전 알고리즘 적용한 숫자 카드 놀이하기**
- **문제:** {1, 5, 6, 8, 3, 7, 3, 5, 9, 0} 중 3개를 골라 20으로 만들기

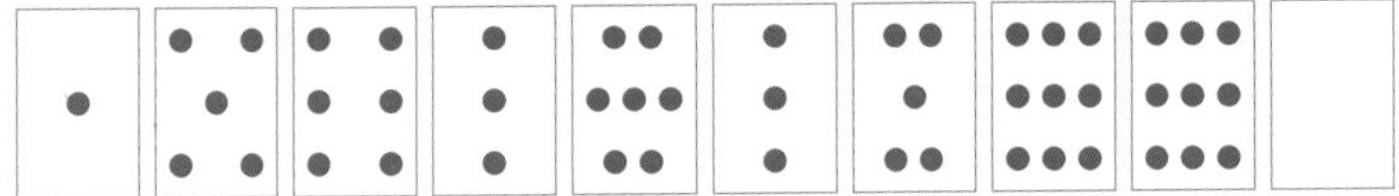

▲ 유전 알고리즘을 적용한 숫자 카드 놀이

❶ **무작위 생성하기:** 숫자 3개를 뽑아 4개의 조합 만들고 적합도 구하기
❷ **선택하기:** 다음 세대를 만들기 위해 세대 개체 중 적합도가 높은 2개의 유전자 선택하기(1세대 만들기)
❸ **교배하기**
❹ **2세대 만들기:** 앞에서 했던 선택하기, 교배하기 과정을 거치되, 교배하기 과정에서 1세대와 다른 자리의 유전자 바꾸기
❺ **3세대 만들기:** 선택하기, 교배하기 과정 반복하기
❻ **돌연변이 만들기:** 무작위 수를 뽑아 바꾸고 적합도 확인하기
– 최적의 값(20)을 찾을 때까지 세대 반복하기

활동 2 유전 알고리즘을 적용해 인간의 모습 구현하기

- **사람의 신체 부위 분해하기**

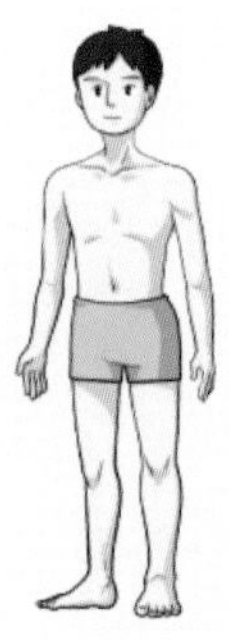

머리
팔 몸통 팔
손 손
허벅지 허벅지
종아리 종아리
발 발

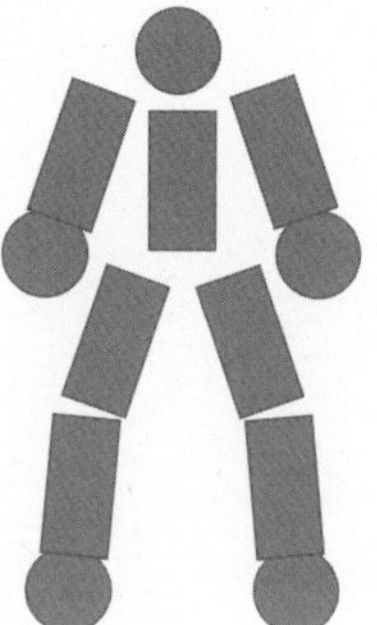

▲ 사람의 신체 부위 분해하기

• 구현하는 놀이하기

❶ 1단계: 무작위 생성하기(종이를 잘라 사용하거나 gg.gg/randman에서 랜덤 프로그램 활용)

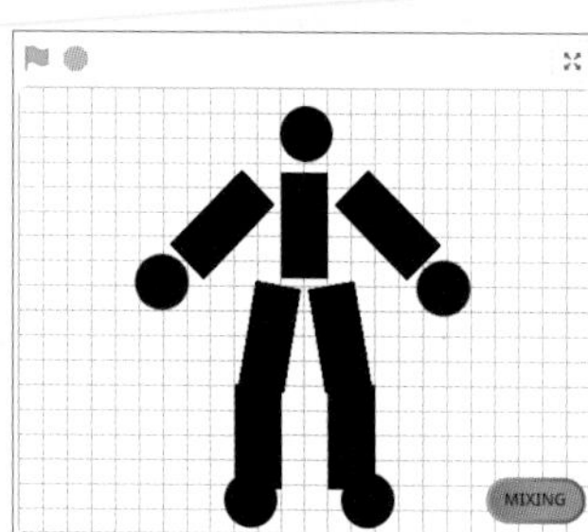

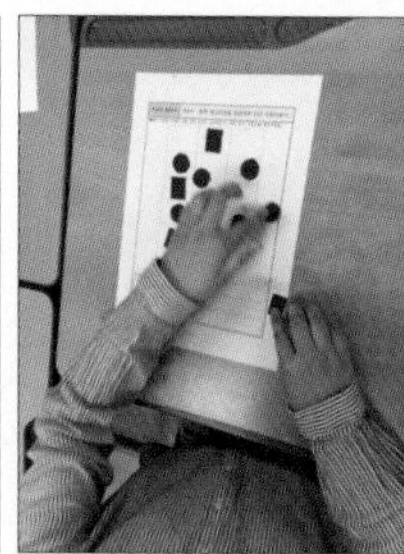
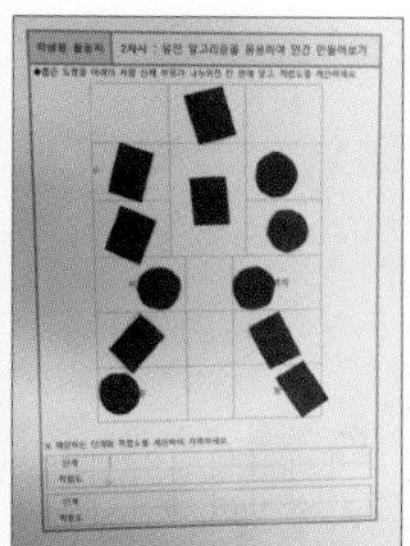
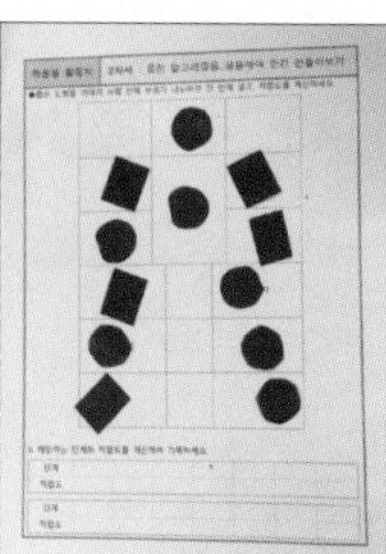

▲ 실행 결과

❷ 2단계: 선택하기(완성하고자 하는 부위의 도형이 일치하면 1점씩 누적해 적합도 계산, 12점이 되면 완성)

개체 모양					
적합도	6	4	8	2	6
선택 여부	선택	탈락	선택	탈락	선택

❸ 3단계: 교배하기(같은 위치에 해당하는 유전자끼리 교배하기, 순서 바꿔 교배하기 등)

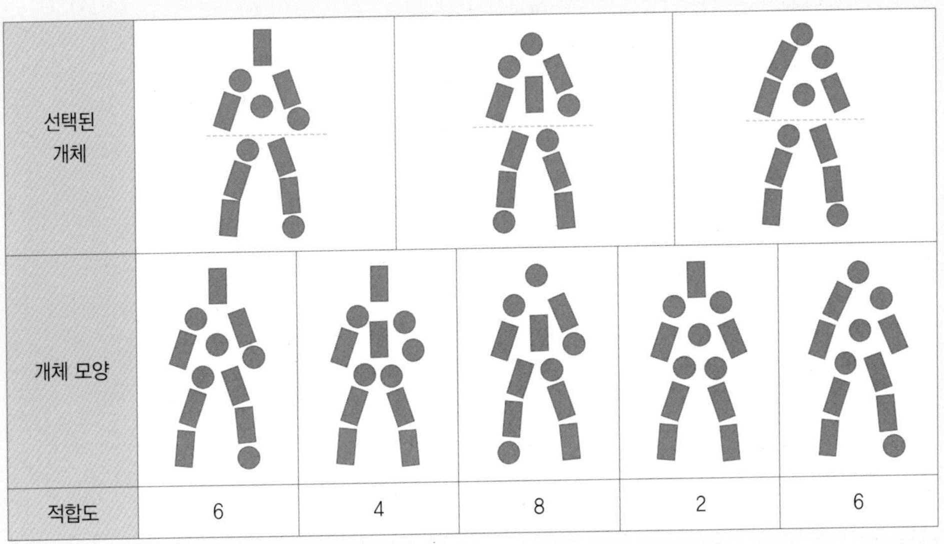

선택된 개체					
개체 모양					
적합도	6	4	8	2	6

❹ **4단계:** 돌연변이 만들기(돌연변이 기준은 모둠 친구들과 논의해 정하기), 사람의 모습이 될 때까지 2~4단계 반복하기

활동 3 유전 알고리즘의 적용 사례 살펴보기

- **TSP(Travelling Salesman Problem, 순회 외판원 문제) 문제해결하기**
- **로봇 주행 성능 향상**
- **모나리자 이미지 만들기**
- **게임에서의 최적화 방법 찾기**

기능 수업으로 시작

활동 4 파이썬으로 문장 맞추는 유전 알고리즘 구현하기

- **앞서 활동한 경험을 바탕으로 알고리즘 작성하기**

최초 염색체 생성 - 세대 적합도 평가 - 세대 교차 및 돌연변이 - 다음 세대 적합도 평가

- **맞추고자 하는 문장:** I love AIEducation
- **코드 작성하기**

```
import random

# 각 세대에서의 개체 수
```

```
POPULATION_SIZE = 100

# 유효한 유전자
GENES = ''' abcdefghijklmnopqrstuvwxyzABCDEFGHIJKLMNOP
QRSTUVWXYZ 1234567890, .-;:_!"

# 생성 문자열
TARGET = "I love AIEducation"

class Individual(object):
        '''
        Class representing individual in population
        '''
        def __init__(self, chromosome):
                self.chromosome = chromosome
                self.fitness = self.cal_fitness()

        @classmethod
        def mutated_genes(self):
                '''
                create random genes for mutation
                '''
                global GENES
                gene = random.choice(GENES)
                return gene

        @classmethod
        def create_gnome(self):
                '''
                create chromosome or string of genes
                '''
                global TARGET
                gnome_len = len(TARGET)
                return [self.mutated_genes() for _ in range(gnome_len)]

        def mate(self, par2):
                '''
                Perform mating and produce new offspring
                '''

                # 자손을 위한 염색체
                child_chromosome = []
                for gp1, gp2 in zip(self.chromosome, par2.chromosome):

                        # 무작위 확률
                        prob = random.random()

                        # 확률 값이 0.45 미만이면 유전자 삽입
```

```
                    # 부모 1의 유전자
                    if prob < 0.45:
                            child_chromosome.append(gp1)

                    # 확률 값이 0.45에서 0.90 사이이면 삽입
                    # 부모 2의 유전자
                    elif prob < 0.90:
                            child_chromosome.append(gp2)

                    # 그렇지 않으면 돌연변이 연산으로 무작위 유전자 삽입.
                    # 다양성 유지
                    else:
                            child_chromosome.append(self.mutated_genes())

            # 새로운 자손 개체 생성
            # 자손 개체를 위해 생성된 염색체
            return Individual(child_chromosome)

    def cal_fitness(self):
            '''
            Calculate fitness score, it is the number of
            characters in string which differ from target
            string.
            '''
            global TARGET
            fitness = 0
            for gs, gt in zip(self.chromosome, TARGET):
                    if gs != gt: fitness+= 1
            return fitness

# 드라이버 코드
def main():
    global POPULATION_SIZE

    # 현재 세대
    generation = 1

    found = False
    population = []

    # 초기 개체 생성
    for _ in range(POPULATION_SIZE):
                            gnome = Individual.create_gnome()
                            population.append(Individual(gnome))

    while not found:

            # 적합도의 오름차순으로 개체 정렬
```

```
                population = sorted(population, key = lambda x:x.fitness)

                # 개별 적합도 점수가 가장 낮은 경우
                # 목표에 도달하면 0을 대입하고
                # 반복 중지
                if population[0].fitness <= 0:
                        found = True
                        break

                # 그렇지 않으면 새로운 세대를 위한 후손을 생성
                new_generation = []

                # 적합한 개체 10%만 남김
                # 다음 세대로 이동
                s = int((10*POPULATION_SIZE)/100)
                new_generation.extend(population[:s])

                # 적합한 개체 50%에서
                # 교배연산을 하여 새로운 개체 생성
                s = int((90*POPULATION_SIZE)/100)
                for _ in range(s):
                        parent1 = random.choice(population[:50])
                        parent2 = random.choice(population[:50])
                        child = parent1.mate(parent2)
                        new_generation.append(child)

                population = new_generation
                print( "Generation: " , generation)
                print( "String: " ,  " " .join(population[0].chromosome))
                print( "Fitness: " , population[0].fitness)
                generation += 1
        print( "Generation: " , generation)
        print( "String: " ,  " " .join(population[0].chromosome))
        print( "Fitness: " , population[0].fitness)

if __name__ == '__main__':
        main()
```

• **결과 실행해보기:** 87세대를 거쳐 문장 찾기를 완료함.

```
Generation: 124
String: I love AOEducation
Fitness: 1
Generation: 125
String: I love AOEducation
Fitness: 1
Generation: 126
String: I love AIEducation
Fitness: 0
```

▲ 실행 결과

활동 5 문장 맞추기 코드 확장하기

- 코드의 일부 내용을 변경해 프로그램의 기능을 확장함.
- 맞추고자 하는 문장을 길게 작성하기(예 Miyoung who is a Korean girl has a pretty dog.)
- 제대로 작성하는지 확인하고 한글 문장으로도 실험해보기

활동 6 프로젝트 활동을 통한 일반화

- 유전 알고리즘을 적용해 해결할 수 있는 문제 이야기 나누기
- 진로 탐색하기

유전 알고리즘

유전 알고리즘(Genetic Algorithm)은 자연 세계의 진화 과정을 바탕으로 한 계산 모델이자, 1975년에 존 홀랜드(John Holland)에 의해 개발된 전역 최적화 기법으로, 최적화 문제를 해결하는 기법 중 하나이다. 생물의 진화를 모방한 진화 연산의 대표적인 기법으로, 실제 진화의 과정에서 많은 부분을 가져왔으며, 변이(돌연변이), 교배 연산 등이 존재한다.

유전 알고리즘은 풀고자 하는 문제에 대한 답들을 정해진 형태의 자료 구조로 표현한 후, 이들을 점차 변형함으로써 점점 더 좋은 답을 만들어낸다. 여기에서 답을 나타내는 자료 구조는 유전자, 이들을 변형함으로써 점점 더 좋은 해를 만들어 내는 과정은 '진화'로 표현할 수 있다.

달리 표현하면, 유전 알고리즘은 어떤 미지의 함수 $Y = f(x)$를 최적화하는 해 x를 찾기 위해 진화를 모방한(Simulated Evolution) 탐색 알고리즘이라 할 수 있다.

유전 알고리즘은 특정한 문제를 풀기 위한 알고리즘이라기보다 문제를 풀기 위한 접근 방법에 가까우며 유전 알고리즘에서 사용할 수 있는 형식으로 바꿔 표현할 수 있는 모든 문제에 적용할 수 있다. 일반적으로 문제가 계산 불가능할 정도로 지나치게 복잡할 경우 유전 알고리즘을 통해, 실제 최적해를 구하지는 못하더라도 최적해에 가까운 답을 얻기 위한 방안으로써 접근할 수 있다. 이 경우 해당 문제를 푸는 데 최적화돼 있는 알고리즘보다 좋은 성능을 보여주지는 못하지만 대부분 받아들일 수 있는 수준의 답을 보여줄 수 있다.

이러한 생물의 진화 과정, 즉 자연 선택과 유전 법칙 등을 모방한 알고리즘들로 진화 전략(Evolutionary Strategies), 유전 프로그래밍(Genetic Programming) 등 여러 형태의 이론과 기법들이 최근에 활발히 연구되고 있다. 유전 알고리즘은 이 중에서 가장 대표적인 알고리즘으로, 자연 과학/공학 및 인문 사회 과학 분야에서 비선형 또는 계산 불가능한 복잡한 문제를 해결하는 데 널리 응용되고 있다(출처: 위키피디아, 유전 알고리즘).

2.4 AI 텐저블 컴퓨팅 수업 1: AI 엣지 컴퓨팅

AI 텐저블 컴퓨팅 수업은 AI를 추상적으로 이해하기보다 손으로 직접 만져보며 AI를 구현하고 그에 따른 응용 서비스를 만들어보는 체험과 실습을 하는 것이다. 이러한 수업은 실습을 전제로 하며 학습자들이 직접 만지고 조작하고 메이킹하는 과정을 통해 AI의 기술과 활용 역량을 신장시킨다.

IoT, 센서 등으로부터 자동으로 데이터를 수집해 제공하는 측면의 실습보다는 다양한 형태의 수집된 데이터를 가공, 분석, 생성, 표현, 평가하는 과정을 손으로 체득할 수 있게 한다. 그리고 AI의 기능이 발현될 수 있도록 알고리즘을 구현해 기계에 임베디드시키는 실습을 한다. 또한 실생활에서 AI 서비스로 문제를 해결하게 활용하고 융합시키는 실습을 경험하도록 하기 위해 기존 SW 교육의 피지컬 컴퓨팅에서 보다 능동적인 텐저블 AI 컴퓨팅 수업을 강조한다.

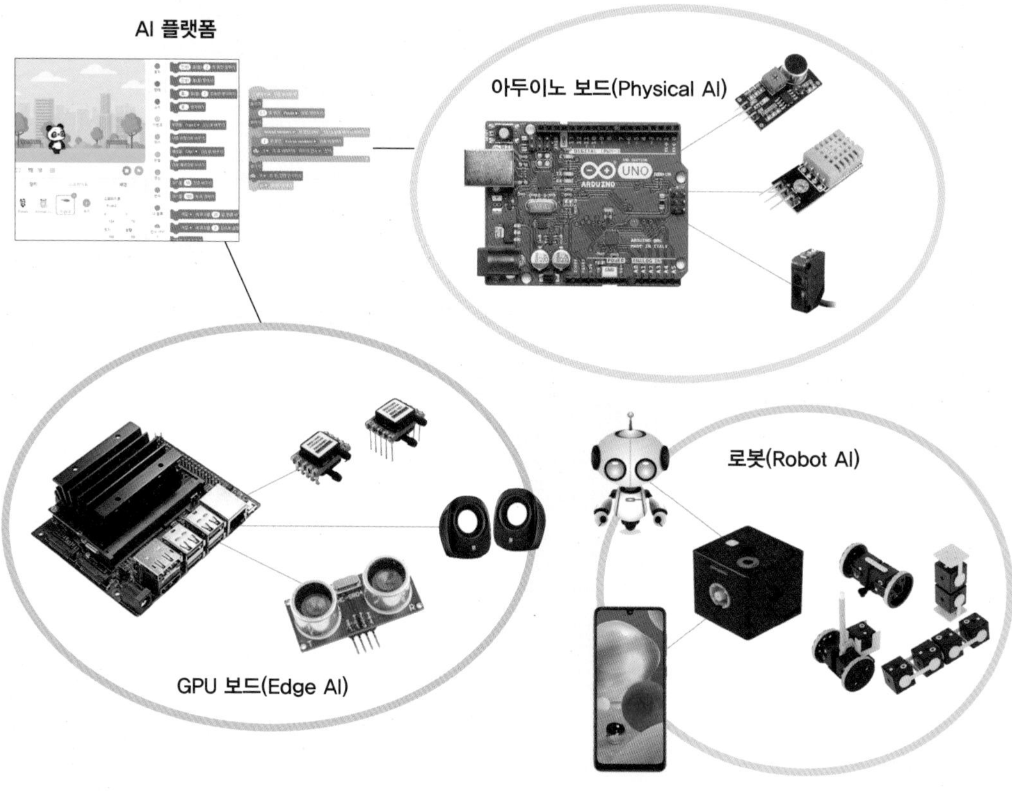

▲ AI 컴퓨팅 보드

AI 엣지 컴퓨팅에서 활용할 수 있는 도구의 유형은 다음 표와 같다.

▼ AI 엣지 컴퓨팅에서의 활용 도구 유형

유형	사례
완제품형	로봇, 완성형 피지컬 컴퓨팅 기기
PC형	노트북, 스마트폰 연결
엣지 컴퓨팅형	GPU 서버
피지컬 컴퓨팅	피지컬 모듈, 하드웨어 I/O 모듈
싱글 컴퓨터 보드형	아두이노, 마이크로비트, 라즈베리파이, 젯슨 나노
IoT형	센서 기반 데이터 수집기

AI 엣지 컴퓨팅 수업의 단계는 다음과 같다.

▼ AI 엣지 컴퓨팅 수업의 단계

단계		내용
AI 문제 이해하기	문제 살펴보기	**실생활에서의 문제 상황 제시** • 생활에서의 문제 상황 인식하기 • 문제를 확인하고 해결할 수 있는 방법 탐색하기
AI 설계하기	알고리즘 설계	**AI 알고리즘 탐색과 설계** • 문제에 적합한 AI 알고리즘을 비교하고 선택하기 • 필요한 데이터 수집 및 가공하기 • AI 알고리즘 설계하기
AI 개발 및 구현하기	알고리즘 개발	**AI 알고리즘 개발** • 문제해결에 필요한 알고리즘 구현하기 • 데이터로 학습 모델링하기 • 출력 확인하기
	엣지 컴퓨팅 구현	**AI 컴퓨팅 환경 구현** • 엣지 컴퓨팅 시스템 구현하기 • 학습 모델을 피지컬 환경에 적용하기
AI 적용 및 테스트	엣지 컴퓨팅 적용	**엣지 컴퓨팅 적용** • 테스트를 통해 나타난 문제점 분석하기 • 디버깅 및 시스템 보완 과정을 반복하기
AI 일반화	알고리즘 일반화	**문제 활용** • 다른 문제에 적용해 문제해결하기 • 일상생활의 문제 사례와 활용 방안 찾기

젯슨 나노를 활용해 엣지단에서 AI 모듈 개발

▲ 젯슨 나노(Jetson NANO)

엔비디아(NVIDA)가 2019년에 개발한 싱글보드 컴퓨터 '젯슨 나노(Jetson NANO)'는 아두이노, 라즈베리파이, 마이크로비트, 라떼판다와 같은 오픈 소스 하드웨어이다. 소프트웨어는 라즈베리파이와 비슷하게 우분투 리눅스를 기반으로 구성됐다. 차이점은 AI 연산에 고성능 GPU가 포함돼 AI 기반의 프로젝트용 메인보드로 많이 사용한다는 것이다. 확장성을 위해 USB 3.0, 카메라, 디스플레이, mSATA, SD 카드 슬롯, GPIO 40핀 단자를 포함하고 있고 Wi-Fi와 블루투스는 별도의 모듈을 부착하면 확장 가능하다.

그래픽 연산 처리를 위한 GPU가 있어 AI 처리에서 가성비가 뛰어나다. 엔비디아 자체 AI 가속화 프로그램을 함께 갖고 있어 기계학습, 딥러닝 연산에 특화돼 텐서플로, 파이토치 등 여러 딥러닝 프레임워크와 잘 어울려 로봇, 자동화 기기, IoT, 스마트 도시 등 최신 AI 프로젝트 개발에 사용된다. AI 분야 중에서 카메라를 이용해 객체를 식별하고, 특정 물체 추적, 움직임 인식 등 비디오 연산을 하는 데 특화돼 있다. 젯슨 나노와 같은 GPU 기반 나노보드를 사용하면 저비용 저전력의 소형 AI 시스템을 매우 쉽게 개발할 수 있다.

	젯슨 나노	라즈베리파이 4	라떼판다 알파
크기	100×80mm	85×56mm	115×78mm
운영체제	Linux(Debian, Ubuntu)	Linux(Debian, Ubuntu)	Windows 10
CPU	4 Core ARM Cotex A57	4 Core ARM Cotex A72	Intel8th–8100Y
GPU	128 CUDA core(Maxwell)	Broadcom VideoCore Ⅳ	Intel HD Graphics 615
RAM	4GB DDR4	1~4GB	8GB DDR4
전원	10~20W	15W	36~45W

▲ 싱글보드 컴퓨터

>> AI 엣지 컴퓨팅을 활용한 AI 텐저블 컴퓨팅 수업 사례 1: 싱글 컴퓨팅 보드를 활용한 AI 프로젝트

- **학습 목표:** 자율주행자동차 개발하기
- **AI 개념:** 이미지 인식, 로봇공학
- **사용 전략:** AI 엣지 컴퓨팅 활용
- **수업 모형:** 프로젝트 학습 모형
- **활용 프로그래밍 언어:** 파이썬
- **준비물:** 컴퓨터 또는 노트북, 젯슨 나노, 아두이노, 모터, 서보모터 등

수업에 앞서

이 수업은 AI 엣지 컴퓨팅을 기반으로 한 수업으로, 파이썬과 아두이노를 사용할 줄 안다는 전제하에 실시되는 것이다. 만약, 파이썬과 아두이노를 경험해본 적이 없는 경우, 파이썬 문법과 파이썬을 이용해 아두이노를 제어해보는 수업이 선행돼야 한다.

문제 분석

- 자율주행자동차가 요구되는 상황 분석하기
- 자율주행자동차가 사람에게 도움이 되는 경우 살펴보기
- 자율주행자동차를 만들어 해결하고자 하는 목표 상황 설정하기

활동 1 자율주행자동차 설계하기

- 자율주행자동차 시스템 설계하기(하드웨어, 코딩, 시스템 개발 등 전반적인 과정 포함하기)
- 해결하고자 하는 문제 또는 개발하고자 하는 시스템 설계안에 대해 발표하기
- 독창성, 기능성, 실용성, 안전성 등의 사항에 관해 친구들과 검토해 설계안 수정 및 보완하기

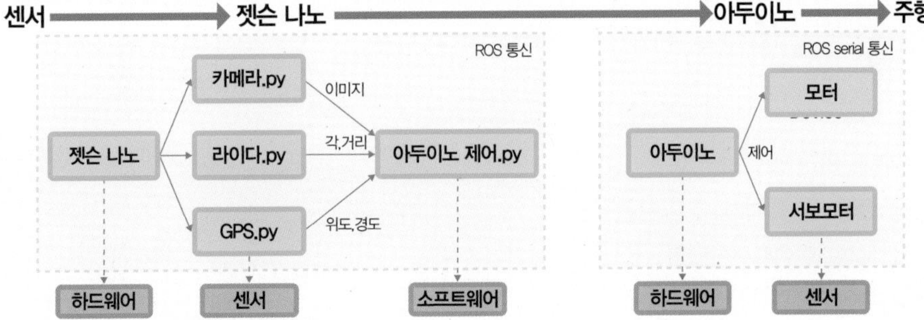

▲ 자율주행자동차 시스템 설계하기

활동 2 자율주행자동차 개발 및 구현하기

- 젯슨 나노에 아두이노 설치, ROS serial 통신으로 상호 제어하기
- 젯슨 나노에 센서 직접 연결하기
- 컨트롤러 제어 파일로 수집한 데이터 전송하기

- 수집한 데이터를 종합해 제어 메시지를 아두이노에 전송하기
- 아두이노는 주행 메시지를 바탕으로 모터 센서를 제어해 방향 및 속도 제어하기

▲ 자율주행자동차 개발 예시

활동 3 적용 및 테스트하기

- 주행 테스트를 통해 나타난 문제점 분석하기
- 디버깅 및 시스템 수정 및 보완하기(이 과정 반복하기)

활동 4 발표 및 공유하기

- 자신(모둠)이 만든 작품 발표하기
- 다른 사람의 작품의 장단점을 기록하고 서로 피드백해주기
- 개선 및 보완할 수 있는 점 논의하며 발전시키기
- 자율주행자동차가 사회에 미칠 영향에 대해 논의해보기
- 프로젝트 마무리하기

>> AI 엣지 컴퓨팅을 활용한 AI 텐저블 컴퓨팅 수업 사례 2: 방문자 마스크 판별 프로그램 만들기

- **학습 목표:** 방문자 마스크 판별 프로그램 만들기
- **AI 개념:** 이미지 인식
- **사용 전략:** AI 엣지 컴퓨팅 활용
- **수업 모형:** 직접 교수 모형
- **활용 AI:** 티처블머신 플랫폼
- **준비물:** 노트북, 웹캠(노트북이 없는 경우), 마이크로 비트, LED

수업에 앞서

머신러닝 플랫폼과 프로그래밍, 피지컬을 혼합한 형태의 수업으로, 실제 머신러닝 인식 결과를 이용해 실제 세계에 프로그램을 구현했다.

활동 1 학습 모델 만들기

- https://teachablemachine.withgoogle.com/에서 학습하기
- 이미지 인식을 통해 마스크 쓴 사진을 학습하고 텐서플로(파이썬) 모델받기

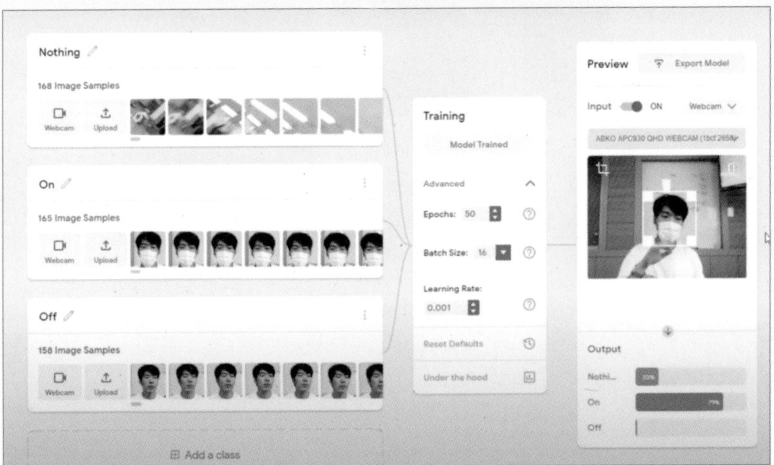

▲ 학습 모델 만들기

학습 모델 구축 과정

활동 2 마이크로비트 조립하기

- 시리얼 통신을 수신할 마이크로비트를 LED로 조립하기

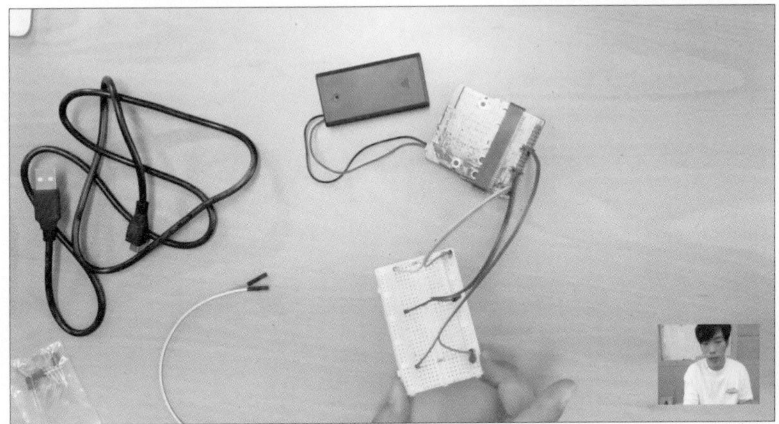

▲ 마이크로비트와 LED 연결하기

- 마이크로비트에 확장 보드를 연결한 후 0, 1, 2핀에 LED 연결하기

활동 3 마이크로비트 코딩하기

- 파이썬으로부터 받을 값을 생각해 코딩하기
- 시리얼 값을 이용해 제어하기

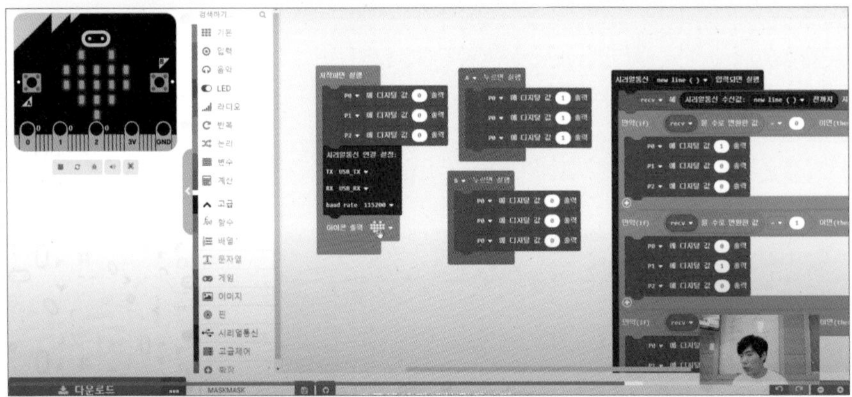

▲ 마이크로비트 코딩하기

활동 4 파이썬 코드 수정하기

- 소스를 다운로드해 나에게 맞게 수정하기
- 실행하기
- 확장을 위한 아이디어 추가하기
- 아이디어를 새로 추가해 프로그램 수정 및 보완하기

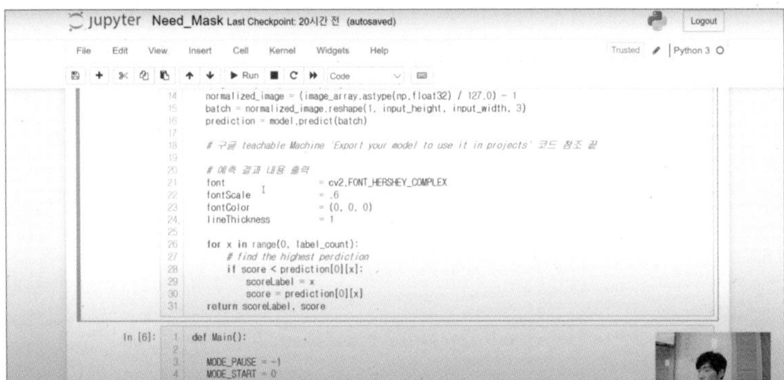

▲ 파이썬 코드 수정하기

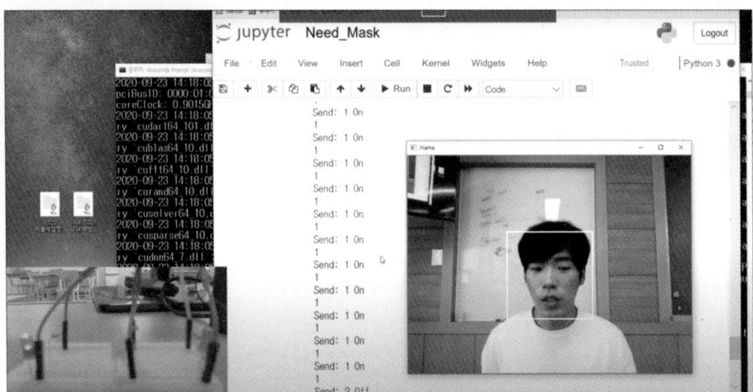

▲ 실행하기

- 같은 원리를 이용해 다양한 서비스 구상하고 만들어보기

활동 5 **프로젝트 공유하기**

- 만든 프로젝트 공유하기
- 해당 방법을 통해 만들 수 있는 AI 프로젝트 계획하기

2.5 AI 텐저블 컴퓨팅 수업 2: AI 메이커 활동

AI 메이커 활동을 통한 AI 텐저블 컴퓨팅 수업은 입력받는 형태에 따라 데이터와 지식 기반의 AI 수업으로 구성할 수 있다.

- **데이터 과학의 활용 단계**
  - 실생활의 자료 또는 공개된 오픈 데이터를 수집, 저장, 가공(수정, 정렬), 분석, 생성, 표현, 평가하기
  - AI 기계학습 시키기: 이해 교육의 내용에서 기계학습, 딥러닝, 자연어 처리 알고리즘 사용하기
  - 학습 결과의 처리: 학습된 결과를 시각화, 청각화, 물리적 출력하기 위한 코딩을 구현하고 서비스를 위해 인터랙션이 가능한 인터페이스 구성하기

    선택 기존 피지컬 컴퓨팅, 로보틱스, IoT를 활용해 수업 확장하기

- **지식공학의 활용**
  - 지식의 수집, 저장, 가공(수정, 정렬), 분석, 생성, 표현, 평가
  - AI 생성 시스템 처리하기: 이해 교육의 내용에서 지식 표현과 추론, 전문가 시스템, 자연어 처리 등의 알고리즘 사용하기
  - 학습 결과의 처리: 학습된 결과를 시각화, 청각화, 물리적 출력하기 위한 코딩을 구현하고 서비스를 위해 인터랙션이 가능한 인터페이스 구성하기

    선택 기존 피지컬 컴퓨팅, 로보틱스, IoT를 활용해 수업 확장하기

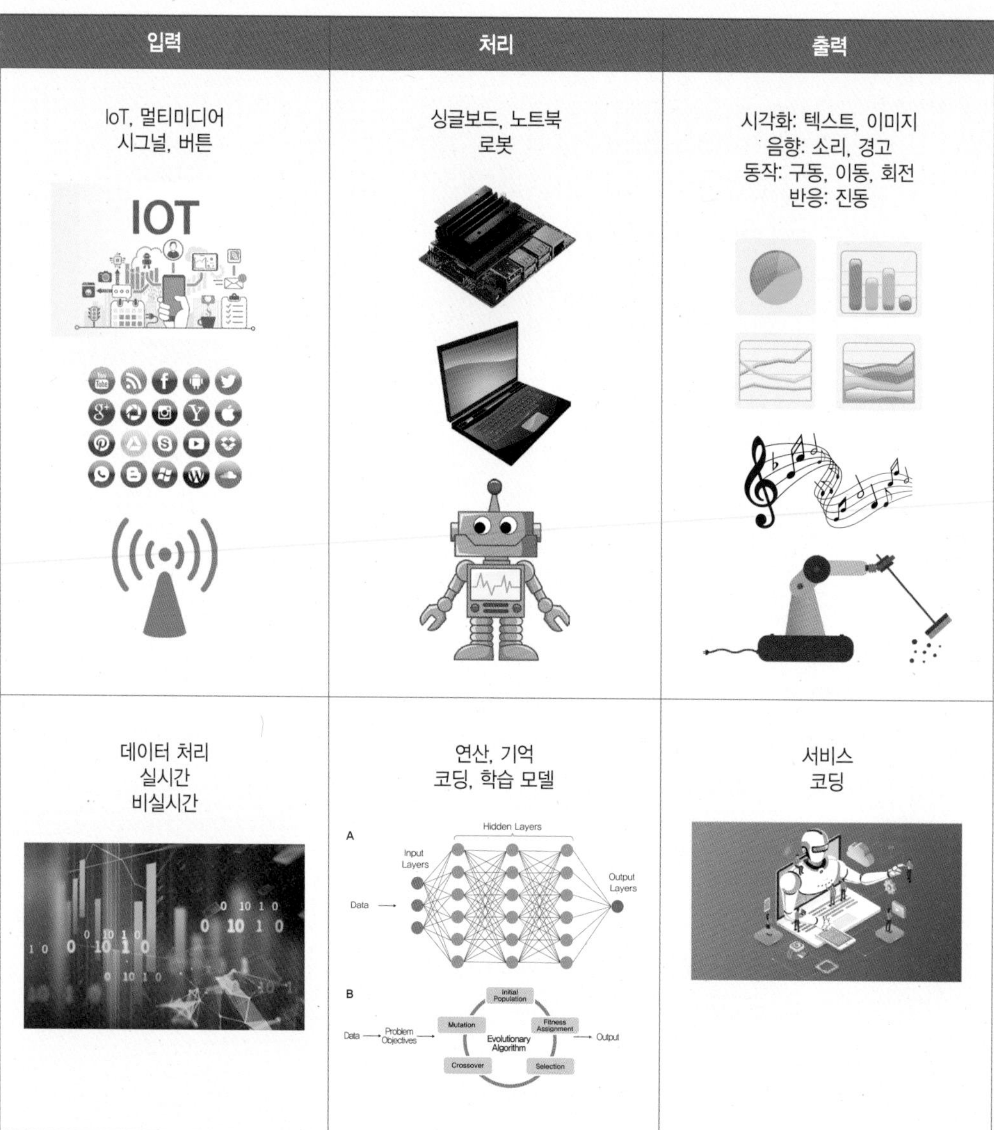

입력	처리	출력
IoT, 멀티미디어 시그널, 버튼	싱글보드, 노트북 로봇	시각화: 텍스트, 이미지 음향: 소리, 경고 동작: 구동, 이동, 회전 반응: 진동
데이터 처리 실시간 비실시간	연산, 기억 코딩, 학습 모델	서비스 코딩

▲ 기존 소프트웨어와 인공지능의 차이

>> AI 메이커 활동을 통한 AI 텐저블 컴퓨팅 수업 사례 1: 에스컬레이터의 고장을 해결하라!

- **학습 목표:** 소리로 감지하는 장비 관리 시스템 만들기
- **AI 개념:** 데이터 과학, 지식공학
- **사용 전략:** AI 메이커 활용
- **수업 모형:** 문제해결 학습 모형
- **활용 프로그래밍 언어:** 파이썬
- **준비물:** 컴퓨터 또는 노트북, 에스컬레이터 모형

수업에 앞서

이 수업은 실제 산업 현장에서 일어날 수 있는 문제 상황을 제기하고 이러한 문제를 AI를 활용해 해결하는 방안을 모색해보는 것이다. 산업 연계형 융합 수업으로, 수업에서는 실제 상황을 작은 모듈로 구성해 시뮬레이션해보는 형태로 진행해볼 수 있다.

활동 1 문제 상황 인식하기

OO 지역에 새로 설치한 에스컬레이터의 고장이 잦다. 에스컬레이터가 고장 나서 계단이 부러지면 고치기 어렵고 수리 비용이 비싸다. 그 지역 전체의 에스컬레이터가 고장 나기 전에 수리 기사를 계속 보내 자주 점검하면 좋겠지만 다른 작업에 들어가야 하는 인력을 고장 나지도 않은 지하철역에 보내는 일은 인건비도 많이 들고 회사에서는 인력이 부족한 상황까지 처하게 돼 매우 힘들다. 에스컬레이터가 고장 나기 전에 사람이 아닌 기계로 고장을 파악할 수 있는 방법은 없을까?

- **에스컬레이터가 고장 나는 다양한 문제 상황 생각해보기**
- **문제를 해결할 수 있는 다양한 아이디어 떠올려보기**
- **AI의 필요성 살펴보기**(사람이 아닌 AI를 활용하면 사람의 24시간 감시 등이 필요하지 않음)

활동 2 AI를 이용한 프로그램 만들기

- **AI로 문제를 해결할 수 있는 방안 논의하기**(이 활동을 위해서는 AI의 특징을 가장 잘 파악하고 있어야 함. 단순한 소프트웨어를 개발하는 것과는 차이를 둬야 함)
- **시스템 설계하기**(Device, Gateway, Server로 구성)

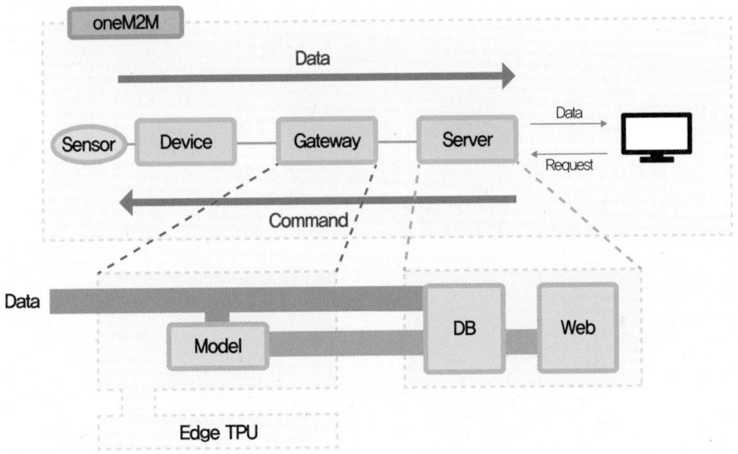

▲ 시스템 구조
(출처: 이세훈 외(2020). 머신러닝을 활용한 엣지 컴퓨팅 기반 에스컬레이터 이상 감지 및 결함 분류 시스템. 한국컴퓨터정보학회, 28(2))

- **소리로 이상 현상을 감지하는 AI 프로그램 구축하기**(기어의 마모에 따른 진동 또는 소음이 정상 상태일 때와는 다른 이상한 현상이 검출됨)

7부 | 인공지능 수업의 실제
2

• **소리 학습시키기**(정상 소리 데이터와 고장 났을 때의 소리 데이터)

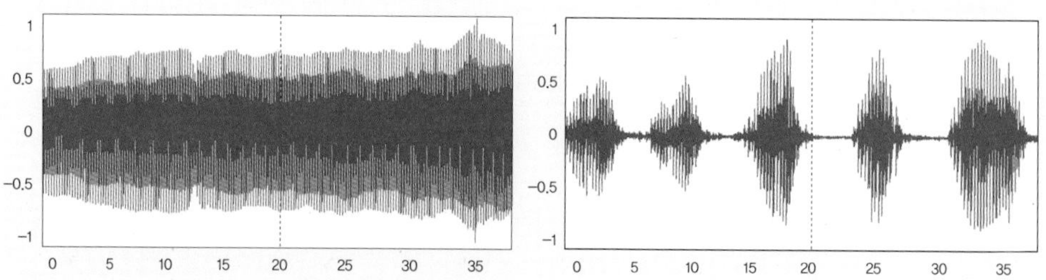

▲ 정상 소음 파형(좌)와 고장 시의 소음 파형(우)
(출처: 이세훈 외(2020). 머신러닝을 활용한 엣지 컴퓨팅 기반 에스컬레이터 이상 감지 및 결함 분류 시스템. 한국컴퓨터정보학회, 28(2))

• **비지도학습을 이용해 학습 모델을 구축할 수 있음.**

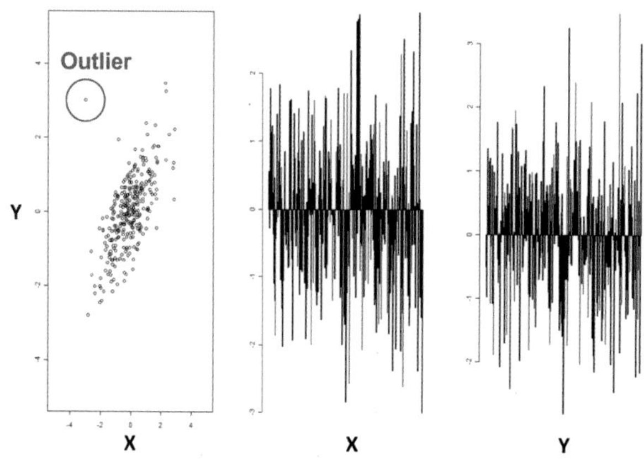

▲ 학습 모델 테스트하기

• **학습된 모델을 이용해 테스트 및 수정하기**(학습 모델 성능과 정확도 확인하기)
• **이상 현상이 감지됐을 때 고장을 알려주는 방법 생각해보기**(실제 산업 현장에서는 이러한 시스템을 사용해 고장 나기 전에 이상 현상을 예측해 경고음 또는 문자로 관리자에게 알려줌.)

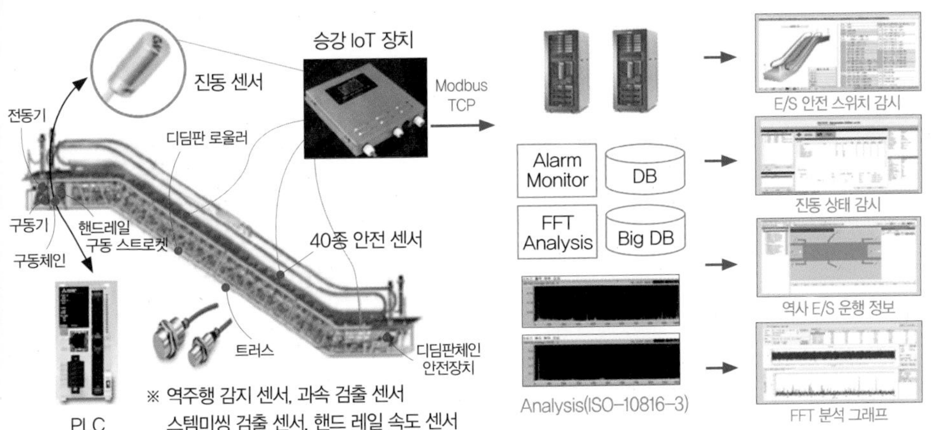

▲ 서울 지하철 IoT 기술 적용 에스컬레이터 유지 관리 과정
(출처: 서울교통공사 2018. 4. 18. '서울지하철, IoT 기술로 에스컬레이터 고장 수리 시간 34% 단축' 보도 자료, https://m.blog.naver.com/PostView.nhn?blogId=higer31&logNo=221254970531&proxyReferer=https:%2F%2Fwww.google.com%2F))

활동 3 피지컬 AI 시스템 개발하기

• IoT 센서(소리 및 진동 감지 입력)

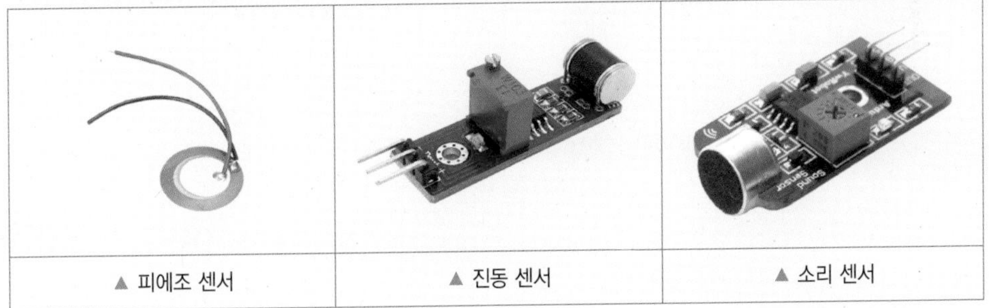

▲ 피에조 센서	▲ 진동 센서	▲ 소리 센서

▲ IoT 센서

• 컴퓨팅 및 기계학습 처리

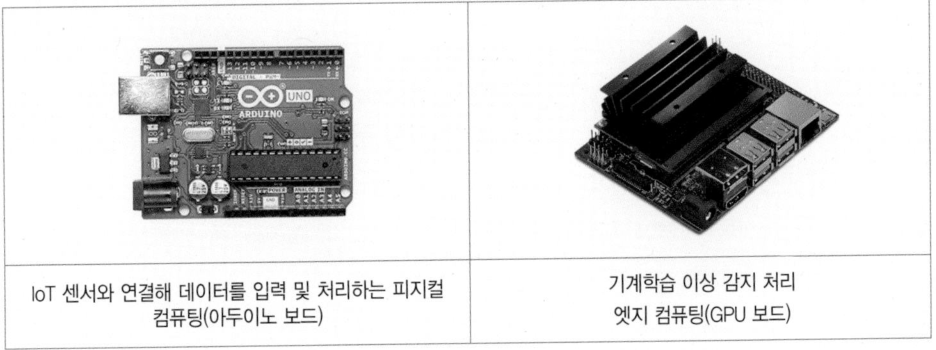

IoT 센서와 연결해 데이터를 입력 및 처리하는 피지컬 컴퓨팅(아두이노 보드)	기계학습 이상 감지 처리 엣지 컴퓨팅(GPU 보드)

▲ 컴퓨팅 보드

• **감지 결과 출력**

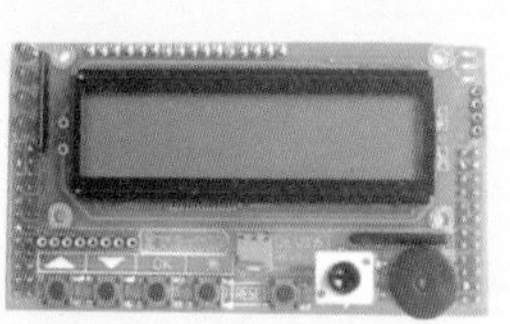	
▲ 시각화(LCD 판넬)	▲ 기계학습 이상 감지 처리 엣지 컴퓨팅(GPU 보드)

▲ 출력 장치

활동 4 발표 및 공유하기

• **만든 프로젝트 공유하기**
  – 확장을 위한 아이디어 추가하기
  – 아이디어를 새로 추가해 프로그램 수정 및 보완하기
  – 다른 문제를 해결할 수 있는 사례 생각해보기
  (출처: 이세훈 외(2020). 머신러닝을 활용한 엣지 컴퓨팅 기반 에스컬레이터 이상 감지 및 결함 분류 시스템. 한국컴퓨터정보학회, 28(2))

메이커 교육

'Maker'라는 단어의 의미를 보면 혁신과 창조를 위한 창의성과 혁신을 담고 있다. 실제로 다른 것을 창조하는 의미뿐 아니라 실천하는 의미도 담고 있다. 아이디어가 단지 머릿속에 머물 수 있는 것이 아니라 실제로 프로토타입을 만드는 것이 주요 활동이다. 만들면서 자신의 아이디어를 실천하고 그 가치를 창출하는 것이다. 산출된 프로토타입의 공유 경험은 더 많은 사회적 가치와 재미를 창출한다. 예를 들어, 메이커 교육에서는 먼저 아이들에게 다양한 도구와 소프트웨어를 사용하는 방법을 배우도록 가르친다. 3D로 인쇄하는 방법을 배우기 위해 3차원 개념을 학습한 후 소프트웨어 모델링, 3D 프린터에 대한 이해, 기본 기술의 숙달을 익히고 학습자 활동을 장려하며 생활의 문제를 찾도록 한다. 주변의 작은 문제를 해결하고 결과를 직접 만들어보고 공유하면서 학습자의 지식이 되도록 한다. 학습자들이 진정으로 능동적 탐구를 시작하면 메이커 교육의 가치도 극대화된다. 메이커 교육은 다음과 같은 조건을 갖추고 있어야 한다.

• DIY(Do It Yourself) 운동
• STEM 및 STEAM 교육에 집중
• 정보 접근 및 풍부한 정보의 활용

- 저렴한 메이커 기술
- 크라우드 소싱 및 참여 문화
- 오픈 소스와 리소스

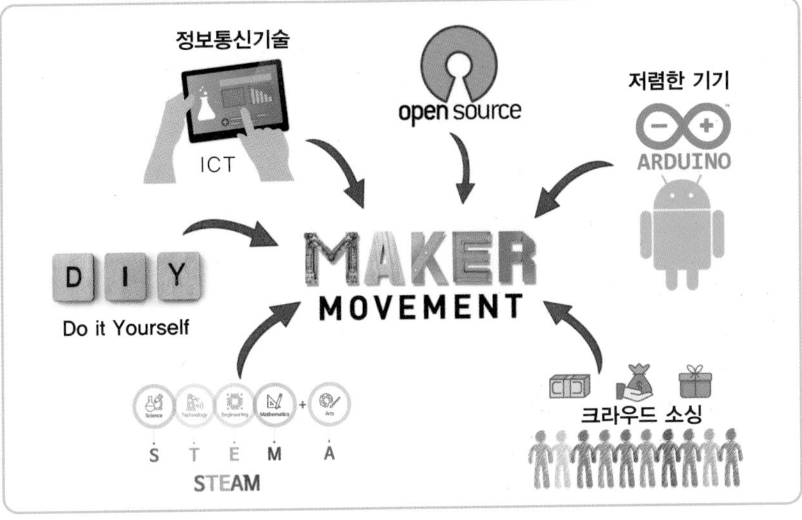

▲ 메이커 교육
(출처: 픽사베이)

2.6 AI 텐저블 컴퓨팅 수업 3: AI 로봇 활용

로봇을 활용한 텐저블 컴퓨팅 수업에서 중요한 것은 로봇이 아니라 센서를 통한 데이터의 입출력과 AI와 기계학습의 처리 그리고 액추에이터를 활용한 서비스의 과정이다.

로보틱스의 지능적 처리에서 완성된 로봇은 인터페이스의 역할에 집중한다. 기계학습된 모듈이 이미 탑재돼 있어 입출력에만 집중하면 된다. 학습자의 역할은 코딩을 중심으로 서비스를 하는데 아이디어를 제시하며 입력과 출력 부분의 처리에서 학습을 하게 된다.

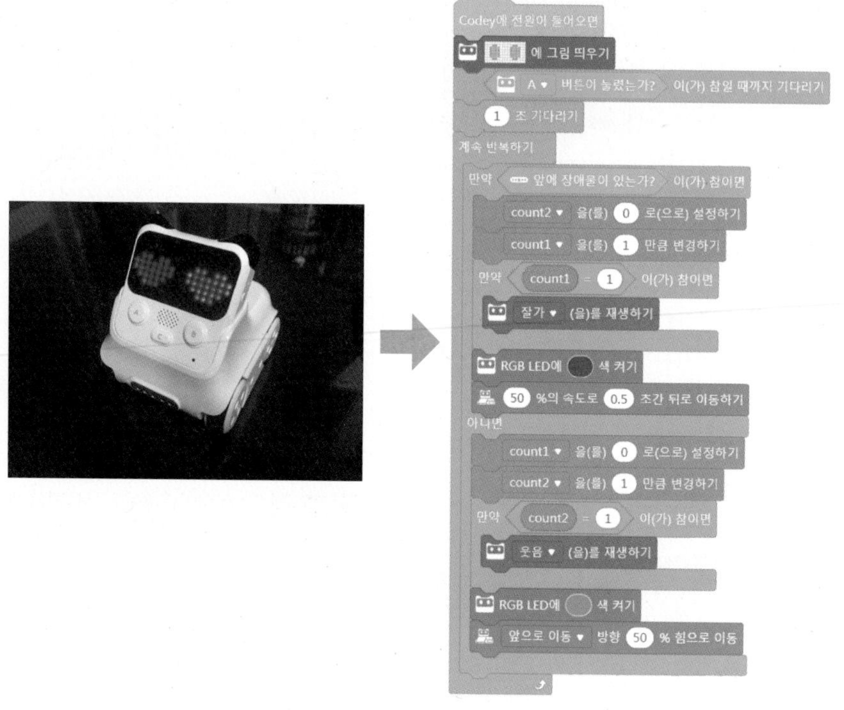

▲ 로봇 제어를 위한 코딩

▲ 로봇 코딩을 위한 사이트 예시

엠블록에서 로봇과 같은 피지컬 교구를 선택하면 블록 명령어군이 입력과 출력군으로 나뉘는 것을 볼 수 있다. 이벤트, 제어, 연산, 변수 등은 입력과 출력을 제어하는 데 사용된다. 엔트리에서도 추가 모듈을 사용해 로봇과 연동할 수 있다.

>> AI 로봇을 활용한 AI 텐저블 컴퓨팅 수업 사례 1: 로봇을 활용한 프로젝트 개발하기

- **학습 목표:** 로봇을 활용한 프로젝트 개발하기
- **AI 개념:** 기계학습, 인식
- **사용 전략:** AI 로봇 활용
- **수업 모형:** 직접 교수 모형
- **활용 프로그래밍 언어:** 블록 기반 프로그래밍 언어(엠블록)
- **준비물:** 컴퓨터 또는 노트북, 로봇(코디로키)

수업에 앞서

이 수업에서는 AI와 연계해 '코디로키'라는 로봇을 활용한다. 단순한 피지컬 컴퓨팅 활동을 벗어나 AI의 기능이 연계된 활동으로 엠블록에 있는 인식 서비스(이미지 인식, 소리 인식, 감정 인식 등)와 기계학습 등을 활용할 수 있다. 이러한 활동을 통해 AI가 필요한 문제 상황을 인식하고 이를 이용해 문제해결 능력을 기를 수 있게 될 것이다(코디로키는 인터페이스로만 활용하기 때문에 로봇 자체에서 AI를 처리하는 과정은 없다. 그래서 피지컬 컴퓨팅 활동과 구분이 어려울 수 있지만 PC의 CPU를 통해 AI 모듈을 구축해 코디로키와 연결해 활용할 수 있으므로 이 부분에 집중해 수업을 구성하면 된다). 초등학교에서 쉽게 활용할 수 있으며 중학교 이상은 코디로키에 아두이노나 다른 모듈을 연결해 활용하는 것이 좋다.

활동 1 로봇 살펴보기

- **엠블록과 연동해 사용할 수 있는 로봇 코디로키 기능 탐색하기**
  - 코디(Codey)는 로봇 컨트롤러, 로키(Rocky)는 로봇 섀시에 해당함.
  - PC, 휴대폰, 태블릿에서 앱을 다운로드해 사용할 수 있음.

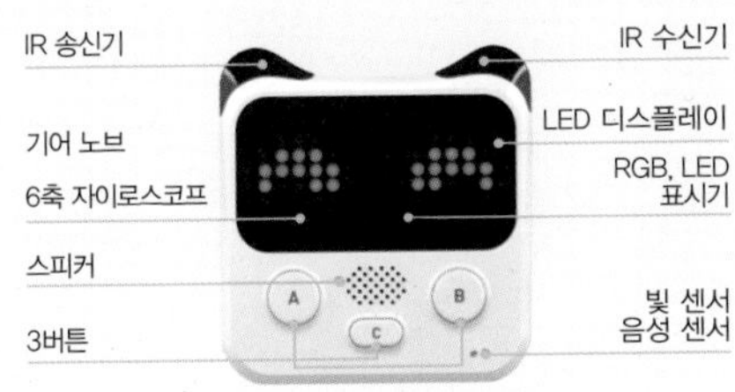

- **코디로키 연결하기**(USB 케이블을 이용해 코디와 컴퓨터를 연결함 → 코디 전원 켜기 → 팝업 '장치 연결' 창에서 [Connect] 클릭)

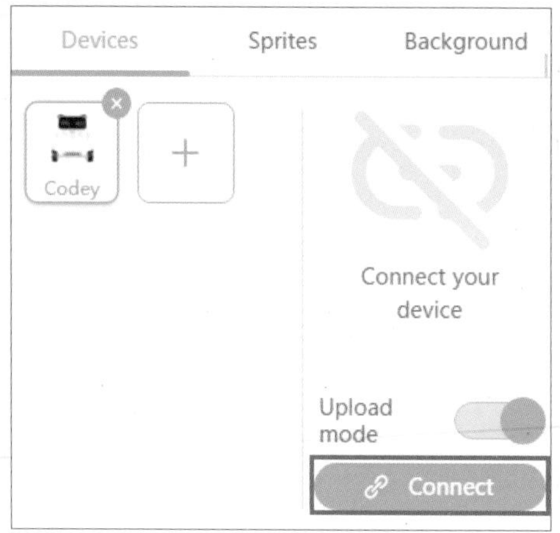

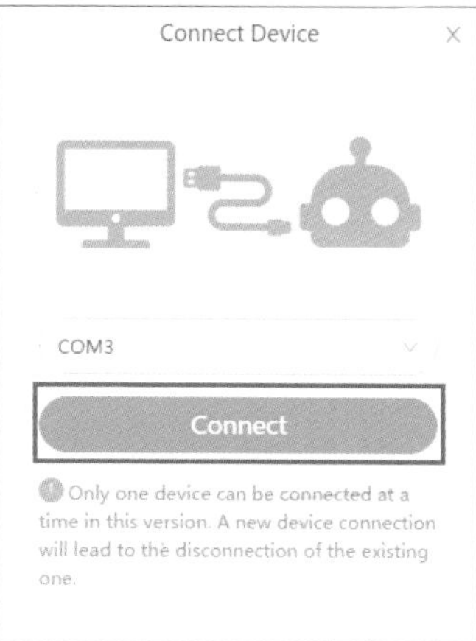

▲ 코디로키와 PC 연결하기

- **간단한 블록 코딩으로 코디로키 제어해보기**(코딩하고 [업로드]를 클릭해 코디에 업로드하기)

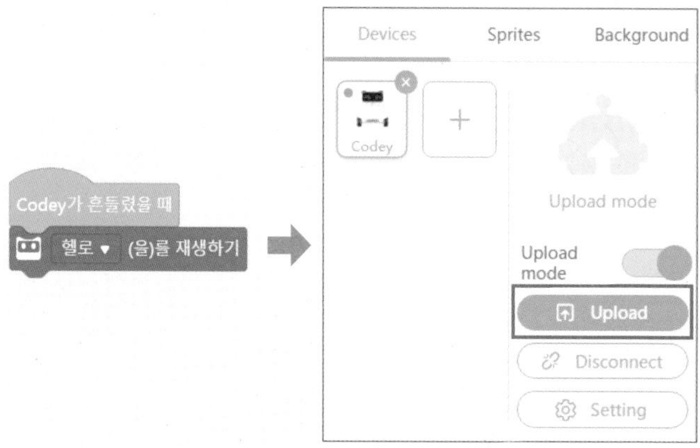

▲ 코디가 흔들릴 때 '안녕' 소리내기

- **다양한 프로그램으로 코디로키 실행해보기**(LED 바꾸기, 소리내기, 색상 식별하기, 장애물 피하기 등)

활동 2 AI와 로봇을 이용한 프로젝트 만들기

- **AI와 로봇을 활용한 프로젝트 구상하기**(인식 서비스, 기계학습 모듈 활용)
- **프로젝트 설계하기**
- **코딩하기, 로봇 연결하기, 로봇 제어하기**

예시 프로그램 코디 문지기

• 기계학습을 통해 입장이 가능한 사람의 얼굴을 학습시키고 모델 만들기

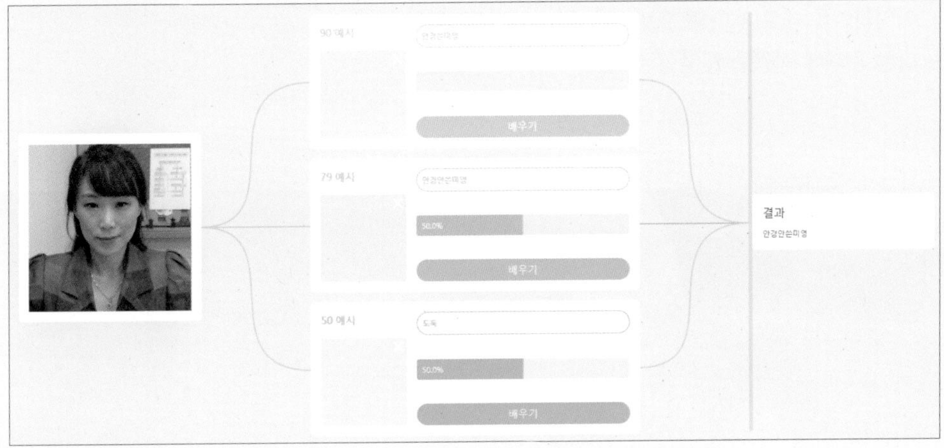

▲ 학습 모델 만들기

• 인식 결과에 따라 코디를 움직여 문을 열어주는 프로그램 만들기

```
이 스프라이트를 클릭했을 때
  승인 횟수 ▾ 을(를) 3 로(으로) 설정하기
  계속 반복하기
    만약 < 인식 결과는 안경안쓴미영 ▾ 입니까? > 이(가) 참이면
      안녕하세요. 어서 오세요 을(를) 말하기
      recording0319101158 ▾ 소리의 재생을 시작하기
      승인 성공 ▾ 을(를) 보내기
    만약 < 인식 결과는 안경쓴미영 ▾ 입니까? > 이(가) 참이면
      안녕하세요. 어서 오세요 을(를) 말하기
      recording0319101158 ▾ 소리의 재생을 시작하기
      승인 성공 ▾ 을(를) 보내기
    만약 < 인식 결과는 도둑 ▾ 입니까? > 이(가) 참이면
      죄송합니다. 들어오실 수 없습니다. 을(를) 말하기
      recording0319101405 ▾ 소리의 재생을 시작하기
      승인 실패 ▾ 을(를) 보내기
```

```
승인 실패 ▾ 을(를) 받았을 때
  승인 횟수 ▾ 을(를) -1 만큼 변경하기
  만약 < 승인 횟수 = 0 또는 승인 횟수 < 0 > 이(가) 참이면
    얼굴인식 3회이상. 수동인증을 해주세요. 을(를) 말하기
    recording0319104027 ▾ 소리의 재생을 시작하기
    정지하기 모두 ▾
  아니면
    만약 < 인식 결과는 안경안쓴미영 ▾ 입니까? > 이(가) 참이면
      안녕하세요. 어서 오세요 을(를) 말하기
      recording0319101158 ▾ 소리의 재생을 시작하기
      승인 성공 ▾ 을(를) 보내기
    만약 < 인식 결과는 안경안쓴미영 ▾ 입니까? > 이(가) 참이면
      안녕하세요. 어서 오세요 을(를) 말하기
      recording0319101158 ▾ 소리의 재생을 시작하기
      승인 성공 ▾ 을(를) 보내기
    만약 < 인식 결과는 도둑 ▾ 입니까? > 이(가) 참이면
      죄송합니다. 들어오실 수 없습니다. 을(를) 말하기
      recording0319101405 ▾ 소리의 재생을 시작하기
      승인 실패 ▾ 을(를) 보내기
```

```
승인 성공 ▾ 을(를) 받았을 때
  앞으로 50 %의 속도로, 3 초간 이동
  헬로 ▾ (을)를 재생하기
  미소
```

```
승인 실패 ▾ 을(를) 받았을 때
  오른쪽으로 50 %의 속도로, 3 초간 돌기
  잘가 ▾ (을)를 재생하기
  슬픔
```

▲ 프로그램 예시 프로젝트

활동 3 발표 및 공유하기

- 각자(또는 팀) 만든 프로젝트 발표 및 공유하기
- 확장을 위한 아이디어 추가하기
- 아이디어를 새로 추가해 프로그램 수정 및 보완하기
- 다른 문제에 적용해 해결할 수 있는 사례 생각해보기

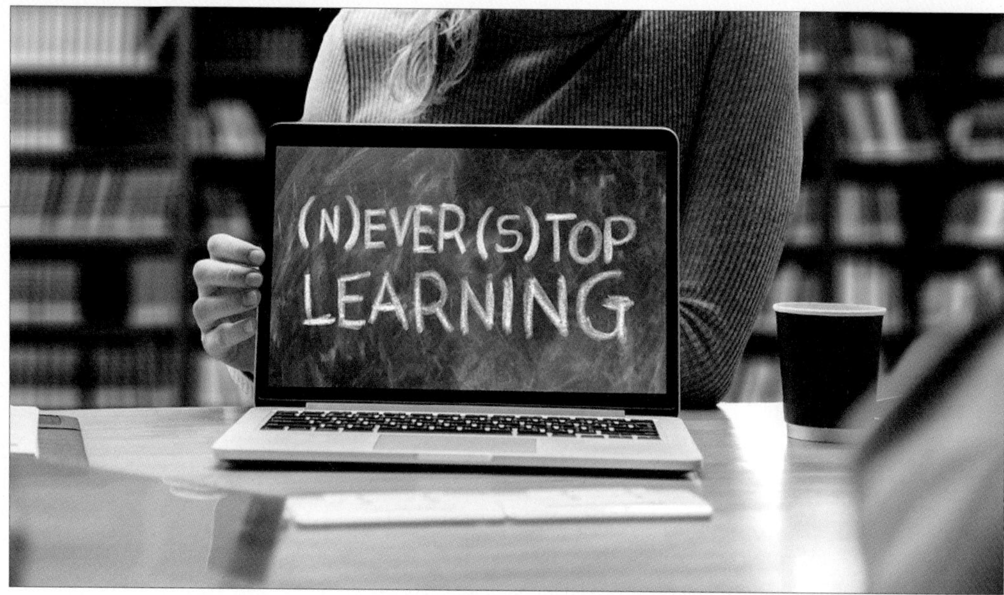

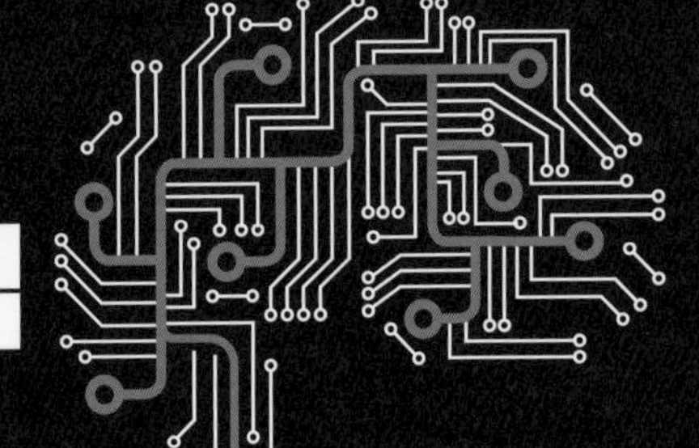

3. AI 태도 중심 수업

태도를 직역하면 '마음의 모양'이다. 사람의 행동에 대한 마음가짐을 표현하며 경험을 통해 형성된다. 사람의 마음가짐이기 때문에 변화할 수 있으며 인간은 세상에 대해 생각하는 마음이 다르기 때문에 태도가 사람마다 달라질 수 있다. 인공지능에 대한 태도는 인공지능에 대한 마음가짐으로 보여지는 모습이기 때문에 태도와 가치 그리고 관점을 세세하게 살펴보면 그 사람이 인공지능을 대하는 마음을 알 수 있다.

AI 태도 중심의 수업은 사회적 영향과 윤리적 이슈를 다루며 AI 사회에서 살아가기 위한 가치를 함양하기 위한 것이다. 수업의 유형은 사회적 영향을 다루는 사회 문제 수업과 윤리적 이슈를 다루는 기술 연계 수업, 윤리 중심 수업으로 나눠 살펴볼 수 있다.

▼ AI 태도 향상을 위한 수업 유형

영역	분류 기준	수업 유형	세부 분류	활용 도구 예시
태도	가치 함양 (관점)	기술 연계 수업	AI 가치와 이슈	공평한 AI, 책임 있는 AI, 설명 가능 AI 등
		사회 문제 수업	사회적 영향	직업 – 협업, 공포심 해결, 개인정보와 사생활
		윤리 중심 수업	인간적 가치 이슈	착한 AI 인간 중심 AI

3.1 AI 태도 중심 수업 1: 기술 중심 수업

공평한 AI(데이터 편향성), 책임 있는 AI(책임 있는 알고리즘), 설명 가능 AI와 같은 AI의 가치와 관련된 주제는 전통적인 윤리 수업 접근 방법보다 기술의 탐구 그리고 실습을 함께 이해하며 접근한다. 기술 중심의 수업은 기존 지식 중심 수업이나 기능 중심의 수업과 연계해 적용할 수 있다. 굳이 따로 수업을 적용한다면 기술적 이해와 윤리적 이슈가 통합된 형태로 진행하는 것이 효과적이다.

과정	세부 단계	내용
문제 상황	인간적 필요성	실생활에서의 문제
	기술적 필요성	AI 기술의 문제와 한계
AI 기술 이해	AI 기술 이론 탐색	AI 알고리즘 살펴보기
	인간적 상황 탐색	인간의 입장에서 AI 기술 살펴보기
	기술의 실습	설계, 개발, 구현, 시뮬레이션
문제해결	해결 및 적용	인간의 입장과 AI 기술의 접목을 통한 문제해결 방법을 찾고 적용
일반화	평가와 피드백	실제 현실 세계에서의 적용 사례

기술 중심의 AI 윤리 교육에 사용되는 데이터는 다음과 같은 유형의 데이터를 수집해 적용하면 좋다. 이러한 데이터는 앞서 살펴봤던 AI 실습 수업을 통해 윤리 교육과 연계해 적용할 수 있다.

- 인간이 만들어낸 로우 데이터를 가공 없이 사용하기
- 자연스럽게 인간의 편견이 있는 데이터 사용하기
- 인간이 의도적으로 편견을 넣은 데이터를 사용하기
- 전처리 과정에서 의도적으로 데이터를 긍정적, 부정적으로 조작하기
- 개발자가 프로그래밍의 과정에서 편견이 포함된 알고리즘을 구현해 적용하기
- AI 수업에 활용 시 의도적으로 나쁘게 사용하기: 무인 자율 택배 드론 등을 위해 도구로 활용하거나 개인 사생활 침해 등의 역할극에 사용하기

>> AI 기술 중심 수업 사례: 의사결정 트리를 활용한 설명 가능 AI

- **학습 목표:** 설명 가능 AI 구현하기
- **AI 개념:** 딥러닝
- **사용 전략:** 글래스박스 전략
- **수업 모형:** 문제해결 학습 모형
- **활용 프로그래밍:** WEKA
- **준비물:** 컴퓨터 또는 노트북

수업에 앞서

이 수업에서는 설명 가능 AI의 필요성을 느끼고 설명 가능한 AI를 직접 구현해보면서 AI의 산출 결과에 대한 정당한 판단을 내리는 과정을 경험해보도록 구성한 수업이다. 실제 딥러닝에서

일어나는 블랙박스의 과정을 글래스박스로 만들어 출력 결과에 대한 설명을 받는 프로그램을 만드는 것은 매우 어려운 일이므로 교육에서는 간단히 의사결정 트리로 출력 결과에 대한 근거를 살펴본다.

활동 1 문제 상황 인식하기

#1. 이력서를 자동으로 심사하는 시스템을 사용하고 있는 회사. 백인과 흑인이 이름만 다르고 조건이 같게 작성된 이력서를 제출했는데, 백인 이름을 사용한 이력서가 흑인 이름의 이력서보다 50% 높았다.

#2. 전자 의료 기록, 뇌 영상 이미지, 생체 데이터를 이용해 AI는 ㅇㅇ씨의 병을 '췌장암'이라고 진단했다.

#3. OOO의 범죄에 대해 AI는 징역 10년형을 선고했다.

#4. OO금융회사에서 AI는 OO씨의 신용도를 아주 낮게 측정해 대출 불가로 설정했다.

- **위 상황에서의 문제점 살펴보기**(알고리즘의 조작 가능성, 의사결정의 편향성 등)
- **위 상황에서의 AI가 갖춰야 할 점 생각해보기**
- **설명 가능한 AI의 필요성 인식하기**
- **왜 기존 AI는 설명하지 못하는지를 이해하기:** 블랙박스, 결정의 복잡도, 인간이 AI 기계를 이해하기 어려운 수준임(왜 그렇게 추론 학습이 되는지 모르고 최적화된 결과만을 사용하는 형태임)
- **사람들은 어떻게 그 결과를 설명하는지 이해하기, 발견하기, 사례 찾기**(예 특징을 본다. 증거(패턴, 사건, 시공간 데이터)를 찾는다. 근거를 우선순위로 말한다 등)

활동 2 설명 가능한 AI 이해하기

- **설명 가능 AI 이해하기**(설명 가능 AI는 고양이로 판단한 근거로 털, 수염이 존재하고 갖고 있는 모양을 제시하며 95%의 확률로 고양이라고 판단했다)

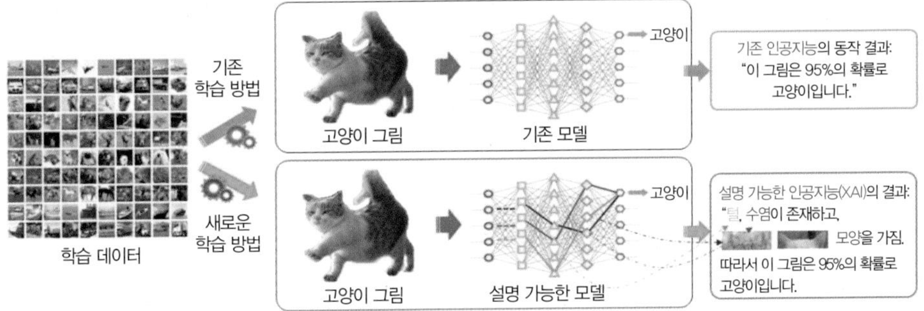

▲ 기존 AI와 설명 가능한 AI 비교
(출처: DARPA, Explainable Artificial Intelligence(XAI) DARPA-BAA-16-53, 2016. 8. 10.)

- **왜 개인지 설명하게 하기**
- **고양이 또는 돼지와 차이가 나는 특징 부분을 표시하게 하기**

▲ 개의 이미지에서 표시된 특징

인공지능 개발자 • 애플리케이션을 개발하는 주체 • 개발 중인 인공지능 모델의 디버깅을 목표 • Traceability – did the thing right • 설명성(explainablility)/해석성(interpreablility) 사용 예 상대적 속성 전파(Relative Attributing Propagation), 희소 특징 추출(Sparse Feature Extraction)	**인공지능 이론가** • 고급 AI 이론 연구 주체 • 인공지능 이론 분석 및 복장 공간의 해석이 목표 • 해석성(interpreability) 사용 예 커널 분할(Kernel decomposition), 특징의 불확실성 계산(Feature Uncertainty analysis)
인공지능 윤리/법률 • 인공지능의 공정성 및 투명성 확보가 목표 • Assurance – does the right thing • 알기쉬움(intelligibility), 읽기 쉬움(legibility) 사용 예 EU의 일반 개인정보보호법, 의료 정보 DB	**인공지능 사용자** • 인공지능 시스템 사용자 • 인공지능 산출물에 영향을 받는 사람 • Justification – did not right thing 예 의료, 금융 자동 보고서 시스템, 인과관계 추출

▲ 설명 가능 AI의 이해관계 그룹별 설명 가능 AI에 대한 필요성
(출처: 최재식(2019). 설명 가능 AI 연구 동향. 정보과학회지 37(7), 8~14.)

활동 3 의사결정 트리로 설명 가능 AI 실습해보기

- **WEKA 의사결정 트리 예시 자료 살펴보기**(WEKA를 이용한 의사결정 트리 이해하기 수업안 참고)
(※ WEKA에서 사용한 데이터는 날씨에 따라 play 여부를 기록한 데이터이다.)

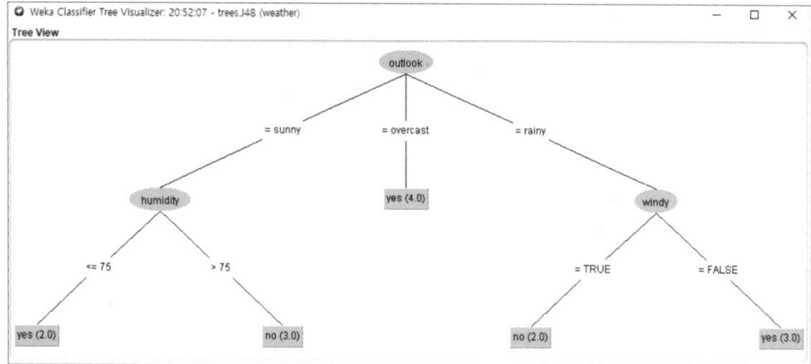

▲ WEKA 의사결정 트리

- 만약 밖에 나가 놀지 말라는 출력 결과가 나왔다면 그러한 판단의 근거는 무엇일까?(날씨는 맑지만 습도가 높기 때문이다. 비가 오고 바람이 불기 때문이다. 등)
- 만약 밖에 나가 놀라는 출력 결과가 나왔다면 그러한 판단의 근거는 무엇일까?(날씨가 맑고, 습도가 낮기 때문이다. 날씨가 흐리기 때문이다. 비는 오지만 바람이 불지 않기 때문이다. 등)

(※ 실제 의사결정 트리는 사람의 판단이 개입돼 있는 데이터를 사용하기 때문에 출력의 근거를 설명하는 일이 어렵지 않다. 실제 딥러닝은 알고리즘 자체가 빅데이터를 활용해 특징을 추출하고 판단하기 때문에 그 출력 결과에 대한 오류의 가능성도 높고 신뢰도가 낮다고 볼 수 있다.)

- **설명 가능 AI의 평가 기준 세워보기**(사용자 만족도, 설명 모델 수준, 업무 수행 향상도, 신뢰성 평가, 오류 수정 수준 등)

▼ 예시: 미국방연구원의 XAI 평가 지표

항목	XAI 평가지표
사용자 만족도	• 설명이 얼마나 명확한가?(주관식) • 설명이 얼마나 유용한가?(주관식)
설명 모델 수준	• 개별 의사결정 이해도 • 전체 모델에 대한 이해도 • 장단점 평가 • '미래 행동' 예측 • '개입 방법' 예측
업무 수행 향상도	• 설명이 사용자 의사결정, 업무 수행 능력을 향상시켰는가? • 사용자의 이해도 평가를 위한 실험적 업무
신뢰성 평가	• 미래에도 사용할 만큼 신뢰하는가?
오류 수정 수준(가점)	• 인식 오류 수준 • 인식 오류를 수정하기 위한 지속적인 훈련

활동 4 설명 가능한 AI의 적용 분야 살펴보기

- **설명 가능한 AI가 필요한 이유**(AI의 공정성, 신뢰성, 정확성을 확보할 수 있음)
- **설명 가능한 AI로 얻을 수 있는 이점 논의하기**(AI 성능 향상, 통찰력 습득, 법적 책임 및 준수 확인)
- **설명 가능한 AI를 적용할 수 있는 분야 살펴보기**

3.2 AI 태도 중심 수업 2: 사회 중심 수업

AI 태도 중심의 수업은 직업의 소멸과 인간 - 기계의 협업 그리고 AI에 대한 공포심, 개인 정보 유출, 사생활 침해 문제 등과 관련된 문제를 다룬다. 주로 부정적인 사회적 이슈와 비윤리적인 상황에 관한 부분을 다루게 되는데, 이러한 부정적 문제에 너무 편중하기보다 AI의 긍정적인 기능과 AI 문제를 슬기롭게 해결하는 방안 그리고 인간 중심의 선한 AI 시대를 균형 있게 다루는 것이 학습자들이 AI에 관해 편견을 갖지 않고 바른 시각을 갖는 데 도움이 된다.

>> AI 사회 중심 수업 사례 1: AI, 정말 무서운 존재일까?

- **학습 목표:** AI와 인간의 공존 방법 토의하기
- **수업 모형:** 토의 · 토론 수업 모형

수업에 앞서

이 수업에서는 AI와 인간이 공존 방법을 살펴보기 위해 찬반으로 의견을 나눠 토론해보는 과정을 통해 AI가 사회에 미치는 긍정적 또는 부정적인 영향을 탐색해볼 수 있는 시간을 갖도록 했다. 서로 다른 입장에 대해 생각해보면 AI가 인간에게 어떤 존재가 돼야 하는지에 대한 의견이 수렴될 것이며 이를 바탕으로 인간과 AI가 공존할 수 있는 방법에 대해서도 다양한 의견이 제시될 것이다(이 수업을 하기 위해서는 사전에 학생들이 본 주제에 대한 자료를 수집하고 정리해야 하는 시간이 제공돼야 한다).

활동 1 토론주제 확인하기

- **AI가 직업까지 빼앗아가나... 'AI 포비아' 확산 뉴스 보기**(https://www.youtube.com/watch?v=Ky_wi8WgGyM)
- **'AI 포비아'의 의미 알아보기**
- **AI 포비아가 드러나는 현상 살펴보기**(과제로 제시된 경우는 AI 포비아의 사례를 발표하는 시간으로 구성하기)(예 인간의 일자리 대체, 영화에서 인간을 위협하는 AI, 일정 분야에서 인간을 능가하는 AI, 알파고 쇼크 등)

활동 2 미니 모둠 토론하기

- **자신의 주장에 따라 이질적으로 모둠 구성하기**(한 모둠당 4명 정도)
- **각자의 토론 주제에 대해 자신의 생각 정리하기**(AI는 무서운 존재이다 vs. AI는 인간을 돕는 존재이다)
- **미니 모둠별 토론하기:** 같은 모둠 안에서 의견이 다른 학생끼리 토론하기
- **역할 교환 토론하기:** 서로의 역할을 바꿔 상대방의 입장에서 토론하기
- **모둠 안에서 토론 내용을 정리해 모둠 의견 만들기**(찬반 입장에 대한 해결 방안 제시하기)

  예1 AI는 무서운 존재이다. 왜냐하면 인간의 일자리를 빼앗고 인간의 능력을 능가하는 부분에서는 인간을 위협하기 때문이다. 그러므로 AI가 인간의 능력을 뛰어넘지 않도록 아주 작은 범위에서만 AI를 개발해 활용해야 한다.

  예2 AI는 인간을 돕는 존재이다. 왜냐하면 인간이 해결하기 어려운 부분의 문제를 빠른 속도로 해결해주며 인간의 판단 또한 도와주고 있기 때문이다. 그러므로 AI가 계속 인간을 돕게 하기 위해서는 개발자가 바르고 명확한 윤리적인 마인드로 AI가 오남용되지 않게 개발하고 유지해야 한다. 등)
- **모둠별로 정리한 결과를 학급 전체에 발표하기**

활동 3 학급 전체 AI와 인간의 공존 방법에 대해 토의하기

- **각 모둠별 발표한 것을 바탕으로 AI가 사회에 미치는 영향 살펴보기**
- **AI가 미치는 영향을 긍정적인 면과 부정적인 면으로 나눠보기**
- **AI와 인간의 공존 방법에 대해 토의하기**
- **토의 결과 정리하기**

>> AI 사회 중심 수업 사례 2: 데이터 3법은 우리에게 이로운가?

- **학습 목표:** 데이터 3법의 도입과 반대 토론하기
- **수업 모형:** 웹 토론 수업 모형

수업에 앞서

이 수업에서는 AI와 인간이 공존 방법을 살펴보기 위해 찬반으로 의견을 나눠 토론해보는 과정을 통해 AI가 사회에 미치는 긍정적 또는 부정적인 영향을 탐색해볼 수 있는 시간을 갖도록 했다. 서로 다른 입장에 대해 생각해보면 AI가 인간에게 어떤 존재가 돼야 하는지에 대한 의견이 수렴될 것이며, 이를 바탕으로 인간과 AI가 공존할 수 있는 방법에 대해서도 다양한 의견이 제시될 것이다(이 수업을 하기 위해서는 사전에 학생들이 이 주제에 대한 자료를 수집하고 정리해야 하는 시간이 제공돼야 한다).

활동 1 토론 주제 확인하기 및 문제 상황 인식

- **데이터 3법에 관한 내용 살펴보기**(https://www.youtube.com/watch?v=cPY4fsQTthw)
- **데이터 3법의 입법 취지와 그 효과 분석하기**
- **데이터 3법으로 좋아지는 현상 살펴보기**
- **데이터 3법으로 나타나는 문제점 확인하기**

데이터 공개 vs. 개인정보보호

- **산업적 요구:** 국가 이익, 데이터 댐 구축, 산업 활용, 데이터 강국
- **개인적 요구:** 개인정보 공유 반대, 상업적 사용 반대, 개인정보 유출

활동 2 의견 확인 및 토론 활동

- **선행 인식 분석:** 사전 투표
  - 데이터의 활용과 데이터 공개 반대 선택하기
  - 선행 인식 결과 분석하기
- **발산적 사고:** 실시간 도구 활용

- 채팅, 비대면 화상 토론+메신저, SNS 등을 활용하기
- 자유롭게 의견 개진하기
- 공개할지, 보호할지에 대한 난상 토론 실시하기

• **수렴적 사고:** 비실시간 도구 활용
- 생각 정리 도구, 게시판, 패들릿, 문서화 공유, 구글 클라우드, 공지 – 게시판 활용하기
- 다른 사람 생각과 주장 엿보기, 댓글쓰기
- 자기 생각과 주장을 표현하고 공유하기, 댓글 보기

• **사후 인식 분석:** 사후 투표
- 자신의 인식과 결정하기
- 사후 결과 분석

활동 3 대안 활동으로 문제해결하기

• **대안적 사고:** 해결 방안 모색하기
- 가명 정보 사용하기
- 데이터 암호화하기
- 데이터 사용법 개선: 불법 사용에 대한 책임 강화 등의 아이디어 공유하기

활동 4 정리 및 일반화

• **결과 공유하기, 피드백하기**
• **학급 전체의 의견에 대해 토의하기**
• **디자인 사고 토의 결과 정리하기**

3.3 AI 태도 중심의 수업 3: 윤리 중심 수업

윤리 중심 수업은 AI 사회에서 나타날 수 있는 도덕성과 윤리성에 대해 다루는 것이다. 기술과 사회적 문제를 통합해 인간적 가치를 중심으로 착한 AI, 인간 중심 AI의 패러다임을 추구한다.

기술적 측면에서의 윤리적 이슈는 구현 과정에서 AI를 책임 있게 개발하고 활용하는 것이다. 그래서 수업의 소재로 AI 알고리즘의 책임성과 투명성, 공공성과 인간 중심성, 오남용 회피성, 알고리즘 선택의 윤리성 등을 활용한다.

인간 중심의 AI 수업의 효과적인 방법으로는 디자인 사고 수업 방법을 들 수 있다. 공감–정의–창조–경험의 디자인 사고 과정은 인간이 처한 문제 상황을 공감하고 실제적인 문제해결에 대한 해결책을 찾아내는 과정이기 때문이다. 그래서 수업의 소재로 사회적 문제, 사회적 약자, 적정 기술

등이 많이 활용된다. 디자인 사고 방법을 적용한 수업을 좀 더 크게 확장하면 캡스톤 디자인 수업을 적용할 수 있으며 이 수업은 진로와 직업을 지향하는 수업 방법으로 적당하다.

캡스톤(Capstone)은 돌기둥이나 담 위 등 건축물의 정점에 놓인 장식, 최고의 업적·성취를 뜻하는 단어로, 공학 교육에서 장기간 프로젝트 수업의 과정 동안 배운 내용을 정점에 놓을 수 있도록 하는 과정이다. 즉, 공학 계열 학생들이 실제 현장 또는 산업 현장에서 부딪칠 수 있는 문제를 해결할 수 있는 능력을 길러주기 위해 졸업 논문 대신 학업 과정 동안 배운 이론을 바탕으로 작품을 기획, 설계, 제작하는 전 과정을 경험하도록 함으로써 산업 현장의 수요에 적합한 창의적 설계 기술 인력을 양성하는 종합적인 교육 프로그램이다. 다른 말로는 '창의적 종합 설계'라고 불린다.

캡스톤 디자인의 특성은 팀 프로젝트로 진행되며, 실제 문제해결을 목표로 한다는 것이다. 캡스톤 디자인의 참여 주체는 사업주(기업체, 의뢰자, 현장 연계 사업소), 멘토(창의성, 방향, 도메인 지식 안내 등), 지도 교원(수업형 프로젝트 진행, 평가), 참여 학생(팀으로 구성)이다. 캡스톤 디자인 수행 절차는 다음과 같다.

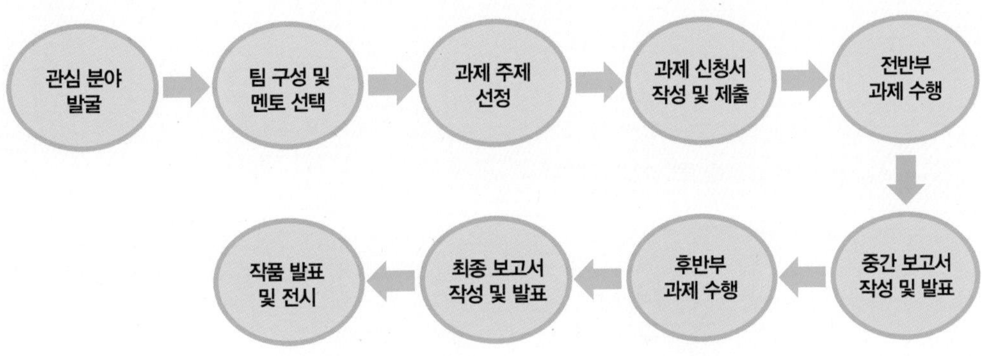

▲ 캡스톤 디자인 수행 절차

>> AI 태도 중심 수업 사례 1: 윤리적인 AI 자율주행자동차를 위한 온라인 토론하기

- **학습 목표:** 윤리적인 AI 자율주행자동차를 위한 온라인 토론하기
- **AI 개념:** AI 윤리(책임성, 투명성, HAI 등)
- **수업 모형:** 온라인 토론 모형
- **준비물:** 컴퓨터 또는 노트북

문제 상황

자율주행차 사고 사례

2035년 사람의 운전은 법으로 금지됐다. 이제 모든 자동차는 AI가 운전하는 시대가 도래한 것이다. 7월 어느 날 교외의 한 도로에서 자율 주행하던 택시가 손님 1명을 태우고 주행하던 중 브레이크가 고장 나 도로로 뛰어든 3명의 사람을 피하기 위해 행인 2명이 지나가는 보도로 뛰어들 상황이 됐다.

- **자율주행차는 과연 어떤 방향으로 주행해야 하는가?**
  ❶ 중앙선 침범해 마주오는 차를 향해
  ❷ 도로로 뛰어든 3명의 사람을 향해
  ❸ 보도에 있는 두 사람을 향해
- **AI 개발자의 입장에서 생각해보자.**

토론 주제 안내: 자율주행자동차의 윤리적 판단을 도와주자.

토론 학습 설계: 사전 과제로 제시한 주제에 대해 게시판에 댓글을 달아두도록 하고 글 살펴보기

사전 과제

- **모럴머신닷넷(moralmachine.net)에서 자율주행자동차의 윤리적 딜레마 상황에 대해 판단해보고 자신의 판단 결과를 분석하고 의견 달기**

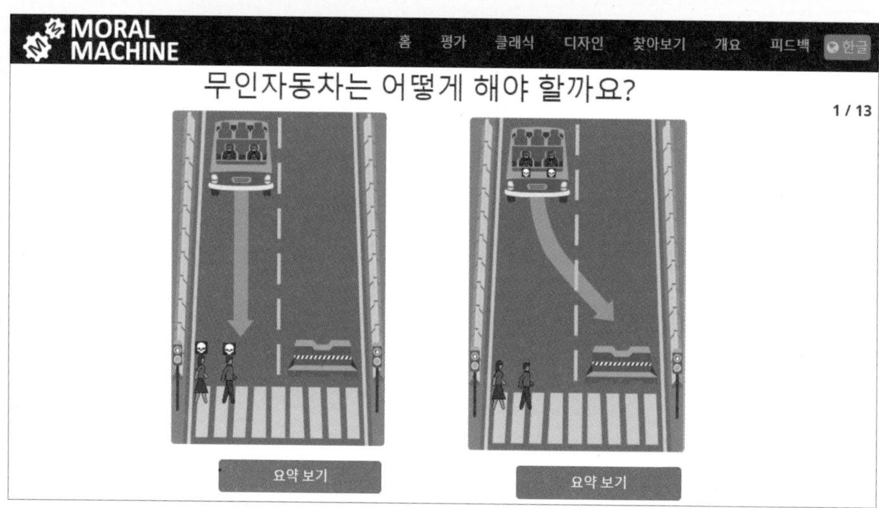

▲ 모럴 머신 사이트

- **모럴머신닷넷(moralmachine.net)에서 랜덤하게 주어지는 13가지 상황에 대한 판단을 해보고 자신의 인식 결과 분석하기**

- padlet에 다양한 상황에 대한 자신의 의견 올리기
- 의견 올리면서 관련성 있는 글끼리 연결하기
- 토론 학습 과정 안내하기

온라인 토론 학습 진행 토론하기

- **온라인상에서의 토론 공간 마련하기**(줌(Zoom)이나 구글 미트(Meet)를 이용한 온라인 토론 공간 활용)

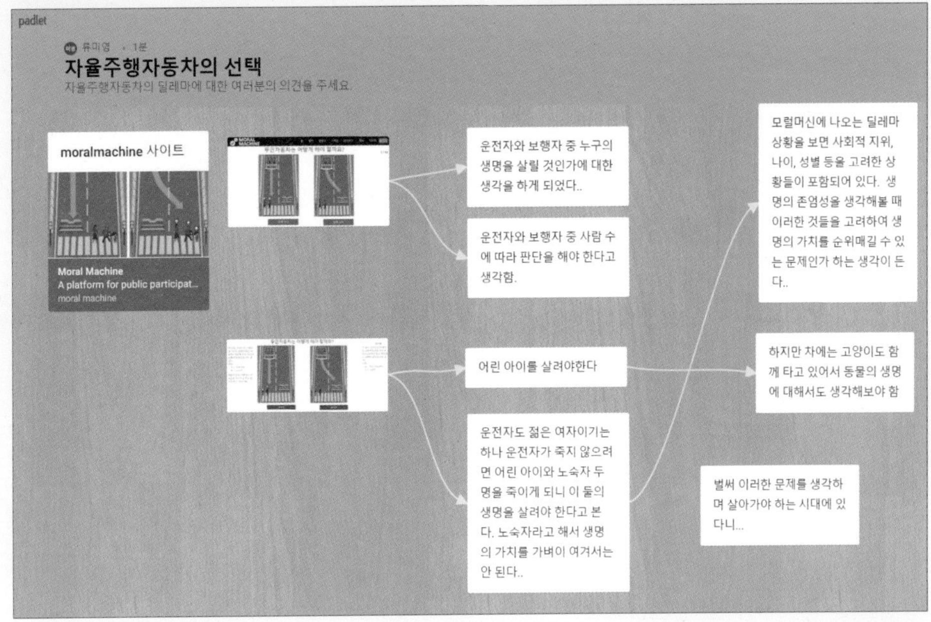

▲ 패들릿(Padlet)을 이용한 의견 올리기

- 모둠별로 해당 주제에 대한 토의하기
- 모둠별로 정리된 내용을 게시판에 정리하기
- 다른 모둠의 글 읽고 댓글 달기

정리 및 평가 학습 결과 확인 및 정리

- **다른 모둠의 댓글을 보고 자신들의 의견 수정 및 보완하기**(주장한 의견에 대한 근거를 좀 더 타당하고 객관적으로 확보하는 것도 좋음.)
- **수정 및 보완한 의견 글 올리기**
- **'○○○모둠의 자율주행자동차 운행 규정'이라는 보고서나 서약서의 형태로 작성해도 됨**(메모장의 경우에는 생각이 흩어지고 단편적이나 토의가 끝난 후에는 생각이 보완돼 마무리된 상태이므로 이에 대해 좀 더 완성된 형태의 산출물을 만들어 공유하는 것도 좋음).
- **자율주행자동차의 운행 규정에 대해 서약서가 완성되면 다음 수업에서 프로그래밍이나 피지컬을 연결해 자율주행자동차를 직접 코딩하고 성별, 나이 등을 인식해 운행하는 것을 구현해보는 수업과 연결해도 됨.**

>> 디자인 사고를 활용한 AI 태도 중심 수업 사례 2: AI를 활용한 사회 문제해결

- **학습 목표:** AI로 사회 문제해결하기
- **수업 모형:** 디자인 기반 학습 모형(DBL)

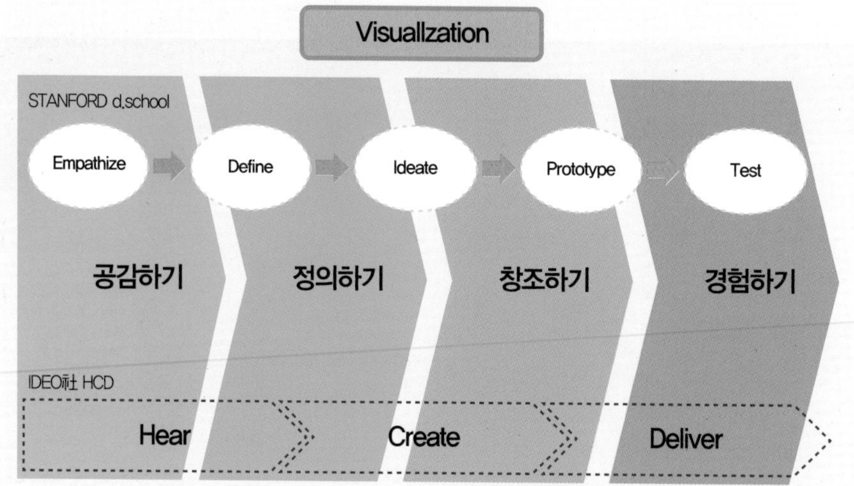

▲ 디자인 기반 학습 과정

수업에 앞서

이 수업에서는 AI 기술을 활용해 사회 문제를 해결하는 수업을 DBL 기반으로 구성했다. DBL은 인간 중심의 관점에서 필요성을 정확히 인식하고 그에 맞는 문제를 해결하기 위한 수업 방법이다. 새로운 기술의 도입과 사용에 있어서 가장 중요한 것은 필요한 곳에 바른 목적으로 사용해야 한다는 것이며, 특히 AI는 사람과 협업하고 도울 수 있어야 한다. DBL 기반의 수업을 통해 학생들은 AI 기술의 바른 사용과 문제해결에 있어 유용한 도구가 될 수 있음을 인식할 수 있게 될 것이다.

문제 제시 사람을 돕는 AI 기술 사례 살펴보기

#1. 독거노인이 넘어지거나 다쳤을 때 "살려줘."라고 외치면 AI 스피커가 보안전문 업체 또는 소방서로 바로 연결된다.

#2. 자폐 어린이 치료를 돕는 AI 로봇은 어린이의 반응(행동, 표정, 신체 변화 등)과 정서를 스스로 파악해 맞춤형으로 치료해준다(출처: https://dongascience.com/news.php?idx=22929).

#3. AI로 시각 장애인과 저시력 장애인이 주변 세계를 인식할 수 있도록 돕고 있다(출처: http://www.aitimes.kr/news/articleView.html?idxno=12406)

1단계 공감하기

- **우리 마을, 우리 시·도, 우리나라가 갖고 있는 문제점 살펴보기**
- **그 문제가 갖고 있는 불편함을 공감하기**
- **문제를 직접 겪고 있는 사람들의 이야기 들어보기**(대면: 인터뷰, 비대면: 메일 등)
- **해결하고 싶은 문제가 비슷한 구성원끼리 모둠 구성하기**

사회 문제 주제 예시(지속 가능한 AI)

▲ IFIP AI Expert Stephen Ibaraki Chairs United Nations AI Briefing

- **빈곤 퇴치:** AI 위성 맵핑과 빈곤 데이터 분석을 통해 실시간 자원 배분 제공
- **굶주림 해결:** 자동화된 드론과 인공위성을 사용한 이미지 예측 분석을 통해 농업 생산성 향상
- **건강 및 웰빙:** AI로 예방 의료 프로그램 및 진단의 획기적인 개선
- **교육의 질 향상:** AI 기반의 가상 지능형 멘토와 맞춤형 학습으로 교육의 질을 향상시키며 저소득층과 대학 중도 포기자의 경고 신호를 포착해 해결 방안 제시
- **양성 평등:** 성별 편견을 인식하고 수정, 여성의 성장과 기회 제공
- **깨끗한 물과 위생:** IoT와 AI 센서를 통해 위생 및 소비 패턴 예측
- **친환경 에너지:** AI의 실시간 분석을 통해 에너지의 생산량을 늘리고 효율성을 높임.
- **경제 성장:** 자동화 대체 작업, AI 지원, 자율 시스템을 활용해 인해 작업 환경 개선 및 생산성 향상
- **산업 혁신 및 인프라:** AI, IoT, 4D 프린팅을 통합한 새로운 하이브리드 제조
- **불평등 감소:** AI에서 장치를 사용해 신체 능력을 강화해 장애를 보완해줌.
- **지속가능한 도시 및 커뮤니티:** 유비쿼터스 IoT, 스마트 기기 및 웨어러블이 제공하는 디지털 AI
- **책임 있는 소비 및 생산:** AI의 녹색 성장을 통해 최적의 소비 및 생산 수준을 산출해 폐기물을 줄이고 수확량과 자원 효율성을 향상시킴.
- **기후 행동:** AI가 기후 변화 데이터를 분석하거나 기후를 모델링하거나 기후 문제와 재난을 예측함.
- **육지 생태계 강화:** 패턴 인식, 게임 이론 및 컴퓨터 과학을 통해 육지 동물 이주, 사냥 활동을 추적해 지속 가능한 육지 생태계를 강화하고 불법 밀렵 방지
- **평화와 정의를 구현하는 정부:** 차별과 부패를 줄이고 전자 정부, 빠른 지능형 서비스 제공

- **목표를 위한 파트너십:** AI의 안전하고, 윤리적이며 유익한 개발을 위해 다분야 협력이 필수적임. 정부, 산업계, 학계 및 시민 사회의 힘을 모아 인간 중심 AI의 책임 있는 개발 모색
(출처: IFIP IP3 이사회 이사의 UN 발표 자료 참고(IFIP AI Expert Stephen Ibaraki Chairs United Nations AI Briefing, https://www.ifipnews.org/ifip-ai-expert-stephen-ibaraki-chairs-united-nations-ai-briefing/))

2 단계 정의하기

- **문제점을 찾고 문제 정의하기**

3 단계 아이디어내기

- **AI로 해결할 수 있는 방안 떠올리기**(AI로 문제를 해결한 다양한 사례를 통해 아이디어의 유창성을 도울 수 있음)
- **사람들이 필요로 하는 것에 중점을 두고 프로그램 개발 시 고려해야 할 점 생각하기**
- **브레인 라이팅을 통해 아이디어 떠올리기**
- **아이디어 발상 체크리스트를 활용해 최상의 아이디어 선정하기**

4 단계 프로토타입 만들기

- **프로그램 개발 계획서 작성하기**(자료의 입력, 처리 과정, 지능화, 출력 등 AI 시스템 설계하기)
- **프로그램 개발 계획서 공유하고 상호 피드백하기**
- **피드백 내용을 바탕으로 수정·보완하기**
- **프로그램 개발하기**

5 단계 테스트하기

- **개발한 프로그램 테스트하기**
- **테스트 과정에서 나타난 오류를 수정, 보완하기**

발표하기 공유하기

- **사람을 돕는 AI 프로그램을 발표하고, 공유하기**
- **프로그램의 좋은 점, 개선하면 좋은 점 등**
- **사람과 AI의 공존에 대해 이야기 나누기**
- **인간 중심의 AI 필요성 생각해보기**
- **AI 프로그램이 가져야 할 AI 윤리(개발자, 사용자 등), AI 개발 원칙 생각해보기**
- **디자인 사고와 AI 사고:** 디자인 사고의 과정은 AI로 구현하기 어려운 인간의 포괄적인 능력을 보여준다. 조망 → 기획 → 설계 → 개발 → 구현 → 평가의 과정을 거쳐 피드백으로 활용하는 전체의 일련 과정은 각 과정을 단편적으로 나눴을 때 AI를 적용할 수 있다. 디자인 사고의 과정에서 그 일부인 문제를 분석하고 해결 과정을 설계하는 데 많이 사용하는 포스트잇과 AI의 기계학습을 관련지어 살펴보자.

포스트잇	기계학습
• 포스트 잇은 분류를 돕는다. • 나열한다. • 핵심을 표현한다. • 관계를 이해한다. • 구조화한다. • 비교한다. • 추론한다.	• 분류한다. • 자료를 나열한다. • 핵심적인 특징을 찾아낸다. • 연결해 계산한다. • 구조화한다. • 비교와 연산을 한다. • 추론해 인식한다.

결국 디자인 사고의 방법은 AI의 영역과 잘 어울리며 AI 사고와 연계됐을 때 더욱 효과적인 문제 해결 방법을 제시할 수 있다.

>> 캡스톤 디자인을 활용한 AI 태도 중심 수업 사례 3: 인간 중심의 AI 프로젝트 개발하기

- **학습 목표:** 인간 중심의 AI 프로젝트 개발하기
- **AI 개념:** 만들고자 하는 프로젝트에 따라 다르게 적용됨.
- **사용 전략:** 캡스톤 디자인 활용
- **수업 모형:** 프로젝트 수업 모형
- **활용 프로그래밍 언어:** 만들고자 하는 프로젝트에 따라 다르게 적용됨.
- **준비물:** 만들고자 하는 프로젝트에 따라 다르게 적용됨.

활동 1 관심 분야 살펴보기

- **자신이 관심 있는 분야 살펴보기**
- **비슷한 관심 분야에 모인 사람들로 팀 구성하고 멘토 정하기**(사업주: 기업체, 현장 연계 사업소/ 멘토: 창의성, 방향, 도메인 지식 안내 등
  - 지도 교수는 수업형 프로젝트 진행 및 평가, 참여 학생은 팀으로 구성

활동 2 과제 주제 선정하기

- **실제 문제를 해결할 수 있는 주제 선정하기**
- **학부 과정과 연계한 실무 과목과 연계하기**
- **과제 신청서 작성 및 제출하기**

활동 3 전반부 과제 수행하기

- **DBL 기반의 과제 수행하기**
- **인간 중심의 과제 해결인지 점검하기**

• 중간 보고서 작성 및 발표하기

활동 4 후반부 과제 수행하기

• 과제 최종 점검하기
• 피드백받고 수정, 보완하기
• 서비스의 신뢰도 검증하기
• 최종 보고서 작성 및 발표하기

활동 5 작품발표 및 전시

• 작품 발표하며 공유하기
• 사업화 전략으로 연계하기(수익 모델 설계)

캡스톤 디자인 수업

캡스톤 디자인(Capstone Design)의 목적은 창의적 종합 설계 능력을 갖춘 인재 양성이다. 캡스톤은 집을 지을 때 지붕이나 담 위에 마지막 얹는 갓돌(Capstone)에서 유래했다.

실제 산업 현장이나 일상생활에서 부딪히는 문제해결 능력을 키우기 위해 졸업 논문 등의 연구 대신 아이디어 기획부터 제작까지 일련의 과정을 학생들이 직접 수행하는 장기간의 프로젝트이다. 학생들은 실제 애플리케이션을 사용해 프로토 타입을 디자인하고 개발 및 테스트하기 위해 팀워크로 진행한다. 팀 단위로 창의력, 팀워크, 리더십 양성 등에도 많은 도움이 되며 창의적인 '종합 설계 프로젝트'라고 부르기도 한다. 캡스톤 디자인의 과정은 다음과 같다.

프로젝트 초기에 팀원들은 기능 요구 사항 정의, 개념화, 분석, 위험 및 대응책 식별, 선택 및 물리적 프로토타이핑과 같은 엔지니어링 설계 프로세스를 배우고 적용한다. 팀은 개발 솔루션을 검증하기 위해 실제 작동하는 물리적 프로토 타입을 설계하고 제작해야 한다. 팀 프로젝트의 과정에서 역할 분담, 리더십 기술, 그룹 역학 능력을 경험한다. 일정의 충돌과 자원 처리, 주간 결과물 및 마감일 준수, 팀 구성원, 프로젝트 후원자 및 교수자 간의 커뮤니케이션이 꼭 필요하다.

프로젝트 중간에 팀원들은 산업 디자인, 제조 과정, 제품의 시장 조사 및 마케팅 방법, 지적 재산권의 이해와 획득, 회사의 설립, 운영 규범 및 표준화, 기업 윤리 등의 주제에 대해 산업 및 학계 전문가가 제공하는 수업을 이수한다.

프로젝트 말기에 여러 팀이 상금을 놓고 경쟁하게 된다. 심사 위원, 초대 게스트, 미디어 및 동료 패널에게 장기 프로젝트에서 제안하는 아이디어를 안내하고 산출한 개발 제품과 시장성을 발표하며 시연하게 된다.

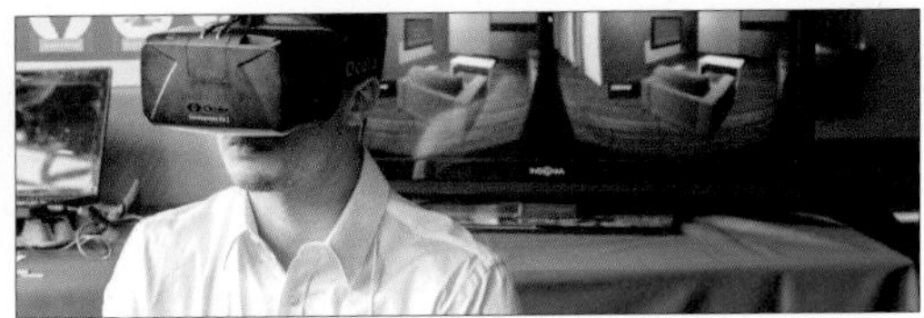

▲ 작품 발표 및 전시
(출처: https://uwaterloo.ca/capstone-design)

VS
1
10
110
111
001
10
0
MAX

인공지능 교육 실습을 위한 자원

- "100년을 넘게 살면서 겨우 300MB의 기억만을 한다는 것은 너무 가혹하다. 인간의 조건은 점점 더 초라해지고 있다."
  – 마빈 민스키(Marvin Minsky)
- "논리적인 사고 능력을 제외하면 우리의 마음은 아직까지 고안된 어떤 컴퓨터보다도 더 빠르게 작동한다."
  – 다니엘 크레비어(Daniel Crevier)
- "생물학적 두뇌와 컴퓨터 연산에서 성취되는 것 사이에 큰 간극이 있다고 보지 않는다. 이론적으로 컴퓨터는 인간의 지능을 모방하고 초월할 수 있다."
  – 스티븐 호킹(Stephen Hawking)

ARTIFICIAL INTELLIGENCE

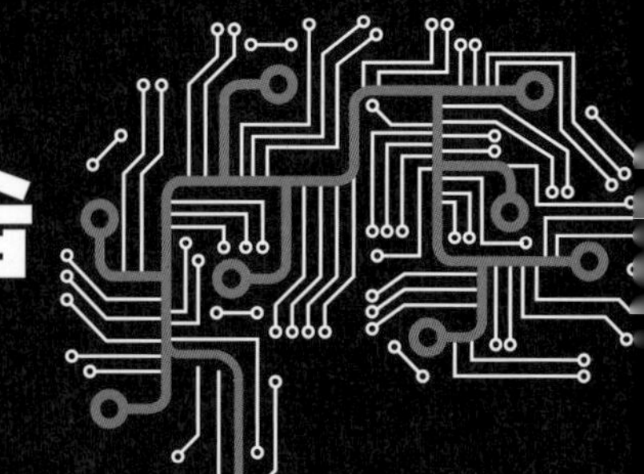

1. AI 교육을 위한 실습 자원의 유형

인공지능을 교육적으로 실습을 위한 자원의 유형은 AI 플랫폼 활용형, AI 교육 도구 연계형, AI 프로그래밍 개발형, AI 학습 콘텐츠형, AI 체험 시뮬레이션형, AI 교육 포털형 자원으로 구분할 수 있다.

AI를 체험하거나 교육용으로 활용하기 위해 개인이 AI 프로그램을 개발하거나 사이트를 구축하는 등의 작업은 매우 어렵고 비효율적이다. AI를 교육적으로 보다 효과적으로 실습하기 위해서는 기존에 구축된 다양한 시스템과 앱을 활용하는 것이 좋다. 특히 교육용으로 특화해 개발된 시스템이나 애플리케이션이 좋은데, 이것이 여의치 않을 경우 상업용으로 개발된 플랫폼, AI에 최적화된 프로그래밍 언어, 라이브러리 등을 활용하는 것도 좋은 방법이다.

AI를 교육용으로 체험하고 개발하며 활용하기 위한 유형은 다음과 같이 여섯 가지 유형으로 분류했다. 각각의 유형에 따라 그 특징을 파악하고 세부적인 기능과 서비스 등에 대해 분석한다.

상업용 인공지능 플랫폼 활용형	인공지능 교육 툴 연계형	인공지능 프로그래밍 개발형
인공지능 학습 콘텐츠형	인공지능 체험 시뮬레이션형	인공지능 교육 포털형

▲ AI 활용 자원의 유형

ARTIFICIAL INTELLIGENCE

2. 범용적인 AI 상용 플랫폼

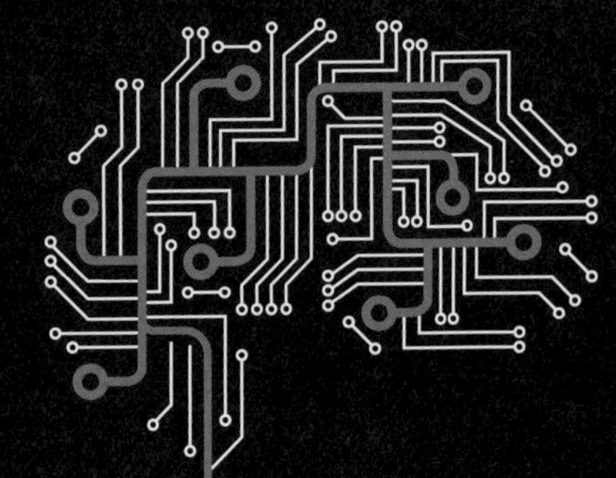

역에서 기차를 타고 내리는 곳의 의미를 지닌 플랫폼은 이제 인공지능이라는 엔진을 탑재하고 기차 역할뿐 아니라 비행기, 자동차, 배, 자전거, 방송, 미디어, 물류, 교육 등의 인간 사회의 다양한 서비스를 대체하고 있다.

서비스로서의 AI, 즉 AaaS(AI as a Service)를 지원하는 대표적인 유형이 바로 '상업형 AI 플랫폼'이다. AI 플랫폼은 AI 파워를 활용해 고된 코딩의 작업이 없이도 보다 지능적인 시스템 솔루션을 구축할 수 있다(https://towardsdatascience.com).

최근의 AI 기술 분야는 대개 13개의 범주로 구성된다.

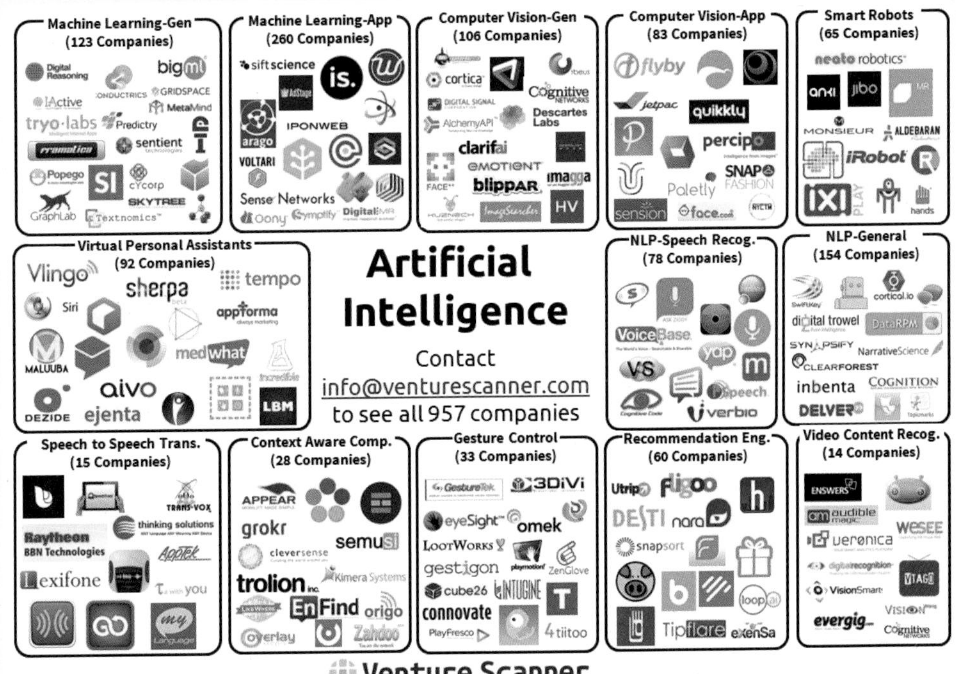

▲ AI 기술 분야
(출처: https://www.venturescanner.com/2016/03/22/artificial-intelligence-q1-update-in-15-visuals/)

- **딥러닝/머신러닝(일반):** 기존 데이터에서 얻은 학습을 기반으로 작동하는 컴퓨터 알고리즘을 구축하는 분야이다. 대표적인 예로는 행동 데이터를 분석하는 예측 데이터 모델, 소프트웨어 플랫폼이 있다.
- **딥러닝 / 머신러닝(애플리케이션):** 특정한 산업 영역에서 기존 데이터를 기반으로 작동하는 컴퓨터 알고리즘을 활용하는 분야이다. 예를 들어, 기계학습 기술을 사용해 은행 사기를 감지하거나 소매를 이끄는 변수를 식별하는 것이 있다.
- **자연어 처리(일반):** 인간의 언어 입력을 처리해 컴퓨터가 이해할 수 있는 표현으로 변환하는 알고리즘을 구축하는 분야이다. 대표적인 예로는 자동화된 내러티브 생성 및 텍스트를 데이터 마이닝하는 것이 있다.
- **자연어 처리(음성 인식):** 사람의 음성을 사운드 클립으로 처리하고 정확한 단어를 식별해 그로부터 의미를 도출하는 영역이다. 예로는 음성 명령을 감지해 실행 가능한 데이터로 변환하는 소프트웨어가 있다.
- **컴퓨터 비전/이미지 인식(일반):** 이미지를 전처리해 분석하고 정보를 도출해 이미지에서 개체를 인식하는 기술을 구축하는 분야이다. 대표적인 예로는 개발자를 위한 시각적 검색 플랫폼 및 이미지 태그 지정 API가 있다.
- **컴퓨터 비전/이미지 인식(애플리케이션):** 특정한 산업 분야에서 이미지를 처리하는 기술을 활용하는 영역이다. 대표적인 예로는 얼굴을 인식하거나 사진을 찍어 적당한 상품을 검색할 수 있는 소프트웨어가 있다.
- **제스처 제어:** 제스처를 통해 컴퓨터와 상호 작용하고 통신할 수 있도록 하는 영역이다. 대표적인 예로는 신체 동작을 통해 비디오 게임 아바타를 제어하거나 손 제스처만으로 컴퓨터와 TV를 조작할 수 있는 소프트웨어가 있다.
- **가상 개인 비서:** 피드백과 명령을 기반으로 개인을 위해 일상적인 작업과 서비스를 수행하는 소프트웨어 에이전트이다. 대표적인 예로는 웹 사이트의 고객 서비스 상담원과 캘린더 이벤트 등을 관리하는 데 도움이 되는 개인 비서 앱이 있다.
- **스마트 로봇:** 경험을 통해 학습하고 환경 조건에 따라 자율적으로 행동할 수 있는 로봇의 영역이다. 대표적인 예로는 상호 작용에서 사람들의 감정에 반응할 수 있는 가정용 로봇과 고객이 매장에서 물건을 찾을 수 있도록 돕는 소매 로봇 등이 있다.
- **추천 엔진 및 협업 필터링:** 영화 또는 레스토랑에서 메뉴에 대한 사용자의 선호도와 관심사를 예측하고 개인화된 추천을 제공하는 소프트웨어이다. 대표적인 예로는 음악 추천 앱 및 과거 선택을 기반으로 추천을 제공하는 레스토랑 추천 웹 사이트가 있다.
- **컨텍스트 인식 컴퓨팅:** 위치, 방향, 조명과 같은 다양한 환경 및 사용 컨텍스트를 자동으로 인식하고 그에 따라 동작을 조정하는 소프트웨어이다. 대표적인 예로는 복잡한 환경에서 위험을 감지할 때 구동되는 앱이 있다.
- **자동 번역:** 특정 국가의 언어로 말하는 사람의 음성을 즉시 다른 언어로 인식하고 번역하는 소프트웨어이다. 대표적인 예로는 비디오 채팅 및 웨비나를 여러 언어로 자동 및 실시간으로 번역하는 소프트웨어가 있다.
- **비디오 자동 콘텐츠 인식:** 비디오 영상 콘텐츠의에서 일부분을 샘플링해 고유한 특성을 지닌 콘텐츠를 식별하는 소프트웨어이다. 대표적인 예로는 사용자가 업로드한 동영상에서 저작권 보호 자료와 비교해 저작권 보호 자료를 감지하는 소프트웨어가 있다.

AI 상용 플랫폼은 규모와 비용의 측면에서 큰 기업이 주도해 구축해 운영 중에 있다. 국내외의 AI 상용 플랫폼은 다음과 같다.

구분	기업	AI 플랫폼	웹사이트
범용 AI	구글	AutoML	https://cloud.google.com
	슈퍼어노테이트	SuperAnnotate	https://www.superannotate.com/
	애플	CreateML	https://developer.apple.com/kr/machine-learning/create-ml
	프릿츠AI	Fritz AI	https://www.fritz.ai
	런웨이ML	RunwayML	https://runwayml.com/
	ObviouslyAI	ObviouslyAI	https://www.obviously.ai/
	MakeML	MakeML	https://makeml.app
	페이스북	AI Facebook	https://ai.facebook.com
	아마존	AWS	https://aws.amazon.com/ko/ai
	마이크로소프트	애저(Azure)	https://azure.microsoft.com
	IBM	왓슨(Watson)	https://www.ibm.com/kr-ko/watson
	네이버	nCloud	https://www.ncloud.com

2.1 구글 AutoML

구글 클라우드에는 머신러닝을 지원하는 기능이 있다. 머신러닝에 대해 전문 지식이 없는 개발자라도 AutoML을 이용해 자신에게 맞는 학습 모델을 훈련시킬 수 있으므로 개발자가 미리 신경망 생성 방법 등에 대해 자세히 알 필요가 없다. 학습 모델링 후에 모델 파일을 .pb, .tflite, CoreML 등의 형식으로 생성해 테스트하고 솔루션으로 활용할 수 있다. 구글에서 개발한 AutoML은 이미지 인식 기능을 비롯해 자연어 처리, 자동 번역기, 비전 AI, 동영상 인식 기능 등이 포함돼 있다.

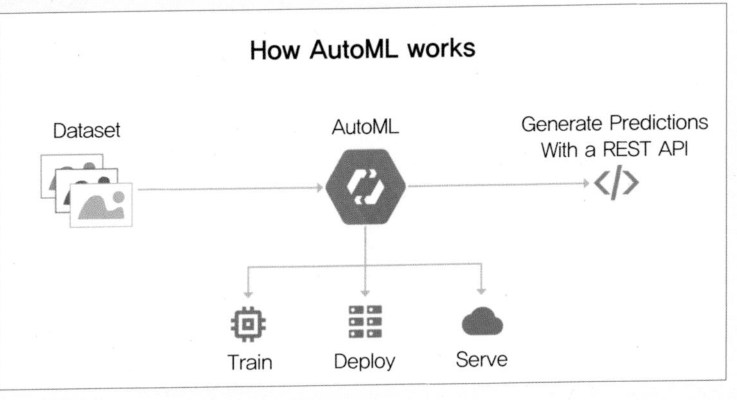

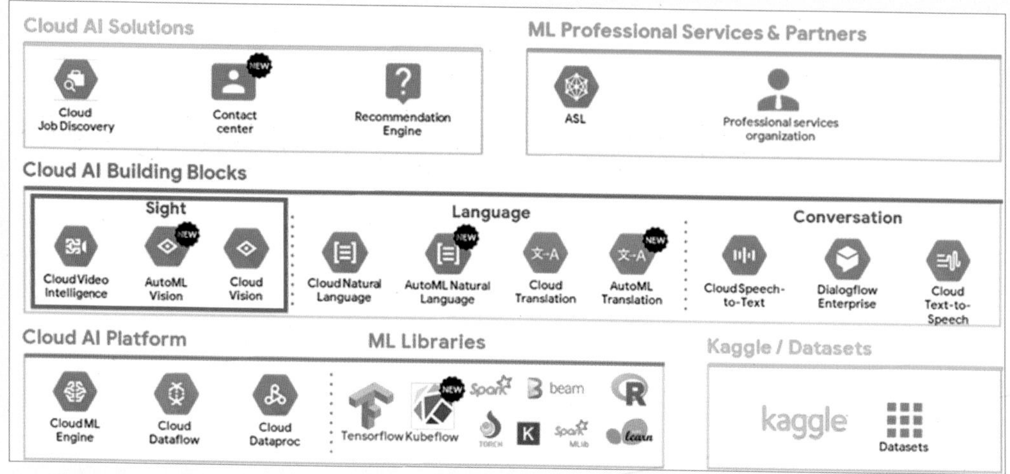

▲ 구글 AutoML
(출처: https://cloud.google.com/automl?hl=ko)

2.2 슈퍼어노테이트

AI의 지도학습을 위해서는 데이터 전처리 과정에서 주석을 달아줘야 한다. 이런 가공 작업은 많은 노력과 시간이 필요하다.

슈퍼어노테이트는 기계학습을 활용해 데이터에 자동으로 주석을 추가하고 레이블링하는 AI 기반 플랫폼이다. 플랫폼에 내장된 예측 모델을 사용해 이미지, 동영상 등의 자료에 자동으로 주석을 생성해준다. 이미지 안의 객체를 탐지하거나 이미지를 분할해 주석을 빠르게 추가하는 것이다. 비디오 프레임도 중복된 데이터 레이블링 작업을 통해 데이터 가공 작업을 손쉽게 처리할 수 있다.

2.3 애플 CreateML

애플에서 MacOS 애플리케이션으로 개발한 CreateML은 사전에 훈련된 여러 학습 모델을 기본 템플릿으로 제공하고 있다. CreateML 플랫폼은 사용자가 솔루션의 특징에 맞게 커스터마이징이 가능한 학습 모델을 만들 수 있는 기능을 제공한다. 적당한 데이터를 입력하면 솔루션을 간단하게 개발할 수 있다.

애플 CreateML ▶
(출처: https://developer.apple.com/kr/machine-learning/create-ml)

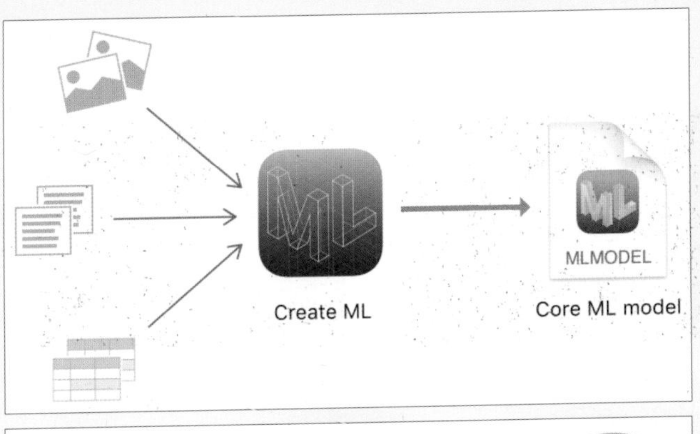

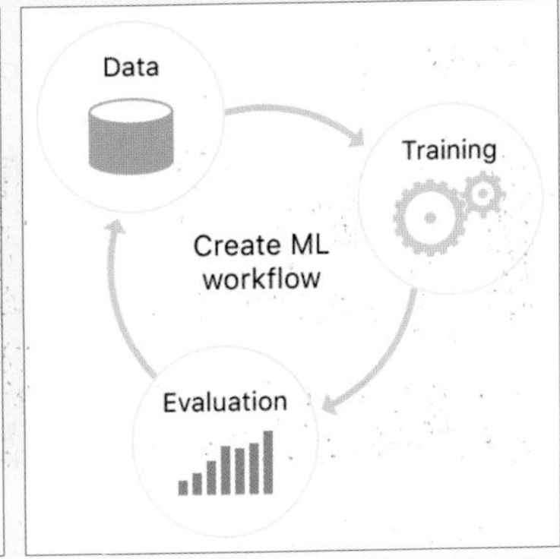

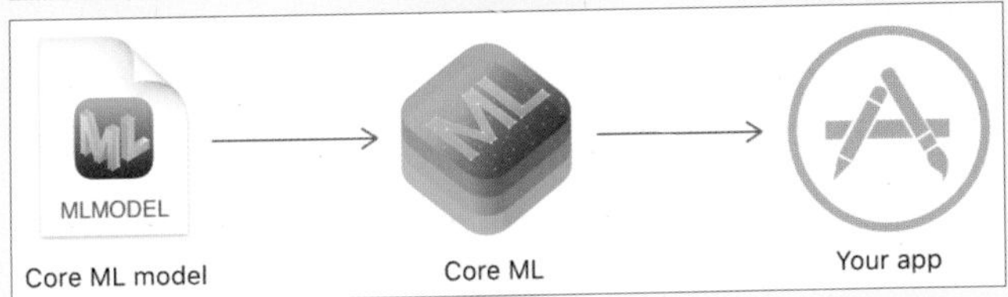

▲ CreateML 처리 과정

2.4 프릿츠AI

이미지 인식기, 스타일 처리, 자연어 처리, 추천 시스템 등의 다양한 AI 서비스를 제공한다. 학습 모델의 유형은 다음과 같다.

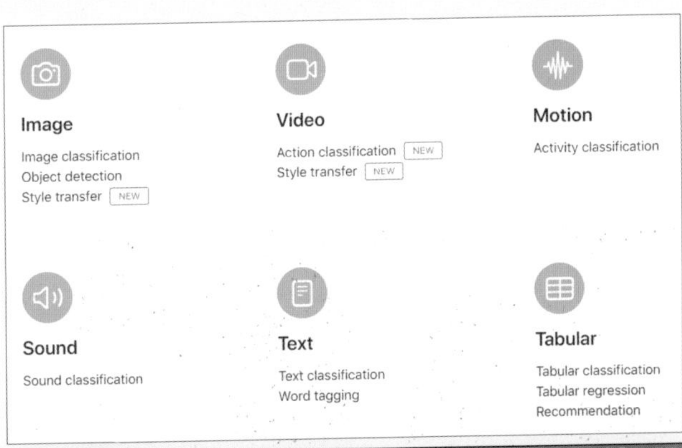

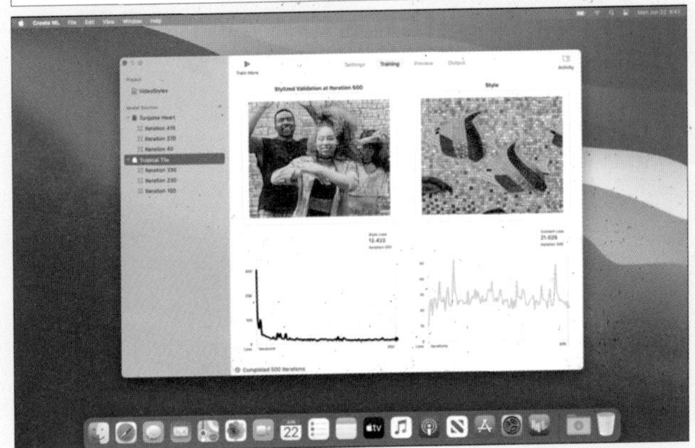

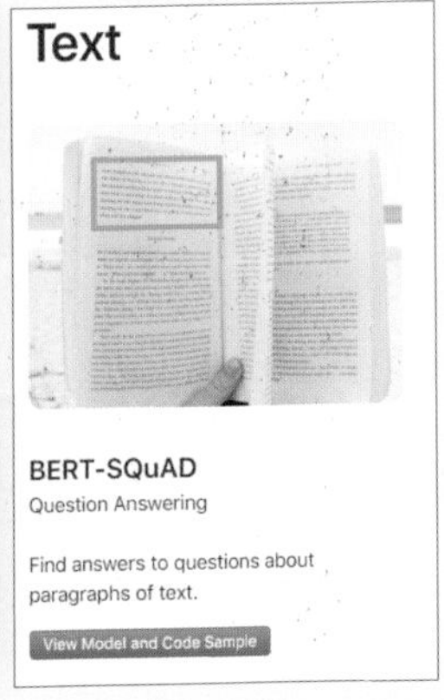

Images

FCRN-DepthPrediction
Depth Estimation

Predict the depth from a single image.

View Models

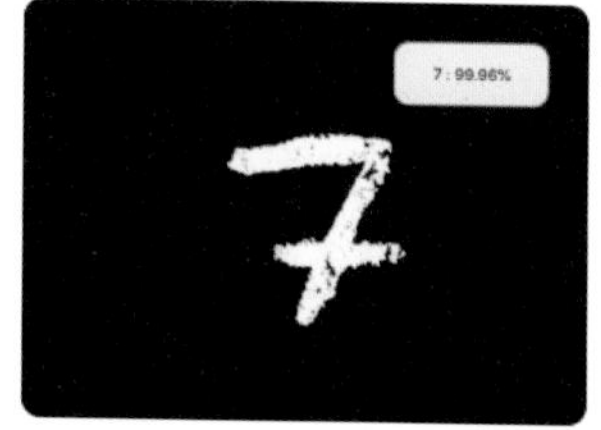

MNIST
Drawing Classification

Classify a single handwritten digit (supports digits 0-9).

View Model

UpdatableDrawingClassifier
Drawing Classification

Drawing classifier that learns to recognize new drawings based on a K-Nearest Neighbors model (KNN).

View Model and Code Sample

▲ 프릿츠 AI(https://www.fritz.ai)

프릿츠 AI는 스마트폰과 같은 모바일 기기에서 활용할 수 있는 AI 플랫폼이다. 사전 훈련된 SDK 탬플릿과 사용자 스스로 학습 모델을 만들어 활용할 수 있다. 이미지 분류, 포즈 인식, 스타일 변환, 마스킹 작업 등의 비전 인식 기능 등을 지원한다. 프릿츠 AI 스튜디오는 지도학습에 필요한 데이터 레이블링을 가공하기 위한 앱을 연동해 데이터 전처리에 도움을 준다. 특히, 스타일 변환 기능을 적용해 모델의 반복 학습이 가능하고 데이터 분석과 보안 등의 솔루션도 제공한다.

2.5 런웨이ML

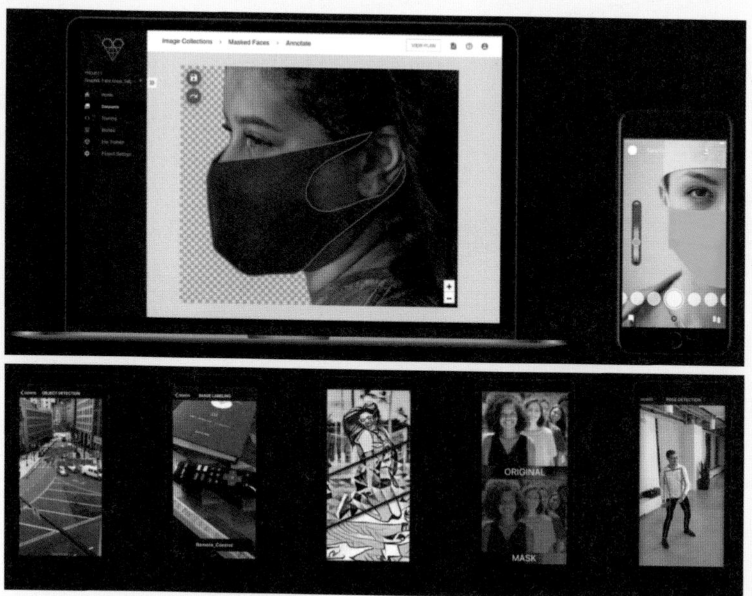

▲ 런웨이 ML(https://runwayml.com/)

런웨이ML은 GAN 생성적 적대적 네트워크 알고리즘을 활용한 이미지 생성과 텍스트 생성을 지원한다. 또한 모션 캡처와 특정 객체의 감지 등을 할 수 있는 모델을 제공한다. 특히, 시각화된 인터페이스를 제공함으로써 보다 쉽게 기계학습 솔루션을 개발할 수 있다. 이미지 처리에서 배경을 찾아 제거하거나 스타일 전송을 통해 다양한 이미지를 생성할 수 있다. 사용자들은 사전에 훈련된 GAN 학습 모델을 활용해 기본이 되는 이미지 프로토타입에서 새로운 이미지를 생성할 수 있다.

2.6 Obviously AI

Obviously AI는 엑셀과 같은 CSV(Comma Separated Value) 데이터 등의 값을 활용해 데이터 과학에서 예측 기능을 제공한다. 자연어 처리 기능을 이용해 학습 모델을 구축하고 테스트 후에 새로운 데이터를 사용해 예상 매출이나 재고 수요를 예측하는 시각화된 보고서를 생성한다. 예측하기 위한 데이터들을 업로드하고 예측하고자 하는 내용을 선택한 후 자연어로 질문을 입력하고 결과를 시각화해 제공하는 시스템이다. Obviously AI는 MySQL, CRM 전문 회사인 세일즈포스, 레드시프트 등과 같은 기관의 소스 데이터를 지원해 분석한다. 선형 회귀 분석과 텍스트 마이닝 등의 기본 지식이 없어도 데이터 예측 분석을 수행할 수 있다.

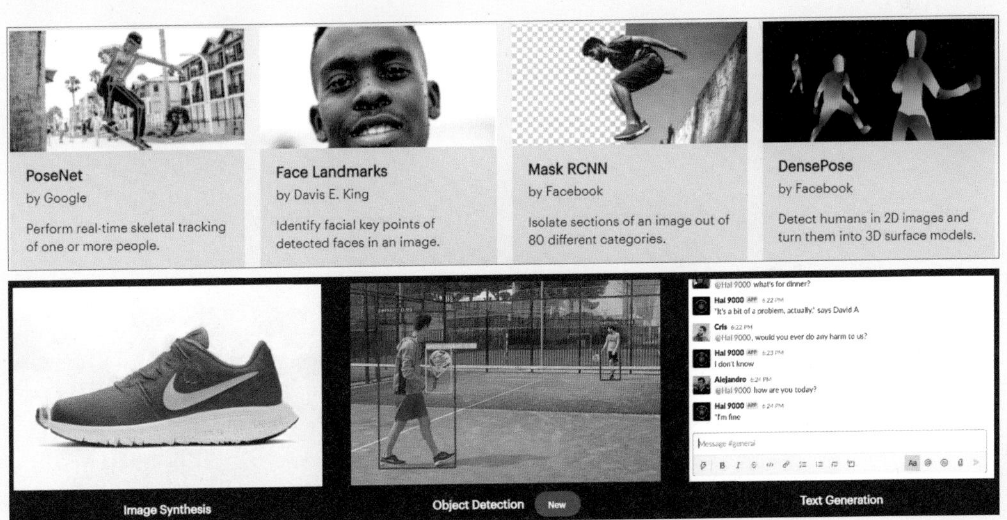

▲ Obviously AI(https://www.obviously.ai/)

2.7 MakeML

MakeML은 이미지와 영상에서 특정 객체를 감지하고 의미 있는 부분을 분할해 학습 모델을 만들어준다. MakeML 플랫폼은 iOS 환경에서 이미지에 주석을 자동으로 추가해 지도학습에 필요한 레이블링을 자체적으로 수행하는 MacOS 앱을 제공한다. 비전 데이터셋 저장 공간도 무료로 활용 가능하다. 스포츠 동작에서 특정 부분, 예를 들면 공이나 동작의 일부분을 인식해 확인 가능하다. 또한 네일아트의 색상을 자동으로 배치하는 등의 상업적 활용에 특화된 기능을 제공한다.

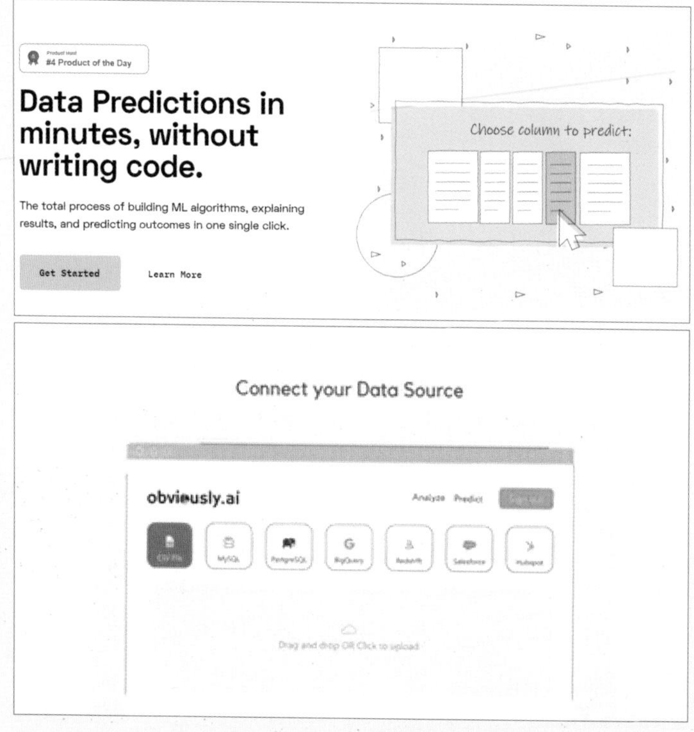

▲ MakeML

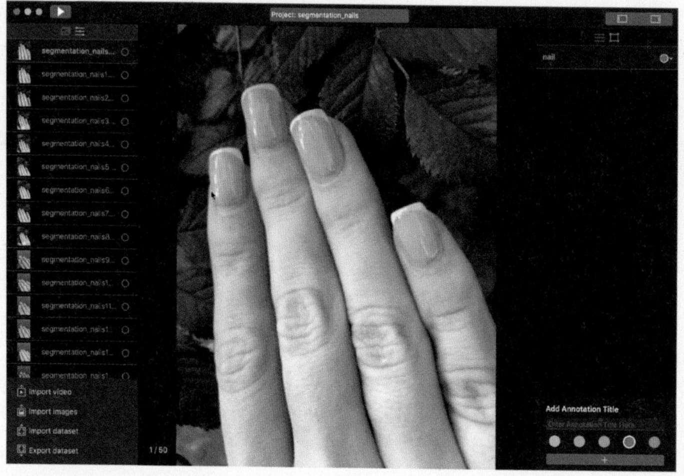

Object Detection AR IOS　　Object Detection IOS　　Semantic Segmentation IOS

▲ AI 통합 개발 지원 사이트
(출처: https://github.com/makeml-app/Potato-Scales/blob/master/images/potato_result.gif)

2.8 메타

SNS의 대표 기업으로, 기존 SNS의 데이터를 활용해 AI와 접목한 다양한 서비스를 제공하고 있다. AI 개발을 위한 도구와 프레임워크, 라이브러리, 학습 모델, 기초 데이터셋을 제공한다. 특히 챗봇(Chatbot) 기능을 도입한 기업용 메신저를 통해 별도의 앱을 실행하지 않고 채팅창에서 정보를 확인하고 처리할 수 있는 다양한 기능을 연결하는 플랫폼으로 활용한다.

2.9 아마존

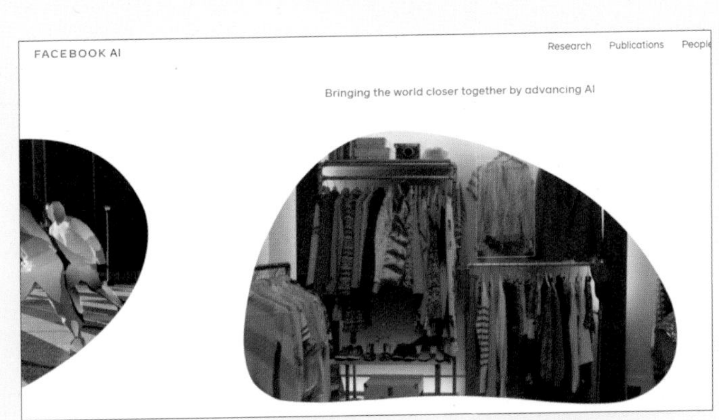

▲ 아마존
(출처: https://aws.amazon.com/ko/ai/)

아마존은 AWS 클라우드에 다양한 기계학습 모듈을 적용해 학습 솔루션을 구현하고 심층적인 도구 세트를 제공하고 있다. AWS는 복잡한 머신러닝 알고리즘이나 모델의 생성, 구성을 통한 사용 등을 고민할 필요 없이 다양한 AI 애플리케이션을 개발하도록 기본 서비스를 제공한다. 텍스트를 음성으로 변환하는 '아마존 폴리', 애플리케이션에 이미지와 비디오 분석 기능을 추가할 수 있는 '아마존 레코그니션', 음성 및 텍스트 이용해 대화형 인터페이스 구축하는 '아마존 렉스', 음성을 텍스트로 바꿔주는 '아마존 트랜스크라이브', 단순 API 호출로 맞춤 추천 서비스를 구축할 수 있는 '아마존 펄스널라이즈' 등이 있다.

▲ 아마존(출처: https://aws.amazon.com/ko/ai)

2.10 마이크로소프트

마이크로소프트(https://azure.microsoft.com/)는 Azure AI Services를 사용해 인공지능에서 제공하는 지능형 에지와 지능형 클라우드를 포괄하는 차세대 애플리케이션을 제작할 수 있는 기반을 제공한다.

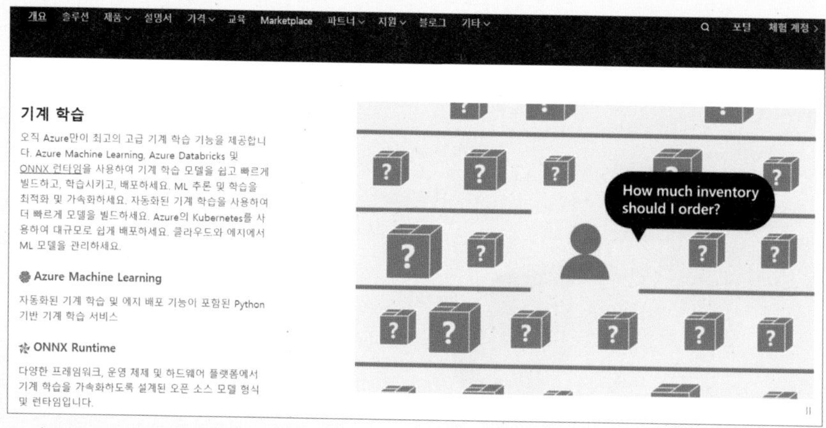

▲ 마이크로소프트의 Azure AI Services
(출처: https://azure.microsoft.com)

2.11 IBM

딥블루와 제오파디 퀴즈 대결로 유명한 왓슨을 개발한 IBM(https://www.ibm.com/kr-ko/watson)은 의료 전문 AI 플랫폼인 'Watson Health'를 운영하며 다수의 헬스케어 서비스 기업들을 참여시켜 의료 분야 산업 생태계를 구성하고 있다. 또한 챗봇 기능을 제공해 다양한 분야에서 상담과 자연어 처리가 가능한 플랫폼을 제공한다.

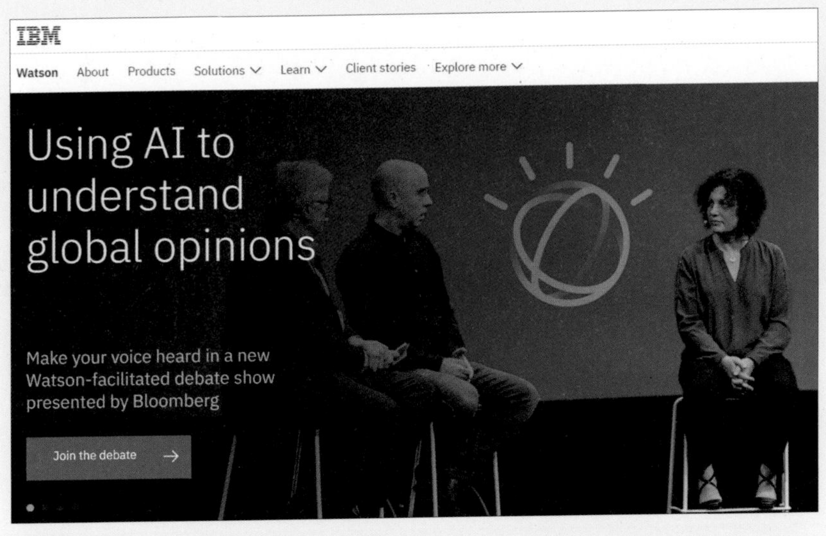

▲ IBM
(출처: https://www.ibm.com/kr-ko/watson)

2.12 네이버

수년간 포털 운영을 통해 축적한 빅데이터를 기반으로 범용적으로 활용될 수 있는 지능형 개인 비서인 AI 플랫폼 클로바와 번역 서비스인 파파고(papago) 등 네이버의 다양한 AI 서비스를 API 형태로 제공하고 있다.

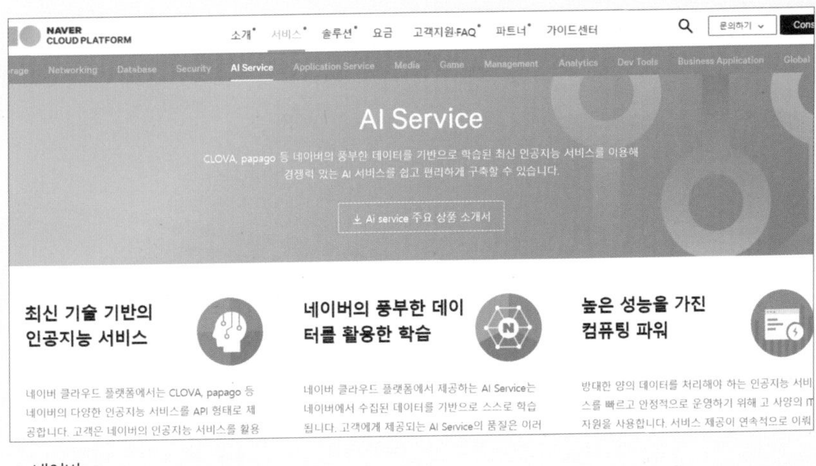

▲ 네이버
(https://www.ncloud.com)

ARTIFICIAL INTELLIGENCE

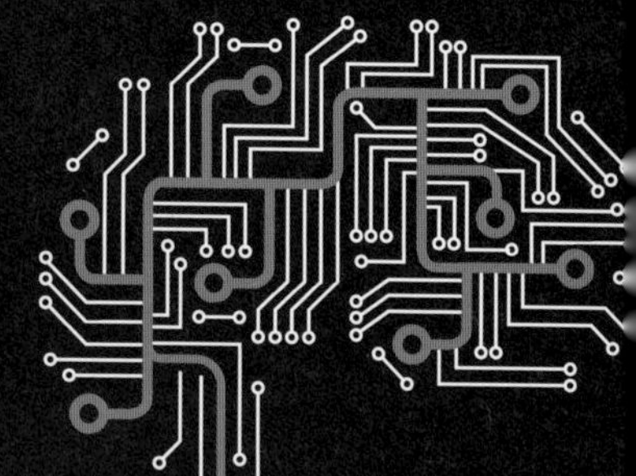

3. AI 챗봇 플랫폼

튜링에 의해 제안된 튜링 테스트는 엘리자 시스템을 시작으로 인간의 언어 처리 능력을 구현하기 위해 많은 도전을 했다. AI의 자연어 처리 알고리즘의 발전으로 챗봇 플랫폼이 활성화되고 있다. 상업적으로 사용하는 챗봇이지만 교육에서도 일부 무료 기능과 트라이얼 기능을 이용해 챗봇을 구성하고 실습해볼 수 있다.

3.1 AI 챗봇 플랫폼의 종류

3.1.1 다이얼로그플로우

구글의 클라우드 서비스 중 챗봇 기능을 제공하는 서비스이다. 다이얼로그플로우(Dialogflow)는 대화식 사용자 인터페이스를 모바일 앱, 웹 애플리케이션, 기기, 봇, 대화형 음성 응답 시스템 등에 쉽게 설계하고 통합할 수 있는 자연어 이해 플랫폼이다. 다이얼로그플로우는 텍스트 또는 오디오 입력(전화 또는 음성 녹음 등)을 포함해 사용자가 제공하는 여러 유형의 입력을 분석하고 또한 텍스트 또는 합성 음성을 통해 응답할 수 있다.

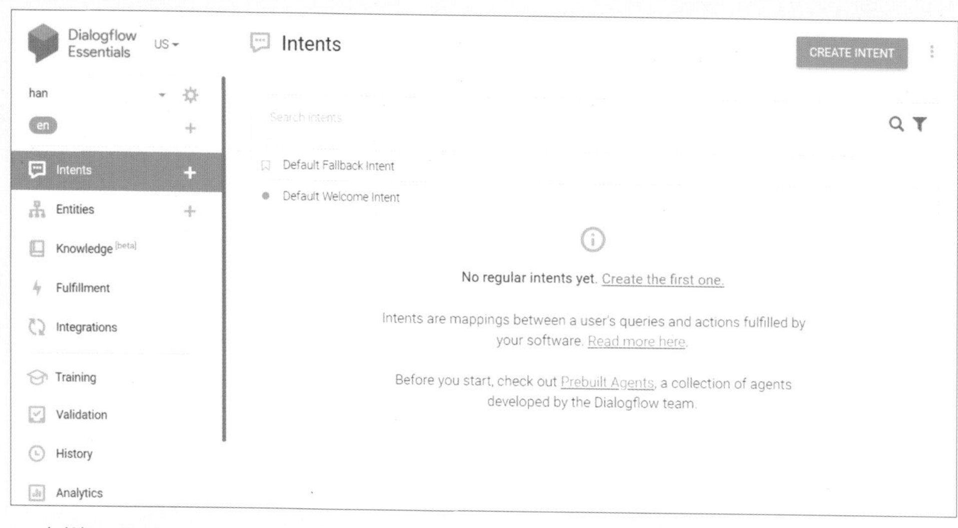

▲ 다이얼로그플로우
(출처: https://cloud.google.com/dialogflow)

3.1.2 매니챗

매니챗은 페이스북 메신저용 챗봇을 제작했다. 페이스북에서 드래그 앤드 드롭 인터페이스로 챗봇을 쉽게 설정할 수 있다. 자동으로 사용자 환영, 제품 추천 메시지 전송, 예약 응답 등 작업을 수행한다.

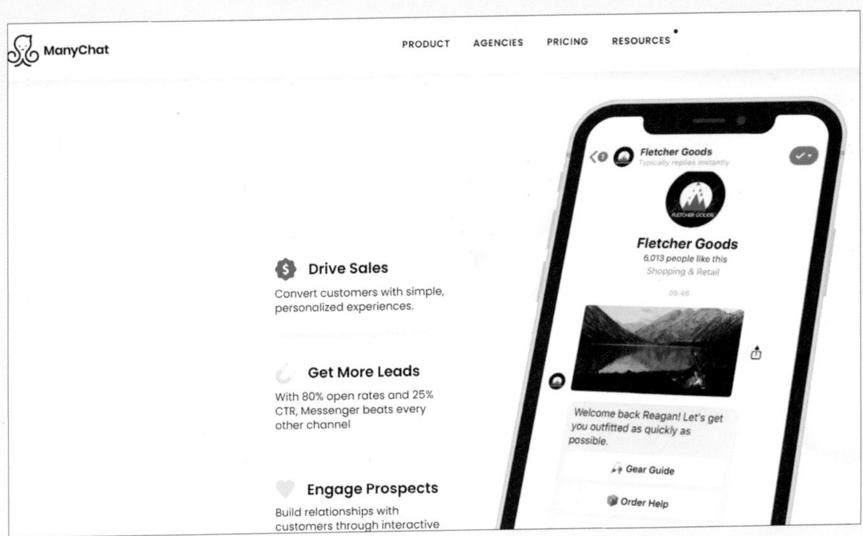

▲ 매니챗
(출처: https://manychat.com)

3.1.3 챗봇닷컴

챗봇닷컴은 '챗봇 마법사'의 드래그 앤드 드롭 기능을 활용해 쉽게 챗봇을 만들 수 있으며 AI 챗봇 템플릿도 제공한다. 페이스북 메신저용에서도 챗봇닷컴의 챗봇 기능을 사용할 수 있다.

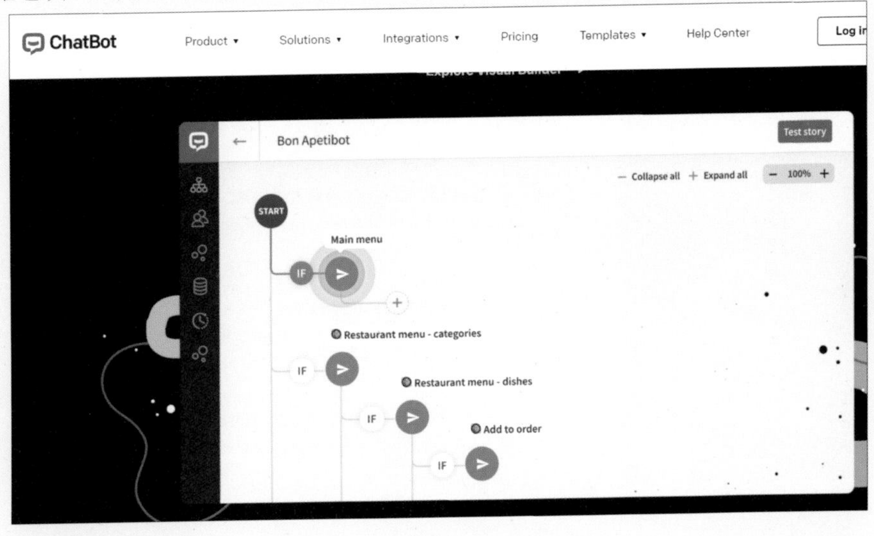

▲ 챗봇닷컴
(출처: https://www.chatbot.com)

3.1.4 챗퓨얼

챗퓨얼은 페이스북 메신저, 인스타그램용 챗봇 플랫폼이다. 코딩이 필요하지 않다. 주로 상품 매출을 늘리거나 자주 묻는 질문에 대한 답변을 한다.

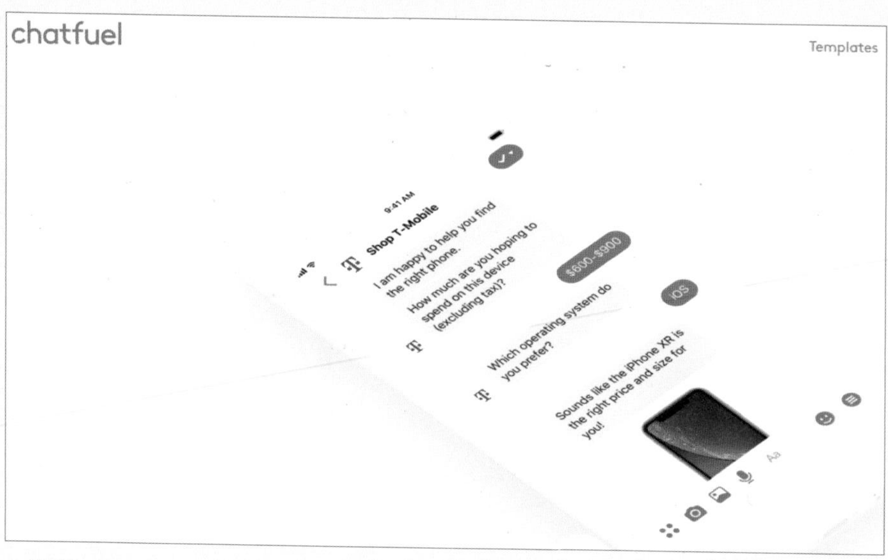

▲ 챗퓨얼
(출처: https://chatfuel.com)

3.1.5 모바일멍키

모바일멍키는 웹 채팅, 각종 메신저, SMS 문자 메시지 등에서도 작동한다. 단일 챗봇을 생성해 여러 플랫폼에서 사용할 수 있다.

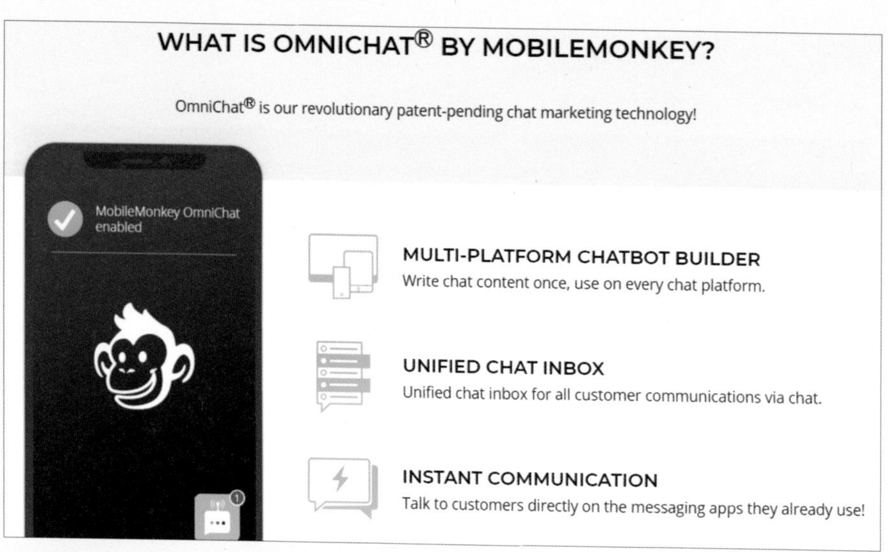

▲ 모바일멍키
(출처: https://mobilemonkey.com)

3.1.6 프레시챗

프레시챗은 AI 알고리즘 '프레디'로 구현됐으며 단순히 채팅하는 기능이 아니라 사용자의 의도를 감지하고 대화가 가능하다.

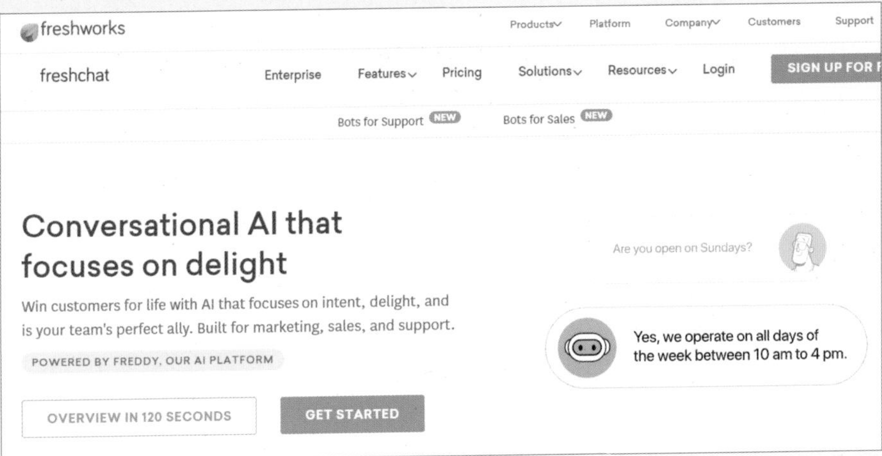

▲ 프레시챗
(출처: https://www.freshworks.com)

ARTIFICIAL INTELLIGENCE

4. AI 교육을 위한 특화 플랫폼

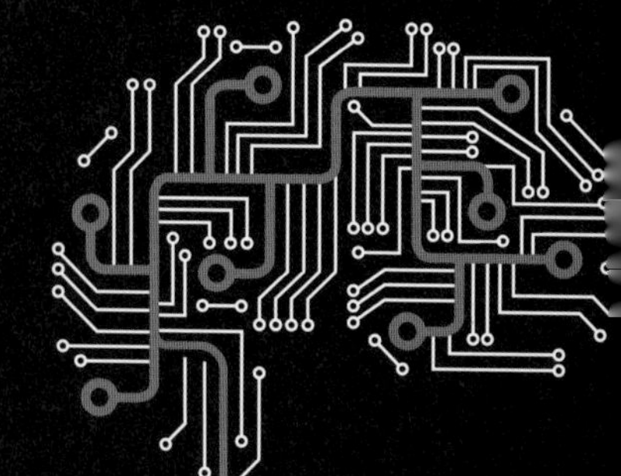

빅데이터 플랫폼과 인공지능 상용 플랫폼을 교육 특화형으로 개발한 것이 인공지능 교육 플랫폼이다. 구글과 MS, IBM 등의 IT 기업에서 교수·학습을 위한 다양한 플랫폼을 제공하고 있으며 기계학습을 체험하고 응용 서비스를 개발할 수 있다.

4.1 플랫폼의 종류

4.1.1 ML4Kids

IBM에서 개발한 왓슨을 활용해 교육적으로 AI를 체험하고 간단한 기계학습 모듈을 개발할 수 있도록 개발된 것이 ML4Kids이다. AI 플랫폼에 학습하고자 하는 이미지, 텍스트, 숫자, 소리 등을 입력하고 기계학습을 통해 AI가 학습하는 과정을 학생들이 경험하도록 한다. 기계학습으로 모델링된 자료를 바탕으로 스크래치를 활용해 코딩이 가능하며 실제 수업에 활용 가능한 프로그램을 개발할 수 있다.

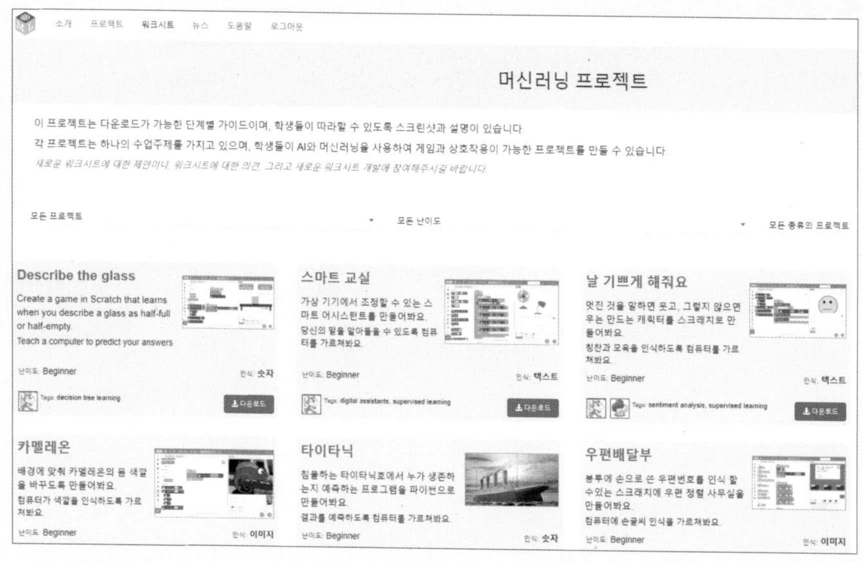

▲ ML4Kids 예시 프로젝트

4.1.2 티처블 머신

구글이 개발한 티처블 머신은 웹 브라우저에서 바로 이미지, 소리, 포즈를 인식할 수 있도록 훈련시켜 실제 사용 가능한 솔루션을 개발할 수 있다. 파일을 드래그 앤 드롭해 학습 모델을 만들 수 있고 카메라와 마이크를 통해 이미지나 사운드 데이터를 입력받아 학습 모델을 만들 수도 있다. 학습된 최종 모델을 TensorFlow.js나 tflite 형식으로 내보낼 수 있다. 이 형식은 웹사이트나 앱에서 사용 가능하며 다양한 형태의 프로젝트를 개발할 수 있다.

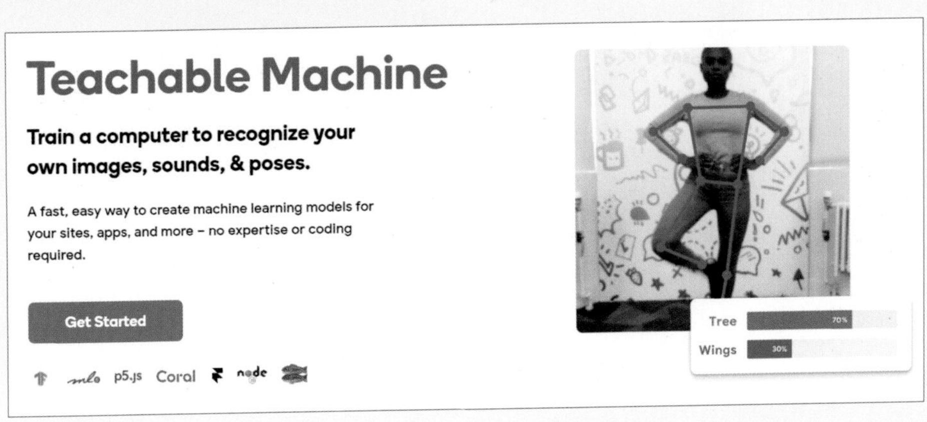

▲ 티처블 머신
(출처: https://teachablemachine.withgoogle.com)

4.1.3 코그니메이트

코그니메이트는 MIT 미디어랩에서 개발한 교육용 AI 플랫폼으로, 스크래치와 연동해 기계 학습을 훈련시키고 코드로 솔루션을 개발하며 놀이하듯 AI를 학습하는 사이트이다.

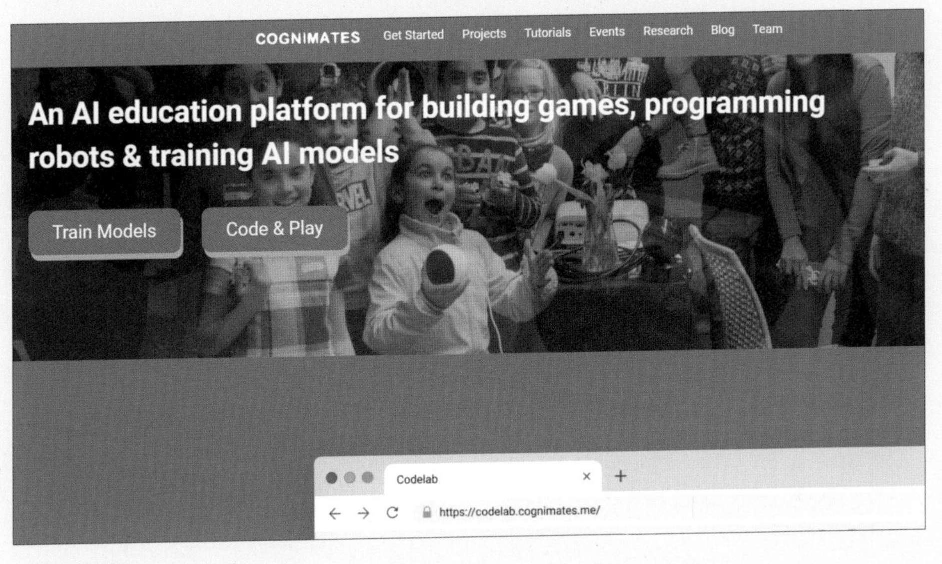

▲ 코그니메이트
(출처: https://cognimates.me)

4.2 AI 체험형

AI 체험형은 교육용으로 개발됐다기보다 AI에 대한 체험과 실습을 통해 AI의 원리나 알고리즘을 쉽게 이해하기 위해 사용한다. 특별히 사용자가 개별적으로 수집한 데이터를 입력하거나 다른 추가의 기능 없이 하나의 AI 알고리즘으로 구성해 사용자들로부터 기본이 되는 데이터를 받아 처리하는 방식으로 운영된다. 몇 가지 사이트만 소개한다.

4.2.1 플레이그라운드 텐서플로

구글은 딥러닝을 통해 데이터를 구분하는 지도학습 과정을 시각화하기 위해 텐서플로를 사용해 AI 알고리즘을 체험하도록 서비스를 제공했다. 자바스크립트를 이용해 웹 브라우저에서 바로 딥러닝 실습이 가능하다.

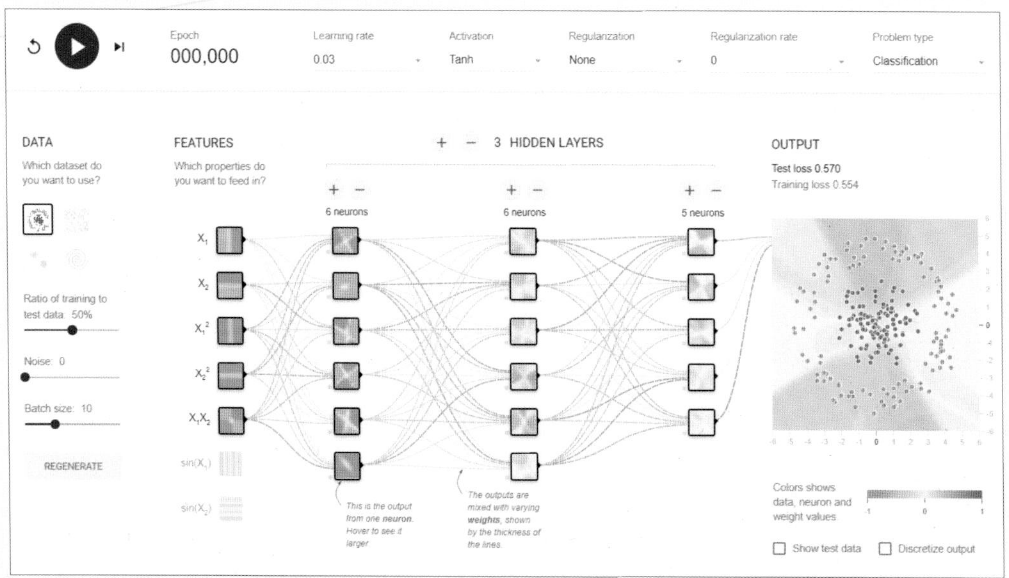

▲ 플레이그라운드 텐서플로
(출처: https://playground.tensorflow.org)

4.2.2 위드 구글 AI 실험실

구글은 AI 실험 사이트와 앱을 공개해 AI가 어떤 분야에 어떻게 활용되는지에 대한 실제적인 사례를 다양하게 제공한다. AI에 관심 있는 사람들은 누구나 그림, 그림, 언어, 음악 등의 자료를 통해 기계학습을 구현하고 그 결과를 쉽게 탐색할 수 있는 간단한 실험을 위한 쇼케이스를 제공한다.

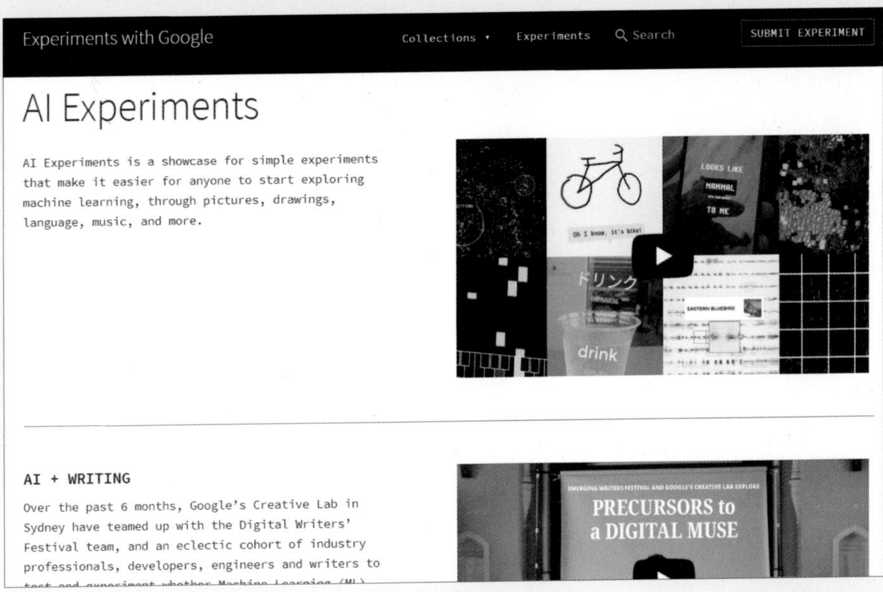

▲ 위드 구글 AI 실험실
(출처: https://experiments.withgoogle.com/collection/ai)

특히, 구글 AI 실험실에서 진행하는 프로젝트 중 AIY(Do-it-yourself artificial intelligence)는 음성 인식(보이스킷)이나 시각 인식(이미지, 영상 – 비전킷)이 가능한 간단히 키트를 제공하고 있어 초보자도 쉽게 AI의 인식 기능을 체험하고 개발할 수 있다(출처: https://aiyprojects.withgoogle.com/).

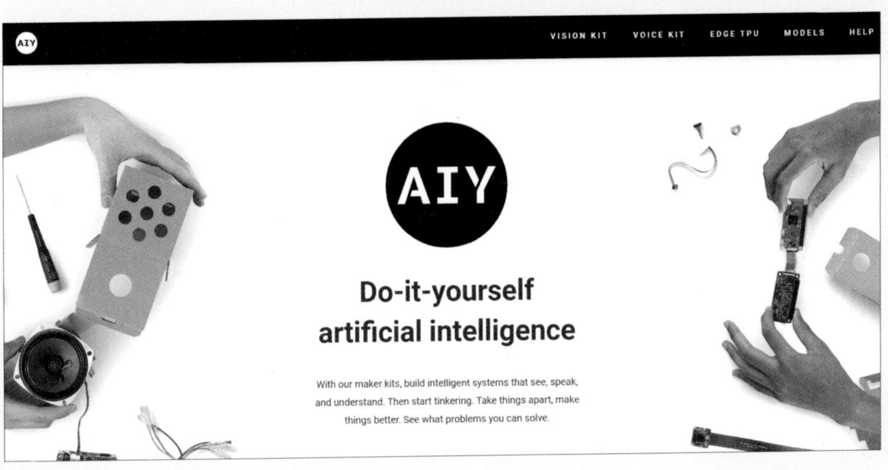

▲ AIY
(출처: https://aiyprojects.withgoogle.com)

8부 | 인공지능 교육 실습을 위한 자원
4

4.2.3 오토드로우

오토드로우는 사용자가 캔버스에 그림을 그리고 나면 그것을 AI가 알아맞힌다. AI의 이미지 인식 알고리즘을 쉽게 이해하도록 인식과 학습의 과정을 사용자에게 체험하도록 하는 인터페이스와 자료를 제공한다.

▲ 오토드로우
(출처: https://www.autodraw.com)

4.2.4 퀵드로우

퀵드로우도 오토드로우와 마찬가지로 이미지 낙서를 통해 기계가 학습하도록 체험하는 사이트이다. 위드구글 사이트에서 실험적으로 구현돼 사용하고 있다.

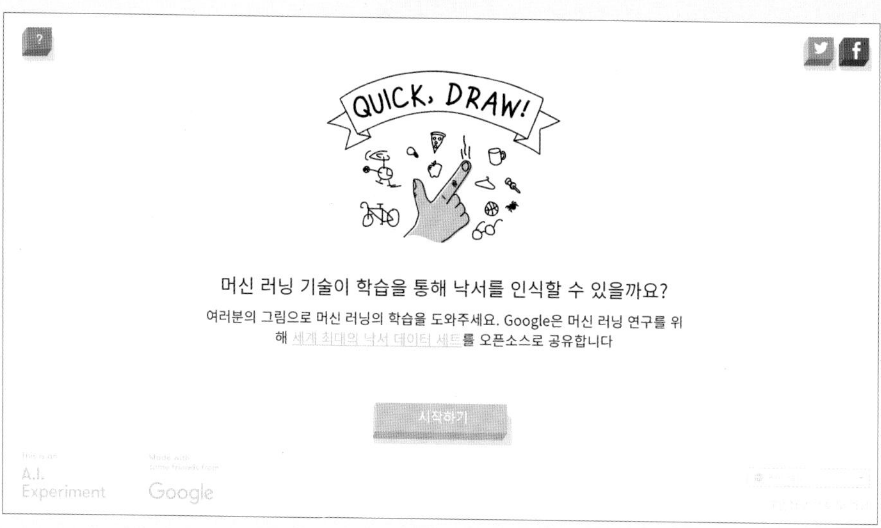

▲ 퀵드로우
(출처: https://quickdraw.withgoogle.com)

4.2.5 마젠타

텐서플로를 이용해 사용자가 그린 그림에 자동으로 AI 화가가 협업해 그림을 완성하는 기능을 제공한다. 스케치 RNN 기능을 이용해 미완성 그림을 AI가 인식해 완성해 나간다.

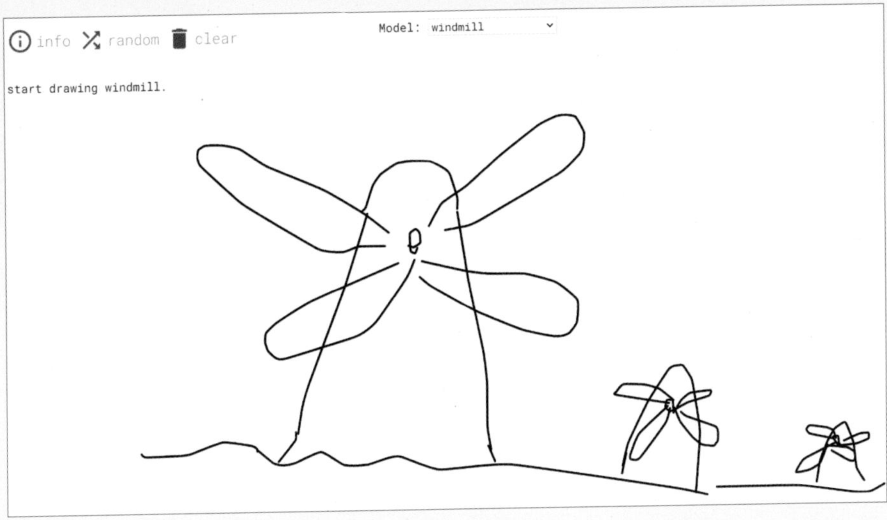

▲ 마젠타
(출처: https://magenta.tensorflow.org)

4.2.6 컴퓨터 비전

마이크로소프트에서 개발한 시각 인식 사이트이다. 이미지를 선택하면 그림 안에 있는 글자나 객체를 인식해 표현한다.

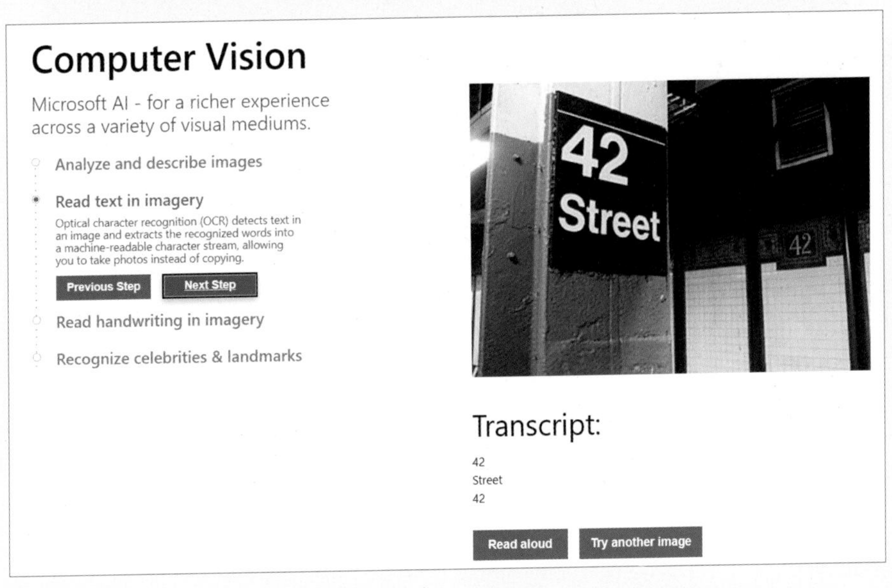

▲ 컴퓨터 비전
(출처: https://aidemos.microsoft.com/computer-vision)

4.2.7 이미지 자동 편집

이미지를 업로드하고 필요한 부위를 지우면 AI가 주변 그림의 상태에 맞게 이미지를 변환한다. Nvidia에서 GAN 알고리즘을 이용해 개발했다.

▲ 이미지 자동 편집
(출처: https://www.nvidia.com/research/inpainting)

4.2.8 단어 인식 게임

자연어를 인식해 AI가 관련된 단어를 찾는 게임이다. 게임과 AI 자연어 인식과 연계한 재미있는 사이트이다.

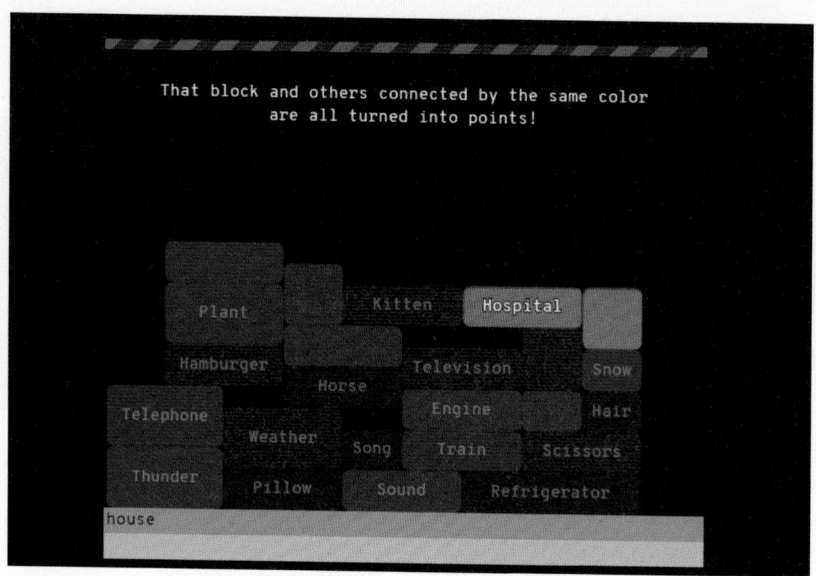

▲ 단어 인식 게임
(출처: https://research.google.com/semantris)

4.3 교육용 프로그래밍 언어 도구

4.3.1 EPL

EPL은 실제적인 문제를 해결하기보다 교육용으로 만들어진 프로그래밍 언어로, 대표적으로 스크래치와 엔트리가 있다. 스크래치는 그래픽 환경을 통해 컴퓨터 코딩에 관한 경험을 쌓게 하기 위한 목적으로 설계된 교육용 프로그래밍 언어 또는 환경이다. 프로그래밍을 처음 접하는 입문자에게도 적합하며 블록을 끌어와서 끼워 맞추는 형식으로 코딩할 수 있다.

4.3.2 스크래치

MIT 미디어랩에서 만든 블록형 프로그래밍 언어이다. 다양한 소스 프로젝트를 모아 공유하며 다양하게 리믹스하도록 플랫폼을 제공하고 있다. ML4Kids 등의 AI 교육 플랫폼과 연동돼 AI 실습을 할 수 있다.

▲ 스크래치
(출처: https://scratch.mit.edu)

4.3.3 엔트리

▲ 엔트리
(출처: https://playentry.org)

국내의 커넥트(Connect) 재단에서 개발한 블록형 프로그래밍 언어이다. 최근 AI 모듈과 데이터 과학이 가능한 라이브러리를 제공하므로 AI 실습이 가능하다.

4.3.4 엠블록

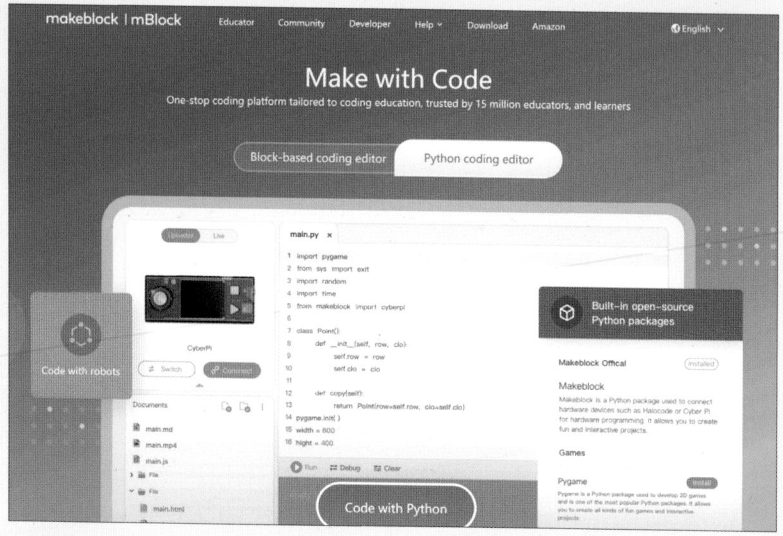

▲ 엠블록
(출처: https://www.mblock.cc)

스크래치 소스를 그대로 사용해 중국에서 개발된 블록형 프로그래밍 언어 플랫폼이다. 스크래치의 모든 내용을 상속해 개발됐기 때문에 스크래치 사용자들이 바로 활용 가능하다. AI 기능을 제공하는 모듈이 많이 적용되면서 손쉽게 AI 체험과 개발을 할 수 있다.

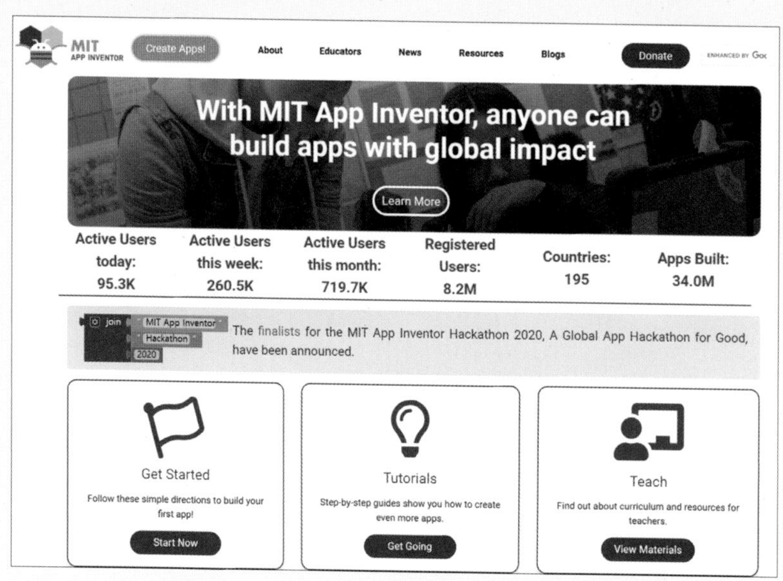

▲ MIT 앱 인벤터
(https://appinventor.mit.edu)

앱 인벤터는 MIT에서 스크래치를 기반으로 개발된 스마트앱 개발 블록 프로그래밍 언어이다. 복잡한 스마트폰 애플리케이션을 손쉽게 개발할 수 있으며 AI 플랫폼과 연동돼 AI 기능을 가진 스마트앱을 제작할 수 있다.

4.3.5 딥아이(DeepAI)

딥아이(DeepAI)는 인하공전 이세훈 교수팀이 개발한 기계학습 개발 도구이다. 주로 파이썬과 AI 라이브러리로 개발하던 스크립트 방식에서 벗어나 스크래치처럼 블록 명령어 기반으로 머신러닝의 코딩이 가능하다. 파이썬에서 흔하게 있는 타이핑 오류나 구문 오류 등을 방지하면서도 쉽게 기계학습을 구현할 수 있다. 실제 데이터를 불러와 넘파이, 판다스, 사이파이, 사이킷런과 맷플롭립의 라이브러리를 바로 사용하면서 지도학습, 비지도학습, 강화학습 그리고 데이터 과학 관련 인공지능 모듈을 개발할 수 있다.

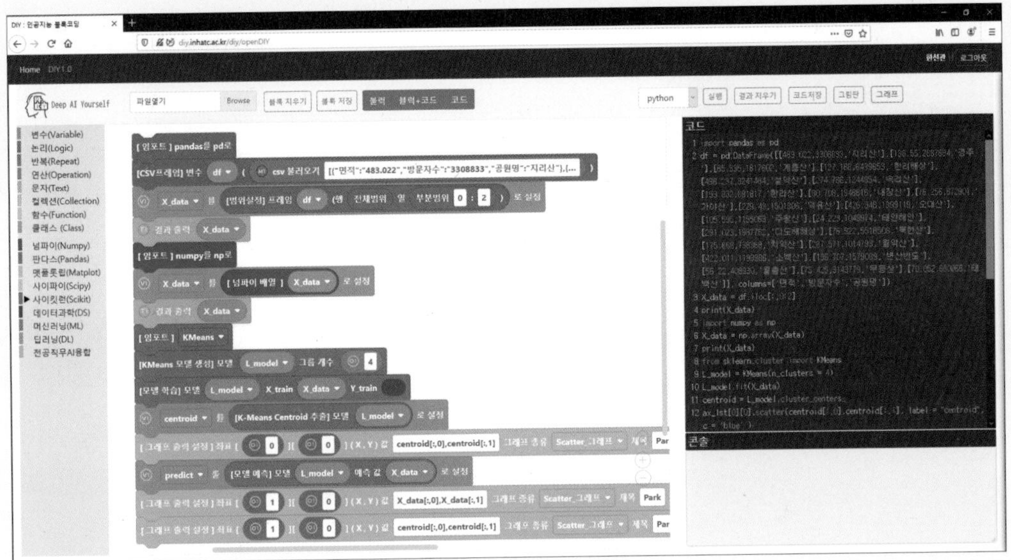

▲ 딥아이
(출처: http://diy.inhatc.ac.kr)

ARTIFICIAL INTELLIGENCE

5. AI 개발을 위한 프로그래밍 언어

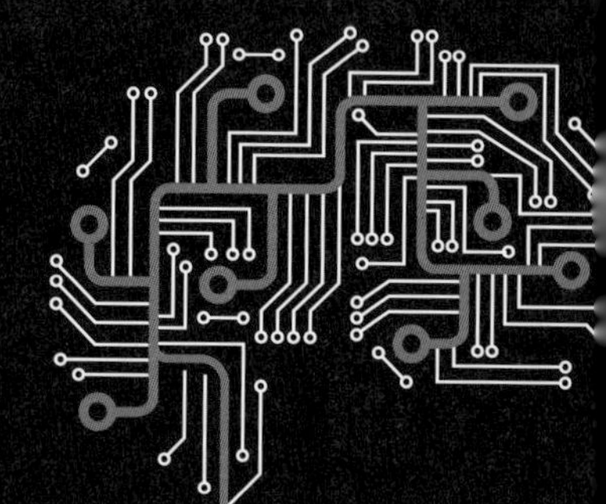

인공지능 프로그램을 개발하기 위한 언어는 전통적으로 C 언어를 시작으로 논리형 Prolog, LISP 등의 AI 전용 프로그래밍 언어가 있으며 현재는 인간의 언어와 유사한 고급 언어로서 Python 등의 언어가 사용되고 있다. 인공지능 알고리즘을 라이브러리화해 누구나 쉽게 인공지능을 구현할 수 있는 환경으로 발전하고 있다.

5.1 프로그래밍 언어의 종류

5.1.1 Python

파이썬의 문법이 매우 간단하고 학습기가 쉬워 다양한 AI 알고리즘을 구현하는 데 가장 많이 사용한다. 파이썬 프로그래밍은 C, C++ 또는 자바와 같은 다른 언어에 비해 개발 시간이 짧고 초보자도 배우기 쉽다는 장점이 있다. 특히 파이썬은 다양한 AI 라이브러리를 지원한다.

5.1.2 R

R은 통계적 목적으로 데이터 분석 및 조작 분야에 많이 사용된다. 통계 분야뿐 아니라 머신러닝에도 사용 가능하고 R을 이용해 수학 기호, 플롯, 공식 등을 구할 수 있으며 머신러닝에 활용되는 G 모델, Class, TM, RODBC 등 AI 개발에 활용할 수 있는 다양한 패키지를 제공한다.

5.1.3 LISP

LISP은 1958년에 존 매커시가 개발한 프로그래밍 언어로, AI 개발 언어 중 가장 오래되고 상징적인 기호 중심 AI 개발에 적합한 언어 중 하나이다. LISP은 리스트 형태로 된 데이터를 처리하도록 설계돼 프로그램이 자료처럼 연산되거나 기본 자료 구조가 연결 리스트를 사용해 일반적인 연산을 수행하기도 한다. 풀이 절차, 방정식 처리, 미적분, 정리 증명, 게임 문제, 자연어 처리 등에 적합하다.

5.1.4 Prolog

Prolog는 로직형 AI 프로그래밍 언어에 효과적인 패턴 매칭, 트리 기반 데이터 구조화 및 자동 역추적의 특징을 제공한다. 지식 기반 기계학습에 사용하기에 이상적인 언어로 의료 프로젝트, 전문가 AI 시스템 설계 등에 사용된다.

5.1.5 C/C++

C는 하드웨어 수준에서 처리 가능한 강력한 언어로 C++은 C의 문법을 계승한 강력한 객체지향 언어이다. 다른 프로그래밍 언어보다 속도가 빠르며 하드웨어 수준에서 처리돼 실행 시간에 민감한 AI 개발에 유용하다. 대부분의 코어 기계학습 알고리즘과 딥러닝 라이브러리는 C 또는 C++로 작성돼 API를 제공하며 다른 프로그래밍 언어와 연동 가능하다.

5.1.6 Java

Java는 사용 방법이 간편하고 디버깅이 쉬우며, 패키지 서비스, 대규모 프로젝트와의 단순화된 작업, 데이터의 그래픽 표현 및 사용자 인터랙션 등 다양한 장점을 제공한다. 또한 SWT 표준 위젯 툴킷과 스윙이 통합돼 그래픽과 인터페이스를 매력적이고 세련되게 표현할 수 있다. JAVA는 휴리스틱 탐색 알고리즘, 인공 신경망, 유전자 프로그래밍 등 다양한 분야에 사용된다. 자바 언어를 바탕으로 개발된 신종 JVM 언어군으로 스칼라, 코틀린, 클로저 등이 있다.

5.1.7 JavaScript

자바스크립트는 객체 기반의 스크립트 프로그래밍 언어이다. 이 언어는 HTML과 함께 웹 브라우저 내에서 주로 사용하며, 다른 애플리케이션의 내장 객체에도 접근할 수 있다. 또한 Node.js와 같은 런타임 환경과 같이 서버 프로그래밍에도 사용되고 있다. 구글은 최근 웹 브라우저에서 머신러닝 모델의 학습 및 실행이 가능한 WebGL 가속 라이브러리인 TensorFlow.js를 공개했다. 케라스(Keras) API, 그리고 정규 텐서플로에서 학습된 모델을 로드하고 사용할 수 있는 기능도 포함한다.

5.1.8 Julia

Julia는 특별히 분리 컴파일 없이 고성능 퍼포먼스로 수치 해석과 데이터 과학을 다뤄 모델의 리스크를 줄이고 안정성이 높게 설계됐다. 다형성과 다중 분포를 핵심 프로그래밍 패러다임으로 하는 시스템 유형을 포함한다. Julia는 파이썬, R, Matlab과 유사한 문법을 사용하고 속도에서 C++과 연동해 빠르게 실행 가능하다 (RankRed, GeeksforGeeks, Technotification, Kenility, https://www.codingworldnews.com/article/view/940 참고).

5.1.9 기타 프로그래밍 언어

AI 소프트웨어를 개발할 수 있는 언어는 위에 제시한 언어 외에도 다양한 언어가 있다. 최근에는 Go, Ruby, Swift 등의 새로운 프로그래밍 언어들이 사용되고 있다. 프로그래밍 언어의 활용 순위를 매기는 IEEE Spectrum과 Pypl이라는 사이트에서 제시한 내용 중 가장 많이 사용되는 프로그래밍 언어의 순위는 다음과 같다.

Language Rank	Types	Spectrum Ranking
1. Python		100.0
2. C		99.7
3. Java		99.5
4. C++		97.1
5. C#		87.7
6. R		87.7
7. JavaScript		85.6
8. PHP		81.2
9. Go		75.1
10. Swift		73.7

▲ IEEE Spectrum (https://spectrum.ieee.org)

▼ Pypl의 프로그래밍 언어 순위

순위	언어명	사용률(%)
1	Python	31.02
2	Java	16.38
3	JavaScript	8.41
4	C#	6.52
5	PHP	5.83
6	C/C++	5.56
7	R	4.26
8	Objective-C	3.48
9	Swift	2.37
10	TypeScript	1.9
11	Matlab	1.67
12	Kotlin	1.66
13	Go	1.43
14	Ruby	1.17
15	VBA	1.12
16	Rust	1.01
17	Scala	0.95
18	Visual Basic	0.78
19	Dart	0.61
20	Ada	0.59

(출처: Worldwide, Oct 2020 compared to a year ago: http://pypl.github.io/PYPL.html)

5.2 대표적인 AI 프레임워크 라이브러리

AI를 구현할 때 프로그래밍 언어를 사용해 밑바닥부터 개발하는 것은 매우 어려운 일이며 비효율적이다. 이미 많은 연구자에 의해 AI 핵심 알고리즘과 구현 모듈이 라이브러리로 개발돼 공개돼 있다. 이러한 AI 또는 기계학습의 모듈을 라이브러리화해 그 틀을 제공하는 것이 프레임워크이다. 모든 프레임워크는 다른 목적으로 제작됐으며 고유한 기능을 제공한다. 여기서는 AI 개발에 가장 많이 사용하는 파이썬의 라이브러리, 프레임워크를 소개한다.

▲ AI 프레임워크

5.2.1 Theano

theano

테아노(Theano)는 파이썬 기반의 최초 딥러닝 프레임워크이다. 병렬 CPU와 GPU의 수치 연산에 매우 우수한 효과를 보이며 유용하게 사용된다. 테아노는 저수준의 라이브러리로 딥러닝 모델을 직접 구현하거나 래퍼 라이브러리를 사용해 프로세스를 단순하게 구성할 수 있다. 확장성이 뛰어나지 않은 점과 다중 GPU를 지원하지 못하는 것이 단점이다.

5.2.2 TensorFlow

TensorFlow

구글에서 개발해 2015년 오픈 소스로 공개된 텐서플로(TensorFlow)는 가장 인기 있는 딥러닝 라이브러리 중 하나이다.

텐서플로는 파이썬 기반의 강력한 딥러닝 라이브러리로, 병렬 CPU와 GPU에서 구동되며 대부분의 AI 플랫폼과 PC 및 모바일에서 사용할 수 있다. C++과 R의 라이브러리도 지원하며 케라스(Keras)와 같은 래퍼 라이브러리를 연동해 개발할 수 있다.

5.2.3 Keras

케라스(Keras는) 효율적인 딥러닝 구축을 위해 상위 수준에서 보다 단순하게 구성된 인터페이스로 개발 가능하다. 테아노와 텐서플로는 하위 수준에서 개발되기 때문에 케라스를 이용해 연동하면 딥러닝을 쉽게 구현할 수 있다. 또한 파이썬으로 개발돼 매우 가볍고 학습하기도 쉬운 장점이 있다. 케라스는 활용 매뉴얼이 우수하며 몇 줄의 코드로 딥러닝을 만들 수 있다.

5.2.4 Lasagne

Lasagne

라자냐(Lasagne)는 파이썬의 라이브러리로, 테아노의 상위 레벨에서 연동된다. 저수준 처리를 하는 복잡한 테아노를 추상화해 딥러닝을 구현하고 학습 모델을 만드는 데 친숙한 인터페이스를 제공한다.

5.2.5 Caffe

버클리대학교 AI 연구소(Berkeley Artificial Intelligence Research Lab)에서 개발한 카페(Caffe)는 문법, 실행 속도 및 모듈화가 뛰어난 C++ 라이브러리 중 하나이다. 파이썬 인터페이스를 갖고 있으며 이

미지 인식 알고리즘인 CNN을 모델링할 때 편리하다. 카페 모델 주(Caffe Model Zoo)에서 선행 학습된 여러 네트워크를 바로 사용할 수 있다. 이미지 인식이나 비전 시스템의 CNN 알고리즘 처리에 강력하다. 최근에는 페이스북이 카페(Caffe)의 기능을 업그레이드한 가볍고 유연한 카페2(Caffe2)를 공개했다.

5.2.6 Deep Learning 4j

딥러닝포제이(Deep Learning 4j)는 자바와 자바 가상머신용으로 작성된 딥러닝 라이브러리이다. 하둡이나 스파크와 같은 병렬 처리가 가능한 빅데이터 도구를 연동할 수 있으므로 딥러닝 플랫폼과 AI 플랫폼을 연계하는 효율적인 딥러닝 연산을 처리할 수 있다.

5.2.7 MxNet

아파치 그룹에서 개발된 MxNet은 파이썬, C++, R, Julia와 같은 언어를 지원한다. AWS 기반의 MxNet은 확장성이 좋고 다중 GPU와 병렬 CPU 연산이 가능하므로 상업용으로 유용하다.

5.2.8 Torch

페이스북, 트위터, 구글이 개발한 Lua 기반의 Torch는 GPU 연산 처리를 위해 C/C++ 라이브러리와 CUDA를 사용한다. 파이썬 기반의 라이브러리인 파이토치(PyTorch)의 개발로 최근에 딥러닝을 간단하게 구현할 수 있게 됐다.

5.2.9 CNTK

Microsoft
CNTK

마이크로소프트 사에서 개발한 CNTK 딥러닝 프레임워크는 'Cognitive Toolkit'의 약어이다. 파이썬과 C++을 지원하는 라이브러리로, 메모리와 연산 처리에 최적화됐다. CNTK는 강화학습과 적대적 생성 모델인 GAN(Generative Adversarial Networks)을 쉽게 구현할 수 있다. 테아노, 텐서플로와 비교했을 때 높은 성능을 자랑한다.

앞서 소개한 라이브러리, 프레임워크는 2018년을 기준으로 다음과 같은 활용 순위를 갖고 있다.

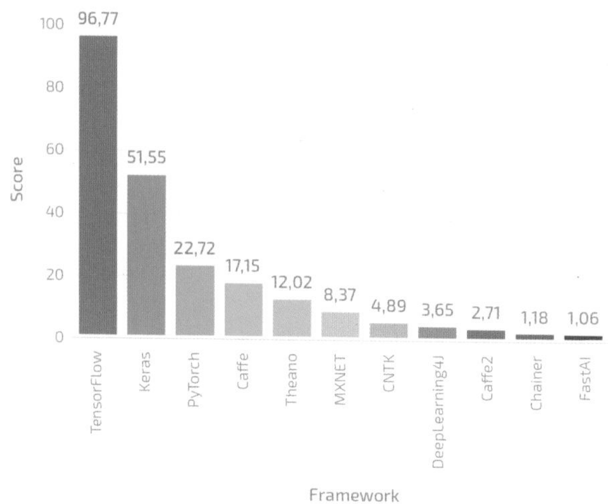

▲ 딥러닝 프레임워크 순위(2018)
(출처: https://www.infopulse.com/)

5.3 파이썬의 핵심 라이브러리와 도구들

5.3.1 NumPy

넘파이(NumPy)는 파이썬으로 과학과 수학 연산을 위한 필수 패키지이다. 다차원 배열을 위한 기능과 선형대수 연산과 푸리에 변환과 같은 고수준 수학 함수와 유사 난수 생성을 쉽게 구현한다.

5.3.2 SciPy

사이파이(SciPy)는 과학 계산용 함수를 모아놓은 파이썬 패키지이다. SciPy는 선형대수, 함수 최적화, 신호 처리, 희소 행렬 기능, 특수 수학 함수와 통계 분포 등을 포함한다. scikit-learn은 알고리즘을 구현할 때 SciPy의 중요 함수를 사용한다.

5.3.3 matplotlib

matplotlib

맷플롭립(matplotlib)은 파이썬의 출력 결과를 그래프로 나타내는 패키지로, 데이터와 분석 결과를 다양한 관점에서 시각화하는 라이브러리이다. 선 그래프, 히스토그램, 산점도 등을 지원하며 고품질의 그래프를 생성한다.

5.3.4 pandas

판다스(pandas)는 데이터 처리와 분석을 위한 파이썬 라이브러리이다. 판다스는 스프레드시트와 비슷한 테이블 형태의 데이터셋의 연산을 제공하며 테이블을 수정하고 조작하는 다양한 기능과 SQL처럼 테이블에 쿼리나 조인을 수행할 수 있다.

5.3.5 주피터 노트북

주피터 노트북은 다양한 프로그래밍 코드를 웹 브라우저에서 실행해주는 인터페이스 환경이다. 코드 실행에서 데이터 추적과 분석에 아주 유용하다. 파이썬을 이용해 개발할 때 코드와 설명, 이미지들을 쉽게 혼용해 사용할 수 있다.

5.4 AI 프로그래밍 개발 학습

AI 프로그래밍 개발형은 실제 AI 모듈과 알고리즘을 개발하기 위해 블록형과 스크립트형 언어를 이용해 코드를 개발하는 실습 서비스를 제공한다.

5.4.1 코드닷오알지

블록형 프로그래밍 언어를 이용해 코딩 실습이 가능하고 다양한 프로젝트와 학습 관련 자료가 제공된다.

5.4.2 생활 코딩

파이썬과 AI 모듈을 제공하는 케라스, 텐서플로 등의 코드를 작성하며 AI 알고리즘을 학습하며 동영상 학습 콘텐츠의 제시와 함께 코드를 구현해 실행할 수 있는 형태의 학습 인터페이스가 제공된다.

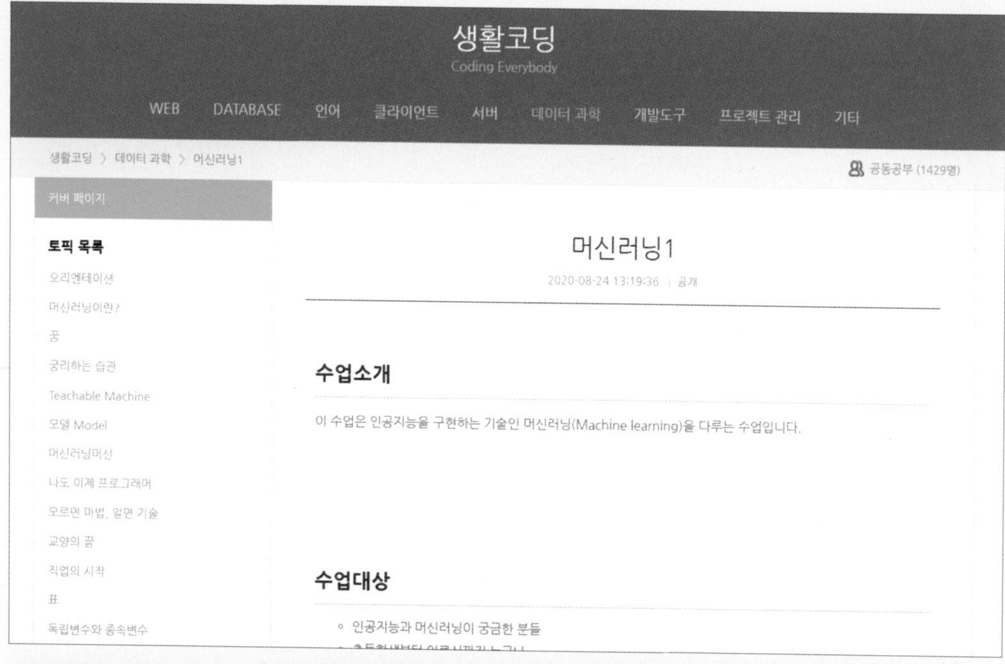

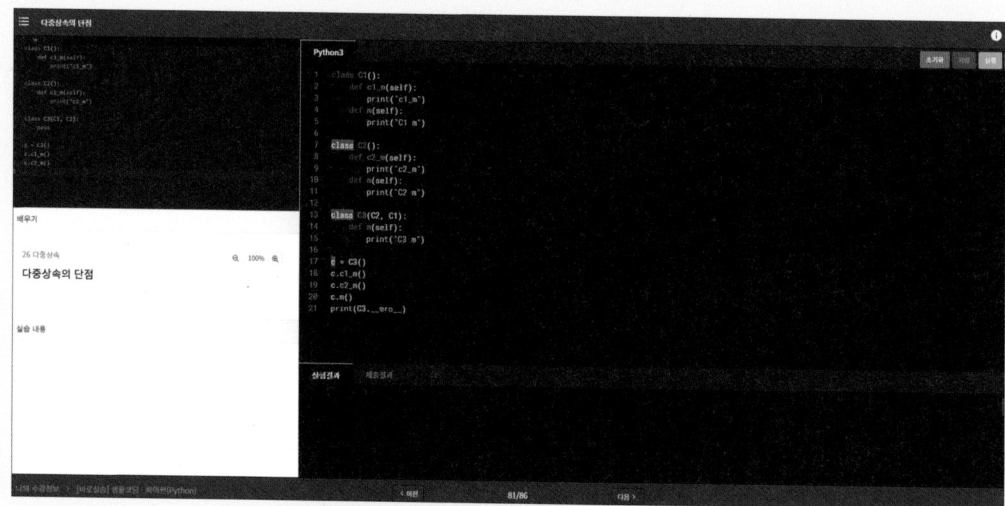

5.4.3 프롤로그 교육

Sw-prolog를 이용해 코딩하고 비주얼한 AI 처리 결과를 확인하면서 AI 구현을 실습해본다.

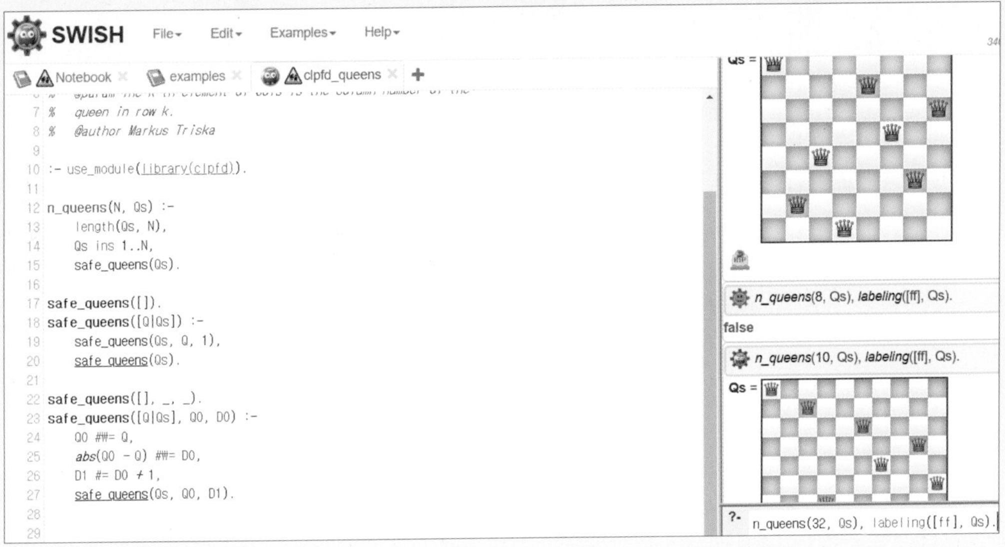

5.5 AI 학습형

AI 학습형은 AI의 주요 개념과 원리를 기존 이러닝 시스템과 같은 학습 관리 시스템에 탑재해 온라인으로 학습하는 형태이다.

5.5.1 AI4School

모두를 위한 AI 교육 사이트로, AI의 기초 소양에 관련된 주제를 온라인 콘텐츠로 제공한다. AI의 개념부터 탐색, 추론, 학습, 인식, 자연어, 로보틱스와 관련된 알고리즘을 소개하고 AI 윤리 내용으로 마무리한다.

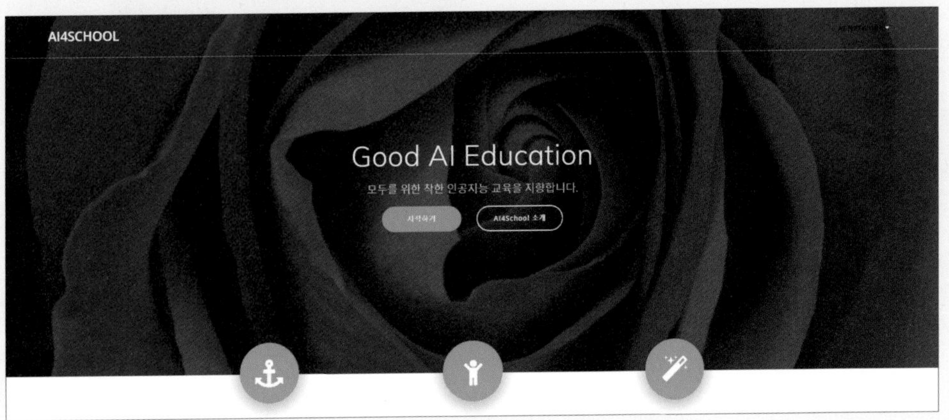

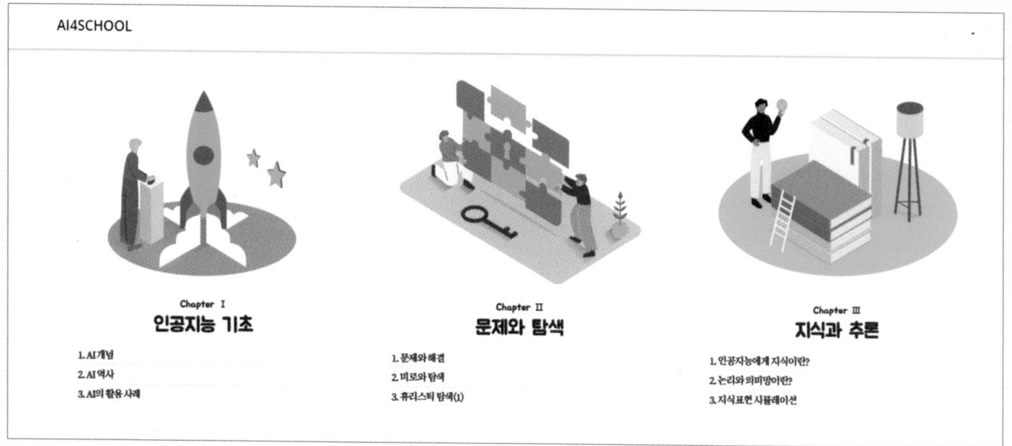

5.5.2 AI4TEACHER

교사들을 위한 AI 교육 콘텐츠 사이트로, AI 수업에 필요한 학습 자료와 방법을 제공한다. 현장 교사들의 AI 수업 사례뿐 아니라 실제 수업에서 사용 가능한 학습 교재와 학생용 워크시트를 개발해 공유하고 있다.

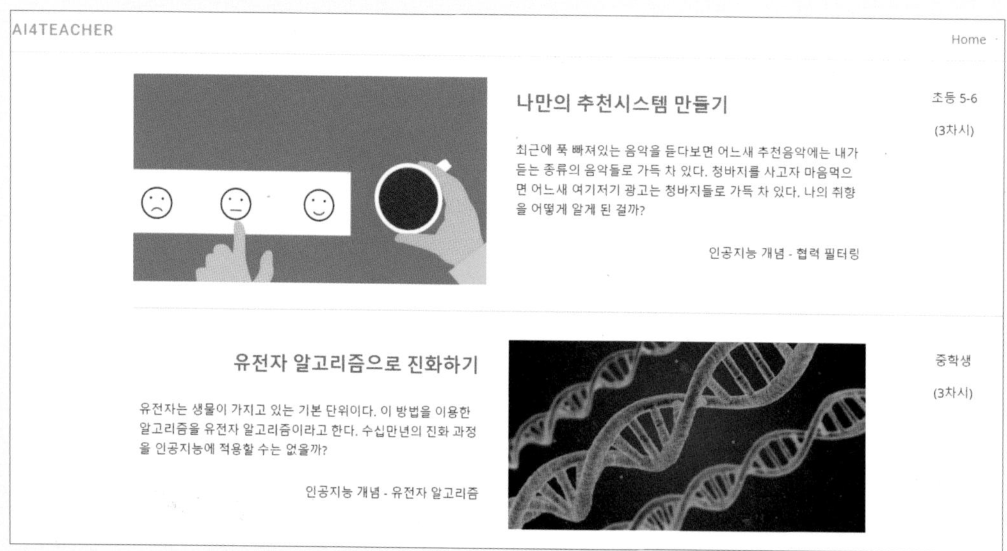

5.5.3 테크노베이션

테크노베이션(Technovation)은 글로벌 기술 교육 비영리 단체로, AI와 같은 첨단 기술을 사용해 주변의 문제를 해결하기 위해 가족이 아이디어를 모으게 도와주는 사이트이다. 2개의 프로그램을 운영하는데, 여학생과 가족을 위한 도전 프로젝트를 제시하고 가족, 학교 및 멘토를 한데 모아 실제 문제를 해결하기 위해 AI 도구를 배우고 사용한다.

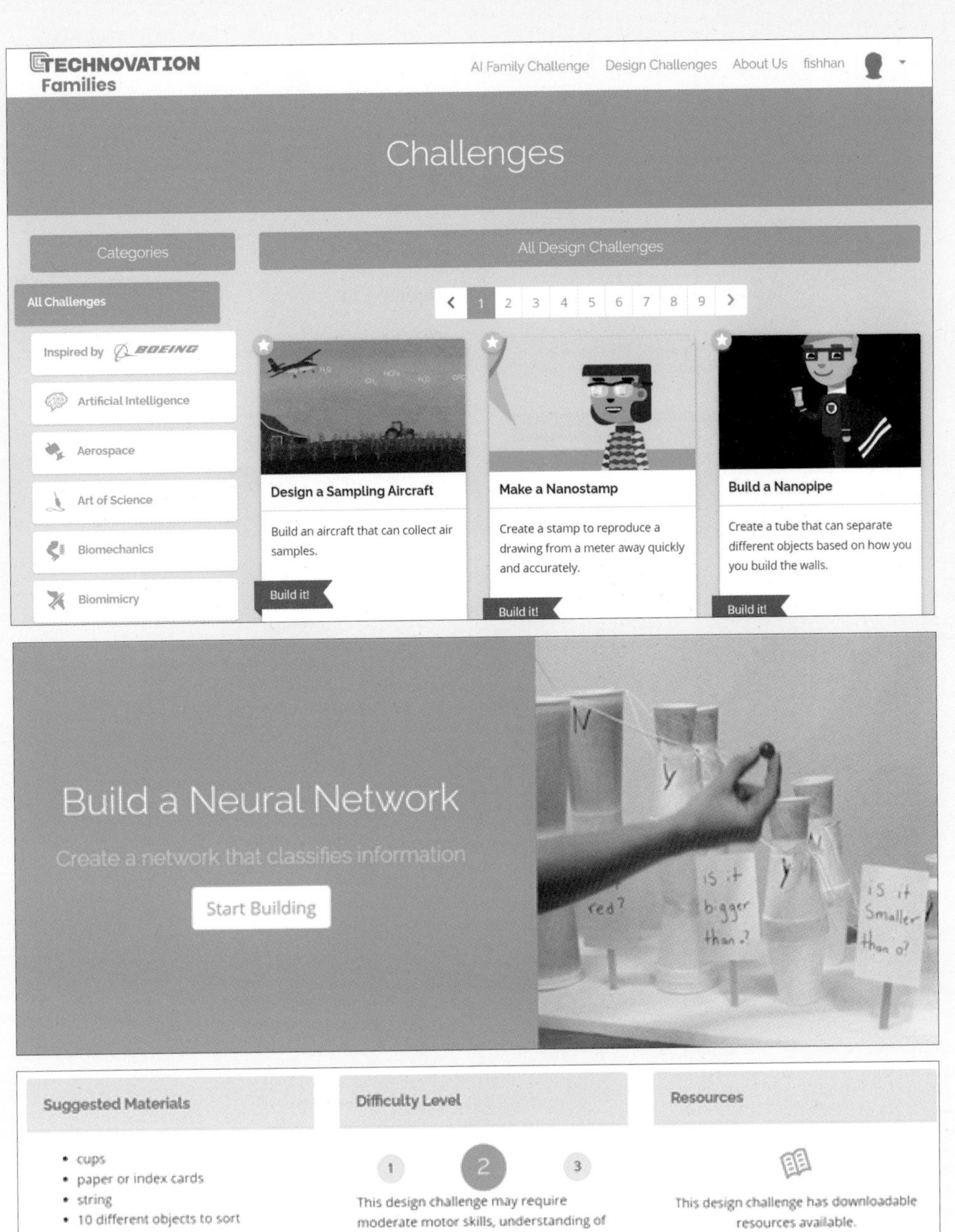

5.5.4 Element of AI

핀란드 헬싱키대학에서 운영하는 'Element of AI'라는 학습 사이트로 AI 개념을 6개의 주제로 나눠 설명하고 있다. AI 플랫폼을 제공하는 부담을 덜고 AI의 내용에 대한 학습을 간단한 설명과 영상 그리고 인터랙션이 가능한 퀴즈 등을 통해 서비스하고 있다.

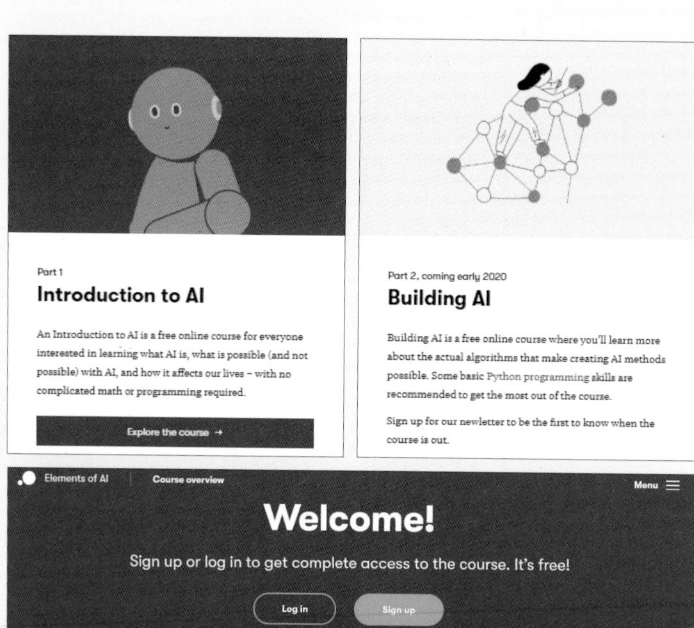

5.5.5 edX

기존의 MOOC 시스템으로 AI 강좌를 개설해 다양한 방법으로 AI의 학습을 제공하고 있는 대표적인 사이트가 edX이다.

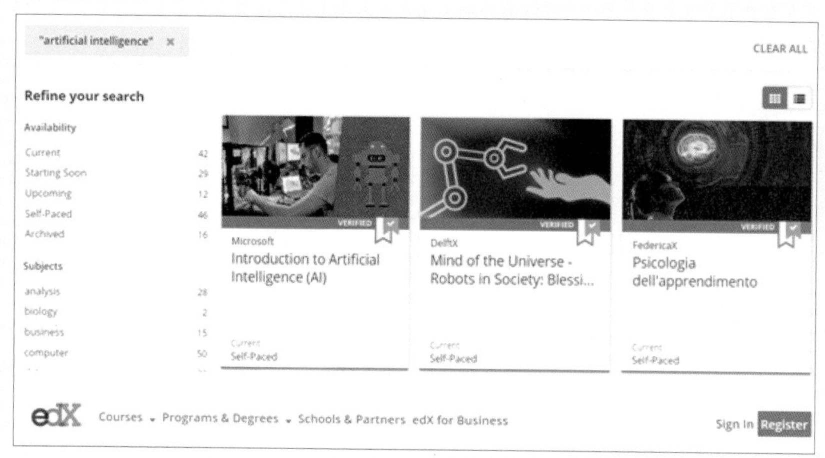

5.5.6 SW-AI 교육 포털

국가에서 제시하는 AI 교육을 정책적으로 지원하고 교육 활동에서 원활하게 활용할 수 있도록 다양한 형태의 자료와 정보를 제공하는 사이트 형태의 서비스이다. AI 교육연구소에서 다양한 SW, AI 교육 콘텐츠를 제공하고 있다.

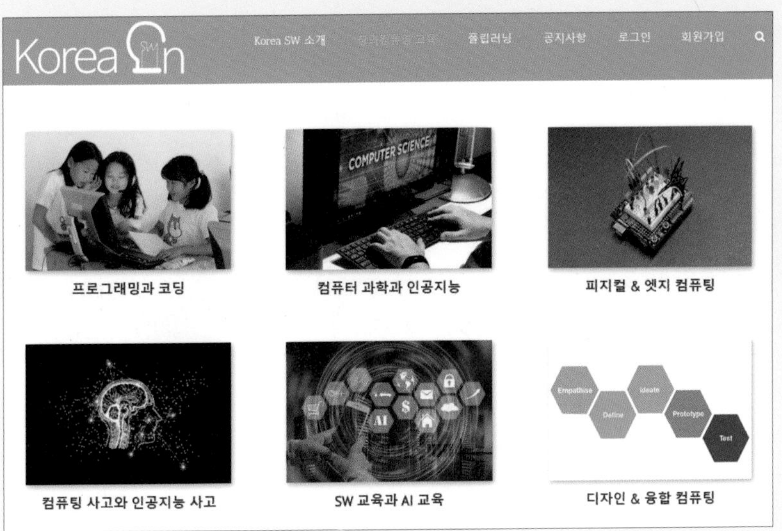

5.5.7 창의 컴퓨팅

언플러그드, 컴퓨팅 사고, 교육용 프로그래밍 언어, 피지컬을 활용한 SW 교육과 관련된 활동과 자료가 구축돼 있다. 또한 AI 교육에 관련된 콘텐츠가 계속 업데이트되고 있으며, 다양한 자료를 다운로드해 수업에 활용할 수 있다.

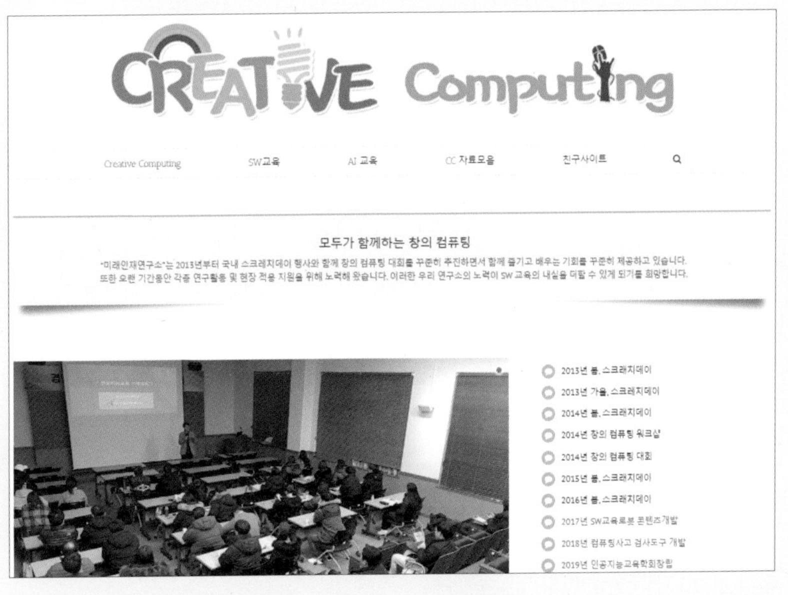

5.5.8 구글의 AI A-Z

AI가 무엇인지, AI가 어떻게 작동하는지 그리고 그것이 우리 주변의 세상을 어떻게 변화시키는지 이해하는 데 도움이 되는 간단한 설명을 제공한다. A부터 Z까지 하나의 알파벳을 클릭하면 AI를 차근차근 이해할 수 있다.

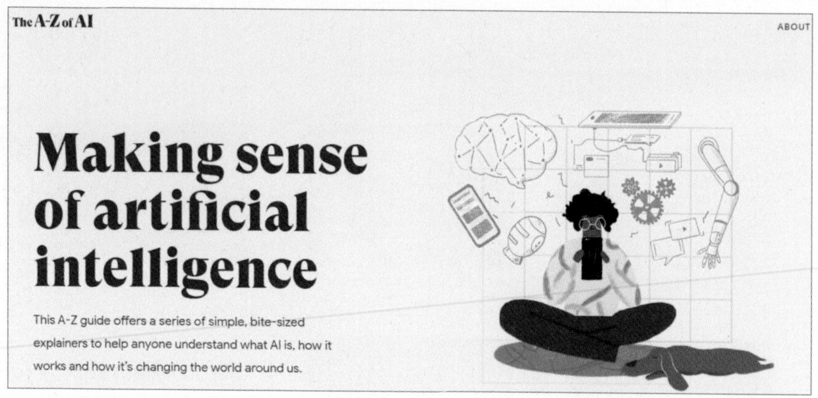

5.5.9 AI 크래시 코스

구글에서 기계학습을 온라인으로 학습하기 위한 25개 차시의 학습 콘텐츠를 제공하고 있다. 텐서플로우 API를 활용해 실제 실습을 진행하며 기계학습의 원리와 알고리즘을 학습할 수 있다.

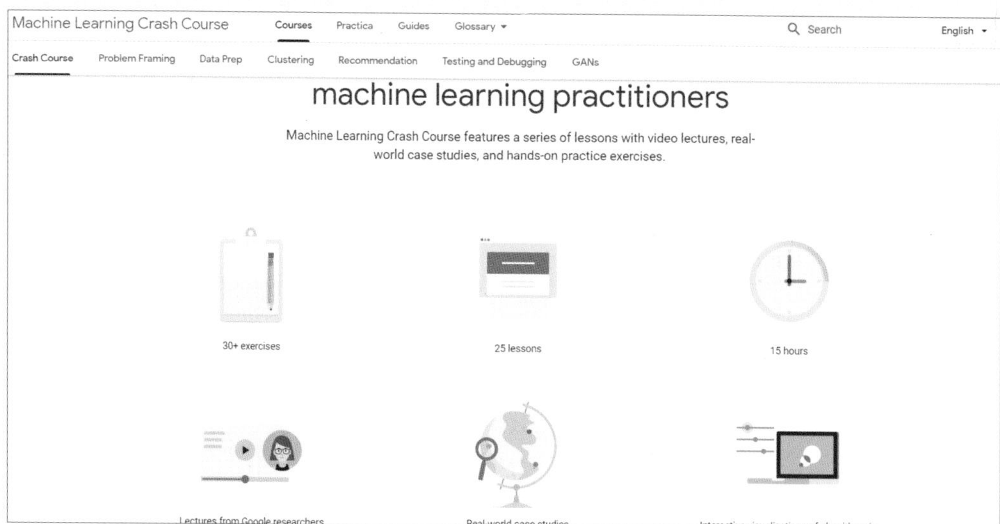

5.5.10 마이크로소프트의 AI 학습 사이트

마이크로소프트에서 제공하고 있는 AI 학습을 위한 실습 사이트이다. AI 플랫폼인 애저(azure)를 이용해 학습을 진행한다.

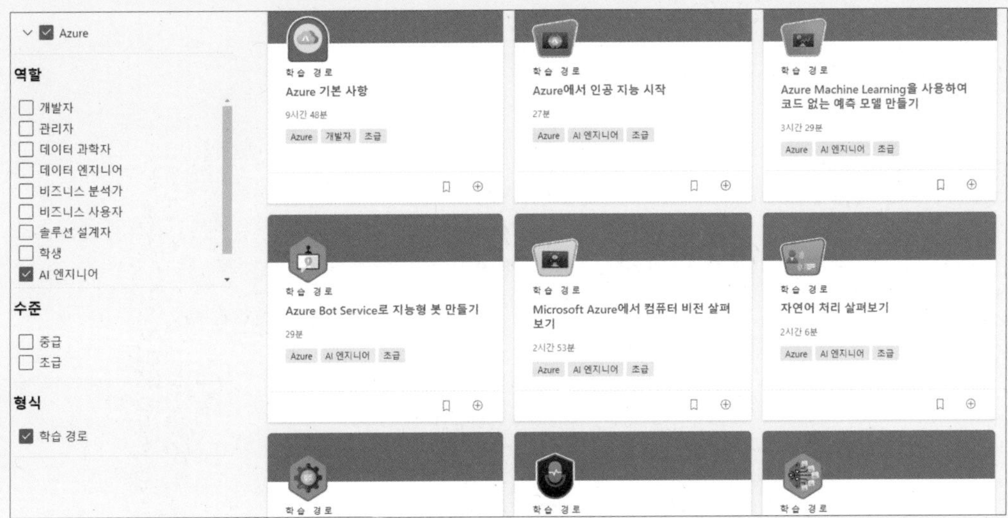

5.5.11 오픈 AI

마이크로소프트 사가 지원하고 앨런 머스크가 운영하는 AI 사이트이다. AI 개발 결과를 공개하고 있고 API를 이용해 실제 활용 가능한 AI를 개발해볼 수 있다.

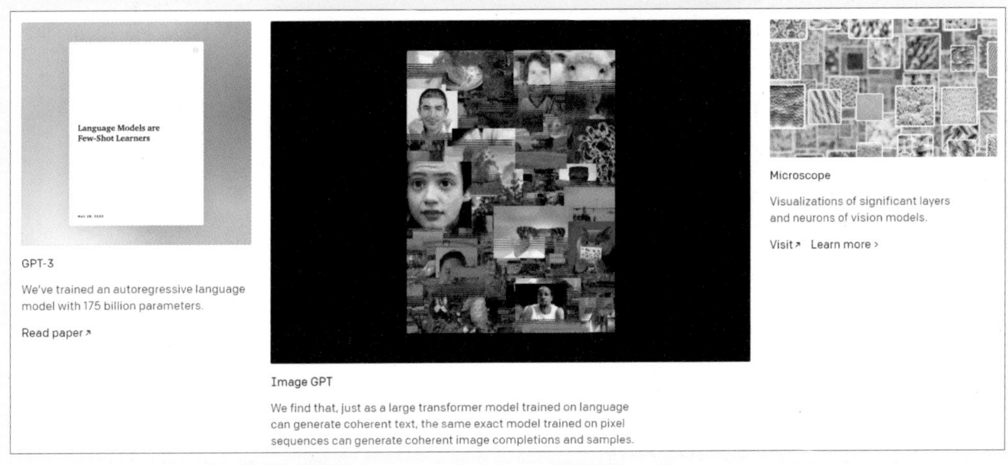

참고 문헌

- 4차 산업혁명위원회(2018), 4차 산업혁명 시대 산업별 인공지능 윤리의 이슈 분석 및 정책적 대응방안 연구 보고서
- 강대기(2016), 딥 러닝 기반 기계학습 기술 동향, 정보통신기술진흥센터 주간 기술 동향, 2016. 4. 20.
- 과학기술정보통신부(2018), 「I-Korea 4.0 실현을 위한 인공지능(AI) R&D 전략」, 4차산업혁명위원회 심의 안건 제1호, 2018. 5.
- 과학기술정보통신부(2018), I-Korea 4.0 실현을 위한 인공지능(AI) R&D 전략, 2018. 5.
- 과학기술정보통신부(2019), 데이터 · AI 경제 활성화 계획 보고서
- 과학기술정보통신부(2019), 인공지능 국가 전략 보도 자료
- 과학기술정보통신부, "경제협력개발기구(OECD) 각료이사회 계기, 인공지능 이사회 권고안 만장일치로 공식 채택", 2019. 5. 23.
- 과학기술정보통신부, 데이터·AI 경제 활성화 계획 보고서, 2019
- 교육부(2011), 창의 인재와 선진 과학 기술로 여는 미래 대한민국, 2011년 업무 보고서
- 국회입법조사처(2019. 12. 16.), 인공지능 관련 입법 현황 및 전망
- 금융보안원(2018), 설명 가능한 인공지능(XAI) 소개
- 김건우(2018), 인공지능에 의한 일자리 위험 진단, LG경제연구원
- 김용민(2019), 주요 국가별 인공지능 인력 양성 정책 및 시사점, 보건산업브리프, vol. 276.
- 김진형(2019), 인공지능 위기인가, 기회인가?, 대한임베디드공학회 발표 자료
- 다래전략사업화센터, 한국의 인공지능 분야 위상 측정 연구, 한국4차산업혁명정책센터 정책 연구 2019 보고서, 2019
- 대외경제정책연구원, 중국 인공지능(AI) 산업 현황 및 발전 전망, 2018. 2. 27.
- 레이 커즈와일(2016), 마음의 탄생, 크레센도
- 목광수(2017),"인공지능 시대의 정보 윤리학: 플로리디의 '새로운'윤리학", 과학철학 20권 3호, p. 93
- 목광수(2018), 인공적 도덕 행위자 설계를 위한 고려사항: 목적, 규범, 행위지침, 철학 사상 69권, pp. 361~391.
- 미래창조과학부 미래준비위원회, KISTEP, KAIST(2017), 10년 후 대한민국 미래 일자리의 길을 찾다, 지식 공감
- 민미경(2013), 전문가 시스템의 지식 구조와 응용에 관한 연구, 산업기술연구소 논문집(31), pp. 79~89.
- 박외진(2018), 인공지능 플랫폼의 개념과 도입 전략, 정보통신기술진흥센터 주간 기술 동향, 2018. 10. 3.
- 박천수, 장민수, 이동욱, 김재홍(2013), 인간과 로봇의 상호작용을 위한 판단·표현 기술 동향, 한국전자통신연구원, IT 융합기술 특집 28(4), pp. 86~96.
- 변순용(2018), 인공지능 로봇을 위한 윤리 가이드라인 연구: 인공지능 로봇 윤리의 4원칙을 중심으로, 윤리 교육 연구 제47집
- 변순용, "인공지능로봇을 위한 윤리 가이드라인 연구: 인공지능 로봇 윤리의 4원칙을 중심으로", 윤리 교육 연구 제47집, 2018
- 보건산업진흥원(2019), 주요 국가별 인공지능(AI) 인력 양성 정책 및 시사점, Vol. 276
- 부산광역시교육청(2019), 인공지능 기반 교육 가이드북
- 서준섭, 이형주(2020), 그래프 데이터베이스 기술 동향 및 적용 사례, 정보통신기획평가원 연구 보고서
- 소프트웨어정책연구소, 인공지능 윤리 이슈와 교육과정 동향(https://spri.kr/posts/view/22721?code=industry_trend)
- 소프트웨어정책연구소, 인공지능(AI) 플랫폼 산업 동향, 월간 SW 중심사회, 2016. 6.
- 신상규(2017), "인공지능은 자율적 도덕행위자일 수 있는가?", 철학 제132집, pp. 265~292.
- 아리스토텔레스(2013), 니코마코스 윤리학, 천병희 옮김, 도서출판 숲
- 웬델 월러치, 콜린 알렌, 왜 로봇의 도덕인가, 메디치미디어, 2014(원제: Moral Machines: Teaching Robots Right from Wrong, 2009)
- 윤태승(2018), 설명 가능한 AI 기술을 포함한 인공지능의 IP-R&D 전략, 한국특허전략개발원
- 이상형, "윤리적 인공지능은 가능한가?", 법과 정책연구 제16권 제4호, 2016
- 한선관, 류미영, 김태령, 홍수빈(2020), 인천인공지능교육 표준안과 가이드라인, 인천시교육청 미래교육정책 보고서

- 이세훈, 김지태, 이태형, 김한솔, 정찬영, 박상현, 김풍일(2020), 머신러닝을 활용한 엣지 컴퓨팅 기반 에스컬레이터 이상 감지 및 결함 분류 시스템, 한국컴퓨터정보학회, 28(2)
- 이은옥(2017), 산업별 지능형 융합 서비스 미래상 전망, 정보통신산업진흥원 주간 기술 동향 보고서
- 인공지능교육연구소(2020), 인공지능교육 프레임워크, pp. 17~26.
- 장병탁(2018), 인간지능과 기계지능, 정보과학회지 특집 원고
- 정보통신기술진흥센터, AI 인재 부족 현상 우려, 국가별 대책 마련에 분주, ICT Brief 2017-47, 2017. 12. 14.
- 정보통신기술진흥센터, 해외 주요국의 4차 산업혁명 대응 인재 양성 정책 동향(2018), 해외 ICT 정책 동향 2018-02호, 2018. 6. 22.
- 정보통신기획원(2019), 인공지능전문대학원 운영 계획
- 정보통신기획평가원 주간 기술 동향(2020), OECD의 인공지능 권고안 주도를 위한 일본의 전략
- 정보통신기획평가원(2017), 일본의 인공지능(AI) 정책 동향과 실행 전략
- 정보통신정책연구원(2018), 4차 산업혁명 시대 산업별 인공지능 윤리의 이슈 분석 및 정책적 대응 방안 연구
- 정승준, 변준영, 김창익(2019), 설명 가능한 인공지능 기술의 소개, 전자공학회지, 46(2), pp. 55~63.
- 정혜린(2020), 변수 중요도를 이용한 설명 가능한 인공지능 기법의 시각화, 중앙대학교 석사 학위 논문
- 조성선, 김용균(2018), AI First, AI Everywhere로 전개되는 인공지능, 정보통신기술진흥센터
- 조장은(2020), OECD의 인공지능 권고안 주도를 위한 일본의 전략, 정보통신기획평가원 주간 기술 동향 2020. 3. 11.
- 중화인민공화국 교육부, 고등학교 인공지능 인재 국제육성계획(中华人民共和国教育部, 高校人工智能人才国际培养计划), 2018. 4. 3.
- 중화인민공화국 국무원, 신세대 인공지능 개발 계획(中华人民共和国国务院, 新一代人工智能发展规划), 2017. 7. 8.
- 최재식(2019), 설명 가능 인공지능 연구 동향, 정보과학회지 37(7), pp. 8~14.
- 한국고용정보원(2019), 2019 한국직업전망
- 한국과학기술기획평가원, 일본, 종합과학기술·혁신 회의(CSTI) 이슈별 논의, S&T GPS, 2018. 12. 20.
- 한국교육학술정보원(2011), 21세기 학습자 및 교수자 역량 모델링, 연구 보고서
- 한국교육학술정보원(2019), 모두를 위한 인공지능 윤리 번역본(교육 과정과 학습 활동)
- 한국노동연구원(2016), 기술 변화와 노동의 미래 세미나 자료집
- 한국보건산업진흥원(2019), 주요 국가별 인공지능(AI) 인력 양성 정책 및 시사점
- 한국인공지능윤리협회(2019), 인공지능 윤리 헌장
- 한국정보화진흥원(2017), 미래 신호 탐지 기법으로 본 인공지능 윤리 이슈-글로벌 동향과 전망, IT & Future Strategy 보고서 (1호)
- 한국정보화진흥원(2017), 중국의 인공지능(AI) 전략
- 한국정보화진흥원(2018), 미 국방 연구원 설명 가능 인공지능(XAI), NIA Special Report 2018-2
- 한국정보화진흥원(2019), 미국 인공지능(AI) 관련 최신 정책 동향
- 한국정보화진흥원(2019. 6.), 미국 인공지능(AI) 관련 최신 정책 동향
- 한국정보화진흥원, "미 국방연구원 '설명 가능 인공지능(XAI)", 2018. 2.
- 한국정보화진흥원, 영국 상원, 인공지능(AI) 전략 보고서 발표, 2018. 5.
- 한국정보화진흥원, 중국의 인공지능(AI) 전략: '차세대 인공지능 발전계획'을 중심으로, 2017. 9. 29.
- 한상기(2018), http://slownews.kr/54060
- 한상기, 김득권(2018), 기술 개발 측면의 인공지능 윤리 프레임워크를 위한 전략 수립, 정보통신기술진흥센터 기술 보고서
- 한지연, 최재식(2017), "설명가능 인공지능", 한국소음진동공학회, 27(6), pp. 8~13.
- A. Krizhevsky, et al, ImageNet Classification with Deep Convolutional Neural Networks, Advances in Neural Information Processing Systems, 2012
- A. Oord, et al, WaveNet: A Generative Model for Raw Audio, CoRR 2016

- Abney K. "Robotics, Ethical Theory, and Metaethics: A Guide for the Perplexed", in Robot Ethics: The Ethical and Social Implication of Robotic(eds.) P. Lin, K. Abney, and G. Bekey, The MIT Press, 2012
- Anderson, M. and Anderson, S.L. "GenEth: A general ethical dilemma analyzer," In AI, pp. 253~261, 2014
- Awad, E et al. "The Moral Machine experiment," Nature 563, pp. 59~64, Oct 24, 2018
- Barr A. "Google mistakenly tags black people as 'Gorillas,' showing limits of algorithms," The Wall Street Journal, Jul 1, 2015
- Blakeley H. Payne(2019). An Ethics of Intelligence Curriculum for Middle School Students(모두를 위한 인공지능 윤리), 한국교육학술정보원 번역
- Borge, N(2016). White paper – Artificial Intelligence to Improve Education Learning Challenges, International Journal Of Advanced Engineering & Innovative Technology, 2(6), pp. 10~13
- Bostrom N. and Yudkowsky E. "The Ethics of Artificial Intelligence", Draft for Cambridge Handbook of Artificial Intelligence(eds.), W. Ramsey and K. Frankish, Cambridge University Press, 2011
- China AI Textbook(2018). Retrieved November 18, 2019, from https://item.jd.com/12347925.html
- China Institute for Science and Technology policy at Tsinghua University, China AI Development Report 2018. 7.
- Craig D. Jerald(2009). A report of Defining a 21st Century Education, The Center of Public Education
- CSTA(2019). K–12 Guidelines for Artificial Intelligence: What Students Should Know,AI4K12 https://github.com/touretzkyds/ai4k12/wiki/Resource-Directory
- D. Gunning, "Explainable artificial intelligence(xai)", Defense Advanced Research Projects Agency(DARPA), 2017.
- https://www.darpa.mil/attachments/XAIProgramUpdate.pdf
- Defense Advanced Research Projects Agency, DARPA "Explainable Artificial Intelligence(XAI)", DARPA presentation, DARPA, Retrieved 17 July 2017
- DMES, https://deepmind.com/applied/deepmind-ethics-society
- Docebo, Emerging Trends: L&D and The arrival of AI
- G. Hinton, et al(2006). A fast learning algorithm for deep belief nets, Neural Computation
- Gartner, Hype Cycle for Artificial Intelligence, 2018. 7. 24.
- Global Market Insights, Artificial Intelligence(AI) in Education Market
- Gov.UK, "Data Ethics Framework Guidance," Aug 30, 2018
- Holmes, W. Bialik, M. & Fadel, C(2019). Artificial Intelligence In Education Promises and Implications for Teaching and Learning, The Center for Curriculum Redesign Report
- House of Lords(2018). AI in the UK: ready, willing and able?, Select Committee on Artificial Intelligence.
- ITechLaw, Responsible AI Policy Framework.
- J. Thies, et al(2016). Face2Face: Real-time Face Capture and Reenactment of RGB Videos, SIGGRAPH.
- J. Zhu, et al, Unpaired Image-to-Image Translation using Cycle-Consistent Adversarial Networks ICCV 2017
- Kleiman-Weiner, M.; Saxe, R.; and Tenenbaum, J. B. "Learning a commonsense moral theory", Cognition 167: 107~123, 2017
- M. T. Ribeiro, S. Singh, and C. Guestrin, "Why should I trust you?: Explaining the predictions of any classifier", in Proceedings of the 22nd ACM SIGKDD international conference on knowledge discovery and data mining, ACM, 2016. pp. 1135~1144.
- Metaari, 2018 Advanced Learning Technology Research
- MIT Technology Review(2018). "Canada and France plan an international panel to assess AI's dangers"
- OECD AI Policy Observatory(2020). LAUNCH OF THE AI POLICY OBSERVATORY.
- OECD(2018). THE FUTURE OF EDUCATION AND SKILLS Education 2030
- OECD(2019). 사회 속의 인공지능(Artificial Intelligence in Society). 한국정보화진흥원 번역

- OECD, "Recommendation of the Council on Artificial Intelligence", 2019. 5. 22.
- Q. Le, et al, Building High-level Features Using Large Scale Unsupervised Learning, ICML 2012
- R. R. Selvaraju, M. Cogswell, A. Das, R. Vedantam, D. Parikh, D. Batra et al, "Grad-cam: Visual explanations from deep networks via gradientbased localization", in ICCV, 2017, pp. 618~626
- Russell, S. "Should We Fear Supersmart Robots", Scientific American, June 2016
- S. Popenici, S. Kerr(2017), Exploring the impact of artificial intelligence on teaching and learning in higher education, Research and Practice in Technology Enhanced Learning, 12(22), pp. 1~13
- S. Suwajanakorn, et al, Synthesizing Obama: Learning Lip Sync from Audio, SIGGRAPH 2017
- Sargur N. Srihari. Explainable Artificial Intelligence
- Stanford HAI(2018), artificial intelligence index, 2018 annual report
- Strategic Council for AI Technology(2017), Artificial Intelligence Technology Strategy, Report of Stratigic Council for AI Technology
- The White House, Artificial Intelligence for the American People, 2018. 5. 10.
- US Department of Defense(2019. 2.), 'Summary of the 2018 Department of Defense Artificial Intelligence Strategy'
- V. Minih, et al, Human-level control through deep reinforcement learning, Nature 2015
- W Samek, T Wiegand, KR Müller - arXiv preprint arXiv: 1708. 08296, 2017 - arxiv.org
- White House(2014), "BRAIN Initiative Fiscal Year 2016 Fact Sheet"
- White House(2018. 5.), 'Summary of the 2018 White House Summit on Artificial Intelligence for American Industry'
- White House(2019. 2.), "Accelerating America's Leadership in Artificial Intelligence"
- X. Peng, et al, Terrain-Adaptive Locomotion Skills Using Deep Reinforcement Learning, SIGGRAPH 2016
- Y. Glodberg, et al, word2vec Explained: deriving Mikolov et al.'s negative-sampling word-embedding method, 2014

참고 사이트

- http://ethicsinaction.ieee.org/
- http://image-net.org/challenges/LSVRC/2017/
- http://moralmachine.mit.edu/
- http://www.technavio.com
- https://ai.google/principles/
- https://ai100.stanford.edu/2016-report
- https://embeddedethics.seas.harvard.edu
- https://english.ucas.ac.cn/
- https://ethicsinaction.ieee.org/
- https://www.acm.org/code-of-ethics
- https://www.darpa.mil/program/explainable-artificial-intelligence
- https://www.ibm.com/watson/kr-ko/ai-ethics/
- https://www.itechlaw.org/ResponsibleAI
- https://www.media.mit.edu/projects/ai-ethics-for-middle-school/overview/
- https://www.microsoft.com/en-us/ai/our-approach-to-ai
- https://www.oecd.org/going-digital/ai/oecd-initiatives-on-ai.htm
- https://www.teachthought.com/the-future-of-learning/3-knowledge-domains-for-the-21st-century-student/
- https://www.whitehouse.gov/ai/

AI 사고를 위한

인공지능 교육

2021. 1. 26. 초 판 1쇄 발행
2022. 4. 27. 초 판 2쇄 발행

지은이 | 한선관, 류미영, 김태령
펴낸이 | 이종춘
펴낸곳 | BM (주)도서출판 성안당
주소 | 04032 서울시 마포구 양화로 127 첨단빌딩 3층(출판기획 R&D 센터)
10881 경기도 파주시 문발로 112 파주 출판 문화도시(제작 및 물류)
전화 | 02) 3142-0036
031) 950-6300
팩스 | 031) 955-0510
등록 | 1973. 2. 1. 제406-2005-000046호
출판사 홈페이지 | **www.cyber.co.kr**
ISBN | 978-89-315-5691-9 (93000)
정가 | 29,000원

이 책을 만든 사람들
책임 | 최옥현
기획 · 편집 | 조혜란
진행 | 안종군
교정 · 교열 | 안종군
일러스트 | 김학수
본문 · 표지 디자인 | 앤미디어, 박원석
홍보 | 김계향, 이보람, 유미나, 서세원
국제부 | 이선민, 조혜란, 권수경
마케팅 | 구본철, 차정욱, 나진호, 이동후, 강호묵
마케팅 지원 | 장상범, 박지연
제작 | 김유석

■ **도서 A/S 안내**

성안당에서 발행하는 모든 도서는 저자와 출판사, 그리고 독자가 함께 만들어 나갑니다.
좋은 책을 펴내기 위해 많은 노력을 기울이고 있습니다. 혹시라도 내용상의 오류나 오탈자 등이 발견되면 **"좋은 책은 나라의 보배"**로서 우리 모두가 함께 만들어 간다는 마음으로 연락주시기 바랍니다. 수정 보완하여 더 나은 책이 되도록 최선을 다하겠습니다.
성안당은 늘 독자 여러분들의 소중한 의견을 기다리고 있습니다. 좋은 의견을 보내주시는 분께는 성안당 쇼핑몰의 포인트(3,000포인트)를 적립해 드립니다.

잘못 만들어진 책이나 부록 등이 파손된 경우에는 교환해 드립니다.